厚大 法考 Judicial Examination 2020

主观题应试

重|点|法|条|解|读

—— 厚大法考〇组编 ——

编著者

崔红玉　卢　杨　张　燕
陈　橙　张　佳　刘艳君

中国政法大学出版社

岁月不汝延　努力无暂辍

代总序

做法治之光

——致亲爱的考生朋友

如果问哪个群体会真正认真地学习法律，我想答案可能是备战法考的考生。

当厚大的老总力邀我们全力投入法考的培训事业，他最打动我们的一句话就是：这是一个远比象牙塔更大的舞台，我们可以向那些真正愿意去学习法律的同学普及法治的观念。

应试化的法律教育当然要帮助同学们以最便捷的方式通过法考，但它同时也可以承载法治信念的传承。

一直以来，人们习惯将应试化教育和大学教育对立开来，认为前者不登大雅之堂，充满填鸭与铜臭。然而，没有应试的导向，很少有人能够真正自律到系统地学习法律。在许多大学校园，田园牧歌式的自由放任也许能够培养出少数的精英，但不少学生却是在游戏、逃课、昏睡中浪费生命。人类所有的成就靠的其实都是艰辛的训练；法治建设所需的人才必须接受应试的锤炼。

应试化教育并不希望培养出类拔萃的精英，我们只希望为法治建设输送合格的人才，提升所有愿意学习法律的同学整体性的法律知识水平，培育真正的法治情怀。

厚大教育在全行业中率先推出了免费视频的教育模式，让优质的教育从此可以遍及每一个有网络的地方，经济问题不会再成为学生享受这些教育资源的壁垒。

最好的东西其实都是免费的，阳光、空气、无私的爱，越是弥足珍贵，越是免费的。我们希望厚大的免费课堂能够提供最优质的法律教育，一如阳光遍洒四方，带给每一位同学以法律的温暖。

没有哪一种职业资格考试像法考一样，科目之多、强度之大令人咋舌，这也是为什么通过法律职业资格考试是每一个法律人的梦想。

法考之路，并不好走。有沮丧、有压力、有疲倦，但愿你能坚持。

坚持就是胜利，法律职业资格考试如此，法治道路更是如此。

当你成为法官、检察官、律师或者其他法律工作者，你一定会面对更多的挑战、更多的压力，但是我们请你持守当初的梦想，永远不要放弃。

人生短暂，不过区区三万多天。我们每天都在走向人生的终点，对于每个人而言，我们最宝贵的财富就是时间。

感谢所有参加法考的朋友，感谢你愿意用你宝贵的时间去助力中国的法治建设。

我们都在借来的时间中生活。无论你是基于何种目的参加法考，你都被一只无形的大手抛进了法治的熔炉，要成为中国法治建设的血液，要让这个国家在法治中走向复兴。

数以万计的法条，盈千累万的试题，反反复复的训练。我们相信，这种貌似枯燥机械的复习正是对你性格的锤炼，让你迎接法治使命中更大的挑战。

亲爱的朋友，愿你在考试的复习中能够加倍地细心。因为将来的法律生涯，需要你心思格外的缜密，你要在纷繁芜杂的证据中不断搜索，发现疑点，去制止冤案。

亲爱的朋友，愿你在考试的复习中懂得放弃。你不可能学会所有的知识，抓住大头即可。将来的法律生涯，同样需要你在坚持原则的前提下有所为、有所不为。

亲爱的朋友，愿你在考试的复习中沉着冷静。不要为难题乱了阵脚，实在不会，那就绕道而行。法律生涯，道阻且长，唯有怀抱从容淡定的心才能笑到最后。

法律职业资格考试不仅仅是一次考试，它更是你法律生涯的一次预表。

我们祝你顺利地通过考试。

不仅仅在考试中，

也在今后的法治使命中，不悲伤、不犹豫、不彷徨。

但求理解。

厚大全体老师　谨识

2019 年 11 月

用专业的心　做专业的事

2018年，法考元年，开启改革新篇章，"法条"首次作为考场答卷的工具书。2019年，法考改革第二年，命题风格稳中求进；2020年，改革第三年，"过渡期"的最后一年。两年铺垫，回归法条已是势在必行。怎样笑傲江湖？如何成功上岸？你需要在舵手的引航下，应势而为；在梦想星河里，风雨兼程。

主观已开卷，法条任你翻。然浩如烟海的法条中，你确定自己能够成功找到你需要的法条么？240分钟，法考主观卷答题时间说长亦短！如果胸无"布局图"，则会被困在法条的迷宫中。从客观题考完即开始马不停蹄备战主观题，留给2018年的考生只有27天的时间，不到1个月的时间内要复习七大科、十小科内容，时间何其紧！2019年首战考生可以准备主观题的时间为40天左右，比2018年稍微宽裕些。2020年，本来首战考生有40天的时间，但由于客观题和主观题分别延考，导致首战考生最多只有28天时间，而二战考生却多了1个月的备考期，两相对比之下，二战考生的优势更加明显，备考期也更充分。此种情况下，对首战考生而言，法条的熟悉任务必须提前进行，而不能等到客观题考试结束；而二战考生则更应在法条的引用上多下功夫，方能在考场上体现优势。

法条的引用已经成为法考改革后主观卷答题的评分要素之一，因此，考生还必须特别熟悉法条，以便在考场之上能够翻得到自己需要的法条。

翻阅法条加以引用的速度必须很快，否则将很难在规定的时间内完成答题。我们深知改革带来的挑战，我们也深深懂你，我们希望为你减负却绝不减分。因此我们潜心研究法条，为你挑选出具有主观题考查可能性的法条，从而节约你的精力，让你事半功倍。本书即是在这样的理念指引下应运而生的。

　　本书的最大特点在于对每个部门法中具有主观题考查价值的法条加以筛选，以核心知识点为主线对法条进行重新整合，方便考生平时尽快熟悉、考场上尽快找到。本书紧紧围绕"主观题"，舍弃了法条类图书的一贯做法：全文列举。编者通过对主观题考查知识点的深入研究，为考生以核心知识点的方式铺展背后的重点法条，以便考生在考试中能够准确定位考点，熟练引用法条作答。我们经过对收集的2018年的主观题回忆版本的详细研究，可以非常自豪地告诉大家，2018年考试所需要引用的法条，本书全部都涵盖。其中刑法学科，不单是法条引用问题，更是在【考点剖析】板块三问刑法中直接命中前两问，尤其是诈骗罪的观点展示问题，这个问题很少有法考老师讲过，但本书完美押中（参见2018版《主观题应试必备重点法条解读》，第35页）。减负不减分，2018年我们成功做到了。2019年，我们做了反馈研究，也成功将考到的法条包含在内。2020年，我们潜心研究，精益求精，力求让本书成为您攻克法考的通关利器。

　　为了让广大考生朋友更好地运用此书，现将本书的体例与功能加以详细的说明。本书分为以下五个板块：

板块一：重点法条——核心法律法规+核心考点贯通

　　本板块以核心知识点的方式，对核心法律法规重新排列组合。以关键词方式明确表述核心考点，将与该核心考点有关的、具有出题价值的法条加以铺展。这样考生在考场上遇到相关知识点的案例题时可以快速找到相对应的法条依据。

板块二：关联法条——黄金司法解释+考点细节延伸

　　本板块所选择的关联法条一般来自于重要司法解释的相关规定，尤其是官方配套法条的司法解释。这些法条必须是具有主观题出题价值的，才会在该板块中加以引用，而非简单堆砌、一味求全、不顾考生实际与命题规律。每个法条的选择，都经过精心的筛选比对，渗透着编者们对知识点的感悟。板块一与板块二结合，即较为全面地涵盖核心知识点的相关法条。我们希望达到这样的效果：一旦命题人在该知识点上进行设计，则逃不出我们所筛选的法条。如此考生只需要把握为数不多的法条，就可以轻松自如应对主观题。

板块三：真题链接——知晓历次考法，实践感悟真知

本板块提供了历年考查过的知识点的真题链接，如2017/4/4（1），其含义表示2017年卷四第四题第1问。考生可以根据链接提示去翻阅相关的真题，然后进行对应的自我训练。唯有实战演练才能感悟真知。涉及2018年、2019年两年的主观题，本书也将其回忆版纳入展示范畴。

板块四：考点剖析——融会贯通法条，强化运用能力

本板块旨在对法条所涉及的相关知识点进行剖析，这是法条向理论转化的需要，是考场中灵活答题的需要。在答题中，此部分即为用法言法语对结论进行说理的素材。考试中不建议考生直接引用法条原文，因为原文本身比较冗长，如果能够用自己的语言精炼总结法条精神会更好。我们已经将法条的精神以法言法语的形式加以总结，考生直接记忆即可。如此可大大减轻考生的记忆负担，同时又能够加深考生对法条的理解；唯有能够对法条进行融会贯通的理解，准确把握法条背后的知识点，防止出现对法条浅层次和僵硬化的理解，方能强化运用能力。

板块五：命题展望——科学预测命题角度，全心助力未雨绸缪

本板块旨在对考点进行科学的预测，展望其可能出现的方式，分析出题的概率。这样能够帮助考生未雨绸缪，减少对未知的不安，从而更加从容地应对主观题考试。命题展望体现了编者对于命题规律、实务热点、法条新变动、理论热点研究等的综合把握。在命题展望中，编者尽可能地融合指导案例的相关知识点，以关键词的方式对与该知识点相关的指导案例予以展开，考生可以根据本书的提示去搜索相关判例，把握裁判主旨。在本板块中考生还可以学习到某部门法的新点（新大纲列入）、热点、实务案例等，而这些都是法考改革后命题的重要来源，故希望考生予以特别把握。

除了这五大板块，本书还在法条之前增加了关键词提醒，用波浪线的方式标注出法条中的题眼，以帮助考生快速理解和掌握法条。对于已经考查过的法条，本书以 ☞ 标注。我们希望通过科学的排版能够帮助考生摆脱对法条"密密麻麻、杂乱无章"的恐惧，让考生在学习法条时心情更舒适。

在法律教育培训事业的道路上，我们从未停止过探索与创新的脚步。"厚大做不了你一生的船长，但可以伴你远航"，直至抵达你成功的彼岸。

最后，我们真心祝愿各位认真备考的考生在 2020 年的主观题考试中都能够一举通关，做个"108 好汉"。

厚大法考

2020 年 7 月

缩略语对照表

合同法解释	最高人民法院关于适用《中华人民共和国合同法》若干问题的解释
公司法解释	最高人民法院关于适用《中华人民共和国公司法》若干问题的规定
民诉解释	最高人民法院关于适用《中华人民共和国民事诉讼法》的解释
九民纪要	全国法院民商事审判工作会议纪要
民间借贷规定	最高人民法院关于审理民间借贷案件适用法律若干问题的规定
诉讼时效规定	最高人民法院关于审理民事案件适用诉讼时效制度若干问题的规定
买卖合同解释	最高人民法院关于审理买卖合同纠纷案件适用法律问题的解释
商品房买卖合同解释	最高人民法院关于审理商品房买卖合同纠纷案件适用法律若干问题的解释
物权法解释	最高人民法院关于适用《中华人民共和国物权法》若干问题的解释
担保法解释	最高人民法院关于适用《中华人民共和国担保法》若干问题的解释
城镇房屋租赁合同解释	最高人民法院关于审理城镇房屋租赁合同纠纷案件具体应用法律若干问题的解释
融资租赁合同解释	最高人民法院关于审理融资租赁合同纠纷案件适用法律问题的解释
建设工程施工合同解释	最高人民法院关于审理建设工程施工合同纠纷案件适用法律问题的解释
行诉解释	最高人民法院关于适用《中华人民共和国行政诉讼法》的解释
高检规则	人民检察院刑事诉讼规则
刑诉解释	最高人民法院关于适用《中华人民共和国刑事诉讼法》的解释
严格排除非法证据规定	最高人民法院、最高人民检察院、公安部、国家安全部、司法部关于办理刑事案件严格排除非法证据若干问题的规定
民事证据规定	最高人民法院关于民事诉讼证据的若干规定
仲裁法解释	最高人民法院关于适用《中华人民共和国仲裁法》若干问题的解释
破产法解释	最高人民法院关于适用《中华人民共和国企业破产法》若干问题的规定

C 目 录
ONTENTS

民 法

刑 法

行政法与行政诉讼法

刑事诉讼法

民事诉讼法与仲裁制度

商 法

专题一　总　则

重点法条 1 ▶ 民法的基本原则

第7条［诚信原则］　民事主体从事民事活动，应当遵循诚信原则，秉持诚实，恪守承诺。

第8条［守法与公序良俗原则］　民事主体从事民事活动，不得违反法律，不得违背公序良俗。

第9条［绿色原则］　民事主体从事民事活动，应当有利于节约资源、保护生态环境。

第10条［法律适用］　处理民事纠纷，应当依照法律；法律没有规定的，可以适用习惯，但是不得违背公序良俗。

◥ 关联法条

《合同法解释（二）》第7条　下列情形，不违反法律、行政法规强制性规定的，人民法院可以认定为合同法所称"交易习惯"：

（一）在交易行为当地或者某一领域、某一行业通常采用并为交易对方订立合同时所知道或者应当知道的做法；

（二）当事人双方经常使用的习惯做法。

对于交易习惯，由提出主张的一方当事人承担举证责任。

◥ 考点剖析

1. 诚实信用原则为现代民法的帝王条款，其包含两个方面的含义：①行为人在民事活动中要恪守诚信，不欺诈，严守合同，不违约；②权利人行使权利时要诚信，不可滥用权利。

2. 违反公序良俗原则的类型有：危害国家公序的行为、危害家庭关系的行为、违反性道德的行为、射幸行为、违反人权和人格尊重的行为、限制经济自由的行为、违反公平竞争的行为、暴力行为等。

＊　本部分的重点法条（第×条），未特别指明是哪部法律法规的，均默认为2020年5月28日通过的《中华人民共和国民法典》。

3. 绿色原则为《民法总则》新增原则，违反绿色原则的法律行为无效。《民法典》侵权责任编中关于环境污染侵权的特殊构成即是绿色原则在具体制度中的体现。

4. 习惯要成为民法的渊源需要满足两个条件：①法律没有规定；②习惯不违背公序良俗。另外，提出主张的一方当事人对习惯负有举证责任。

🔽 命题展望

1. 主观题中，诚实信用原则与公序良俗原则是最有可能考查到的。涉及诚实信用原则的考查：当事人违反诚实信用原则，损害他人合法权益，扰乱市场正当竞争秩序，恶意取得、行使商标权并主张他人侵权的，人民法院应当以构成权利滥用为由，判决对其诉讼请求不予支持。如第82号指导案例：王碎永诉深圳歌力思服饰股份有限公司、杭州银泰世纪百货有限公司侵害商标权纠纷案。公序良俗原则的出题方式最有可能是结合新型的"合同"，如代孕、卵子买卖，或者结合家事法部分考查协议的效力要如何认定的问题。

2. 绿色原则如果出题，则会结合环境污染侵权、检察院公益诉讼等知识点进行命题，所以其有出现在民法与民诉结合的案例中的可能性。

重点法条 ② ▶ 监护人的职责

第34条 [监护人的职责与权利及临时生活照料措施] 监护人的职责是代理被监护人实施民事法律行为，保护被监护人的人身权利、财产权利以及其他合法权益等。

监护人依法履行监护职责产生的权利，受法律保护。

监护人不履行监护职责或者侵害被监护人合法权益的，应当承担法律责任。

因发生突发事件等紧急情况，监护人暂时无法履行监护职责，被监护人的生活处于无人照料状态的，被监护人住所地的居民委员会、村民委员会或者民政部门应当为被监护人安排必要的临时生活照料措施。

第35条第1、2款 [监护人履责的原则] 监护人应当按照最有利于被监护人的原则履行监护职责。监护人除为维护被监护人利益外，不得处分被监护人的财产。

未成年人的监护人履行监护职责，在作出与被监护人利益有关的决定时，应当根据被监护人的年龄和智力状况，尊重被监护人的真实意愿。

第190条 [无或限制民事行为能力人对其法定代理人的诉讼时效] 无民事行为能力人或者限制民事行为能力人对其法定代理人的请求权的诉讼时效期间，自该法定代理终止之日起计算。

🔽 关联法条

《民法典》

第1188条 [监护人责任] 无民事行为能力人、限制民事行为能力人造成他人损害的，由监护人承担侵权责任。监护人尽到监护职责的，可以减轻其侵权责任。

有财产的无民事行为能力人、限制民事

行为能力人造成他人损害的，从本人财产中支付赔偿费用；不足部分，由监护人赔偿。

第 1189 条 ［委托监护责任］　无民事行为能力人、限制民事行为能力人造成他人损害，监护人将监护职责委托给他人的，监护人应当承担侵权责任；受托人有过错的，承担相应的责任。

《最高人民法院关于确定民事侵权精神损害赔偿责任若干问题的解释》第 2 条　非法使被监护人脱离监护，导致亲子关系或者近亲属间的亲属关系遭受严重损害，监护人向人民法院起诉请求赔偿精神损害的，人民法院应当依法予以受理。

▶ 考点剖析

1. 监护人是被监护人的法定代理人。

2. 监护人对被监护人享有财产管理权，但非为被监护人的利益，不得处分被监护人的财产，这里的"为被监护人利益"是从客观利益出发。擅自处分行为构成无权处分，如果造成被监护人财产损害，则监护人应当承担侵权责任。被监护人的请求权诉讼时效自法定代理关系终止时起算。

3. 监护人损害被监护人利益时，被监护人对监护人的损害赔偿请求权的诉讼

效自法定代理终止之日起计算。这里的法定代理终止之日一般包含三种情形：被监护人年满 18 周岁；被监护人年满 16 周岁能够以劳动收入为主要生活来源；监护人被撤销监护资格。

4. 监护权也是《民法典》保护的对象，侵犯监护权要承担侵权责任，此时可以请求精神损害赔偿。

5. 监护人对被监护人的侵权行为承担无过错的替代责任（诉讼中，监护人与被监护人作为共同被告），被监护人有独立财产，以本人财产偿还，不足部分由监护人赔偿。

▶ 命题展望

本知识点在主观题中有以下考查角度：

1. 结合监护人资格撤销考查监护人对被监护人的侵权责任，此时可以结合考查特殊时效的起算点。

2. 考查教育机构的侵权责任、监护人的责任以及职务侵权（教师）。

3. 结合民诉考查适格当事人：被监护人侵权时，监护人为共同被告；被监护人被侵权时，监护人作为被监护人的法定代理人，享有与当事人同等的权利。

重点法条 3 ▶ 宣告死亡

第 47 条 ［宣告死亡与宣告失踪的关系］　对同一自然人，有的利害关系人申请宣告死亡，有的利害关系人申请宣告失踪，符合本法规定的宣告死亡条件的，人民法院应当宣告死亡。

第 48 条 ［被宣告死亡的人死亡日期的

确定］　被宣告死亡的人，人民法院宣告死亡的判决作出之日视为其死亡的日期；因意外事件下落不明宣告死亡的，意外事件发生之日视为其死亡的日期。

第 49 条 ［死亡宣告后民事法律行为的效力］　自然人被宣告死亡但是并未死亡

的，不影响该自然人在被宣告死亡期间实施的民事法律行为的效力。

第51条［死亡宣告撤销前后婚姻关系的效力］　被宣告死亡的人的婚姻关系，自死亡宣告之日起消灭。死亡宣告被撤销的，婚姻关系自撤销死亡宣告之日起自行恢复，但是其配偶再婚或者向婚姻登记机关书面声明不愿意恢复的除外。

第53条［死亡宣告撤销后的财产返还］　被撤销死亡宣告的人有权请求依照本法第六编取得其财产的民事主体返还财产；无法返还的，应当给予适当补偿。

利害关系人隐瞒真实情况，致使他人被宣告死亡取得其财产的，除应当返还财产外，还应当对由此造成的损失承担赔偿责任。

▶ 考点剖析

1. 被宣告死亡人的死亡日期为：判决作出之日（原则）；意外事件发生之日（因意外事件被宣告死亡）。

2. 被宣告死亡人实际并未死亡的，不否认其民事权利能力与民事行为能力，因此其行为的效力不受被宣告死亡的影响，如无其他无效、效力待定和可撤销的事由，则为有效。

3. 宣告死亡与宣告失踪的关系：各自独立，宣告失踪并非宣告死亡的必经程序；有的利害关系人申请宣告死亡，有的利害关系人申请宣告失踪，符合宣告死亡条件的，法院应当作出死亡宣告。

4. 死亡宣告撤销程序的启动，须经本人或者利害关系人的申请。

5. 死亡宣告被撤销后的法律后果

（1）财产关系上，依照继承方式取得财产的人，应当予以返还；原物已被第三人合法取得（有偿或者无偿），第三人可不予以返还；利害关系人恶意致使他人被宣告死亡而取得其财产的，除返还财产外，还必须赔偿造成的损失。

（2）婚姻关系上，配偶尚未再婚，恢复婚姻关系；只要配偶再婚，不论再婚后的婚姻状况如何，婚姻关系即不可自行恢复。除此之外，配偶书面向婚姻登记机关申明不愿意恢复时，婚姻关系也不自行恢复。

（3）亲子关系上，子女未被收养，亲子关系自行恢复。被宣告死亡后，配偶有权单独决定送养子女，他人无权干预，亦无权主张收养关系无效，除非收养人与被收养人同意。

▶ 命题展望

1. 宣告死亡的时间考生需要把握，因为其可以结合继承法考查代位继承与转继承的区分。

2. 被宣告死亡的人在被宣告死亡期间的民事法律行为的效力，考生需要把握。其可与合同法结合考查民事法律行为的效力问题。

3. 宣告死亡撤销后的财产返还问题比较容易结合物权法、合同法进行考查，判断第三人是否需要返还财产。

重点法条④▶法人的责任问题

第60条 ［法人独立人格］　法人以其全部财产独立承担民事责任。

第63条 ［法人的住所］　法人以其主要办事机构所在地为住所。依法需要办理法人登记的，应当将主要办事机构所在地登记为住所。

第64条 ［法人变更登记］　法人存续期间登记事项发生变化的，应当依法向登记机关申请变更登记。

☞**第65条** ［法人实际情况与登记事项不一致的法律后果］　法人的实际情况与登记的事项不一致的，不得对抗善意相对人。

第67条 ［法人合并、分立后权利义务的享有和承担］　法人合并的，其权利义务由合并后的法人享有和承担。

法人分立的，其权利和义务由分立后的法人享有连带债权、承担连带债务，但是债权人和债务人另有约定的除外。

第70条 ［法人解散后的清算］　法人解散的，除合并或者分立的情形外，清算义务人应当及时组成清算组进行清算。

法人的董事、理事等执行机构或者决策机构的成员为清算义务人。法律、行政法规另有规定的，依照其规定。

清算义务人未及时履行清算义务，造成损害的，应当承担民事责任；主管机关或者利害关系人可以申请人民法院指定有关人员组成清算组进行清算。

第72条第1款 ［法人清算的法律后果］　清算期间法人存续，但是不得从事与清算无关的活动。

第74条 ［法人的分支机构］　法人可以依法设立分支机构。法律、行政法规规定分支机构应当登记的，依照其规定。

分支机构以自己的名义从事民事活动，产生的民事责任由法人承担；也可以先以该分支机构管理的财产承担，不足以承担的，由法人承担。

第75条 ［设立行为的法律后果］　设立人为设立法人从事的民事活动，其法律后果由法人承受；法人未成立的，其法律后果由设立人承受，设立人为2人以上的，享有连带债权，承担连带债务。

设立人为设立法人以自己的名义从事民事活动产生的民事责任，第三人有权选择请求法人或者设立人承担。

▌关联法条

《公司法》

第3条　公司是企业法人，有独立的法人财产，享有法人财产权。公司以其全部财产对公司的债务承担责任。

有限责任公司的股东以其认缴的出资额为限对公司承担责任；股份有限公司的股东以其认购的股份为限对公司承担责任。

第14条　公司可以设立分公司。设立分公司，应当向公司登记机关申请登记，领取营业执照。分公司不具有法人资格，其民事责任由公司承担。

公司可以设立子公司，子公司具有法人资格，依法独立承担民事责任。

第174条　公司合并时，合并各方的债权、债务，应当由合并后存续的公司或者新设的公司承继。

第176条 公司分立前的债务由分立后的公司承担连带责任。但是，公司在分立前与债权人就债务清偿达成的书面协议另有约定的除外。

第186条第3款 清算期间，公司存续，但不得开展与清算无关的经营活动。公司财产在未依照前款规定清偿前，不得分配给股东。

《公司法解释（三）》第3条 发起人以设立中公司名义对外签订合同，公司成立后合同相对人请求公司承担合同责任的，人民法院应予支持。

公司成立后有证据证明发起人利用设立中公司的名义为自己的利益与相对人签订合同，公司以此为由主张不承担合同责任的，人民法院应予支持，但相对人为善意的除外。

《民诉解释》第53条 法人非依法设立的分支机构，或者虽依法设立，但没有领取营业执照的分支机构，以设立该分支机构的法人为当事人。

▶ 考点剖析

1. 法人以自己全部财产独立承担责任（包括总部、分支机构等所有财产）。区别于法人的成员（股东）责任：股东仅以出资为限对公司承担责任（有限责任）。

2. 法人以其主要办事机构所在地为住所。依法需要办理法人登记的，应当将主要办事机构所在地登记为住所。如果登记住所地与主要办事机构不一致的，以主要办事机构为住所地。

3. 法人存续期间登记事项发生变化的，应当依法向登记机关申请变更登记。法人的实际情况与登记的事项不一致的，不得

对抗善意第三人。

4. 经过登记的分支机构属于"非法人组织"，可以成为独立的主体，以自己的名义从事民事活动，但不具有独立的责任能力。应当由法人承担责任，也可以先以该分支机构的财产承担责任，不足以承担的，由法人承担（此处与合伙责任承担不同，注意区分）。法人非依法设立的分支机构，或者虽依法设立，但没有领取营业执照的分支机构，不具有诉讼主体资格，应以设立该分支机构的法人为当事人。

5. 分公司 VS. 子公司

分公司不具有法人资格，不具有独立的责任能力；非经总公司书面授权，不能对外进行担保。

子公司是独立的法人，依法独立承担民事责任。

6. 设立中的法人责任

（1）设立中的法人的本质属个人合伙，为非法人组织。

（2）设立人以设立中的法人名义从事民事活动，设立成功，法人承担；设立失败，设立人承担（如为多人，则连带）。但如果公司成立有证据证明发起人以公司名义但并非为公司利益时，公司可以主张不承担责任，但第三人善意除外。

（3）设立人以自己名义从事民事活动，第三人有选择权，可以选择由法人承担或者设立人承担。

7. 法人的合并与分立

法人的合并与分立是原法人终止的一种情形，但其不需要经过清算程序。

（1）法人合并的，其权利义务由合并后的法人享有和承担。

（2）法人分立的，其权利和义务由分立后的法人享有连带债权和承担连带债务。

【注意】如果分立后的法人内部对债权债务分立有内部约定的，该约定有效，但仅具有内部效力，对外不可对抗债权人。

8. 清算中的法人

清算中的法人能力受到限制，仅能从事与清算有关的行为。法人解散的，除合并或者分立的情形外，清算义务人应当及时（15日内）组成清算组进行清算。

法人的董事、理事等执行机构或者决策机构的成员为清算义务人。清算义务人未及时履行清算义务，造成损害的，应当承担民事责任。

▶ 命题展望

本知识点比较容易结合商法，考查法人的独立性人格以及法人人格的独立性的例外；还可以结合破产法，考查清算中的法人的权利能力与行为能力。设立中的法人的责任承担与法人分立合并后的债权债务承担问题，可以结合民诉考查分公司的诉讼资格、法人诉讼的管辖法院确定等，是民法与商法和民诉的结合之处，也是比较具有考试价值的知识点。

重点法条 ⑤ ▶ 法人人格否认与出资人责任

第83条 [出资人滥用权利的责任承担]　营利法人的出资人不得滥用出资人权利损害法人或者其他出资人的利益。滥用出资人权利给法人或者其他出资人造成损失的，应当依法承担民事责任。

☞营利法人的出资人不得滥用法人独立地位和出资人有限责任损害法人的债权人利益。滥用法人独立地位和出资人有限责任，逃避债务，严重损害法人的债权人利益的，应当对法人债务承担连带责任。

第84条 [出资人、实际控制人、董监高不得滥用关联关系]　营利法人的控股出资人、实际控制人、董事、监事、高级管理人员不得利用其关联关系损害法人的利益。利用关联关系给法人造成损失的，应当承担赔偿责任。

▶ 关联法条

《公司法》

第20条　公司股东应当遵守法律、行政法规和公司章程，依法行使股东权利，不得滥用股东权利损害公司或者其他股东的利益；不得滥用公司法人独立地位和股东有限责任损害公司债权人的利益。

公司股东滥用股东权利给公司或者其他股东造成损失的，应当依法承担赔偿责任。

公司股东滥用公司法人独立地位和股东有限责任，逃避债务，严重损害公司债权人利益的，应当对公司债务承担连带责任。

第21条　公司的控股股东、实际控制人、董事、监事、高级管理人员不得利用其关联关系损害公司利益。

违反前款规定，给公司造成损失的，应当承担赔偿责任。

▶ 考点剖析

1. 原则上公司人格独立，只有例外情况下才能否认公司人格（一人公司除外）。法人人格否认的两种情形

（1）股东滥用有限责任：营利法人的

出资人不得滥用法人独立地位和出资人有限责任损害法人的债权人利益。滥用法人独立地位和出资人有限责任，逃避债务，严重损害法人的债权人利益的，应当对法人债务承担连带责任。

（2）关联公司：营利法人的控股出资人、实际控制人、董事、监事、高级管理人员不得利用其关联关系损害法人的利益。控制股东或实际控制人控制多个子公司或者关联公司，滥用控制权使多个子公司或者关联公司财产边界不清、财务混同，利益相互输送，丧失人格独立性，否认子公司或者关联公司法人人格，判令承担连带责任。这是《九民纪要》第11条的精神。

2. 如果股东损害的是公司的利益，则应当对公司承担侵权责任，公司可以提起侵权诉讼，如果公司怠于行使，其他股东符合条件时，可以提起股东代表诉讼。

3. 举证责任：原则上由债权人进行举证，但一人公司举证责任倒置，由公司股东证明自己的人格独立于公司的人格，否则承担连带责任。

4. 法人人格否认的诉讼当事人地位（《九民纪要》第13条的精神）

人民法院审理公司人格否认案件，应当根据不同情形确定当事人的诉讼地位：

（1）债权人与公司之间的债务已由生效法律文书确认，债权人另行提起公司人格否认诉讼，要求股东对债务承担连带责任的，列股东为被告，公司为第三人。

（2）债权人就其与公司之间的债务提起诉讼的同时，一并提起公司人格否认诉讼，要求股东承担责任的，列公司和股东为共同被告。

（3）债权人与公司之间的债务尚未经生效法律文书确认，债权人直接提起公司人格否认诉讼，要求股东对债务承担责任的，人民法院应当向债权人释明，告知其追加公司为共同被告。债权人拒绝追加的，裁定驳回起诉。

☑ 命题展望

本知识点主要考查考生是否能够准确区分法人独立人格与法人独立人格否认的定性及法律后果，如果出题，很可能以第15号指导案例（徐工集团工程机械股份有限公司诉成都川交工贸有限责任公司等买卖合同纠纷案）为蓝本。法人人格否认之诉的当事人资格涉及《九民纪要》的规定，是民法与民诉结合命题的重要素材，考生对此须特别注意。

☑ 真题链接

2019/主（《民法典》第83条第2款）

重点法条 ⑥ ▶ 法人中的两种人

☞ **第61条** ［法定代表人］ 依照法律或者法人章程的规定，代表法人从事民事活动的负责人，为法人的法定代表人。

法定代表人以法人名义从事的民事活动，其法律后果由法人承受。

法人章程或者法人权力机构对法定代表人代表权的限制，不得对抗善意相对人。

第62条 ［法定代表人的民事责任］

法定代表人因执行职务造成他人损害的，由法人承担民事责任。

法人承担民事责任后，依照法律或者法人章程的规定，可以向有过错的法定代表人追偿。

第170条［职务代理］　执行法人或者非法人组织工作任务的人员，就其职权范围内的事项，以法人或者非法人组织的名义实施的民事法律行为，对法人或者非法人组织发生效力。

法人或者非法人组织对执行其工作任务的人员职权范围的限制，不得对抗善意相对人。

第504条［越权订立的合同效力］　法人的法定代表人或者非法人组织的负责人超越权限订立的合同，除相对人知道或者应当知道其超越权限外，该代表行为有效，订立的合同对法人或者非法人组织发生效力。

▶ 关联法条

《民间借贷规定》第23条　企业法定代表人或负责人以企业名义与出借人签订民间借贷合同，出借人、企业或其股东能够证明所借款项用于企业法定代表人或负责人个人使用，出借人请求将企业法定代表人或负责人列为共同被告或者第三人的，人民法院应予准许。

企业法定代表人或负责人以个人名义与出借人签订民间借贷合同，所借款项用于企业生产经营，出借人请求企业与个人共同承担责任的，人民法院应予支持。

▶ 真题链接

2018/主（《民法典》第61条）

▶ 考点剖析

1. 法定代表人——代表制度

（1）法定代表人以法人的名义从事的民事活动，其法律后果由法人承受。

（2）对代表权的限制不得对抗善意第三人。第三人知情，该合同对法人无效，而非效力待定。

（3）法定代表人因执行职务行为造成他人损害的，由法人承担；法人承担责任以后，法人对法定代表人的追偿仅限于法定代表人违反法律和公司章程且有过错的行为。

（4）民间借贷合同中，法定代表人与法人的共同责任：

❶法定代表人以法人名义与出借人签订民间借贷合同，所借款项用于企业法定代表人个人使用，出借人请求将企业法定代表人列为共同被告或者第三人的，人民法院应予准许。

❷法定代表人以个人名义与出借人签订民间借贷合同，所借款项用于企业生产经营，出借人请求企业与个人共同承担责任的，人民法院应予支持。

2. 其他员工——代理制度

执行工作任务的人员，就其职权范围内的事项，以法人或者非法人组织的名义实施的民事法律行为，对法人或者非法人组织发生效力。

法人或者非法人组织对执行其工作任务的人员职权范围的限制，不得对抗善意相对人。

3. 人章之争的问题——《九民纪要》第41条

《九民纪要》第41条主要用来解决如

下两个问题：

（1）仅有法定代表人或代理人的签字，合同未加盖公章的，能否认定为是公司的行为？

答：可以。只要有代表权或代理权的人对外以公司名义对外从事法律行为，即便未盖公章，也应认定属于公司行为，而非个人行为。

（2）先在空白合同书上加盖公章，后确定合同内容的，公章显示的公司应否作为合同主体承担责任？

答：要严格考察空白合同持有人与公司之间是否具有代理关系，来综合认定合同效力是否及于公司。如果有代理关系的，视为无限授权，应承担相应的后果。

根据《九民纪要》第41条的规定，我们就可以得出一个规律：对于法定代表人，只要是公司的法定代表人，那么其所为的行为是否盖章、盖真章还是假章都不会影响代表行为的效力。对于法定代理人，如果属于有权代理，那么无论是否盖章、盖真章还是假章都是有效力的。但如果是无权代理人，那么真假章就很重要。如果是真章，就有可能构成表见代理，那该行为还是可以约束公司。如果盖假章那就是属于普通的无权代理，即行为效力待定，如果公司追认就可以约束公司，如果不追认就无法对公司产生约束力。

▶ 命题展望

案例分析中可能考查对公司某个行为人行为的定性，即其是属于代表行为还是代理行为；其行为属于个人行为，自行承担后果，属于职务行为，由公司承担后果。比较容易结合《公司法》以及职务侵权来进行命题。也可能结合民间借贷合同来进行考查。其中《九民纪要》人章之争的问题已经在2018年的命题中结合法定代表人加以考查，不排除继续结合代理命题的可能性。

重点法条⑦ ▶ 无因管理

☞**第121条** ［无因管理］ 没有法定的或者约定的义务，为避免他人利益受损失而进行管理的人，有权请求受益人偿还由此支出的必要费用。

第184条 ［自愿实施紧急救助行为致损免责］ 因自愿实施紧急救助行为造成受助人损害的，救助人不承担民事责任。

第979条 ［无因管理定义］ 管理人没有法定的或者约定的义务，为避免他人利益受损失而管理他人事务的，可以请求受益人偿还因管理事务而支出的必要费用；管理人因管理事务受到损失的，可以请求受益人给予适当补偿。

管理事务不符合受益人真实意思的，管理人不享有前款规定的权利；但是，受益人的真实意思违反法律或者违背公序良俗的除外。

第980条 ［受益人享有管理利益时的法律适用］ 管理人管理事务不属于前条规定的情形，但是受益人享有管理利益的，受益人应当在其获得的利益范围内向管理人承担前条第1款规定的义务。

第 981 条 ［管理人适当管理义务］ 管理人管理他人事务，应当采取有利于受益人的方法。中断管理对受益人不利的，无正当理由不得中断。

第 982 条 ［管理人通知义务］ 管理人管理他人事务，能够通知受益人的，应当及时通知受益人。管理的事务不需要紧急处理的，应当等待受益人的指示。

第 983 条 ［管理人报告和交付义务］ 管理结束后，管理人应当向受益人报告管理事务的情况。管理人管理事务取得的财产，应当及时转交给受益人。

第 984 条 ［受益人追认的法律效果］ 管理人管理事务经受益人事后追认的，从管理事务开始时起，适用委托合同的有关规定，但是管理人另有意思表示的除外。

▶ 关联法条

《诉讼时效规定》第 9 条　管理人因无因管理行为产生的给付必要管理费用、赔偿损失请求权的诉讼时效期间，从无因管理行为结束并且管理人知道或者应当知道本人之日起计算。

本人因不当无因管理行为产生的赔偿损失请求权的诉讼时效期间，从其知道或者应当知道管理人及损害事实之日起计算。

▶ 真题链接

2009/4/4（2）；2008（延）/4/4（3）（《民法典》第121条）

▶ 考点剖析

1. 无因管理属于事实行为，不要求行为人具有行为能力，只要对自己的行为有认知能力即可。

2. 为他人利益，兼为自己利益，在为他人利益范围内成立无因管理。

3. 无因管理不要求被管理人有实际受益的效果。

4. 管理人的义务

（1）返还管理行为获得的利益。

（2）报告、通知与适当管理。应当采取有利于受益人的方法。中断管理对受益人不利的，无正当理由不得中断，造成损失赔偿；紧急情况下，轻过失免责；重大过失，赔偿。注意区别紧急救助行为，如果是自愿实施救助行为造成受助人损害的，管理人即便重大过失也是免责的。

5. 管理人的权利

（1）享有垫付费用返还请求权。

（2）享有所受实际损失适当补偿请求权。

【注意】管理行为对本人造成损害，管理人无故意或者重大过失，则不予赔偿。

（3）无报酬请求权。

6. 无因管理转委托

管理人管理事务经受益人事后追认的，从管理事务开始时起，适用委托合同的有关规定。

▶ 命题展望

主要考查角度即判断是否构成无因管理，以及无因管理的法律效果，可以结合不当得利考查，如管理人具有返还获益的义务，否则构成不当得利；可以结合侵权考查，如管理人在管理中致使被管理人损害的，是否需要承担侵权责任；可以结合诉讼时效考查权利救济的期间。

重点法条 ⑧ ▶ 不当得利

☞**第 122 条** ［不当得利］　因他人没有法律根据，取得不当利益，受损失的人有权请求其返还不当利益。

第 985 条 ［不当得利定义］　得利人没有法律根据取得不当利益的，受损失的人可以请求得利人返还取得的利益，但是有下列情形之一的除外：

（一）为履行道德义务进行的给付；

（二）债务到期之前的清偿；

（三）明知无给付义务而进行的债务清偿。

第 986 条 ［善意得利人返还义务免除］得利人不知道且不应当知道取得的利益没有法律根据，获得取得的利益已经不存在的，不承担返还该利益的义务。

第 987 条 ［恶意得利人返还义务］　得利人知道或者应当知道取得的利益没有法律根据的，受损失的人可以请求得利人返还其取得的利益并依法赔偿损失。

第 988 条 ［第三人返还义务］　得利人已经将取得的利益无偿转让给第三人的，受损失的人可以请求第三人在相应范围内承担返还义务。

🔖 关联法条

《诉讼时效规定》第 8 条　返还不当得利请求权的诉讼时效期间，从当事人一方知道或者应当知道不当得利事实及对方当事人之日起计算。

🔖 真题链接

2016/4/4（4）（《民法典》第122条）

📖 考点剖析

1. 超过诉讼时效的债务，债权人受领后，债务人不可主张不当得利。

2. 民间借贷中，年利率在 24% ~ 36% 部分的利息，如果已给付，则不可主张不当得利返还；超过 36% 部分的利息，债务人给付后可以不当得利为由要求债权人返还。

3. 合同无效、被撤销后可以主张不当得利予以返还。

4. 不法原因的给付（黄、赌、毒等），不构成不当得利。除非不法原因仅存在于受领一方（赎金、保护费等）。

5. 不当得利的返还规则

（1）善意不当得利人的返还范围：得利人不知道且不应当知道取得的利益没有法律根据，取得的利益已经不存在的，不承担返还该利益的义务；（现存利益）

（2）恶意不当得利人的返还范围：得利人知道或者应当知道取得的利益没有法律根据的，受损失的人可以请求得利人返还其取得的利益并依法赔偿损失；（全部利益）

（3）得利人已经将取得的利益无偿转让给第三人的，受损失的人可以请求第三人在相应范围内承担返还义务。

📖 命题展望

不当得利主要结合具体的知识点顺带进行考查，比如无效合同、民间借贷等。历史考查的方式为多交货物构成不当得利，非所有权人对租赁物收取租金构成不当得利。

公报案例：无锡市掌柜网络技术有限公司诉无锡嘉宝置业有限公司网络服务合同纠纷案（《最高人民法院公报》2015年第3

期），该案例主要精神为垃圾短信服务协议因违背公共利益而无效后，当事人一方以不当得利为由要求返还服务费的，不予支持，对于非法所得，应当予以收缴。

重点法条9 ▶ 有效的民事法律行为

☞ **第143条**［民事法律行为有效要件］具备下列条件的民事法律行为有效：

（一）行为人具有相应的民事行为能力；

（二）意思表示真实；

（三）不违反法律、行政法规的强制性规定，不违背公序良俗。

第145条［限制民事行为能力人实施的民事法律行为的效力］ 限制民事行为能力人实施的纯获利益的民事法律行为或者与其年龄、智力、精神健康状况相适应的民事法律行为有效；实施的其他民事法律行为经法定代理人同意或者追认后有效。

相对人可以催告法定代理人自收到通知之日起30日内予以追认。法定代理人未作表示的，视为拒绝追认。民事法律行为被追认前，善意相对人有撤销的权利。撤销应当以通知的方式作出。

▶ 关联法条

《民法典》第706条［租赁合同的登记备案手续对合同效力的影响］ 当事人未依照法律、行政法规规定办理租赁合同登记备案手续的，不影响合同的效力。

《合同法解释（一）》第10条 当事人超越经营范围订立合同，人民法院不因此认定合同无效。但违反国家限制经营、特许经营以及法律、行政法规禁止经营规定的除外。

☞《合同法解释（二）》第15条 出卖人就同一标的物订立多重买卖合同，合同均不具有合同法第52条规定的无效情形，买受人因不能按照合同约定取得标的物所有权，请求追究出卖人违约责任的，人民法院应予支持。

☞《买卖合同解释》第3条第1款 当事人一方以出卖人在缔约时对标的物没有所有权或者处分权为由主张合同无效的，人民法院不予支持。

《民间借贷规定》

第11条 法人之间、其他组织之间以及它们相互之间为生产、经营需要订立的民间借贷合同，除存在合同法第52条、本规定第14条规定的情形外，当事人主张民间借贷合同有效的，人民法院应予支持。

第12条 法人或者其他组织在本单位内部通过借款形式向职工筹集资金，用于本单位生产、经营，且不存在合同法第52条、本规定第14条规定的情形，当事人主张民间借贷合同有效的，人民法院应予支持。

▶ 真题链接

2017/4/4（3）（4）；2016/4/4（2）；2015/4/3（4）；2014/4/4（2）；2011/4/4（3）（4）（8）；2010/4/4（2）（《民法典》第143条）

2016/4/4（2）（4）；2015/4/3（6）；2010/4/4（7）（《买卖合同解释》第3条）

2014/4/4（4）；2011/4/4（4）（《合同法解释（二）》第15条）

▶ 考点剖析

1. 民事法律行为有效的实质要件为三：行为人行为能力合格；意思表示真实；标的合法。一般而言符合这三个构成要件的行为即为有效的行为。

2. 限制民事行为能力人在其行为能力范围内的行为以及纯获利益的行为都是有效的。

3. 法人超过经营范围的行为一般也是有效的，除非违反了限制经营、特许经营与禁止经营。

4. 一物数卖中，数份合同的效力都是不受影响的，如果没有无效、效力待定与可撤销情形即为有效合同。买受人受领规则为：①特殊动产：交付＞登记＞合同成立在先；②一般动产：交付＞付款＞合同成立在先。

5. 被宣告死亡人在宣告死亡期间所实施的民事法律行为，如果符合有效要件，也是有效的。

6. 无处分权不影响合同效力，如果其不具有无效、效力待定、可撤销情形，即为有效合同。

7. 行为人的行为构成犯罪、违反行政法的相关规定等，并不会因此而影响合同的效力。

8. 企业之间为了生产经营活动而为的借贷合同没有其他无效事由时，即为有效。

9. 租赁合同未办备案登记的，不影响租赁合同的效力。

▶ 命题展望

有效的合同的经典考法就是结合无权处分与一物数卖来让考生判断合同的效力。违反物权法定的行为，其合同效力是不受影响的。也可以从民间借贷角度来进行考查。考生要牢牢记住《民法典》第143条，这是解释合同有效的万能答案。

重点法条⑩ ▶ 无效与部分无效的民事法律行为

第144条 ［无民事行为能力人实施的民事法律行为的效力］ 无民事行为能力人实施的民事法律行为无效。

☞**第146条** ［虚假表示与隐藏行为效力］ 行为人与相对人以虚假的意思表示实施的民事法律行为无效。

以虚假的意思表示隐藏的民事法律行为的效力，依照有关法律规定处理。

第153条 ［违法、违背公序良俗］ 违反法律、行政法规的强制性规定的民事法律行为无效，但是该强制性规定不导致该民事法律行为无效的除外。

违背公序良俗的民事法律行为无效。

☞**第154条** ［恶意串通］ 行为人与相对人恶意串通，损害他人合法权益的民事法律行为无效。

第155条 ［无效或被撤销行为的法律后果］ 无效的或者被撤销的民事法律行为自始没有法律约束力。

第156条 ［部分无效］ 民事法律行为部分无效，不影响其他部分效力的，其他部分仍然有效。

第 157 条 ［无效、被撤销及确定不发生效力后的救济］ 民事法律行为无效、被撤销或者确定不发生效力后，行为人因该行为取得的财产，**应当予以返还**；不能返还或者没有必要返还的，应当**折价补偿**。有过错的一方应当赔偿对方由此所受到的损失；各方**都有过错**的，应当各自承担相应的责任。法律另有规定的，依照其规定。

▶ 关联法条

《民法典》

第 401 条 ［流押］ 抵押权人在债务履行期限届满前，与抵押人约定债务人**不履行到期债务时抵押财产归债权人所有**的，只能依法就抵押财产优先受偿。

第 428 条 ［流质］ 质权人在债务履行期限届满前，与出质人约定债务人**不履行到期债务时质押财产归债权人所有**的，只能依法就质押财产优先受偿。

第 507 条 ［合同解决争议条款的独立性］ 合同不生效、无效、被撤销或者终止的，不影响合同中有关解决争议方法的条款的效力。

第 586 条第 2 款 定金的数额由当事人约定；但是，**不得超过主合同标的额的20%**，超过部分不产生定金的效力。实际交付的定金数额多于或者少于约定数额的，视为**变更约定的定金数额**。

第 705 条第 1 款 ［租赁最长期限］ 租赁期限**不得超过20 年**。超过20 年的，**超过部分无效**。

《商品房买卖合同解释》

第 2 条 出卖人**未取得商品房预售许可证明**，与买受人订立的商品房预售合同，应当认定**无效**，但是在起诉前取得商品房预售

许可证明的，可以认定有效。

第 10 条 买受人以出卖人与第三人**恶意串通**，另行订立商品房买卖合同并将房屋交付使用，导致其无法取得房屋为由，请求确认出卖人与第三人订立的商品房买卖合同无效的，应予支持。

▶ 真题链接

2017/4/4（1）；2016/4/4（1）（《民法典》第146 条）

2014/4/4（2）（《民法典》第154 条）

▶ 考点剖析

1. 整体无效情形

（1）行为人欠缺行为能力：无民事行为能力人签订的合同。

（2）虚假意思表示所为的行为。

（3）恶意串通，损害国家、集体、第三人利益。

（4）违反法律、法规的效力性强制性规定以及违反公序良俗的。

（5）民间借贷无效情形。

（6）商品房买卖合同中未取得预售许可证；但是在起诉前取得预售许可证的，可以认定有效。

2. 常考部分无效情形

（1）抵押合同、质押合同中，流押、流质条款无效；

（2）定金合同中，超过主合同标的额20%的部分无效；

（3）租赁合同的期限不得超过20 年，超过20 年的部分无效。

3. 无效法律后果

（1）合同无效、被撤销和被拒绝追认后，只能要求当事人承担缔约过失责任，

而不是违约责任。

（2）合同无效、被撤销或者终止的，不影响合同中独立存在的解决争议方法的条款的效力。

（3）无效法律后果的升华考点（《九民纪要》）

❶ 处理原则

在确定合同不成立、无效或者被撤销后财产返还或者折价补偿范围时，要根据诚实信用原则的要求，在当事人之间合理分配，不能使不诚信的当事人因合同不成立、无效或者被撤销而获益。合同不成立、无效或者被撤销情况下，当事人所承担的缔约过失责任不应超过合同履行利益。

❷ 财产、价金返还

A. 在标的物已经灭失、转售他人或者其他无法返还的情况下，当事人主张返还原物的，人民法院不予支持。此时转为折价补偿。折价时，应当以当事人交易时约定的价款为基础，同时考虑当事人在标的物灭失或者转售时的获益情况综合确定补偿标准。标的物灭失时当事人获得的保险金或者其他赔偿金，转售时取得的对价，均属于当事人因标的物而获得的利益。对获益高于或者低于价款的部分，也应当在当事人之间合理分配或者分担。

B. 财产出现增值或者贬值的，在当事人之间合理分配或者分担，避免一方因合同不成立、无效或者被撤销而获益。

C. 标的物与价款的相互返还无须标的物的使用费，也不计算价款的利息。二者互相抵销。

❸ 赔偿问题

合同不成立、无效或者被撤销时，仅返还财产或者折价补偿不足以弥补损失，一方还可以向有过错的另一方请求损害赔偿。在确定损害赔偿范围时，既要根据当事人的过错程度合理确定责任，又要考虑在确定财产返还范围时已经考虑过的财产增值或者贬值因素，避免双重获利或者双重受损的现象发生。

❹ 法院的释明义务

原告起诉请求确认合同有效并请求继续履行合同，被告主张合同无效的，或者原告起诉请求确认合同无效并返还财产，而被告主张合同有效的，都要防止机械适用"不告不理"原则，仅就当事人的诉讼请求进行审理，而应向原告释明变更或者增加诉讼请求，或者向被告释明提出同时履行抗辩，尽可能一次性解决纠纷。

第一审人民法院未予释明，第二审人民法院认为应当对合同不成立、无效或者被撤销的法律后果作出判决的，可以直接释明并改判。当然，如果返还财产或者赔偿损失的范围确实难以确定或者双方争议较大的，也可以告知当事人通过另行起诉等方式解决，并在裁判文书中予以明确。

▶ 命题展望

可以结合阴阳合同来考查无效的合同情形；要特别注意无效不影响合同中解决争议方法的条款的效力，其可以结合民诉法的约定管辖、仲裁协议部分加以考查。无效的法律后果也比较具有实务命题价值。

重点法条 11 ▶ 可撤销的民事法律行为

第147条［重大误解］ 基于重大误解实施的民事法律行为，行为人有权请求人民法院或者仲裁机构予以撤销。

第148条［欺诈］ 一方以欺诈手段，使对方在违背真实意思的情况下实施的民事法律行为，受欺诈方有权请求人民法院或者仲裁机构予以撤销。

第149条［第三方欺诈而对方知情］第三人实施欺诈行为，使一方在违背真实意思的情况下实施的民事法律行为，对方知道或者应当知道该欺诈行为的，受欺诈方有权请求人民法院或者仲裁机构予以撤销。

第150条［胁迫］ 一方或者第三人以胁迫手段，使对方在违背真实意思的情况下实施的民事法律行为，受胁迫方有权请求人民法院或者仲裁机构予以撤销。

第151条［显失公平］ 一方利用对方处于危困状态、缺乏判断能力等情形，致使民事法律行为成立时显失公平的，受损害方有权请求人民法院或者仲裁机构予以撤销。

第152条［撤销权的消灭］ 有下列情形之一的，撤销权消灭：

（一）当事人自知道或者应当知道撤销事由之日起1年内、重大误解的当事人自知道或者应当知道撤销事由之日起90日内没有行使撤销权；

（二）当事人受胁迫，自胁迫行为终止之日起1年内没有行使撤销权；

（三）当事人知道撤销事由后明确表示或者以自己的行为表明放弃撤销权。

当事人自民事法律行为发生之日起5年内没有行使撤销权的，撤销权消灭。

▶ 考点剖析

1. 可撤销的民事法律行为乃行为成立时意思表示不真实或者不自由的结果。主要情形为：重大误解、欺诈（第三人欺诈）、胁迫（第三人胁迫）、显失公平（乘人之危已经并入显失公平中）。

2. 可撤销的民事法律行为发生的情形一定是在行为成立时，而非行为履行中。

3. 撤销权为形成权，受除斥期间的限制，不适用诉讼时效。受到双重除斥期间限制：知道或者应当知道之日（胁迫为行为终了之日）起1年内（重大误解90日）＋行为发生之日起5年内。撤销权可以明示或者默示的方式放弃。撤销权必须通过诉讼或者仲裁的方式行使。

4. 行为被撤销后追究的是缔约过失责任，而不是违约责任。

▶ 命题展望

在主观题中，比较可能命题的是欺诈（尤其是消极欺诈）、显失公平类的可撤销合同的认定。另外，很有可能结合合同的法定解除权进行考查。此时，发生竞合，择一行使。

重点法条⑫▶代　理

第162条 ［代理的法律后果］代理人在代理权限内，以被代理人名义实施的民事法律行为，对被代理人发生效力。

第164条 ［代理人的民事责任］代理人不履行或者不完全履行职责，造成被代理人损害的，应当承担民事责任。

代理人和相对人恶意串通，损害被代理人合法权益的，代理人和相对人应当承担连带责任。

第168条 ［禁止自我代理和双方代理及例外］代理人不得以被代理人的名义与自己实施民事法律行为，但是被代理人同意或者追认的除外。

代理人不得以被代理人的名义与自己同时代理的其他人实施民事法律行为，但是被代理的双方同意或者追认的除外。

第170条第2款 ［执行法人或非法人组织工作任务的效力］法人或者非法人组织对执行其工作任务的人员职权范围的限制，不得对抗善意相对人。

第171条 ［无权代理］行为人没有代理权、超越代理权或者代理权终止后，仍然实施代理行为，未经被代理人追认的，对被代理人不发生效力。

相对人可以催告被代理人自收到通知之日起30日内予以追认。被代理人未作表示的，视为拒绝追认。行为人实施的行为被追认前，善意相对人有撤销的权利。撤销应当以通知的方式作出。

行为人实施的行为未被追认的，善意相对人有权请求行为人履行债务或者就其受到的损害请求行为人赔偿，但是赔偿的范围不得超过被代理人追认时相对人所能获得的利益。

相对人知道或者应当知道行为人无权代理的，相对人和行为人按照各自的过错承担责任。

☞ **第172条** ［表见代理］行为人没有代理权、超越代理权或者代理权终止后，仍然实施代理行为，相对人有理由相信行为人有代理权的，代理行为有效。

▶ 关联法条

☞《合同法解释（二）》第12条　无权代理人以被代理人的名义订立合同，被代理人已经开始履行合同义务的，视为对合同的追认。

▶ 真题链接

2018/主；2014/4/4（7）（《民法典》第172条）

2010/4/4（6）（《合同法解释（二）》第12条）

▶ 考点剖析

1. 代理的概念

（1）代理与委托

代理是代理人以被代理人的名义对外从事民事法律行为，而由被代理人承受法律后果，其为三方法律关系；而委托是双方法律关系，代理人与被代理人之间的内部关系往往形成委托关系。

（2）代理和代表

公司法定代表人以公司的名义所为的

行为属于代表，不属于代理，因此其超越权限的行为原则有效，公司无权拒绝承担相应的后果；

公司的其他员工以公司的名义所为的行为属于代理，因此其超越权限所为的行为原则上效力待定，公司享有追认权。但法人或者非法人组织对执行其工作任务的人员职权范围的限制，不得对抗善意相对人。

2. 代理权的滥用

（1）自己代理。指代理人以被代理人的名义与自己为法律行为。原则上，因自己代理订立的合同效力待定，经被代理人追认后有效。但使被代理人纯获利益的自己代理有效。例如，父母将自己的房屋赠与儿子，并作为儿子的法定代理人订立赠与合同。

（2）双方代理。指同时代理本人和相对人为同一法律行为。双方代理行为效力待定，经双方被代理人的双重追认后生效。

（3）代理人与相对人恶意串通，损害被代理人的利益的代理，代理人与相对人对被代理人承担连带责任。

3. 无权代理

（1）无权代理的行为效力待定，被代理人享有追认权。在被代理人追认之前，善意的相对人享有撤销权，该撤销权以通知的方式行使即可。

（2）被代理人拒绝追认后，善意相对人在行为未被追认时享有选择权，即其有权请求行为人履行债务或者就其所受到的损害请求行为人赔偿。所以，不要直接说被拒绝追认的合同无效，而应该表述为"对被代理人不发生效力"。

（3）表见代理的构成要件为：①无代理权。代理人以被代理人名义与相对人订立合同时，为无权代理。②有权利外观。即存在使相对人相信代理人享有代理权的事实和理由。③相对人善意且无过失。所谓善意，是指相对人"不知"代理人无代理权。所谓无过失，是指相对人尽到了一定的审查义务。④须权利外观归因于被代理人，即本人的行为与权利外观的形成具有牵连性，所以，行为人私刻公章，伪造、盗窃被代理人的公章或者授权书等，不构成表见代理。

（4）无权代理与无权处分的区别：无权代理是以被代理人的名义，行为效力待定；无权处分是以自己的名义，行为原则上有效。

命题展望

1. 委托合同与代理制度不分离，最可能与商品房买卖合同结合进行考查，既考查委托合同的规则，也可以考查违约责任与商品房买卖合同规则。考生需要对此模型较为熟悉。

2. 在合同案例中，考查职务代理是否超越代理权、是否构成表见代理、行为后果应当由谁承担。

3. 另外喜欢考查代理定性，即某行为是否属于代理，一般从委托和代表两个方面进行混淆。考生需要注意，如果代理人与被代理人的委托合同中，对代理权进行了各种限制，这种限制不可对抗善意第三人，第三人以委托授权书作为判断标准。

4. 代理权的授予具有独立性与无因性，因此如果被代理人已经完成授权，代理人以被代理人的名义所为的行为即为有权代理，被代理人不可因委托合同等基础法律关系的解除而主张无权代理的效果。

重点法条 13 ▶ 见义勇为与自愿救助

第183条 [见义勇为者受损的救济] 因保护他人民事权益使自己受到损害的，由侵权人承担民事责任，受益人可以给予适当补偿。没有侵权人、侵权人逃逸或者无力承担民事责任，受害人请求补偿的，受益人应当给予适当补偿。

第184条 [自愿实施紧急救助致损免责] 因自愿实施紧急救助行为造成受助人损害的，救助人不承担民事责任。

考点剖析

1. 对于见义勇为者的救济，《民法总则》改变了《侵权责任法》的规定，有效避免了"英雄流血又流泪"的局面。对于见义勇为者遭受的损害，其可以要求侵权人承担责任，也可以要求受益人给予补偿；在侵权人无力承担或者不存在侵权人时，受益人是应当给予补偿的。

2. 见义勇为者在见义勇为过程中造成了侵权人的损害，如果见义勇为者不存在

过错，则不需要承担赔偿责任。

3. 自愿实施救助行为，俗称"好人条款"，此条款的最大特色在于，在自愿实施救助行为时，即便是存在过错，也不承担侵权责任。也就是自愿实施救助行为，虽属于无因管理，但《民法典》给予其特殊的免责条款：过失或者重大过失造成受助人的损失，救助者不承担责任。而在普通的无因管理中，如管理人存在过错，则需要承担相应的民事责任。

命题展望

注意见义勇为者造成侵权人损害以及自身遭受损害时的责任与救济，最高院第19批指导案例第98号案例：张庆福、张殿凯诉朱振彪生命权纠纷案，即是关于见义勇为者造成侵权人损害的处理规则。

自愿实施救助行为的免责条款极为特殊，也是需要考生加以特别注意的。其可以结合无因管理与侵权责任来进行考查。

重点法条 14 ▶ 民事责任竞合与优先

第186条 [违约责任与侵权责任的竞合] 因当事人一方的违约行为，损害对方人身权益、财产权益的，受损害方有权选择请求其承担违约责任或者侵权责任。

第187条 [民事责任优先] 民事主体因同一行为应当承担民事责任、行政责任和刑事责任的，承担行政责任或者刑事责任不影响承担民事责任；民事主体的财产不足以支付的，优先用于承担民事责任。

考点剖析

1. 在加害给付中，形成侵权与违约的竞合，此时当事人择一主张，形成法定选择之债。

2. 责任竞合时，民事责任具有最优先性。

命题展望

此知识点可以设计在加害给付情形下，受害人的救济途径。可结合产品侵权、违约责任与精神损害赔偿等考查。

重点法条 15 ▶ 诉讼时效

第 188 条 [普通诉讼时效、最长权利保护期间] 向人民法院请求保护民事权利的诉讼时效期间为 3 年。法律另有规定的，依照其规定。

诉讼时效期间自权利人知道或者应当知道权利受到损害以及义务人之日起计算。法律另有规定的，依照其规定。但是自权利受到损害之日起超过 20 年的，人民法院不予保护；有特殊情况的，人民法院可以根据权利人的申请决定延长。

第 192 条 [诉讼时效期间届满的抗辩] 诉讼时效期间届满的，义务人可以提出不履行义务的抗辩。

诉讼时效期间届满后，义务人同意履行的，不得以诉讼时效期间届满为由抗辩；义务人已经自愿履行的，不得请求返还。

第 193 条 [法院不主动适用诉讼时效] 人民法院不得主动适用诉讼时效的规定。

☞ **第 194 条** [诉讼时效的中止] 在诉讼时效期间的最后 6 个月内，因下列障碍，不能行使请求权的，诉讼时效中止：

（一）不可抗力；

（二）无民事行为能力人或者限制民事行为能力人没有法定代理人，或者法定代理人死亡、丧失民事行为能力、丧失代理权；

（三）继承开始后未确定继承人或者遗产管理人；

（四）权利人被义务人或者其他人控制；

（五）其他导致权利人不能行使请求权的障碍。

自中止时效的原因消除之日起满 6 个月，诉讼时效期间届满。

第 195 条 [诉讼时效的中断] 有下列情形之一的，诉讼时效中断，从中断、有关程序终结时起，诉讼时效期间重新计算：

（一）权利人向义务人提出履行请求；

（二）义务人同意履行义务；

（三）权利人提起诉讼或者申请仲裁；

（四）与提起诉讼或者申请仲裁具有同等效力的其他情形。

第 196 条 [不适用诉讼时效的情形] 下列请求权不适用诉讼时效的规定：

（一）请求停止侵害、排除妨碍、消除危险；

（二）不动产物权和登记的动产物权的权利人请求返还财产；

（三）请求支付抚养费、赡养费或者扶养费；

（四）依法不适用诉讼时效的其他请求权。

🔻 关联法条

《诉讼时效规定》

第 1 条 当事人可以对债权请求权提出诉讼时效抗辩，但对下列债权请求权提出诉讼时效抗辩的，人民法院不予支持：

（一）支付存款本金及利息请求权；

（二）兑付国债、金融债券以及向不特定对象发行的企业债券本息请求权；

（三）基于投资关系产生的缴付出资请求权；

（四）其他依法不适用诉讼时效规定的

债权请求权。

第3条 当事人未提出诉讼时效抗辩，人民法院不应对诉讼时效问题进行释明及主动适用诉讼时效的规定进行裁判。

第4条第1款 当事人在一审期间未提出诉讼时效抗辩，在二审期间提出的，人民法院不予支持，但其基于新的证据能够证明对方当事人的请求权已过诉讼时效期间的情形除外。

《最高人民法院关于适用〈中华人民共和国民法总则〉诉讼时效制度若干问题的解释》

第1条 民法总则施行后诉讼时效期间开始计算的，应当适用民法总则第188条关于3年诉讼时效期间的规定。当事人主张适用民法通则关于2年或者1年诉讼时效期间规定的，人民法院不予支持。

第2条 民法总则施行之日，诉讼时效期间尚未满民法通则规定的2年或者1年，当事人主张适用民法总则关于3年诉讼时效期间规定的，人民法院应予支持。

第3条 民法总则施行前，民法通则规定的2年或者1年诉讼时效期间已经届满，当事人主张适用民法总则关于3年诉讼时效期间规定的，人民法院不予支持。

第4条 民法总则施行之日，中止时效的原因尚未消除的，应当适用民法总则关于诉讼时效中止的规定。

第5条 本解释自2018年7月23日起施行。

本解释施行后，案件尚在一审或者二审阶段的，适用本解释；本解释施行前已经终审，当事人申请再审或者按照审判监督程序决定再审的案件，不适用本解释。

《民诉解释》第219条 当事人超过诉讼时效期间起诉的，人民法院应予受理。受

理后对方当事人提出诉讼时效抗辩，人民法院经审理认为抗辩事由成立的，判决驳回原告的诉讼请求。

▶ 真题链接

2015/4/3（7）（《民法典》第194条）

▶ 考点剖析

1. 普通诉讼时效期间为3年，诉讼时效经过的效果为债务人取得时效抗辩权，该时效抗辩权必须在一审中主张；如其未主张，承担责任后不可反悔。

2. 法院对于超过诉讼时效的案件应当受理，在审理中法院须保持中立，不可主动释明诉讼时效。如果债务人提出了时效抗辩，法院应当作出判决，驳回诉讼请求。

3. 诉讼时效中断的情形主要为两种：债权人主张权利或者债务人承认债务。

4. 诉讼时效是法律的强制性规范，当事人不得约定排除适用，有约定的，约定无效；诉讼时效期间具有法定性，当事人不得约定延长或者缩短。

5. 诉讼时效的客体

（1）诉讼时效的客体只能是请求权。

（2）诉讼时效仅适用于债权请求权。基于其他基础权利而形成的请求权均不适用于诉讼时效。一个例外：未经登记的动产的所有权人的返还请求权（物权请求权）。

（3）并非所有的债权请求权均适用于诉讼时效。例如：

❶ 支付存款本金及利息请求权；

❷ 兑付国债、金融债券以及向不特定对象发行的企业债券本息请求权；

❸ 请求支付抚养费、赡养费或者扶养费；

④基于投资关系产生的缴付出资请求权；

⑤业主大会或业主委员会请求业主缴纳维修基金的请求权；

⑥公司请求瑕疵股东缴付出资的债权。

6.《民法总则》与《民法通则》中诉讼时效的衔接：已满从旧，未满从新；生效判决从旧，未生效从新。即删除 1 年短期时效，普通时效改为 3 年，如果在适用《民法总则》前诉讼时效已经届满，不具有追溯力。如果案件尚在一审、二审中，时效规定具有溯及力；如果案件属于再审，不适用本解释。

▶ 命题展望

1. 诉讼时效的适用范围是最具有可考查性的，尤其是总则新增的物权请求权是否适用诉讼时效的问题，其可以结合物权法来进行考查；关于诉讼时效适用范围问题，有第 65 号指导案例：上海市虹口区久乐大厦小区业主大会诉上海环亚实业总公司业主共有权纠纷案。其中确认缴纳专项维修基金义务不受诉讼时效限制。

2. 第二种考查方式就是结合民诉进行出题，考查法院对于超过诉讼时效的起诉的正确处理态度。即以"纠错题"的方式进行考查。或者考查某案件是否适用《最高人民法院关于适用〈中华人民共和国民法总则〉诉讼时效制度若干问题的解释》。

3. 第三种考查方式是结合具体的制度来考查诉讼时效的中断问题，如保证、代位权诉讼等。

4. 第四种考查方式是结合商法，考查股东出资是否适用诉讼时效。

专题二　物　　权

重点法条⑯▶物权法基本原则

☞**第 116 条** ［物权法定原则］　物权的种类和内容，由法律规定。

☞**第 208 条** ［物权公示原则］　不动产物权的设立、变更、转让和消灭，应当依照法律规定登记。动产物权的设立和转让，应当依照法律规定交付。

▶ 真题链接

2017/4/4（3）（《民法典》第208条）

2016/4/4（1）（《民法典》第116条）

2011/4/4（3）（《民法典》第116、208条）

▶ 考点剖析

1. 物权的种类与内容、物权的变动方式都是法定，当事人不可约定任意创设物权或者改变物权。

2. 物权法定的"法"指立法机关制定的法律。行政法规、规章命令不包含在内。

3. 违反物权法定原则的行为不发生物权效果，但合同效力不受影响。

4. 物权公示方法为：动产交付，不动产登记。该公示原则仅适用于基于法律行为的物权变动，对于非基于法律行为的物权变动不以公示为变动要件。

命题展望

考生需要把握物权的种类、每种物权的设立方式，在案例中经常需要考生判断某种权利是否能够设立物权，其理由都离不开物权法定原则。考试中也会考查物权

何时发生变动，往往结合买卖合同来进行命题。

指导案例53号：福建海峡银行股份有限公司福州五一支行诉长乐亚新污水处理有限公司、福州市政工程有限公司金融借款合同纠纷案，该案例的争议本质即为如何定性污水处理费用质押问题。

重点法条 ⑰ ▶ 基于法律行为的物权变动——不动产

☞**第209条**［不动产物权登记的效力］不动产物权的设立、变更、转让和消灭，经依法登记，发生效力；未经登记，不发生效力，但法律另有规定的除外。

依法属于国家所有的自然资源，所有权可以不登记。

☞**第214条**［不动产物权变动的生效时间］ 不动产物权的设立、变更、转让和消灭，依照法律规定应当登记的，自记载于不动产登记簿时发生效力。

☞**第215条**［合同效力与物权效力的区分］ 当事人之间订立有关设立、变更、转让和消灭不动产物权的合同，除法律另有规定或者合同另有约定外，自合同成立时生效；未办理物权登记的，不影响合同效力。

☞**第217条**［不动产权属证书］ 不动产权属证书是权利人享有该不动产物权的证明。不动产权属证书记载的事项，应当与不动产登记簿一致；记载不一致的，除有证据证明不动产登记簿确有错误外，以不动产登记簿为准。

第220条［申请更正登记和异议登记］权利人、利害关系人认为不动产登记簿记

载的事项错误的，可以申请更正登记。不动产登记簿记载的权利人书面同意更正或者有证据证明登记确有错误的，登记机构应当予以更正。

不动产登记簿记载的权利人不同意更正的，利害关系人可以申请异议登记。登记机构予以异议登记的，申请人自异议登记之日起15日内不提起诉讼，异议登记失效。异议登记不当，造成权利人损害的，权利人可以向申请人请求损害赔偿。

☞**第221条**［预告登记］ 当事人签订买卖房屋的协议或者签订其他不动产物权的协议，为保障将来实现物权，按照约定可以向登记机构申请预告登记。预告登记后，未经预告登记的权利人同意，处分该不动产的，不发生物权效力。

预告登记后，债权消灭或者自能够进行不动产登记之日起90日内未申请登记的，预告登记失效。

关联法条

《物权法解释（一）》

第2条 当事人有证据证明不动产登记簿的记载与真实权利状态不符、其为该不动

产物权的真实权利人，请求确认其享有物权的，应予支持。

第3条　异议登记因物权法第19条第2款规定的事由失效后，当事人提起民事诉讼，请求确认物权归属的，应当依法受理。异议登记失效不影响人民法院对案件的实体审理。

第4条　未经预告登记的权利人同意，转移不动产所有权，或者设定建设用地使用权、地役权、抵押权等其他物权的，应当依照物权法第20条第1款的规定，认定其不发生物权效力。

第5条　买卖不动产物权的协议被认定无效、被撤销、被解除，或者预告登记的权利人放弃债权的，应当认定为物权法第20条第2款所称的"债权消灭"。

▷ 真题链接

2015/4/3（3）（《民法典》第221条）

2015/4/3（4）（《民法典》第215条）

2014/4/4（1）（《民法典》第214条）

2008/4/4（6）（《民法典》第209、217条）

▷ 考点剖析

1. 不动产物权变动要登记，"法律另有规定"指的是土地承包经营权与地役权以及非基于法律行为的不动产物权变动。

2. 法律行为的物权变动坚持区分原则，即引发不动产物权变动的合同与不动产物权变动是分别进行的，合同成立即生效，但物权必须登记后才能生效。物权未生效不影响合同效力。

3. 预告登记的效果是限制所有权人处分权利，未经预告登记权利人的同意，处分不动产的，不发生物权变动的效果，但不否认合同的效力。预告登记必须在能够办理正式登记90日内进行正式登记，否则失效。

4. 异议登记的效果是阻止登记的正确性推定，从而防止第三人善意取得。申请人在异议登记之日起15日内不起诉，异议登记失效。异议登记失效不影响人民法院对案件的实体审理。

▷ 命题展望

本知识点的法条具有很强的可考性，历年考查的频率也比较高。尤其是非常容易结合商品房买卖合同考查不动产物权是否发生变动，合同效力如何等问题。但需要注意的是不动产的物权变动规则是否同样能够适用于夫妻间的财产分割情形，目前在家事法庭建设的背景之下，就非常具有开放性考查的意义。

重点法条 18 ▶ 基于法律行为的物权变动——动产

☞ **第224条**［动产交付的效力］动产物权的设立和转让，自交付时发生效力，但法律另有规定的除外。

☞ **第225条**［特殊动产物权变动的确定标准］船舶、航空器和机动车等的物权的设立、变更、转让和消灭，未经登记，不得对抗善意第三人。

第226条［简易交付］动产物权设立和转让前，权利人已经占有该动产的，物权自民事法律行为生效时发生效力。

第 **227** 条 ［指示交付］　动产物权设立和转让前，第三人占有该动产的，负有交付义务的人可以通过转让请求第三人返还原物的权利代替交付。

第 **228** 条 ［占有改定］　动产物权转让时，当事人又约定由出让人继续占有该动产的，物权自该约定生效时发生效力。

🔽 **真题链接**

2016/4/4(3)(《民法典》第224、225条)

🔽 **考点剖析**

1. 动产物权（动产抵押权除外）必须交付才能变动，特殊动产也是如此，不过对于特殊动产可以办理登记，登记产生对抗第三人的效果。

2. 关于占有改定必须记住的两句话：

（1）占有改定不适用质权的设立，即通过占有改定方式完成的质权不能设立；

（2）占有改定不适用善意取得，即动产如果通过占有改定完成了交付，买受人不能善意取得。

🔽 **命题展望**

动产物权，尤其是特殊动产物权的变动，是主观题常考的情形之一。考生把握住何时变动即可，以及能够判断是何种交付。一般会作为做题的背景知识点。

重 点 法 条 **19** ▶ 非基于法律行为的物权变动

第 **229** 条 ［公法行为致物权变动］　因人民法院、仲裁委员会的法律文书或者人民政府的征收决定等，导致物权设立、变更、转让或者消灭的，自法律文书或者征收决定等生效时发生效力。

第 **230** 条 ［继承物权变动］　因继承取得物权的，自继承开始时发生效力。

第 **231** 条 ［合法的事实行为致物权变动］　因合法建造、拆除房屋等事实行为设立或者消灭物权的，自事实行为成就时发生效力。

第 **232** 条 ［处分非基于法律行为取得的不动产］　处分依照本节规定享有的不动产物权，依照法律规定需要办理登记的，未经登记，不发生物权效力。

🔽 **关联法条**

《物权法解释（一）》

第 7 条　人民法院、仲裁委员会在分割共有不动产或者动产等案件中作出并依法生效的改变原有物权关系的判决书、裁决书、调解书，以及人民法院在执行程序中作出的拍卖成交裁定书、以物抵债裁定书，应当认定为物权法第 28 条所称导致物权设立、变更、转让或者消灭的人民法院、仲裁委员会的法律文书。

第 8 条　依照物权法第 28 条至第 30 条规定享有物权，但尚未完成动产交付或者不动产登记的物权人，根据物权法第 34 条至第 37 条的规定，请求保护其物权的，应予支持。

▶ 考点剖析

1. 非基于法律行为的物权变动的情形包括：基于继承、受遗赠取得物权；基于法院、仲裁委员会的法律文书变动物权；基于合法建造、拆除行为变动物权。

2. 并非所有的法律文书均可以直接引起物权的变动，只有以下几种文书可以直接变动物权：①物权形成之诉的法律文书；②法院拍卖成交裁定书、以物抵债裁定书。确认之诉、给付之诉的裁判书不会直接变动物权。

3. 非基于法律行为的物权取得不需要公示，自事实发生之日起即取得，但是如果受让人再处分时，则需要进行公示。

▶ 命题展望

最具有主观题考试价值的是继承、遗赠引起的物权变动以及离婚判决引发的物权变动。比较容易结合继承法与婚姻法进行考查。同时会涉及向基于法律行为的物权变动的转化，如继承后再出卖等。

重点法条 20 ▶ 无权处分与善意取得

☞ 第311条 [善意取得的一般规定]　无处分权人将不动产或者动产转让给受让人的，所有权人有权追回；除法律另有规定外，符合下列情形的，受让人取得该不动产或者动产的所有权：

（一）受让人受让该不动产或者动产时是善意的；

（二）以合理的价格转让；

（三）转让的不动产或者动产依照法律规定应当登记的已经登记，不需要登记的已经交付给受让人。

受让人依照前款规定取得不动产或者动产的所有权的，原所有权人有权向无处分权人请求赔偿损失。

当事人善意取得其他物权的，参照适用前两款规定。

第313条 [善意取得之动产上的原有权利]　善意受让人取得动产后，该动产上的原有权利消灭，但是，善意受让人在受让时知道或者应当知道该权利的除外。

第597条 [无权处分效力]　因出卖人未取得处分权致使标的物所有权不能转移的，买受人可以解除合同并请求出卖人承担违约责任。

法律、行政法规禁止或者限制转让的标的物，依照其规定。

▶ 关联法条

《物权法解释（一）》第15条　受让人受让不动产或者动产时，不知道转让人无处分权，且无重大过失的，应当认定受让人为善意。

真实权利人主张受让人不构成善意的，应当承担举证证明责任。

《公司法解释（三）》

第7条第1款　出资人以不享有处分权的财产出资，当事人之间对于出资行为效力产生争议的，人民法院可以参照物权法第106条（现为《民法典》第311条）的规定予以认定。

第25条第1款　名义股东将登记于其名下的股权转让、质押或者以其他方式处分，实际出资人以其对于股权享有实际权利为由，请求认定处分股权行为无效的，人民法院可以参照物权法第106条（现为《民法典》第311条）的规定处理。

第27条　股权转让后尚未向公司登记机关办理变更登记，原股东将仍登记于其名下的股权转让、质押或者以其他方式处分，受让股东以其对于股权享有实际权利为由，请求认定处分股权行为无效的，人民法院可以参照物权法第106条（现为《民法典》第311条）的规定处理。

▣ 真题链接

2010/4/4(8)（《民法典》第311条）

▣ 考点剖析

1. 无权处分的合同效果

无权处分不影响合同的效力，合同如果符合《民法典》第143条的规定，就是有效的。如果最终受让人无法取得物权，则出卖人构成根本违约，买受人可以解除合同，主张违约责任。

2. 善意取得的构成要件

（1）无权处分；

（2）受让人善意不知情；

（3）价格合理；

（4）动产交付、不动产登记。

3. 商法中的善意取得制度

（1）出资人以不享有处分权的财产出

资，当事人之间对于出资行为效力产生争议的，人民法院可以参照民法典有关善意取得规定予以认定。即公司可以善意取得该财产的所有权。

（2）名义股东将登记于其名下的股权转让、质押或者以其他方式处分，实际出资人以其对于股权享有实际权利为由，请求认定处分股权行为无效的，人民法院可以参照民法典有关善意取得的规定处理。即代持股协议的名义股东处分股权时，此时虽定性为有权处分，但适用善意取得。

（3）一股二卖与善意取得：股权转让后尚未办理变更登记，原股东将登记在自己名下的股权转让、质押或者其他方式处分，受让股东如果符合善意取得构成要件的，可以善意取得。

▣ 命题展望

1. 传统考点为无权处分与合同的效力，结合法定解除权与违约责任考查。

2. 结合民诉考查善意取得之"善意"的认定、举证责任问题；结合公司法考查出资与代持股相关知识点。

3. 结合合同编中合同的效力来考查善意取得；也可以结合融资租赁合同、保留所有权买卖合同来命题。

4. 结合公司法的股权转让相关知识点来考查善意取得。

重点法条 21 ▶ 遗失物相关规则

☞ **第312条** [占有脱离物原则]　所有权人或者其他权利人有权追回遗失物。该遗失物通过转让被他人占有的，权利人有权向无处分权人请求损害赔偿，或者自知道或者应当知道受让人之日起2年内向受让人请求返还原物；但是，受让人通过拍卖或者向具有经营资格的经营者购得该遗失物的，权利人请求返还原物时<u>应当支付受让人所付的费用</u>。权利人向受让人支付所付费用后，有权向无处分权人<u>追偿</u>。

☞ **第 316 条**［遗失物保管义务］ 拾得人在遗失物送交有关部门前，有关部门在遗失物被领取前，<u>应当妥善保管遗失物</u>。因<u>故意或者重大过失</u>致使遗失物毁损、灭失的，<u>应当承担民事责任</u>。

☞ **第 317 条**［权利人在领取遗失物时应尽义务］ 权利人领取遗失物时，<u>应当向拾得人或者有关部门支付保管遗失物等支出的必要费用</u>。

权利人悬赏寻找遗失物的，领取遗失物时应当<u>按照承诺履行义务</u>。

拾得人侵占遗失物的，无权请求保管遗失物等支出的费用，也无权请求权利人按照承诺履行义务。

第 318 条［公告期满无人认领的遗失物归属］ 遗失物自发布招领公告之日起<u>1 年内无人认领的，归国家所有</u>。

第 319 条［拾得漂流物、发现埋藏物或隐藏物］ 拾得漂流物、发现埋藏物或者隐藏物的，参照拾得遗失物的有关规定。法律另有规定的，依照其规定。

▶ 真题链接

2008（延）/4/4（1）（《民法典》第316条）

2008（延）/4/4（2）（《民法典》第317条）

2008（延）/4/4（4）（《民法典》第312条）

重点法条 22 ▶ 居住权

第 367 条第 1 款［居住权合同］ 设立居住权，当事人应当采用书面形式订立居住权合同。

▶ 考点剖析

1. 占有脱离物原则上不发生善意取得。占有脱离物，是指非基于占有人的意思而丧失占有的动产，包括盗赃、遗失物、漂流物、埋藏物、隐藏物、失散的动物等。

2. 占有人对占有脱离物实施无权处分的，原则上善意的受让人不能善意取得，权利人有权自知道或者应当知道善意受让人之日起 2 年内请求善意的受让人返还。

3. 若善意受让人是通过拍卖或者具有经营资格的经营者处购买，善意受让人有权请求权利人支付自己（向无权处分人）支付的价款（有偿回复），权利人拒绝支付的，无权请求善意受让人返还。除此之外，善意受让人无权请求权利人支付自己（向无权处分人）支付的价款（无偿回复）。

4. 若 2 年期间届满，权利人未请求善意受让人返还的，善意受让人于此时可通过善意取得动产物权（所有权或质权）。

5. 遗失物权利人的返还请求权适用诉讼时效 3 年的规定。

6. 拾得人负有返还义务，有必要费用请求权，但无报酬请求权，除非是权利人发布悬赏广告。

▶ 命题展望

本知识点有可能结合动产物权的变动、善意取得与诉讼时效制度进行考查，尤其是 2 年与 3 年的关系处理。

第 368 条［居住权的设立］ 居住权无

偿设立，但是当事人另有约定的除外。设立居住权的，应当向登记机构申请居住权登记。居住权自登记时设立。

　　第369条［居住权的转让、继承和设立居住权的住宅出租］　居住权<u>不得转让</u>、<u>继承</u>。设立居住权的住宅<u>不得出租</u>，但是当事人另有约定的除外。

　　第371条［以遗嘱方式设立居住权的参照适用］　以<u>遗嘱方式</u>设立居住权的，参照适用本章的有关规定。

◤ 考点剖析

　　1. 居住权的设立

　　居住权可以通过合同方式设立，也可以通过遗嘱方式设立。

　　（1）基于合同设立居住权的，当事人应当采用书面形式订立居住权合同，居住权自办理登记时设立。居住权合同原则上是无偿合同，但当事人另有约定的除外。

　　（2）基于遗嘱设立的居住权，本质为基于继承、遗赠引起物权变动，因此立遗嘱人死亡时，居住权成立，此时无须登记。但居住权人未登记的，不得对抗善意第三人。

　　2. 居住权处分的限制

　　因居住权以满足权利人生活需要为目的，故原则上居住权不得转让、继承，设立居住权的房屋不得出租，但当事人另有约定的除外。

　　3. 居住权的消灭

　　居住权期间届满或者居住权人死亡的，居住权消灭。居住权消灭的，应当及时办理注销登记。

◤ 命题展望

　　居住权是《民法典》新增的用益物权，其有可能结合房屋买卖合同、租赁合同等进行考查。考生需要把握其基本规则。

重点法条 23 ▶ 担保物权的特征

　　第386条［担保物权的定义］　担保物权人在债务人不履行到期债务或者发生当事人约定的实现担保物权的情形，依法享有就担保财产优先受偿的权利，但是法律另有规定的除外。

　　☞**第390条**［担保物权的物上代位性及代位物的提存］　担保期间，担保财产<u>毁损、灭失或者被征收</u>等，担保物权人可以<u>就获得的保险金、赔偿金或者补偿金等优先受偿</u>。被担保债权的履行期限未届满的，也可以<u>提存</u>该保险金、赔偿金或者补偿金等。

　　第391条［未经担保人同意转移债务

的法律后果］　第三人提供担保，<u>未经其书面同意</u>，债权人允许债务人转移全部或者部分债务的，<u>担保人不再承担相应的担保责任</u>。

　　第407条［抵押权处分的从属性］　抵押权<u>不得与债权分离</u>而单独转让或者作为其他债权的担保。债权转让的，担保该债权的抵押权<u>一并转让</u>，但是法律另有规定或者当事人另有约定的除外。

　　第547条［债权转让时从权利一并变动］　债权人转让债权的，受让人取得与债权有关的从权利，但是该从权利专属于债权人自身的除外。

受让人取得从权利不因该从权利未办理转移登记手续或者未转移占有而受到影响。

▶ **真题链接**

2012/4/3（6）（《民法典》第390条）

▶ **考点剖析**

1. 担保物权人对于担保的财产享有优先受偿权，但其没有优先购买权。考生不要混淆。

2. 担保物权具有从属性，其不得脱离主债权而单独转让，主债权转让的，担保物权随之转让，受让人取得从权利不因该从权利未办理转移登记手续或者未转移占

有而受到影响。不需要再征得担保人的同意。但债务转让时，必须经过担保人的书面同意，否则担保人就已经转让的部分不再承担担保责任。

3. 担保物权具有物上代位性，担保物消灭的，担保物权原则消灭，但担保物具有补偿金、赔偿金、保险金等代位物的，担保物权及于代位物。

▶ **命题展望**

本知识点主要结合债权让与、债务承担来进行考查，尤其注意担保物在被征收、征用的情况下担保物权人的优先受偿权及于代位物。

重点法条 24 ▶ 反担保

第387条第2款 ［反担保］　第三人为债务人向债权人提供担保的，可以要求债务人提供反担保。反担保适用本法和其他法律的规定。

第689条 ［反担保］　保证人可以要求债务人提供反担保。

▶ **考点剖析**

反担保是指被担保的债务人或第三人

向担保债权人履行债务的担保人提供的担保。反担保与担保的根本区别在于担保所担保的是主债权，反担保所担保的是担保人的追偿权。

▶ **命题展望**

本知识点主要考查概念，即考生是否能够判断出属于反担保，反担保的其他规则与担保相同。

重点法条 25 ▶ 担保合同

第388条 ［担保合同］　设立担保物权，应当依照本法和其他法律的规定订立担保合同。担保合同包括抵押合同、质押合同和其他具有担保功能的合同。担保合同是主债权债务合同的从合同。主债权债务合同无效的，担保合同无效，但是法律

另有规定的除外。

担保合同被确认无效后，债务人、担保人、债权人有过错的，应当根据其过错各自承担相应的民事责任。

第566条第3款 ［合同解除的效力］主合同解除后，担保人对债务人应当承

的民事责任仍应当承担担保责任，但是担保合同另有约定的除外。

第682条 [保证合同的从属性及保证合同无效的法律后果]　保证合同是主债权债务合同的从合同。<u>主债权债务合同无效的，保证合同无效</u>，但是法律另有规定的除外。

保证合同被确认无效后，债务人、保证人、债权人有过错的，应当根据其过错各自承担相应的民事责任。

第685条 [保证合同形式]　保证合同可以是单独订立的书面合同，也可以是主债权债务合同中的保证条款。

第三人单方以书面形式向债权人作出保证，债权人接收且未提出异议的，保证合同成立。

📌 关联法条

《担保法解释》

第12条第1款　当事人约定的或者登记部门要求登记的担保期间，<u>对担保物权的存续不具有法律约束力</u>。

第129条　主合同和担保合同发生纠纷提起诉讼的，应当根据<u>主合同</u>确定案件管辖。担保人承担连带责任的担保合同发生纠纷，债权人向担保人主张权利的，应当由<u>担保人住所地</u>的法院管辖。

主合同和担保合同选择管辖的法院不一致的，应当根据<u>主合同</u>确定案件管辖。

《九民纪要》

66. [担保关系的认定]　当事人订立的具有担保功能的合同，<u>不存在法定无效情形的，应当认定有效</u>。虽然合同约定的权利义务关系不属于物权法规定的典型担保类型，<u>但是其担保功能应予肯定</u>。

67. [约定担保物权的效力]　债权人与担保人订立担保合同，约定以法律、行政法规未禁止抵押或者质押的财产设定以登记作为公示方法的担保，<u>因无法定的登记机构而未能进行登记的，不具有物权效力</u>。当事人请求按照担保合同的约定就该财产折价、变卖或者拍卖所得价款等方式清偿债务的，人民法院依法予以支持，但对其他权利人<u>不具有对抗效力和优先性</u>。

📌 **71.** [让与担保]　债务人或者第三人与债权人订立合同，约定将财产形式上转让至债权人名下，债务人到期清偿债务，债权人将该财产返还给债务人或第三人，债务人到期没有清偿债务，债权人可以对财产拍卖、变卖、折价偿还债权的，人民法院应当认定合同有效。合同如果约定债务人到期没有清偿债务，<u>财产归债权人所有的，人民法院应当认定该部分约定无效</u>，但<u>不影响合同其他部分的效力</u>。

当事人根据上述合同约定，<u>已经完成财产权利变动的公示方式转让至债权人名下</u>，债务人到期没有清偿债务，债权人请求确认财产归其所有的，人民法院不予支持，但债权人请求参照法律关于担保物权的规定对财产拍卖、变卖、<u>折价优先偿还其债权的</u>，人民法院依法予以支持。债务人因到期没有清偿债务，请求对该财产拍卖、变卖、折价偿还所欠债权人合同项下债务的，人民法院亦应依法予以支持。

📌 **《民间借贷规定》第24条**　当事人以签订买卖合同作为民间借贷合同的担保，借款到期后借款人不能还款，出借人请求履行买卖合同的，人民法院应当按照<u>民间借贷法律关系审理，并向当事人释明变更诉讼请求</u>。当事人拒绝变更的，人民法院<u>裁定驳回</u>

起诉。

按照民间借贷法律关系审理作出的判决生效后，借款人不履行生效判决确定的金钱债务，出借人可以申请拍卖买卖合同标的物，以偿还债务。就拍卖所得的价款与应偿还借款本息之间的差额，借款人或者出借人有权主张返还或补偿。

考点剖析

1. 担保合同是债权人与担保人设立的合同。担保合同是主债权债务合同的从合同。主债权债务合同无效，担保合同无效，但法律另有规定的除外。担保合同被确认无效后，债务人、担保人、债权人有过错的，应当根据其过错各自承担相应的民事责任。

2. 主合同解除后，担保人对债务人应当承担的民事责任仍应承担担保责任。但是，担保合同另有约定的除外。

3. 当事人约定的或者登记部门要求登记的担保期间，违反物权法定原则，对担保物权的存续不具有法律约束力。

4. 主合同和担保合同发生纠纷提起诉讼的，应当根据主合同确定案件管辖。担保人承担连带责任的担保合同发生纠纷，债权人向担保人主张权利的，应当由担保人住所地的法院管辖。主合同和担保合同选择管辖的法院不一致的，应当根据主合同确定案件管辖。

5. 非典型性担保（《九民纪要》）

（1）担保合同效力

当事人订立的具有担保功能的合同，不存在法定无效情形的，应当认定有效。

（2）约定担保物权的效力

以法律、行政法规未禁止抵押或者质押的财产设定以登记作为公示方法的担保，因无法定的登记机构而未能进行登记的，不具有物权效力。当事人可以就标的物折价、变卖或者拍卖所得的价款受偿。但对其他权利人不具有对抗效力和优先性。（本质是肯定了其合同效力，但因为无法满足公示的要求而不具有物权效力）

（3）让与担保

❶ 让与担保的表现

A. 买卖式让与担保——在签订借贷合同的同时签订了买卖合同，约定如到期债务人不清偿债务，则债务人必须将标的物出卖给债权人，而债权人之前已经给付的借款就视为货款；

B. 先让与担保——借款人将自己的财产权利先转让给出借人，如果借款人按期还本付息，出借人再将标的物权利转回给借款人，否则就可以就标的物拍卖优先受偿，或者就直接取得标的物所有权；

C. 后让与担保——借款时签订，约定如果将来借款人无法按期还本付息，则借款人应当将标的物的所有权转让给出借人。（与买卖式一样，只是不是买卖合同的字样）

❷ 让与担保问题的处理

合同原则有效，涉及流质条款，部分无效，但不影响其他部分的效力。

动产交付、不动产登记，就可以获得价金的优先受偿权，否则就不具有优先受偿权。

真题链接

2018/主（《九民纪要》第71条）

2017/4/4（1）；2016/4/4（1）（《民间借贷规定》第24条）

📎 命题展望

1. 特别注意主合同解除对担保人责任的影响。

2. 担保期间具有法定性，当事人约定担保权的存续期间的，该约定违背物权法定原则，不发生效力。

3. 本知识点有可能结合民诉的法院管辖来进行出题。

4. 注意保证合同的特殊成立方式：采用单方担保函的方式且债权人未拒绝的，保证合同成立。此点在案例指导用书中有所涉及。

5. 非典型性担保合同效力以及是否享有担保物权等是《九民纪要》的重点问题，让与担保问题也在《九民纪要》中得到统一。此为 2020 年民法主观题命题热点。

重点法条 26 ▶ 抵押财产的范围

☞ **第396条**［*动产浮动抵押*］ 企业、个体工商户、农业生产经营者可以将现有的以及将有的<u>生产设备、原材料、半成品、产品</u>抵押，债务人不履行到期债务或者发生当事人约定的实现抵押权的情形，债权人有权就抵押财产确定时的动产优先受偿。

第397条［*建筑物与建设用地使用权同时抵押规则*］ 以建筑物抵押的，该建筑物占用范围内的建设用地使用权一并抵押。以建设用地使用权抵押的，该土地上的建筑物一并抵押。

抵押人未依据前款规定一并抵押的，未抵押的财产视为一并抵押。

第399条［*禁止抵押的财产范围*］ 下列财产不得抵押：

（一）土地所有权；

（二）宅基地、自留地、自留山等集体所有土地的使用权，但是法律规定可以抵押的除外；

（三）学校、幼儿园、医疗机构等为公益目的成立的非营利法人的教育设施、医疗卫生设施和其他公益设施；

（四）所有权、使用权不明或者有争议的财产；

（五）依法被查封、扣押、监管的财产；

（六）法律、行政法规规定不得抵押的其他财产。

第401条［*流押*］ 抵押权人在债务履行期限届满前，与抵押人约定债务人<u>不履行到期债务时抵押财产归债权人所有</u>的，只能依法就抵押财产优先受偿。

☞ **第417条**［*抵押权对新增建筑物的效力*］ 建设用地使用权抵押后，该土地上新增的建筑物不属于抵押财产。该建设用地使用权实现抵押权时，应当将该土地上新增的建筑物与建设用地使用权一并处分。但是，<u>新增建筑物所得的价款，抵押权人无权优先受偿</u>。

📎 关联法条

《担保法解释》

第47条 以依法获准尚未建造的或者正在建造中的房屋或者其他建筑物抵押的，当事人办理了抵押物登记，人民法院可以认定抵押有效。

第48条 以法定程序确认为<u>违法、违</u>

章的建筑物抵押的，抵押无效。

第49条　以尚未办理权属证书的财产抵押的，在第一审法庭辩论终结前能够提供权利证书或者补办登记手续的，可以认定抵押有效。

当事人未办理抵押物登记手续的，不得对抗第三人。

第55条　已经设定抵押的财产被采取查封、扣押等财产保全或者执行措施的，不影响抵押权的效力。

《九民纪要》61. ［房地分别抵押］　根据《物权法》第182条之规定，仅以建筑物设定抵押的，抵押权的效力及于占用范围内的土地；仅以建设用地使用权抵押的，抵押权的效力亦及于其上的建筑物。在房地分别抵押，即建设用地使用权抵押给一个债权人，而其上的建筑物又抵押给另一个人的情况下，可能产生两个抵押权的冲突问题。基于"房地一体"规则，此时应当将建筑物和建设用地使用权视为同一财产，从而依照《物权法》第199条的规定确定清偿顺序：登记在先的先清偿；同时登记的，按照债权比例清偿。同一天登记的，视为同时登记。应予注意的是，根据《物权法》第200条的规定，建设用地使用权抵押后，该土地上新增的建筑物不属于抵押财产。

📘 真题链接

2011/4/4（1）（《民法典》第396条）

2008/4/4（5）（《民法典》第417条）

📘 考点剖析

1. 法律未禁止抵押的财产，都可以设定抵押权。考生重点要记住禁止抵押的财产，可用口诀帮助记忆"被查封、有争议、公益集体和土地"。以禁止抵押的财产抵押的，抵押权不设立，抵押合同也无效。

2. 集体土地使用权原则上禁止抵押，但四荒地除外。

3. 已经抵押的财产被采取查封、扣押等措施的财产保全或者执行措施的，不影响抵押权的效力。

4. 抵押中的房地一体主义

（1）房屋与建设用地使用权，必须一起抵押，办理抵押登记；如果没有一起抵押，法律默认一起抵押。

（2）抵押设立后才新建的房屋，不属于抵押财产，但必须一起拍卖、变卖。只是就该新增房屋的价款不具有优先受偿性。

5. 流质条款是无效的，但不影响抵押合同其他部分的效力。

📘 命题展望

本知识点会结合合同法考查抵押合同的效力，抵押中的房地一体主义原则是考生务必要熟悉把握的。

重点法条 27 ▶ 抵押权的设立与实现

第402条［不动产抵押登记］　以本法第395条第1款第1项至第3项规定的财产或者第5项规定的正在建造的建筑物抵押的，应当办理抵押登记。抵押权自登记时设立。

第403条［动产抵押的效力］　以动产

抵押的,抵押权自抵押合同生效时设立;未经登记,不得对抗善意第三人。

第404条 [动产抵押权无追及效力] 以动产抵押的,不得对抗正常经营活动中已经支付合理价款并取得抵押财产的买受人。

第405条 [抵押权与租赁权的关系] 抵押权设立前,抵押财产已经出租并转移占有的,原租赁关系不受该抵押权的影响。

第410条第1、2款 [抵押权的实现] 债务人不履行到期债务或者发生当事人约定的实现抵押权的情形,抵押权人可以与抵押人协议以抵押财产折价或者以拍卖、变卖该抵押财产所得的价款优先受偿。协议损害其他债权人利益的,其他债权人可以请求人民法院撤销该协议。

抵押权人与抵押人未就抵押权实现方式达成协议的,抵押权人可以请求人民法院拍卖、变卖抵押财产。

第419条 [抵押权存续期间] 抵押权人应当在主债权诉讼时效期间行使抵押权;未行使的,人民法院不予保护。

🔖 关联法条

《九民纪要》

59. [主债权诉讼时效届满的法律后果] 抵押权人应当在主债权的诉讼时效期间内行使抵押权。抵押权人在主债权诉讼时效届满前未行使抵押权,抵押人在主债权诉讼时效届满后请求涂销抵押权登记的,人民法院依法予以支持。

以登记作为公示方法的权利质权,参照适用前款规定。

60. [未办理登记的不动产抵押合同的

效力] 不动产抵押合同依法成立,但未办理抵押登记手续,债权人请求抵押人办理抵押登记手续的,人民法院依法予以支持。因抵押物灭失以及抵押物转让他人等原因不能办理抵押登记,债权人请求抵押人以抵押物的价值为限承担责任的,人民法院依法予以支持,但其范围不得超过抵押权有效设立时抵押人所应当承担的责任。

🔖 考点剖析

1. 不动产抵押权(包括建设用地使用权)的设立,采取登记生效主义,即必须办理抵押登记,抵押权自登记时生效;动产抵押权的设立采取意思主义,即抵押权自抵押合同生效时设立,登记是对抗要件。

【注意】 无论动产抵押是否办理登记,都不得对抗正常经营活动中的已经支付合理价格并且取得抵押财产的买受人。(与善意取得无关)

2. 未办理登记的不动产抵押合同效力

合同有效,可以请求继续履行,办理抵押登记,因抵押物毁损灭失以及抵押物转让他人等原因不能办理抵押登记,债权人请求抵押人以抵押物的价值为限承担责任的,人民法院依法予以支持,但其范围不能超过抵押权有效设立时抵押人所应当承担的责任。(《九民纪要》)

3. 抵押权必须主债权诉讼时效期间内行使,否则抵押权消灭,人民法院不再保护。抵押人有权申请涂销抵押登记。

4. 抵押权与租赁权的关系

抵押权设立前,抵押财产已经出租并转移占有的,原租赁关系不受该抵押权的影响。而先抵后租，如果抵押办理登记，则抵押破租赁。

▶ 命题展望

本知识点属于物权编主观题的基础性知识点，需要注意抵押权的存续期间；抵押权与租赁权的关系是比较容易进行命题的，考生需熟悉相关法条。抵押破除租赁后，承租人的救济考生需要把握。涉及《九民纪要》特别规定的部分是命题的热点内容，考生须重点把握。

重点法条 28 ▶ 抵押财产的转让

第 406 条 ［抵押财产的处分］　抵押期间，抵押人可以转让抵押财产。当事人另有约定的，按照其约定。抵押财产转让的，抵押权不受影响。

抵押人转让抵押财产的，应当及时通知抵押权人。抵押权人能够证明抵押财产转让可能损害抵押权的，可以请求抵押人将转让所得的价款向抵押权人提前清偿债务或者提存。转让的价款超过债权数额的部分归抵押人所有，不足部分由债务人清偿。

▶ 考点剖析

1. 抵押人在抵押期间，对于抵押物进行转让，应当通知抵押权人，合同另有约定除外。

2. 抵押财产转让，原则上抵押权不受影响。但有两个例外：

（1）如果属于动产抵押权而又没有办理登记，则抵押权因为无法对抗受让人而消灭；

（2）受让人属于正常生产经营中已经支付合理价款的买受人。在这两种情况下，抵押权消灭。

3. 抵押权人能够证明抵押财产转让可能损害抵押权的，可以请求抵押人将抵押所得价款提前清偿债务或者提存。

此为《民法典》的变动之处，须特别注意。

▶ 命题展望

本知识点为民法典变动知识点，抵押物处分后抵押权与受让人之间的权利冲突的处理要十分清楚。

重点法条 29 ▶ 抵押权保全

第 408 条 ［抵押权的保护］　抵押人的行为足以使抵押财产价值减少的，抵押权人有权请求抵押人停止其行为；抵押财产价值减少的，抵押权人有权请求恢复抵押财产的价值，或者提供与减少的价值相应的担保。抵押人不恢复抵押财产的价值，也不提供担保的，抵押权人有权请求债务人提前清偿债务。

▶ 考点剖析

抵押权的保全制度包含以下三个方面的内容：

1. 抵押物价值减少之防止权。即抵押权人享有保全请求权。（包括停止作为或不作为的侵害行为）

2. 抵押物价值之恢复原状或增加担保请求权。若因抵押人的行为导致抵押物的价值因此减少，抵押权人有权请求抵押人恢复抵押财产的价值，或者提供与减少的价值相应的担保。

3. 加速到期制度。如果抵押人不恢复抵押财产的价值也不提供相应的担保的，抵押权人有权要求债务人提前清偿债务。此时，未到期的债务视为已经到期。

【注意】如果抵押财产的价值减少不可归责于抵押人，根据抵押权的不可分性，抵押权人不享有保全请求权，只能就抵押人获得的赔偿金或保险金行使优先受偿权。（抵押权的物上代位性）

📝 命题展望

案例中可能会涉及抵押物毁损灭失，然后问考生如何处理。或者题目中给了处理方式，问考生是否有权这样处理。此时，可能涉及的考点不是抵押权人的保全请求权，就是抵押权的代位性特征。特别提醒，抵押权的保全权启动的前提条件是，因抵押人的行为而导致抵押财产价值的减少。

重点法条 30 ▶ 最高额抵押

第 420 条 [最高额抵押权的定义] 为担保债务的履行，债务人或者第三人对一定期间内将要连续发生的债权提供担保财产的，债务人不履行到期债务或者发生当事人约定的实现抵押权的情形，抵押权人有权在最高债权额限度内就该担保财产优先受偿。

最高额抵押权设立前已经存在的债权，经当事人同意，可以转入最高额抵押担保的债权范围。

第 421 条 [最高额抵押权担保的债权转让] 最高额抵押担保的债权确定前，部分债权转让的，最高额抵押权不得转让，但是当事人另有约定的除外。

第 422 条 [最高额抵押合同条款变更] 最高额抵押担保的债权确定前，抵押权人与抵押人可以通过协议变更债权确定的期间、债权范围以及最高债权额。但是，变更的内容不得对其他抵押权人产生不利影响。

第 423 条 [最高额抵押权所担保的债权确定] 有下列情形之一的，抵押权人的债权确定：

（一）约定的债权确定期间届满；

（二）没有约定债权确定期间或者约定不明确，抵押权人或者抵押人自最高额抵押权设立之日起满 2 年后请求确定债权；

（三）新的债权不可能发生；

（四）抵押权人知道或者应当知道抵押财产被查封、扣押；

（五）债务人、抵押人被宣告破产或者解散清算；

（六）法律规定债权确定的其他情形。

第 424 条 [最高额抵押权的法律适用] 最高额抵押权除适用本节规定外，适用本章第一节的有关规定。

▶ 考点剖析

1. 最高额抵押所担保的债权额是确定的，但实际发生的债权额是不确定的。经抵押人、抵押权人同意，最高额抵押权设立前已经存在的债权，可以转入最高额抵押担保的债权范围。

2. 最高额抵押担保的债权确定前，部分债权转让的，最高额抵押权不得转让，但是当事人另有约定的除外。

3. 最高额抵押担保的债权确定前，抵押权人与抵押人可以通过协议变更债权确定的期间、债权范围以及最高债权额，但变更的内容不得对其他抵押权人产生不利影响。

4. 最高额抵押没有约定债权确定期限的没有约定债权确定期间或者约定不明确，抵押权人或者抵押人自最高额抵押权设立之日起满2年后都有权请求确定债权。

5. 最高额保证和最高额质押与最高额抵押相同处理，只不过最高额保证中，保证人可以随时书面通知债权人终止保证合同，即其没有2年期间的限制。但保证人对于通知到债权人前所发生的债权，承担保证责任。

▶ 命题展望

最高额担保近几年比较具有热度，第57

号指导案例、第95号指导案例均与最高额担保有关。

1. 指导案例57号：温州银行股份有限公司宁波分行诉浙江创菱电器有限公司等金融借款合同纠纷案。

裁判要点： 在有数份最高额担保合同情形下，具体贷款合同中选择性列明部分最高额担保合同，如债务发生在最高额担保合同约定的决算期内，且债权人未明示放弃担保权利，未列明的最高额担保合同的担保人也应当在最高债权限额内承担担保责任。

2. 指导案例95号：中国工商银行股份有限公司宣城龙首支行诉宣城柏冠贸易有限公司、江苏凯盛置业有限公司等金融借款合同纠纷案。

裁判要点： 当事人另行达成协议将最高额抵押权设立前已经存在的债权转入该最高额抵押担保的债权范围，只要转入的债权数额仍在该最高额抵押担保的最高债权额限度内，即使未对该最高额抵押权办理变更登记手续，该最高额抵押权的效力仍然及于被转入的债权，但不得对第三人产生不利影响。

重点法条 ③1 ▶ 动产质押

第428条 [流质] 质权人在债务履行期限届满前，与出质人约定债务人不履行到期债务时质押财产归债权人所有的，只能依法就质押财产优先受偿。

第429条 [质权生效时间] 质权自出

质人交付质押财产时设立。

第431条 [质权人擅自使用、处分质押财产的责任] 质权人在质权存续期间，未经出质人同意，擅自使用、处分质押财产，造成出质人损害的，应当承担赔偿责任。

第432条［质权人的保管义务和赔偿责任］　质权人负有妥善保管质押财产的义务；因保管不善致使质押财产毁损、灭失的，应当承担赔偿责任。

质权人的行为可能使质押财产毁损、灭失的，出质人可以请求质权人将质押财产提存，或者请求提前清偿债务并返还质押财产。

第433条［质权的保护］　因不可归责于质权人的事由可能使质押财产毁损或者价值明显减少，足以危害质权人权利的，质权人有权请求出质人提供相应的担保；出质人不提供的，质权人可以拍卖、变卖质押财产，并与出质人协议将拍卖、变卖所得的价款提前清偿债务或者提存。

第434条［责任转质］　质权人在质权存续期间，未经出质人同意转质，造成质押财产毁损、灭失的，应当承担赔偿责任。

▶ 关联法条

《九民纪要》63.［流动质押的设立与监管人的责任］　在流动质押中，经常由债权人、出质人与监管人订立三方监管协议，此时应当查明监管人究竟是受债权人的委托还是受出质人的委托监管质物，确定质物是否已经交付债权人，从而判断质权是否有效设立。如果监管人系受债权人的委托监管质物，则其是债权人的直接占有人，应当认定完成了质物交付，质权有效设立。监管人违反监管协议约定，违规向出质人放货、因保管不善导致质物毁损灭失，债权人请求监管人承担违约责任的，人民法院依法予以支持。

如果监管人系受出质人委托监管质物，表明质物并未交付债权人，应当认定质权未

有效设立。尽管监管协议约定监管人系受债权人的委托监管质物，但有证据证明其并未履行监管职责，质物实际上仍由出质人管领控制的，也应当认定质物并未实际交付，质权未有效设立。此时，债权人可以基于质押合同的约定请求质押人承担违约责任，但其范围不得超过质权有效设立时质押人所应当承担的责任。监管人未履行监管职责的，债权人也可以请求监管人承担违约责任。

▶ 考点剖析

1. 质权自交付质押财产时设立。但需要注意：

（1）质权的设立，不能通过占有改定方式完成交付；

（2）动产质物交付后，质权人予以返还质物于出质人，或者丧失对质物的占有，质权并不消灭，但是此时的质权不得对抗善意第三人。

2. 质权人占有质物期间负有以下义务：

（1）质权人不得擅自使用质物。

（2）质权人应当妥善保管质物。如质权人的行为可能导致质物毁损灭失的，出质人对质物可以进行保全，该保全措施有：①出质人有权要求质权人将质押财产提存；②出质人可以要求提前清偿债务并返还质押财产。如质权人因保管不善导致质物毁损灭失的，应当承担损害赔偿责任。

3. 质权人在质权存续期间，未经出质人同意转质，造成质押财产毁损、灭失的，应当承担赔偿责任。

4. 流质契约无效，但不影响质权的设立与实现。质权人不可取得标的物的所有权，但依然有优先受偿权。

5. 流动质押是否完成交付主要看监管

人受谁的委托在监管质物、质物是否由债权人实际控制，如果债权人已经实际控制质物，则质权设立，反之则不设立。质权设立后，监管人未经质权人同意放货而给质权人造成损失的，应当对质权人承担违约责任。

重点法条 32 ▶ 权利质权

第440条［权利质权的范围］　债务人或者第三人有权处分的下列权利可以出质：

（一）汇票、本票、支票；

（二）债券、存款单；

（三）仓单、提单；

（四）可以转让的基金份额、股权；

（五）可以转让的注册商标专用权、专利权、著作权等知识产权中的<u>财产权</u>；

（六）现有的以及将有的<u>应收账款</u>；

（七）法律、行政法规规定可以出质的其他财产权利。

第441条［有价证券出质的质权的设立］　以汇票、本票、支票、债券、存款单、仓单、提单出质的，质权自权利凭证交付质权人时设立；<u>没有权利凭证的，质权自办理出质登记时设立</u>。法律另有规定的，依照其规定。

第442条［有价证券出质的质权的特别实现方式］　汇票、本票、支票、债券、存款单、仓单、提单的兑现日期或者提货日期先于主债权到期的，质权人可以兑现或者提货，并与出质人协议将兑现的价款或者提取的货物提前清偿债务或者提存。

☞**第443条**［以基金份额、股权出质的质权设立及转让限制］　以基金份额、股权出质的，质权自办理出质登记时设立。

<u>基金份额、股权出质后，不得转让</u>，但是经出质人与质权人协商同意的除外。出质人转让基金份额、股权所得的价款，应当向质权人提前清偿债务或者提存。

第444条［以知识产权中的财产权出质的质权的设立及转让限制］　以注册商标专用权、专利权、著作权等知识产权中的财产权出质的，质权自办理出质登记时设立。

<u>知识产权中的财产权出质后，出质人不得转让或者许可他人使用</u>，但是经出质人与质权人协商同意的除外。出质人转让或者许可他人使用出质的知识产权中的财产权所得的价款，应当向质权人提前清偿债务或者提存。

第445条［以应收账款出质的质权的设立及转让限制］　以应收账款出质的，质权自办理出质登记时设立。

<u>应收账款出质后，不得转让</u>，但是经出质人与质权人协商同意的除外。出质人转让应收账款所得的价款，应当向质权人提前清偿债务或者提存。

◤ 命题展望

质权具有考试价值的就是流动质权是否设立的判断。其余部分属于基础知识点，现行法考下虽不太会直接命题，但仍需要把握住。

◤ 真题链接

2007/4/5（2）（《民法典》第443条）

▶ 考点剖析

质押财产可以是动产，也可以是其他财产性权利，但不可以是不动产。

1. 动产质权的设立

动产质权的设立模式为：有效合同＋交付。

需要注意：质权的设立，不能通过占有改定方式完成交付。

2. 权利质权的设立

可以设立权利质权的权利，必须具有无形客体的特征。法律规定可以设立质权的权利有：有价证券（汇票、本票、支票、债券、存款单、仓单、提单）、股权、知识产权、应收账款。其中，对于汇票、本票、支票、债券、存款单、仓单、提单的质权自交付时设立；对于股权、知识产权、应收账款的质权则在有关机关办理出质登记后才可设立。

权利质权的设立可以总结为：看得见的（三单三票加一券：存单、仓单、提单、本票、汇票、支票、债券），交付设立；看不见的，登记设立。

股权、知识产权、基金份额、应收账款出质后不得转让，除非经过质权人同意。

转让的价款应当提前清偿或者进行提存。

【注意】以票据（汇票、本票、支票）和公司债券出质的，背书为对抗要件。

▶ 命题展望

权利质押是近些年实务的热点，尤其是涉及股权质押等相关规则。本知识点可以结合商法股权问题、票据法相关知识点进行跨学科考查。最高院指导案例中，有两个都与权利质押有关。

指导案例 53 号：福建海峡银行股份有限公司福州五一支行诉长乐亚新污水处理有限公司、福州市政工程有限公司金融借款合同纠纷案。

裁判要旨： 特许经营权的收益权可以质押，并可作为应收账款进行出质登记。

指导案例 54 号：中国农业发展银行安徽省分行诉张大标、安徽长江融资担保集团有限公司执行异议之诉纠纷案。

裁判要旨： 当事人依约为出质的金钱开立保证金专门账户，且质权人取得对该专门账户的占有控制权，符合金钱特定化和移交占有的要求，即使该账户内资金余额发生浮动，也不影响该金钱质权的设立。

重点法条 33 ▶ 留置权

第 447 条 ［留置权的定义］ 债务人不履行到期债务，债权人可以留置已经合法占有的债务人的动产，并有权就该动产优先受偿。

前款规定的债权人为留置权人，占有的动产为留置财产。

☞ **第 448 条** ［留置财产与债权的关系］债权人留置的动产，应当与债权属于同一法律关系，但是企业之间留置的除外。

第 449 条 ［留置权适用范围限制］ 法律规定或者当事人约定不得留置的动产，不得留置。

第 450 条［留置财产为可分物的特殊规定］ 留置财产为可分物的，留置财产的价值应当相当于债务的金额。

第 451 条［留置权人的保管义务］ 留置权人负有妥善保管留置财产的义务；因保管不善致使留置财产毁损、灭失的，应当承担赔偿责任。

第 453 条［留置权债务人的债务履行期］ 留置权人与债务人应当约定留置财产后的债务履行期限；没有约定或者约定不明确的，留置权人应当给债务人 60 日以上履行债务的期限，但是鲜活易腐等不易保管的动产除外。债务人逾期未履行的，留置权人可以与债务人协议以留置财产折价，也可以就拍卖、变卖留置财产所得的价款优先受偿。

留置财产折价或者变卖的，应当参照市场价格。

第 457 条［留置权消灭的特殊情形］ 留置权人对留置财产丧失占有或者留置权人接受债务人另行提供担保的，留置权消灭。

◤ 真题链接

2016/4/4（5）（《民法典》第448条）

◤ 考点剖析

1. 留置权的成立要件

（1）债权人合法占有债务人交付的动产。如果非债务人的财产，留置权人不知情也可以善意取得留置权。

（2）原则上，债权人占有债务人动产的原因与债务人承担债务的原因相同，即基于同一法律关系。但企业之间的留置不要求同一性。

（3）债务人到期不履行债务。

妨碍留置权成立的情形有以下几项：

❶ 当事人约定排除留置权的适用。留置权是一种财产权，应当允许当事人约定排除其适用。

❷ 留置财产违反社会公共利益或社会公德。

❸ 留置财产与债权人所承担的义务相抵触。

2. 留置权的效力

（1）留置财产为可分物的，留置财产的价值应当相当于债务的金额；

（2）留置权人负有妥善保管留置财产的义务，因保管不善致使留置财产毁损、灭失的，应当承担赔偿责任。

3. 留置权人对留置物丧失占有或者留置权人接受债务人另行提供的担保时，留置权消灭。

◤ 命题展望

留置权主要考查点为其构成要件。其可能结合承揽合同、承运合同、保管合同、行纪合同进行考查。也可能考查留置权的善意取得问题。需要注意企业之间的留置是不需要同一性的。

重点法条 34 ▶ 共同担保

☞ 第 392 条［人保和物保并存时担保权的实行规则］ 被担保的债权既有物的担保又有人的担保的，债务人不履行到期债务或者发生当事人约定的实现担保物权的情形，债权人应当按照约定实现债权；没有约定或者约定不明确，<u>债务人自己提供物的担保的，债权人应当先就该物的担保实现债权</u>；第三人提供物的担保的，债权人可以就物的担保实现债权，<u>也可以</u>请求保证人承担保证责任。提供担保的第三人承担担保责任后，有权向债务人追偿。

第699条［共同保证］ 同一债务有两个以上保证人的，保证人应当按照保证合同约定的保证份额，承担保证责任；没有约定保证份额的，债权人可以请求<u>任何一个保证人</u>在其保证范围内承担保证责任。

▶ 关联法条

《民法典》

第409条［抵押权及其顺位的处分］抵押权人可以放弃抵押权或者抵押权的顺位。抵押权人与抵押人可以协议变更抵押权顺位以及被担保的债权数额等内容。但是，抵押权的变更未经其他抵押权人书面同意的，<u>不得对其他抵押权人产生不利影响。</u>

☞债务人以自己的财产设定抵押，抵押权人放弃该抵押权、抵押权顺位或者变更抵押权的，<u>其他担保人在抵押权人丧失优先受偿权益的范围内免除担保责任</u>，但是其他担保人承诺仍然提供担保的除外。

第435条［质权的放弃］ 质权人可以放弃质权。债务人以<u>自己的财产出质</u>，质权人放弃该质权的，其他担保人在质权人丧失优先受偿权益的范围内免除担保责任，但是其他担保人承诺仍然提供担保的除外。

《九民纪要》56.［混合担保中担保人之间的追偿问题］ 被担保的债权既有保证又有第三人提供的物的担保的，担保法司法解释第38条明确规定，承担了担保责任的担

保人可以要求其他担保人清偿其应当分担的份额。但《物权法》第176条并未作出类似规定，根据《物权法》第178条关于"担保法与本法的规定不一致的，适用本法"的规定，<u>承担了担保责任的担保人向其他担保人追偿的</u>，人民法院<u>不予支持</u>，但担保人在担保合同中约定可以相互追偿的除外。

《担保法解释》第20条　连带共同保证的债务人在主合同规定的债务履行期届满没有履行债务的，债权人<u>可以</u>要求债务人履行债务，<u>也可以</u>要求任何一个保证人承担全部保证责任。

连带共同保证的保证人承担保证责任后，向债务人不能追偿的部分，由各连带保证人按其内部约定的比例分担。没有约定的，平均分担。

▶ 真题链接

2015/4/3（5）（《民法典》第392条）
2011/4/4（2）（《民法典》第409条第2款）

▶ 考点剖析

1. 共同担保是指同一债权人对于同一债务享有数个担保。各担保物权之间可能构成连带共同抵押、连带共同保证或者混合担保三种形态。

2. 债权人实现债权有无顺序问题，考生只需要记住一句结论即可：只有在混合担保中，债务人提供了物保时，必须先执行债务人的物保，其他情况下均无顺序限制。因此在连带共同抵押的情况下，即便债务人自己提供了物保，债权人在实现抵押权时也没有顺序限制。

3. 担保人承担担保责任后的追偿是否有顺序的问题，同样只需要记住一句话即

可：只有在连带共同保证中，保证人必须先向债务人追偿，债务人不足以清偿时才可要求其他保证人分担。另外，《九民纪要》确定了"同类分担原则"，即物保人只能向物保人追偿，保证人只能要求保证人分担，物保人与保证人之间不可互相追偿。

4. 如果债权人放弃了债务人的物保，那么其他担保人有权请求在放弃的债务人物保的范围内免责。如果放弃的是第三人担保，其他担保人的担保责任不受影响。

☑ 命题展望

本知识点在主观题中曾经反复进行命题，考生一定要把握共同担保中债权人实现债权的顺序性问题。债权人放弃债务人物保后对其他担保人的影响，以及抵押权非因抵押人原因而消灭对其他担保人责任的影响问题，也是值得考生注意的。

重点法条 35 ▶ 担保物权竞合

第414条［数个抵押权的清偿顺序］同一财产向两个以上债权人抵押的，拍卖、变卖抵押财产所得的价款依照下列规定清偿：

（一）抵押权已经登记的，按照登记的时间先后确定清偿顺序；

（二）抵押权已经登记的先于未登记的受偿；

（三）抵押权未登记的，按照债权比例清偿。

其他可以登记的担保物权，清偿顺序参照适用前款规定。

第415条［抵押权与质权的清偿顺序］同一财产既设立抵押权又设立质权的，拍卖、变卖该财产所得的价款按照登记、交付的时间先后确定清偿顺序。

第416条［动产购买价款抵押担保的优先权］动产抵押担保的主债权是抵押物的价款，标的物交付后10日内办理抵押登记的，该抵押权人优先于抵押物买受人的其他担保物权人受偿，但是留置权人除外。

第456条［留置权、抵押权与质权竞合时的顺位原则］同一动产上已经设立抵押权或者质权，该动产又被留置的，留置权人优先受偿。

☑ 关联法条

《九民纪要》65.［动产抵押权与质权竞存］同一动产上同时设立质权和抵押权的，应当参照适用《物权法》第199条的规定，根据是否完成公示以及公示先后情况来确定清偿顺序：质权有效设立、抵押权办理了抵押登记的，按照公示先后确定清偿顺序；顺序相同的，按照债权比例清偿；质权有效设立、抵押权未办理抵押登记的，质权优先于抵押权；质权未有效设立，抵押权未办理抵押登记的，因此时抵押权已经有效设立，故抵押权优先受偿。

☑ 考点剖析

担保物权竞合指的是一物之上存在数个担保物权，其主要发生在动产之上，担保物权竞合的规则为：

1. 抵押权 VS. 抵押权

登记的＞未登记的；先登记＞后登记；

同天登记，按照债权比例清偿；均未登记，按照债权比例清偿。

2. 抵押权 VS. 质权

看公示顺序，先公示者优先；未占有的质权和未登记的抵押权之间，质权优先。

可以按照下列方式记忆更容易判断：

质权优先于抵押权，抵押权要优先必须同时具备两个条件：①抵押权成立在先；②抵押权已经登记。

特殊存在：动产价金抵押权

动产抵押担保的主债权是抵押物的价款，标的物交付后 10 日内办理抵押登记的，该抵押权人优先于抵押物买受人的其他担保物权人受偿，但是留置权人除外。

3. 抵押权 VS. 质权 VS. 留置权

最后设立的留置权最优，质权、抵押权按照前述规则进行。

💡 命题展望

本知识点主要是结合物权的设立规则来考查考生对于混合担保与担保物权竞合的规则。

重点法条 36 ▶ 保证方式、保证期间与保证债务诉讼时效

☞ **第 686 条** ［保证方式］ 保证的方式包括一般保证和连带责任保证。

当事人在保证合同中对保证方式没有约定或者约定不明确的，按照一般保证承担保证责任。

第 687 条 ［一般保证人先诉抗辩权］当事人在保证合同中约定，债务人不能履行债务时，由保证人承担保证责任的，为一般保证。

一般保证的保证人在主合同纠纷未经审判或者仲裁，并就债务人的财产依法强制执行仍不能履行债务前，有权拒绝向债权人承担保证责任，但是有下列情形之一的除外：

（一）债务人下落不明，且无财产可供执行；

（二）人民法院已经受理债务人破产案件；

（三）债权人有证据证明债务人的财产不足以履行全部债务或者丧失履行债务能力；

（四）保证人书面表示放弃本款规定的权利。

第 688 条 ［连带责任保证］ 当事人在保证合同中约定保证人和债务人对债务承担连带责任的，为连带责任保证。

连带责任保证的债务人不履行到期债务或者发生当事人约定的情形时，债权人可以请求债务人履行债务，也可以请求保证人在其保证范围内承担保证责任。

第 693 条 ［保证责任免除］ 一般保证的债权人未在保证期间内对债务人提起诉讼或者申请仲裁的，保证人不再承担保证责任。

连带责任保证的债权人未在保证期间请求保证人承担保证责任的，保证人不再承担保证责任。

第 694 条 ［保证债务诉讼时效］ 一般保证的债权人在保证期间届满前对债务人提起诉讼或者申请仲裁的，从保证人拒绝

承担保证责任的权利消灭之日起，开始计算保证债务的诉讼时效。

连带责任保证的债权人在保证期间届满前请求保证人承担保证责任的，从债权人请求保证人承担保证责任之日起，开始计算保证债务的诉讼时效。

关联法条

《担保法解释》

第125条 一般保证的债权人向债务人和保证人一并提起诉讼的，人民法院可以将债务人和保证人列为共同被告参加诉讼。但是，应当在判决书中明确在对债务人财产依法强制执行后仍不能履行债务时，由保证人承担保证责任。

第126条 连带责任保证的债权人可以将债务人或者保证人作为被告提起诉讼，也可以将债务人和保证人作为共同被告提起诉讼。

真题链接

2017/4/4（2）；2008/4/4（4）（《民法典》第686条）

考点剖析

1. 保证方式

（1）一般保证和连带保证人的判断：连带责任必须明确约定才可，如果没有约定，则为一般保证。

（2）一般保证人享有先诉抗辩权。在下列情况下一般保证人不享有先诉抗辩权：

❶债务人下落不明，且无财产可供执行；

❷人民法院受理债务人破产案件；

❸债权人有证据证明债务人的财产不足以履行全部债务或者丧失履行债务能力；

❹保证人书面放弃的。

（3）因为一般保证人具有先诉抗辩权，因此在诉讼中，一般保证的债权人向债务人和保证人一并提起诉讼的，法院可以将债务人和保证人列为共同被告。但是应当在判决书中明确在对债务人财产依法强制执行后仍不能履行时，由保证人承担保证责任。债权人仅起诉债务人的，法院可以不追加保证人为共同被告，债权人仅起诉保证人的，法院应当追加债务人为共同被告。但在连带责任保证中，由债权人自由选择被告，法院可以不依职权进行追加。

2. 保证期间

（1）保证期间为不变期间，不中止、中断、延长；保证期间有约从约，没有约定以及约定不明时，保证期间为6个月。保证期间的起保证期间不区分一般保证还是连带保证。

（2）保证期间内债权人未采取相应措施主张保证债权的，保证人不再承担保证责任：一般保证的债权人未在保证期间内对债务人提起诉讼或者申请仲裁的，保证人不再承担保证责任。连带责任保证的债权人未在保证期间请求保证人承担保证责任的，保证人不再承担保证责任。

3. 保证债务的诉讼时效

（1）一般保证从保证人拒绝承担保证责任的权利消灭之日起，开始计算保证债务的诉讼时效；

（2）连带责任保证的诉讼时效，从债权人请求保证人承担保证责任之日起开始计算。

▶ 命题展望

一般保证与连带责任保证的区分与保证期间的长度，属于重要的基础性知识点。本知识点可能与民诉的当事人相关知识点进行结合，尤其是一般保证人的先诉抗辩权在诉讼裁判书中的体现。先诉抗辩权也可能在案例分析题中结合破产法来考查。本考点涉及《民法典》变动，请务必注意掌握新知识。

重点法条 ③⑦ ▶ 保证人的抗辩权、追偿权与免责情形

第698条［一般保证人保证责任免除］一般保证的保证人在主债务履行期限届满后，向债权人提供债务人可供执行财产的真实情况，债权人放弃或者怠于行使权利致使该财产不能被执行的，保证人在其提供可供执行财产的价值范围内不再承担保证责任。

第700条［保证人追偿权］ 保证人承担保证责任后，除当事人另有约定外，有权在其承担保证责任的范围内向债务人追偿，享有债权人对债务人的权利，但是不得损害债权人的利益。

第701条［保证人抗辩权］ 保证人可以主张债务人对债权人的抗辩。债务人放弃抗辩的，保证人仍有权向债权人主张抗辩。

第702条［保证人拒绝履行权］ 债务人对债权人享有抵销权或者撤销权的，保证人可以在相应范围内拒绝承担保证责任。

▶ 关联法条

《担保法解释》

第44条 保证期间，人民法院受理债务人破产案件的，债权人既可以向人民法院申报债权，也可以向保证人主张权利。

债权人申报债权后在破产程序中未受清偿的部分，保证人仍应当承担保证责任。债权人要求保证人承担保证责任的，应当在破产程序终结后6个月内提出。

第45条 债权人知道或者应当知道债务人破产，既未申报债权也未通知保证人，致使保证人不能预先行使追偿权的，保证人在该债权在破产程序中可能受偿的范围内免除保证责任。

第46条 人民法院受理债务人破产案件后，债权人未申报债权的，各连带共同保证的保证人应当作为一个主体申报债权，预先行使追偿权。

▶ 考点剖析

1. 保证人的追偿权

（1）保证人承担保证责任后，除当事人另有约定外，有权在其承担保证责任的范围内向债务人追偿，享有债权人对债务人的权利，但是不得损害债权人的利益。

（2）保证人可以主张债务人对债权人的抗辩。债务人放弃抗辩的，保证人仍有权向债权人主张抗辩。保证人未援用债务人的抗辩权并承担保证责任的，就超出主债务的部分，保证人对债务人无追偿权。

（3）若债务人对债权人不享有抗辩权或者债务人放弃对债权人的抗辩权，保证人放弃自己对债权人的抗辩权承担保证责任的，保证人对债务人的追偿权不受影响。

（4）破产中保证人的追偿权

❶保证人在承担保证责任后享有追偿权，但是在债务人破产时，保证人可以预先行使追偿权；

❷债权人知道或者应当知道债务人破产，既未申报债权也未通知保证人，致使保证人不能预先行使追偿权的，保证人在该债权在破产程序中可能受偿的范围内免除保证责任；

❸人民法院受理债务人破产案件后，债权人未申报债权的，各连带共同保证的保证人应当作为一个主体申报债权，预先行使追偿权。

2. 保证人的特殊免责事由

（1）一般保证的保证人在主债务履行期限届满后，向债权人提供债务人可供执行财产的真实情况，债权人放弃或者怠于行使权利致使该财产不能被执行的，保证人在其提供可供执行财产的价值范围内不再承担保证责任；

（2）债务人对债权人享有抵销权或者撤销权的，保证人可以在相应范围内拒绝承担保证责任。

▶ 命题展望

本知识点可以结合主债务的诉讼时效、合同的抗辩权进行考查，也可以结合破产法考查保证人的预先追偿权，如果出题，难度会比较大。

重点法条 38 ▶ 主债权相关变化对保证责任的影响

第695条 ［主合同变更对保证责任的影响］　债权人和债务人未经保证人书面同意，协商变更主债权债务合同内容，减轻债务的，保证人仍对变更后的债务承担保证责任；加重债务的，保证人对加重的部分不承担保证责任。

债权人与和债务人对变更主债权债务合同的履行期限作了变更，未经保证人书面同意的，保证期间不受影响。

第696条 ［债权转让对保证责任的影响］债权人转让全部或者部分债权，未通知保证人的，该转让对保证人不发生效力。

保证人与债权人约定禁止债权转让，债权人未经保证人书面同意转让债权的，保证人对受让人不再承担保证责任。

第697条 ［债务承担对保证责任的影响］　债权人未经保证人书面同意，允许债务人转移全部或者部分债务，保证人对未经其同意转移的债务不再承担保证责任，但是债权人和保证人另有约定的除外。

第三人加入债务的，保证人的保证责任不受影响。

▶ 关联法条

《九民纪要》57. ［借新还旧的担保物权］　贷款到期后，借款人与贷款人订立新的借款合同，将新贷用于归还旧贷，旧贷因清偿而消灭，为旧贷设立的担保物权也随之消灭。贷款人以旧贷上的担保物权尚未进行涂销登记为由，主张对新贷行使担保物权的，人民法院不予支持，但当事人约定继续为新贷提供担保的除外。

考点剖析

1. 债权数额变化

——未经保证人书面同意，保证人选择对自己有利的承担。（增加选原来，减少选少的）

2. 主债权的履行期限变动

——未经保证人书面同意，保证人在原保证期限内承担保证责任。

3. 主债权、主债务转移对担保责任的影响

（1）保证期间，债权转让的，保证债权随同转让（不需要经过保证人的同意，但需要通知保证人）。但有两个例外：

❶ 约定仅对特定债权人承担保证责

任的；

❷ 约定禁止债权转让的。

（2）保证期间，债务人经债权人同意转让债务的，应当取得保证人的书面同意，保证人对未经其同意转让部分的债务，不再承担保证责任，但保证人仍应当对未转让部分的债务承担保证责任。

4. 新贷还旧贷对保证人的影响

旧贷保证人不再承担责任，因为主债权消灭；未经保证人书面同意，新贷保证人也不再承担责任。

命题展望

本知识点主要结合合同让与、合同变更来进行考查。具有一定的主观题考查价值。

重点法条 39 ▶ 定金合同

第586条［定金担保］ 当事人可以约定一方向对方给付定金作为债权的担保。定金合同自实际交付定金时成立。

定金的数额由当事人约定，但是，不得超过主合同标的额的20%，超过部分不产生定金的效力。实际交付的定金数额多于或者少于约定数额的，视为变更约定的定金数额。

第587条［定金罚则］ 债务人履行债务后的，定金应当抵作价款或者收回。给付定金的一方不履行债务或者履行债务不符合约定，致使不能实现合同目的的，无权请求返还定金；收受定金的一方不履行债务或者履行债务不符合约定，致使不能实现合同目的的，应当双倍返还定金。

关联法条

《担保法解释》

第116条 当事人约定以交付定金作为主合同成立或者生效要件的，给付定金的一方未支付定金，但主合同已经履行或者已经履行主要部分的，不影响主合同的成立或者生效。

第118条 当事人交付留置金、担保金、保证金、订约金、押金或者订金等，但没有约定定金性质的，当事人主张定金权利的，人民法院不予支持。

考点剖析

1. 定金的类型

（1）违约定金：以定金的丧失或者双倍

返还定金作为违反主合同的补救方法之一而约定的定金。注意具有限额性：不超过主合同标的额的20%。超过部分无效。

（2）成约定金：以定金交付作为合同成立或者生效的要件。其实质为将定金作为主合同成立或者生效的条件。但是要注意，主合同已经履行或者已经履行主要部分的，虽未交付定金，不影响主合同的成立或者生效。（履行补正）

2. 定金罚则

（1）交付定金的一方违反，丧失定金，收受定金的一方违反，双倍返还定金。定金的数额不得超过主合同标的额的20%，超过部分无效，不具有定金效果，算作预付款。

（2）当事人必须在定金合同中注明"定金"字样或者约定"定金罚则"，才能成立定金合同（二选其一）。

3. 定金合同为从合同、实践合同，实际交付的定金少于或者多于约定数额的，视为定金合同的变更，以实际交付的定金为准。定金具有预先支付性。债务人履行债务后，定金应当抵作价款或者收回。

🔽 命题展望

本知识点可能会结合买卖合同考查违约定金或者成约定金的规则，还可能会结合违约金与实际损害赔偿金来考查"三金"的关系。在官方指导案例中涉及了定金合同的认定以及定金罚则的适用。（《担保法解释》第118、122条）

专题三　合　同

重点法条 40 ▶ 合同相对性及其例外

☞ **第465条**［依法成立的合同效力］　依法成立的合同，受法律保护。

依法成立的合同，仅对当事人具有法律约束力，但是法律另有规定的除外。

第522条［向第三人履行的合同与为第三人利益合同］　当事人约定由债务人向第三人履行债务，债务人未向第三人履行债务或者履行债务不符合约定的，应当向债权人承担违约责任。

法律规定或者当事人约定第三人可以直接请求债务人向其履行，第三人未在合理期限内明确拒绝，债务人未向第三人履行债务或者履行债务不符合约定的，第三人可以请求债务人承担违约责任；债务人对债权人的抗辩，可以向第三人主张。

第523条［由第三人履行的合同］　当事人约定由第三人向债权人履行债务，第三人不履行债务或者履行债务不符合约定的，债务人应当向债权人承担违约责任。

第524条［第三人清偿规则］　债务人不履行债务，第三人对履行该债务具有合法利益的，第三人有权向债权人代为履行；但是，根据债务性质、按照当事人约定或者依照法律规定只能由债务人履行的除外。

债权人接受第三人履行后，其对债务人的债权转让给第三人，但是债务人和第三人另有约定的除外。

第593条［第三人原因造成违约时违约责任承担］ 当事人一方因第三人的原因造成违约的，应当依法向对方承担违约责任。当事人一方和第三人之间的纠纷，依照法律规定或者按照约定处理。

▶ **真题链接**

2011/4/4（8）；2010/4/4（4）（《民法典》第465条）

2010/4/4（4）（《民法典》第119条）

▶ **考点剖析**

依法成立的合同，仅对当事人具有法律约束力，但是法律另有规定的除外。（《民法典》第465条）

1. 向第三人履行合同，遵守合同相对性。当事人约定由债务人向第三人履行债务，债务人未向第三人履行债务或者履行债务不符合约定的，应当向债权人承担违约责任。但也新增加了一个例外：为第三

人利益合同订立的合同，第三人不反对时可以请求债务人履行合同、承担违约责任。

2. 由第三人履行的合同，也遵守合同的相对性。当事人约定由第三人向债权人履行债务，第三人不履行债务或者履行债务不符合约定的，债务人应当向债权人承担违约责任。具有法律上利害关系的第三人的代为履行，债权人不可拒绝。

3. 合同责任具有相对性。当事人一方因第三人的原因造成违约的，应当依法向对方承担违约责任。当事人一方和第三人之间的纠纷，依照法律规定或者按照约定处理。

▶ **命题展望**

合同的相对性是多次考查到的知识点。因第三人原因的违约、由第三人履行的合同的责任承担问题，本质都是合同相对性的体现。但特别注意利益第三人合同与向第三人履行合同的区别。利益第三人合同是民法典新增的合同相对性例外的体现，考生应能予以注意。

重点法条 41 ▶ 要约与要约邀请

第472条［要约的定义及构成要件］要约是希望与他人订立合同的意思表示，该意思表示应当符合下列条件：

（一）内容具体确定；

（二）表明经受要约人承诺，要约人即受该意思表示约束。

第473条［要约邀请］ 要约邀请是希望他人向自己发出要约的表示。拍卖公告、招标公告、招股说明书、债券募集办法、

基金招募说明书、商业广告和宣传、寄送的价目表等为要约邀请。

商业广告和宣传的内容符合要约条件的，构成要约。

第474条［要约生效时间］ 要约生效的时间适用本法第137条的规定。

第476条［要约不得撤销情形］ 要约可以撤销，但是有下列情形之一的除外：

（一）要约人以确定承诺期限或者其

他形式明示要约不可撤销；

（二）受要约人有理由认为要约是不可撤销的，并已经为履行合同作做了合理准备工作。

第478条［要约失效］　有下列情形之一的，要约失效：

（一）要约被拒绝；

（二）要约被依法撤销；

（三）承诺期限届满，受要约人未作出承诺；

（四）受要约人对要约的内容作出实质性变更。

▶ 关联法条

《民法典》第137条［有相对人的意思表示生效时间］　以对话方式作出的意思表示，相对人知道其内容时生效。

以非对话方式作出的意思表示，到达相对人时生效。以非对话方式作出的采用数据电文形式的意思表示，相对人指定特定系统接收数据电文的，该数据电文进入该特定系统时生效；未指定特定系统的，相对人知道或者应当知道该数据电文进入其系统时生效。当事人对采用数据电文形式的意思表示的生效时间另有约定的，按照其约定。

《商品房买卖合同解释》第3条　商品房的销售广告和宣传资料为要约邀请，但是出卖人就商品房开发规划范围内的房屋及相关设施所作的说明和允诺具体确定，并对商品房买卖合同的订立以及房屋价格的确定有重大影响的，应当视为要约。该说明和允诺即使未载入商品房买卖合同，亦应当视为合同内容，当事人违反的，应当承担违约责任。

▶ 考点剖析

1. 寄送的价目表、拍卖公告、招标公告、招股说明书、商业广告属于要约邀请。

2. 商业广告成为要约的情形

（1）内容明确具体＋表示者愿意接受该表示约束的商业广告，为要约；

（2）内容不明确具体，或表示者不愿意接受该表示约束的商业广告，为要约邀请；

（3）商品房广告构成要约的条件：明确具体＋愿受约束＋对合同订立及房屋价格有重大影响。

构成要约的商业广告，自动成为合同的条款，如果发布人未实现其在广告中的允诺，将构成违约。

3. 要约的生效时间判断

（1）对特定人的要约

❶对话方式，了解主义（自相对人了解时生效）；

❷非对话方式，到达主义（到达受要约人的控制范围即可，受要约人是否实际知悉不是判断标准）。

（2）对不特定人的要约：一经作出即生效。

▶ 命题展望

考生要能够准确区分要约与要约邀请，尤其是对商品房的广告性质的判断。关于要约与要约邀请的性质的判断在官方的指导案例中有所涉及。

重点法条 42 ▶ 承 诺

第 481 条 ［承诺的期限］ 承诺应当在要约确定的期限内到达要约人。

要约没有确定承诺期限的，承诺应当依照下列规定到达：

（一）要约以对话方式作出的，应当即时作出承诺；

（二）要约以非对话方式作出的，承诺应当在合理期限内到达。

第 483 条 ［合同成立时间］ 承诺生效时合同成立，但是法律另有规定或者当事人另有约定的除外。

第 486 条 ［迟延承诺］ 受要约人超过承诺期限发出承诺，或者在承诺期限内发出承诺，按照通常情形不能及时到达要约人的，为新要约；但是，要约人及时通知受要约人该承诺有效的除外。

第 487 条 ［未迟发而迟到的承诺］ 受要约人在承诺期限内发出承诺，按照通常情形能够及时到达要约人，但是因其他原因致使承诺到达要约人时超过承诺期限的，除要约人及时通知受要约人因承诺超过期限不接受该承诺外，该承诺有效。

第 488 条 ［承诺对要约内容的实质性变更］ 承诺的内容应当与要约的内容一致。受要约人对要约的内容作出实质性变更的，为新要约。有关合同标的、数量、质量、价款或者报酬、履行期限、履行地点和方式、违约责任和解决争议方法等的变更，是对要约内容的实质性变更。

📌 关联法条

《合同法解释（二）》第 1 条第 1 款 当事人对合同是否成立存在争议，人民法院能够确定当事人名称或者姓名、标的和数量的，一般应当认定合同成立。但法律另有规定或者当事人另有约定的除外。

📌 考点剖析

1. 承诺的构成要件

（1）承诺只能由受要约人向要约人作出。

（2）承诺的内容应当与要约的内容一致，如果受要约人对承诺进行实质性的变更，视为新要约。如果是非实质性的变更，原则有效，除非要约人及时表示反对或者要约表明不得对要约作出任何变更。

（3）承诺必须在承诺期限内到达要约人，否则视为新要约。

2. 要约与承诺达成一致时合同成立，合同必备的条款有三个：当事人、数量、标的。

📌 命题展望

主要注意承诺的实质性变更与承诺迟到的法律后果，《民法典》第 486 条的相关知识点曾在案例指导用书上出现，考生需要注意。承诺与要约规则一般会设在第 1 问或者第 2 问，判断合同是否成立，何时成立。

重点法条 43 ▶ 合同的成立与生效

第490条 [合同成立时间]　当事人采用合同书形式订立合同的，自当事人均签名、盖章或者按指印时合同成立。在签名、盖章或者按指印之前，当事人一方已经履行主要义务，对方接受时，该合同成立。

法律、行政法规规定或者当事人约定合同应当采用书面形式订立，当事人未采用书面形式但是一方已经履行主要义务，对方接受时，该合同成立。

第491条 [信件、数据电文形式合同和网络合同成立时间]　当事人采用信件、数据电文等形式订立合同要求签订确认书的，签订确认书时合同成立。

当事人一方通过互联网等信息网络发布的商品或者服务信息符合要约条件的，对方选择该商品或者服务并提交订单成功时合同成立，但是当事人另有约定的除外。

第494条 [依国家订货任务、指令性任务订立合同及强制要约、强制承诺]　国家根据抢险救灾、疫情防控或者其他需要下达国家订货任务、指令性任务的，有关民事主体之间应当依照有关法律、行政法规规定的权利和义务订立合同。

依照法律、行政法规的规定负有发出要约义务的当事人，应当及时发出合理的要约。

依照法律、行政法规的规定负有作出承诺义务的当事人，不得拒绝对方合理的订立合同要求。

第495条 [预约合同]　当事人约定在将来一定期限内订立合同的认购书、订购书、预订书等，构成预约合同。

当事人一方不履行预约合同约定的订立合同义务的，对方可以请求其承担预约合同的违约责任。

第502条 [合同生效时间]　依法成立的合同，自成立时生效，但是法律另有规定或者当事人另有约定的除外。

依照法律、行政法规的规定，合同应当办理批准等手续的，依照其规定。未办理批准等手续影响合同生效的，不影响合同中履行报批等义务条款以及相关条款的效力。应当办理申请批准等手续的当事人未履行义务的，对方可以请求其承担违反该义务的责任。

依照法律、行政法规的规定，合同的变更、转让、解除等情形应当办理批准等手续的，适用前款规定。

🔽 关联法条

《九民纪要》

37. [未经批准合同的效力]　法律、行政法规规定某类合同应当办理批准手续生效的，如商业银行法、证券法、保险法等法律规定购买商业银行、证券公司、保险公司5%以上股权须经相关主管部门批准，依据《合同法》第44条第2款的规定，批准是合同的法定生效条件，未经批准的合同因欠缺法律规定的特别生效条件而未生效。实践中的一个突出问题是，把未生效合同认定为无效合同，或者虽认定为未生效，却按无效合同处理。无效合同从本质上来说是欠缺合同的有效要件，或者具有合同无效的法定事由，自始不发生法律效力。而未生效合同已具备合同的有效要件，对双方具有一定的拘束力，任何一方不得擅自撤回、解除、变更，但因欠缺法律、行政法规规定或当事人约定的特别生效条件，在该生效条件成就前，不能产生请求对方履行合同主要权利义务的法律效力。

38. [报批义务及相关违约条款独立生效] 须经行政机关批准生效的合同，对报批义务及未履行报批义务的违约责任等相关内容作出专门约定的，该约定独立生效。一方因另一方不履行报批义务，请求解除合同并请求其承担合同约定的相应违约责任的，人民法院依法予以支持。

39. [报批义务的释明] 须经行政机关批准生效的合同，一方请求另一方履行合同主要权利义务的，人民法院应当向其释明，将诉讼请求变更为请求履行报批义务。一方变更诉讼请求的，人民法院依法予以支持；经释明后当事人拒绝变更的，应当驳回其诉讼请求，但不影响其另行提起诉讼。

40. [判决履行报批义务后的处理] 人民法院判决一方履行报批义务后，该当事人拒绝履行，经人民法院强制执行仍未履行，对方请求其承担合同违约责任的，人民法院依法予以支持。一方依据判决履行报批义务，行政机关予以批准，合同发生完全的法律效力，其请求对方履行合同的，人民法院依法予以支持；行政机关没有批准，合同不具有法律上的可履行性，一方请求解除合同的，人民法院依法予以支持。

▶ 考点剖析

1. 合同的成立

成立时间	诺成合同、不要式合同	当事人达成合意就成立。
	要式合同	当事人采用合同书形式订立合同的，自当事人均签名、盖章或者按指印时合同成立。在签名、盖章或者按指印之前，当事人一方已经履行主要义务，对方接受时，该合同成立。（《民法典》第490条）
	实践合同	标的物交付时。
	电子合同	当事人采用信件、数据电文等形式订立合同要求签订确认书的，签订确认书时合同成立。
		当事人一方通过互联网等信息网络发布的商品或者服务信息符合要约条件的，对方选择该商品或者服务并提交订单成功时合同成立，但是当事人另有约定的除外。
强制缔约		国家根据抢险救灾、疫情防控或者其他需要下达国家订货任务、指令性任务的，有关民事主体之间应当依照有关法律、行政法规规定的权利和义务订立合同。
		负有作出承诺义务的当事人，不得拒绝对方合理的订立合同要求。

2. 依法需要审批的合同

对于依法需要审批的民事法律行为，涉及《九民纪要》的特别规定：

（1）报批义务及相关违约条款独立生效

须经行政机关批准生效的合同，对报批义务及未履行报批义务的违约责任等相关内容作出专门约定的，该约定独立生效。一方因另一方不履行报批义务，请求解除合同并请求其承担合同约定的相应违约责任的，人民法院依法予以支持。

（2）未批准诉讼中的法院释明义务

须经行政机关批准生效的合同，一方请求另一方履行合同主要权利义务的，人民法院应当向其释明，将诉讼请求变更为请求履行报批义务。一方变更诉讼请求的，人民法院依法予以支持；经释明后当事人拒绝变更的，应当驳回其诉讼请求，但不影响其另行提起诉讼。

（3）判决履行报批义务后的处理

❶人民法院判决一方履行报批义务后，该当事人拒绝履行，经人民法院强制执行仍未履行，对方请求其承担合同违约责任的，人民法院依法予以支持；

❷一方依据判决履行报批义务，行政机关予以批准，合同发生完全的法律效力，其请求对方履行合同的，人民法院依法予以支持；

❸行政机关没有批准，合同不具有法律上的可履行性，一方请求解除合同的，人民法院依法予以支持。

▶ **命题展望**

在实务题中，考生要能够判断出来合同是否成立，尤其是约定了合同成立方式时的履行补正。

重点法条 44 ▶ 格式条款与合同解释

第 466 条 [合同条款的解释]　当事人对合同条款的理解有争议的，应当依据本法第 142 条第 1 款的规定，确定争议条款的含义。

合同文本采用两种以上文字订立并约定具有同等效力的，对各文本使用的词句推定具有相同含义。各文本使用的词句不一致的，应当根据合同的相关条款、性质、目的以及诚信原则等予以解释。

第 498 条 [格式条款的解释]　对格式条款的理解发生争议的，应当按照通常理解予以解释。对格式条款有两种以上解释的，应当作出不利于提供格式条款一方的解释。格式条款和非格式条款不一致的，应当采用非格式条款。

第 496 条 [格式条款]　格式条款是当事人为了重复使用而预先拟定，并在订立合同时未与对方协商的条款。

采用格式条款订立合同的，提供格式条款的一方应当遵循公平原则确定当事人之间的权利和义务，并采取合理的方式提示对方注意免除或者减轻其责任等与对方有重大利害关系的条款，按照对方的要求，对该条款予以说明。提供格式条款的一方未履行提示或者说明义务，致使对方没有注意或者理解与其有重大利害关系的条款的，对方可以主张该条款不成为合同的内容。

第497条［格式条款无效的情形］有下列情形之一的，该格式条款无效：

（一）具有本法第一编第六章第三节和本法第506条规定的无效情形；

（二）提供格式条款一方不合理地免除或者减轻其责任、加重对方责任、限制对方主要权利；

（三）提供格式条款一方排除对方主要权利。

关联法条

《民法典》第142条第1款［意思表示的解释］有相对人的意思表示的解释，应当按照所使用的词句，结合相关条款、行为的性质和目的、习惯以及诚信原则，确定意思表示的含义。

《合同法解释（二）》第6条　提供格式条款的一方对格式条款中免除或者限制其责任的内容，在合同订立时采用足以引起对方注意的文字、符号、字体等特别标识，并按照对方的要求对该格式条款予以说明的，人民法院应当认定符合合同法第39条所称"采取合理的方式"。

提供格式条款一方对已尽合理提示及说明义务承担举证责任。

考点剖析

格式条款是指一方事先拟定好的、重复使用且不允许对方协商和变更的条款。格式条款的法律规则有：

1. 提供者的提示说明义务

（1）应当遵守公平原则确定当事人之间的权利和义务，并采取合理的方式提请

对方注意免除或者减轻其责任等与对方有重大利害关系的条款，按照对方的要求，对该条款予以说明；

（2）提供格式条款的一方未履行提示或者说明义务，致使对方没有注意或者理解与其有重大利害关系的条款的，对方可以主张该条款不成为合同的内容；

（3）提供格式条款的一方对已尽合理提示及说明义务承担举证责任。

2. 格式条款的无效

有下列情形之一的，格式条款无效：

（1）格式条款中有合同无效事由；

（2）提供格式条款一方不合理地免除或者减轻其责任、加重对方责任、限制对方主要权利；

（3）排除对方的主要权利；

（4）格式条款中的造成对方人身损害的、因故意或者重大过失造成对方财产损失的免责条款无效。

3. 格式条款的解释

（1）格式条款与非格式条款不一致的，非格式条款优先；

（2）理解发生争议，按照通常解释予以理解；

（3）通常解释具有两种以上含义，应当作出不利于提供者的解释。

4. 对于合同条款的解释，通常情况下按照有利于合同的实现，结合当事人订立合同的目的与诚实信用原则进行解释。

命题展望

本知识点比较重要，关于格式条款的理解与运用问题，有最高院第64号指导案例。合同的解释是实务性比较强的知识点，

属于符合法考改革精神的知识点，同样有比较典型的实务案例。因此考生必须加以把握。

指导案例 64 号：刘超捷诉中国移动通信集团江苏有限公司徐州分公司电信服务合同纠纷案（该指导案例被编入官方的案例指导用书中）。

裁判要旨：经营者在格式合同中未明确规定对某项商品或服务的限制条件，且未能证明在订立合同时已将该限制条件明确告知消费者并获得消费者同意的，该限制条件对消费者不产生效力。

重点法条 45 ▶ 合同的履行

第 509 条［合同履行的原则］　当事人应当按照约定全面履行自己的义务。

当事人应当遵循诚信原则，根据合同的性质、目的和交易习惯履行通知、协助、保密等义务。

当事人在履行合同过程中，应当避免浪费资源、污染环境和破坏生态。

第 512 条［电子合同标的交付时间］通过互联网等信息网络订立的电子合同的标的为交付商品并采用快递物流方式交付的，收货人的签收时间为交付时间。电子合同的标的为提供服务的，生成的电子凭证或者实物凭证中载明的时间为提供服务时间；前述凭证没有载明时间或者载明时间与实际提供服务时间不一致的，以实际提供服务的时间为准。

电子合同的标的物为采用在线传输方式交付的，合同标的物进入对方当事人指定的特定系统且能够检索识别的时间为交付时间。

电子合同当事人对交付商品或者提供服务的方式、时间另有约定的，按照其约定。

第 515 条［选择之债中选择权归属与移转］　标的有多项而债务人只需履行其中一项的，债务人享有选择权；但是，法律另有规定、当事人另有约定或者另有交易习惯的除外。

享有选择权的当事人在约定期限内或者履行期限届满未作选择，经催告后在合理期限内仍未选择的，选择权转移至对方。

第 516 条［选择权的行使方式］　当事人行使选择权应当及时通知对方，通知到达对方时，标的确定。标的确定后不得变更，但是经对方同意的除外。

可选择的标的发生不能履行情形的，享有选择权的当事人不得选择不能履行的标的，但是该不能履行的情形是由对方造成的除外。

第 530 条［债务人提前履行债务］　债权人可以拒绝债务人提前履行债务，但是提前履行不损害债权人利益的除外。

债务人提前履行债务给债权人增加的费用，由债务人负担。

第 531 条［债务人部分履行债务］　债权人可以拒绝债务人部分履行债务，但是部分履行不损害债权人利益的除外。

债务人部分履行债务给债权人增加的费用，由债务人负担。

第 532 条［当事人变化对合同履行的

影响] 合同生效后，当事人不得因姓名、 名称的变更或者法定代表人、负责人、承 办人的变动而不履行合同义务。

▶ 考点剖析

内 容	(1) 全面履行原则； (2) 诚信履行原则； (3) 节约资源保护环境。
提前履行	(1) 原则：债权人可拒绝受领，但不可要求违约的责任；（因为履行期限未至） (2) 例外：提前履行不损害债权人利益，债权人应当受领，因提前履行产生的费用由债务人承担。
部分履行	(1) 原则：债权人可拒绝，可要求承担违约责任； (2) 例外：部分履行不损害债权人利益，债权人应当受领，增加的费用由债务人承担。
电子合同履行	(1) 线下交付——签收时视为交付； (2) 线上提供服务——凭证载明的时间视为交付时间，无凭证时实际提供服务的时间为交付时间； (3) 采用在线传输方式交付的，义务人发送至特定系统并能够检索识别的时间为交付时间。
选择之债的履行	(1) 债务人享有选择权，但在约定时间或者履行期限届满时仍未选择的，选择权转移至对方； (2) 行使选择权应当通知对方，确定后不得变更，对方同意的除外； (3) 可选择的债务标的之中发生不能履行情形的，享有选择权的当事人不得选择不能履行的标的，但是该不能履行的情形是由对方造成的除外。

▶ 命题展望

1. 诚实信用的履行原则和全面履行的原则是用来处理实务类案例题的重要的知识点，此处有最高院的指导案例。

2. 掌握部分履行和提前履行的规则，其可以与合同的违约责任、合同解除权问题结合命题。

重 点 法 条 ㊻ ▶ 合同三大抗辩权

第525条 [同时履行抗辩权] 当事人互负债务，没有先后履行顺序的，应当同时履行。一方在对方履行之前有权拒绝其履行请求。一方在对方履行债务不符合约定时，有权拒绝其相应的履行请求。

☞ **第526条** [先履行抗辩权] 当事人互

负债务，有先后履行顺序，应当先履行债务一方未履行的，**后履行一方有权拒绝其履行请求**。先履行一方履行债务不符合约定的，后履行一方有权拒绝其相应的履行请求。

☞ **第527条** ［不安抗辩权］　应当先履行债务的当事人，有**确切证据**证明对方有下列情形之一的，可以中止履行：

（一）经营状况严重恶化；

（二）转移财产、抽逃资金，以逃避债务；

（三）丧失商业信誉；

（四）有丧失或者可能丧失履行债务能力的其他情形。

当事人没有确切证据中止履行的，应当承担违约责任。

第528条 ［行使不安抗辩权］　当事人依据前条规定中止履行的，应当及时通知对方。对方提供适当担保的，应当恢复履行。中止履行后，**对方在合理期限内未恢复履行能力且未提供适当担保的，视为以自己的行为表明不履行主要债务，中止履行的一方可以解除合同并可以请求对方承担违约责任**。

▶ **真题链接**

2011/4/4（5）（《民法典》第527条）

2011/4/4（6）（《民法典》第526条）

▶ **考点剖析**

不安抗辩权	**构成要件**	（1）双方当事人因"同一双务合同"互负债务。
		（2）双方当事人履行债务的期限有先后顺序（根据通说观点，应当先履行一方的债务是否到期，在所不问）。
		（3）应当先履行一方有"确切证据"证明对方具有届时不能或不会作出对待给付的情形。包括： ①经营状况严重恶化； ②转移财产、抽逃资金，以逃避债务的； ③丧失商业信誉； ④有丧失或者可能丧失履行债务能力的其他情形。
	行　使	（1）不安抗辩权人有权中止履行自己的义务（中止履行不构成违约）。
		（2）不安抗辩权人负有及时通知对方的义务。
		（3）对方在合理期限内恢复履行能力或者提供相应担保的，不安抗辩权消灭。
		（4）对方在合理期限内未恢复履行能力且未提供适当担保的： ①中止履行一方享有法定解除权； ②中止履行一方亦可不解除合同，要求对方提前清偿债务； ③对方构成预期违约的，中止履行一方有权请求对方承担预期违约的责任。

续表

注意	（1）三大抗辩权的前提是，双方当事人基于同一个双务合同互负对待债务，附随义务与从给付义务的不履行不可产生抗辩权，除非从给付义务的不履行将导致合同的目的落空； （2）先履行方行使不安抗辩权，这并不影响后履行方行使顺序履行抗辩权； （3）同时履行抗辩权和顺序履行抗辩权，只能拒绝履行与对方未履行或未适当履行"相应"部分的义务。

📘 **命题展望**

　　主观题中主要考查当事人是否享有抗辩权，以及是何种抗辩权，可能以"是否构成违约"方式进行考查。如果构成抗辩权，则抗辩权人不构成违约。

重点法条 47 ▶ 合同的保全——代位权与撤销权

　　第535条 ［债权人代位权］ 因债务人怠于行使其债权或者与该债权有关的从权利，影响债权人的到期债权实现的，债权人可以向人民法院请求以自己的名义代位行使债务人对相对人的权利，但是该权利专属于债务人自身的除外。

　　代位权的行使范围以债权人的到期债权为限。债权人行使代位权的必要费用，由债务人负担。

　　相对人对债务人的抗辩，可以向债权人主张。

　　第536条 ［债权人代位权的提前行使］债权人的债权到期前，债务人的债权或者与该债权有关的从权利存在诉讼时效期间即将届满或者未及时申报破产债权等情形，影响债权人的债权实现的，债权人可以代位向债务人的相对人请求其向债务人履行、向破产管理人申报或者作出其他必要的行为。

　　第538条 ［无偿处分时的债权人撤销权行使］ 债务人以放弃其债权、放弃债权担保、无偿转让财产等方式无偿处分财产权益，或者恶意延长其到期债权的履行期限，影响债权人的债权实现的，债权人可以请求人民法院撤销债务人的行为。

　　☞ **第539条** ［不合理价格交易时的债权人撤销权行使］ 债务人以明显不合理的低价转让财产、以明显不合理的高价受让他人财产或者为他人的债务提供担保，影响债权人的债权实现，债务人的相对人知道或者应当知道该情形的，债权人可以请求人民法院撤销债务人的行为。

　　第541条 ［债权人撤销权除斥期间］撤销权自债权人知道或者应当知道撤销事由之日起1年内行使。自债务人的行为发生之日起5年内没有行使撤销权的，该撤销权消灭。

📘 **关联法条**

　　《诉讼时效规定》第18条 债权人提起代位权诉讼的，应当认定对债权人的债权和债务人的债权均发生诉讼时效中断的效力。

《合同法解释（一）》

第 13 条　合同法第 73 条规定的"债务人怠于行使其到期债权，对债权人造成损害的"，是指债务人不履行其对债权人的到期债务，又<u>不以诉讼方式或者仲裁方式</u>向其债务人主张其享有的具有金钱给付内容的到期债权，致使债权人的到期债权未能实现。

次债务人（即债务人的债务人）不认为债务人有怠于行使其到期债权情况的，应当承担举证责任。

第 14 条　债权人依照合同法第 73 条的规定提起代位权诉讼的，由<u>被告住所地人民法院管辖</u>。

第 16 条　债权人以次债务人为被告向人民法院提起代位权诉讼，未将债务人列为第三人的，人民法院<u>可以追加债务人为第三人</u>。

<u>两个或者两个以上债权人以同一次债务人为被告提起代位权诉讼的，人民法院可以合并审理。</u>

第 17 条　在代位权诉讼中，债权人请求人民法院对次债务人的财产采取保全措施的，<u>应当提供相应的财产担保</u>。

第 23 条　债权人依照合同法第 74 条的规定提起撤销权诉讼的，由<u>被告住所地人民法院管辖</u>。

☞ **第 24 条**　债权人依照合同法第 74 条的规定提起撤销权诉讼时只以债务人为被告，未将受益人或者受让人列为第三人的，<u>人民法院可以追加该受益人或者受让人为第三人</u>。

《合同法解释（二）》第 19 条　对于合同法第 74 条规定的"明显不合理的低价"，人民法院应当以交易当地一般经营者的判断，并参考交易当时交易地的物价部门指导价或者市场交易价，结合其他相关因素综合考虑予以确认。

<u>转让价格达不到交易时交易地的指导价或者市场交易价 70% 的，一般可以视为明显不合理的低价</u>；对转让价格高于当地指导价或者市场交易价 30% 的，一般可以视为明显不合理的高价。

▶ **真题链接**

2019/主（《合同法解释（一）》第 24 条，《民法典》第 539 条）

▶ **考点剖析**

1. 代位权

代位权，是指债权人在债务人怠于行使对次债务人的债权而影响债权人利益时，债权人以自己的名义行使本属于债务人权利的权利。

（1）代位权构成要件（债权人——债务人——次债务人）

❶ 债权人对债务人的债权合法、有效、到期 VS. 撤销权（不要求到期）

例外：代位权的提前行使情形

——债权人的债权到期前，债务人的权利存在诉讼时效期间即将届满或者未及时申报破产债权等情形，影响债权人的债权实现的，债权人可以代位向债务人的相对人请求其向债务人履行、向破产管理人申报或者作出其他必要的行为。

❷ 债务人对次债务人的<u>金钱债权合法、有效、到期</u>，且该金钱债权不具有人身专属性。

❸ 债务人怠于行使到期债权→未诉讼

or 仲裁（债务人与次债务人订有仲裁协议，不是有效抗辩）。

❹债务人怠于行使给债权人造成伤害（债务人的现有财产不足以清偿债务）。

（2）代位权行使的方式：诉讼

原告：债权人；

被告：次债务人；

无独三：债务人（可以追加，而非应当追加）；

管辖法院：被告（次债务人）住所地法院。

（3）代位权与民诉的结合点

❶债权人向人民法院起诉债务人以后，又向同一人民法院对次债务人提起代位权诉讼。符合条件的，人民法院应当受理，中止代位权诉讼。

❷债权人以次债务人为被告向人民法院提起代位权诉讼，未将债务人列为第三人的，人民法院可以追加债务人为第三人。两个或者两个以上债权人以同一次债务人为被告提起代位权诉讼的，人民法院可以合并审理。

❸代位权诉讼中，债权人请求人民法院对次债务人的财产采取保全措施的，应当提供相应的财产担保。

代位权的行使将导致两个债权均发生时效中断效果。

2. 撤销权

撤销权是指债权人请求法院撤销债务人进行的向第三人放弃债权、无偿或者以明显不合理的低价转让财产等损害债权行为的权利。

（1）撤销权的行使要件

❶债权人对债务人的债权合法、有

效。（不是到期）

❷债务人在负担债务后，实施不当处分现有财产行为损害债权人债权。"不当"，是指无偿处分财产、不等价处分财产，包括以明显不合理的低价转让财产和以明显不合理的高价收购财产。转让价格达不到交易时交易地的指导价或者市场交易价70%的，一般可以视为明显不合理的低价；对转让价格高于当地指导价或者市场交易价30%的，一般可以视为明显不合理的高价。

❸债务人有偿的财产行为要求债务人、受让人具有恶意（知情）；无偿行为不考虑善意。（均可行使撤销权）

（2）债权人撤销权的行使

❶行使方式：诉讼

原告：债权人；

被告：债务人；

无独三：受让人/受益人；

管辖法院：被告住所地法院。

❷行使期限

双重除斥期间，自债权人知道或应当知道起1年+自债务人行为发生之日起5年。

▶ **命题展望**

掌握债权人撤销权的行使条件与方式即可。其可能与民诉的诉的分类、物权变动的有因性等知识点进行结合出题。债权人撤销权属于变更之诉（形成之诉），被撤销后，受让人需将原物返还于债务人，而非直接向债权人给付。撤销之诉的判决生效后，物权即发生变动，恢复到债务人处分财产之前的物权状态。但不动产可能存在暂未过户的情况，则此时即可能发生善意取得。代位权与撤销权可以结合民诉考查。

重点法条 48 ▶ 合同的变更与转让

☞ **第543条** [协议变更合同]　当事人协商一致，可以变更合同。

☞ **第544条** [变更不明确推定为未变更]　当事人对合同变更的内容约定不明确的，推定为未变更。

第545条 [债权转让]　债权人可以将债权的全部或者部分转让给第三人，但是有下列情形之一的除外：

（一）根据债权性质不得转让；

（二）按照当事人约定不得转让；

（三）依照法律规定不得转让。

当事人约定非金钱债权不得转让的，不得对抗善意第三人。当事人约定金钱债权不得转让的，不得对抗第三人。

第546条 [债权转让通知]　债权人转让债权，未通知债务人的，该转让对债务人不发生效力。

债权转让的通知不得撤销，但是经受让人同意的除外。

第547条 [债权转让时从权利一并变动]　债权人转让债权的，受让人取得与债权有关的从权利，但是该从权利专属于债权人自身的除外。

受让人取得从权利不因该从权利未办理转移登记手续或者未转移占有而受到影响。

第550条 [债权转让增加的履行费用的负担]　因债权转让增加的履行费用，由让与人负担。

☞ **第551条** [债务转移]　债务人将债务的全部或者部分转移给第三人的，应当经债权人同意。

债务人或者第三人可以催告债权人在合理期限内予以同意，债权人未作表示的，视为不同意。

第552条 [并存的债务承担]　第三人与债务人约定加入债务并通知债权人，或者第三人向债权人表示愿意加入债务，债权人未在合理期限内明确拒绝的，债权人可以请求第三人在其愿意承担的债务范围内和债务人承担连带债务。

第554条 [债务转移时从债务一并转移]　债务人转移债务的，新债务人应当承担与主债务有关的从债务，但是该从债务专属于原债务人自身的除外。

第696条 [债权转让对保证责任影响]　债权人转让全部或者部分债权，未通知保证人的，该转让对保证人不发生效力。

保证人与债权人约定禁止债权转让，债权人未经保证人书面同意转让债权的，保证人对受让人不再承担保证责任。

第697条 [债务承担对保证责任影响]　债权人未经保证人书面同意，允许债务人转移全部或者部分债务，保证人对未经其同意转移的债务不再承担保证责任，但是债权人和保证人另有约定的除外。

第三人加入债务的，保证人的保证责任不受影响。

▶ 关联法条

《诉讼时效规定》**第19条**　债权转让的，应当认定诉讼时效从债权转让通知到达债务人之日起中断。

债务承担情形下，构成原债务人对债务承认的，应当认定诉讼时效从债务承担意思表示到达债权人之日起中断。

▶ 真题链接

2018/主（《民法典》第544条）

2014/4/4（3）（《民法典》第543条）

2012/4/3（2）（《民法典》第551条）

▶ 考点剖析

1. 当事人协商一致后可以变更合同，变更合同后原合同即不复存在，当事人以变更后的合同为履行依据。

2. 债权让与的法律效果

（1）转让协议签订生效，不须债务人同意；未通知债务人，对债务人不发生效力。债务人收到通知后，向新债权人（受让人）给付。

❶ 通知前，向原债权人给付，清偿有效，受让人可对转让人主张不当得利。

❷ 通知后，向原债权人给付，清偿无效，债务人可向原债权人（转让人）主张不当得利。接到通知后，债务人的抗辩权、抵销权可以向受让人主张。

（2）从债权随之转让。

物保：该从权利不因未履行转移登记手续或者未转移占有而受到影响。

人保：应当通知保证人，否则对保证人不发生效力。

（3）诉讼时效自债权转让通知到达债务人时中断。

3. 并存的债务承担

（1）不需要经过债权人同意，通知债权人即可；

（2）原债务人不脱离，新债务人加入后与原债务人承担连带责任。

4. 免责的债务承担

（1）必须经债权人同意，未经债权人同意，不发生债权转让的效果。债务人或者第三人可以催告债权人在合理期限内予以同意，债权人未作表示的，视为不同意。

（2）如有担保，须经担保人书面同意，否则担保人就已转让部分不承担责任。

（3）原债务人退出债务关系，如其自愿履行，构成代为清偿。

（4）主债务的诉讼时效自债务承担的意思表示到达相对人时中断。

▶ 命题展望

在合同类的案例分析中应主要注意本知识点会让考生对当事人变更合同的性质进行判断：属于代物清偿协议？让与担保？合同的变更？该种考法在最高院的指导案例与官方指导用书中均有所涉及。

指导案例72号：汤龙、刘新龙、马忠太、王洪刚诉新疆鄂尔多斯彦海房地产开发有限公司商品房买卖合同纠纷案。

重点法条 49 ▶ 合同解除权

☞ **第562条**［合同约定解除］ 当事人协商一致，可以解除合同。

当事人可以约定一方解除合同的事由。

解除合同的事由发生时，解除权人可以解除合同。

☞ **第563条**［合同法定解除］ 有下列情

形之一的，当事人可以解除合同：

（一）因不可抗力致使不能实现合同目的；

（二）在履行期限届满前，当事人一方明确表示或者以自己的行为表明不履行主要债务；

（三）当事人一方迟延履行主要债务，经催告后在合理期限内仍未履行；

（四）当事人一方迟延履行债务或者有其他违约行为致使不能实现合同目的；

（五）法律规定的其他情形。

以持续履行的债务为内容的不定期合同，当事人可以随时解除合同，但是应当在合理期限之前通知对方。

第 564 条 ［解除权行使期限］　法律规定或者当事人约定解除权行使期限，期限届满当事人不行使的，该权利消灭。

法律没有规定或者当事人没有约定解除权行使期限，自解除权人知道或者应当知道解除事由之日起 1 年内不行使，或者经对方催告后在合理期限内不行使的，该权利消灭。

第 565 条 ［合同解除程序］　当事人一方依法主张解除合同的，应当通知对方。合同自通知到达对方时解除；通知载明债务人在一定期限内不履行债务则合同自动解除，债务人在该期限内未履行债务的，合同自通知载明的期限届满时解除。对方对解除合同有异议的，任何一方当事人均可以请求人民法院或者仲裁机构确认解除行为的效力。

当事人一方未通知对方，直接以提起诉讼或者申请仲裁的方式依法主张解除合同，人民法院或者仲裁机构确认该主张的，

合同自起诉状副本或者仲裁申请书副本送达对方时解除。

第 566 条 ［合同解除的效力］　合同解除后，尚未履行的，终止履行；已经履行的，根据履行情况和合同性质，当事人可以请求恢复原状或者采取其他补救措施，并有权请求赔偿损失。

合同因违约解除的，解除权人可以请求违约方承担违约责任，但是当事人另有约定的除外。

主合同解除后，担保人对债务人应当承担的民事责任仍应当承担担保责任，但是担保合同另有约定的除外。

第 567 条 ［合同终止后有关结算和清理条款效力］　合同的权利义务关系终止，不影响合同中结算和清理条款的效力。

关联法条

《民法典》第 533 条 ［情势变更］　合同成立后，合同的基础条件发生了当事人在订立合同时无法预见的、不属于商业风险的重大变化，继续履行合同对于当事人一方明显不公平的，受不利影响的当事人可以与对方重新协商；在合理期限内协商不成的，当事人可以请求人民法院或者仲裁机构变更或者解除合同。

人民法院或者仲裁机构应当结合案件的实际情况，根据公平原则变更或者解除合同。

《九民纪要》

46. ［通知解除的条件］　审判实践中，部分人民法院对合同法司法解释（二）第 24 条的理解存在偏差，认为不论发出解除通知的一方有无解除权，只要另一方未在异议期限内以起诉方式提出异议，就判令解除合同，这不符合合同法关于合同解除权行使

的有关规定。对该条的准确理解是，只有享有法定或者约定解除权的当事人才能以通知方式解除合同。不享有解除权的一方向另一方发出解除通知，另一方即便未在异议期限内提起诉讼，也不发生合同解除的效果。人民法院在审理案件时，应当审查发出解除通知的一方是否享有约定或者法定的解除权来决定合同应否解除，不能仅以受通知一方在约定或者法定的异议期限届满内未起诉这一事实就认定合同已经解除。

47. [**约定解除条件**] 合同约定的解除条件成就时，守约方以此为由请求解除合同的，人民法院应当审查违约方的违约程度是否显著轻微，是否影响守约方合同目的实现，根据诚实信用原则，确定合同应否解除。违约方的违约程度显著轻微，不影响守约方合同目的实现，守约方请求解除合同的，人民法院不予支持；反之，则依法予以支持。

48. [**违约方起诉解除**] 违约方不享有单方解除合同的权利。但是，在一些长期性合同如房屋租赁合同履行过程中，双方形成合同僵局，一概不允许违约方通过起诉的方式解除合同，有时对双方都不利。在此前提下，符合下列条件，违约方起诉请求解除合同的，人民法院依法予以支持：

（1）违约方不存在恶意违约的情形；

（2）违约方继续履行合同，对其显失公平；

（3）守约方拒绝解除合同，违反诚实信用原则。

人民法院判决解除合同的，违约方本应当承担的违约责任不能因解除合同而减少或者免除。

49. [**合同解除的法律后果**] 合同解除

时，一方依据合同中有关违约金、约定损害赔偿的计算方法、定金责任等违约责任条款的约定，请求另一方承担违约责任的，人民法院依法予以支持。

双务合同解除时人民法院的释明问题，参照本纪要第36条的相关规定处理。

《合同法解释（二）》第24条 当事人对合同法第96条、第99条规定的合同解除或者债务抵销虽有异议，但在约定的异议期限届满后才提出异议并向人民法院起诉的，人民法院不予支持；当事人没有约定异议期间，在解除合同或者债务抵销通知到达之日起3个月以后才向人民法院起诉的，人民法院不予支持。

《买卖合同解释》

第25条 出卖人没有履行或者不当履行从给付义务，致使买受人不能实现合同目的，买受人主张解除合同的，人民法院应当根据合同法第94条第4项的规定，予以支持。

☞第26条 买卖合同因违约而解除后，守约方主张继续适用违约金条款的，人民法院应予支持；但约定的违约金过分高于造成的损失的，人民法院可以参照合同法第114条第2款的规定处理。

▶ 真题链接

2018/主；2008/4/4(7)(《民法典》第563条)

2014/4/4(5)(《民法典》第563条,《买卖合同解释》第26条)

2011/4/4(7)(《民法典》第562条)

▶ 考点剖析

1. 合同的一般法定解除权的情形为：

因不可抗力致使不能实现合同目的；预期违约；当事人一方迟延履行主要债务，经催告后在合理期限内仍未履行；当事人一方迟延履行债务或者有其他违约行为致使不能实现合同目的（根本违约）与情势变更。

2. 情势变更是指合同有效成立后，因不可归责于双方当事人的原因发生情势变更，致合同之基础动摇或丧失，若继续维持合同原有效力显失公平，允许变更合同内容或者解除合同在构成情势变更的情况下，当事人既有权解除合同，也有权要求变更合同。该解除权与变更权均需要通过诉讼的方式进行。

3. 以持续履行的债务为内容的不定期合同，当事人可以随时解除合同，但是应当在合理期限之前通知对方。

4. 从给付义务的不履行原则上不可解除合同，出卖人没有履行或者不当履行从给付义务，致使买受人不能实现合同目的，买受人享有法定解除权。

5. 解除权虽然属于形成权，行使解除权的行为属于单方法律行为，但法律允许对方当事人对解除权的行使提出异议。相对人的主张异议权的规则是：

（1）异议权的行使方式：相对人可以通过诉讼或者仲裁的方式提出异议。

（2）异议权的行使期间：当事人有约定的，从其约定；没有约定或者约定不明的情况下，相对人应当在接到解除合同的通知之日起3个月内提出异议。

（3）对于不享有解除权的通知，即便相对人在3个月内没有提异议，也不产生解除的法律后果。（《九民纪要》）

6. 合同解除权的行使期间，有约从约，没有约定的情况下，应当自知道或者应当知道解除事由之日起1年内主张解除，对方当事人进行催告的，则应当催告后的合理期限内主张。

7. 违约方可以解除合同的情形（《九民纪要》）

违约方不享有单方解除合同的权利。但是，在一些长期性合同如房屋租赁合同履行过程中，双方形成合同僵局，一概不允许违约方通过起诉的方式解除合同，有时对双方都不利。在此前提下，符合下列条件，违约方起诉请求解除合同的，人民法院依法予以支持：

（1）违约方不存在恶意违约的情形；

（2）违约方继续履行合同，对其显失公平；

（3）守约方拒绝解除合同，违反诚实信用原则。

人民法院判决解除合同的，违约方本应当承担的违约责任不能因解除合同而减少或者免除。

8. 合同解除的法律后果

（1）尚未履行的，终止履行，另一方不得请求履行；已经履行的，根据履行情况和合同性质，当事人可以要求恢复原状、采取其他补救措施，并有权要求赔偿损失。

（2）合同因违约解除的，解除权人可以请求违约方承担违约责任，但是当事人另有约定的除外。

（3）主合同解除后，担保人对债务人应当承担的民事责任仍应当承担担保责任，但是担保合同另有约定的除外。

（4）合同解除，不影响结算和清理条

款、解决争议条款的效力。

命题展望

合同的法定解除权是民法主观题的重要考点，考生必须予以把握，法考可以考查一般的合同解除权，也可以结合具体的合同，如买卖合同、租赁合同、融资租赁合同、委托合同等来考查特殊的解除权。合同解除之后的法律后果也是考生必须把握的，其中关于仲裁条款、约定诉讼管辖条款等可以结合民诉法来进行考查。

重点法条 50 ▶ 违约责任

☞ **第577条** ［违约责任］　当事人一方不履行合同义务或者履行合同义务不符合约定的，应当承担<u>继续履行、采取补救措施或者赔偿损失</u>等违约责任。

第578条 ［预期违约］　当事人一方明确表示或者以自己的行为表明不履行合同义务的，对方可以<u>在履行期限届满前</u>请求其承担违约责任。

☞ **第580条** ［非金钱债务实际履行责任及违约责任］　当事人一方不履行非金钱债务或者履行非金钱债务不符合约定的，对方可以请求履行，但是有下列情形之一的除外：

（一）<u>法律上或者事实上不能履行</u>；

（二）债务的标的<u>不适于强制履行</u>或者履行费用过高；

（三）债权人在合理期限内未请求履行。

有前款规定的除外情形之一，致使不能实现合同目的的，人民法院或者仲裁机构可以根据当事人的请求终止合同权利义务关系，但是不影响违约责任的承担。

第581条 ［替代履行］　当事人一方不履行债务或者履行债务不符合约定，根据债务的性质<u>不得强制履行</u>的，对方可以请求其负担由第三人替代履行的费用。

第583条 ［违约损害赔偿责任］　当事人一方不履行合同义务或者履行合同义务不符合约定的，<u>在履行义务或者采取补救措施后，对方还有其他损失的，应当赔偿损失</u>。

☞ **第584条** ［损害赔偿范围］　当事人一方不履行合同义务或者履行合同义务不符合约定，造成对方损失的，损失赔偿额应当相当于因违约所造成的损失，包括<u>合同履行后可以获得的利益</u>；但是，<u>不得超过违约一方订立合同时预见到或者应当预见到的因违约可能造成的损失</u>。

第591条 ［减损规则］　当事人一方违约后，对方应当采取适当措施防止损失的<u>扩大</u>；没有采取适当措施致使损失扩大的，<u>不得就扩大的损失请求赔偿</u>。

当事人因防止损失扩大而支出的合理费用，由违约方负担。

第592条 ［双方违约和与有过失］　当事人都违反合同的，应当各自承担相应的责任。

当事人一方违约造成对方损失，对方对损失的发生有过错的，可以减少相应的损失赔偿额。

☞ **第593条** ［第三人原因造成违约时违约责任承担］　当事人一方因第三人的原因造成违约的，应当依法向对方承担违约责任。当事人一方和第三人之间的纠纷，依照法律规定或者按照约定处理。

▶真题链接

2015/4/3（2）（4）；2012/4/3（3）；2007/4/5（1）（《民法典》第577条）

2014/4/4（4）（《民法典》第580条）

2013/4/4（2）（《民法典》第577、584条）

2010/4/4（4）（《民法典》第593条）

▶考点剖析

1. 违约责任包括现实违约责任和预期违约责任。当事人一方明确表示或者以自己的行为表明不履行合同义务的，对方可以在履行期限届满前请求其承担违约责任。（《民法典》第578条）

2. 我国违约责任的承担方式包括：继续履行、损害赔偿、支付违约金、支付定金、减价请求权、采取补救措施（修理、更换、重做）等。不矛盾时可以并存。

3. 履行不能知识点

（1）金钱债务原则上不会存在履行不能的情况，均应当继续履行；非金钱债务，如果存在法律或者事实上的履行不能、债务标的不适宜继续履行或者履行费用过高、债权人在合理期限内未要求继续履行的三种情况时，当事人无权要求继续履行，只能主张其他违约责任。如果合同目的无法实现，则可以解除合同，合同解除不影响违约责任的承担。

（2）当事人一方不履行债务或者履行债务不符合约定，根据债务的性质不得强制履行的，对方可以请求其负担由第三人替代履行的费用。

4. 违约责任适用完全赔偿原则，即损失赔偿相当于因违约造成的全部损失。当事人一方不履行合同义务或者履行合同义务不符合约定的，在履行义务或者采取补救措施后，对方还有其他损失的，应当赔偿损失。违约责任赔偿的范围是履行利益，包括合同履行后可以获得的利益；但是，不得超过违约一方订立合同时预见到或者应当预见到的因违约可能造成的损失。而缔约过失责任赔偿范围为信赖利益，不包括可得利益的损失。

5. 非违约方具有防止损失扩大的义务，该义务属于不真正义务，非违约方不履行该义务的，就扩大的损失部分不可要求违约方赔偿。当事人因防止损失扩大而支出的合理费用，由违约方负担。

6. 双方违约和与有过失原则：当事人都违反合同的，应当各自承担相应的责任。当事人一方违约造成对方损失，对方对损失的发生有过错的，可以减少相应的损失赔偿额。

7. 违约责任具有相对性，即使因为第三人的原因导致债务人违约的，债务人依然要承担违约责任。当事人一方和第三人之间的纠纷，依照法律规定或者按照约定处理。

▶命题展望

违约责任相关知识点是民法主观题中考频最高的知识点之一，考生务必加以注意，尤其是继续履行、食品药品的惩罚性赔偿问题。

指导案例17号：张莉诉北京合力华通汽车服务有限公司买卖合同纠纷案。

指导案例23号：孙银山诉南京欧尚超市有限公司江宁店买卖合同纠纷案。

重点法条 ⑤ ▶ 三金的适用规则

☞ **第 585 条** ［违约金］ 当事人可以约定一方违约时应当根据违约情况向对方支付一定数额的违约金，也可以约定因违约产生的损失赔偿额的计算方法。

约定的违约金低于造成的损失的，人民法院或者仲裁机构可以根据当事人的请求予以增加；约定的违约金过分高于造成的损失的，人民法院或者仲裁机构可以根据当事人的请求予以适当减少。

当事人就迟延履行约定违约金的，违约方支付违约金后，还应当履行债务。

☞ **第 588 条** ［违约金与定金竞合时的责任］ 当事人既约定违约金，又约定定金的，一方违约时，对方可以选择适用违约金或者定金条款。

定金不足以弥补一方违约造成的损失的，对方可以请求赔偿超过定金数额的损失。

关联法条

《合同法解释（二）》

第 28 条　当事人依照合同法第 114 条第 2 款的规定，请求人民法院增加违约金的，增加后的违约金数额以不超过实际损失额为限。增加违约金以后，当事人又请求对方赔偿损失的，人民法院不予支持。

☞ 第 29 条　当事人主张约定的违约金过高请求予以适当减少的，人民法院应当以实际损失为基础，兼顾合同的履行情况、当事人的过错程度以及预期利益等综合因素，根据公平原则和诚实信用原则予以衡量，并作出裁决。

当事人约定的违约金超过造成损失的 30% 的，一般可以认定为合同法第 114 条第 2 款规定的"过分高于造成的损失"。

《买卖合同解释》

第 27 条　买卖合同当事人一方以对方违约为由主张支付违约金，对方以合同不成立、合同未生效、合同无效或者不构成违约等为由进行免责抗辩而未主张调整过高的违约金的，人民法院应当就法院若不支持免责抗辩，当事人是否需要主张调整违约金进行释明。

一审法院认为免责抗辩成立且未予释明，二审法院认为应当判决支付违约金的，可以直接释明并改判。

第 28 条　买卖合同约定的定金不足以弥补一方违约造成的损失，对方请求赔偿超过定金部分的损失的，人民法院可以并处，但定金和损失赔偿的数额总和不应高于因违约造成的损失。

《商品房买卖合同解释》第 16 条　当事人以约定的违约金过高为由请求减少的，应当以违约金超过造成的损失 30% 为标准适当减少；当事人以约定的违约金低于造成的损失为由请求增加的，应当以违约造成的损失确定违约金数额。

真题链接

2011/4/4（9）；2008/4/4（1）（《民法典》第585条，《合同法解释（二）》第29条）

2010/4/4（5）（《民法典》第588条）

考点剖析

1. 违约金与赔偿损失之间的关系

（1）违约金吸收赔偿损失；

（2）若违约金"低于"造成的损失的，债权人可请求法院或者仲裁机构予以"增加"；

（3）若违约金"过分高于（30%）"造成的损失的，债务人可以请求法院或者仲裁机构予以"适当减少"。

2. 违约金与定金之间的关系

择一主张：违约金与定金只能选择其中一项主张。

重点法条52 ▶ 无名合同

☞ **第467条第1款**［无名合同及涉外合同的法律适用］　本法或者其他法律没有明文规定的合同，<u>适用本编通则的规定，并可以参照适用本编或者其他法律最相类似合同的规定。</u>

第646条［买卖合同准用于有偿合同］法律对其他<u>有偿合同有规定的，依照其规定；没有规定的，参照适用买卖合同</u>的有关规定。

🔖 关联法条

《买卖合同解释》第45条　法律或者行政法规对<u>债权转让、股权转让等权利转让合同有规定的，依照其规定；没有规定的，人民法院可以根据合同法第124条和第174条的规定，参照适用买卖合同</u>的有关规定。

权利转让或者其他有偿合同参照适用买卖合同的有关规定的，人民法院应当首先引

用合同法第174条的规定，再引用买卖合同的有关规定。

🔖 真题链接

2012/4/3（1）；2009/4/4（3）（《民法典》第467条）

🔖 考点剖析

当事人成立的合同不属于法律规定的有名合同类型的，性质上属于无名合同。对于无名合同，类推适用最相似的有名合同规则进行处理。

🔖 命题展望

无名合同的处理规则是实务中比较有价值的知识点，所以考生需要能够对案情涉及的无名合同寻找最相似的合同规则加以运用，此点曾在主观题中重复命题过两次。所以本条具有较高的主观题考查价值。

3. 定金与赔偿损失之间的关系

定金优先，但可补充并用，即债权人主张定金罚则后，有权就未弥补的损害部分，进而请求债务人赔偿损失。

🔖 命题展望

三金之间的关系是主观题需要关注的知识点，尤其违约金的调整规则部分，请考生务必注意把握。

重点法条53 ▶ 买卖合同风险负担规则

☞ **第604条**［标的物毁损、灭失风险负担的基本规则］　标的物毁损、灭失的风险，在标的物交付之前由出卖人承担，交付之后由买受人承担，但是法律另有规定

或者当事人另有约定的除外。

第605条［迟延交付标的物的风险负担］　因买受人的原因致使标的物未按照约定的期限交付的，买受人应当自违反约定时起承担标的物毁损、灭失的风险。

☞**第606条**［路货买卖中的标的物风险负担］　出卖人出卖交由承运人运输的在途标的物，除当事人另有约定外，毁损、灭失的风险自合同成立时起由买受人承担。

☞**第607条**［需要运输的标的物风险负担］　出卖人按照约定将标的物运送至买受人指定地点并交付给承运人后，标的物毁损、灭失的风险由买受人承担。

当事人没有约定交付地点或者约定不明确，依据本法第603条第2款第1项的规定标的物需要运输的，出卖人将标的物交付给第一承运人后，标的物毁损、灭失的风险由买受人承担。

第608条［买受人不收取标的物的风险负担］　出卖人按照约定或者依据本法第603条第2款第2项的规定将标的物置于交付地点，买受人违反约定没有收取的，标的物毁损、灭失的风险自违反约定时起由买受人承担。

第609条［未交付单证、资料不影响风险转移］　出卖人按照约定未交付有关标的物的单证和资料的，不影响标的物毁损、灭失风险的转移。

第610条［出卖人根本违约的风险负担］　因标的物不符合质量要求，致使不能实现合同目的的，买受人可以拒绝接受标的物或者解除合同。买受人拒绝接受标的物或者解除合同的，标的物毁损、灭失的风险由出卖人承担。

第611条［买受人承担风险与出卖人违约责任关系］　标的物毁损、灭失的风险由买受人承担的，不影响因出卖人履行义务不符合约定，买受人请求其承担违约责任的权利。

▶ 关联法条

《买卖合同解释》

第12条　出卖人根据合同约定将标的物运送至买受人指定地点并交付给承运人后，标的物毁损、灭失的风险由买受人负担，但当事人另有约定的除外。

第13条　出卖人出卖交由承运人运输的在途标的物，在合同成立时知道或者应当知道标的物已经毁损、灭失却未告知买受人，买受人主张出卖人负担标的物毁损、灭失的风险的，人民法院应予支持。

第14条　当事人对风险负担没有约定，标的物为种类物，出卖人未以装运单据、加盖标记、通知买受人等可识别的方式清楚地将标的物特定于买卖合同，买受人主张不负担标的物毁损、灭失的风险的，人民法院应予支持。

▶ 真题链接

2017/4/4（5）；2004/4/2（4）（《民法典》第604条）

2010/4/4（3）；2007/4/4（3）（《民法典》第606条）

2007/4/4（2）（《民法典》第607条）

▶ 考点剖析

1. 风险负担是指，合同标的物因不可归责于双方当事人的事由导致毁损灭失，买受人是否应当支付价款的问题，本质上是价金风险。风险负担的规则为交付主义，即交付之前由出卖人承担，交付之后由买受人承担。对于何时交付的判断，有以下规则：

（1）没有约定交货地点，而标的物需要运输时，风险自货交第一承运人时转移；

（2）标的物需要运输，双方虽未约定送货上门，但约定出卖人必须将标的物送到指定的地点交给承运人，然后由承运人运交买受人，自出卖人在指定地点货交承运人，风险才发生移转。

风险负担规则也有例外：

（1）在途货物，自合同成立时即由买受人承担风险。但如果是种类物，则种类物必须特定化风险才转移。

（2）买受人违约，从买受人违约之日起承担风险。

（3）出卖人的交付行为构成根本违约，致使合同目的不能实现的，如果买受人不予认可，即使已经交付了，风险不发生移转。

2. 关于风险负担的理解需要注意以下几点：

（1）风险负担的移转与标的物所有权的转移并不挂钩。保留所有权买卖中，自完成动产交付时，风险即移转给买受人承担；不动产买卖合同中，只要完成了不动产的交付，即使尚未办理过户登记，风险也由买受人承担。

（2）风险负担的移转与出卖人是否应当承担违约责任一般也不挂钩。标的物的风险负担不影响违约责任的承担。

（3）出卖人按照约定未交付有关标的物的单证和资料（如：保险单、发票、合格证、原产地证明书等）的，只要已经完成了标的物的交付，风险也发生移转。

▶ 命题展望

本知识点是民法主观题的重要考点，重复命题的可能性较大，考生需要把握住风险负担的相关规则。尤其是在途运输中的种类物的风险负担规则，其经常与物权变动、违约责任的承担等知识点结合进行命题。

重点法条 54 ▶ 买受人瑕疵检验义务

第 620 条 ［买受人的检验义务］ 买受人收到标的物时应当在约定的检验期间期限内检验。没有约定检验期间期限的，应当及时检验。

第 621 条 ［买受人的通知义务］ 当事人约定检验期限的，买受人应当在检验期限内将标的物的数量或者质量不符合约定的情形通知出卖人。买受人怠于通知的，视为标的物的数量或者质量符合约定。

当事人没有约定检验期限的，买受人应当在发现或者应当发现标的物的数量或者质量不符合约定的合理期限内通知出卖人。买受人在合理期限内未通知或者自收到标的物之日起 2 年内未通知出卖人的，视为标的物的数量或者质量符合约定；但是，对标的物有质量保证期的，适用质量保证期，不适用该 2 年的规定。

出卖人知道或者应当知道提供的标的物不符合约定的，买受人不受前两款规定的通知时间的限制。

第 622 条 [检验期限过短时的处理] 当事人约定的检验期限过短，根据标的物的性质和交易习惯，买受人在检验期限内难以完成全面检验的，该期限仅视为买受人对标的物的外观瑕疵提出异议的期限。

约定的检验期限或者质量保证期短于法律、行政法规规定期限的，应当以法律、行政法规规定的期限为准。

第 623 条 [检验期限未约定时的处理] 当事人对检验期限未作约定，买受人签收的送货单、确认单等载明标的物数量、型号、规格的，推定买受人已经对数量和外观瑕疵进行检验，但是有相关证据足以推翻的除外。

第 624 条 [向第三人履行情形下的检验标准] 出卖人依照买受人的指示向第三人交付标的物，出卖人和买受人约定的检验标准与买受人和第三人约定的检验标准不一致的，以出卖人和买受人约定的检验标准为准。

第 629 条 [出卖人多交标的物的处理] 出卖人多交标的物的，买受人可以接收或者拒绝接收多交的部分。买受人接收多交部分的，按照约定的价格支付价款；买受人拒绝接收多交部分的，应当及时通知出卖人。

▶ 关联法条

《买卖合同解释》

第 17 条　人民法院具体认定合同法第 158 条第 2 款规定的"合理期间"时，应当综合当事人之间的交易性质、交易目的、交易方式、交易习惯、标的物的种类、数量、性质、安装和使用情况、瑕疵的性质、买受人应尽的合理注意义务、检验方法和难易程度、买受人或者检验人所处的具体环境、自身技能以及其他合理因素，依据诚实信用原则进行判断。

合同法第 158 条第 2 款规定的"2 年"是最长的合理期间。该期间为不变期间，不适用诉讼时效中止、中断或者延长的规定。

第 18 条　约定的检验期间过短，依照标的物的性质和交易习惯，买受人在检验期间内难以完成全面检验的，人民法院应当认定该期间为买受人对外观瑕疵提出异议的期间，并根据本解释第 17 条第 1 款的规定确定买受人对隐蔽瑕疵提出异议的合理期间。

约定的检验期间或者质量保证期间短于法律、行政法规规定的检验期间或者质量保证期间的，人民法院应当以法律、行政法规规定的检验期间或者质量保证期间为准。

第 19 条　买受人在合理期间内提出异议，出卖人以买受人已经支付价款、确认欠款数额、使用标的物等为由，主张买受人放弃异议的，人民法院不予支持，但当事人另有约定的除外。

第 20 条　合同法第 158 条规定的检验期间、合理期间、2 年期间经过后，买受人主张标的物的数量或者质量不符合约定的，人民法院不予支持。

出卖人自愿承担违约责任后，又以上述期间经过为由翻悔的，人民法院不予支持。

▶ 考点剖析

1. 瑕疵的类型包括数量瑕疵、外观瑕疵和质量瑕疵。

2. 该义务属于不真正义务，因此出卖人无权请求买受人履行及时检验并通知的义务；买受人不在法定期间履行检验并通知义务的，即使标的物存在物的瑕疵，买受人也丧失了请求出卖人承担违约责任的权利。但是出卖人知道或应当知道标的物有瑕疵的除外。

3. 出卖人自愿承担违约责任后，不得翻悔。

4. 买受人检验通知期间

有约定	（1）买受人必须在约定的检验通知期间内通知出卖人标的物具有物的瑕疵。 例外：如果约定的检验通知期间过于短暂，依照标的物的性质和交易习惯，买受人在检验期间难以完成全面检查的，应当认定该约定期间为买受人对外观瑕疵提出异议的期间。对于隐蔽瑕疵不能适用该约定期间。 （2）约定的检验期间短于法律、行政法规期间的，以法律、行政法规规定的检验期间为准。
无约定	（1）对于数量瑕疵和外观瑕疵，买受人应当在收货的同时检验并通知。
	（2）对于隐蔽瑕疵，买受人的检验并通知义务受到双重排斥期间的限制。 ①买受人应当在发现或应当发现之日起的合理期间内通知出卖人。 ②买受人还应当自收到标的物之日起2年内通知出卖人。但是，对标的物有质量保证期的，适用质量保证期，约定的质量保证期间短于法律、行政法规规定的质量保证期间的，以法律、行政法规规定的质量保证期间为准。

5. 对于出卖人多交的标的物，买受人享有选择权，既可以接受，也可以拒绝。接受时按合同的价格支付价款。拒绝时及时通知出卖人。

▶ 命题展望

买受人的质量瑕疵检验期间是主要命题点，当事人是否在检验期间提出异议由买受人来负举证责任。其知识点可以结合商品房买卖合同交房存在的问题考查瑕疵检验期间、违约责任，也可以结合合同漏洞之质量标准的判定规则来考查，并且可以结合民事诉讼中有关证据知识点的文书提出命令来进行融合考查。因此考生需要特别把握。

重 点 法 条 55 ▶ 所有权保留合同

第641条 ［所有权保留］　当事人可以在买卖合同中约定买受人未履行支付价款或者其他义务的，标的物的所有权属于出卖人。

出卖人对标的物保留的所有权，未经登记，不得对抗善意第三人。

第642条 ［出卖人的取回权］　当事人约定出卖人保留合同标的物的所有权，在标的物所有权转移前，买受人有下列情形之一，造成出卖人损害的，除当事人另有约定外，出卖人有权取回标的物：

（一）未按照约定支付价款，经催告后在合理期限内仍未支付；

（二）未按照约定完成特定条件；

（三）将标的物出卖、出质或者作出

其他不当处分。

出卖人可以与买受人协商取回标的物；协商不成的，可以参照适用担保物权的实现程序。

⬛ 关联法条

《买卖合同解释》

第34条　买卖合同当事人主张合同法第134条关于标的物所有权保留的规定适用于不动产的，人民法院不予支持。

第36条　买受人已经支付标的物总价款的75%以上，出卖人主张取回标的物的，人民法院不予支持。

在本解释第35条第1款第3项情形下，第三人依据物权法第106条的规定已经善意取得标的物所有权或者其他物权，出卖人主张取回标的物的，人民法院不予支持。

⬛ 考点剖析

1. 保留所有权买卖仅适用于动产买卖（不动产不可以保留所有权）。当事人约定保留所有权时，即使动产完成交付，买受

人也无法取得所有权，买受人处分该动产的，构成无权处分。

2. 保留所有权买卖中出卖人享有取回权，但在下面两种情况下，出卖人不得行使取回权：

（1）买受人已经支付的价款达到标的额总价款的75%以上的；

（2）买受人实施无权处分后，受让人已经善意取得标的物的所有权、质权的。

3. 买受人在赎回期内不赎回，出卖人有权再次出卖。出卖的费用扣除欠款及其他必要费用，应返还给买受人。如出卖价款不足以清偿的，出卖人有权要求买受人清偿。除非买受人能够证明出卖人以明显低于市场价格出卖的。

⬛ 命题展望

本知识点如果考查，则会结合分期付款合同同时考查所有权变动、风险负担与违约责任等知识点。官方案例指导用书即有以此作为蓝本进行设计的案例题。

重点法条 56 ▶ 分期付款买卖合同

第634条［分期付款买卖合同］　分期付款的买受人未支付到期价款的数额达到全部价款的1/5，经催告后在合理期限内仍未支付到期价款的，出卖人可以请求买受人支付全部价款或者解除合同。

出卖人解除合同的，可以向买受人请求支付该标的物的使用费。

⬛ 关联法条

《买卖合同解释》

第38条　合同法第167条第1款规定

的"分期付款"，系指买受人将应付的总价款在一定期间内至少分3次向出卖人支付。

分期付款买卖合同的约定违反合同法第167条第1款的规定，损害买受人利益，买受人主张该约定无效的，人民法院应予支持。

第39条　分期付款买卖合同约定出卖人在解除合同时可以扣留已受领价金，出卖人扣留的金额超过标的物使用费以及标的物受损赔偿额，买受人请求返还超过部分的，人民法院应予支持。

当事人对标的物的使用费没有约定的，人民法院可以参照当地同类标的物的租金标准确定。

考点剖析

分期付款买卖是指买受人将应付的总价款在一定期间内至少分3次向出卖人支付的买卖。

1. 买受人未支付到期价款的金额达到全部价款的1/5以上的，经过催告后仍不履行的，出卖人有权择一行使：

（1）要求买受人一次性支付剩余的全部价款；

（2）行使法定解除权解除合同，并要求买受人支付标的物的使用费。

2. "1/5以上"这一比例系强制性规范，且系法定最低比例。当事人的约定违反该比例，约定比例高于1/5，不损害买受人利益，则约定有效；而约定比例低于1/5，损害买受人利益的，约定无效。

命题展望

分期付款可能与保留所有权买卖合同结合出合同案例分析题，案例指导用书即进行了此种设计。也可能与其他合同结合考查类推适用分期付款买卖合同的规则以及股权转让情况下不适用分期付款买卖合同的情形。

指导案例67号：汤长龙诉周士海股权转让纠纷案。

裁判要旨：有限责任公司的股权分期支付转让款中发生股权受让人延迟或者拒付等违约情形，股权转让人要求解除双方签订的股权转让合同的，不适用《合同法》第167条关于分期付款买卖中出卖人在买受人未支付到期价款的金额达到合同全部价款的1/5时即可解除合同的规定。

重点法条 57 ▶ 商品房买卖合同的合同效力与惩罚性赔偿

《商品房买卖合同解释》

第2条　出卖人未取得商品房预售许可证明，与买受人订立的商品房预售合同，应当认定无效，但是在起诉前取得商品房预售许可证明的，可以认定有效。

第4条　出卖人通过认购、订购、预订等方式向买受人收受定金作为订立商品房买卖合同担保的，如果因当事人一方原因未能订立商品房买卖合同，应当按照法律关于定金的规定处理；因不可归责于当事人双方的事由，导致商品房买卖合同未能订立的，出卖人应当将定金返还买受人。

第5条　商品房的认购、订购、预订等协议具备《商品房销售管理办法》第16条规定的商品房买卖合同的主要内容，并且出卖人已经按照约定收受购房款的，该协议应当认定为商品房买卖合同。

第6条　当事人以商品房预售合同未按照法律、行政法规规定办理登记备案手续为由，请求确认合同无效的，不予支持。

当事人约定以办理登记备案手续为商品房预售合同生效条件的，从其约定，但当事人一方已经履行主要义务，对方接受的除外。

第8条　具有下列情形之一，导致商品房买卖合同目的不能实现的，无法取得房屋的买受人可以请求解除合同、返还已付购房款及利息、赔偿损失，并可以请求出卖人承担不超过已付购房款1倍的赔偿责任：

（一）商品房买卖合同订立后，出卖人未告知买受人又将该房屋抵押给第三人；

（二）商品房买卖合同订立后，出卖人又将该房屋出卖给第三人。

第9条　出卖人订立商品房买卖合同时，具有下列情形之一，导致合同无效或者被撤销、解除的，买受人可以请求返还已付购房款及利息、赔偿损失，并可以请求出卖人承担不超过已付购房款1倍的赔偿责任：

（一）故意隐瞒没有取得商品房预售许可证明的事实或者提供虚假商品房预售许可证明；

（二）故意隐瞒所售房屋已经抵押的事实；

（三）故意隐瞒所售房屋已经出卖给第三人或者为拆迁补偿安置房屋的事实。

第10条　买受人以出卖人与第三人恶意串通，另行订立商品房买卖合同并将房屋交付使用，导致其无法取得房屋为由，请求确认出卖人与第三人订立的商品房买卖合同无效的，应予支持。

第14条　出卖人交付使用的房屋套内建筑面积或者建筑面积与商品房买卖合同约定面积不符，合同有约定的，按照约定处理；合同没有约定或者约定不明确的，按照以下原则处理：

（一）面积误差比绝对值在3%以内（含3%），按照合同约定的价格据实结算，买受人请求解除合同的，不予支持；

（二）面积误差比绝对值超出3%，买受人请求解除合同、返还已付购房款及利息的，应予支持。买受人同意继续履行合同，房屋实际面积大于合同约定面积的，面积误差比在3%以内（含3%）部分的房价款由买受人按照约定的价格补足，面积误差比超出3%部分的房价款由出卖人承担，所有权归买受人；房屋实际面积小于合同约定面积的，面积误差比在3%以内（含3%）部分的房价款及利息由出卖人返还买受人，面积误差比超过3%部分的房价款由出卖人双倍返还买受人。

▶ 关联法条

☞《买卖合同解释》第2条　当事人签订认购书、订购书、预订书、意向书、备忘录等预约合同，约定在将来一定期限内订立买卖合同，一方不履行订立买卖合同的义务，对方请求其承担预约合同违约责任或者要求解除预约合同并主张损害赔偿的，人民法院应予支持。

▶ 真题链接

2015/4/3（1）（《买卖合同解释》第2条）

▶ 考点剖析

1. 商品房买卖合同的效力

（1）"预售许可证"对商品房买卖合同效力的影响：

❶ 出卖人未取得商品房预售许可证明，商品房买卖合同无效；

❷ 但是在起诉前取得商品房预售许可证明的，可以认定合同有效。

（2）"预售备案登记"对商品房买卖合同效力的影响

❶ 原则上，登记对于合同效力没有影响；

❷当事人约定以办理登记手续为合同生效条件的，从其约定，但当事人一方已经履行主要义务的，对方接受的除外。

2. 商品房买卖认购书

认购书与商品房买卖合同之间的关系为：

（1）商品房的认购书具备商品房买卖合同的主要内容，并且出卖人已经按照约定收受购房款的，该协议应当认定为商品房买卖合同。

（2）商品房的认购书未具体约定商品房买卖合同的内容，而是以将来订立商品房买卖合同为约定的内容的，为商品房买卖合同的"预约"，此时认购书与商品房买卖合同之间为"预约"与"本约"的关系。因此，认购书和买卖合同为两个合同。后者的订立，意味着前者的履行；反之，后者没有订立，意味着前者没有履行。构成违约的，应承担违"约（认购）"责任。

3. 惩罚性赔偿责任

在以下情况下，买受人有权请求出卖人返还已付房款及利息、赔偿损失，并可以请求出卖人承担不超过已付房款1倍的赔偿责任：

（1）拆迁人将安置补偿房另行出卖给第三人，并且办理了过户登记手续；

（2）商品房买卖合同订立后，出卖人未告知买受人又将该房屋抵押给第三人，导致买受人不能实现购房目的的；

（3）商品房买卖合同订立后，出卖人又将该房屋出卖给第三人；

（4）故意隐瞒没有取得商品房预售许可证明的事实或者提供虚假商品房预售许可证明的；

（5）故意隐瞒所售房屋已经抵押的事实；

（6）故意隐瞒所售房屋已经出卖给第三人的事实；

（7）故意隐瞒所售房屋为拆迁安置房屋的事实。

4. 面积误差处理

（1）面积误差比绝对值在3%以内，按照合同约定的价格据实结算，买受人请求解除合同的，不予支持。

（2）面积误差比绝对值超过3%的：

❶买受人请求解除合同、返还已付购房款及利息的，应予支持。

❷买受人同意继续履行合同的：

第一，房屋面积实际大于合同约定的，3%以内的部分价款由买受人按照约定价格补足，面积误差超过3%的部分房价款由出卖人承担，所有权归买受人；

第二，房屋面积小于合同约定面积的，3%以内部分的房价款及利息由出卖人返还买受人，面积误差超过3%的部分价款，由出卖人双倍返还买受人。

▶ 命题展望

商品房买卖合同具有很强的可考性，商品房买卖合同的效力、预约和本约的判断、惩罚性赔偿情形等都是比较容易考查的，其可能与预告登记制度、物权变动、借贷合同和担保结合进行考查，考查的形式与内容都非常丰富，是最为重要的一种合同类型。

重点法条 58 ▶ 民间借贷合同

第 670 条 ［借款利息不得预先扣除］借款的利息不得预先在本金中扣除。利息预先在本金中扣除的，应当按照实际借款数额返还借款并计算利息。

第 673 条 ［借款人未按照约定用途使用借款的责任］ 借款人未按照约定的借款用途使用借款的，贷款人可以停止发放借款、提前收回借款或者解除合同。

第 677 条 ［借款人提前返还借款］ 借款人提前返还借款的，除当事人另有约定外，应当按照实际借款的期间计算利息。

☞ **第 679 条** ［自然人之间借款合同的成立时间］ 自然人之间的借款合同，自贷款人提供借款时成立。

第 680 条 ［禁止高利放贷以及对借款利息的确定］ 禁止高利放贷，借款的利率不得违反国家有关规定。

借款合同对支付利息没有约定的，视为没有利息。

借款合同对支付利息约定不明确，当事人不能达成补充协议的，按照当地或者当事人的交易方式、交易习惯、市场利率等因素确定利息；自然人之间借款的，视为没有利息。

🔖 关联法条

《民间借贷规定》

第 14 条 具有下列情形之一，人民法院应当认定民间借贷合同无效：

（一）套取金融机构信贷资金又高利转贷给借款人，且借款人事先知道或者应当知道的；

（二）以向其他企业借贷或者向本单位职工集资取得的资金又转贷给借款人牟利，且借款人事先知道或者应当知道的；

（三）出借人事先知道或者应当知道借款人借款用于违法犯罪活动仍然提供借款的；

（四）违背社会公序良俗的；

（五）其他违反法律、行政法规效力性强制性规定的。

☞ **第 24 条** 当事人以签订买卖合同作为民间借贷合同的担保，借款到期后借款人不能还款，出借人请求履行买卖合同的，人民法院应当按照民间借贷法律关系审理，并向当事人释明变更诉讼请求。当事人拒绝变更的，人民法院裁定驳回起诉。

按照民间借贷法律关系审理作出的判决生效后，借款人不履行生效判决确定的金钱债务，出借人可以申请拍卖买卖合同标的物，以偿还债务。就拍卖所得的价款与应偿还借款本息之间的差额，借款人或者出借人有权主张返还或补偿。

第 26 条 借贷双方约定的利率未超过年利率24%，出借人请求借款人按照约定的利率支付利息的，人民法院应予支持。

借贷双方约定的利率超过年利率36%，超过部分的利息约定无效。借款人请求出借人返还已支付的超过年利率36%部分的利息的，人民法院应予支持。

第 29 条 借贷双方对逾期利率有约定的，从其约定，但以不超过年利率24%为限。

未约定逾期利率或者约定不明的，人民

法院可以区分不同情况处理：

（一）既未约定借期内的利率，也未约定逾期利率，出借人主张借款人自逾期还款之日起按照年利率6%支付资金占用期间利息的，人民法院应予支持；

（二）约定了借期内的利率但未约定逾期利率，出借人主张借款人自逾期还款之日起按照借期内的利率支付资金占用期间利息的，人民法院应予支持。

第30条　出借人与借款人既约定了逾期利率，又约定了违约金或者其他费用，出借人可以选择主张逾期利息、违约金或者其他费用，也可以一并主张，但总计超过年利率24%的部分，人民法院不予支持。

第31条　没有约定利息但借款人自愿支付，或者超过约定的利率自愿支付利息或违约金，且没有损害国家、集体和第三人利益，借款人又以不当得利为由要求出借人返还的，人民法院不予支持，但借款人要求返还超过年利率36%部分的利息除外。

第32条　借款人可以提前偿还借款，但当事人另有约定的除外。

借款人提前偿还借款并主张按照实际借款期间计算利息的，人民法院应予支持。

《九民纪要》

52. ［高利转贷］　民间借贷中，出借人的资金必须是自有资金。出借人套取金融机构信贷资金又高利转贷给借款人的民间借贷行为，既增加了融资成本，又扰乱了信贷秩序，根据民间借贷司法解释第14条第1项的规定，应当认定此类民间借贷行为无效。人民法院在适用该条规定时，应当注意把握以下几点：一是要审查出借人的资金来源。借款人能够举证证明在签订借款合同时出借人尚欠银行贷款未还的，一般可以推定为出

借人套取信贷资金，但出借人能够举反证予以推翻的除外；二是从宽认定"高利"转贷行为的标准，只要出借人通过转贷行为牟利的，就可以认定为是"高利"转贷行为；三是对该条规定的"借款人事先知道或者应当知道的"要件，不宜把握过苛。实践中，只要出借人在签订借款合同时存在尚欠银行贷款未还事实的，一般可以认为满足了该条规定的"借款人事先知道或者应当知道"这一要件。

53. ［职业放贷人］　未依法取得放贷资格的以民间借贷为业的法人，以及以民间借贷为业的非法人组织或者自然人从事的民间借贷行为，应当依法认定无效。同一出借人在一定期间内多次反复从事有偿民间借贷行为的，一般可以认定为是职业放贷人。民间借贷比较活跃的地方的高级人民法院或者经其授权的中级人民法院，可以根据本地区的实际情况制定具体的认定标准。

◢ 真题链接

2018/主；2017/4/4（1）；2016/4/4（1）（《民间借贷规定》第24条）

2012/4/3（5）（《民法典》第679条）

◢ 考点剖析

1. 民间借贷合同的成立

（1）自然人之间的借贷：交付标的物时成立（实践合同）；

（2）自然人之间借贷合同之外的民间借贷：双方合意达成时（诺成合同），但法律另有规定的除外。

2. 民间借贷合同的效力

（1）有效的民间借贷

企业之间为生产、经营需要订立的民

间借贷合同——有效；企业内部集资，用于本单位生产、经营的民间借贷合同——有效；借贷行为构成犯罪的，不影响民间借贷合同的效力。

（2）无效的民间借贷

套取金融机构信贷资金又高利转贷给借款人，且借款人事先知道或应当知道的；以向其他企业贷款或向本单位职工集资取得的资金又转贷给借款人牟利，且借款人事先知道或者应当知道的；出借人事先知道或者应当知道借款人借款用于违法犯罪活动仍然提供借款的。

只要出借人存在银行借款尚未还清的事实，就认定其为高利转贷，借贷合同无效。

3. 无效民间借贷之"高利转贷"认定标准

（1）要审查出借人的资金来源，是否属于自有资金；

（2）从宽认定"高利"转贷行为的标准，只要出借人通过转贷行为牟利的，就可以认定为是"高利"转贷行为；

（3）对《民间借贷规定》第14条第1项规定的"借款人事先知道或者应当知道的"要件，不宜把握过苛。只要出借人在签订借款合同时存在尚欠银行贷款未还事实的，一般可以认为满足了"借款人事先知道或者应当知道"这一要件。

▣ 命题展望

需要注意是否属于高利转贷的判断，具有实务热点。民间借贷合同的效力与逾期利息计算规则，其可能结合担保来进行出题。

重 点 法 条 59 ▶ 租赁合同期限与形式

第705条［租赁期限］　租赁期限不得超过20年。超过20年的，超过部分无效。

租赁期限届满，当事人可以续订租赁合同；但是，约定的租赁期限自续订之日起不得超过20年。

☞**第707条**［租赁合同形式］　租赁期限6个月以上的，应当采用书面形式。当事人未采用书面形式，无法确定租赁期限的，视为不定期租赁。

第734条第1款［不定期租赁］　租赁期间届满，承租人继续使用租赁物，出租人没有提出异议的，原租赁合同继续有效，但是租赁期限为不定期。

▣ 关联法条

《城镇房屋租赁合同解释》第4条　当事人以房屋租赁合同未按照法律、行政法规规定办理登记备案手续为由，请求确认合同无效的，人民法院不予支持。

当事人约定以办理登记备案手续为房屋租赁合同生效条件的，从其约定。但当事人一方已经履行主要义务，对方接受的除外。

▣ 真题链接

2009/4/4（1）（《民法典》第707条）

▣ 考点剖析

1. 不定期租赁合同情形

（1）租赁期限6个月以上的，应当采

用书面形式；当事人未采用书面形式的，无法确定租期的，视为不定期租赁。

（2）没有约定租赁期的。

（3）租赁期满后，承租人继续使用租赁物，出租人没有提出异议的。

2. 法律效果

双方当事人享有任意解除权，出租人和承租人均有权随时解除合同，出租人解除合同应当在合理期限之前通知承租人。

📝 命题展望

《民法典》第705条的知识点设计在官方指导案例中，考生需要加以注意。另外非书面租赁合同只有在无法确定租期的情况下才属于不定期租赁合同。

重 点 法 条 60 ▶ 租赁合同中的当事人的权利义务

第708条［出租人交付租赁物义务和适租义务］　出租人应当按照约定将租赁物交付承租人，并在租赁期间期限内保持租赁物符合约定的用途。

第710条［承租人按约定使用租赁物的免责义务］　承租人按照约定的方法或者根据租赁物的性质使用租赁物，致使租赁物受到损耗的，不承担赔偿责任。

第711条［租赁人未按约定使用租赁物的责任］　承租人未按照约定的方法或者未根据租赁物的性质使用租赁物，致使租赁物受到损失的，出租人可以解除合同并请求赔偿损失。

第712条［出租人的维修义务］　出租人应当履行租赁物的维修义务，但是当事人另有约定的除外。

☞ **第713条**［出租人不履行维修义务的法律后果］　承租人在租赁物需要维修时可以请求出租人在合理期限内维修。出租人未履行维修义务的，承租人可以自行维修，维修费用由出租人负担。因维修租赁物影响承租人使用的，应当相应减少租金或者延长租期。

因承租人的过错致使租赁物需要维修的，出租人不承担前款规定的维修义务。

第720条［租赁物收益归属］　在租赁期限内因占有、使用租赁物获得的收益，归承租人所有，但是当事人另有约定的除外。

第723条［出租人权利瑕疵担保责任］　因第三人主张权利，致使承租人不能对租赁物使用、收益的，承租人可以请求减少租金或者不支付租金。

第三人主张权利的，承租人应当及时通知出租人。

第731条［租赁物质量不合格时承租人解除权］　租赁物危及承租人的安全或者健康的，即使承租人订立合同时明知该租赁物质量不合格，承租人仍然可以随时解除合同。

🔖 关联法条

《城镇房屋租赁合同解释》第6条　出租人就同一房屋订立数份租赁合同，在合同均有效的情况下，承租人均主张履行合同的，人民法院按照下列顺序确定履行合同的承租人：

（一）已经合法占有租赁房屋的；

（二）已经办理登记备案手续的；

（三）合同成立在先的。

不能取得租赁房屋的承租人请求解除合同、赔偿损失的，依照合同法的有关规定处理。

真题链接

2013/4/4（3）；2009/4/4（2）（《民法典》第713条）

考点剖析

1. 出租人的义务

（1）出租人有权利瑕疵担保责任，如第三人主张权利，致使承租人不能对租赁物使用、收益的，承租人可以请求减少租金或者不支付租金（合同抗辩权），但应当及时通知出租人。

（2）租赁物的维修义务，有约从约，无约则由出租人承担，出租人未履行维修义务的，承租人可以自行维修，维修费用由出租人承担。但租赁物的毁损是由承租人导致的除外。

2. 承租人的权利与义务

（1）经出租人同意可以对租赁物进行改善和增设。承租人未经出租人同意，对租赁物进行改善或者增设他物的，出租人可以请求承租人恢复原状或者赔偿损失。

（2）按照合同约定的性质使用租赁物，则租赁期间的收益归承租人享有。

（3）因不可归责于承租人的原因导致租赁物毁损、灭失。承租人可以减少或者不付租金，合同目的不能实现的，则可以解除合同。

（4）租赁物危及人身安全或者健康的，即使承租人订立租赁合同时知道租赁物质量不合格，承租人仍然可以随时解除合同。

（5）应按照租赁物性质使用租赁物，否则出租人可以解除合同。承租人按照约定使用租赁物致使租赁物损耗，承租人不承担责任。

3. 一房数租

（1）每个租赁合同均有效；

（2）债权实现有顺序：占有＞登记备案＞合同成立在先。

命题展望

本知识点属于常规重点知识，具有主观题的考试价值，因此考生要做到对相关法条较为熟悉，对租赁合同当事人之间的权利义务关系比较熟悉。

重点法条61 ▶ 转 租

第716条［转租］ 承租人经出租人同意，可以将租赁物转租给第三人。承租人转租的，承租人与出租人之间的租赁合同继续有效，第三人造成租赁物损失的，承租人应当赔偿损失。

承租人未经出租人同意转租的，出租人可以解除合同。

第717条［超过承租人剩余租赁期限的转租期间效力］ 承租人经出租人同意将租赁物转租给第三人，转租期限超过承租人剩余租赁期限的，超过部分的约定对出租人不具有法律约束力，但是出租人与承租人另有约定的除外。

第718条［推定出租人同意转租］ 出租人知道或者应当知道承租人转租，但是在6个月内未提出异议的，视为出租人同意转租。

☞ **第719条**［次承租人代位求偿权］承租人拖欠租金的，次承租人可以代承租人支付其欠付的租金和违约金，但是转租合同对出租人不具有法律约束力的除外。

次承租人代为支付的租金和违约金，可以充抵次承租人应当向承租人支付的租金；超出其应付的租金数额的，可以向承租人追偿。

▶ 关联法条

《城镇房屋租赁合同解释》第16条 出租人知道或者应当知道承租人转租，但在6个月内提出异议，其以承租人未经同意为由请求解除合同或者认定转租合同无效的，人民法院不予支持。

因租赁合同产生的纠纷案件，人民法院可以通知次承租人作为第三人参加诉讼。

▶ 真题链接

2013/4/4（1）（《民法典》第719条）

重点法条 62 ▶ 租赁合同中装修装饰物的处理

☞ **第715条**［租赁物的装饰装修］ 承租人经出租人同意，可以对租赁物进行改善或者增设他物。

承租人未经出租人同意，对租赁物进行改善或者增设他物的，出租人可以请求承租人恢复原状或者赔偿损失。

▶ 考点剖析

1. 合法转租（出租人同意）

（1）出租人同意的推定：出租人知道或者应当知道承租人擅自转租，但在6个月内未提出异议的，推定为同意转租。

（2）转租期限超过承租人剩余租期且未经出租人同意的，超期部分的租赁合同无效。

（3）合法转租各权利人之间的合同关系，遵循合同相对性的原则。

（4）次承租人的代为清偿请求权：承租人不支付租金时，次承租人可以代其支付租金，次承租人属于有法律上利害关系的代为清偿，故而出租人不得拒绝。出租人拒不接受的，次承租人有权提存。

2. 擅自转租（未经出租人同意）

房屋擅自转租的，出租人有权解除与承租人之间的租赁合同，该法定解除权自知道或者应当知道承租人擅自转租6个月内行使。出租人6个月内未提出异议的，视为同意转租。

▶ 命题展望

注意转租合同中依旧遵守合同的相对性，以及次承租人代为支付租金的知识点。

▶ 关联法条

《城镇房屋租赁合同解释》

第9条 承租人经出租人同意装饰装修，租赁合同无效时，未形成附合的装饰装修物，出租人同意利用的，可折价归出租人所有；不同意利用的，可由承租人拆除。

因拆除造成房屋毁损的，承租人应当恢复原状。

已形成附合的装饰装修物，出租人同意利用的，可折价归出租人所有；不同意利用的，由双方各自按照导致合同无效的过错分担现值损失。

第10条 承租人经出租人同意装饰装修，租赁期间届满或者合同解除时，除当事人另有约定外，未形成附合的装饰装修物，可由承租人拆除。因拆除造成房屋毁损的，承租人应当恢复原状。

☞**第12条** 承租人经出租人同意装饰装修，租赁期间届满时，承租人请求出租人补偿附合装饰装修费用的，不予支持。但当事人另有约定的除外。

第13条 承租人未经出租人同意装饰装修或者扩建发生的费用，由承租人负担。出租人请求承租人恢复原状或者赔偿损失的，人民法院应予支持。

⯈ 真题链接

2013/4/4(4)（《城镇房屋租赁合同解释》第12条）

2009/4/4(4)（《民法典》第715条）

⯈ 命题展望

把握不同情况下对于装修装饰物的处理，注意其可能与不当得利相结合来进行考查。

重点法条 63 ▶ 租赁合同中承租人的特殊权利

第725条 ［所有权变动不破租赁］ 租赁物在承租人按照租赁合同占有期限内发生所有权变动的，不影响租赁合同的效力。

第726条 ［房屋承租人优先购买权］ 出租人出卖租赁房屋的，应当在出卖之前的合理期限内通知承租人，承租人享有以同等条件优先购买的权利；但是，房屋按份共有人行使优先购买权或者出租人将房屋出卖给近亲属的除外。

出租人履行通知义务后，承租人在15日内未明确表示购买的，视为承租人放弃优先购买权。

第727条 ［委托拍卖情况下房屋承租人优先购买权］ 出租人委托拍卖人拍卖租赁房屋的，应当在拍卖5日前通知承租人。承租人未参加拍卖的，视为放弃优先购买权。

第728条 ［房屋承租人优先购买权受到侵害的法律后果］ 出租人未通知承租人或者有其他妨害承租人行使优先购买权情形的，承租人可以请求出租人承担赔偿责任。但是，出租人与第三人订立的房屋买卖合同的效力不受影响。

☞**第732条** ［房屋承租人死亡的租赁关系的处理］ 承租人在房屋租赁期限内死亡的，与其生前共同居住的人或者共同经营人可以按照原租赁合同租赁该房屋。

第734条第2款 ［租赁期限届满承租人继续使用租赁物及房屋承租人的优先承租权］ 租赁期限届满，房屋承租人享有以同等条件优先承租的权利。

⯈ 关联法条

《城镇房屋租赁合同解释》第20条 租赁房屋在租赁期间发生所有权变动，承租人请求房屋受让人继续履行原租赁合同的，人民法院应予支持。但租赁房屋具有下列情形或者当事人另有约定的除外：

（一）房屋在出租前已设立抵押权，因抵押权人实现抵押权发生所有权变动的；

（二）房屋在出租前已被人民法院依法查封的。

真题链接

2009/4/4(6)(《民法典》第732条)

考点剖析

1. 买卖不破租赁

租赁物在承租人按照租赁合同占有期限内发生所有权变动的，不影响租赁合同的效力。

（1）先租后发生所有权变动，所有权变动不破租赁。（租赁必须成立在所有权发生变动之前）

（2）动产抵押中，先抵后租，未办理抵押登记，抵押不破租赁。例外：

❶租赁物被没收、征收的；

❷先抵后租，抵押权已经登记的；

❸房屋在租赁前已经被人民法院依法查封的。

2. 房屋租赁合同中承租人优先购买权

（1）按份共有人的优先购买权>次承租人优先购买权>承租人优先购买权。

（2）承租人不可主张优先购买权的情形

❶房屋共有人行使优先购买权的情形。

❷出租人将自己的房屋出卖给自己近亲属的（配偶、父母、子女、兄弟姐妹、祖父母、外祖父母、孙子女、外孙子女）。

❸出租人履行通知义务后，承租人15日内不表态的；出租人委托拍卖人拍卖租赁房屋的，应当在拍卖5日前通知承租人。承租人未参加拍卖的，视为放弃优先购买权。

❹合法转租情况下，次承租人也主张优先购买权时。

3. 优先购买权受到侵害后的处理

承租人可以要求出租人进行损害赔偿，但不可主张买卖合同无效。

易错点：买卖不破租赁——动产与不动产均适用；优先购买权——只适用于房屋；房屋承租人既有买卖不破租赁制度，又有优先购买权；二者之间没有联系，各行其是，勿捆绑。对于房屋承租人不管是否适用买卖不破租赁，但一定有优先购买权。

4. 房屋租赁合同的法定承受

承租人在房屋租赁期间期限内死亡的，与其生前共同居住的人或者共同经营人可以按照原租赁合同租赁该房屋。

5. 租赁期满，房屋租赁合同的承租人享有同等条件的优先承租的权利。

命题展望

该知识点十分重要，且涉及《民法典》新增知识点，因此考生要特别注意。该知识点可以与房屋买卖合同、物权变动等相关知识点结合进行考查，也比较容易结合其他知识点设计题目。

重点法条 64 ▶ 融资租赁合同

第737条 [融资租赁合同无效] 当事人以虚构租赁物方式订立的融资租赁合同无效。

第738条 [租赁物经营许可对合同效力影响] 依照法律、行政法规的规定，对于租赁物的经营使用应当取得行政许可的，出租人未取得行政许可不影响融资租赁合同的效力。

第739条 [融资租赁标的物交付] 出租人根据承租人对出卖人、租赁物的选择订立的买卖合同，出卖人应当按照约定向承租人交付标的物，承租人享有与受领标的物有关的买受人的权利。

第741条 [承租人行使索赔权] 出租人、出卖人、承租人可以约定，出卖人不履行买卖合同义务的，由承租人行使索赔的权利。承租人行使索赔权利的，出租人应当协助。

第742条 [承租人行使索赔权不影响支付租金义务] 承租人对出卖人行使索赔权利，不影响其履行支付租金的义务。但是，承租人依赖出租人的技能确定租赁物或者出租人干预选择租赁物的，承租人可以请求减免相应租金。

第745条 [租赁物的所有权] 出租人对租赁物享有的所有权，未经登记，不得对抗善意第三人。

第747条 [租赁物质量瑕疵担保责任] 租赁物不符合约定或者不符合使用目的的，出租人不承担责任。但是，承租人依赖出租人的技能确定租赁物或者出租人干预选择租赁物的除外。

第749条 [租赁物致人损害的责任承担] 承租人占有租赁物期间，租赁物造成第三人人身损害或者财产损失的，出租人不承担责任。

第750条 [承租人对租赁物的保管、使用和维修义务] 承租人应当妥善保管、使用租赁物。

承租人应当履行占有租赁物期间的维修义务。

第751条 [租赁物毁损、灭失对租金给付义务的影响] 承租人占有租赁物期间，租赁物毁损、灭失的，出租人有权请求承租人继续支付租金，但是法律另有规定或者当事人另有约定的除外。

第753条 [出租人解除融资租赁合同] 承租人未经出租人同意，将租赁物转让、抵押、质押、投资入股或者以其他方式处分的，出租人可以解除融资租赁合同。

第757条 [租赁期限届满租赁物归属] 出租人和承租人可以约定租赁期限届满租赁物的归属；对租赁物的归属没有约定或者约定不明确，依据本法第510条的规定仍不能确定的，租赁物的所有权归出租人。

第759条 [支付象征性价款后租赁物归属] 当事人约定租赁期限届满，承租人仅需向出租人支付象征性价款的，视为约定的租金义务履行完毕后租赁物的所有权归承租人。

第760条 [融资租赁合同无效租赁物归属] 融资租赁合同无效，当事人就该情形下租赁物的归属有约定的，按照其约定；没有约定或者约定不明确的，租赁物应当返还出租人。但是，**因承租人原因致使合同无效，出租人不请求返还或者返还后会显著降低租赁物效用的，租赁物的所有权归承租人，由承租人给予出租人合理补偿。**

关联法条

《融资租赁合同解释》

第 2 条　承租人将其自有物出卖给出租人，再通过融资租赁合同将租赁物从出租人处租回的，人民法院不应仅以承租人和出卖人系同一人为由认定不构成融资租赁法律关系。

第 9 条　承租人或者租赁物的实际使用人，未经出租人同意转让租赁物或者在租赁物上设立其他物权，第三人依据物权法第 106 条的规定取得租赁物的所有权或者其他物权，出租人主张第三人物权权利不成立的，人民法院不予支持，但有下列情形之一的除外：

（一）出租人已在租赁物的显著位置作出标识，第三人在与承租人交易时知道或者应当知道该物为租赁物的；

（二）出租人授权承租人将租赁物抵押给出租人并在登记机关依法办理抵押权登记的；

（三）第三人与承租人交易时，未按照法律、行政法规、行业或者地区主管部门的规定在相应机构进行融资租赁交易查询的；

（四）出租人有证据证明第三人知道或者应当知道交易标的物为租赁物的其他情形。

第 12 条　有下列情形之一，出租人请求解除融资租赁合同的，人民法院应予支持：

（一）承租人未经出租人同意，将租赁物转让、转租、抵押、质押、投资入股或者以其他方式处分租赁物的；

（二）承租人未按照合同约定的期限和数额支付租金，符合合同约定的解除条件，经出租人催告后在合理期限内仍不支付的；

（三）合同对于欠付租金解除合同的情形没有明确约定，但承租人欠付租金达到两期以上，或者数额达到全部租金 15% 以上，经出租人催告后在合理期限内仍不支付的；

（四）承租人违反合同约定，致使合同目的不能实现的其他情形。

第 24 条　出卖人与买受人因买卖合同发生纠纷，或者出租人与承租人因融资租赁合同发生纠纷，当事人仅对其中一个合同关系提起诉讼，人民法院经审查后认为另一合同关系的当事人与案件处理结果有法律上的利害关系的，可以通知其作为第三人参加诉讼。

承租人与租赁物的实际使用人不一致，融资租赁合同当事人未对租赁物的实际使用人提起诉讼，人民法院经审查后认为租赁物的实际使用人与案件处理结果有法律上的利害关系的，可以通知其作为第三人参加诉讼。

承租人基于买卖合同和融资租赁合同直接向出卖人主张受领租赁物、索赔等买卖合同权利的，人民法院应通知出租人作为第三人参加诉讼。

考点剖析

1. 融资租赁合同的效力问题

（1）出卖人卖出后又租回（售后回租），也不影响融资租赁关系的成立。

（2）当事人以虚构租赁物方式订立的融资租赁合同无效。

（3）对于租赁物的经营使用应当取得行政许可的，出租人未取得行政许可不影响融资租赁合同的效力。

（4）融资租赁合同无效时租赁物的归属有约从约，没有约定时归出租人所有。租赁物应当返还出租人。但是，因承租人原因致使合同无效，出租人不请求返还或者返还后会显著降低租赁物效用的，租赁物的所有权归承租人，由承租人给予出租人合理补偿。

2. 融资租赁合同中的责任承担

（1）品质瑕疵担保责任——出租人不承担，由承租人对出卖人进行索赔，出租人协助。但例外有二：

❶承租人依赖出租人的技能确定租赁物选择租赁物；

❷出租人干预选择租赁物。

（2）权利瑕疵担保责任——出租人承担，即出租人应当保证承租人对租赁物的占有和使用，否则出租人要承担违约责任，承租人可以拒付租金。

（3）物上侵权责任——承租人承担。

（4）物上维修责任——承租人承担。

3. 租赁物的风险承担与归属

（1）交付之后，租金的风险负担由承租人承担。承租人占有租赁物期间，租赁物毁损、灭失的，出租人有权请求承租人继续支付租金，但是法律另有规定或者当事人另有约定的除外。

（2）租赁物的归属，有约从约，无约归出租人。但出租人对租赁物享有的所有

权，未经登记，不得对抗善意第三人。在租赁期间承租人的处分行为本质属于无权处分，受让人可以善意取得。

（3）当事人约定租赁期限届满，承租人仅需向出租人支付象征性价款的，视为约定的租金义务履行完毕后租赁物的所有权归承租人。

4. 融资租赁合同解除情形

（1）承租人未经出租人同意，将租赁物转让、转租、抵押、质押、投资入股或者以其他方式处分租赁物的；

（2）合同对于欠付租金解除合同的情形没有明确约定，但承租人欠付租金达到两期以上，或者数额达到全部租金15%以上，经出租人催告后在合理期限内仍不支付的。

5. 融资租赁合同的诉讼当事人

（1）买卖合同纠纷或者融资租赁纠纷中，当事人仅对其中一个合同提起诉讼的，法院可以通知另一个合同的当事人作为无独立请求权的第三人；

（2）承租人与实际使用人不一致的，法院可以追加实际使用人为无独立请求权的第三人；

（3）承租人向出卖人行使买卖合同相应权利时，法院应当追加出租人为第三人。

▷ **命题展望**

融资租赁合同的效力、售后回租以及合同解除等都比较有特色。另外其可以结合破产法考查是否属于破产财产，也可以结合民诉考查当事人地位、管辖等，具有比较高的融合题命题价值。

重点法条 65 ▶ 保理合同

第762条 [保理合同内容和形式] 保理合同的内容一般包括业务类型、服务范围、服务期限、基础交易合同情况、应收账款信息、保理融资款或者服务报酬及其支付方式等条款。

保理合同应当采用书面形式。

第763条 [虚构应收账款的法律后果] 应收账款债权人与债务人虚构应收账款作为转让标的，与保理人订立保理合同的，应收账款债务人不得以应收账款不存在为由对抗保理人，但是保理人明知虚构的除外。

第765条 [无正当理由变更或者终止基础交易合同行为对保理人的效力] 应收账款债务人接到应收账款转让通知后，应收账款债权人和与债务人无正当理由协商变更或者终止基础交易合同，对保理人产生不利影响的，对保理人不发生效力。

第766条 [有追索权保理] 当事人约定有追索权保理的，保理人可以向应收账款债权人主张返还保理融资款本息或者回购应收账款债权，也可以向应收账款债务人主张应收账款债权。保理人向应收账款债务人主张应收账款债权，在扣除保理融资款本息和相关费用后有剩余的，剩余部分应当返还给应收账款债权人。

第767条 [无追索权保理] 当事人约定无追索权保理的，保理人应当向应收账款债务人主张应收账款债权，保理人取得超过保理融资款本息和相关费用的部分，无需向应收账款债权人返还。

第768条 [多重保理的清偿顺序] 应收账款债权人就同一应收账款订立多个保理合同，致使多个保理人主张权利的，已经登记的先于未登记的取得应收账款；均已经登记的，按照登记时间的先后顺序取得应收账款；均未登记的，由最先到达应收账款债务人的转让通知中载明的保理人取得应收账款；既未登记也未通知的，按照保理融资款或者服务报酬的比例取得应收账款。

第769条 [适用债权转让规定] 本章没有规定的，适用本编第六章债权转让的有关规定。

▶ **考点剖析**

1. 保理合同的分类

（1）有追索权的保理合同

当事人约定有追索权保理的，保理人可以向应收账款债权人主张返还保理融资款本息或者回购应收账款债权，也可以向应收账款债务人主张应收账款债权。保理人向应收账款债务人主张应收账款债权，在扣除保理融资款本息和相关费用后有剩余的，剩余部分应当返还给应收账款债权人。该保理合同的本质是借款合同+让与担保。

（2）无追索权的保理合同

当事人约定无追索权保理的，保理人应当向应收账款债务人主张应收账款债权，保理人取得超过保理融资款本息和相关费用的部分，无需向应收账款债权人返还。该保理合同的本质是债权转让协议。

2. 保理合同与基础法律关系

（1）基础关系不存在时，保理合同效力原则上不受影响。应收账款债权人与债务人虚构应收账款作为转让标的，与保理人订立保理合同的，应收账款债务人不得以应收账款不存在为由对抗保理人，但是保理人明知虚构的除外。

（2）债权人与债务人变更基础关系内容时，对保理人不发生不利影响。应收账款债务人接到应收账款转让通知后，应收账款债权人和债务人无正当理由协商变更或者终止基础交易合同，对保理人产生不利影响的，对保理人不发生效力。

3. 同一应收账款的多次保理

应收账款债权人就同一应收账款订立多个保理合同，致使多个保理人主张权利的，其受偿顺序为：

（1）已登记的先于未登记的受偿；

（2）均已登记的，按照登记的先后顺序受偿；

（3）均未登记的，由最先到达应收账款债务人的转让通知中载明的保理人受偿；

（4）既未登记也未通知的，按照应收账款比例清偿。

总结：先登记>先通知>按比例

▶ **命题展望**

保理合同属于民法典新增合同类型，比较具有考试的价值，需要考生把握基本规则。

重点法条66 ▶ 建设工程合同

第789条［建设工程合同的形式］ 建设工程合同应当采用书面形式。

第791条［总包与分包］ 发包人可以与总承包人订立建设工程合同，也可以分别与勘察人、设计人、施工人订立勘察、设计、施工承包合同。发包人不得将应当由一个承包人完成的建设工程支解成若干部分发包给数个承包人。

总承包人或者勘察、设计、施工承包人经发包人同意，可以将自己承包的部分工作交由第三人完成。第三人就其完成的工作成果与总承包人或者勘察、设计、施工承包人向发包人承担连带责任。承包人不得将其承包的全部建设工程转包给第三人或者将其承包的全部建设工程支解以后以分包的名义分别转包给第三人。

禁止承包人将工程分包给不具备相应资质条件的单位。禁止分包单位将其承包的工程再分包。建设工程主体结构的施工必须由承包人自行完成。

第793条［建设工程合同无效、验收不合格的处理］ 建设工程施工合同无效，但是建设工程经验收合格的，可以参照合同关于工程价款的约定折价补偿承包人。

建设工程施工合同无效，且建设工程经验收不合格的，按照以下情形处理：

（一）修复后的建设工程经验收合格的，发包人可以请求承包人承担修复费用；

（二）修复后的建设工程经验收不合格的，承包人无权请求参照合同关于工程价款的约定折价补偿。

发包人对因建设工程不合格造成的损

失有过错的，应当承担相应的责任。

☞ **第807条** [发包人未支付工程价款的责任]　发包人未按照约定支付价款的，承包人可以催告发包人在合理期限内支付价款。发包人逾期不支付的，除根据建设工程的性质不宜折价、拍卖外，承包人可以与发包人协议将该工程折价，也可以请求人民法院将该工程依法拍卖。建设工程的价款就该工程折价或者拍卖的价款优先受偿。

▶ 关联法条

《建设工程施工合同解释（一）》

第5条　承包人超越资质等级许可的业务范围签订建设工程施工合同，在建设工程竣工前取得相应资质等级，当事人请求按照无效合同处理的，不予支持。

第24条　建设工程施工合同纠纷以施工行为地为合同履行地。

第25条　因建设工程质量发生争议的，发包人可以以总承包人、分包人和实际施工人为共同被告提起诉讼。

《最高人民法院关于建设工程价款优先受偿权问题的批复》

一、人民法院在审理房地产纠纷案件和办理执行案件中，应当依照《中华人民共和国合同法》第286条的规定，认定建筑工程的承包人的优先受偿权优于抵押权和其他债权。

二、消费者交付购买商品房的全部或者大部分款项后，承包人就该商品房享有的工程价款优先受偿权不得对抗买受人。

三、建筑工程价款包括承包人为建设工程应当支付的工作人员报酬、材料款等实际支出的费用，不包括承包人因发包人违约所造成的损失。

《建设工程施工合同解释（二）》

第4条　缺乏资质的单位或者个人借用有资质的建筑施工企业名义签订建设工程施工合同，发包人请求出借方与借用方对建设工程质量不合格等因出借资质造成的损失承担连带赔偿责任的，人民法院应予支持。

第7条　发包人在承包人提起的建设工程施工合同纠纷案件中，以建设工程质量不符合合同约定或者法律规定为由，就承包人支付违约金或者赔偿修理、返工、改建的合理费用等损失提出反诉的，人民法院可以合并审理。

第11条　当事人就同一建设工程订立的数份建设工程施工合同均无效，但建设工程质量合格，一方当事人请求参照实际履行的合同结算建设工程价款的，人民法院应予支持。

实际履行的合同难以确定，当事人请求参照最后签订的合同结算建设工程价款的，人民法院应予支持。

第18条　装饰装修工程的承包人，请求装饰装修工程价款就该装饰装修工程折价或者拍卖的价款优先受偿的，人民法院应予支持，但装饰装修工程的发包人不是该建筑物的所有权人的除外。

第19条　建设工程质量合格，承包人请求其承建工程的价款就工程折价或者拍卖的价款优先受偿的，人民法院应予支持。

☞ **第21条**　承包人建设工程价款优先受偿的范围依照国务院有关行政主管部门关于建设工程价款范围的规定确定。

承包人就逾期支付建设工程价款的利息、违约金、损害赔偿金等主张优先受偿的，人民法院不予支持。

第 22 条 承包人行使建设工程价款优先受偿权的期限为6个月，自发包人应当给付建设工程价款之日起算。

第 23 条 发包人与承包人约定放弃或者限制建设工程价款优先受偿权，损害建筑工人利益，发包人根据该约定主张承包人不享有建设工程价款优先受偿权的，人民法院不予支持。

第 24 条 实际施工人以发包人为被告主张权利的，人民法院应当追加转包人或者违法分包人为本案第三人，在查明发包人欠付转包人或者违法分包人建设工程价款的数额后，判决发包人在欠付建设工程价款范围内对实际施工人承担责任。

真题链接

2018/主；2008/4/4(8)(《民法典》第807条，《建设工程施工合同解释(二)》第21条)

考点剖析

转包	概念	将承包的工程全部交由第三人施工。	
	效果	(1) 转包合同一律无效； (2) 发包人有权解除与承包人的合同； (3) 收缴当事人已经取得的非法所得。	
分包	合法分包	必须具备的条件： (1) 经发包人同意； (2) 只能是部分工程，且不能是主体工程； (3) 分包人具有相应的资质； (4) 只能分包1次。	
	违法分包	(1) 全部转包； (2) 肢解后分包； (3) 分包给不具有相应资质条件的单位； (4) 分包人将其工程再分包。	法院可以收缴当事人已经取得的非法所得。
	效果	不管是合法分包还是非法分包，分包人和承包人对发包人承担连带责任。	
合同无效	无效事由	(1) 承包人未取得建筑施工企业资质或者超越资质（但是竣工前取得相应资质的，合同不按无效处理）； (2) 没有资质的实际施工人借用有资质的建筑施工单位名义； (3) 转包、非法分包； (4) 建设工程必须进行招标而未招标或者中标无效。	

续表

合同无效	实际施工人的权利	(1) 工程竣工验收合格或者经修复后验收合格，实际施工人有权请求参照合同约定支付工程价款； (2) 诉讼中：实际施工人可以告发包人、转包人或者违法分包人中的任何一人，告发包人时，法院应当追加转包人、违法分包人为第三人。
承包人的优先受偿权	构成要件	(1) 建设工程质量合格（不要求建设工程合同有效）； (2) 发包人到期不支付价款，且经承包人催告后，合理期限仍不支付； (3) 建设工程在性质上适宜折价或拍卖，不具有公益性。
	行　使	(1) 优先于普通债权，也优先于该工程上的抵押权； (2) 消费者交付购买商品房的全部或者大部分价款，承包人的优先受偿权不得对抗买受人； (3) 承包人行使优先权的期限为 6 个月，自发包人应当支付工程价款之日起算。 【注意】优先权具有专属性，不随债权的转让而转让。
建设工程诉讼		(1) 工程质量诉讼 ①因工程质量发生争议的诉讼，不考虑建设工程合同的相对性原则，分包人与承包人对发包人承担连带责任； ②如果承包人存在借用资质的情况导致工程质量不合格的，发包人有权请求出借方与借用方承担连带责任。
		(2) 工程款诉讼时，实际施工人可以分包人为被告；分包人可以发包人为被告；发包人只在工程款范围内对实际施工人承担责任。实际施工人可以发包人为被告，此时分包人为无独立请求权第三人，法院应当追加。（以前是可以追加）
		(3) 发包人可以就工程质量提起反诉，要求承包人支付违约金或者赔偿修理、返工、改建的合理费用，人民法院可以合并审理。

⚐ 命题展望

建设工程合同的效力判定具有很强的可考性，工程质量纠纷问题不但可以考查违约责任与合同解除权，还可以结合民诉来考查管辖法院（专属管辖），也可以结合物权法出题，考查建设工程合同的价款的优先受偿性规则。建设工程合同涉及 2019 年考试大纲新增法条部分，因此属于 2020 年应重点把握的知识点。

重点法条 67 ▶ 委托合同

☞ **第919条** [委托合同的定义] 委托合同是委托人和受托人约定，由受托人处理委托人事务的合同。

☞ **第923条** [受托人亲自处理委托事务] 受托人应当亲自处理委托事务。经委托人同意，受托人可以转委托。转委托经同意或者追认的，委托人可以就委托事务直接指示转委托的第三人，受托人仅就第三人的选任及其对第三人的指示承担责任。转委托未经同意或者追认的，受托人应当对转委托的第三人的行为承担责任；但是，在紧急情况下受托人为了维护委托人的利益需要转委托第三人的除外。

第925条 [委托人介入权] 受托人以自己的名义，在委托人的授权范围内与第三人订立的合同，第三人在订立合同时知道受托人与委托人之间的代理关系的，该合同直接约束委托人和第三人；但是，有确切证据证明该合同只约束受托人和第三人的除外。

第926条 [委托人对第三人的权利和第三人选择权] 受托人以自己的名义与第三人订立合同时，第三人不知道受托人与委托人之间的代理关系的，受托人因第三人的原因对委托人不履行义务，受托人应当向委托人披露第三人，委托人因此可以行使受托人对第三人的权利。但是，第三人与受托人订立合同时如果知道该委托人就不会订立合同的除外。

受托人因委托人的原因对第三人不履行义务，受托人应当向第三人披露委托人，

第三人因此可以选择受托人或者委托人作为相对人主张其权利，但是第三人不得变更选定的相对人。

委托人行使受托人对第三人的权利的，第三人可以向委托人主张其对受托人的抗辩。第三人选定委托人作为其相对人的，委托人可以向第三人主张其对第三人的抗辩以及受托人对第三人的抗辩。

第933条 [委托合同解除] 委托人或者受托人可以随时解除委托合同。因解除合同造成对方损失的，除不可归责于该当事人的事由外，无偿委托合同的解除方应当赔偿因解除时间不当造成的直接损失，有偿委托合同的解除方应当赔偿对方的直接损失和合同履行后可以获得的利益。

🔽 关联法条

《商品房买卖合同解释》

第20条 出卖人与包销人订立商品房包销合同，约定出卖人将其开发建设的房屋交由包销人以出卖人的名义销售的，包销期满未销售的房屋，由包销人按照合同约定的包销价格购买，但当事人另有约定的除外。

第21条 出卖人自行销售已经约定由包销人包销的房屋，包销人请求出卖人赔偿损失的，应予支持，但当事人另有约定的除外。

第22条 对于买受人因商品房买卖合同与出卖人发生的纠纷，人民法院应当通知包销人参加诉讼；出卖人、包销人和买受人对各自的权利义务有明确约定的，按照约定的内容确定各方的诉讼地位。

▶ 真题链接

2018/主(《民法典》第923条)

2012/4/3(1)(《民法典》第919条)

▶ 考点剖析

1. 委托合同关系是产生代理的基础法律关系，委托合同关系是委托人与受托人之间的法律关系，是内部法律关系；而代理关系是受托人对外产生的法律关系。委托内部权限的限制问题不能对抗善意第三人。

2. 隐名的间接代理中，合同原则上约束相对人与代理人。若第三人违约，受托人应当披露第三人，委托人享有介入权；若委托人违约，受托人应当披露委托人，第三人享有选择权。

3. 委托可以有偿也可以无偿，无偿的受托人只对故意和重大过失负责。

4. 委托合同双方当事人均享有任意解除权。

▶ 命题展望

委托合同与代理制度不分离，最可能与商品房买卖合同结合进行考查，既考查委托合同的规则，也可以考查违约责任与商品房买卖合同规则。考生需要对此模型较为熟悉。

重点法条 68 ▶ 合伙合同

第968条 [合伙人履行出资义务]　合伙人应当按照约定的出资方式、数额和缴付期限，履行出资义务。

第972条 [合伙的利润分配与亏损分担]　合伙的利润分配和亏损分担，按照合伙合同的约定办理；合伙合同没有约定或者约定不明确的，由合伙人协商决定；协商不成的，由合伙人按照实缴出资比例分配、分担；无法确定出资比例的，由合伙人平均分配、分担。

第973条 [合伙人的连带责任及追偿权]　合伙人对合伙债务承担连带责任。清偿合伙债务超过自己应当承担份额的合伙人，有权向其他合伙人追偿。

第974条 [合伙人转让其财产份额]除合伙合同另有约定外，合伙人向合伙人以外的人转让其全部或者部分财产份额的，须经其他合伙人一致同意。

第975条 [合伙人权利代位]　合伙人的债权人不得代位行使合伙人依照本章规定和合伙合同享有的权利，但是合伙人享有的利益分配请求权除外。

第976条 [合伙期限]　合伙人对合伙期限没有约定或者约定不明确，依据本法第510条的规定仍不能确定的，视为不定期合伙。

合伙期限届满，合伙人继续执行合伙事务，其他合伙人没有提出异议的，原合伙合同继续有效，但是合伙期限为不定期。

合伙人可以随时解除不定期合伙合同，但是应当在合理期限之前通知其他合伙人。

▶ 考点剖析

1. 合伙合同中的权利义务

(1) 出资义务

合伙人应当按照合伙合同约定出资方

式、数额和缴付期限，履行出资义务。一个或者数个合伙人不履行出资义务的，其他合伙人不能因此拒绝出资。

（2）损益分配

❶合伙的利润分配和亏损分担，按照合伙合同的约定办理；

❷合伙合同没有约定或者约定不明确的，由合伙人协商决定；

❸协商不成的，由合伙人按照实缴出资比例分配、分担；

❹无法确定出资比例的，由合伙人平均分配、分担。

总结：约定＞协商＞实缴比例＞平均

2. 合伙财产

合伙人的出资、因合伙事务依法取得的收益和其他财产，属于合伙财产。合伙合同终止前，合伙人不得请求分割合伙财产。

3. 合伙债权人的代位权

（1）合伙的债权人不可以代位行使合伙人的共益权，如执行合伙事务的权利、表决权；

（2）合伙的债权人可以代位行使合伙人的自益权，如利润分配请求权。

4. 不定期合伙合同

（1）合伙人对合伙期限没有约定，或者约定不明的，视为不定期合伙；

（2）合伙期限届满，合伙人继续执行合伙事务，其他合伙人没有提出异议的，原合伙合同继续有效，但是合伙期限为不定期；

（3）合伙人可以随时解除不定期合伙合同，但是应当在合理期限之前通知其他合伙人。

▣ 命题展望

合伙合同为民法典新增合同种类，考生须注意其结合合伙企业法加以考查即可。合伙人债权人代位权的考查价值比较高。

专题四　侵权责任

重点法条 69 ▶ 侵权责任归责原则

☞**第 1165 条**［过错责任原则］　行为人因过错侵害他人民事权益造成损害的，应当承担侵权责任。

依照法律规定推定行为人有过错，其不能证明自己没有过错的，应当承担侵权责任。

第 1166 条［无过错责任原则］　行为人造成他人民事权益损害，不论行为人有无过错，法律规定应当承担侵权责任的，依照其规定。

▣ 真题链接

2014/4/4（6）；2013/4/4（5）（7）；2009/4/4（5）（《民法典》第1165条）

▶ 考点剖析

1. 过错责任原则是侵权责任的一般归责原则,在法律没有特别规定的情况下,侵权责任均适用过错责任原则。

2. 在过错推定责任中,过错的证明责任倒置给被告,由被告证明自己对损害的发生不存在过错。过错推定并非一种独立的责任类型,而是过错责任的一种特殊形式。

3. 无过错责任必须法律明文规定才能适用。行为人不能通过证明无过错而免责(过错不是证明对象)。具有主观题出题价值的无过错责任的具体侵权类型有:监护责任,用人单位责任,产品责任,环境污染责任,动物致人损害责任,机动车对非机动车、行人责任。

▶ 命题展望

常规的考法是要求考生判断是否构成侵权,即《民法典》第1165条的具体适用。最高院第19批指导案例第98号指导案例:张庆福、张殿凯诉朱振彪生命权纠纷案,体现了对《民法典》第1165条的具体适用问题,即在见义勇为中,如果不存在过错,不承担侵权责任。

归责原则有可能结合民诉来考查举证责任的分配问题,2017年民诉的主观题即是这种设置,因此考生需要明白归责原则的举证责任的分配。

重点法条 70 ▶ 数人侵权

第1168条 [共同侵权行为] 2人以上共同实施侵权行为,造成他人损害的,应当承担连带责任。

第1170条 [共同危险行为] 2人以上实施危及他人人身、财产安全的行为,其中一人或者数人的行为造成他人损害,能够确定具体侵权人的,由侵权人承担责任;不能确定具体侵权人的,行为人承担连带责任。

第1171条 [构成累积因果关系的分别侵权] 2人以上分别实施侵权行为造成同一损害,每个人的侵权行为都足以造成全部损害的,行为人承担连带责任。

第1172条 [构成共同因果关系的分别侵权] 2人以上分别实施侵权行为造成同一损害,能够确定责任大小的,各自承担相应的责任;难以确定责任大小的,平均承担责任。

▶ 关联法条

《最高人民法院关于审理人身损害赔偿案件适用法律若干问题的解释》第3条 2人以上共同故意或者共同过失致人损害,或者虽无共同故意、共同过失,但其侵害行为直接结合发生同一损害后果的,构成共同侵权,应当依照民法通则第130条规定承担连带责任。

2人以上没有共同故意或者共同过失,但其分别实施的数个行为间接结合发生同一损害后果的,应当根据过失大小或者原因力比例各自承担相应的赔偿责任。

▶ 考点剖析

1. 共同加害行为(共同故意+共同过失)共同加害行为,是指具有意思联络的两个或两个以上致害人，基于共同的故意或过失，共同实施加害，导致一个损害后果的共同侵权行为。

共同加害人对其所造成的损害后果，承担连带赔偿责任。

2. 共同危险行为

共同危险行为，是指两人以上均实施了足以造成他人人身、财产损害的行为，其中一个行为或者部分行为造成了损害后果，但是不能确定是谁的行为实际造成了损害后果的发生。

共同危险行为的后果为：

（1）能够确定具体侵权人的，转化为单独侵权，由侵权人承担；

（2）不能确定具体侵权人的，行为人承担连带责任；

（3）若不能确定实际加害人，行为人即使证明"自己的行为与损害无因果关系"，也不能免除连带责任。

3. 无意思联络的侵权

（1）累积因果关系（100%＋100%）：加害人承担连带责任；

（2）共同因果关系（50%＋50%）：加害人承担按份责任（过错＋原因力）。

◤ 命题展望

本知识点一般会结合特殊侵权来考查对数人侵权的判断，对于共同危险行为与高空抛物行为要能够区分开。

指导案例 19 号：赵春明等诉烟台市福山区汽车运输公司、卫德平等机动车交通事故责任纠纷案。

重 点 法 条 71 ▶ 不承担责任与减轻

第 1173 条 ［过失相抵］ 被侵权人对同一损害的发生或者扩大有过错的，可以减轻侵权人的责任。

第 1174 条 ［受害人故意］ 损害是因受害人故意造成的，行为人不承担责任。

第 1175 条 ［第三人过错］ 损害是因第三人造成的，第三人应当承担侵权责任。

第 1176 条 ［自甘风险］ 自愿参加具有一定风险的文体活动，因其他参加者的行为受到损害的，受害人不得请求其他参加者承担侵权责任。但是，其他参加者对损害的发生有故意或者重大过失的除外。

活动组织者的责任适用本法第 1198 条至第 1201 条的规定。

第 1177 条 ［自助行为］ 合法权益受到侵害，情况紧迫且不能及时获得国家机关保护，不立即采取措施将使其合法权益受到难以弥补的损害的，受害人可以在保护自己合法权益的必要范围内采取扣留侵权人的财物等合理措施；但是，应当立即请求有关国家机关处理。

受害人采取的措施不当造成他人损害的，应当承担侵权责任。

第 1178 条 ［优先适用特别规定］ 本法和其他法律对不承担责任或者减轻责任的情形另有规定的，依照其规定。

◤ 考点剖析

本知识点可以与民诉举证责任结合考查，减免责事由属于被告证明责任。注意民法典新增加的自甘冒险行为。注意对过错的判断，尤其是受害人存在特殊体质的情况是否属于加害人的减责事由。

指导案例24号：荣宝英诉王阳、永诚财产保险股份有限公司江阴支公司机动车交通事故责任纠纷案。

重点法条 72 ▶ 用人者责任

☞**第1191条**［用人单位责任和劳务派遣单位、劳务用工单位责任］ 用人单位的工作人员因执行工作任务造成他人损害的，由用人单位承担侵权责任。用人单位承担侵权责任后，可以向有故意或者重大过失的工作人员追偿。

劳务派遣期间，被派遣的工作人员因执行工作任务造成他人损害的，由接受劳务派遣的用工单位承担侵权责任；劳务派遣单位有过错的，承担相应的责任。

第1192条［个人劳务关系中的侵权责任］ 个人之间形成劳务关系，提供劳务一方因劳务造成他人损害的，由接受劳务一方承担侵权责任。接受劳务一方承担侵权责任后，可以向有故意或者重大过失的提供劳务一方追偿。提供劳务一方因劳务自己受到损害的，根据双方各自的过错承担相应的责任。

提供劳务期间，因第三人的行为造成提供劳务一方损害的，提供劳务一方有权请求第三人承担侵权责任，也有权请求接受劳务一方给予补偿。接受劳务一方补偿后，可以向第三人追偿。

☞**第1193条**［承揽关系中的侵权责任］ 承揽人在完成工作过程中造成第三人损害或者自己损害的，定作人不承担侵权责任。但是，定作人对定作、指示或者选任有过错的，应当承担相应的责任。

▶ 真题链接

2016/4/4（6）；2014/4/4（6）；2013/4/4（6）；2009/4/4（3）；2008/4/4（2）（《民法典》第1191条）

▶ 考点剖析

1. 执行职务的行为致人损害的，由用人者对外承担责任，承担责任后可以向有故意和重大过失的员工追偿。在劳务派遣中，由接受劳务派遣的单位承担侵权责任，派遣单位在有过错的情况下，承担相应的责任（按份责任），此点是民法典的变动之处。在诉讼中，受害人可以将派遣单位与用工单位一起作为共同被告。

2. 承揽合同中的侵权责任

（1）承揽合同关系中，承揽人因承揽行为致人人身损害时，由承揽人承担责任，定作人没有指示、选任过失的，不承担责任。如果存在指示或者选任过失的，与承揽人承担按份责任。

（2）承揽关系 VS. 雇佣关系

承揽合同是以工作成果为标的，雇佣合同的性质为提供劳务。二者的区别在于：

❶承揽人自备工具，雇佣者雇主提供工具；

❷承揽合同的履行具有一次性，雇佣合同的履行具有连续性。

▶ **命题展望**

用人者责任是主观题考查频率最高的特殊侵权责任，整体比较简单。但在民法与民诉结合的考查趋势之下，考生需注意劳务派遣时被告的确定规则。

重 点 法 条 73 ▶ 产品责任与医疗产品

第1202条［产品生产者责任］ 因产品存在缺陷造成他人损害的，生产者应当承担侵权责任。

☞**第1203条**［被侵权人请求损害赔偿的途径和先行赔偿人追偿权］ 因产品存在缺陷造成他人损害的，被侵权人可以向产品的生产者请求赔偿，也可以向产品的销售者请求赔偿。

产品缺陷由生产者造成的，销售者赔偿后，有权向生产者追偿。因销售者的过错使产品存在缺陷的，生产者赔偿后，有权向销售者追偿。

第1204条［生产者和销售者对有过错第三人的追偿权］ 因运输者、仓储者等第三人的过错使产品存在缺陷，造成他人损害的，产品的生产者、销售者赔偿后，有权向第三人追偿。

第1207条［产品责任惩罚性赔偿］ 明知产品存在缺陷仍然生产、销售，或者没有依据前条规定采取有效补救措施，造成他人死亡或者健康严重损害的，被侵权人有权请求相应的惩罚性赔偿。

▶ **真题链接**

2013/4/4(6)(7)(《民法典》第1203条)

▶ **考点剖析**

1. 在产品责任中，生产者承担无过错责任，生产者与销售者承担不真正连带责任。

2. 医疗产品责任为无过错责任，医院与生产商承担不真正连带责任；在医疗产品责任中，生产者、销售者明知医疗产品存在缺陷仍然生产、销售，造成患者死亡或者健康严重损害的，承担损失2倍以下的惩罚性赔偿。医疗产品责任中，生产者对产品质量合格负有举证责任。

▶ **命题展望**

在往年主观题考试中，产品侵权考试频率比较高，整体也比较简单。把握基本规则即可。

重 点 法 条 74 ▶ 机动车责任

第1208条［机动车交通事故责任的法律适用］ 机动车发生交通事故造成损害的，依照道路交通安全法律和本法的有关规定承担赔偿责任。

☞**第1209条**［机动车所有人、管理人与使用人不一致时的侵权责任］ 因租赁、借用等情形机动车所有人、管理人与使用人不是同一人时，发生交通事故造成损害，属于该机动车一方责任的，由机动车使用人承担赔偿责任；机动车所有人、管理人对损害的发生有过错的，承担相应的赔偿责任。

第1210条［转让并交付但未办理登记的机动车侵权责任］ 当事人之间已经以买卖或者其他方式转让并交付机动车但是未办理登记，发生交通事故造成损害，属于该机动车一方责任的，由受让人承担赔偿责任。

第1211条［挂靠机动车侵权责任］以挂靠形式从事道路运输经营活动的机动车，发生交通事故造成损害，属于该机动车一方责任的，由挂靠人和被挂靠人承担连带责任。

第1213条［交通事故责任承担主体赔偿顺序］ 机动车发生交通事故造成损害，属于该机动车一方责任的，先由承保机动车强制保险的保险人在强制保险责任限额范围内予以赔偿；不足部分，由承保机动车商业保险的保险人按照保险合同的约定予以赔偿；仍然不足或者没有投保机动车商业保险的，由侵权人赔偿。

第1217条［好意同乘的责任承担］非营运机动车发生交通事故造成无偿搭乘人损害，属于该机动车一方责任的，应当减轻其赔偿责任，但是机动车使用人有故意或者重大过失的除外。

▶ 关联法条

《道路交通安全法》第76条 机动车发生交通事故造成人身伤亡、财产损失的，由保险公司在机动车第三者责任强制保险责任限额范围内予以赔偿；不足的部分，按照下列规定承担赔偿责任：

（一）机动车之间发生交通事故的，由有过错的一方承担赔偿责任；双方都有过错的，按照各自过错的比例分担责任。

（二）机动车与非机动车驾驶人、行人之间发生交通事故，非机动车驾驶人、行人没有过错的，由机动车一方承担赔偿责任；有证据证明非机动车驾驶人、行人有过错的，根据过错程度适当减轻机动车一方的赔偿责任；机动车一方没有过错的，承担不超过10%的赔偿责任。

交通事故的损失是由非机动车驾驶人、行人故意碰撞机动车造成的，机动车一方不承担赔偿责任。

《最高人民法院关于审理道路交通事故损害赔偿案件适用法律若干问题的解释》

第3条 以挂靠形式从事道路运输经营活动的机动车发生交通事故造成损害，属于该机动车一方责任，当事人请求由挂靠人和被挂靠人承担连带责任的，人民法院应予支持。

第4条 被多次转让但未办理转移登记的机动车发生交通事故造成损害，属于该机动车一方责任，当事人请求由最后一次转让并交付的受让人承担赔偿责任的，人民法院应予支持。

第5条 套牌机动车发生交通事故造成损害，属于该机动车一方责任，当事人请求由套牌机动车的所有人或者管理人承担赔偿责任的，人民法院应予支持；被套牌机动车所有人或者管理人同意套牌的，应当与套牌机动车的所有人或者管理人承担连带责任。

▶ 真题链接

2016/4/4（6）（《民法典》第1209条）

▶ 考点剖析

1. 机动车 VS. 机动车——过错责任；

机动车 VS. 非机动车/行人——无过错责任。

2. 谁是"车方"？——一般原则：谁使用，谁担责。(与所有权没有太大关系！)

具体情形：

（1）出租出借——使用人担责，所有人有过错，承担按份责任。

（2）转让拼装车或已达到报废标准车——转让人与受让人承担连带责任，如多次转让，由所有转让人与受让人承担连带责任。

（3）盗窃、抢夺、抢劫的机动车发生交通事故——保险公司免责，但抢救费用可以由保险公司垫付；侵权人担责，所有人不担责。

（4）挂靠的机动车——挂靠人与被挂靠人承担连带责任。

（5）套牌机动车——允许他人套牌，承担连带责任；擅自套牌，套牌者担责。

3. 减责、免责事由

（1）行人、非机动车故意，机动车免责；

（2）行人、非机动车具有过失，适当减责；

（3）机动车能证明自己没有过错的，仅承担不超过10%的责任。

重点法条 75 ▶ 环境污染责任

第1229条 [污染环境、破坏生态致损的侵权责任] 因污染环境、破坏生态造成他人损害的，侵权人应当承担侵权责任。

第1230条 [环境污染、生态破坏侵权举证责任] 因污染环境、破坏生态发生纠纷，行为人应当就法律规定的<u>不承担责任或者减轻责任的情形及其行为与损害之间不存在因果关系承担举证责任</u>。

第1231条 [两个以上侵权人的责任大小确定] 两个以上侵权人污染环境、破坏生态的，承担责任的大小，根据污染物的种类、浓度、排放量，破坏生态的方式、范围、程度，以及行为对损害后果所起的作用等因素确定。

第1232条 [环境污染、生态破坏侵权的惩罚性赔偿] 侵权人<u>违反法律规定故意污染环境、破坏生态造成严重后果的，被侵权人有权请求相应的惩罚性赔偿</u>。

第1233条 [因第三人的过错污染环境、破坏生态的侵权责任] 因第三人的过错污染环境、破坏生态的，<u>被侵权人可以向侵权人请求赔偿，也可以向第三人请求赔偿</u>。侵权人赔偿后，有权向第三人追偿。

第1234条 [生态环境修复责任] 违反国家规定造成生态环境损害，<u>生态环境能够修复的，国家规定的机关或者法律规定的组织有权请求侵权人在合理期限内承担修复责任</u>。侵权人在期限内未修复的，国家规定的机关或者法律规定的组织<u>可以自行或者委托他人进行修复，所需费用由侵权人负担</u>。

第1235条 [公益诉讼的赔偿范围] 违反国家规定造成生态环境损害的，国家规定的机关或者法律规定的组织有权请求侵权人赔偿下列损失和费用：

（一）生态环境受到损害至修复完成期间服务功能丧失导致的损失；

（二）生态环境功能永久性损害造成

的损失；

（三）生态环境损害调查、鉴定评估等费用；

（四）清除污染、修复生态环境费用；

（五）防止损害的发生和扩大所支出的合理费用。

关联法条

《最高人民法院关于审理环境侵权责任纠纷案件适用法律若干问题的解释》

第 1 条第 1 款　因污染环境造成损害，不论污染者有无过错，污染者应当承担侵权责任。污染者以排污符合国家或者地方污染物排放标准为由主张不承担责任的，人民法院不予支持。

第 2 条　两个以上污染者共同实施污染行为造成损害，被侵权人根据侵权责任法第 8 条规定请求污染者承担连带责任的，人民法院应予支持。

第 3 条第 1、2 款　两个以上污染者分别实施污染行为造成同一损害，每一个污染者的污染行为都足以造成全部损害，被侵权人根据侵权责任法第 11 条规定请求污染者承担连带责任的，人民法院应予支持。

两个以上污染者分别实施污染行为造成同一损害，每一个污染者的污染行为都不足以造成全部损害，被侵权人根据侵权责任法第 12 条规定请求污染者承担责任的，人民法院应予支持。

第 5 条　被侵权人根据侵权责任法第 68 条规定分别或者同时起诉污染者、第三人的，人民法院应予受理。

被侵权人请求第三人承担赔偿责任的，

人民法院应当根据第三人的过错程度确定其相应赔偿责任。

污染者以第三人的过错污染环境造成损害为由主张不承担责任或者减轻责任的，人民法院不予支持。

第 6 条　被侵权人根据侵权责任法第 65 条规定请求赔偿的，应当提供证明以下事实的证据材料：

（一）污染者排放了污染物；

（二）被侵权人的损害；

（三）污染者排放的污染物或者其次生污染物与损害之间具有关联性。

考点剖析

1. 环境侵权的关键词为：无过错责任+因果关系倒置+污染者与第三人的不真正连带责任+修复责任+故意惩罚性赔偿+公益诉讼。

2. 其余注意点

（1）多数人侵权：有共谋，连带责任；无共谋+累积的因果关系，连带责任；无共谋+共同的因果关系，按份责任。

（2）环境损害赔偿适用诉讼时效；但是请求停止侵害、排除妨碍、消除危险的，不适用诉讼时效。

命题展望

环境污染侵权之所以具有主观题价值在于侵权责任的特殊性，以及民诉中规定了公益诉讼制度和检察院公益诉讼案件，因此其可以结合民法的绿色原则、民诉的举证责任分配、管辖法院与检察院公益诉讼进行考查。

重点法条 76 ▶ 建筑物和物件责任

第 1252 条 ［建筑物、构筑物或者其他设施倒塌、塌陷致害责任］ 建筑物、构筑物或者其他设施倒塌、塌陷造成他人损害的，由建设单位与施工单位承担连带责任，但是建设单位与施工单位能够证明不存在质量缺陷的除外。建设单位、施工单位赔偿后，有其他责任人的，有权向其他责任人追偿。

因所有人、管理人、使用人或者第三人的原因，建筑物、构筑物或者其他设施倒塌、塌陷造成他人损害的，由所有人、管理人、使用人或者第三人承担侵权责任。

第 1253 条 ［建筑物、构筑物或者其他设施及其搁置物、悬挂物脱落、坠落致害责任］ 建筑物、构筑物或者其他设施及其搁置物、悬挂物发生脱落、坠落造成他人损害，所有人、管理人或者使用人不能证明自己没有过错的，应当承担侵权责任。所有人、管理人或者使用人赔偿后，有其他责任人的，有权向其他责任人追偿。

第 1254 条 ［不明抛掷物、坠落物致害责任］ 禁止从建筑物中抛掷物品。从建筑物中抛掷物品或者从建筑物上坠落的物品造成他人损害的，由侵权人依法承担侵权责任；经调查难以确定具体侵权人的，除能够证明自己不是侵权人的外，由可能加害的建筑物使用人给予补偿。可能加害的建筑物使用人补偿后，有权向侵权人追偿。

物业服务企业等建筑物管理人应当采取必要的安全保障措施防止前款规定情形的发生；未采取必要的安全保障措施的，应当依法承担未履行安全保障义务的侵权责任。

发生本条第 1 款规定的情形的，公安等有关机关应当依法及时调查，查清责任人。

考点剖析

1. 高空抛物责任——由可能的加害人给付补偿＋物业服务公司的安全保障义务＋有关机关的调查义务。

2. 脱落、坠落责任——过错推定，即推定所有人、管理人或者使用人有过错。其承担责任后有其他责任人的，可以向其他责任人追偿。

3. 建筑物倒塌责任——无过错责任，由建设单位、施工单位承担连带责任；但如果能够证明无质量问题则不承担责任。

4. 共同危险行为 VS. 高空抛物行为

（1）行为数量不同

共同危险行为中行为人均实施了危险行为；而高空抛物只有一个行为。

（2）不确定性不同

共同危险行为是因果关系不确定；而高空抛物是主体不确定，即致害人是谁不确定。

（3）侵权责任不同

共同危险的各行为人连带责任；而高空抛物由可能的加害人补偿。

命题展望

物件责任涉及《民法典》的变动和社会热点，因此需要考生把握住相关处理规则。

刑　法*

专题一　刑法总论

重点法条 ① ▶ 故意与过失

☞ **第 14 条** ［故意犯罪］ 明知自己的行为会发生危害社会的结果，并且希望或者放任这种结果发生，因而构成犯罪的，是故意犯罪。

故意犯罪，应当负刑事责任。

☞ **第 15 条** ［过失犯罪］ 应当预见自己的行为可能发生危害社会的结果，因为疏忽大意而没有预见，或者已经预见而轻信能够避免，以致发生这种结果的，是过失犯罪。

过失犯罪，法律有规定的才负刑事责任。

▶ 真题链接

2019/主；2017/4/2（《刑法》第14、15条）

2016/4/2（2）；2015/4/2；2010/4/2（2）（《刑法》第14条）

2008（延）/4/2（2）~（4）（《刑法》第15条）

▶ 考点剖析

1. 一般认为故意包括直接故意与间接故意。

（1）直接故意是指明知自己的行为会（必然会、可能会）发生危害社会的结果并且希望危害结果的发生。这里的"危害结果"是指行为人已经明知的结果。"希望"是指行为人积极追求结果的发生；发生结果是行为人实施行为直接追求的结局。

（2）间接故意是指明知自己的行为可能发生危害社会的结果，并且放任这种结果发生的心理态度。间接故意也是认识因素与意志因素的统一。

（3）在刑法分则中，凡是由故意构成的犯罪，刑法分则条文均未排除间接故意；当人们说某种犯罪只能由直接故意构成时，只是根据有限事实所作的归纳，并非法律

---

* 本部分的重点法条（第×条），未特别指明是哪部法律法规的，均默认为 2017 年 11 月 4 日修正的《中华人民共和国刑法》。

规定。

（4）如果明知自己的行为必然会发生危害社会的结果，主观上不可能是放任，而是希望。

[例1] 甲与张某有仇，张某与李某在二十层楼挂在一根绳子上擦窗户，甲剪断绳子致张某与李某坠楼死亡，则甲对张某、李某的死亡均持直接故意。

2. 过失包括疏忽大意的过失和过于自信的过失。

（1）疏忽大意的过失是指应当预见自己的行为可能会发生危害社会的结果，因为疏忽大意而没有预见，以致发生这种结果的罪过形式。

（2）过于自信的过失是指已经预见自己的行为可能会发生危害社会的结果，但轻信能够避免，以致发生这种结果的罪过形式。

3. 我们研究故意犯罪中的事实认识错误，包括具体的事实认识错误、抽象的事实认识错误。前者包括对象错误、方法错误、因果关系错误（狭义的因果关系错误、事前的故意、结果的提前实现）；后者仅包括对象错误、方法错误。

认识错误	法律认识错误	不影响对行为的评价，除非缺乏违法性认识的可能性，会阻却责任。	
	事实认识错误	具体的事实认识错误（同一个犯罪构成间的错误）	抽象的事实认识错误（不同的犯罪构成间的错误）
		（1）对象错误（具体符合说、法定符合说结论一致）（2）打击错误（具体符合说、法定符合说结论不一致）（3）因果关系错误：①狭义的因果关系错误（不存在不同观点）；②事前的故意（存在不同观点）；③结果的提前实现（存在不同观点）。	（1）对象错误（2）打击错误（3）无论是对象错误、打击错误，均采用法定符合说，具体操作步骤：[第1步] 从主观认识出发，触犯什么罪（是否既遂）；[第2步] 从客观事实出发，触犯什么罪（是否既遂）；[第3步] 如果是想象竞合犯，择一重罪论处。

[例2] 甲知道自己持有的包裹里面要么是数量较大的毒品，要么是假币，事实上是毒品。甲对于持有假币、毒品均存在故意，因此，不存在事实认识错误，直接认定为非法持有毒品罪即可。

[例3] 甲举枪射击乙，打中了乙及其附近的丙，导致乙、丙二人死亡。具体符合说认为，甲对丙的死亡属于方法错误，甲对乙成立故意杀人罪既遂，对丙成立过失致人死亡罪，属于想象竞合犯。法定符

合说认为，甲对丙的死亡属于方法错误，甲对乙成立故意杀人罪既遂，对丙成立故意杀人罪既遂，属于想象竞合犯。

[例4] 甲冒充家电维修人员，想把王某家的冰箱骗到手。某日，甲来到王某家，开门的是王某家的保姆余某。甲误把保姆余某当成王某，说家电搞活动正在以旧换新，余某以为甲事前跟王某商量好了，就把冰箱给了甲。甲的主观认识是"诈骗"被害人王某，客观事实是通过"诈骗"余某最终使被害人王某受害，主客观不一致，属于因果关系错误、对象错误，均不影响故意的认定，甲构成诈骗罪既遂。

[例5] 甲以杀人故意对丙实施暴力，丙休克后，甲以为丙已经死亡，让乙将丙扔至水中，实际上丙是溺死于水中。甲属于事前的故意，通说观点（合并说）认为，应承担故意杀人既遂的责任；乙的行为同时触犯过失致人死亡罪与帮助毁灭证据罪，想象竞合。

[例6] 甲和乙共谋抢劫丙钱财，由乙联络丙，约到指定地点，但甲如约到了现场而乙没到，甲决定独立实施抢劫，利用事先准备好的凶器猛砸丙头部，致丙倒地。正当甲准备拿丙的财物时，乙出现和甲一起搜出财物2万元。两人各分1万元后，乙提前离开，甲误以为丙已死，便将丙扔入水库，事后查明丙是被水溺死，之前丙重伤昏迷而已。甲属于事前故意，按照通说观点，应承担抢劫致人死亡的责任，同时乙对于丙的死亡亦承担抢劫致人死亡的责任。但若采取"区分说"，认为甲构成抢劫致人重伤与过失致人死亡，数罪并罚。那么，乙只承担抢劫致人重伤的责任，因

为此时，甲的异常的抛尸行为中断了基本的抢劫行为与丙的死亡结果之间的因果关系。

[例7] 甲想杀死乙，刚在乙手上割了一个小口子后，乙大呼"救命"，甲因此逃离现场，但由于乙患有血友病，流血不止而死亡。甲的行为属于结果的提前实现，甲的行为与乙的死亡之间存在"没有前者就没有后者"的条件关系。如果认为甲割一个小口子的行为属于对既遂具有故意的实行行为，则成立故意杀人罪既遂。如果认为甲割一个小口子的行为不属于对既遂具有故意的实行行为，因为甲致使乙轻伤的行为不具有类型化导致他人死亡的危险，则成立故意杀人罪未遂与过失致人死亡的想象竞合犯。

[例8] 甲买了毒药，准备对乙投毒杀之。在甲上厕所之际，同事丙前来串门，误以为是饮料，饮下中毒而亡。甲构成故意杀人罪的预备（针对乙）与过失致人死亡罪（针对丙），想象竞合犯，择一重罪论处。注意此情形并非结果的提前实现，也非对象错误。

[例9] 乙欺骗甲说："这个包裹里面是我盗窃来的枪支，你替我保存起来吧！"甲信以为真，不久，公安机关查获乙的犯罪行为，找到甲打开包裹，发现里面是大量毒品。甲误以为持有的是枪支，事实上是毒品的，属于抽象的事实认识错误，主客观相统一，貌似只能认定为无罪，但是本案中，甲至少知道该财物属于乙的犯罪所得，主客观相统一，可成立掩饰、隐瞒犯罪所得罪。

[例10] 甲在长途客车的行李架上将

乙的包裹偷偷拿走。回到住处发现，里面不仅有现金 5000 元，而且有几包毒品和一把枪支。甲对现金没有认识错误，构成盗窃罪；对毒品存在具体的事实认识错误（对象错误），亦构成盗窃罪；对枪支存在抽象的事实认识错误，主客观相统一，亦构成盗窃罪；事后持有毒品、枪支的行为，另构成非法持有毒品罪、非法持有枪支罪。

4. 各种责任要件的区分

行为人有没有认识到危害结果可能发生	有	故　　意	行为人想不想让危害结果发生	想：直接故意
				无所谓：间接故意
		过于自信的过失		不想：过于自信的过失
	无	疏忽大意的过失	行为人该不该认识到危害结果发生	应该：疏忽大意的过失
		意外事件		不应该：意外事件

▶ 命题展望

1. 对于责任要件故意来讲，要格外注意对事实认识错误与分则具体罪名的结合考查，尤其是开放式命题，一定要掌握透彻。比如，2019 年的案例分析题，将抢劫罪与事前故意结合考查。

2. 通常情况来讲，责任要件会贯穿于整个考试内容，往往蕴含在具体的案件事实中，从案件信息中也比较容易判断具体行为人的故意与过失。

3. 如果案例中出现了不太容易判断行为人的责任要件时，会结合分则的某个罪名来进行"开放式讨论"。比如，2017 年的案例分析题，将非法拘禁罪中"使用暴力致人伤残、死亡"的处理与在非法拘禁中"故意伤害、故意杀人"的处理进行分别作答。

重 点 法 条 ② ▶ 刑事责任能力

第 17 条 [刑事责任年龄] 已满 16 周岁的人犯罪，应当负刑事责任。

已满 14 周岁不满 16 周岁的人，犯故意杀人、故意伤害致人重伤或者死亡、强奸、抢劫、贩卖毒品、放火、爆炸、投毒罪的，应当负刑事责任。

已满 14 周岁不满 18 周岁的人犯罪，应当从轻或者减轻处罚。

因不满 16 周岁不予刑事处罚的，责令他的家长或者监护人加以管教；在必要的时候，也可以由政府收容教养。

第 17 条之一 [减轻刑事责任年龄] 已满 75 周岁的人故意犯罪的，可以从轻或者减轻处罚；过失犯罪的，应当从轻或者减轻处罚。

第 18 条 [特殊人员的刑事责任能力] 精神病人在不能辨认或者不能控制自己行为的时候造成危害结果，经法定程序鉴定确认的，不负刑事责任，但是应当责令他的家属或者监护人严加看管和医疗；在必要的时候，由政府强制医疗。

间歇性的精神病人在精神正常的时候

犯罪，应当负刑事责任。

尚未完全丧失辨认或者控制自己行为能力的精神病人犯罪的，应当负刑事责任，但是可以从轻或者减轻处罚。

醉酒的人犯罪，应当负刑事责任。

第 19 条 ［又聋又哑的人或盲人犯罪的刑事责任］　又聋又哑的人或者盲人犯罪，可以从轻、减轻或者免除处罚。

◤考点剖析

1. 已满 14 周岁不满 16 周岁的人只要实施了八种行为即可，所定的罪名也仅为八种罪名，即故意杀人罪、故意伤害罪、强奸罪、抢劫罪、贩卖毒品罪、放火罪、爆炸罪、投放危险物质罪。但各行为宜限于正犯（包括共同正犯与间接正犯）以及应以主犯论处的教唆犯，而不宜包括帮助犯。

2. 其中的"抢劫"不包括《刑法》第 269 条所规定的事后转化型抢劫罪。因为司法解释规定，已满 14 周岁不满 16 周岁的人犯盗窃、诈骗、抢夺罪，为窝藏赃物、抗拒抓捕或者毁灭罪证，当场使用暴力，故意伤害致人重伤或者死亡，或者故意杀人的，应当分别以故意伤害罪或者故意杀人罪定罪处罚。

3. 我们坚持"行为"与责任同时存在，而非"结果"与责任同时存在，其特殊情形即是"原因自由行为"。

重点法条 3 ▶ 正当防卫与紧急避险

☞ **第 20 条** ［正当防卫］　为了使国家、公共利益、本人或者他人的人身、财产和其他权利免受正在进行的不法侵害，而采

［例 1］　甲在 14 周岁生日当晚故意砍杀张某，后心生悔意将其送往医院抢救，张某仍于次日死亡。根据行为与责任同时存在原则，"甲在 14 周岁生日当晚故意砍杀张某"时不具有刑事责任能力，因此，不应追究甲的刑事责任。

［例 2］　甲在不满 14 周岁时安放定时炸弹，炸弹于甲已满 14 周岁后爆炸，导致多人伤亡。根据行为与责任同时存在原则，甲在已满 14 周岁之后有拆除炸弹的义务，甲成立不作为的爆炸罪。

［例 3］　甲在不满 16 周岁时敲诈勒索乙，乙于甲已满 16 周岁后给予甲财物。根据行为与责任同时存在原则，甲不成立敲诈勒索罪，但是事后不返还财物的，成立侵占罪。

［例 4］　甲从不饮酒，某次饮少量白酒后出现了病理性醉酒，并在幻觉状态下将素来有仇的邻居乙砍死。醉酒是酒精中毒的俗称，分为生理性醉酒与病理性醉酒两种情况。病理性醉酒属于精神病状态，根据行为与责任同时存在原则，甲不应负刑事责任。

◤命题展望

刑事责任能力虽然尚未在之前的主观题考试中直接考查过，但是今年不排除会直接考查。

取的制止不法侵害的行为，对不法侵害人造成损害的，属于正当防卫，不负刑事责任。

正当防卫明显超过必要限度造成**重大损害**的，应当负刑事责任，但是**应当减轻或者免除处罚**。

对**正在进行**行凶、杀人、抢劫、强奸、绑架以及其他严重危及人身安全的暴力犯罪，采取防卫行为，**造成不法侵害人伤亡的，不属于防卫过当，不负刑事责任**。

☞ **第21条** [紧急避险] 为了使国家、公共利益、本人或者他人的人身、财产和其他权利免受**正在发生的**危险，不得已采取的紧急避险行为，造成损害的，不负刑事责任。

紧急避险超过必要限度造成不应有的损害的，应当负刑事责任，但是**应当减轻或者免除处罚**。

第1款中关于避免本人危险的规定，**不适用于职务上、业务上负有特定责任的人**。

📘 **真题链接**

2013/4/2（2）；2008（延）/4/2（1）（《刑法》第20条）

2002/4/2（《刑法》第21条）

📘 **考点剖析**

1. 正当防卫中的不法侵害必须是"正在进行"，否则可能成立紧急避险。但是对正在进行的不法侵害的判断也不要用"上帝的眼光"。

[例1] 乙要出门前往丙家杀丙，甲在别无他法的情况下，将乙反锁在屋内。这种场合无法认定丙的生命已经面临紧迫的不法侵害，甲拘禁乙的行为不能构成正当防卫。但是在别无他法的情况下，如果甲不将乙反锁在屋内，丙就会面临被杀死的极大危险，故可以认定丙已经面临危险，

因而可以考虑认定甲成立紧急避险（防御型紧急避险）。

[例2] 乙持铁棒对甲实施不法侵害，甲为了保护自己而持刀砍乙，在乙受伤倒地后，甲继续用刀砍乙，导致乙死亡。由于甲的防卫行为样态、行为意思具有连续性与同一性，宜认定为一体化的防卫行为，但由于造成了不应有的损害，应认定为防卫过当（量的防卫过当，而非事后防卫），而不能认定为独立的普通故意杀人罪。

2. 现实的不法侵害

（1）一般（除传统刑法）认为，未达到法定刑事责任年龄、不具有责任能力的人的侵害行为，属于不法侵害，可以对之实施正当防卫。

（2）正当防卫、紧急避险的行为不属于不法侵害，所以对正当防卫、紧急避险本身不能进行正当防卫。故意对正当防卫反击的行为属于故意侵害行为，对紧急避险反击的行为属于紧急避险（或者阻却责任的紧急避险）。

[例3] 乙在光线不好的车库倒车时，未料车底下有一个小孩，对此乙没有也不可能注意到，在此紧急时刻，甲见状急忙制止乙的驾驶行为，导致乙受伤。请分析甲的行为定性。

[观点一] 甲的行为成立紧急避险。行为无价值论者认为只有具有故意、过失心理的行为才可能属于违法行为，而意外事件不属于不法侵害行为，对属于意外事件的行为不能进行正当防卫，但可能进行紧急避险。

[观点二] 甲的行为成立正当防卫。

结果无价值论者认为没有故意或过失的侵害行为，即使是意外事件，也属于不法侵害，可以对之实施正当防卫。

3. 假想防卫是指现实中不存在不法侵害，行为人误以为存在危险，并实施防卫行为。

（1）假想防卫属于事实认识错误，不成立故意犯罪。行为人故意针对合法行为进行反击的，不是假想防卫，成立相应的故意犯罪。假想避险是指不存在面临的现实危险，行为人误以为存在危险，并实施避险行为。对于假想避险，适用假想防卫的处理原则。

（2）处理方法：有过失的，成立过失犯罪；无过失的，成立意外事件。

4. 偶然防卫与偶然避险

（1）偶然防卫是指行为人故意或者过失实施侵害他人法益的行为，客观上起到了正当防卫的效果。"为了使国家、公共利益、本人或者他人的人身、财产和其他权利免受正在进行的不法侵害……"如果主张其属于主观目的，则成立正当防卫要求防卫意识（防卫意识必要说）；如果主张其属于客观事实，即表达原因，则成立正当防卫不要求防卫意识（防卫意识不要说）。

[例4] 甲故意枪击乙时，乙刚好在瞄准丙欲实施故意杀人行为，但甲对乙的行为不知情。甲开枪打死乙，救了无辜的丙。

[观点一] 传统刑法认为成立正当防卫需要防卫认识（甲无防卫认识），同时甲实施了故意杀人罪的行为，因此上述偶然防卫情形构成故意杀人罪既遂。

[观点二] 行为无价值论认为成立正当防卫需要防卫认识（甲无防卫认识），

无需防卫意志，虽然甲的行为结果保护了另外一个法益，但是行为本身是值得处罚的，因此上述偶然防卫情形构成故意杀人罪未遂。

[观点三] 根据结果无价值论，成立正当防卫不需要防卫意识，由于偶然防卫行为所造成的结果，在客观上被法律所允许，而且事实上保护了另一种法益，不成立犯罪，属于正当防卫。

（2）偶然避险是指行为人没有避险意识，其故意或者过失实施的侵害行为客观上起到了紧急避险的效果。偶然避险与偶然防卫的处理原则相同。

5. 防卫过当与避险过当

（1）防卫过当是指正当防卫明显超过必要限度造成了重大损害，行为人应当负刑事责任，但是应当减轻或者免除处罚。正当防卫所造成的侵害可以小于、等于、适当大于不法侵害行为所造成的损害。同时，防卫过当是防卫行为与造成的过当结果相结合构成的犯罪，而非过当结果本身单独成立的犯罪。防卫过当不是独立的罪名，一般认为是过失行为，在有的情况下是故意犯罪。

（2）避险过当是指紧急避险超过必要限度造成了不应有的损害，行为人应当负刑事责任，但是应当减轻或者免除处罚。注意：即使造成的损害小于所避免的损害，也应将损害控制在最小的范围。此外，不得已损害同等法益的，也不一定超过了必要限度，这种行为充其量只能认定为没有实质意义。

6. 紧急避险的分类：紧急避险可以分为防御型紧急避险与攻击型紧急避险，前者是指针对危险源实施的避险行为（如杀害正在袭击人的野生动物，或者伤害无故意或过失的侵害者），后者是指针对与危险源无关的第三者的法益实施的避险行为。

7. 对生命的紧急避险：对于生命的紧急避险，大多具有违法性，无辜的第三者仍然可以进行防卫，在符合紧急避险其他条件的情况下，只能认为避险者没有责任，即作为阻却责任的紧急避险处理（缺乏期待可能性）。比如，甲与乙遇到海难，二人同时抓住了一块木板，但该木板仅能承受一人。甲为了自己不死亡而将乙推开，导致乙溺水身亡的，行为具有违法性，但由于缺乏期待可能性，成立具有阻却责任的紧急避险。

8. 关于避免本人危险的规定，不适用于职务上、业务上负有特定责任的人。

[**例5**] 执勤的人民警察在面临罪犯对自己的重大侵害时，不得已进入居民房屋以躲避的，不属于阻却违法的紧急避险，但可成立阻却责任的紧急避险（缺乏期待可能性）。

[**例6**] 发生火灾时，消防人员为了避免火灾对本人的生命危险而将附近路人踩成轻伤的，不属于阻却违法的紧急避险，但可成立阻却责任的紧急避险（缺乏期待可能性）。

命题展望

1. 主观题对于违法阻却事由的考查着重在对处理结论的分析判断，注意结合具体案件事实。

2. 正当防卫与紧急避险的比较

	正当防卫	紧急避险
起因条件	人的不法侵害	危险来源多样：包括自然力破坏、动物侵袭、人生理病理造成的危险以及人所实施的违法犯罪行为
时间条件	不法侵害"正在进行"，即犯罪行为已经着手实施，且尚未结束，具有现实紧迫性	"危险正在发生"，即危险已经出现并对一定的法益形成现实的迫在眉睫的威胁，行为人必须立即采取避险措施，不得已而为之，但比正当防卫更缓和
对象条件	不法侵害者本人	通常是针对无辜的第三人的合法权益，但是有特殊情况（防御型紧急避险）
限度条件	可以等于或者大于不法侵害可能造成的损害，只要不过于悬殊	所造成的损害必须小于或等于所避免的损害
主体条件	行为主体在范围上无特殊限制	紧急避险中避免本人危险的主体不包括职务、业务上负有特定责任的人

[**例7**] 二宝故意伤害大宝，大宝情急之下将三宝的花瓶（价值较大）拿起反击二宝，导致花瓶毁损。大宝对二宝成立正当防卫，对三宝成立紧急避险，想象竞

合，优先认定为正当防卫。

[例8] 乙侵害甲，甲为了反击向乙投掷石块，但没有击中乙而击中丙，使丙受伤，或者在击中乙的同时也击中丙，使丙受伤。甲的行为针对乙而言，无疑是正当防卫。

对丙的伤害而言：

[观点一] 甲的行为成立假想防卫。因为丙没有实施不法侵害，但甲的防卫行为导致了丙的伤害结果，所以应视为一种假想防卫，阻却故意责任。但在甲（职务上、业务上负有特定责任的人除外）"不得已"实施防卫行为的情况下，对丙的伤害属于紧急避险。

[观点二] 甲导致丙受伤的行为成立正当防卫，因为甲的行为的正当性并不因为导致第三者丙的受伤结果而丧失。

[观点三] 甲导致丙受伤的行为成立紧急避险，因为甲在遭受生命危险时，不得已将风险转嫁给第三者丙。

[观点四] 甲导致丙受伤的行为缺乏期待可能性，因为甲在遭受生命威胁的紧急危险时，不能期待甲不侵害他人的权利，故即使认为甲的行为具有违法性，也可以因缺乏期待可能性而阻却责任。

[例9] 李四非法将王五所有的珍贵花瓶砸向张三的头部，欲伤害张三。张三用手挡开花瓶，导致花瓶破碎毁损。但是飞溅的碎片将正好路过现场的钱六的眼睛刺成重伤。张三的行为对李四成立正当防卫，对王五成立紧急避险。对于钱六的重伤，张三的行为可以认为系假想防卫（其中一种观点），成立过失致人重伤罪或者意外事件。同时，根据因果关系的原理，可以将花瓶毁损的结果、钱六受重伤的结果归属于李四的行为，李四的行为成立故意伤害罪（存在打击错误，对张三伤害未遂、对钱六伤害既遂）与故意毁坏财物罪，想象竞合，择一重罪处罚。

[例10] 如果火车正常行驶会导致铁轨上的五个小孩死亡，为了避免这一结果，司机转向另一条铁轨，导致一个小孩死亡，成立阻却责任的紧急避险。（因为缺乏期待可能性）

重点法条④ ▶ 犯罪未完成形态

第22条 [犯罪预备] 为了犯罪，准备工具、制造条件的，是犯罪预备。

对于预备犯，可以比照既遂犯从轻、减轻处罚或者免除处罚。

☞ **第23条** [犯罪未遂] 已经着手实行犯罪，由于犯罪分子意志以外的原因而未得逞的，是犯罪未遂。

对于未遂犯，可以比照既遂犯从轻或者减轻处罚。

☞ **第24条** [犯罪中止] 在犯罪过程中，自动放弃犯罪或者自动有效地防止犯罪结果发生的，是犯罪中止。

对于中止犯，没有造成损害的，应当免除处罚；造成损害的，应当减轻处罚。

▶ 真题链接

2017/4/2；2016/4/2(3)(4)；2011/4/2(4)；2010/4/2(2)；2008/4/2(3)（《刑法》

第23条）

2015/4/2；2003/4/1（《刑法》第24条）

2004/4/6（《刑法》第23、24条）

📑 考点剖析

1. "能而不欲"是中止，"欲而不能"是未遂，均采主观说。

[例1] 大宝欲投毒杀害妻子虎妞，虎妞服下毒药后乞求大宝送自己去医院，大宝念及夫妻感情开车送虎妞到医院，送到医院后医生告知该毒药为假药，不可能对虎妞造成任何损害。大宝成立故意杀人罪的犯罪中止（未造成损害）。

[例2] 大宝在大街上行走发现前方有一婀娜女子，遂上前欲强奸，正在拉衣扯裤、抠摸啃咬之际发现是自己的表妹，遂放弃落荒而逃。大宝成立强奸罪的未遂。

2. 犯罪预备只存在于犯罪的预备阶段，所以，对实行行为着手的判断至关重要。侵害法益的危险达到紧迫程度时，才是着手。至于某种行为是否具有侵害法益的紧迫危险，应以行为时存在的所有客观事实为基础，并对客观事实进行一定程度的抽象，同时站在行为时的立场，原则上按照客观的因果关系法则进行判断。

3. 不能犯与未遂犯的异同

（1）二者的相似点是都有犯罪故意，都没有得逞。

（2）区别在于：法律效果不同。对不能犯是无罪处理；而未遂犯构成犯罪，只是未遂而已。

（3）具体区分标准：行为是否具有法益侵害的危险性。如果有，就是未遂犯；如果没有，就是不能犯。

4. 犯罪中止行为的有效性

（1）犯罪中止不要求中止行为与犯罪既遂未实现之间存在因果关系，只要行为人实施了中止行为，侵害结果也没有出现，不管是否是因为行为人的"努力"，都成立犯罪中止。

[例3] 大宝欲投毒杀害妻子虎妞，虎妞服下毒药后乞求大宝送自己去医院，大宝念及夫妻感情开车送虎妞到医院，送到医院后医院告知该毒药很危险，要不是张医生医术高超，根本抢救不过来。大宝成立故意杀人罪的犯罪中止（未造成损害）。

（2）足以防止结果发生的中止行为独立地导致了原犯罪的侵害结果发生时，如果应将侵害结果归责于该中止行为，则不妨碍原犯罪成立犯罪中止。

[例4] 大宝欲投毒杀害妻子虎妞，虎妞服下毒药后乞求大宝送自己去医院，大宝念及夫妻感情开车送虎妞到医院，途中由于车速过快导致车祸发生撞死了虎妞。大宝成立故意杀人罪的犯罪中止，另成立交通肇事罪，数罪并罚。

5. 中止犯中"造成损害"的行为只能是中止行为之前的犯罪行为。

（1）"损害"仅限于行为造成的实害，不包括行为造成的危险。

（2）只有当行为符合了某种重罪的中止的成立条件，同时又构成了某种轻罪的既遂犯时，才能认定为中止犯中的"造成损害"。

[例5] 大宝使用暴力强奸妇女虎妞，在奸淫之前实施了猥亵行为，后来放弃奸淫行为的，大宝应当认定为成立强奸罪中

止的"造成损害"。

[例6] 大宝实施故意杀人行为导致被害人重伤后顿生悔悟，正要将被害人送往医院抢救时，路经此地的小宝却使用暴力阻止大宝的抢救行为，导致大宝未能完成抢救行为，致使被害人死亡。大宝属于故意杀人罪中止的"造成损害"，小宝成立故意杀人罪。

[例7] 大宝向被害人的食物投放了毒药，被害人疼痛难忍，没有取得驾驶证的大宝顿生悔意，立即开车将被害人送往医院，但途中过失导致汽车撞向电线杆，使被害人身受重伤，被害人被送往医院后，经抢救脱险。大宝属于故意杀人罪中止的"未造成损害"，另成立交通肇事罪，数罪并罚。

6. 犯罪中止、犯罪未遂不是仅针对某一个罪名而言，而是可能针对同一罪名的加重类型（情节加重、结果加重）、结合犯而言的。至于单纯的量刑规则是否存在未遂、中止则有不同观点。

[例8] 大宝于某日傍晚在公园对虎妞实施暴力，并打算在公园当中奸淫虎妞，在暴力压制虎妞的反抗后（仅造成轻微伤），虎妞恳求大宝不要在公园当众奸淫自己，于是，大宝主动将虎妞挟持到无人发现的附近地下室内奸淫了虎妞。大宝成立基本犯的既遂，情节加重犯的中止（未造成损害，而免除处罚），最终择一重以强

奸罪基本犯既遂论处。

[例9] 大宝为抢劫财物而故意杀人，但由于主观意志以外的原因未能取得财物，同时也没有导致被害人死亡的，也要适用抢劫致人死亡的法定刑，但同时适用未遂犯的规定（抢劫罪基本犯未遂），也同时触犯故意杀人罪未遂与抢劫致人死亡未遂（结果加重犯未遂、基本犯未遂），属于想象竞合犯。

[例10] 大宝实施敲诈勒索行为，意图勒索他人财物 500 万元，但仅获得了 1 万元。

[观点一]（1）如果认为量刑规则存在未遂，大宝应当认定为敲诈勒索罪数额特别巨大的法定刑（10 年以上），同时适用总则关于未遂的规定。

[观点二] 如果认为量刑规则不存在未遂，大宝只能认定为普通敲诈勒索罪既遂（3 年以下）。

▶ 命题展望

1. 就主观题而言，犯罪未遂、犯罪中止、犯罪预备容易和刑法分则具体罪名、共同犯罪结合在一起考查，同时也要注意与事实认识错误的不同观点相结合。

2. 注意间接目的犯的既遂问题（容易考查其与中止、未遂的区分），如绑架罪，拐卖妇女、儿童罪，挪用公款罪，走私淫秽物品罪。

重点法条 5 ▶ 共同犯罪

☞第25条 [共同犯罪的概念] 共同犯罪是指 2 人以上共同故意犯罪。

2 人以上共同过失犯罪，不以共同犯罪论处；应当负刑事责任的，按照他们所

犯的罪分别处罚。

☞**第 26 条** ［主犯］ 组织、领导犯罪集团进行犯罪活动的或者在共同犯罪中起主要作用的，是主犯。

［犯罪集团］ 3 人以上为共同实施犯罪而组成的较为固定的犯罪组织，是犯罪集团。

对组织、领导犯罪集团的首要分子，按照集团所犯的全部罪行处罚。

对于第 3 款规定以外的主犯，应当按照其所参与的或者组织、指挥的全部犯罪处罚。

第 27 条 ［从犯］ 在共同犯罪中起次要或者辅助作用的，是从犯。

对于从犯，应当从轻、减轻处罚或者免除处罚。

☞**第 29 条** ［教唆犯］ 教唆他人犯罪的，应当按照他在共同犯罪中所起的作用处罚。教唆不满 18 周岁的人犯罪的，应当从重处罚。

如果被教唆的人没有犯被教唆的罪，对于教唆犯，可以从轻或者减轻处罚。

▶ 真题链接

2019/主；2018/主（《刑法》第25、26条）

2017/4/2；2016/4/2；2015/4/2；2014/4/2；2009/4/2；2008/4/2(6)；2007/4/2(3)；2005/4/2；2004/4/6；2003/4/1(《刑法》第25条)

2012/4/2(2)~(4)(《刑法》第25、29条)

▶ 考点剖析

1. 共同犯罪是违法形态，共同犯罪中的"犯罪"首先是指违法层面意义上的犯罪。而完全意义上的犯罪包含符合构成要件的违法与责任两个层面，所以，对共同犯罪应当采取行为共同说（采取部分犯罪共同说也正确）。换言之，共同犯罪是指数人共同实施了《刑法》上的违法行为，而不是共同实施了特定的犯罪。所以，我们一直坚持在共同犯罪中：违法是连带的，责任是个别的。

2. "共同故意"是指各共犯人对于实施共同犯罪具有意思联络，单方面的意思联络可以成立"片面的共同犯罪"。同时也可以将其解释为共同"有意识地"犯罪，因此就可以包含过失的共同正犯（根据《刑法》第 25 条的规定，可以共同犯罪"论"，但是分别处罚），但排除过失的教唆和过失的帮助。

【注意】无论部分犯罪共同说还是行为共同说均坚持"违法是连带的，责任是个别的"，但是行为共同说将《刑法》第25 条第 1 款中的"共同故意"解释为"共同有意识"，那么，就可能导致实行犯是"过失"的情况下，仍然成立共犯；部分犯罪共同说坚持共犯中帮助犯、教唆犯、实行犯必须是"故意"，而且至少各共犯人之间的"故意"具有包容关系即"部分共同"，从而减少了共犯的存在空间。

3. 共犯的处罚根据——因果共犯论：共犯处罚的根据是各共犯人"惹起"了法益侵害。实行犯是单独惹起或者共同惹起；教唆犯、帮助犯是间接惹起。各共犯人的行为作为一个整体与最终的危害结果之间具有物理的或者心理的因果关系。即各共犯人的行为都对最终危害结果有因果力。如果没有因果力，则不成立共犯或者脱离共犯。

[例1] 甲、乙上山去打猎，在一茅屋旁的草丛中，见有动静，以为是兔子，于是一起开枪，不料将在此玩耍的小孩打死。在小孩身上，只有一个弹孔，甲、乙所使用的枪支、弹药型号完全一样，无法区分到底是谁所为。若采部分犯罪共同说，甲、乙均无罪。若采行为共同说，承认过失的共同正犯，那么甲、乙构成过失致人死亡罪的共同犯罪，但是分别处罚。

[例2] 甲、乙应当预见但没有预见山下有人，共同推下山上一块石头砸死丙。无论采用何种学说，是否认定甲、乙成立共同过失犯罪，均能对甲、乙以过失致人死亡罪论处。

[例3] 甲晨练中不小心撞倒丙，以为丙已死，遂"埋尸"。甲电话联系好友乙，来帮忙"埋尸"。乙来后，见甲在一旁抽烟，遂看了一眼丙，发现丙尚有气息，但是为了不惹麻烦，遂催促甲赶紧一起埋掉丙。事后查明，丙死于窒息。无论采用何种学说，是否承认甲、乙成立共犯，甲均构成过失致人死亡罪，乙均构成故意杀人罪的直接正犯。

[例4] 甲欺骗乙："丙要杀我，与我一起反击吧！"乙信以为真，共同殴打丙，丙死亡，但是无法查清身上的致命伤是谁导致的。若采部分犯罪共同说，甲、乙不构成共同犯罪，甲构成故意杀人罪未遂、乙无罪。若采行为共同说，甲、乙构成共同犯罪，甲构成故意杀人罪既遂、乙构成过失致人死亡罪。

4. 共犯的从属性说是指狭义共犯（教唆犯、帮助犯）的成立以实行犯存在为前提（同时采限制从属说，即违法性层面从属即可）。同时需要注意的是，即使根据共犯从属性理论，在处罚犯罪预备的情况下，当被教唆者、被帮助者实施了预备行为，教唆者、帮助者也可成立预备犯。

[例5] 甲教唆17岁的乙抢夺他人手机，乙在抢夺得手后，为抗拒抓捕将追赶来的被害人打成重伤。基于"违法连带，责任个别"的原则，甲与乙之间构成共同犯罪，犯罪数额一样。甲某构成抢夺罪的教唆犯；乙构成事后抢劫。对甲教唆乙犯罪的行为应当从重处罚。

[例6] 甲欲杀丙，假意与乙商议去丙家"盗窃"，由乙在室外望风，乙照办。甲进入丙家将丙杀害，出来后骗乙说未窃得财物。乙信以为真，悻然离去。对甲应以故意杀人罪论处（吸收非法侵入住宅罪），对乙以非法侵入住宅罪论处（同时属于盗窃罪的帮助犯未遂，不可罚）。

5. 间接正犯是指利用他人作为犯罪工具来实施犯罪，自己不参与实行行为（即犯罪事实支配）。

（1）从法益侵害的角度来讲，对侵害结果或者危险结果的发生起支配作用的，就是正犯。

（2）行为人自己直接实施符合构成要件的行为造成法益侵害、危险结果的，就是直接正犯。通过支配他人的行为造成法益侵害、危险结果的，就是间接正犯。

（3）根据行为共同说，间接正犯的成立并不意味着对共同犯罪的否定（2017年已经考过客观题亦坚持了这一观点）。

6. 共犯按照分工可以分为：帮助犯、教唆犯、实行犯。按照作用大小可以分为：主犯、从犯、胁从犯。

[例7] 乙被毒蛇咬伤胳膊，医生甲欺骗乙："已中毒，无药可救，不久会全身溃烂而死，不如自我了断！"乙万念俱灰，自杀。甲成立故意杀人罪的间接正犯。

[例8] 乙被毒蛇咬伤胳膊，医生甲欺骗乙："已中毒，无药可救，不久会全身溃烂而死！"乙万念俱灰，请求甲让自己舒服地死去，甲遂用毒药杀死乙。乙的承诺无效，甲成立故意杀人罪的直接正犯。

[例9] 乙被毒蛇咬伤胳膊，医生甲欺骗乙："已中毒，无药可救，不如断臂自救，否则不久会全身溃烂而死！"乙万念俱灰，断臂"自救"。甲成立故意伤害罪的间接正犯。

[例10] 乙被毒蛇咬伤胳膊，医生甲欺骗乙："已中毒，无药可救，不如断臂自救，否则不久会全身溃烂而死！"乙万念俱灰，请求甲帮自己"断臂自救"。乙的承诺无效，甲成立故意伤害罪的直接正犯。

[例11] [土药案] 医生甲对护士乙说："丙是坏人，你将这个毒药递给他喝。"乙却听成了"丙是病人，你将这个土药递给他喝"，于是将毒药递给丙，丙喝下毒药后死亡。甲主观上欲教唆，客观上起到支配作用，主客观相统一，甲构成故意杀人罪的教唆犯；乙构成过失致人死亡罪的实行犯。

[例12] 医生甲对护士乙说："丙是坏人，弄点毒药递给他喝。"乙哼了一声，说："原来兄弟与我同感，早准备好咧，等会就递给他喝。"于是将毒药递给丙，丙喝下毒药后死亡。甲主观上欲教唆，客观上起到强化法益侵害的作用，主客观相统一，甲构成故意杀人罪的帮助犯；乙构成故意杀人罪的实行犯。

[例13] 医生甲欺骗护士乙说："丙是病人，你将这个'土药'递给他喝。"护士乙信以为真，将毒药递给丙，丙喝下毒药后死亡。甲主观上欲支配乙，客观上亦起到支配作用，主客观相统一，甲构成故意杀人罪的间接正犯；乙构成过失致人死亡罪的实行犯。

[例14] 医生甲欺骗护士乙说："丙是病人，你将这个'土药'递给他喝。"护士乙检查发现是毒药，仍然递给丙，丙喝下毒药后死亡。甲主观上欲支配乙，客观上起到教唆、引起的作用，主客观相统一，甲构成故意杀人罪的教唆犯；乙构成故意杀人罪的实行犯。

7. 片面共犯是指参与同一犯罪的人中，一方认识到自己是在和他人共同犯罪，而另一方没有认识到有他人和自己共同犯罪。

（1）片面共犯仅对知情的一方适用共犯的处罚原则，对不知情的一方不适用共犯的处罚原则。即片面的共同犯罪中，知情的一方与不知情的一方成立共同犯罪，对知情的一方适用共同犯罪的规定。但是，不知情的一方与知情的一方不成立共同犯罪，对不知情的一方不适用共同犯罪的规定。

（2）片面的共犯包括片面的教唆犯、片面的共同正犯、片面的帮助犯，对于片面的教唆犯、片面的共同正犯在理论上存在肯定说与否定说，片面的帮助犯在理论上无争议，均认为存在。

8. 共犯的脱离

种 类 ＼ 阶 段	预备阶段	实行阶段	实行终了阶段
共同正犯	消除预备行为对共同犯罪产生的物理上、心理上的作用	自动放弃，并有效阻止	有效阻止结果发生
教唆犯	有效阻止实行者		
帮助犯	消除帮助作用		

9. 从我国刑法分则的相关规定来看，总的来说，分则条文对帮助犯设置独立法定刑时，存在帮助犯的绝对正犯化（比如，帮助恐怖活动罪）、帮助犯的相对正犯化（比如，协助组织卖淫罪）以及帮助犯的量刑规则正犯化（比如，帮助信息网络犯罪活动罪、《刑法》第244条之一第2款关于协助强迫劳动类型的强迫劳动罪、《刑法》第284条之一第2款关于帮助组织考试作弊类型的组织考试作弊罪）三种情形。

10. 对帮助犯采取限制从属说，只要正犯的行为是符合构成要件的违法行为，即使正犯没有故意，以帮助故意帮助的行为者，也能成立帮助犯。

11. 帮助犯未遂（或称未遂的帮助犯）与未遂犯的帮助犯

（1）帮助犯未遂（或称未遂的帮助犯）是指虽然帮助犯主观上欲帮助实行犯，但是实行犯不可能基于帮助犯的帮助达到既遂，由于客观上不具有法益侵害性，因而不可罚；

（2）未遂犯的帮助犯是指帮助犯不仅主观上欲帮助实行犯，而且实行犯可能基于帮助犯的帮助达到既遂，由于客观上具有法益侵害性，因而是可罚的。

[例15] 甲欲入户盗窃丙的财物，让乙将丙家的钥匙放在自己家楼下的信箱里，乙答应后将丙家的钥匙错放在他人家的信箱里。甲没有发现钥匙，就采用其他方法入户盗窃了丙家的财物。乙成立盗窃罪帮助犯未遂。

[例16] 甲欲盗窃他人汽车，让乙提供了用于盗窃汽车的钥匙，但甲在使用乙提供的钥匙时，却不能打开车门。于是，甲用其他方法盗走了汽车。乙成立盗窃罪未遂的帮助犯。

[例17] 甲欲杀害丙，让乙提供毒药，乙答应并买到毒药。但在送往甲处的路上，毒药被人偷去了。乙成立故意杀人罪的帮助犯未遂。

12. 故意唆使并引起他人实施符合构成要件的违法行为的，是教唆犯。

（1）成立教唆犯，必须有教唆他人实行犯罪的教唆行为。教唆行为人必须有引起他人实施符合构成要件的违法行为的故意，进而使之实行犯罪。行为人故意导致他人实施过失犯罪的，原则上成立间接正犯。

（2）如果采取限制从属性说（共犯的成立以正犯实施符合构成要件的违法行为为条件，不以正犯具备有责任能力为前提），则教唆对象可以是无责任能力的人；

但这里的无责任能力的人，也必须是有一定规范意识的人，如果教唆像幼儿或高度的精神病患者这样的缺乏规范意识的人犯罪，则成立间接正犯。

13. 无论采取何种观点，教唆犯、帮助犯均要求具有教唆的故意、帮助的故意，否则不成立教唆犯、帮助犯。此外，无论在普通的共同犯罪中还是在片面的共犯中，帮助犯、教唆犯、实行犯三者是包容评价关系，而非对立排斥关系，实行犯可以"降格"评价为教唆犯，教唆犯可以"降格"评价为帮助犯。

14. 教唆者教唆他人实施的行为，应当是具有法益侵害性的行为。如果教唆他人实施根本不能既遂（亦没有既遂的危险性）的行为，理论上称之为未遂的教唆（不可罚）。而《刑法》第29条第2款是关于未遂犯的教唆犯的规定。

[例18] 大宝为了试探小宝的胆量，给小宝一把手枪，小宝不知是空枪。大宝让小宝开枪打死不远处的胡某，小宝便开枪。大宝成立故意杀人罪的未遂的教唆犯，不可罚。（未遂的教唆，不可罚）

[例19] 大宝给了小宝一把有子弹的枪，让小宝杀死胡某。小宝开枪，但子弹卡壳。小宝构成故意杀人未遂，大宝构成故意杀人未遂（未遂犯）的教唆犯，并适用《刑法》第29条第2款的规定："如果被教唆的人没有犯被教唆的罪，对于教唆犯，可以从轻或者减轻处罚。"小宝成立故意杀人罪未遂，适用《刑法》第23条第2

款的规定："对于未遂犯，可以比照既遂犯从轻或者减轻处罚。"（未遂犯的教唆犯，可罚）

15. 《刑法》第29条第2款是关于未遂犯的教唆犯的规定，其含义是：被教唆者（实行犯）已经实施了犯罪，只是没有既遂（由于意志以外的原因未得逞即未遂，或者自动放弃犯罪或有效地防止结果发生即中止），则教唆者构成犯罪（教唆犯），可以从轻或者减轻处罚（适用《刑法》第29条第2款之后，不再适用未遂犯的处罚规定）。对于被教唆者犯罪未遂的，适用《刑法》第23条未遂犯的处罚规定。

【注意】 在被教唆的人（实行犯）只是实施了犯罪预备行为的情况下（以处罚犯罪预备为前提），教唆犯与被教唆犯成立共同犯罪，对教唆犯应该按照他在共同犯罪中所起的作用处罚，同时适用总则关于预备犯处罚的规定。

▶ 命题展望

1. 共同犯罪是刑法的基本理论，几乎每年主观题都会考查，所以考生一定要掌握扎实。

2. 共同犯罪在主观题部分不会单独考查，往往会结合分则罪名考查。

3. 在考试的时候，用部分犯罪共同说或者行为共同说均不会错。不考开放式命题时，默认共同犯罪只存在于故意犯罪中，但是平常学习时宜采取行为共同说（因为违法是连带的，而责任是个别的）。

重点法条 6 ▶ 累 犯

第65条 [一般累犯]　被判处有期徒刑以上刑罚的犯罪分子，刑罚执行完毕或者赦免以后，在5年以内再犯应当判处有期徒刑以上刑罚之罪的，是累犯，应当从重处罚，但是过失犯罪和不满18周岁的人犯罪的除外。

前款规定的期限，对于被假释的犯罪分子，从假释期满之日起计算。

第66条 [特别累犯]　危害国家安全犯罪、恐怖活动犯罪、黑社会性质的组织犯罪的犯罪分子，在刑罚执行完毕或者赦免以后，在任何时候再犯上述任一类罪的，都以累犯论处。

▶ 考点剖析

1. 一般累犯的构成条件（同时符合以下四项）

（1）主观条件：前后两罪都是故意犯罪。

注意一些难以发现的过失犯罪：妨害传染病防治罪；传染病菌种、毒种扩散罪；妨害国境卫生检疫罪；为他人提供书号出版淫秽书刊罪；事故类犯罪、失职类的犯罪等都是过失犯罪。

（2）刑度条件：前后两罪都是或者应当是有期徒刑以上刑罚的犯罪。

（3）时间条件：后罪发在前罪的刑罚（主刑）执行完毕或赦免以后5年之内。*

（4）年龄条件：行为主体实施前罪与后罪时，都必须已满18周岁。犯后罪时不满18周岁的，不得认定为累犯；同样，犯前罪时不满18周岁但犯后罪时已满18周

岁的，也不构成累犯。

【注意】

（1）如果前罪因适用假释而执行完毕的，5年的期间应当从假释期满之日起计算而非从假释之日起计算；（假释考验期满原判刑罚视同执行完毕）

（2）缓刑考验期内再次犯罪的，或者缓刑考验期满再次犯罪的，不成立累犯。（因为累犯要求前罪刑罚执行完毕或者赦免，而缓刑是原判刑罚暂不执行，缓刑考验期满后，原判刑罚不再执行）

2. 特别累犯的成立条件

（1）前罪与后罪均是危害国家安全犯罪、恐怖活动犯罪、黑社会性质的组织犯罪之一。

❶危害国家安全犯罪包括刑法分则第一章危害国家安全罪的所有罪名；

❷恐怖活动犯罪不仅包括组织、领导、参加恐怖组织罪，帮助恐怖活动罪，而且包括恐怖组织实施的各种犯罪；

❸黑社会性质的组织犯罪不仅包括组织、领导、参加黑社会性质组织罪，入境发展黑社会组织罪，包庇、纵容黑社会性质组织罪，而且包括黑社会性质组织实施的各种犯罪。

（2）时间及刑度都没有特别要求。在刑罚执行完毕或者赦免以后，在任何时候再犯上述任一类罪的，都以累犯论处。

————————

* 时间的限度应当是以后罪的犯罪时间为准，而不是以审判的时间为标准。

3. 几个重要问题

（1）前罪必须被判处了刑罚。前罪被免刑或者被判处缓刑的都不成立累犯。（累犯之所以要从重处罚，是因为罪犯在监狱里服刑时经过监狱干警的一番教导之后仍然要实施犯罪行为，枉费干警的一番苦心，因此，应该从重处罚）

（2）前罪刑罚执行完毕是指主刑执行完毕，不要求附加刑执行完毕。（主刑执行完毕后，再次犯罪的，可能成立累犯；前罪没有执行完毕的附加刑与后罪的刑罚并罚）

4. 累犯的法律后果

（1）应当从重处罚；

（2）不能适用缓刑；

（3）不能适用假释。

5. 特别再犯规定

《刑法》第 356 条规定，因走私、贩卖、运输、制造、非法持有毒品罪被判过刑，又犯本节（走私、贩卖、运输、制造毒品罪）规定之罪的，从重处罚。

（1）对同时构成累犯和毒品再犯的被告人，应当同时引用《刑法》关于累犯和毒品再犯的条款从重处罚。（如果不引用累犯的条款，说明行为人就不是累犯，可以判缓刑、假释，这显然是不合理的）

（2）成立条件

❶ 前罪仅限于五种具体犯罪：走私、贩卖、运输、制造、非法持有毒品罪。

❷ 后罪的范围较广："走私、贩卖、运输、制造毒品罪"中的所有罪名。

❸ 没有时间、刑度的要求。

📭 **命题展望**

1. 甲因盗窃被判处有期徒刑 6 个月，因过失致人死亡被判处有期徒刑 2 年，数罪并罚被决定执行有期徒刑 2 年；甲刑罚执行完毕后经过了 4 年 6 个月时又犯抢劫罪的，应认定为累犯。

2. 甲因盗窃被判处拘役 6 个月，因过失致人死亡被判处有期徒刑 2 年，数罪并罚被决定执行有期徒刑 2 年；甲刑罚执行完毕后经过了 4 年 6 个月时又犯抢劫罪的，不认定为累犯。

3. 甲因故意伤害被判处有期徒刑 3 年，在有期徒刑 3 年执行完毕以后的 5 年内又犯盗窃罪与使用虚假身份证件罪，其中的盗窃罪应当判处有期徒刑 4 年，使用虚假身份证件罪应当判处管制。只能将其中的盗窃罪认定为累犯。

4. 甲因诈骗被判处有期徒刑 3 年，因犯参加黑社会性质组织罪被判处拘役 3 个月，数罪并罚只被执行有期徒刑。甲在有期徒刑 3 年执行完毕后的第 6 年，实施了为境外窃取情报的犯罪行为。甲不成立一般累犯与特别累犯。

重点法条 ⑦ ▶ 自首和立功

☞ **第 67 条** ［自首］ 犯罪以后自动投案，如实供述自己的罪行的，是自首。对于自首的犯罪分子，可以从轻或者减轻处罚。

其中，犯罪较轻的，可以免除处罚。

被采取强制措施的犯罪嫌疑人、被告人和正在服刑的罪犯，如实供述司法机关还未掌握的本人其他罪行的，以自首论。

犯罪嫌疑人虽不具有前两款规定的自首情节，但是如实供述自己罪行的，可以从轻处罚；因其如实供述自己罪行，<u>避免特别严重后果发生的，可以减轻处罚</u>。

☞ **第68条** ［立功］　犯罪分子有揭发他人犯罪行为，查证属实的，或者提供重要线索，从而得以侦破其他案件等<u>立功表现的，可以从轻或者减轻处罚</u>；<u>有重大立功表现的，可以减轻或者免除处罚</u>。

🔖 **关联法条**

1. 《最高人民法院关于处理自首和立功具体应用法律若干问题的解释》《最高人民法院关于处理自首和立功若干具体问题的意见》规定：

（1）自动投案，是指犯罪事实或者犯罪嫌疑人未被司法机关发觉，或者虽被发觉，但犯罪嫌疑人尚未受到讯问、未被采取强制措施时，主动、直接向公安机关、人民检察院或者人民法院投案。

（2）自动投案可以表现为：

❶犯罪嫌疑人向其所在单位、<u>城乡基层组织或者其他有关负责人员投案的</u>；

❷犯罪嫌疑人因病、伤或者为了减轻犯罪后果，<u>委托他人先代为投案，或者先以信电投案的</u>；

☞❸罪行尚未被司法机关发觉，<u>仅因形迹可疑，被有关组织或者司法机关盘问、教育后，主动交代自己的罪行的</u>；

❹犯罪后逃跑，<u>在被通缉、追捕过程中，主动投案的</u>；

❺<u>经查实确已准备去投案，或者正在投案途中，被公安机关捕获的</u>，应当视为自动投案；

❻并非出于犯罪嫌疑人主动，而是<u>经亲友规劝、陪同投案的</u>；

❼公安机关通知犯罪嫌疑人的亲友，或者亲友主动报案后，<u>将犯罪嫌疑人送去投案的，也应当视为自动投案</u>；

❽犯罪后主动报案，虽未表明自己是作案人，<u>但没有逃离现场，在司法机关询问时交代自己罪行的</u>；

❾<u>明知他人报案而在现场等待，抓捕时无拒捕行为，供认犯罪事实的</u>；

❿<u>在司法机关未确定犯罪嫌疑人，尚在一般性排查询问时主动交代自己罪行的</u>；

⓫<u>因特定违法行为被采取劳动教养、行政拘留、司法拘留、强制隔离戒毒等行政、司法强制措施期间，主动向执行机关交代尚未被掌握的犯罪行为的</u>；

⓬<u>其他符合立法本意，应当视为自动投案的情形</u>。

（3）特殊情形

❶犯罪嫌疑人<u>自动投案后又逃跑的</u>，不能认定为自首，但潜逃后又投案的，仍应认定为自动投案。注意：被采取强制措施后逃跑然后再"投案"的，相对于被采取强制措施的犯罪而言，不能认定为自动投案，但对新犯之罪仍能成立自动投案。

［例1］　甲主动去公安机关交待自己抢劫杀人的事实后，公安人员随口说了一句"你罪行不轻啊"，甲担心被判死刑，逃跑至外地。在被通缉的过程中，甲身患重病无钱治疗，向当地公安机关投案，再次如实交待了自己的全部罪行。甲仍然属于自动投案，对抢劫罪成立一般自首。

［例2］　乙犯抢劫罪后被逮捕，脱逃后又投案的，只成立脱逃罪的自动投案，不成立抢劫罪的自动投案。

[例3] 丙犯盗窃罪被取保候审，逃往外地时又犯抢劫罪，然后向司法机关投案，如实供述抢劫事实的，只成立抢劫罪的自动投案，不成立盗窃罪的自动投案。

[例4] 丁犯故意杀人罪后主动前往公安机关投案，后因为怀孕被公安机关监视居住，后趁去医院做产检途中逃匿。在外逃途中流产走投无路再次前往公安机关投案，不属于故意杀人罪的自动投案。

❷罪行未被有关部门、司法机关发觉，仅因形迹可疑被盘问、教育后，主动交代了犯罪事实的，应当视为自动投案，但<u>有关部门、司法机关在其身上、随身携带的物品、驾乘的交通工具等处发现与犯罪有关的物品的，不能认定为自动投案</u>。

❸交通肇事后保护现场、抢救伤者，并向公安机关报告的，应认定为自动投案，构成自首的，因上述行为同时系犯罪嫌疑人的法定义务，对其是否从宽、从宽幅度要适当从严掌握。

❹交通肇事<u>逃逸后自动投案，如实供述自己罪行的，应认定为自首</u>，但应依法以较重法定刑为基准，视情决定对其是否从宽处罚以及从宽处罚的幅度。

❺犯罪嫌疑人<u>被亲友采用捆绑等手段送到司法机关，或者在亲友带领侦查人员前来抓捕时无拒捕行为，并如实供认犯罪事实的，虽然不能认定为自动投案</u>，但可以参照法律对自首的有关规定酌情从轻处罚。

（4）如实供述自己的罪行，是指犯罪嫌疑人自动投案后，如实交代自己的主要犯罪事实。

❶犯有数罪的犯罪嫌疑人仅如实供述所犯数罪中部分犯罪的，只对如实供述部分犯罪的行为，认定为自首。

❷共同犯罪案件中的犯罪嫌疑人，除如实供述自己的罪行，还应当供述所知的同案犯，主犯则应当供述所知其他同案犯的共同犯罪事实，才能认定为自首。

❸犯罪嫌疑人自动投案并如实供述自己的罪行后又<u>翻供的，不能认定为自首</u>；但在一审判决前又能如实供述的，应当认定为自首。

❹除供述自己的主要犯罪事实外，还应包括姓名、年龄、职业、住址、前科等情况。犯罪嫌疑人供述的身份等情况与真实情况虽有差别，但不影响定罪量刑的，应认定为如实供述自己的罪行。犯罪嫌疑人自动投案后隐瞒自己的真实身份等情况，影响对其定罪量刑的，不能认定为如实供述自己的罪行。

❺犯罪嫌疑人多次实施同种罪行的，应当综合考虑已交代的犯罪事实与未交代的犯罪事实的危害程度，决定是否认定为如实供述主要犯罪事实。虽然投案后没有交代全部犯罪事实，但如实交代的犯罪情节重于未交代的犯罪情节，或者如实交代的犯罪数额多于未交代的犯罪数额，一般应认定为如实供述自己的主要犯罪事实。无法区分已交代的与未交代的犯罪情节的严重程度，或者已交代的犯罪数额与未交代的犯罪数额相当，一般不认定为如实供述自己的主要犯罪事实。

❻犯罪嫌疑人自动投案时虽然没有交代自己的主要犯罪事实，但在司法机关掌握其主要犯罪事实之前主动交代的，应认定为如实供述自己的罪行。

（5）被采取强制措施的犯罪嫌疑人、被告人和已宣判的罪犯，如实供述司法机关尚未掌握的罪行，与司法机关已掌握的或者判决确定的罪行属不同种罪行的，以自首论。

❶犯罪嫌疑人、被告人在被采取强制措施期间，向司法机关主动如实供述本人的其他罪行，该罪行能否认定为司法机关已掌握，应根据不同情形区别对待。如果该罪行已被通缉，一般应以该司法机关是否在通缉令发布范围内作出判断，不在通缉令发布范围内的，应认定为还未掌握，在通缉令发布范围内的，应视为已掌握；如果该罪行已录入全国公安信息网络在逃人员信息数据库，应视为已掌握。如果该罪行未被通缉、也未录入全国公安信息网络在逃人员信息数据库，应以该司法机关是否实际掌握该罪行为标准。

❷犯罪嫌疑人、被告人在被采取强制措施期间如实供述本人其他罪行，该罪行与司法机关已掌握的罪行属同种罪行还是不同种罪行，一般应以罪名区分。虽然如实供述的其他罪行的罪名与司法机关已掌握犯罪的罪名不同，但如实供述的其他犯罪与司法机关已掌握的犯罪属选择性罪名或者在法律、事实上密切关联，如因受贿被采取强制措施后，又交代因受贿为他人谋取利益行为，构成滥用职权罪的，应认定为同种罪行。

（6）被采取强制措施的犯罪嫌疑人、被告人和已宣判的罪犯，如实供述司法机关尚未掌握的罪行，与司法机关已掌握的或者判决确定的罪行属同种罪行的，可以酌情从轻处罚；如实供述的同种罪行较重的，一般应当从轻处罚。

（7）立功的情形

❶犯罪分子到案后有检举、揭发他人犯罪行为，包括共同犯罪案件中的犯罪分子揭发同案犯共同犯罪以外的其他犯罪，经查证属实；

❷提供侦破其他案件的重要线索，经查证属实；

❸阻止他人犯罪活动；

❹协助司法机关抓捕其他犯罪嫌疑人（包括同案犯）；

❺具有其他有利于国家和社会的突出表现的，应当认定为有立功表现。

【注意1】

❶犯罪分子通过贿买、暴力、胁迫等非法手段，或者被羁押后与律师、亲友会见过程中违反监管规定，获取他人犯罪线索并"检举揭发"的，不能认定为有立功表现；

❷犯罪分子将本人以往查办犯罪职务活动中掌握的，或者从负有查办犯罪、监管职责的国家工作人员处获取的他人犯罪线索予以检举揭发的，不能认定为有立功表现；

❸犯罪分子亲友为使犯罪分子"立功"，向司法机关提供他人犯罪线索、协助抓捕犯罪嫌疑人的，不能认定为犯罪分子有立功表现。

【注意2】犯罪分子具有下列行为之一，使司法机关抓获其他犯罪嫌疑人的，属于"协助司法机关抓捕其他犯罪嫌疑人"：

❶按照司法机关的安排，以打电话、发信息等方式将其他犯罪嫌疑人（包括同案犯）约至指定地点的；

❷按照司法机关的安排，当场指认、辨认其他犯罪嫌疑人（包括同案犯）的；

❸带领侦查人员抓获其他犯罪嫌疑人（包括同案犯）的；

❹提供司法机关尚未掌握的其他案件犯罪嫌疑人的联络方式、藏匿地址的，等等。

犯罪分子提供同案犯姓名、住址、体貌特征等基本情况，或者提供犯罪前、犯罪中掌握、使用的同案犯联络方式、藏匿地址，司法机关据此抓捕同案犯的，不能认定为协助司法机关抓捕同案犯。

（8）共同犯罪案件的犯罪分子到案后，揭发同案犯共同犯罪事实的，可以酌情予以从轻处罚。

（9）重大立功的情形

❶犯罪分子有检举、揭发他人重大犯罪行为，经查证属实；

❷提供侦破其他重大案件的重要线索，经查证属实；

❸阻止他人重大犯罪活动；

❹协助司法机关抓捕其他重大犯罪嫌疑人（包括同案犯）；

❺对国家和社会有其他重大贡献等表现的，应当认定为有重大立功表现。

【注意】前述所称"重大犯罪""重大案件""重大犯罪嫌疑人"的判断标准，一般是指犯罪嫌疑人、被告人可能被判处无期徒刑以上刑罚或者案件在本省、自治区、直辖市或者全国范围内有较大影响等情形。

2. 职务犯罪案件自首、立功

《最高人民法院、最高人民检察院关于办理职务犯罪案件认定自首、立功等量刑情节若干问题的意见》规定：

（1）犯罪事实或者犯罪分子未被办案机关掌握，或者虽被掌握，但犯罪分子尚未受到调查谈话、讯问，或者未被宣布采取调查措施或者强制措施时，向办案机关投案的，是自动投案。在此期间如实交代自己的主要犯罪事实的，应当认定为自首。

（2）犯罪分子向所在单位等办案机关以外的单位、组织或者有关负责人员投案的，应当视为自动投案。

（3）没有自动投案，在办案机关调查谈话、讯问、采取调查措施或者强制措施期间，犯罪分子如实交代办案机关掌握的线索所针对的事实的，不能认定为自首。

（4）没有自动投案，但具有以下情形之一的，以自首论：

❶犯罪分子如实交代办案机关未掌握的罪行，与办案机关已掌握的罪行属不同种罪行的；

❷办案机关所掌握线索针对的犯罪事实不成立，在此范围外犯罪分子交代同种罪行的。

（5）单位自首

❶单位犯罪案件中，单位集体决定或者单位负责人决定而自动投案，如实交代单位犯罪事实的，或者单位直接负责的主管人员自动投案，如实交代单位犯罪事实的，应当认定为单位自首。

❷单位自首的，直接负责的主管人员和直接责任人员未自动投案，但如实交代自己知道的犯罪事实的，可以视为自首；拒不交代自己知道的犯罪事实或者逃避法律追究的，不应当认定为自首。

❸单位没有自首，直接责任人员自动投案并如实交代自己知道的犯罪事实的，对该直接责任人员应当认定为自首。

（6）为使犯罪分子得到从轻处理，犯罪分子的亲友直接向有关机关揭发他人犯罪行为，提供侦破其他案件的重要线索，或者协助司法机关抓捕其他犯罪嫌疑人的，不应当认定为犯罪分子的立功表现。

（7）据以立功的线索、材料来源有下列

情形之一的，不能认定为立功：

❶本人通过非法手段或者非法途径获取的；

❷本人因原担任的查禁犯罪等职务获取的；

❸他人违反监管规定向犯罪分子提供的；

❹负有查禁犯罪活动职责的国家机关工作人员或者其他国家工作人员利用职务便利提供的。

3. 刑法分则规定的自首减免处罚

（1）《刑法》第164条第4款（对非国家工作人员行贿罪）。行贿人在被追诉前主动交代行贿行为的，可以减轻处罚或者免除处罚。

（2）《刑法》第390条第2款（行贿罪）。行贿人在被追诉前主动交待行贿行为的，可以从轻或者减轻处罚。其中，犯罪较轻的，对侦破重大案件起关键作用的，或者有重大立功表现的，可以减轻或者免除处罚。

（3）《刑法》第392条第2款（介绍贿赂罪）。介绍贿赂人在被追诉前主动交待介绍贿赂行为的，可以减轻处罚或者免除处罚。

📙 真题链接

2019/主；2009/4/2（《刑法》第67条，《最高人民法院关于处理自首和立功具体应用法律若干问题的解释》第1条）

2014/4/2；2011/4/2（5）（6）；2007/4/2（7）（《刑法》第67、68条）

2010/4/2（4）；2006/4/4（《刑法》第67条）

📙 考点剖析

立功行为虽然是针对犯罪行为的，但不要求立功者检举揭发的是完全符合犯罪构成的犯罪行为：

1. 揭发了他人的"犯罪行为"，事后查明他人在行为时不具有责任能力的，属于立功。

2. 揭发了他人的"犯罪行为"，但他人在行为时并没有故意与过失，而是意外事件造成的，也应认定为立功。

3. 揭发了他人的"犯罪行为"，但他人的行为未达到司法解释所规定的犯罪数额的，不影响立功的成立。

4. 揭发了他人的"犯罪行为"，事后查明"他人"已经死亡的，构成立功。

5. 揭发了他人的"犯罪行为"，但是该犯罪行为已超过规定的时效的，不影响立功的成立。

6. "揭发"他人正当防卫、紧急避险等排除犯罪的行为的，不构成立功。

7. 揭发他人的犯罪行为，不能适用中国《刑法》的，不宜认定为立功。

8. 揭发他人实施的告诉才处理的犯罪的，不应认定为立功。

📙 命题展望

1. 自首与立功属于总则里面比较容易与分则罪名结合考查的知识点，尤其要注意司法解释的规定。

2. 在法考中，主观题会比较重视对法律条文的运用与理解，尤其是自首、立功这两个知识点与实务联系非常紧密，要格外注意才行。

重点法条 ⑧ ▶减刑、假释

第78条 ［减刑条件与限度］ 被判处管制、拘役、有期徒刑、无期徒刑的犯罪分子，在执行期间，如果认真遵守监规，接受教育改造，确有悔改表现的，或者有立功表现的，可以减刑；有下列重大立功表现之一的，应当减刑：

（一）阻止他人重大犯罪活动的；

（二）检举监狱内外重大犯罪活动，经查证属实的；

（三）有发明创造或者重大技术革新的；

（四）在日常生产、生活中舍己救人的；

（五）在抗御自然灾害或者排除重大事故中，有突出表现的；

（六）对国家和社会有其他重大贡献的。

减刑以后实际执行的刑期不能少于下列期限：

（一）判处管制、拘役、有期徒刑的，不能少于原判刑期的1/2；

（二）判处无期徒刑的，不能少于13年；

（三）人民法院依照本法第50条第2款规定限制减刑的死刑缓期执行的犯罪分子，缓期执行期满后依法减为无期徒刑的，不能少于25年，缓期执行期满后依法减为25年有期徒刑的，不能少于20年。

第81条 ［假释的适用条件］ 被判处有期徒刑的犯罪分子，执行原判刑期1/2以上，被判处无期徒刑的犯罪分子，实际执行13年以上，如果认真遵守监规，接受教育改造，确有悔改表现，没有再犯罪的危险的，可以假释。如果有特殊情况，经最高人民法院核准，可以不受上述执行刑期的限制。

对累犯以及因故意杀人、强奸、抢劫、绑架、放火、爆炸、投放危险物质或者有组织的暴力性犯罪被判处10年以上有期徒刑、无期徒刑的犯罪分子，不得假释。

对犯罪分子决定假释时，应当考虑其假释后对所居住社区的影响。

▶ 关联法条

《最高人民法院关于办理减刑、假释案件具体应用法律的规定》规定：

1. 可以减刑的条件

执行期间，认真遵守监规，接受教育改造，确有悔改表现的，或者有立功表现的。同时，在办理时应当综合考察罪犯犯罪的性质和具体情节、社会危害程度、原判刑罚及生效裁判中财产性判项的履行情况、交付执行后的一贯表现等因素。

（1）根据《最高人民法院关于办理减刑、假释案件具体应用法律的规定》第3条的规定："确有悔改表现"是指同时具备以下条件：

❶认罪悔罪；

❷遵守法律法规及监规，接受教育改造；

❸积极参加思想、文化、职业技术教育；

❹积极参加劳动，努力完成劳动任务。

（2）对职务犯罪、破坏金融管理秩序和金融诈骗犯罪、组织（领导、参加、包庇、纵容）黑社会性质组织犯罪等罪犯，不积极退赃、协助追缴赃款赃物、赔偿损失，或者服刑期间利用个人影响力和社会关系等不正当手段意图获得减刑、假释的，不认定其"确有悔改表现"。

（3）罪犯在刑罚执行期间的申诉权利应当依法保护，对其正当申诉不能不加分析地认为是不认罪悔罪。

（4）对在报请减刑前的服刑期间不满18周岁，且所犯罪行不属于《刑法》第81条第2款规定情形的罪犯（累犯以及因故意杀人、强奸、抢劫、绑架、放火、爆炸、投放危险物质或者有组织的暴力性犯罪），认罪悔罪，遵守法律法规及监规，积极参加学习、劳动，应当视为确有悔改表现。

（5）根据《最高人民法院关于办理减刑、假释案件具体应用法律的规定》第4条的规定，具有下列情形之一的，应当认定为有"立功表现"：

❶ 阻止他人实施犯罪活动的；

❷ 检举、揭发监狱内外犯罪活动，或者提供重要的破案线索，经查证属实的；

❸ 协助司法机关抓捕其他犯罪嫌疑人（包括同案犯）的；

❹ 在生产、科研中进行技术革新，成绩突出的；

❺ 在抗御自然灾害或者排除重大事故中，表现积极的；

❻ 对国家和社会有其他贡献的。

【注意】并未认真遵守监规，接受教育改造，但有立功表现的，可以减刑。

2. 应当减刑的条件

有重大立功表现（注意：在量刑中，有重大立功表现的，可以减轻或者免除处罚；在行刑中，有重大立功表现的，应当减刑）。根据《最高人民法院关于办理减刑、假释案件具体应用法律的规定》第5条的规定，具

有下列情形之一的，应当认定为有"重大立功表现"：

（1）阻止他人实施重大犯罪活动的；

（2）检举监狱内外重大犯罪活动，经查证属实的；

（3）协助司法机关抓捕其他重大犯罪嫌疑人（包括同案犯）的；

（4）有发明创造或者重大技术革新的；

（5）在日常生产、生活中舍己救人的；

（6）在抗御自然灾害或者排除重大事故中，有突出表现的；

（7）对国家和社会有其他重大贡献的。

【注意】这七类重大立功表现，不以其他悔改表现为前提。

3. 对被判处终身监禁的罪犯，在死刑缓期执行期满依法为无期徒刑的裁定中，应当明确终身监禁，不得再减刑或者假释。

4. 被判处死刑缓期执行的罪犯经过1次或者几次减刑后，其实际执行的刑期不得少于15年，死刑缓期执行期间不包括在内。

5. 被判处拘役或者3年以下有期徒刑，并宣告缓刑的罪犯，一般不适用减刑。

前款规定的罪犯在缓刑考验期内有重大立功表现的，可以参照《刑法》第78条的规定予以减刑，同时应当依法缩减其缓刑考验期。缩减后，拘役的缓刑考验期限不得少于2个月，有期徒刑的缓刑考验期限不得少于1年。

6. 被判处有期徒刑罪犯减刑时，对附加剥夺政治权利的期限可以酌减。酌减后剥夺政治权利的期限，不得少于1年。

被判处死刑缓期执行、无期徒刑的罪犯减为有期徒刑时，应当将附加剥夺政治权利的期限减为7年以上10年以下，经过1次

或者几次减刑后，最终剥夺政治权利的期限不得少于3年。

7. 假释的条件

假释针对的对象仅是在刑罚执行期间，认真遵守监规，接受教育改造，确有悔改表现，没有再犯罪的危险的人。"认真遵守监规"与"接受教育改造"是悔改表现的判断资料。同时，还应当根据犯罪的具体情节、原判刑罚情况，在刑罚执行中的一贯表现，罪犯的年龄、身体状况、性格特征、假释后生活来源以及监管条件等因素综合考虑。根据《最高人民法院关于办理减刑、假释案件具体应用法律的规定》第3条的规定，"确有悔改表现"是指同时具备以下条件：

（1）认罪悔罪；

（2）遵守法律法规及监规，接受教育改造；

（3）积极参加思想、文化、职业技术教育；

（4）积极参加劳动，努力完成劳动任务。

8. 对职务犯罪、破坏金融管理秩序和金融诈骗犯罪、组织（领导、参加、包庇、纵容）黑社会性质组织犯罪等罪犯，不积极退赃、协助追缴赃款赃物、赔偿损失，或者服刑期间利用个人影响力和社会关系等不正当手段意图获得减刑、假释的，不认定其"确有悔改表现"。

9. 罪犯在刑罚执行期间的申诉权利应当依法保护，对其正当申诉不能不加分析地认为是不认罪悔罪。

10. 被判处有期徒刑的罪犯假释时，执行原判刑期1/2的时间，应当从判决执行之日起计算（是指罪犯实际送交刑罚执行机

关之日），判决执行以前先行羁押的，羁押1日折抵刑期1日。

被判处无期徒刑的罪犯假释时，刑法中关于实际执行刑期不得少于13年的时间，应当从判决生效之日起计算。判决生效以前先行羁押的时间不予折抵。

被判处死刑缓期执行的罪犯减为无期徒刑或者有期徒刑后，实际执行15年以上，方可假释，该实际执行时间应当从死刑缓期执行期满之日起计算。死刑缓期执行期间不包括在内，判决确定以前先行羁押的时间不予折抵。

11. 《刑法》第81条第1款规定的"特殊情况"，是指有国家政治、国防、外交等方面特殊需要的情况。

12. 对累犯以及因故意杀人、强奸、抢劫、绑架、放火、爆炸、投放危险物质或者有组织的暴力性犯罪被判处10年以上有期徒刑、无期徒刑的罪犯，不得假释。

因前款情形和犯罪被判处死刑缓期执行的罪犯，被减为无期徒刑、有期徒刑后，也不得假释。

13. 对于生效裁判中有财产性判项（是指判决罪犯承担的附带民事赔偿义务判项，以及追缴、责令退赔、罚金、没收财产等判项），罪犯确有履行能力而不履行或者不全部履行的，不予假释。

14. 依照《刑法》第86条规定被撤销假释的罪犯，一般不得再假释。但依照该条第2款被撤销假释的罪犯，如果罪犯对漏罪曾作如实供述但原判未予认定，或者漏罪系其自首，符合假释条件的，可以再假释。

被撤销假释的罪犯，收监后符合减刑条件的，可以减刑，但减刑起始时间自收监之

日起计算。

15. 罪犯既符合法定减刑条件,又符合法定假释条件的,可以优先适用假释。年满80周岁、身患疾病或者生活难以自理、没有再犯罪危险的罪犯,既符合减刑条件,又符合假释条件的,优先适用假释。

16. 人民法院按照审判监督程序重新审理的案件,裁定维持原判决、裁定的,原减刑、假释裁定继续有效。再审裁判改变原判决、裁定的,原减刑、假释裁定自动失效,执行机关应当及时报请有管辖权的人民法院重新作出是否减刑、假释的裁定。

▶ 考点剖析

1. 减刑的计算方法

(1) 原判为管制、拘役、有期徒刑的,减刑后的刑期应从原判决执行之日起计算;原判决已经执行的部分时间,应计算到减刑后的刑期内。

[例1] 甲犯A罪,于2000年1月1日被判处有期徒刑6年并执行,2002年1月8日被减刑为5年,那么,这5年应当从2000年1月1日起计算,并且已经执行的2年零8天应计算到减刑后的刑期内,也即意味着甲应当于2004年12月31日出狱。

(2) 对于无期徒刑减为有期徒刑,有期徒刑的刑期从裁定减刑之日起计算,已经执行的刑期及先行的羁押期不折抵。

[例2] 甲犯B罪,于2000年1月1日被判处无期徒刑,2002年1月8日被减为18年有期徒刑,那么意味着甲从2002年1月8日起还应当在监狱服刑18年,即2020年1月7日才能出狱。

(3) 被判处死缓的犯罪分子,减为无期徒刑后再减刑的,其实际执行的刑期,从死刑缓期执行期满之日起计算。被判处死缓并同时被决定限制减刑的犯罪分子,减为无期徒刑后再减为有期徒刑的,或者直接减为有期徒刑的,其应当实际执行的刑期,也从死刑缓期执行期满之日起计算,亦即,缓期执行期满后依法减为无期徒刑的,判决确定后的实际关押时间不少于27年,缓期执行期满后依法减为25年有期徒刑的,判决确定后的实际关押时间不少于22年。

2. 假释与数罪并罚的相关问题

当有期徒刑与管制并罚时,有期徒刑执行1/2以上后被假释的,假释考验期满后开始执行管制。

[例3] 甲犯抢夺罪与使用虚假身份证件罪,抢夺罪被判处有期徒刑6年,使用虚假身份证件罪被判处管制1年6个月。甲执行有期徒刑3年后被假释。由于甲犯的抢夺罪没有被附加剥夺政治权利,所以,在假释考验期内,可以行使言论、出版、集会、结社、游行、示威自由的权利。在假释考验期满后,开始执行管制,此时,未经执行机关批准,不得行使言论、出版、集会、结社、游行、示威自由的权利。

[例4] 甲犯诈骗罪被判处有期徒刑8年,犯使用虚假身份证件罪被判处管制1年6个月。执行有期徒刑6年后被假释,假释考验期满后,开始执行管制。执行管制1年后,发现甲在假释考验期内犯盗窃罪,应当判处有期徒刑2年。此时,应当将诈骗罪没有执行的有期徒刑2年,使用虚假身份证件罪没有执行的管制6个月,

与盗窃罪的有期徒刑 2 年实行并罚。倘若决定执行有期徒刑 3 年，管制 6 个月，那么，应当在有期徒刑 3 年执行完毕后，再执行管制 6 个月。上述情况也可适用于在假释考验期内发现漏罪或者再犯新罪，而漏罪或者新罪应当判处拘役时的处理。

3. 减刑、假释的特殊问题

（1）再审改判为死刑缓期执行或者无期徒刑的，在新判决减为有期徒刑之时，原判决已经实际执行的刑期一并扣减。

（2）罪犯被裁定减刑后，刑罚执行期间因故意犯罪而数罪并罚时，经减刑裁定减去的刑期不计入已经执行的刑期。原判死刑缓期执行减为无期徒刑、有期徒刑，或者无期徒刑减为有期徒刑的裁定继续有效。

（3）罪犯被裁定减刑后，刑罚执行期间因发现漏罪而数罪并罚的，原减刑裁定自动失效。如漏罪系罪犯主动交代的，对其原减去的刑期，由执行机关报请有管辖权的人民法院重新作出减刑裁定，予以确认；如漏罪系有关机关发现或者他人检举揭发的，由执行机关报请有管辖权的人民法院，在原减刑裁定减去的刑期总和之内，酌情重新裁定。

（4）被判处死刑缓期执行的罪犯，在死刑缓期执行期内被发现漏罪，依据《刑法》第 70 条规定数罪并罚，决定执行死刑缓期执行的，死刑缓期执行期间自新判决确定之日起计算，已经执行的死刑缓期执行期间计入新判决的死刑缓期执行期间内，但漏罪被判处死刑缓期执行的除外。

（5）被判处死刑缓期执行的罪犯，在死刑缓期执行期满后被发现漏罪，依据《刑法》第 70 条规定数罪并罚，决定执行死刑缓期执行的，交付执行时对罪犯实际执行无期徒刑，死缓考验期不再执行，但漏罪被判处死刑缓期执行的除外。在无期徒刑减为有期徒刑时，前罪死刑缓期执行减为无期徒刑之日起至新判决生效之日止已经实际执行的刑期，应当计算在减刑裁定决定执行的刑期以内。

（6）被判处无期徒刑的罪犯在减为有期徒刑后因发现漏罪，依据《刑法》第 70 条规定数罪并罚，决定执行无期徒刑的，前罪无期徒刑生效之日起至新判决生效之日止已经实际执行的刑期，应当在新判决的无期徒刑减为有期徒刑时，在减刑裁定决定执行的刑期内扣减。

▶ **命题展望**

1. 在"司考时代"减刑、假释尚未出过主观题，但是不排除未来法考在案例分析题中会考查这 2 个知识点。

2. 重点掌握刑法以及司法解释中的减刑、假释规定即可。

专题二　刑法分论

重点法条 9 ▶ 交通肇事罪与危险驾驶罪

☞**第133条** [交通肇事罪]　违反交通运输管理法规，因而发生重大事故，致人重伤、死亡或者使公私财产遭受重大损失的，处3年以下有期徒刑或者拘役；交通运输肇事后逃逸或者有其他特别恶劣情节的，处3年以上7年以下有期徒刑；因逃逸致人死亡的，处7年以上有期徒刑。

第133条之一 [危险驾驶罪]　在道路上驾驶机动车，有下列情形之一的，处拘役，并处罚金：

（一）追逐竞驶，情节恶劣的；

（二）醉酒驾驶机动车的；

（三）从事校车业务或者旅客运输，严重超过额定乘员载客，或者严重超过规定时速行驶的；

（四）违反危险化学品安全管理规定运输危险化学品，危及公共安全的。

机动车所有人、管理人对前款第3项、第4项行为负有直接责任的，依照前款的规定处罚。

有前两款行为，同时构成其他犯罪的，依照处罚较重的规定定罪处罚。

🔹关联法条

《最高人民法院关于审理交通肇事刑事案件具体应用法律若干问题的解释》规定（交通肇事罪的刑罚适用情况）：

[第1档] 3年以下有期徒刑或者拘役（罪与非罪的界限）：

☞（1）死亡1人或者重伤3人以上，负事故全部或者主要责任的。

（2）死亡3人以上，负事故同等责任的。

（3）造成公共财产或者他人财产直接损失，负事故全部或者主要责任，无能力赔偿数额在30万元以上的。

（4）致1人以上重伤，负事故全部或主要责任，并具有下列情形之一的：

❶酒后、吸食毒品后驾驶机动车辆的；

❷无驾驶资格驾驶机动车辆的；

❸明知是安全装置不全或者安全机件失灵的机动车辆而驾驶的；

❹明知是无牌证或者已报废的机动车辆而驾驶的；

❺严重超载驾驶的；

❻为逃避法律追究逃离事故现场的。

[第2档] 3年以上7年以下有期徒刑：

（1）交通肇事后逃逸：司法解释规定是指交通肇事后"为逃避法律追究"而逃跑（逃逸前的行为已经构成交通肇事罪）。

（2）其他特别恶劣情节

❶死亡2人以上或者重伤5人以上，负事故全部或者主要责任的；

❷死亡6人以上，负事故同等责任的；

❸造成公共财产或者他人财产直接损失，负事故全部或者主要责任，无能力赔偿

数额在60万元以上的。

[第3档] 7年以上有期徒刑：因逃逸致人死亡：司法解释规定是指行为人在交通肇事后"为逃避法律追究"而逃跑，致使被害人因得不到救助而死亡的情形（逃逸前的行为不要求已经构成交通肇事罪）。

📑 真题链接

2006/4/1(6)(《刑法》第133条,《最高人民法院关于审理交通肇事刑事案件具体应用法律若干问题的解释》第2条)

📑 考点剖析

命题人关于交通肇事罪的几个结论：

1."因逃逸致人死亡"如何理解？须同时具备如下要件：

（1）交通事故的当场被害人未死。

（2）"逃逸"是指故意逃避救助被害人的义务。虽然司法解释规定，"逃逸"是指行为人为逃避法律追究而逃跑，但应该认为司法解释仅仅规定了"逃逸"的一种情形而已，行为人只是为了逃避履行自己的救助义务而已。

（3）行为人的逃逸行为导致被害人得不到及时救助而死亡。

（4）行为人主观上对被害人的死亡至少有过失。

（5）前行为已经成立交通肇事罪。

（6）消极地不作为的方式致人死亡。

[例1] 行为人超速驾驶致1人重伤后逃逸，进而导致其死亡的，不能适用"因逃逸致人死亡"的规定，只能认定为一般的交通肇事罪（处3年以下有期徒刑或者拘役）。

（7）因不救助被害人导致被害人死亡

的行为，可能同时触犯遗弃罪、过失致人死亡罪与故意杀人罪。对此，应按照想象竞合犯从一重罪论处。

2.交通肇事逃逸案件的具体分析

（1）交通肇事当场致人死亡，且被告人明知被害人已经死亡，即使转移尸体，也只定交通肇事罪，若有逃逸情节的，属于交通肇事罪的加重构成要件。

（2）如果是交通肇事后为逃避法律追究（司法解释的规定），将被害人带离事故现场后隐匿或者遗弃，致使被害人无法得到救助而死亡或者严重残疾的，定故意杀人罪、故意伤害罪。如果前面的行为已构成交通肇事罪，则应数罪并罚。

（3）交通肇事后被害人当场没有死亡，但被告人误以为已经死亡，将被害人转移并予以遗弃，最终致被害人死亡的，应当将后行为认定为过失致人死亡罪；如果前行为已构成交通肇事罪，则应实行数罪并罚。

（4）"因逃逸致人死亡"中的"人"既包括先前交通肇事中的被害者，也包括肇事后逃逸过程中致死的其他人。

3.交通肇事罪与危险驾驶罪的关系

（1）危险驾驶行为同时构成其他犯罪的，依照处罚较重的定罪处罚。

[例2] 追逐竞驶或者醉酒驾驶行为，过失造成他人伤亡或者重大财产损失结果，构成交通肇事罪的，应以交通肇事罪论处（此时交通肇事罪属于结果加重犯）。但是，如果致人伤亡的交通事故不是由追逐竞驶或者醉酒驾驶行为引起，而是由其他违反交通运输管理法规的行为（如无视交通信号）引起，则应以危险驾驶罪与交通肇事罪实行数罪并罚。

［例3］ 违规运输化学危险品，发生重大事故，造成严重后果的，应以危险物品肇事罪论处（此时的危险物品肇事罪属于结果加重犯）。但是，如果违规运输化学危险品，危及公共安全，又由于闯红灯而造成交通事故的，则应以危险驾驶罪与危险物品肇事罪实行数罪并罚。

（2）危险驾驶行为具有与放火、爆炸等相当的具体的公共危险，行为人对该具体的公共危险具有故意的，应当认定为以危险方法危害公共安全罪。

［例4］ 在高速公路上逆向追逐竞驶或者醉酒高速驾驶，但没有造成严重后果的，应当适用第114条，认定为以危险方法危害公共安全罪。当然，对以危险方法危害公共安全罪的认定必须采取严格的限制态度。

［例5］ 危险驾驶行为具有与放火、爆炸等相当的公共危险，且造成人身伤亡等严重后果（如在高速公路上逆向追逐竞驶或者醉酒高速驾驶造成他人死亡），行为人对该具体的公共危险或者人身伤亡等严重后果具有故意的，应当适用第115条第1款。

（3）醉酒驾驶机动车，以暴力、威胁方法阻碍公安机关依法检查，又构成妨害公务罪等其他犯罪的，依照数罪并罚的规定处罚。

◤ 命题展望

1. 交通肇事罪与危险驾驶罪在"司考时代"以客观题为主，但是今年法考亦不能排除出案例分析题的可能性。

2. 交通肇事罪属于实害犯，责任要件为过失；危险驾驶罪属于危险犯，责任要件为故意。

重点法条 10 ▶ 以危险方法危害公共安全罪

第114条　放火、决水、爆炸以及投放毒害性、放射性、传染病病原体等物质或者以其他危险方法危害公共安全，尚未造成严重后果的，处3年以上10年以下有期徒刑。

第115条　放火、决水、爆炸以及投放毒害性、放射性、传染病病原体等物质或者以其他危险方法致人重伤、死亡或者使公私财产遭受重大损失的，处10年以上有期徒刑、无期徒刑或者死刑。

过失犯前款罪的，处3年以上7年以下有期徒刑；情节较轻的，处3年以下有期徒刑或者拘役。

◤ 关联法条

1. 2019年1月8日《最高人民法院、最高人民检察院、公安部关于依法惩治妨害公共交通工具安全驾驶违法犯罪行为的指导意见》规定：

（1）公共交通工具，是指公共汽车、公路客运车、大、中型出租车等车辆。

（2）乘客在公共交通工具行驶过程中抢夺方向盘、变速杆等操纵装置，殴打、拉拽驾驶人员，或者有其他妨害安全驾驶行为，危害公共安全，尚未造成严重后果的，以以危险方法危害公共安全罪定罪处罚；致人重伤、死亡或者使公私财产遭受重大损失的，亦以危险方法危害公共安全罪定罪处罚。

（3）乘客在公共交通工具行驶过程中，随意殴打其他乘客，追逐、辱骂他人，或者起哄闹事，妨害公共交通工具运营秩序，以寻衅滋事罪定罪处罚；妨害公共交通工具安全行驶，危害公共安全的，以以危险方法危害公共安全罪定罪处罚。

（4）驾驶人员在公共交通工具行驶过程中，与乘客发生纷争后违规操作或者擅离职守，与乘客厮打、互殴，危害公共安全，尚未造成严重后果的，以以危险方法危害公共安全罪定罪处罚；致人重伤、死亡或者使公私财产遭受重大损失的，亦以以危险方法危害公共安全罪定罪处罚。

2. 2020年2月6日《最高人民法院、最高人民检察院、公安部、司法部关于依法惩治妨害新型冠状病毒感染肺炎疫情防控违法犯罪的意见》规定：

（1）已经确诊的新型冠状病毒感染肺炎病人、病原携带者，拒绝隔离治疗或者隔离期未满擅自脱离隔离治疗，并进入公共场所或者公共交通工具的，以以危险方法危害公共安全罪定罪处罚；

（2）新型冠状病毒感染肺炎疑似病人拒绝隔离治疗或者隔离期未满擅自脱离隔离治疗，并进入公共场所或者公共交通工具，造成新型冠状病毒传播的，以以危险方法危害公共安全罪定罪处罚；

（3）其他拒绝执行卫生防疫机构依照传染病防治法提出的防控措施，引起新型冠状病毒传播或者有传播严重危险的，以妨害传染病防治罪定罪处罚。

3. 2019年11月14日《最高人民法院关于依法妥善审理高空抛物、坠物案件的意见》规定：故意从高空抛弃物品，尚未造成严重后果，但足以危害公共安全的或者致人重伤、死亡或者使公私财产遭受重大损失的，依照以危险方法危害公共安全罪定罪处罚。为伤害、杀害特定人员实施上述行为的，依照故意伤害罪、故意杀人罪定罪处罚。

4. 2020年3月16日《最高人民法院、最高人民检察院、公安部关于办理涉窨井盖相关刑事案件的指导意见》规定：

（1）盗窃、破坏正在使用中的社会机动车通行道路上的窨井盖，足以使汽车、电车发生倾覆、毁坏危险，尚未造成严重后果的或者造成严重后果的，以破坏交通设施罪定罪处罚。过失造成严重后果的，以过失损坏交通设施罪定罪处罚。

（2）盗窃、破坏人员密集往来的非机动车道、人行道以及车站、码头、公园、广场、学校、商业中心、厂区、社区、院落等生产生活、人员聚集场所的窨井盖，足以危害公共安全，尚未造成严重后果的或者致人重伤、死亡或者使公私财产遭受重大损失的，依照以危险方法危害公共安全罪定罪处罚。过失致人重伤、死亡或者使公私财产遭受重大损失的，以过失以危险方法危害公共安全罪定罪处罚。

（3）对于（1）、（2）规定以外的其他场所的窨井盖，明知会造成人员伤亡后果而实施盗窃、破坏行为，致人受伤或者死亡的，分别以故意伤害罪、故意杀人罪定罪处罚。过失致人重伤或者死亡的，分别以过失致人重伤罪、过失致人死亡罪定罪处罚。

▶ 考点剖析

1. 第114条与第115条对放火罪等规定了两个层次的法定刑：

（1）第 114 条与第 115 条第 1 款的关系：二者不是对立排斥关系，第 114 条属于基本犯（具体的危险犯）。可以分为三种角度理解：

❶如果过失导致第 115 条规定的严重结果的，适用第 115 条第 1 款属于结果加重犯。

❷如果故意导致第 115 条规定的严重结果的，适用第 115 条第 1 款属于犯罪既遂的规定。可以认为第 114 条是关于未遂犯的特别规定，但适用第 114 条规定处罚后，不能再适用第 23 条未遂犯的规定。

❸第 114 条属于具体的危险犯，第 115 条第 1 款属于实害犯。

（2）在尚未造成严重结果的情况下，行为人自动中止犯罪，避免了严重后果的，应认定为犯罪中止，适用第 114 条以及总则第 24 条关于中止犯的处罚规定。

[例 1]　甲拎着汽油桶进入工厂仓库，用打火机刚点燃仓库里的纸箱，准备再浇点汽油时，被保安发现并阻止。这是放火罪的未遂（只适用第 114 条）。

[例 2]　乙用打火机刚点燃工厂仓库里的木材，准备再浇点汽油时，忽然又后悔，便迅速扑灭火。这是放火罪的中止（同时适用第 114 条以及第 24 条）。

2. 以危险方法危害公共安全罪指自然人故意使用放火、决水、爆炸、投放危险物质以外的危险方法危害公共安全的行为。

（1）"公共安全"是指不特定或者多数人的生命、身体等方面的安全，但刑法第 114 条所保护的只能是不特定且多数人的生命、身体等方面的安全，即足以给公众的生命、身体等造成实害的具体的公共危险，其中的"不特定"并非指行为对象的不确定，而是指危险的不特定扩大。

（2）"以其他危险方法"仅限于与放火、决水、爆炸、投放危险物质相当的方法，而不是泛指任何具有危害公共安全性质的方法。单纯造成多数人心理恐慌或者其他轻微后果，不足以造成刑法第 114 条、第 115 条第 1 款规定的具体的公共危险或者侵害结果的行为，不得认定为以危险方法危害公共安全罪。

（3）如果某种行为符合放火罪、决水罪、爆炸罪、投放危险物质罪的构成要件，应认定为这些犯罪，不认定为本罪。

▶ 命题展望

以危险方法危害公共安全罪已经成为最近实务中的热点法律问题，希望复习主观题的同学们注意。

重点法条 11 ▶ 信用卡诈骗罪

☞ 第 196 条 [信用卡诈骗罪]　有下列情形之一，进行信用卡诈骗活动，数额较大的，处 5 年以下有期徒刑或者拘役，并处 2 万元以上 20 万元以下罚金；数额巨大或者有其他严重情节的，处 5 年以上 10 年以下有期徒刑，并处 5 万元以上 50 万元以下罚金；数额特别巨大或者有其他特别严重情节的，处 10 年以上有期徒刑或者无期徒刑，并处 5 万元以上 50 万元以下罚金或者没收财产：

（一）使用伪造的信用卡，或者使用以虚假的身份证明骗领的信用卡的；

（二）使用作废的信用卡的；

（三）冒用他人信用卡的；

（四）恶意透支的。

前款所称恶意透支，是指持卡人以非法占有为目的，超过规定限额或者规定期限透支，并且经发卡银行催收后仍不归还的行为。

［盗窃罪］　盗窃信用卡并使用的，依照本法第264条的规定定罪处罚。

▶ 关联法条

《最高人民法院、最高人民检察院关于办理妨害信用卡管理刑事案件具体应用法律若干问题的解释》

☞第5条第2款　刑法第196条第1款第3项所称"冒用他人信用卡"，包括以下情形：

（一）拾得他人信用卡并使用的；

（二）骗取他人信用卡并使用的；

（三）窃取、收买、骗取或者以其他非法方式获取他人信用卡信息资料，并通过互联网、通讯终端等使用的；

（四）其他冒用他人信用卡的情形。

第6条　持卡人以非法占有为目的，超过规定限额或者规定期限透支，经发卡银行2次有效催收后超过3个月仍不归还的，应当认定为刑法第196条规定的"恶意透支"。

《最高人民检察院关于拾得他人信用卡并在自动柜员机（ATM机）上使用的行为如何定性问题的批复》　拾得他人信用卡并在自动柜员机（ATM机）上使用的行为，属于刑法第196条第1款第3项规定的"冒用他人信用卡"的情形，构成犯罪的，以信用卡诈骗罪追究刑事责任。

▶ 真题链接

2019/主；2015/4/2（《刑法》第196条，《最高人民法院、最高人民检察院关于办理妨害信用卡管理刑事案件具体应用法律若干问题的解释》第5条）

2011/4/2（1）；2009/4/2；2002/4/1（《刑法》第196条）

▶ 考点剖析

1. "信用卡"的范围

信用卡是指商业银行或者其他金融机构发行的具有消费支付、信用贷款、转账结算、存取现金等全部功能或者部分支付功能的电子支付卡。基于此，此处"信用卡"可以包含普通的信用卡、储蓄卡、借记卡，但是不能包含"存折"。

2. 客观表现形式

原则上均是指对人使用信用卡，而不包括对机器使用信用卡，但是立法以及司法解释存在特殊规定。

（1）"使用"是指依照信用卡的通常功能对人使用，骗取他人钱财，这里的通常功能是指储蓄、透支、消费等银行卡的功能。因此，使用伪造的信用卡私下质押担保，以此骗取他人钱财的，由于没有利用信用卡的通常功能，只构成普通的诈骗罪。

（2）如果先伪造信用卡并使用的，触犯伪造金融票证罪和信用卡诈骗罪，属于牵连犯，择一重罪论处，一般定信用卡诈骗罪。如果先以虚假的身份证明骗领信用卡然后使用的，触犯妨害信用卡管理罪和信用卡诈骗罪，也属于牵连犯，择一重罪论处，一般定信用卡诈骗罪。

（3）恶意透支。是指持卡人以非法占

有为目的，超过规定限额或者规定期限透支，并且经发卡银行两次催收后超过3个月仍不归还的。

❶此处"恶意透支"仅针对真正的真实有效的信用卡而言，而且主体是合法持卡人，因此属于身份犯；如果是非法持卡人恶意透支的，属于"冒用他人信用卡"的情形。

[例1]甲用虚假身份证办理了一张（透支额度为4万元）信用卡，第一次刷信用卡4万元购物后及时还款。银行误以为甲的信用程度良好，遂将其信用卡的额度提升到10万，甲透支10万元后，不再归还。甲以虚假的身份证明骗领信用卡的行为人不是持卡人，属于"使用以虚假的身份证明骗领信用卡的行为"，不属于"恶意透支"型，"以虚假的身份证明骗领信用卡的行为"属于妨害信用卡管理罪的行为表现，之后又使用的，属于妨害信用卡管理罪与信用卡诈骗罪的牵连犯，择一重罪处罚，但犯罪数额是10万元。注意：甲第一次使用信用卡透支的4万元不能认定为犯罪数额，因为没有非法占有的目的。

❷有以下情形之一的，应当认定为《刑法》第196条第2款规定的"恶意透支"中的"以非法占有为目的"：明知没有还款能力而大量透支，无法归还的；肆意挥霍透支的资金，无法归还的；透支后逃匿、改变联系方式，逃避银行催收的；抽逃、转移资金，隐匿财产，逃避还款的；使用透支的资金进行违法犯罪活动的；其他非法占有资金，拒不归还的行为。

❸这里的"催收"既包括书面催收，也包括口头催收。但只限于向持卡人催收，不包括向保证人或持卡人近亲属催收。持卡人以非法占有为目的，超过规定限额或者规定期限透支，但发卡行没有催收时，由于这里的恶意透支要求发卡行催收，故不成立信用卡诈骗罪，如果符合盗窃罪或诈骗罪构成要件，应成立盗窃罪或诈骗罪。

❹根据行为与责任同时存在的原则，非法占有目的必须存在于透支时；透支时没有非法占有目的或者说具有归还意思的，因为缺乏责任要素，无论如何都不能认定为信用卡诈骗罪。

3. 2016年司法解释规定，抢劫信用卡后使用、消费的，以行为人实际使用、消费的数额为抢劫数额。由于行为人意志以外的原因无法实际使用、消费的部分，虽不计入抢劫数额，但应作为量刑情节考虑。通过银行转账或者电子支付、手机银行等支付平台获取抢劫财物的，以行为人实际获取的财物为抢劫数额。

4. 2013年司法解释规定，盗窃有价支付凭证、有价证券、有价票证的，按照下列方法认定盗窃数额：

❶盗窃不记名、不挂失的有价支付凭证、有价证券、有价票证的，应当按票面数额和盗窃时应得的孳息、奖金或者奖品等可得收益一并计算盗窃数额。

❷盗窃记名的有价支付凭证、有价证券、有价票证，已经兑现的，按照兑现部分的财物价值计算盗窃数额；没有兑现，但失主无法通过挂失、补领、补办手续等方式避免损失的，按照给失主造成的实际损失计算盗窃数额。此情形亦将普通的诈骗行为规定为盗窃罪。

【注意】金融凭证诈骗罪是指使用伪

造、变造的委托收款凭证、汇款凭证、银行存单等其他银行结算凭证进行诈骗活动，数额较大的行为。

5. 存款的占有归属问题

不管是从事实上还是从法律上，存款人都占有（享有）了债权，因此，利用技术手段将他人存款转移于行为人账户中的，当然成立对债权的盗窃罪（但司法解释规定构成信用卡诈骗罪）。至于存款债权所指向的现金，则由银行管理者占有，而不是存款人占有。

[例2] 乙将存款误划入甲的储蓄卡，甲利用储蓄卡从自动取款机取出相应现金的，甲成立盗窃罪，对象是银行管理者占有的现金，同时针对乙的债权成立侵占罪，择一重罪处罚，定盗窃罪。

[例3] 乙公司需要向甲支付1万元现金，由于公司没有现金，公司管理者将公司的储蓄卡（内有10万元存款）交给甲，让甲自行取款1万元后归还储蓄卡，但甲从自动取款机中取出了10万元现金据为己有。甲对银行管理者占有的9万元现金成立盗窃罪（但司法解释规定此情形属于"冒用他人信用卡"构成信用卡诈骗罪），倘若甲从银行柜台取出了10万元，则属于冒用他人信用卡，成立信用卡诈骗罪（数额为9万元）。

6. 类似案例总结

[例4] 甲侵入银行计算机信息系统，将乙存折中的5万元存款转入自己的账户。对甲应以盗窃罪论处。

[例5] 甲明知自己手机被他人误充高额话费，多次拨打国际长途电话，花光话费拒不返还的，成立侵占罪，对象是被害人对电信公司享有的债权。

[例6] 被害人某日接到一个电话响了一声就挂了，因担心是招聘单位电话，就回了过去，但无人接听，只是不断地播放音乐，听了好久之后，这时收到一条扣除高额电话费的信息，该行为成立盗窃罪。这种"骚扰电话"实质是让被害人受骗来听音乐，而这个音乐不是免费的彩铃之类的，是需要打电话的被害人"付费"的，显然本案中，被害人确实是因为被骗听了"音乐"，但是其对于"付费"是没有处分行为和处分意识的，因此，不属于诈骗行为，而是行为人"盗窃"了被害人存在电信公司的话费（债权）。

📖 命题展望

信用卡诈骗罪很容易与其他人身、财产犯罪结合考查。比如，非法拘禁罪、绑架罪、故意杀人罪、抢劫罪、盗窃罪、诈骗罪等。

重 点 法 条 ⑫ ▶ 保险诈骗罪、贷款诈骗罪、合同诈骗罪

第198条 [保险诈骗罪] 有下列情形之一，进行保险诈骗活动，数额较大的，处5年以下有期徒刑或者拘役，并处1万元以上10万元以下罚金；数额巨大或者有

其他严重情节的，处5年以上10年以下有期徒刑，并处2万元以上20万元以下罚金；数额特别巨大或者有其他特别严重情节的，处10年以上有期徒刑，并处2万元

以上 20 万元以下罚金或者没收财产：

（一）投保人故意虚构保险标的，骗取保险金的；

（二）投保人、被保险人或者受益人对发生的保险事故编造虚假的原因或者夸大损失的程度，骗取保险金的；

（三）投保人、被保险人或者受益人编造未曾发生的保险事故，骗取保险金的；

（四）投保人、被保险人故意造成财产损失的保险事故，骗取保险金的；

（五）投保人、受益人故意造成被保险人死亡、伤残或者疾病，骗取保险金的。

有前款第 4 项、第 5 项所列行为，同时构成其他犯罪的，依照数罪并罚的规定处罚。

单位犯第 1 款罪的，对单位判处罚金，并对其直接负责的主管人员和其他直接责任人员，处 5 年以下有期徒刑或者拘役；数额巨大或者有其他严重情节的，处 5 年以上 10 年以下有期徒刑；数额特别巨大或者有其他特别严重情节的，处 10 年以上有期徒刑。

保险事故的鉴定人、证明人、财产评估人故意提供虚假的证明文件，为他人诈骗提供条件的，以保险诈骗的共犯论处。

第 183 条　保险公司的工作人员利用职务上的便利，故意编造未曾发生的保险事故进行虚假理赔，骗取保险金归自己所有的，依照本法第 271 条的规定定罪处罚（职务侵占罪）。

国有保险公司工作人员和国有保险公司委派到非国有保险公司从事公务的人员有前款行为的，依照本法第 382 条（贪污罪）、第 383 条（对贪污罪的处罚）的规定定罪处罚。

☞**第 193 条**［贷款诈骗罪］　有下列情形之一，以非法占有为目的，诈骗银行或者其他金融机构的贷款，数额较大的，处 5 年以下有期徒刑或者拘役，并处 2 万元以上 20 万元以下罚金；数额巨大或者有其他严重情节的，处 5 年以上 10 年以下有期徒刑，并处 5 万元以上 50 万元以下罚金；数额特别巨大或者有其他特别严重情节的，处 10 年以上有期徒刑或者无期徒刑，并处 5 万元以上 50 万元以下罚金或者没收财产：

（一）编造引进资金、项目等虚假理由的；

（二）使用虚假的经济合同的；

（三）使用虚假的证明文件的；

（四）使用虚假的产权证明作担保或者超出抵押物价值重复担保的；

（五）以其他方法诈骗贷款的。

☞**第 224 条**［合同诈骗罪］　有下列情形之一，以非法占有为目的，在签订、履行合同过程中，骗取对方当事人财物，数额较大的，处 3 年以下有期徒刑或者拘役，并处或者单处罚金；数额巨大或者有其他严重情节的，处 3 年以上 10 年以下有期徒刑，并处罚金；数额特别巨大或者有其他特别严重情节的，处 10 年以上有期徒刑或者无期徒刑，并处罚金或者没收财产：

（一）以虚构的单位或者冒用他人名义签订合同的；

（二）以伪造、变造、作废的票据或者其他虚假的产权证明作担保的；

（三）没有实际履行能力，以先履行小额合同或者部分履行合同的方法，诱骗对方当事人继续签订和履行合同的；

（四）收受对方当事人给付的货物、货款、预付款或者担保财产后逃匿的；

（五）以其他方法骗取对方当事人财物的。

▶ 关联法条

《全国人民代表大会常务委员会关于〈中华人民共和国刑法〉第三十条的解释》公司、企业、事业单位、机关、团体等单位实施刑法规定的危害社会的行为，刑法分则和其他法律未规定追究单位的刑事责任的，对组织、策划、实施该危害社会行为的人依法追究刑事责任。

▶ 考点剖析

1. 保险诈骗罪中需要数罪并罚的情形

（1）故意造成财产损失的保险事故，骗取保险金的。

（2）故意造成被保险人死亡、伤残或者疾病，骗取保险金的。

（3）对于仅制造保险事故，如放火烧毁保险标的，而尚未申请理赔的，即保险诈骗行为尚处于预备阶段，究竟是定一罪还是数罪的问题，一般认为，制造保险事故的放火行为既是保险诈骗的预备行为又是放火罪的实行行为。一个放火行为，触犯了两个罪名，属于想象竞合犯，只需要按高度行为即放火罪定罪处罚，而不需要数罪并罚。

（4）单位制造保险事故的，对单位也可以实行数罪并罚。比如，单位采取放火等方法故意制造财产损失的保险事故，骗取保险金。

❶就保险诈骗罪而言，成立单位犯罪，对单位判处罚金，同时处罚直接负责的主管人员和其他直接责任人员。

❷就放火罪而言，处罚组织、策划、实施放火行为的自然人。这样既实现了数罪并罚的规定，又符合单位不能成为放火等罪主体的规定。

2. 保险诈骗数额特别巨大或者有其他特别严重情节的，与（合同）诈骗罪成立想象竞合关系，应从一重罪处罚。欺骗保险人，所骗取的财物数额没有达到保险诈骗罪的标准但达到（合同）诈骗罪的标准的，由于并不符合保险诈骗罪的构成要件，不属于法条竞合，应当以（合同）诈骗罪论处。

3. 贷款诈骗罪中，对于具有下列情形之一的，应认定为具有"非法占有目的"：

（1）假冒他人名义贷款的；

（2）贷款后携款潜逃的；

（3）未将贷款按贷款用途使用，而是用于挥霍致使贷款无法偿还的；

（4）改变贷款用途，将贷款用于高风险的经济活动造成重大经济损失，导致无法偿还贷款的；

（5）为谋取不正当利益，改变贷款用途，造成重大经济损失，致使无法偿还贷款的；

（6）使用贷款进行违法犯罪活动的；

（7）隐匿贷款去向，贷款到期后拒不偿还的；

（8）其他情形。

4. 贷款诈骗罪中相关情况的认定

（1）行为人虽然没有使用欺骗方法，客观上的贷款条件与程序等完全符合相关规定，但行为人在贷款过程中，以非法占有为目的，隐瞒了通过事后转移贷款、担保物或者携款潜逃等拒不归还贷款的意图，从而骗取贷款的，属于"骗取贷款"，成立贷款诈骗罪；

（2）行为人合法取得贷款后，由于某种原因不能还本付息，采取欺骗手段将用于贷款的抵押物隐匿、转移、使贷款人不能对抵押物行使权利的，不能认定为贷款诈骗罪；

（3）如果欺骗手段使贷款人产生认识错误，进而做出免除债务的处分，则成立普通诈骗罪（骗取财产性利益）；

（4）行为人开始没有非法占有的目的，合法取得贷款后，又产生非法占有的目的，拒不还本付息，但没有采取欺骗方法使贷款人免除其还本付息义务的，不成立贷款诈骗罪，也不成立侵占罪与诈骗罪，只宜作为民事案件处理；

（5）对于合法取得贷款后，没有按规定的用途使用贷款，到期没有归还贷款的，不能以贷款诈骗罪定罪处罚，也不能以骗取贷款罪论处；

（6）因不具备贷款的条件而采取了欺骗手段获取贷款，案发时有能力履行还贷义务，或者案发时不能归还贷款是因为意志以外的原因，如因经营不善、被骗、市场风险等，不应以贷款诈骗罪定罪处罚，只能认定为骗取贷款罪；

（7）假借他人名义贷款并占有贷款，使他人成为贷款人的，成立贷款诈骗罪。

5. 贷款诈骗罪中的共犯问题

（1）银行工作人员利用其管理信贷的职务便利，以假冒他人名义或者虚构姓名等方式骗取、侵吞本单位贷款归个人占有的，定贪污罪或者职务侵占罪。

（2）普通公民与银行工作人员勾结的，需分情形讨论：

❶若普通公民甲与银行负责贷款的工作人员勾结，以非法占有为目的获取贷款的，不成立贷款诈骗罪（因为不存在诈骗），认定为贪污、职务侵占等罪的共同犯罪；

❷若普通公民甲与银行的乙（领导，贷款最终决定者）勾结，欺骗了信贷员与部门审核人员，以非法占有为目的获取贷款的，不成立贷款诈骗罪（因为作出处分行为的乙不存在被骗的情况），应认定为贪污、职务侵占等罪的共同犯罪；

❸若普通公民甲与银行的丙（信贷员或者部门审核人员）勾结，以非法占有为目的，共同欺骗分管领导乙（贷款最终决定者），使其产生认识错误并核准贷款的，既触犯贷款诈骗罪的共同犯罪，又触犯了贪污罪（或职务侵占罪）的共同犯罪，想象竞合，以重罪的共同犯罪论处；

❹普通公民甲与银行工作人员乙相勾结，使用伪造的银行存单，骗取银行巨额存款的，甲、乙构成金融凭证诈骗罪。

6. 贷款诈骗罪与诈骗罪的关系

贷款诈骗罪的"数额较大"是指2万元以上，没有达到追诉标准的，构成诈骗罪既遂或者贷款诈骗罪未遂。

7. 合同诈骗罪中"非法占有目的"既可以存在于签订合同时，也可以存在于履行合同的过程中，但非法占有目的必须存在于诈骗行为时；产生非法占有目的后并未实施诈骗行为的，不能成立合同诈骗罪。

8. 合同诈骗罪中"收受对方当事人给付的货物、货款、预付款或者担保财产后逃匿的"情形比较特殊：

（1）非法占有目的必须产生于"收受对方当事人给付的货物、货款、预付款或者担保财产"之前。

（2）如果行为人收受对方当事人给付的货物、货款、预付款或者担保财产后，才产生非法占有目的，进而逃匿的，那么，如果对方尚未转移所有权的，行为人成立侵占罪；如果对方已经转移所有权的，此后除据为己有外并没有实施其他犯罪行为的，行为人不成立任何犯罪。

（3）如果收受了对方已经转移所有权的财产后，产生非法占有目的，并通过欺骗方法免除自己的债务的，则是新的（合同）诈骗行为。此时的诈骗对象并不是先前的财产，而是免除债务这一财产性利益。

9. 合同诈骗罪中如果行为人具有非法占有目的，并不履行合同所要求的义务，即使表面上为被害人实施了某种行为或者存在交易行为，也能成立合同诈骗罪。

［例1］甲曾经在旅行社工作，冒充旅行社工作人员与乙签订了为乙等人办理去某国签证的合同。按合同要求，乙先支付甲2万元。甲虽然声称自己向旅行社打过一次电话咨询此事，但除此之外没有做任何事情，并且在明知自己不能办理的情况下，要求乙支付剩余的2万元。甲成立合同诈骗罪。

［例2］甲、乙共谋利用虚假身份信息向汽车租赁公司租车，然后虚构事实用所租汽车质押借款骗取他人现金。甲、乙冒用丙的名义与汽车租赁公司签订汽车租赁合同并支付押金1万元，租得本田轿车一辆（价值140 807元）。后又以丁为名伪造了该本田轿车的机动车销售发票、机动车登记证书以及名为丁的身份证，以丁的名义出具虚假借条，约定借款12万元、为期3个月，并以该本田轿车质押给戊，最终实际骗得戊现金11.4万元，案发后，涉案轿车被汽车租赁公司自行找回（车内设置GPS导航）。甲、乙利用虚假身份信息向汽车租赁公司租车的行为，构成合同诈骗罪；汽车租赁公司在甲、乙犯罪既遂后挽回自己损失的，不影响成立犯罪既遂。甲、乙冒用他人名义与出借人约定了利息、违约金，也以虚假的产权证明作担保，但从合同内容以及双方当事人的主体地位来看，难以认为甲、乙的行为扰乱了市场秩序，故不宜认定为合同诈骗罪，而宜认定为普通诈骗罪。对甲、乙的行为实行数罪并罚原本并无不当之处，但由于我国刑法分则规定的法定刑过重，又由于这类案件越来越多，即可以认为甲、乙的手段行为与目的行为之间具有通常的类型性，因此，以牵连犯从一重罪处罚是可以接受的。

▶ 真题链接

2019/主（《刑法》第193、224条）

重点法条 ⑬ ▶ 故意杀人罪、故意伤害罪

☞ **第232条** ［故意杀人罪］ 故意杀人的，处死刑、无期徒刑或者10年以上有期徒刑；情节较轻的，处3年以上10年以下有期徒刑。

☞ **第234条** ［故意伤害罪］　故意伤害他人身体的，处3年以下有期徒刑、拘役或者管制。

犯前款罪，致人重伤的，处3年以上10年以下有期徒刑；致人死亡或者以特别残忍手段致人重伤造成严重残疾的，处10年以上有期徒刑、无期徒刑或者死刑。本法另有规定的，依照规定。

▶ 关联法条

第95条 ［重伤］　本法所称重伤，是指有下列情形之一的伤害：

（一）使人肢体残废或者毁人容貌的；

（二）使人丧失听觉、视觉或者其他器官机能的；

（三）其他对于人身健康有重大伤害的。

第121条 ［劫持航空器罪］　以暴力、胁迫或者其他方法劫持航空器的，处10年以上有期徒刑或者无期徒刑；致人重伤、死亡或者使航空器遭受严重破坏的，处死刑。

第234条之一第2款 ［组织出卖人体器官罪］　未经本人同意摘取其器官，或者摘取不满18周岁的人的器官，或者强迫、欺骗他人捐献器官的，依照本法第234条、第232条的规定定罪处罚。

第238条第2款 ［非法拘禁罪］　犯前款罪，致人重伤的，处3年以上10年以下有期徒刑；致人死亡的，处10年以上有期徒刑。使用暴力致人伤残、死亡的，依照本法第234条、第232条的规定定罪处罚。

第247条 ［刑讯逼供罪、暴力取证罪］　司法工作人员对犯罪嫌疑人、被告人实行刑讯逼供或者使用暴力逼取证人证言的，处3年以下有期徒刑或者拘役。致人伤残、死亡的，依照本法第234条、第232条的规定定罪从重处罚。

第248条第1款 ［虐待被监管人罪］　监狱、拘留所、看守所等监管机构的监管人员对被监管人进行殴打或者体罚虐待，情节严重的，处3年以下有期徒刑或者拘役；情节特别严重的，处3年以上10年以下有期徒刑。致人伤残、死亡的，依照本法第234条、第232条的规定定罪从重处罚。

第289条 ［对聚众"打砸抢"行为的处理规定］　聚众"打砸抢"，致人伤残、死亡的，依照本法第234条、第232条的规定定罪处罚。毁坏或者抢走公私财物的，除判令退赔外，对首要分子，依照本法第263条的规定定罪处罚。

第292条第2款 ［聚众斗殴罪］　聚众斗殴，致人重伤、死亡的，依照本法第234条、第232条的规定定罪处罚。

第333条 ［非法组织卖血罪；强迫卖血罪］　非法组织他人出卖血液的，处5年以下有期徒刑，并处罚金；以暴力、威胁方法强迫他人出卖血液的，处5年以上10年以下有期徒刑，并处罚金。

［故意伤害罪］　有前款行为，对他人造成伤害的，依照本法第234条的规定定罪处罚。

▶ 真题链接

2017/4/2；2016/4/2；2015/4/2；2011/4/2（5）；2010/4/2（2）；2009/4/2；2007/4/2（5）（《刑法》第232条）

2002/4/1（《刑法》第234条）

▶ 考点剖析

1. 故意杀人罪的认定

（1）对于教唆、帮助自杀的行为，如

果认为自杀行为具有违法性，那么，教唆、帮助自杀的行为成立故意杀人罪。

（2）将故意杀人行为作为结果加重犯，仅定原罪一罪。如抢劫罪、强奸罪。

（3）属于法律拟制的故意杀人罪：根据《刑法》第238条（非法拘禁罪）、第247条（刑讯逼供罪、暴力取证罪）、第248条（虐待被监管人罪）、第289条（聚众"打砸抢"行为）、第292条（聚众斗殴罪）的规定，对非法拘禁使用暴力致人死亡的，刑讯逼供或暴力取证致人死亡的，虐待被监管人致人死亡的，聚众"打砸抢"致人死亡的，聚众斗殴致人死亡的，应以故意杀人罪论处。这些条文属于拟制规定，而非注意规定。

（4）按想象竞合犯，从一重罪论处。

❶非法拘禁、诬告陷害、徇私枉法、劫持航空器等行为具有导致被害人死亡的可能性，行为人对此有认识的，或者在寻衅滋事中致人死亡的，成立相关犯罪与故意杀人罪的想象竞合犯；

❷以放火、爆炸、投放危险物质等危险方法杀人，危害公共安全的以及在实施抗税行为过程中，致人死亡的，属于想象竞合犯，择一重罪（故意杀人罪）处罚。

（5）未经本人同意摘取其器官，或者摘取不满18周岁的人的器官，或者强迫、欺骗他人捐献器官，致人死亡或者具有致人死亡危险，行为人对死亡结果有故意（包括间接故意）的，应当认定为故意杀人罪。

（6）数罪并罚

行为人在实施其他犯罪行为完毕之后，杀人灭口的，将原罪与故意杀人罪并罚（例外的是，绑架杀害被绑架人的，仅定绑架罪一罪）。此外，对于其他犯罪，如犯组织、领导、参加黑社会性质组织罪，又实施故意杀人行为的，数罪并罚。

2. 故意伤害罪的认定

（1）由于自伤行为不具有违法性，所以教唆、帮助自伤的行为，亦不具有违法性。

（2）法律拟制与想象竞合犯

❶法律拟制：非法拘禁使用暴力致人伤残的；刑讯逼供或者暴力取证致人伤残的；虐待被监管人致人伤残的；聚众"打砸抢"致人伤残的；聚众斗殴致人重伤的；非法组织或者强迫他人出卖血液造成伤害的（要求重伤以上结果），法律拟制为故意伤害罪。

❷想象竞合犯：暴力危及飞行安全罪；妨害公务罪；抗税罪；暴力干涉婚姻自由罪。在实施这些犯罪时，故意伤害致人重伤，则不再以这些罪论处（因为这些罪的法定刑过轻），而应以故意伤害罪（重伤）论处。

3. 故意伤害罪的法定刑选择

（1）行为人出于重伤意图但没有造成任何伤害的案件，应当适用该条第1款的法定刑（3年以下有期徒刑、拘役或者管制），同时适用总则关于未遂犯的规定。

（2）行为人出于重伤意图但却造成轻伤的案件，应当认定为故意伤害轻伤的既遂，适用该条第1款的法定刑，不再适用总则关于未遂犯的规定。

（3）行为人出于杀人故意，以特别残忍的手段杀人但没有造成死亡结果，只是致人重伤造成严重残疾的，属于故意杀人未遂与本罪本项"以特别残忍手段致人重伤造成严重残疾"的想象竞合。

4. 故意伤害（致人死亡）罪的理解

故意伤害致死的成立，首先要求伤害行为与死亡结果之间具有直接性因果关系，即要么是伤害行为直接造成死亡结果，要么是伤害行为造成了伤害结果，进而由伤害结果引起死亡。需要注意的是，在被害人存在特殊体质或者患有特殊疾病的情况下，由普通伤害行为引发死亡结果的，不宜认定为故意伤害致死。如果行为人对死亡有过失的，应认定为普通的故意伤害罪与过失致人死亡罪，想象竞合。

命题展望

1. 故意杀人罪、故意伤害罪属于刑法分则中的基础罪名，尤其要注意法律拟制、想象竞合的情形。

2. 不出意外的话，上述两罪还会和其他财产犯罪、人身犯罪结合在一起考查，请考生格外注意。

重点法条 14 ▶ 强奸罪

☞ **第236条**［强奸罪］ 以暴力、胁迫或者其他手段强奸妇女的，处3年以上10年以下有期徒刑。

奸淫不满14周岁的幼女的，以强奸论，从重处罚。

强奸妇女、奸淫幼女，有下列情形之一的，处10年以上有期徒刑、无期徒刑或者死刑：

（一）强奸妇女、奸淫幼女情节恶劣的；

（二）强奸妇女、奸淫幼女多人的；

（三）在公共场所当众强奸妇女的；

（四）2人以上轮奸的；

（五）致使被害人重伤、死亡或者造成其他严重后果的。

关联法条

《最高人民法院、最高人民检察院、公安部、司法部关于依法惩治性侵害未成年人犯罪的意见》

19. 知道或者应当知道对方是不满14周岁的幼女，而实施奸淫等性侵害行为的，应当认定行为人"明知"对方是幼女。

对于不满12周岁的被害人实施奸淫等性侵害行为的，应当认定行为人"明知"对方是幼女。

对于已满12周岁不满14周岁的被害人，从其身体发育状况、言谈举止、衣着特征、生活作息规律等观察可能是幼女，而实施奸淫等性侵害行为的，应当认定行为人"明知"对方是幼女。

20. 以金钱财物等方式引诱幼女与自己发生性关系的；知道或者应当知道幼女被他人强迫卖淫而仍与其发生性关系的，均以强奸罪论处。

21. 对幼女负有特殊职责的人员与幼女发生性关系的，以强奸罪论处。

对已满14周岁的未成年女性负有特殊职责的人员，利用其优势地位或者被害人孤立无援的境地，迫使未成年被害人就范，而与其发生性关系的，以强奸罪定罪处罚。

22. 实施猥亵儿童犯罪，造成儿童轻伤以上后果，同时符合刑法第234条或者第232条的规定，构成故意伤害罪、故意杀人罪的，依照处罚较重的规定定罪处罚。

对已满14周岁的未成年男性实施猥亵，造成被害人轻伤以上后果，符合刑法第234

条或者第232条规定的，**以故意伤害罪或者故意杀人罪定罪处罚**。

23. 在校园、游泳馆、儿童游乐场等公共场所对未成年人实施强奸、猥亵犯罪，**只要有其他多人在场，不论在场人员是否实际看到**，均可以依照刑法第236条第3款、第237条的规定，认定为**在公共场所"当众"强奸妇女、强制猥亵、侮辱妇女、猥亵儿童**。

24. **介绍、帮助他人奸淫幼女、猥亵儿童的，以强奸罪、猥亵儿童罪的共犯论处**。

▶ 真题链接

2003/4/1（《刑法》第236条）

▶ 考点剖析

1. 强奸罪的加重处罚情节的理解

（1）强奸妇女、奸淫幼女情节恶劣的。

（2）强奸妇女、奸淫幼女多人的。

【说明】 强奸妇女、奸淫幼女的被害人总数达到3人以上的，应认定为强奸妇女、奸淫幼女多人。多次强奸妇女或者奸淫幼女，但被害人没有达到3人的，只能认定为情节恶劣。

（3）在公共场所当众强奸妇女的。

【说明】

❶只要在不特定或者众人可能看到、感觉到的公共场所强奸妇女，就属于在公共场所"当众"强奸妇女。比如，行为人在公共女厕所内强奸妇女，女厕所外有许多人听见或者感觉到行为人正在强奸妇女的，属于"在公共场所当众强奸妇女"。

❷"当众强奸"中的"众"不应当包括行为人。

（4）2人以上轮奸的。

【说明】 轮奸是指二男以上在同一时间段内，共同对同一妇女（或者幼女）连续地轮流或者同时强奸（或奸淫）的行为。轮奸是强奸罪的特殊形式（共同正犯）。轮奸不是量刑规则而是加重的犯罪构成。

[例1] 已满16周岁的甲与不满14岁的乙共同轮奸妇女，在不法层面就是共同正犯，对甲仍然适用轮奸的法定刑。

[例2] 甲使用暴力使丙女丧失反抗能力并奸淫丙女。随后让没有参与前行为的乙强奸没有反抗能力的丙女。不管乙是否知情，乙都不能对甲的强奸行为负责，但甲应当对乙的强奸承担共同正犯的责任。对甲适用轮奸的法定刑，对乙仅适用普通强奸罪的规定。

[例3] 甲乘丙女熟睡之机强奸丙女后，又唆使乙强奸丙女，乙接受教唆使用暴力强奸丙女。甲虽然要对乙的强奸行为负教唆犯的责任，但不承担轮奸的责任。

[例4] 甲与乙以轮奸犯意共同对丙女实施暴力，但均未得逞的，应认定为轮奸未遂，适用轮奸的法定刑，同时适用未遂犯的从宽处罚规定。

[例5] 甲与乙以轮奸犯意共同对丙女实施暴力，甲奸淫后，乙放弃奸淫或者由于意志以外的原因未得逞的，虽然也成立轮奸未遂，但同时要认定甲、乙二人强奸既遂（轮奸未遂与强奸既遂的想象竞合）。

[例6] 甲、乙、丙以轮奸的犯意对丁女实施暴力，甲、乙均奸淫了丁，丙"中止"了自己的行为，甲、乙、丙均适用轮奸的法定刑。

[例7] 甲、乙共谋轮奸丁，丙知情后

将被害人骗到现场但自己不参与轮奸行为，甲、乙、丙均适用轮奸的法定刑，但是丙属于从犯。

（5）致使被害人重伤、死亡或者造成其他严重后果的。

❶"致使被害人重伤、死亡"是指强奸行为导致被害人性器官严重损伤，或者造成其他严重伤害，甚至当场死亡或者经抢救无效死亡（不包括被害人事后自杀身亡）；

❷"造成其他严重后果"是指被害人怀孕或者被害人自杀等。

2. 强奸罪的罪数问题

（1）行为人在强奸的过程中，因为使用暴力压制反抗或者因为强奸行为粗暴致使被害人重伤、死亡或者造成其他严重后果的，属于强奸罪的结果加重犯，以强奸罪一罪定罪处罚；

（2）行为人在强奸之后或者实施强奸的过程中，为了杀人灭口或者泄愤报复或者满足变态心理，又对被害人实施杀害、伤害行为的，应当以强奸罪与故意杀人罪、故意伤害罪数罪并罚；

（3）收买被拐卖的妇女后实施强奸行为的，应当数罪并罚。（另注意：收买被拐卖的妇女后，实施了非法拘禁、故意伤害行为的，也应当数罪并罚）

▶命题展望

强奸罪属于刑法分则重点罪名，应格外注意其法定刑升格条件，以及其与拐卖妇女儿童罪，收买被拐卖的妇女、儿童罪的关系。

重点法条 ⑮ ▶ 非法拘禁罪

☞ **第238条** ［非法拘禁罪］　非法拘禁他人或者以其他方法非法剥夺他人人身自由的，处3年以下有期徒刑、拘役、管制或者剥夺政治权利。具有殴打、侮辱情节的，从重处罚。

犯前款罪，致人重伤的，处3年以上10年以下有期徒刑；致人死亡的，处10年以上有期徒刑。使用暴力致人伤残、死亡的，依照本法第234条、第232条的规定定罪处罚。

为索取债务非法扣押、拘禁他人的，依照前两款的规定处罚。国家机关工作人员利用职权犯前三款罪的，依照前三款的规定从重处罚。

▶关联法条

《最高人民检察院关于渎职侵权犯罪案件立案标准的规定》　国家机关工作人员利用职权非法拘禁，涉嫌下列情形之一的，应予立案：

1. 非法剥夺他人人身自由24小时以上的；

2. 非法剥夺他人人身自由，并使用械具或者捆绑等恶劣手段，或者实施殴打、侮辱、虐待行为的；

3. 非法拘禁，造成被拘禁人轻伤、重伤、死亡的；

4. 非法拘禁，情节严重，导致被拘禁人自杀、自残造成重伤、死亡，或者精神失常的；

5. 非法拘禁3人次以上的；

6. 司法工作人员对明知是没有违法犯罪事实的人而非法拘禁的；

7. 其他非法拘禁应予追究刑事责任的情形。

《最高人民法院、最高人民检察院、公安部、司法部关于办理实施"软暴力"的刑事案件若干问题的意见》 六、有组织地多次短时间非法拘禁他人的，应当认定为《刑法》第238条规定的"以其他方法非法剥夺他人人身自由"。非法拘禁他人3次以上、每次持续时间在4小时以上，或者非法拘禁他人累计时间在12小时以上的，应当以非法拘禁罪定罪处罚。

《最高人民法院关于对为索取法律不予保护的债务非法拘禁他人行为如何定罪问题的解释》 行为人为索取高利贷、赌债等法律不予保护的债务，非法扣押、拘禁他人的，依照刑法第238条的规定（非法拘禁罪）定罪处罚。

▷ 真题链接

2018/主；2017/4/2；2007/4/2（2）；2003/4/1（《刑法》第238条）

▷ 考点剖析

1. 保护法益：他人人身自由

如果行为人的行为没有侵犯他人人身自由也不可能成立非法拘禁罪。例如，为了索取债务非法扣押、拘禁他人刚出生不久的婴儿的，不成立非法拘禁罪，可能成立拐骗儿童罪。

2. 非法拘禁过程中致人重伤、死亡的定性

（1）非法拘禁罪的转化犯（法律拟制）——转化为故意杀人罪、故意伤害罪。非法拘禁过程中，"使用暴力致人伤残、死亡的"，以故意伤害罪、故意杀人罪定罪处罚。

❶ 主观情形

这里的致人伤残、死亡，是指过失行为，这是法律拟制。行为人在构成非法拘禁罪的前提下，如果使用暴力过失致人伤残、死亡，最终只以故意伤害罪、故意杀人罪论处；如果使用暴力故意重伤或杀害被害人，则应以非法拘禁罪和故意伤害罪（或故意杀人罪）并罚。

❷ 该款要求伤残、死亡与暴力行为之间具有因果关系。

（2）结果加重犯

如果行为人在非法拘禁过程中拘禁行为本身过失致人重伤、死亡的，仅定非法拘禁罪一罪，但构成该罪的结果加重犯。

[例] 非法拘禁会引起警方的解救行为，故正常的解救行为造成被害人伤亡的，具备直接性要件，应将伤亡结果归责于非法拘禁者，成立结果加重犯。当然，如果警方判断失误，导致其解救行为造成被拘禁者伤亡的，则不能认定为结果加重犯。

（3）情形总结

❶ 非法拘禁本身故意致人轻伤：非法拘禁罪与故意伤害罪，想象竞合；

❷ 非法拘禁本身故意致人重伤：非法拘禁罪与故意伤害罪，想象竞合；

❸ 非法拘禁本身故意致人死亡：非法拘禁罪与故意杀人罪，想象竞合；

❹ 非法拘禁本身过失致人轻伤：非法拘禁罪一罪；

❺非法拘禁本身过失致人重伤：非法拘禁罪结果加重犯；

❻非法拘禁本身过失致人死亡：非法拘禁罪结果加重犯；

❼非法拘禁之后过失致人轻伤：非法拘禁罪一罪；

❽非法拘禁之后过失致人重伤：数罪并罚；

❾非法拘禁之后过失致人死亡：数罪并罚；

❿非法拘禁之后暴力过失致人伤残：拟制为故意伤害罪一罪；

⓫非法拘禁之后暴力过失致人死亡：拟制为故意杀人罪一罪；

⓬非法拘禁之后暴力故意致人轻伤：非法拘禁罪与故意伤害罪，数罪并罚；

⓭非法拘禁之后暴力故意致人重伤：非法拘禁罪与故意伤害罪，数罪并罚；

⓮非法拘禁之后暴力故意致人死亡：非法拘禁罪与故意杀人罪，数罪并罚。

3. 为索取债务而非法扣押、拘禁他人的，以非法拘禁罪论处。根据司法解释的规定，对此应作如下理解：

（1）债务的性质：不仅限于合法债务，还包括非法债务。但是有限制：

❶虽然是非法债务，也应有事由或根据，不能是完全凭空捏造的债务或制造骗局设立的债务。

❷索取的数额不能远远超出债务本身数额。相关司法解释规定："债务包括高利贷、赌债等法律不予保护的债务，但必须是双方都认可的债务，而非单方主张的债务。"

（2）行为人索取的数额如果超过债务部分数额很大，应将超出部分以绑架罪论处。

（3）索取的对象不限于债务人本人，包括与债务人有共同财产关系、扶养、抚养关系的第三者。如果针对与债务人没有共同财产关系、扶养、抚养关系的第三者实施非法扣押、拘禁的，则成立绑架罪。但是，故意制造骗局使他人欠债，然后以索债为由扣押被害人作为人质，要求被害人近亲属偿还债务的，成立绑架罪。比如：

❶拘禁债务人亲属，向债务人索债。

❷拘禁债务人，向其亲属索债。这里的亲属仅包括具有共同财产关系、扶养、抚养关系的亲属，也即夫妻、父母、子女等关系。

❸拘禁债务人，向债务人本人索债。

（4）索债时方式方法过当，有可能成立绑架罪，包括：拘禁与债务人无直接关系的人，以杀害、严重伤害他人相要挟索取债务的，成立绑架罪。

（5）命题人认为，"为索取债务而非法扣押、拘禁他人的，以非法拘禁罪论处。"应该作如下理解：

❶如果行为人为索取法律保护的债务，而非法扣押、拘禁他人的，成立非法拘禁罪。

❷如果为索取法律不予保护的债务，而非法扣押、拘禁他人的，但不以杀害、伤害等相威胁，声称只要还债便放人的，也成立非法拘禁罪。

❸如果为索取法律不予保护的债务或者单方面主张的债务，以实力支配、控制被害人后，以立即杀害、重伤害被害人相威胁的，则可能成立绑架罪（向第三人提出不法要求）或者抢劫罪（直接向被害人

非法索取财物）。但此观点在以往司法考试中尚未被接受。

▣ 命题展望

1. 非法拘禁罪是历年主观题的热门罪名，考生一定要掌握透彻。

2. 注意对非法拘禁过程中，"使用暴力致人伤残、死亡的"这一法律拟制的理解。

重点法条 16 ▶ 绑架罪

☞ **第239条** [绑架罪] 以勒索财物为目的绑架他人的，或者绑架他人作为人质的，处10年以上有期徒刑或者无期徒刑，并处罚金或者没收财产；情节较轻的，处5年以上10年以下有期徒刑，并处罚金。

犯前款罪，杀害被绑架人的，或者故意伤害被绑架人，致人重伤、死亡的，处无期徒刑或者死刑，并处没收财产。

以勒索财物为目的偷盗婴幼儿的，依照前两款的规定处罚。

▣ 关联法条

《最高人民法院关于审理抢劫、抢夺刑事案件适用法律若干问题的意见》第9条第3项 绑架过程中又当场劫取被害人随身携带财物的，同时触犯绑架罪和抢劫罪两罪名，应择一重罪定罪处罚。

▣ 真题链接

2017/4/2；2007/4/2(1)(《刑法》第239条)

▣ 考点剖析

1. 绑架罪的责任要件

（1）要求具有利用第三人对人质担忧的意思。

【注意】该意思不要求在客观上表现。也即，只要行为人主观上具有该意思即可，

不要求实施该意思（向第三人告知人质被绑架的事实），更不要求实现该意思（导致第三人对人质产生担忧）。

[例1] 甲持刀将乙逼入山中，让乙通知其母送钱赎人。乙担心其母心脏病发作，遂谎称开车撞人，需付5万元治疗费，其母信以为真。甲成立绑架罪。

（2）行为人不具备这一意思，在以实力控制被害人后，让被害人隐瞒被控制的事实向亲属打电话索要财物的，不成立绑架罪（视行为性质认定为抢劫罪、非法拘禁罪）。但是，行为人以实力控制他人后，让被害人告知近亲属自己被绑架的，成立绑架罪。

[例2] 甲劫持了乙，向乙要钱，乙没有钱，甲要求乙向家人打电话要钱，并要求乙隐瞒被劫持的事实。甲没有利用乙家人担忧的意思，不构成绑架罪，而构成抢劫罪。

[例3] 甲为了报复乙，于是将乙非法拘禁若干天，发现乙家境富裕，产生了向乙的家人勒索财物的目的，但是此目的必须在客观上表现出来，否则亦无法给甲定绑架罪。如果甲表现出来，比如，向乙的家人勒索财物，则甲成立非法拘禁罪与绑架罪，数罪并罚。

[例4] 被告人甲欠了丙巨额债务，无

钱归还，便到当地富翁乙的家中，控制了乙的妻女。期间，甲携带了刀具，但是没有使用也没有显示所带刀具。甲要求乙的妻子给乙打电话，让乙为甲准备470万元人民币，后乙为了救自己的妻女，就给了甲470万元，但甲给乙写了一张借470万元的借条。甲仍然具有非法占有目的，其行为仍然成立绑架罪。

2. 重要问题的定性

（1）绑架行为本身过失致人死亡的，成立绑架罪与过失致人死亡罪的想象竞合，而不再属于结果加重犯。绑架行为过失致人死亡，但绑架行为没有达到以实力控制被害人程度的，成立绑架未遂与过失致人死亡的想象竞合，也不成立结果加重犯。

（2）杀害被绑架人的理解

❶杀害被绑架人包括两种情形：绑架既遂＋杀害、绑架未遂＋杀害。在后一种情形下，不得适用未遂犯的规定。

❷此外，杀害被绑架人的犯意，既可以产生在实施绑架行为之前（如打算在勒索财物后杀害被绑架人，或者计划在自己确实不能以实力控制被害人时杀害被绑架人），也可以产生于着手实施绑架行为后以及绑架既遂之后。

❸杀人的故意既包括直接故意也包括间接故意。

（3）杀害被绑架人未遂的，应当将绑架罪与故意杀人（未遂）罪实行并罚。

（4）对于绑架杀人中止的，应当将绑架罪与故意杀人的中止犯实行并罚，这样有利于鼓励绑架犯中止杀人行为。如果中止前的杀人行为已经造成重伤，则依然适用"故意伤害被绑架人，致人重伤"的规定，中止行为可以作为酌定从宽处罚的情节，而不至于适用死刑。

（5）《刑法》第239条第2款关于"故意伤害被绑架人，致人重伤、死亡"的规定，是指既遂而言，而不包括未遂的情形。也即指行为人在着手绑架后的过程中对被绑架人故意实施伤害行为，并造成重伤或者死亡。换言之，对于伤害未遂或者仅造成轻伤的场合，应当实行数罪并罚。

（6）《刑法》第239条第2款没有将强奸、强制猥亵被绑架人作为升格条件，故可以肯定的是，行为人绑架妇女后对妇女实施普通强奸或者普通强制猥亵行为的，必须实行并罚。

（7）如果不是以勒索财物为目的将被害人杀死，而是基于其他原因杀害他人，然后以绑架被害人为名，向被害人亲属勒索财物，应当以故意杀人罪、敲诈勒索罪（或诈骗罪）实行数罪并罚。但是行为人实施了绑架行为，因未勒索到财物或者出于其他原因杀害被绑架人后，再次掩盖事实勒索赎金的，分别成立绑架罪、敲诈勒索罪与诈骗罪的包括一罪，应当并罚。

3. 绑架罪（短缩的二行为犯）的既遂标准：控制人质。

4. 绑架罪的结合犯

绑架过程中杀害被绑架人的，或者故意伤害被绑架人，致人重伤、死亡的，处无期徒刑或者死刑，并处没收财产。

5. 情形总结

（1）绑架行为本身故意致人轻伤：绑架罪与故意伤害罪，想象竞合；

（2）绑架行为之后故意致人轻伤：绑架罪与故意伤害罪，数罪并罚；

（3）绑架行为本身或者之后故意致人重伤：属于绑架后故意伤害被绑架人，致人重伤，结合为一个罪；

（4）绑架行为本身或者之后故意致人死亡：属于绑架后故意杀害被绑架人，结合为一个罪；

（5）绑架行为本身暴力过失致人轻伤：属于绑架罪一个罪；

（6）绑架行为本身过失致人重伤：绑架罪与过失致人重伤罪，想象竞合；

（7）绑架行为本身过失致人死亡：绑架罪与过失致人死亡罪，想象竞合；

（8）绑架行为本身或者之后故意伤害致人重伤：属于绑架后故意伤害被绑架人，致人重伤，结合为一个罪；

（9）绑架行为本身或者之后故意伤害致人死亡：属于绑架后故意伤害被绑架人，致人死亡，结合为一个罪。

6. 常见情形

[例5] 甲为勒索财物，打算绑架富商之子吴某（5岁）。甲欺骗乙、丙说："富商欠我100万元不还，你们帮我扣押其子，成功后给你们每人10万元。"乙、丙将吴某扣押，但甲无法联系上富商，未能进行勒索。3天后，甲让乙、丙将吴某释放。吴某一人在回家路上溺水身亡。甲成立绑架罪既遂，乙、丙成立非法拘禁的共同犯罪既遂。吴某的死亡与甲、乙、丙的行为无因果关系。

[例6] 甲控制人质时因捆绑太紧过失致被害人死亡，属于绑架罪与过失致人死亡罪的想象竞合。

[例7] 甲将被害人绑架至山顶的小屋，岂料狂风暴雨，山洪暴发，屋子坍塌，

被害人被砸死。绑架罪属于继续犯，本案中绑架的场所是行为人甲可以选择的，场所的危险性当然要由甲负责，如果甲有过失，就可以认定为绑架致人死亡，即绑架罪与过失致人死亡罪的想象竞合。

[例8] 甲绑架乙后，开车寻找新的藏匿地点，但是路上违章导致乙被撞死亡。甲构成绑架罪与交通肇事罪，数罪并罚。

[例9] 绑架人在看守被绑架人时，因随手扔烟头导致火灾，造成被绑架人死亡的，不属于绑架致人死亡，应以绑架罪与失火罪论处。

[例10] 甲绑架乙后，让丙看守乙，丙睡后因烟头引起火灾烧死乙。该情形不属于绑架致人死亡，应以绑架罪与过失致人死亡罪（或失火罪）论处。

[例11] 甲绑架乙，乙翻窗逃亡时被楼上掉下的花盆砸死，不属于绑架致人死亡。

[例12] 甲欲绑架乙，乙激烈反抗，甲一怒之下杀死了乙，然后向乙的亲属勒索财物。甲成立绑架罪既遂，并适用"杀害被绑架人"的法定刑。

[例13] 甲绑架并实力控制人质后，向第三人勒索财物，未成功，遂杀害人质。甲成立绑架罪既遂，并适用"杀害被绑架人"的法定刑。

[例14] 甲绑架并实力控制人质后，向第三人勒索财物，成功后，为了灭口而杀害人质。甲成立绑架罪既遂，并适用"杀害被绑架人"的法定刑。

[例15] 甲绑架乙后，出于保护自己的目的杀害了乙，并掩盖事实向乙的亲属勒索赎金，甲成立绑架罪（并适用"杀害被绑架人"的法定刑）、敲诈勒索与诈骗

罪（二者想象竞合），数罪并罚。

[例16] 甲绑架并伤害被绑架人致其重伤，属于绑架罪中的"故意伤害被绑架人，致人重伤、死亡"。

[例17] 甲男（15周岁）与乙女（16周岁）因缺钱，共同绑架富商之子丙，成功索得50万元赎金。甲担心丙将来可能认出他们，提议杀丙，乙同意。乙给甲一根绳子，甲用绳子勒死丙。对甲以故意杀人罪论处，对乙以绑架罪论处（适用"杀害被绑架人"的规定），二人成立故意杀人罪的共同犯罪。

7. 绑架罪与抢劫罪

司法解释规定，绑架过程中又当场劫取被害人随身携带财物的，同时触犯绑架罪和抢劫罪两个罪名，应择一重罪定罪处罚。但命题人认为这一结论并不合理（或者只是一种特殊情况），那么其他类似情况就应该数罪并罚。

[例18] 命题人认为，绑架被害人，在实际控制被害人后，又强行劫取被害人财物的，成立绑架罪与抢劫罪，应当并罚。

[例19] 在抢劫过程中（或既遂后）实施绑架行为的，也应以抢劫罪与绑架罪，数罪并罚。

[例20] 在绑架的过程中，不是抢劫财物，而是故意毁坏财物，那么也应以绑架罪与故意毁坏财物罪，数罪并罚。

[例21] 绑架被害人至某房间后，乘被害人睡觉窃取其财物的，以绑架罪与盗窃罪，数罪并罚。

[例22] 乙带着女儿丙（4岁）逛街。甲一把将丙劫持过来，用刀架在丙肩膀上，威胁乙："不给10万元，就要孩子的命！"甲成立绑架罪与抢劫罪，想象竞合。

[例23] 甲闯入银行营业厅挟持客户王某，以杀害王某相要挟，迫使银行职员交给自己20万元。甲成立绑架罪与抢劫罪，想象竞合。

[例24] 命题人认为，甲以勒索财物为目的绑架乙后，打电话威胁乙的亲属丙说："如不交付赎金便杀害乙。"甲的行为对乙成立绑架罪，对丙成立抢劫罪，数罪并罚。

▶ 命题展望

1. 绑架罪容易与非法拘禁罪、抢劫罪对比考查。

2. 格外注意掌握绑架罪与故意杀人罪、故意伤害罪的结合情形。

重点法条⑰ ▶ 抢劫罪

☞ 第263条 [抢劫罪] 以暴力、胁迫或者其他方法抢劫公私财物的，处3年以上10年以下有期徒刑，并处罚金；有下列情形之一的，处10年以上有期徒刑、无期徒刑或者死刑，并处罚金或者没收财产：

（一）入户抢劫的；

（二）在公共交通工具上抢劫的；

（三）抢劫银行或者其他金融机构的；

（四）多次抢劫或者抢劫数额巨大的；

（五）抢劫致人重伤、死亡的；

（六）冒充军警人员抢劫的；

（七）持枪抢劫的；

（八）抢劫军用物资或者抢险、救灾、救济物资的。

☞ **第267条第2款**［抢劫罪］ 携带凶器抢夺的，依照本法第263条（抢劫罪）的规定定罪处罚。

☞ **第269条**［事后抢劫］ 犯盗窃、诈骗、抢夺罪，为窝藏赃物、抗拒抓捕或者毁灭罪证而当场使用暴力或者以暴力相威胁的，依照本法第263条（抢劫罪）的规定定罪处罚。

🔖 关联法条

《最高人民法院关于审理抢劫案件具体应用法律若干问题的解释》

第1条 刑法第263条第1项规定的"入户抢劫"，是指为实施抢劫行为而进入他人生活的与外界相对隔离的住所，包括封闭的院落、牧民的帐篷、渔民作为家庭生活场所的渔船、为生活租用的房屋等进行抢劫的行为。

对于入户盗窃，因被发现而当场使用暴力或者以暴力相威胁的行为，应当认定为入户抢劫。

第2条 刑法第263条第2项规定的"在公共交通工具上抢劫"，既包括在从事旅客运输的各种公共汽车，大、中型出租车，火车，船只，飞机等正在运营中的机动公共交通工具上对旅客、司售、乘务人员实施的抢劫，也包括对运行途中的机动公共交通工具加以拦截后，对公共交通工具上的人员实施的抢劫。

第3条 刑法第263条第3项规定的"抢劫银行或者其他金融机构"，是指抢劫银行或者其他金融机构的经营资金、有价证券和客户的资金等。

抢劫正在使用中的银行或者其他金融机构的运钞车的，视为"抢劫银行或者其他金融机构"。

第4条 刑法第263条第4项规定的"抢劫数额巨大"的认定标准，参照各地确定的盗窃罪数额巨大的认定标准执行。

第5条 刑法第263条第7项规定的"持枪抢劫"，是指行为人使用枪支或者向被害人显示持有、佩带的枪支进行抢劫的行为。"枪支"的概念和范围，适用《中华人民共和国枪支管理法》的规定。

第6条 刑法第267条第2款规定的"携带凶器抢夺"，是指行为人随身携带枪支、爆炸物、管制刀具等国家禁止个人携带的器械进行抢夺或者为了实施犯罪而携带其他器械进行抢夺的行为。

《最高人民法院关于审理抢劫、抢夺刑事案件适用法律若干问题的意见》

三、关于"多次抢劫"的认定

刑法第263条第4项中的"多次抢劫"是指抢劫3次以上。

对于"多次"的认定，应以行为人实施的每一次抢劫行为均已构成犯罪为前提，综合考虑犯罪故意的产生、犯罪行为实施的时间、地点等因素，客观分析、认定。对于行为人基于一个犯意实施犯罪的，如在同一地点同时对在场的多人实施抢劫的；或基于同一犯意在同一地点实施连续抢劫犯罪的，如在同一地点连续地对途经此地的多人进行抢劫的；或在一次犯罪中对一栋居民楼房中的几户居民连续实施入户抢劫的，一般应认定为一次犯罪。

四、关于"携带凶器抢夺"的认定

《抢劫解释》第6条规定，"携带凶器抢夺"，是指行为人随身携带枪支、爆炸物、管制刀具等国家禁止个人携带的器械进行抢夺或者为了实施犯罪而携带其他器械进行抢夺的行为。行为人随身携带国家禁止个人携带的器械以外的其他器械抢夺，但有证据证明该器械确实不是为了实施犯罪准备的，不以抢劫罪定罪；行为人将随身携带凶器有意加以显示、能为被害人察觉到的，直接适用刑法第263条的规定定罪处罚；行为人携带凶器抢夺后，在逃跑过程中为窝藏赃物、抗拒抓捕或者毁灭罪证而当场使用暴力或者以暴力相威胁的，适用刑法第267条第2款的规定定罪处罚。

七、关于抢劫特定财物行为的定性

以毒品、假币、淫秽物品等违禁品为对象，实施抢劫的，以抢劫罪定罪；抢劫的违禁品数量作为量刑情节予以考虑。抢劫违禁品后又以违禁品实施其他犯罪的，应以抢劫罪与具体实施的其他犯罪实行数罪并罚。

抢劫赌资、犯罪所得的赃款赃物的，以抢劫罪定罪，但行为人仅以其所输赌资或所赢赌债为抢劫对象，一般不以抢劫罪定罪处罚。构成其他犯罪的，依照刑法的相关规定处罚。

为个人使用，以暴力、胁迫等手段取得家庭成员或近亲属财产的，一般不以抢劫罪定罪处罚，构成其他犯罪的，依照刑法的相关规定处理；教唆或者伙同他人采取暴力、胁迫等手段劫取家庭成员或近亲属财产的，可以抢劫罪定罪处罚。

八、关于抢劫罪数的认定

行为人实施伤害、强奸等犯罪行为，在被害人未失去知觉，利用被害人不能反抗、不敢反抗的处境，临时起意劫取他人财物的，应以此前所实施的具体犯罪与抢劫罪实行数罪并罚；在被害人失去知觉或者没有发觉的情形下，以及实施故意杀人犯罪行为之后，临时起意拿走他人财物的，应以此前所实施的具体犯罪与盗窃罪实行数罪并罚。

九、关于抢劫罪与相似犯罪的界限

1. 冒充正在执行公务的人民警察、联防人员，以抓卖淫嫖娼、赌博等违法行为为名非法占有财物的行为定性

行为人冒充正在执行公务的人民警察"抓赌"、"抓嫖"，没收赌资或者罚款的行为，构成犯罪的，以招摇撞骗罪从重处罚；在实施上述行为中使用暴力或者暴力威胁的，以抢劫罪定罪处罚。行为人冒充治安联防队员"抓赌"、"抓嫖"，没收赌资或者罚款的行为，构成犯罪的，以敲诈勒索罪定罪处罚；在实施上述行为中使用暴力或者暴力威胁的，以抢劫罪定罪处罚。

2. 以暴力、胁迫手段索取超出正常交易价钱、费用的钱财的行为定性

从事正常商品买卖、交易或者劳动服务的人，以暴力、胁迫手段迫使他人交出与合理价钱、费用相差不大钱物，情节严重的，以强迫交易罪定罪处罚；以非法占有为目的，以买卖、交易、服务为幌子采用暴力、胁迫手段迫使他人交出与合理价钱、费用相差悬殊的钱物的，以抢劫罪定罪处刑。在具体认定时，既要考虑超出合理价钱、费用的绝对数额，还要考虑超出合理价钱、费用的比例，加以综合判断。

3. 抢劫罪与绑架罪的界限

绑架罪是侵害他人人身自由权利的犯罪，其与抢劫罪的区别在于：第一，主观方面不尽相同。抢劫罪中，行为人一般出于非法占有他人财物的故意实施抢劫行为，绑架罪中，行为人既可能为勒索他人财物而实施绑架行为，也可能出于其它非经济目的实施

绑架行为；第二，行为手段不尽相同。抢劫罪表现为行为人劫取财物一般应在同一时间、同一地点，具有"当场性"；绑架罪表现为行为人以杀害、伤害等方式向被绑架人的亲属或其他人或单位发出威胁，索取赎金或提出其他非法要求，劫取财物一般不具有"当场性"。

绑架过程中又当场劫取被害人随身携带财物的，同时触犯绑架罪和抢劫罪两罪名，应择一重罪定罪处罚。

4. 抢劫罪与故意伤害罪的界限

行为人为索取债务，使用暴力、暴力威胁等手段的，一般不以抢劫罪定罪处罚。构成故意伤害等其他犯罪的，依照刑法第234条等规定处罚。

十、抢劫罪的既遂、未遂的认定

抢劫罪侵犯的是复杂客体，既侵犯财产权利又侵犯人身权利，具备劫取财物或者造成他人轻伤以上后果两者之一的，均属抢劫既遂；既未劫取财物，又未造成他人人身伤害后果的，属抢劫未遂。据此，刑法第263条规定的八种处罚情节中除"抢劫致人重伤、死亡的"这一结果加重情节之外，其余七种处罚情节同样存在既遂、未遂问题。其中属抢劫未遂的，应当根据刑法关于加重情节的法定刑规定，结合未遂犯的处理原则量刑。

十一、驾驶车辆夺取他人财物行为的定性

对于驾驶机动车、非机动车（以下简称"驾驶车辆"）夺取他人财物的，一般以抢夺罪从重处罚。但具有下列情形之一，应当以抢劫罪定罪处罚：

（1）驾驶车辆，逼挤、撞击或强行逼倒他人以排除他人反抗，乘机夺取财物的；

（2）驾驶车辆强抢财物时，因被害人不放手而采取强拉硬拽方法劫取财物的；

（3）行为人明知其驾驶车辆强行夺取他人财物的手段会造成他人伤亡的后果，仍然强行夺取并放任造成财物持有人轻伤以上后果的。

《最高人民法院关于审理抢劫刑事案件适用法律若干问题的指导意见》

二、关于抢劫犯罪部分加重处罚情节的认定

1. 认定"入户抢劫"，要注重审查行为人"入户"的目的，将"入户抢劫"与"在户内抢劫"区别开来。以侵害户内人员的人身、财产为目的，入户后实施抢劫，包括入户实施盗窃、诈骗等犯罪而转化为抢劫的，应当认定为"入户抢劫"。因访友办事等原因经户内人员允许入户后，临时起意实施抢劫，或者临时起意实施盗窃、诈骗等犯罪而转化为抢劫的，不应认定为"入户抢劫"。

对于部分时间从事经营、部分时间用于生活起居的场所，行为人在非营业时间强行入内抢劫或者以购物等为名骗开房门入内抢劫的，应认定为"入户抢劫"。对于部分用于经营、部分用于生活且之间有明确隔离的场所，行为人进入生活场所实施抢劫的，应认定为"入户抢劫"；如场所之间没有明确隔离，行为人在营业时间入内实施抢劫的，不认定为"入户抢劫"，但在非营业时间入内实施抢劫的，应认定为"入户抢劫"。

2. "公共交通工具"，包括从事旅客运输的各种公共汽车，大、中型出租车，火车，地铁，轻轨，轮船，飞机等，不含小型出租车。对于虽不具有商业营运执照，但实际从事旅客运输的大、中型交通工具，可认定为"公共交通工具"。接送职工的单位班车、接送师生的校车等大、中型交通工具，视为"公共交通工具"。

"在公共交通工具上抢劫"，既包括在处于运营状态的公共交通工具上对旅客及司售、乘务人员实施抢劫，也包括拦截运营途中的公共交通工具对旅客及司售、乘务人员实施抢劫，但不包括在未运营的公共交通工具上针对司售、乘务人员实施抢劫。以暴力、胁迫或者麻醉等手段对公共交通工具上的特定人员实施抢劫的，一般应认定为"在公共交通工具上抢劫"。

3. 认定"抢劫数额巨大"，参照各地认定盗窃罪数额巨大的标准执行。抢劫数额以实际抢劫到的财物数额为依据。对以数额巨大的财物为明确目标，由于意志以外的原因，未能抢到财物或实际抢得的财物数额不大的，应同时认定"抢劫数额巨大"和犯罪未遂的情节。根据刑法有关规定，结合未遂犯的处理原则量刑。

根据《两抢意见》第6条第1款的规定，抢劫信用卡后使用、消费的，以行为人实际使用、消费的数额为抢劫数额。由于行为人意志以外的原因无法实际使用、消费的部分，虽不计入抢劫数额，但应作为量刑情节考虑。通过银行转账或者电子支付、手机银行等支付平台获取抢劫财物的，以行为人实际获取的财物为抢劫数额。

4. 认定"冒充军警人员抢劫"，要注重对行为人是否穿着军警制服、携带枪支、是否出示军警证件等情节进行综合审查，判断是否足以使他人误以为是军警人员。对于行为人仅穿着类似军警的服装或仅以言语宣称系军警人员但未携带枪支、也未出示军警证件而实施抢劫的，要结合抢劫地点、时间、暴力或威胁的具体情形，依照常人判断标准，确定是否认定为"冒充军警人员抢劫"。

军警人员利用自身的真实身份实施抢劫的，不认定为"冒充军警人员抢劫"，应依法从重处罚。

三、关于转化型抢劫犯罪的认定

根据刑法第269条的规定，犯盗窃、诈骗、抢夺罪，为窝藏赃物、抗拒抓捕或者毁灭罪证而当场使用暴力或者以暴力相威胁的，依照抢劫罪定罪处罚。"犯盗窃、诈骗、抢夺罪"，主要是指行为人已经着手实施盗窃、诈骗、抢夺行为，一般不考察盗窃、诈骗、抢夺行为是否既遂。但是所涉财物数额明显低于"数额较大"的标准，又不具有《两抢意见》第5条所列五种情节之一的，不构成抢劫罪。"当场"是指在盗窃、诈骗、抢夺的现场以及行为人刚离开现场即被他人发现并抓捕的情形。

对于以摆脱的方式逃脱抓捕，暴力强度较小，未造成轻伤以上后果的，可不认定为"使用暴力"，不以抢劫罪论处。

入户或者在公共交通工具上盗窃、诈骗、抢夺后，为了窝藏赃物、抗拒抓捕或者毁灭罪证，在户内或者公共交通工具上当场使用暴力或者以暴力相威胁的，构成"入户抢劫"或者"在公共交通工具上抢劫"。

2人以上共同实施盗窃、诈骗、抢夺犯罪，其中部分行为人为窝藏赃物、抗拒抓捕或者毁灭罪证而当场使用暴力或者以暴力相威胁的，对于其余行为人是否以抢劫罪共犯论处，主要看其对实施暴力或者以暴力相威胁的行为人是否形成共同犯意、提供帮助。基于一定意思联络，对实施暴力或者以暴力相威胁的行为人提供帮助或实际成为帮凶的，可以抢劫共犯论处。

四、具有法定八种加重处罚情节的刑罚适用

1. 根据刑法第263条的规定，具有"抢劫致人重伤、死亡"等八种法定加重处罚情节的，处10年以上有期徒刑、无期徒刑或者死刑，并处罚金或者没收财产。应当根据抢劫的次数及数额、抢劫对人身的损害、对社会治安的危害等情况，结合被告人的主观恶性及人身危险程度，并根据量刑规范化的有关规定，确定具体的刑罚。判处无期徒刑以上刑罚的，一般应并处没收财产。

2. 具有下列情形之一的，可以判处无期徒刑以上刑罚：

（1）抢劫致3人以上重伤，或者致人重伤造成严重残疾的；

（2）在抢劫过程中故意杀害他人，或者故意伤害他人，致人死亡的；

（3）具有除"抢劫致人重伤、死亡"外的两种以上加重处罚情节，或者抢劫次数特别多、抢劫数额特别巨大的。

3. 为劫取财物而预谋故意杀人，或者在劫取财物过程中为制服被害人反抗、抗拒抓捕而杀害被害人，且被告人无法定从宽处罚情节的，可依法判处死刑立即执行。对具有自首、立功等法定从轻处罚情节的，判处死刑立即执行应当慎重。对于采取故意杀人以外的其他手段实施抢劫并致人死亡的案件，要从犯罪的动机、预谋、实行行为等方面分析被告人主观恶性的大小，并从有无前科及平时表现、认罪悔罪情况等方面判断被告人的人身危险程度，不能不加区别，仅以出现被害人死亡的后果，一律判处死刑立即执行。

4. 抢劫致人重伤案件适用死刑，应当更加慎重、更加严格，除非具有采取极其残忍的手段造成被害人严重残疾等特别恶劣的情节或者造成特别严重后果的，一般不判处死刑立即执行。

5. 具有刑法第263条规定的"抢劫致人重伤、死亡"以外其他七种加重处罚情节，且犯罪情节特别恶劣、危害后果特别严重的，可依法判处死刑立即执行。认定"情节特别恶劣、危害后果特别严重"，应当从严掌握，适用死刑必须非常慎重、非常严格。

▶ **真题链接**

2019/主；2016/4/2（1）；2009/4/2；2007/4/2（1）；2006/4/4；2004/4/6（《刑法》第263条）

▶ **考点剖析**

1. 普通抢劫罪的构成要件

（1）抢劫罪的对象既包括有形财产，也包括财产性利益。

[例1] 被告人以暴力、胁迫手段强行夺回欠款凭证，并让债权人在被告人已写好的收条上签字，以消灭其债务的行为，认定为抢劫罪。

[例2] 乘坐出租车后使用暴力迫使司机放弃出租车费的，成立抢劫罪。

[例3] 债务人甲在债权人乙上门索债的情况下，为了不还债而对乙实施暴力或者以暴力相威胁，也可认为成立抢劫财产性利益，成立抢劫罪。

[例4] 债务人甲为了摆脱债权人丙的追债，而雇佣不知情的杀手乙将丙杀死，甲成立抢劫罪，乙成立故意杀人罪。

（2）抢劫罪的对象既可以是动产，也可以是不动产。例如，使用暴力手段当场非法占有、控制他人房屋。值得研究的是抢劫对象变更的情形，只要是客观上压制了被害人的反抗而取得财物的，均应认定为抢劫既遂。

[例5] 甲为了抢劫他人户内的现金，在使用暴力压制他人反抗后，在寻找现金的过程中发现了金银首饰，甲将金银首饰拿走。对此，应认定为抢劫既遂。

但是，当行为人针对特定财物实施抢劫行为，而被害人对该特定财物并没有丧失反抗能力时，行为人乘机取得被害人没有防备、没有保护的其他财物的，对后者应认定为盗窃。

[例6] A、B共谋抢劫，入户后以暴力相威胁欲进入被害人卧室强取财物时，被害人将A、B堵在卧室外。A乘被害人未注意时，顺手将客厅桌上的手机装入自己口袋后，与B一起逃离现场。对此，应认定为入户抢劫的未遂与（入户）盗窃既遂，实行数罪并罚。

（3）行为表现

当场以暴力、胁迫或者其他方法，劫取公私财物。

❶暴力

暴力必须针对人实施（不包括对物实施暴力，对物实施暴力属于抢夺），并要求足以抑制对方的反抗，但不要求事实上抑制了对方的反抗，更不要求具有危害人身安全的性质。以不足以抑制对方反抗的轻微暴力取得他人财物的，应认定为敲诈勒索罪。但是，对无关的第三者实施暴力取得财物的，不宜认定为抢劫罪。

[例7] 乙将摩托车停在楼下后，没有取走钥匙就上楼取东西，无关的丙站在摩托车旁。路经此地的甲误以为丙是车主，使用暴力将丙推倒在地，骑着摩托车逃走。甲不成立抢劫罪。

❷胁迫

以当场立即使用暴力相威胁，使被害人产生恐惧心理因而不敢反抗的行为；这种胁迫也应达到足以抑制对方反抗的程度。以将来实施暴力相威胁的，不成立抢劫罪。以当场立即实现损毁名誉、毁坏财物等非暴力内容进行威胁的，也不成立抢劫罪。

❸其他方法

这是指暴力、胁迫以外的造成被害人不能反抗的强制方法。关键是看该手段是否已使被害人丧失了控制自己财物的能力，丧失了抗拒他人劫取自己财物的意志自由和行动自由。但如果行为人仅仅利用被害人熟睡、酣醉、昏迷等不能反抗的状态而秘密窃取财物的，应以盗窃罪论处。

❹因果关系

手段行为与获取财物行为之间必须具有因果关系。暴力、胁迫或者其他方法与强行劫取财物之间要有因果关系，行为人使用暴力、胁迫等手段的目的必须是为了劫取财物。

（4）责任要素除故意外，还要求具有非法占有目的。

2. 准抢劫罪——第267条第2款

携带凶器抢夺的，依照第263条的规定定罪处罚。——法律拟制，即立法推定。

（1）凶器

❶性质上的凶器，主要是法律规定禁止个人携带的违禁品。例如，枪支、爆炸物、管制刀具。

❷用法上的凶器，是指本来用途不是

凶器，但是可以用于杀伤人的物品。例如，菜刀、砖块、钢管。

（2）携带

❶不要求本人随身携带凶器，可以让第三人携带。例如，行为人可以让手下携带凶器，自己实施抢夺。

❷不要求明示凶器，可以将凶器藏在包里；也不要求向被害人暗示有凶器。如果明示或者暗示有凶器，就属于使用胁迫手段，直接定行为人抢劫罪。

❸不要求使用凶器。如果使用凶器，就属于使用暴力手段，直接定行为人抢劫罪。

❹要求有随时使用的可能性。例如，甲将一把手枪放在带有密码锁的大行李箱中，提着大行李箱出了酒店，偶然看到一位拎包妇女，便上前抢夺提包。因为甲不可能立即拿出手枪，所以不构成携带凶器抢夺。

❺要求有对人使用的意图。准备使用的意识应包括两种情况：第一，行为人在抢夺前为了使用而携带该物品。第二，行为人出于其他目的携带可能用于杀伤他人的物品，在现场意识到自己所携带的凶器进而实施抢夺行为。反之，如果行为人并不是为了违法犯罪而携带某种物品，实施抢夺时也没有准备使用的意识，则不属于"携带凶器抢夺"。

[例8] 甲下班去超市买菜刀回家做饭，买好菜刀放进提包，回家路上偶然看到身旁一位拎包大妈，便突然抢夺。如果甲没有使用菜刀的意图，则不构成携带凶器抢夺。

（3）与事后转化抢劫的关系

对于行为人携带凶器抢夺后，在逃跑过程中为窝藏赃物、抗拒抓捕或者毁灭罪证而使用暴力或者以暴力相威胁的，应适用第267条第2款（拟制型抢劫）的规定，以抢劫罪定罪处罚，不再适用第269条（事后抢劫）的规定。

[例9] 甲携带凶器抢夺后，为抗拒抓捕将人打成重伤。对此，先按照"携带凶器抢夺，以抢劫罪论处"定抢劫罪，然后再与故意伤害罪并罚。

【注意】如果认定为数罪并罚不能做到罪刑相适应，那么可以将前面的"携带凶器抢夺"依然评价为普通的抢夺，进而整体评价为事后转化型抢劫罪。

3. 转化型抢劫——第269条

犯盗窃、诈骗、抢夺罪，为窝藏赃物、抗拒抓捕或者毁灭罪证而当场使用暴力或者以暴力相威胁的，依照第263条的规定定罪处罚。

【法律拟制的理由】侵犯了双重客体。

（1）前提条件

❶只要行为人着手实行的盗窃、诈骗、抢夺行为具有获得数额较大财物的危险性（多次抢夺、多次盗窃、入户盗窃、携带凶器盗窃、扒窃不需要具有危险性，值得处罚即可），不管是既遂还是未遂，不管所取得的财物数额大小，都符合"犯盗窃、诈骗、抢夺罪"的条件。

❷"盗窃、诈骗、抢夺罪"应当限定为第264条的盗窃罪、第266条的诈骗罪、第267条的抢夺罪，同时可以认为，凡是可以评价为盗窃罪、诈骗罪、抢夺罪的行为，都可能再成立事后抢劫罪。如盗窃、抢夺枪支、弹药、爆炸物、盗伐林木的，

各种金融诈骗罪与合同诈骗罪完全符合盗窃罪、诈骗罪、抢夺罪的成立条件，因而可能成立事后抢劫罪。但是，如果某种行为不能评价为侵犯财产的盗窃罪、诈骗罪、抢夺罪时，则不能成立事后抢劫罪。比如，盗窃、抢夺国家机关公文、证件、印章的行为。

【注意】抢劫罪在特殊情况下也可评价为盗窃罪。例如，甲使用暴力抢劫他人现金 5000 元（暴力本身致人轻伤），为抗拒抓捕而当场使用暴力，导致被害人重伤。为了做到罪刑均衡，可以将甲的抢劫行为评价为盗窃，进而甲成立事后抢劫罪（适用 10 年以上有期徒刑、无期徒刑、死刑的法定刑）。

（2）主观条件：为了窝藏赃物、抗拒抓捕、毁灭罪证。如果行为人在实行盗窃、诈骗、抢夺行为的过程中，尚未取得财物时被他人发现，为了非法取得财物，而使用暴力或者以暴力相威胁的，应直接认定为《刑法》第 263 条的抢劫罪，不适用《刑法》第 269 条之转化型抢劫。

（3）客观条件：当场使用暴力或者以暴力相威胁。

❶当场：是指在盗窃、诈骗、抢夺的现场以及行为人刚离开现场即被他人发现并抓捕的情形。

❷暴力或以暴力相威胁的对象

A. 暴力、威胁的对象没有特别限定，但必须是针对被害人或者其他第三人实施暴力或以暴力相威胁。行为人对自己实施暴力，如自杀，从而防止被害人追捕的，不成立转化型抢劫。因为转化型抢劫之所以以抢劫罪论处，就是因为这种行为对被

害人造成了再度的威胁或侵害，即又造成了新的法益侵害与威胁。

B. 不能因为暴力、威胁的对象是无关的第三者，就认为暴力、威胁行为的不法性减轻；也不能因为其盗窃等罪行没有被发现，就认为其实施暴力、威胁行为的责任减少。而且，只要符合"当场"的条件，就不能否认暴力、威胁行为与先前的盗窃等罪在时间上与空间上的紧密性，因而可以评价为一个犯罪。但应注意的是，事后抢劫罪的暴力或者以暴力相威胁必须针对特定的他人实施。

[例10] 甲盗窃后逃跑，误以为乙是主人，甲为抗拒抓捕，对乙实施暴力，致其重伤。甲成立事后抢劫罪（致人重伤）。

[例11] 甲盗窃后逃跑，主人乙追赶，甲为抗拒抓捕，向乙开枪，不慎打中附近行人丙，致丙死亡。甲成立事后抢劫罪（致人死亡）。

❸暴力的程度

"暴力"应具有足以使他人不敢反抗、不能反抗的程度，即与普通抢劫罪的暴力程度相当。如果程度极其轻微，不能转化为抢劫罪。司法解释规定，对于以摆脱的方式逃脱抓捕，暴力强度较小，未造成轻伤以上后果的，可不认定为"使用暴力"，不以抢劫罪论处。

❹事后抢劫罪的共犯认定

[例12] 甲、乙共谋盗窃，甲入室行窃，乙在门外望风，但甲在盗窃时为抗拒抓捕而当场对被害人实施暴力，乙对此并不知情。甲、乙在盗窃罪的范围内成立共犯，但甲应认定为事后抢劫，乙成立盗窃罪。

[**例13**] 甲、乙共谋盗窃，甲入室行窃，乙在门外望风，甲、乙刚要逃离现场时被人发现，乙被抓获后当场对被害人实施暴力，甲对此并不知情。甲、乙在盗窃罪的范围内成立共犯，乙虽然只是帮助盗窃，但仍然属于"犯盗窃罪"，对乙应认定为事后抢劫，对甲仅以盗窃罪论处。

[**例14**] 甲单独入室盗窃被发现后逃离现场（盗窃已既遂）。在甲逃离过程中，知道真相的乙为了使甲逃避抓捕，与甲共同当场对他人实施暴力。乙虽然没有犯盗窃罪，但其参与了甲的事后抢劫的一部分行为，即实施了部分事后抢劫行为，与甲成立事后抢劫的共犯。原因是转化型抢劫还没有完成。

[**例15**] 甲单独入室盗窃被发现后，向被害人腹部猛踢一脚，被害人极力抓捕甲，经过现场的乙接受甲的援助请求并了解实情后，也向被害人的腹部猛踢一脚，被害人因脾脏破裂流血过多而死亡，但不能查明谁的行为导致其脾脏破裂。乙与甲构成事后抢劫的共犯，但死亡结果只能由甲承担。一方面，不管死亡结果由谁造成，甲都要承担责任。另一方面，乙对自己参与前甲的行为造成的结果不承担责任。而死亡结果可能是甲在乙参与之前造成的，根据存疑有利于被告人的原则，乙不能对死亡结果负责。对甲适用抢劫致死的法定刑，对乙适用普通抢劫的法定刑。（承继的共犯中，后加入的人对加入之前前行为人所造成的加重结果不承担刑事责任）

[**例16**] 17周岁的甲与13周岁的乙共谋盗窃，甲入室行窃，乙在门外望风，被他人发现后，甲、乙为抗拒抓捕而当场实施暴力，乙的行为致人重伤。甲与乙构成事后抢劫的共同犯罪，甲应对重伤结果负责任，乙不承担刑事责任。

[**例17**] 甲单独入室盗窃被发现后逃离现场（盗窃已既遂）。在甲逃离过程中，知道真相的乙为了使甲逃避抓捕，而对抓捕者实施暴力。但甲对此并不知情。犯盗窃罪的甲不可能成立事后抢劫；而乙并没有犯盗窃罪，也不可能成立事后抢劫。乙的行为构成窝藏罪，如果行为导致他人伤亡的，则是故意杀人罪或故意伤害罪与窝藏罪的想象竞合犯。

[**例18**] 甲、乙、丙三人共同实施盗窃行为，在受到追捕时，丙为抗拒抓捕当场实施暴力将抓捕人打伤，使甲、乙、丙三人得以脱逃。甲、乙虽未直接使用暴力，但通过丙的抗拒抓捕行为，三人得以逃脱，三人均应以抢劫罪论处。因为，在这种情况下，逃跑以及为此而使用暴力抗拒抓捕，显然是各共犯人的共同愿望。甲、乙不制止丙施暴也就是对丙的支持，因此，对三人应共同以抢劫罪论处。

（4）**主体条件：年满16周岁的人。**

❶虽然14~16周岁的人可以成为抢劫罪的主体，但这类人不能够成为转化型抢劫罪的主体。如果14~16周岁的人实施盗窃、诈骗、抢夺行为，事后实施暴力行为，造成被害人重伤、死亡的，以故意伤害罪、故意杀人罪论处。

❷14~16周岁的人可以成为"携带凶器抢夺，以抢劫罪论处"的主体，但不能成为转化型抢劫罪的主体。

4. 注意抢劫罪与绑架罪的关系

抢劫罪与绑架罪的关系不是对立排斥

关系，而是中立关系，因此，一个行为在构成抢劫罪的同时，并不排斥绑架罪，二者完全可以成立想象竞合关系，择一重罪论处。

[例19] 虎妞带着女儿小妞妞（4岁）逛街。大宝一把将小妞妞劫持过来，用刀架在其肩膀上，威胁虎妞："不给10万元，就要孩子的命！"大宝成立绑架罪与抢劫罪，想象竞合。

[例20] 大宝闯入银行营业厅挟持客户小宝，以杀害小宝相要挟，迫使银行职员二宝交给自己20万元。大宝成立抢劫罪与绑架罪，想象竞合。

▶ 命题展望

1. 抢劫罪属于主观题里面考频最高的分则罪名之一，大家一定要掌握扎实。

2. 注意抢劫罪与绑架罪、故意杀人罪、事实认识错误、共犯等知识点的结合考查。

重点法条 18 ▶ 盗窃罪

☞第264条 [盗窃罪] 盗窃公私财物，数额较大的，或者多次盗窃、入户盗窃、携带凶器盗窃、扒窃的，处3年以下有期徒刑、拘役或者管制，并处或者单处罚金；数额巨大或者有其他严重情节的，处3年以上10年以下有期徒刑，并处罚金；数额特别巨大或者有其他特别严重情节的，处10年以上有期徒刑或者无期徒刑，并处罚金或者没收财产。

第265条 [盗窃罪] 以牟利为目的，盗接他人通信线路、复制他人电信码号或者明知是盗接、复制的电信设备、设施而使用的，依照本法第264条（盗窃罪）的规定定罪处罚。

▶ 关联法条

《最高人民法院、最高人民检察院关于办理盗窃刑事案件适用法律若干问题的解释》

第1条第1款 盗窃公私财物价值1000元至3000元以上、3万元至10万元以上、30万元至50万元以上的，应当分别认定为刑法第264条规定的"数额较大"、"数额巨大"、"数额特别巨大"。

第3条 2年内盗窃3次以上的，应当认定为"多次盗窃"。

非法进入供他人家庭生活，与外界相对隔离的住所盗窃的，应当认定为"入户盗窃"。

携带枪支、爆炸物、管制刀具等国家禁止个人携带的器械盗窃，或者为了实施违法犯罪携带其他足以危害他人人身安全的器械盗窃的，应当认定为"携带凶器盗窃"。

在公共场所或者公共交通工具上盗窃他人随身携带的财物的，应当认定为"扒窃"。

第12条 盗窃未遂，具有下列情形之一的，应当依法追究刑事责任：

（一）以数额巨大的财物为盗窃目标的；

（二）以珍贵文物为盗窃目标的；

（三）其他情节严重的情形。

盗窃既有既遂，又有未遂，分别达到不同量刑幅度的，依照处罚较重的规定处罚；达到同一量刑幅度的，以盗窃罪既遂处罚。

第13条 单位组织、指使盗窃，符合刑法第264条及本解释有关规定的，以盗窃罪追究组织者、指使者、直接实施者的刑事责任。

《最高人民法院、最高人民检察院关于办理与盗窃、抢劫、诈骗、抢夺机动车相关刑事案件具体应用法律若干问题的解释》第1条第1款 明知是盗窃、抢劫、诈骗、抢夺的机动车，实施下列行为之一的，依照刑法第312条的规定，以掩饰、隐瞒犯罪所得、犯罪所得收益罪定罪，处3年以下有期徒刑、拘役或者管制，并处或者单处罚金：

（一）买卖、介绍买卖、典当、拍卖、抵押或者用其抵债的；

（二）拆解、拼装或者组装的；

（三）修改发动机号、车辆识别代号的；

（四）更改车身颜色或者车辆外形的；

（五）提供或者出售机动车来历凭证、整车合格证、号牌以及有关机动车的其他证明和凭证的；

（六）提供或者出售伪造、变造的机动车来历凭证、整车合格证、号牌以及有关机动车的其他证明和凭证的。

▶ 真题链接

2015/4/2；2013/4/2（1）；2012/4/2（4）；2010/4/2（1）；2009/4/2；2006/4/4；2004/4/6（《刑法》第264条）

▶ 考点剖析

1. 窃取的行为方式并不限于秘密窃取。

2. 窃取要求违反被害人意志，建立新的支配关系。窃取的过程是排除他人对财物的支配，建立新的支配关系的过程，倘若只是单纯排除他人对财物的支配，如将他人喂养的鱼放走，不是窃取。

[例1] 违反产权人意志，擅自将其不动产的产权转移给自己所有的，对产权人本身成立盗窃罪。违反产权人意志，将产权人的不动产谎称为自己的不动产卖给第三者的，对产权人成立盗窃罪，对第三者成立诈骗罪（二者属于想象竞合）。

[例2] 使用假币取得自动售货机中的商品的，对商品所有人成立盗窃罪（与使用假币罪成立想象竞合）。

[例3] 店主暂时离开商店时，顾客按照标价放置相当的现金而转移财物的，不属于盗窃。

3. 客观表现

构成盗窃罪，要求盗窃公私财物数额较大，或者多次盗窃、入户盗窃、携带凶器盗窃、扒窃。

4. 盗窃既遂、未遂的认定

我国《刑法》所规定的作为财产罪对象的财物，应限于具有一定价值的财物，而不包括价值低廉的财物。根据法益侵害说，只有当行为对法益的侵犯达到值得科处刑罚的程度时，才具有刑法意义上的实质的违法性。因此，刑法所保护的财产，是价值相对较大的财产。

（1）既遂、未遂的判断标准：应当认为，只要行为人取得（控制）了财物，就是盗窃既遂。但是，不能将"取得"理解为行为人转移了财物的场所，更不能将"取得"理解为行为人藏匿了财物，而应理解为行为人事实上占有了财物（建立了新的支配关系）。一般来说，只要被害人丧失了对财物的控制，就应认定为行为人取得了财物。

[例4] 行为人以非法占有为目的，从

火车上将他人财物扔到偏僻的轨道旁，打算下车后再捡回该财物。不管行为人事后是否捡回了该财物，均应认定为犯罪既遂。

[例5] 通过网上银行盗窃他人存款，已经将现金转入支付宝的，应认定为盗窃既遂。

[例6] 盗窃机动车的，应以已经发动车辆开始移动时为既遂成立时间。

[例7] 甲来自农村，半夜将他人价值17万元的王老吉饮料若干箱从仓库用电动三轮车一趟趟拉出来，在半路上将罐里的饮料倒掉，以废品变卖了王老吉饮料罐（铝制品），获得1000元。甲将饮料从仓库搬出来以后就盗窃既遂了。就是说，即使甲对财物仅具有部分利用意思，对整个财物实施了盗窃行为，转移了整个财物时，仍应对整个财物认定为盗窃罪（17万元），至于事后对于饮料的处理不影响盗窃罪既遂金额的认定。但是需要注意的是，甲若在犯罪现场先直接将饮料倒掉，然后将饮料罐单独拿走变卖的，则成立盗窃罪与故意毁坏财物罪的想象竞合。再如，甲侵入到工厂车间后，将一台机器拆开，盗走一个零部件，可认定对零部件成立盗窃罪。但拆开机器的行为导致机器不能再使用，则成立故意毁坏财物罪与盗窃罪想象竞合。反之，如果将整个机器盗走后再拆开，将某个零部件留下来，将其他部分扔掉的，

还是要对整个机器认定为盗窃罪。

（2）对具体案件中盗窃的既遂与否，应当结合财物的性质、形状、他人占有财物的状态、窃取行为的样态与社会生活的一般见解作个别考查：

❶对体积大的财物，搬出较为困难的，一般以搬出时为既遂成立时间；

❷对形状较小、容易搬动的财物而言，接触该财物并控制时为既遂成立时间，即使行为人、被窃财物还处在被害人能够一般地加以支配的空间内也不影响既遂成立。

（3）在存在间接正犯的场合，如果被利用者控制了财物，即使利用者还没有控制财物，也应认定为既遂。

5. 多次盗窃、入户盗窃但分文未取，或者携带凶器盗窃、扒窃但取得的是不值得刑法保护的物品的，只能认定为盗窃未遂。注意：对于多次盗窃、入户盗窃、携带凶器盗窃、扒窃未遂的，既不能一概以犯罪论处，也不能一概不以犯罪论处，只能将其中情节严重的情形以盗窃罪的未遂犯论处。

▶ 命题展望

盗窃罪属于分则的重点罪名，容易被与诈骗罪、抢夺罪相比较，考生应格外注意区分。

重点法条⑲▶ 诈骗罪

☞第266条 [诈骗罪] 诈骗公私财物，数额较大的，处3年以下有期徒刑、拘役或者管制，并处或者单处罚金；数额巨大或者有其他严重情节的，处3年以上10年以下有期徒刑，并处罚金；数额特别巨大或者有其他特别严重情节的，处10年以上

有期徒刑或者无期徒刑，并处罚金或者没收财产。本法另有规定的，依照规定。

关联法条

《最高人民法院、最高人民检察院关于办理诈骗刑事案件具体应用法律若干问题的解释》

第1条第1款 诈骗公私财物价值3000元至1万元以上、3万元至10万元以上、50万元以上的，应当分别认定为刑法第266条规定的"数额较大"、"数额巨大"、"数额特别巨大"。

第4条 诈骗近亲属的财物，近亲属谅解的，一般可不按犯罪处理。

诈骗近亲属的财物，确有追究刑事责任必要的，具体处理也应酌情从宽。

第5条第1款 诈骗未遂，以数额巨大的财物为诈骗目标的，或者具有其他严重情节的，应当定罪处罚。

第6条 诈骗既有既遂，又有未遂，分别达到不同量刑幅度的，依照处罚较重的规定处罚；达到同一量刑幅度的，以诈骗罪既遂处罚。

第7条 明知他人实施诈骗犯罪，为其提供信用卡、手机卡、通讯工具、通讯传输通道、网络技术支持、费用结算等帮助的，以共同犯罪论处。

第8条 冒充国家机关工作人员进行诈骗，同时构成诈骗罪和招摇撞骗罪的，依照处罚较重的规定定罪处罚。

第10条 行为人已将诈骗财物用于清偿债务或者转让给他人，具有下列情形之一的，应当依法追缴：

（一）对方明知是诈骗财物而收取的；

（二）对方无偿取得诈骗财物的；

（三）对方以明显低于市场的价格取得诈骗财物的；

（四）对方取得诈骗财物系源于非法债务或者违法犯罪活动的。

他人善意取得诈骗财物的，不予追缴。

《全国人民代表大会常务委员会关于〈中华人民共和国刑法〉第二百六十六条的解释》 以欺诈、伪造证明材料或者其他手段骗取养老、医疗、工伤、失业、生育等社会保险金或者其他社会保障待遇的，属于刑法第266条规定的诈骗公私财物的行为。

真题链接

2018/主；2016/4/2（5）；2006/4/4；2005/4/2；2002/4/2；2002/4/1（《刑法》第266条）

2011/4/2（4）（《刑法》第274、266条）

考点剖析

1. 既遂结构（5个步骤）：行为人实施欺骗行为→对方（受骗者）产生（或者继续维持）错误认识→对方基于错误认识处分财产→行为人或第三者取得财产→被害人遭受财产损失。

2. 诈骗罪要求受骗者处分财产时必须具有处分意识，即认识到自己将某种财产转移给行为人或者第三者占有（处分意思必要说），可以分为严格论者和缓和论者。

（1）缓和论者认为不要求受骗者对财产的数量、价格等具有完全的认识，但是要求其认识到财物的性质、种类，否则行为人只能成立盗窃罪。这种观点遵从了盗窃罪、诈骗罪区分的本质要求：诈骗罪是行为人基于对方在瑕疵的认识下处分财产进而取得财产的犯罪，盗窃罪是完全违背对方意志取得财产的犯罪。

（2）严格论者认为要求受骗者必须对处分财物的内容，包括对交付的对象、数量、价值等有全面的认识。这种观点会导致盗窃罪成立范围极宽，而成立诈骗罪的范围很窄。

[例1] 甲在某商场购物时，将便宜照相机的价格条形码与贵重照相机的价格条形码予以更换，使店员将贵重照相机以便宜照相机的价格"出售"给甲。按照缓和论者的观点，店员客观上处分了照相机，但他没有意识到处分的是贵重照相机，应认定为具有处分意识。甲成立诈骗罪。按照严格论者的观点，甲成立盗窃罪。

[例2] 乙将一个照相机包装盒里的泡沫取出，在一个包装盒里装入两个照相机，然后拿着装有两个照相机的一个包装盒付款，店员以为包装盒里只装有一个照相机，仅收取了一个照相机的货款。按照缓和论者的观点，店员认识到自己将包装盒里的"财物"处分给了乙，也具有处分意识。乙成立诈骗罪。按照严格论者的观点，乙成立盗窃罪。

[例3] 丙在某商场购物时，偷偷地从一箱方便面中取出几袋方便面，并将一个照相机放在方便面箱子里，然后拿着方便面箱子付款，店员没有发现方便面箱子里的照相机，只收取了一箱方便面的货款。按照缓和论者的观点，店员虽然认识到自己将方便面箱子里面的"财物"处分给了丙，但没有认识到处分了方便面之外的照相机，即店员没有处分照相机的意识，丙的行为成立盗窃罪。按照严格论者的观点，丙亦成立盗窃罪。

[例4] 丁发现被害人的一本名为《诈骗罪探究》的书中夹有一张清代邮票，便向其讨要该书，被害人在没有意识到该书中有贵重邮票的情况下，将书送给了丁，丁将其中的邮票据为己有。按照缓和论者的观点，被害人客观上有处分邮票的行为，但主观上没有处分邮票的意识。丁的行为成立盗窃罪，因为丁实际上是以要书为名掩盖盗窃事实。按照严格论者的观点，丁亦成立盗窃罪。

【注意】刑法理论上还有一种理论认为，成立诈骗罪不需要被骗人有处分意识，有处分行为即可，此即处分意识不要说。

（3）处分行为必须是导致被害人财产损害的"直接原因"，即被害人的财产损害直接产生于处分行为。换言之，必须是处分行为本身导致财物与财产性利益的直接转移。

[例5] 甲对胡某实施诈骗行为，被胡某识破骗局。但胡某觉得甲穷困潦倒，实在可怜，就给其3000元钱，甲得款后离开现场。甲成立诈骗罪未遂。

3. 诈骗罪要求行为人或者第三者取得财产。但行为人虽然获得了财产性利益，但被害人并没有处分财产的，不成立诈骗罪。

[例6] 甲在收费的高速公路驾驶车辆后，不经过收费站，而是通过破坏公路旁的栅栏逃避收费的，既不成立诈骗罪，也不成立盗窃罪。

4. 盗窃罪与诈骗罪

二者区别的要点在于：被害人是否自愿交付财物。如何理解"自愿交付财物"？

（1）必须是被害人已经认识到其所交付的是自己占有的财物；

（2）被害人"自愿"地将其财物处分

给行为人。（当然，这里的"自愿"是因受到欺骗）

诈骗罪中，犯罪分子使用了诈术，使被害人"自愿交付"财产，即被害人对财产的流转是知情的；而盗窃罪中，被害人对自己占有的财物怎么从自己占有之下转移至犯罪分子之下是不知情的。犯罪分子使用了欺骗的手段，如果被害人处分了财产，犯罪分子成立诈骗罪无疑；如果被害人没有处分财物，犯罪分子虽然使用了欺骗手段，但是被害人对财物怎么从自己占有之下转移至犯罪分子那里是不知情的，是蒙在鼓里的，犯罪分子的行为成立盗窃罪。

[例7] 甲在经过收费站时，假装掏钱付费，在收费人员提前打开栏杆时突然逃走。在不考虑数额的情况下，甲既不成立诈骗罪，也不成立盗窃罪。

[例8] 乙用甲的淘宝账号从网上买了一个手机，用乙自己的银行卡付了款，留的是自己的号码。手机卖家核实信息时，按照淘宝账号信息打电话给了甲，甲骗商家说手机是他买的，并告知商家更改收货地址，商家把手机发货给甲。该案是"三角诈骗"，受骗人是商家（基于认识错误处分自己的财物）、受害人是乙。

5. 诈骗罪与招摇撞骗罪

二者的区别在于：

（1）诈骗的方式

招摇撞骗罪是冒充国家机关工作人员进行诈骗，而诈骗罪则无此要求。

（2）诈骗的内容

诈骗罪是骗取财物，而招摇撞骗罪骗取的对象不限于财物。

（3）诈骗罪与招摇撞骗的竞合

应认定为想象竞合犯，择一重罪定罪处罚。

6. 诈骗罪与侵占罪

（1）行为人出于非法占有目的，欺骗被害人，使其将财物交付给行为人"代为保管"，进而非法占为己有的，应认定为诈骗罪。

（2）先侵占，后欺骗的，成立侵占罪。行为人接受委托代为保管他人财物，非法将财物占为己有后，在被害人请求返还时，虚构财物被盗等理由，使被害人免除行为人的返还义务的，成立侵占罪或者侵占罪与诈骗罪择一重罪处罚。

▶ 命题展望

1. 诈骗罪在主观题中的考查往往比较灵活，注意与敲诈勒索罪的想象竞合问题。

2. 诈骗罪既遂的结构不能缺少任何一环，否则均不成立诈骗罪（或者不能既遂），考试时注意分析。

重点法条 ⑳ ▶ 抢夺罪

☞ 第267条 [抢夺罪] 抢夺公私财物，数额较大的，或者多次抢夺的，处3年以下有期徒刑、拘役或者管制，并处或者单

处罚金；数额巨大或者有其他严重情节的，处3年以上10年以下有期徒刑，并处罚金；数额特别巨大或者有其他特别严重情

节的，处 10 年以上有期徒刑或者无期徒刑，并处罚金或者没收财产。

携带凶器抢夺的，依照本法第 263 条的规定定罪处罚。

关联法条

《最高人民法院、最高人民检察院关于办理抢夺刑事案件适用法律若干问题的解释》

第 1 条第 1 款　抢夺公私财物价值 1000 元至 3000 元以上、3 万元至 8 万元以上、20 万元至 40 万元以上的，应当分别认定为刑法第 267 条规定的"数额较大""数额巨大""数额特别巨大"。

第 3 条　抢夺公私财物，具有下列情形之一的，应当认定为刑法第 267 条规定的"其他严重情节"：

（一）导致他人重伤的；

（二）导致他人自杀的；……

第 4 条　抢夺公私财物，具有下列情形之一的，应当认定为刑法第 267 条规定的"其他特别严重情节"：

（一）导致他人死亡的；……

☞第 6 条　驾驶机动车、非机动车夺取他人财物，具有下列情形之一的，应当以抢劫罪定罪处罚：

（一）夺取他人财物时因被害人不放手而强行夺取的；

（二）驾驶车辆逼挤、撞击或者强行逼倒他人夺取财物的；

（三）明知会致人伤亡仍然强行夺取并放任造成财物持有人轻伤以上后果的。

真题链接

2006/4/4（《刑法》第267条，《最高人民法院、最高人民检察院关于办理抢夺刑事案件适用法律若干问题的解释》第6条）

2002/4/1（《刑法》第267条）

考点剖析

1. 抢夺罪与抢劫罪的关系

（1）从构成要件上说，抢夺行为是直接对物使用暴力（对物暴力），并不要求直接对被害人实施足以压制反抗的暴力；行为人实施抢夺行为时，被害人来不及抗拒，而不要求使被害人受到暴力、胁迫压制而不能反抗、不敢反抗。即使夺取财物的行为使被害人跌倒摔伤或者摔死，也不成立抢劫罪。另一方面，由于不排除行为人对人使用轻微暴力抢夺财物，故在对人实施暴力的情况下，应根据暴力是否达到了足以压制他人反抗的程度，区分抢劫罪与抢夺罪。

（2）抢夺罪与抢劫罪不是对立关系，不应当说"成立抢夺罪，只能是对物实施暴力，不能包含对人实施暴力行为"。一方面，在行为人抢夺数额较大财物，为了窝藏赃物而当场使用暴力，但暴力行为没有达到足以压制他人反抗的程度时，不能认定为事后抢劫，依然只能认定为抢夺罪。倘若坚持"抢夺罪不能包含对人实施暴力行为"的说法，便意味着只要行为人对人实施了暴力就不成立抢夺罪，于是不可避免产生不当的结论（导致抢夺时对人实施了暴力但不构成抢劫罪的行为不成立犯罪）。另一方面，行为人完全可能在不触犯抢劫罪的前提下，对人使用暴力抢夺财物。

2. 盗窃罪与抢夺罪的关系

（1）我国现行刑法虽然没有对抢夺罪规定致人伤亡的结果加重犯，但规定了情节严重与情节特别严重的情形，可以认为其中包含了致人重伤、死亡的情节。因此可以认为，抢夺行为是具有伤亡可能性的行为。当然，由于抢夺行为并不直接对人使用严重暴力，所以，只要抢夺行为具有致人伤亡的一般危险性即可，而不要求抢夺行为具有致人伤亡的较大危险性。换言之，只要夺取他人财物的行为可能致人伤亡，即使可能性较小，也不妨碍抢夺罪的成立。

（2）同时具备以下两个条件，即可认为具有致人伤亡的可能性：

❶ 所夺取的财物必须是被害人紧密占有的财物，即被害人提在手上、背在肩上、装在口袋等与人的身体紧密联结在一起的财物；

❷ 必须对财物使用了非平和的手段，即可以评价为对物实施暴力的强夺行为。

[例1] 突然使用强力夺取他人手提或身背的皮包。

[例2] 使用强力夺取他人佩戴的耳环、项链等首饰。

[例3] 在被害人将财物安放在自行车后架或者前面篮筐中骑车行走时，行为人突然使用强力夺取财物。

[例4] 用绳子等套住被害人自行车后轮，趁被害人下车查看时，迅速拿走其放在自行车车筐中的提包。

以上例子从整体上看，都具有致人伤亡的可能性，可认定为抢夺罪。

（3）如果仅具备上述条件之一的，认定为盗窃罪。

☑ 命题展望

要注意区分抢夺罪与抢劫罪、盗窃罪的行为结构，注意两个法律拟制来的抢劫：携带凶器抢夺以及事后转化的抢劫。

重点法条 21 ▶ 侵占罪

☞ **第 270 条** [侵占罪] 将代为保管的他人财物非法占为己有，数额较大，拒不退还的，处 2 年以下有期徒刑、拘役或者罚金；数额巨大或者有其他严重情节的，处 2 年以上 5 年以下有期徒刑，并处罚金。

将他人的遗忘物或者埋藏物非法占为己有，数额较大，拒不交出的，依照前款的规定处罚。

本条罪，告诉的才处理。

☑ 真题链接

2016/4/2（1）；2015/4/2；2013/4/2（5）（《刑法》第270条）

2011/4/2/（3）（《刑法》第265、270条）

☑ 考点剖析

侵占罪，是指将代为保管的他人财物非法占为己有，数额较大，拒不退还的，或者将他人的遗忘物或者埋藏物非法占为己有，数额较大，拒不交出的行为。前者属于侵占委托物，后者属于侵占脱离占有物。

1. 本罪保护的法益

委托物侵占罪保护的法益是财物的所有权以及委托关系。由于委托物侵占的对象是"代为保管的他人财物"，所以，财物的所有权是首要的保护法益，而占有则不属于其保护法益。其次，委托关系也是委托物侵占的保护法益。如果没有侵害委托关系，则属于侵占脱离占有物。侵占脱离占有物以侵害所有权为要件，是侵占罪的基本类型。

[例1] 甲欲向国家工作人员行贿，将财物委托给乙转交，但乙将该财物据为己有，乙的行为不构成侵占罪。

[例2] 甲为盗窃犯，将其盗窃的财物委托乙窝藏或者代为销售，但乙知道真相却将该财物据为己有或者将销售后所得的现金据为己有，乙的行为不构成侵占罪。

2. 本罪的对象

（1）代为保管的他人财物（委托物侵占、普通侵占）。对保管应该作广义的理解，代为保管的财物是指基于委托关系而占有的他人财物，委托关系产生的原因多种多样，如租赁、担保、借用、委任、寄存等。委托关系不一定要基于成文的合同，根据日常生活规则，事实上存在委托关系即可。

【注意】如果行为人只是辅助占有者，而没有独立占有他人财物时，不属于"代为保管"，此种财物不属于下位者占有，而是属于上位者占有。下位者（辅助占有者）取走财物的，成立盗窃罪。

（2）遗忘物

特点：①他人丧失了对物品的控制；②丧失对物品的控制，并非出于他人的本意。

【注意】无论是遗失物还是遗忘物，实际上均可成为侵占罪的对象。刑法理论与实践中对遗忘物作了扩大解释：是指非基于他人本意而脱离他人占有，偶然（即不是基于委托关系）由行为人占有的，或者占有人不明的财物。他人因为认识错误而交付给行为人的金钱、邮局误投的邮件、楼上飘落的衣物、河流中的漂流物等，只要他人没有放弃所有权的，均属于遗忘物。

[例3] 甲、乙、丙三人坐火车，下火车时多拿了丁一件财物，三人发现多拿了一个包，也就将错就错，拒不返还。这一财物从严格的字面意义看，并不属于丁的遗忘物，而是丁占有的财物，只是偶然由甲、乙、丙三人占有，此种情形，也认为财物是丁脱离占有的财物，即财物属于遗忘物。我们对遗忘物应该作扩张解释。

（3）埋藏物。包括所有权不明的埋藏于地下的财物、物品。如果行为人看见他人将某物埋藏于地下，趁所有权人走后取走，则以盗窃罪论处更为妥当。

3. 侵占罪与盗窃罪、诈骗罪之间的区分

侵占罪的成立有一个重要前提是，财产事先不在被害人的占有之下。刑法中的其他财产性犯罪的特点是将被害人占有的财物通过窃取、骗取、暴力的方式据为己有。因此，区分侵占罪与盗窃罪、诈骗罪等财产犯罪的关键在于看财物是否在被害人的占有之下。

命题展望

侵占罪在主观题中往往会和盗窃罪、诈骗罪结合考查，另外注意：对于死者是否具有占有能力存在不同观点，如果认为有，那么行为人拿走死者随身财物成立盗窃罪；如果认为没有，那么行为人拿走死者随身财物成立侵占罪。

重点法条22 ▶ 职务侵占罪

第271条 [职务侵占罪] 公司、企业或者其他单位的人员，利用职务上的便利，将本单位财物非法占为己有，数额较大的，处5年以下有期徒刑或者拘役；数额巨大的，处5年以上有期徒刑，可以并处没收财产。

[贪污罪] 国有公司、企业或者其他国有单位中从事公务的人员和国有公司、企业或者其他国有单位委派到非国有公司、企业以及其他单位从事公务的人员有前款行为的，依照本法第382条、第383条的规定定罪处罚。

🔖 关联法条

《最高人民法院、最高人民检察院关于办理贪污贿赂刑事案件适用法律若干问题的解释》第11条第1款　刑法第163条规定的非国家工作人员受贿罪、第271条规定的职务侵占罪中的"数额较大""数额巨大"的数额起点，按照本解释关于受贿罪、贪污罪相对应的数额标准规定的2倍、5倍执行。

《最高人民法院关于审理贪污、职务侵占案件如何认定共同犯罪几个问题的解释》

第1条　行为人与国家工作人员勾结，利用国家工作人员的职务便利，共同侵吞、窃取、骗取或者以其他手段非法占有公共财物的，以贪污罪共犯论处。

第2条　行为人与公司、企业或者其他单位的人员勾结，利用公司、企业或者其他单位人员的职务便利，共同将该单位财物非法占为己有，数额较大的，以职务侵占罪共

犯论处。

第3条　公司、企业或者其他单位中，不具有国家工作人员身份的人与国家工作人员勾结，分别利用各自的职务便利，共同将本单位财物非法占为己有的，按照主犯的犯罪性质定罪。

🔖 考点剖析

职务侵占罪是指公司、企业或者其他单位的人员，利用职务上的便利，将本单位财物非法占为己有，数额较大的行为。

1. 如何理解"利用职务上的便利"

（1）利用职务上的便利：利用自己主管、管理、经营、经手单位财产的便利条件；

（2）不属于利用职务上的便利的情形：如果是利用对本单位情况的熟悉，非法占有他人保管财物的，应以盗窃罪论处。

2. 行为主体

（1）公司、企业或者其他单位的人员，但国家工作人员除外。

（2）即使是通过不正当手段成为公司、企业或者其他单位的人员，或者是单位临时请来处理事务的人员，也可以成为本罪的主体。此外，还包括临时雇用的工作人员。

3. 行为方式

（1）传统观点认为：本罪与贪污罪只是主体不同，行为方式相同，不仅包括侵占，还包括窃取、骗取或者其他手段，所以职务侵占罪中的"侵占"是广义的侵占。

（2）命题人观点认为：只包括侵占（侵吞）。对公司、企业或者其他单位的人

员利用职务上的便利窃取、骗取本单位财物的行为，只能认定为盗窃罪、诈骗罪。除非共同占有以及刑法有特别规定的情况下（第 183 条第 1 款）。

[例 1] 甲销售公司的司机徐某负责把货物运送到乙公司，乙公司则将货款当面交付甲公司的司机带回交给甲公司的老板。后来，徐某从甲公司辞职，甲公司遂聘请 A 为新的司机。但甲公司的老板对新司机 A 不太放心，就对 A 说："你把货物运到乙公司之后，就不要带货款回来了，我让乙公司直接把货款汇到咱们公司的账户来。"但甲公司的老板忘了和乙公司的老板说明这一情况。A 将货物运到乙公司后，就主动和乙公司的老板说："我们老板让我把货款带回去。"由于以前一直是这样操作的，乙公司的老板信以为真，将 8 万元货款交给了 A，A 拿到这 8 万元之后逃跑。A 成立诈骗罪。

[例 2] 甲是某民营快递公司快递员，公司规定与其他公司签约快递服务将有 20% 的提成。甲让朋友乙冒充高校领导与快递公司签订快递服务协议，费用年结，金额为 30 万元，于是按照规定拿到了 6 万元提成。但公司在年底要求高校付款时，甲无奈用自己的信用卡透支 10 万元还给公司，仍然欠着 20 万元。事后经银行两次有效催收后超过 3 个月仍不归还。甲通过欺骗的方式获得公司的提成，构成诈骗罪。根据 2018 年 12 月 1 日《最高人民法院、最高人民检察院关于办理妨害信用卡管理刑事案件具体应用法律若干问题的解释》第 6 条规定，"明知没有还款能力而大量透支，无法归还的"可以认定为"恶意透支"型信用卡诈骗罪中的"以非法占有为目的"。因此，甲另构成信用卡诈骗罪，金额为 10 万元。

[例 3] 某快递公司快递员甲在分拣包裹的过程中，把不属于自己负责的传送带上的包裹放入自己的快递车内，然后在离开公司送货途中拆开包裹，据为己有。甲成立盗窃罪。

[例 4] 公司保安甲在休假期内，以"第二天晚上要去医院看望病人"为由，欺骗保安乙，成功和乙换岗。当晚，甲将其看管的公司仓库内价值 5 万元的财物运走变卖。甲成立职务侵占罪。

[例 5] 甲系某村民小组的组长，利用职务上的便利，将村民小组集体财产非法据为己有，数额达到 5 万元。甲成立职务侵占罪。

[例 6] 甲为村委会主任，在协助乡政府管理和发放救灾款物时，将 5 万元救灾款非法据为己有。甲成立贪污罪。

[例 7] 甲是某国有控股公司部门经理，利用职务上的便利，将本单位的 5 万元公款非法据为己有。甲成立职务侵占罪。

[例 8] 甲与某私营企业的部门经理乙内外勾结，利用乙职务上的便利，共同将该单位的 5 万元资金非法据为己有。甲、乙成立职务侵占罪。

▶ 命题展望

职务侵占罪在历年的主观题的考试中尚未直接考查，但是本罪名最近几年比较热门，注意与贪污罪的比较，尤其是行为方式、行为主体。

重点法条 23 ▶ 敲诈勒索罪

☞ **第274条**［敲诈勒索罪］ 敲诈勒索公私财物，数额较大或者多次敲诈勒索的，处3年以下有期徒刑、拘役或者管制，并处或者单处罚金；数额巨大或者有其他严重情节的，处3年以上10年以下有期徒刑，并处罚金；数额特别巨大或者有其他特别严重情节的，处10年以上有期徒刑，并处罚金。

🔹关联法条

《最高人民法院、最高人民检察院关于办理敲诈勒索刑事案件适用法律若干问题的解释》

第1条第1款 敲诈勒索公私财物价值2000元至5000元以上、3万元至10万元以上、30万元至50万元以上的，应当分别认定为刑法第274条规定的"数额较大"、"数额巨大"、"数额特别巨大"。

第3条 2年内敲诈勒索3次以上的，应当认定为刑法第274条规定的"多次敲诈勒索"。

第6条 敲诈勒索近亲属的财物，获得谅解的，一般不认为是犯罪；认定为犯罪的，应当酌情从宽处理。

被害人对敲诈勒索的发生存在过错的，根据被害人过错程度和案件其他情况，可以对行为人酌情从宽处理；情节显著轻微危害不大的，不认为是犯罪。

第7条 明知他人实施敲诈勒索犯罪，为其提供信用卡、手机卡、通讯工具、通讯传输通道、网络技术支持等帮助的，以共同犯罪论处。

🔹真题链接

2017/4/2；2016/4/2（4）；2007/4/2（4）（《刑法》第274条）

2011/4/2（4）；2010/4/2（3）（《刑法》第274、266条）

🔹考点剖析

敲诈勒索罪的基本结构：行为人对被害人实施威胁或要挟→致使被害人产生恐惧心理→被害人基于恐惧心理而处分财产→行为人或第三者取得财产→被害人遭受财产损失。

1. 敲诈勒索罪的几个问题

（1）敲诈勒索罪中威胁、要挟的内容可以是合法的。

［例1］ 大宝与某城建局局长张某共同去娱乐场所嫖娼若干次，不久二人交恶。大宝威胁如果张某不给自己1万元钱，就向纪委举报其嫖娼，张某无奈只得听从。大宝成立敲诈勒索罪。

【注意】威胁的内容必须是由行为人本人或行为人所能控制的第三人来实现。行为人所告知的恶害是将由行为人自己实现，还是将由第三者实现，在所不问；但由第三者实现时，行为人必须使对方知道自己能够影响第三者，或者让对方推测到自己能影响第三者。即使是虚假的内容，也可以成立敲诈勒索罪，当然此种情形下有可能会与诈骗罪竞合。

［例2］ 乙与丙因某事发生口角，甲知

悉此事后，找到乙，谎称自己受丙所托带口信给乙，称如果乙不拿出2000元给丙，丙将派人来打乙。乙害怕被打，就托甲将2000元带给丙。甲将钱占为己有，该行为成立诈骗罪。

[例3] 甲将王某杀害后，又以王某被绑架为由，向其亲属索要钱财。甲除构成故意杀人罪外，还构成敲诈勒索罪与诈骗罪的想象竞合犯。

（2）敲诈行为与勒索行为之间的关系

❶敲诈而当场取财。

❷敲诈而事后取财。即要求敲诈行为与取财之间具有因果关系。

（3）被害人产生了恐惧心理。

涉及重大利益关系的时候，如生命、职位等，被害人才可能产生恐惧心理。

2. 诈骗罪与敲诈勒索罪

（1）诈骗行为是行为人使用欺骗方法使他人产生错误认识，从而"自愿"地处分或交付财物；而敲诈勒索行为是行为人通过威胁、要挟的方法使他人感到恐惧而不得不交付财物。

（2）行为同时具有诈骗与胁迫性质，被害人既陷入认识错误又产生恐惧心理，进而自愿处分财产的——诈骗罪与敲诈勒索罪的想象竞合犯，从一重罪处罚。

罪　名	行为的性质	被害人交付财物的方式
诈骗罪	欺　骗	自愿交付。
敲诈勒索罪	胁　迫	基于害怕交付。这种害怕的内容必须是行为人本人将要实施的或者其本人所能控制的恶害。

行为同时具有欺骗与胁迫性质，被害人基于害怕而自愿交付的，属于诈骗罪与敲诈勒索罪的想象竞合犯。但是，如果能判断出被害人主要是基于何种心理交付财物，就以这种心理来给行为人定罪。

[例4] 张某、刘某经过某村时，对村主任说："你儿子得罪了我们，我们和黑社会是哥们，如果不给赔偿费，就叫黑社会收拾你儿子。"村主任因此交付了3000元赔偿费。张某、刘某的行为应如何认定？行为人仅实施胁迫行为，被害人虽陷入一定认识错误，但完全或主要基于恐惧心理处分财产的，对行为人定敲诈勒索罪。

[例5] 甲对女明星乙说："我偷拍了你的裸照，不给钱就网上曝光！"乙以为甲手中的照片是自己的裸照，实际上是甲伪造的。乙便答应照办。甲成立诈骗罪与敲诈勒索罪的想象竞合犯，从一重罪论处。

🔲 命题展望

在以往的主观题中，多次考查过敲诈勒索罪，要格外注意其与抢劫罪、诈骗罪之间的关系。

重点法条 24 ▶ 掩饰、隐瞒犯罪所得、犯罪所得收益罪

☞**第 312 条**［掩饰、隐瞒犯罪所得、犯罪所得收益罪］　明知是犯罪所得及其产生的收益而予以窝藏、转移、收购、代为销售或者以其他方法掩饰、隐瞒的，处 3 年以下有期徒刑、拘役或者管制，并处或者单处罚金；情节严重的，处 3 年以上 7 年以下有期徒刑，并处罚金。

单位犯前款罪的，对单位判处罚金，并对其直接负责的主管人员和其他直接责任人员，依照前款的规定处罚。

关联法条

《最高人民法院关于审理掩饰、隐瞒犯罪所得、犯罪所得收益刑事案件适用法律若干问题的解释》

第 5 条　事前与盗窃、抢劫、诈骗、抢夺等犯罪分子通谋，掩饰、隐瞒犯罪所得及其产生的收益的，以盗窃、抢劫、诈骗、抢夺等犯罪的共犯论处。

第 6 条　对犯罪所得及其产生的收益实施盗窃、抢劫、诈骗、抢夺等行为，构成犯罪的，分别以盗窃罪、抢劫罪、诈骗罪、抢夺罪等定罪处罚。

第 7 条　明知是犯罪所得及其产生的收益而予以掩饰、隐瞒，构成刑法第 312 条规定的犯罪，同时构成其他犯罪的，依照处罚较重的规定定罪处罚。

第 8 条　认定掩饰、隐瞒犯罪所得、犯罪所得收益罪，以上游犯罪事实成立为前提。上游犯罪尚未依法裁判，但查证属实的，不影响掩饰、隐瞒犯罪所得、犯罪所得收益罪的认定。

上游犯罪事实经查证属实，但因行为人未达到刑事责任年龄等原因依法不予追究刑事责任的，不影响掩饰、隐瞒犯罪所得、犯罪所得收益罪的认定。

第 9 条　盗用单位名义实施掩饰、隐瞒犯罪所得及其产生的收益行为，违法所得由行为人私分的，依照刑法和司法解释有关自然人犯罪的规定定罪处罚。

第 10 条　通过犯罪直接得到的赃款、赃物，应当认定为刑法第 312 条规定的"犯罪所得"。上游犯罪的行为人对犯罪所得进行处理后得到的孳息、租金等，应当认定为刑法第 312 条规定的"犯罪所得产生的收益"。

明知是犯罪所得及其产生的收益而采取窝藏、转移、收购、代为销售以外的方法，如居间介绍买卖，收受，持有，使用，加工，提供资金账户，协助将财物转换为现金、金融票据、有价证券，协助将资金转移、汇往境外等，应当认定为刑法第 312 条规定的"其他方法"。

第 11 条　掩饰、隐瞒犯罪所得、犯罪所得收益罪是选择性罪名，审理此类案件，应当根据具体犯罪行为及其指向的对象，确定适用的罪名。

真题链接

2015/4/2；2009/4/2；2004/4/6（《刑法》第312条）

考点剖析

1. 本罪与取得型财产罪

（1）本罪行为（如窝藏、转移）必须基于本犯的意思。本犯对赃物的平稳占有

也是刑法保护的法益。明知是赃物而抢劫、抢夺、敲诈勒索、窃取、骗取的，分别成立相应的财产犯罪，不成立本罪。但侵占的方式比较特殊。

[例1] 甲委托乙窝藏其盗窃来的赃物，乙答应，但后来将该赃物据为己有，拒不退还。对乙以本罪论处，不再定侵占罪。

（2）罪数关系

[例2] 乙受委托占有丙的财物，但欲据为己有并私下出卖。甲明知乙是不法处分而购买。乙构成侵占罪，甲不构成侵占罪共犯，而构成掩饰、隐瞒犯罪所得、犯罪所得收益罪。

[例3] 甲得知乙受委托占有丙的财物，与乙共谋将该财物出卖给他人的，乙与甲构成侵占罪的共犯。

[例4] 甲将盗窃到的轿车，隐瞒真相，冒充自己的车向乙出售。甲除成立盗窃罪外，对乙（善意第三人）还成立诈骗罪，应数罪并罚。如果甲告知真相，销售赃车，乙明知是赃物而购买。乙成立掩饰、隐瞒犯罪所得、犯罪所得收益罪，甲的行为不成立诈骗罪。

[例5] 甲盗窃了一辆轿车，让乙代为销赃。乙隐瞒真相，冒充自己的车向丙出售。乙同时触犯了掩饰、隐瞒犯罪所得、犯罪所得收益罪与诈骗罪，属于想象竞合犯，择一重罪论处。

2. 本罪与洗钱罪的关系

本罪与洗钱罪既有联系，也有区别。洗钱罪只限于掩饰、隐瞒毒品犯罪、黑社会性质的组织犯罪、恐怖活动犯罪、走私犯罪、贪污贿赂犯罪、破坏金融管理秩序

犯罪、金融诈骗犯罪的所得及其产生的收益的来源和性质的行为，而本罪包括对一切犯罪所得及其产生收益的掩饰与隐瞒。洗钱罪包括各种掩饰、隐瞒犯罪所得及其收益的来源和性质的行为，而本罪是对犯罪所得及其产生的收益本身的掩饰与隐瞒。但是，本罪与洗钱罪不是对立关系，一个行为完全可能同时触犯本罪与洗钱罪，对此，应按想象竞合犯从一重罪论处。

3. 行为人将替本犯窝藏的赃物据为己有的，仅构成本罪，不另成立侵占罪。诈骗他人犯罪所得赃物的，成立诈骗罪。我国《民法典》没有明确规定赃物的善意取得。如果否认对赃物的善意取得，那么，即使第三人善意取得了赃物，本犯的被害人（所有权人）也有权追回。因此，在本犯的被害人依然有权向第三人追回自己的财物的情况下，第三人实际上成为诈骗罪的被害人。换言之，如果否认赃物的善意取得，就可以得出如下结论：

（1）盗窃罪的本犯隐瞒真相向第三人出售赃物的，除成立盗窃罪外，另对善意第三人成立诈骗罪；

（2）代为销售赃物的犯罪人，隐瞒真相向第三人出售赃物的，同时触犯了本罪与诈骗罪，属于想象竞合犯，应从一重罪论处；

（3）第三人明知是赃物而购买的，可能成立本罪（如收购赃物），出售方的行为不成立诈骗罪。

▶ 命题展望

本罪在主观题的考试中往往比较简单，考生只需要知道本罪的常规判断即可。

重点法条 25 ▶ 贪污贿赂罪

☞ **第 382 条** [贪污罪] 国家工作人员利用职务上的便利，侵吞、窃取、骗取或者以其他手段非法占有公共财物的，是贪污罪。

受国家机关、国有公司、企业、事业单位、人民团体委托管理、经营国有财产的人员，利用职务上的便利，侵吞、窃取、骗取或者以其他手段非法占有国有财物的，以贪污论。

与前两款所列人员勾结，伙同贪污的，以共犯论处。

第 383 条 [贪污罪的处罚规定] 对犯贪污罪的，根据情节轻重，分别依照下列规定处罚：

（一）贪污数额较大或者有其他较重情节的，处 3 年以下有期徒刑或者拘役，并处罚金。

（二）贪污数额巨大或者有其他严重情节的，处 3 年以上 10 年以下有期徒刑，并处罚金或者没收财产。

（三）贪污数额特别巨大或者有其他特别严重情节的，处 10 年以上有期徒刑或者无期徒刑，并处罚金或者没收财产；数额特别巨大，并使国家和人民利益遭受特别重大损失的，处无期徒刑或者死刑，并处没收财产。

对多次贪污未经处理的，按照累计贪污数额处罚。

犯第 1 款罪，在提起公诉前如实供述自己罪行、真诚悔罪、积极退赃，避免、减少损害结果的发生，有第 1 项规定情形的，可以从轻、减轻或者免除处罚；有第

2 项、第 3 项规定情形的，可以从轻处罚。

犯第 1 款罪，有第 3 项规定情形被判处死刑缓期执行的，人民法院根据犯罪情节等情况可以同时决定在其死刑缓期执行 2 年期满依法减为无期徒刑后，终身监禁，不得减刑、假释。

第 384 条 [挪用公款罪] 国家工作人员利用职务上的便利，挪用公款归个人使用，进行非法活动的，或者挪用公款数额较大、进行营利活动的，或者挪用公款数额较大、超过 3 个月未还的，是挪用公款罪，处 5 年以下有期徒刑或者拘役；情节严重的，处 5 年以上有期徒刑。挪用公款数额巨大不退还的，处 10 年以上有期徒刑或者无期徒刑。

挪用用于救灾、抢险、防汛、优抚、扶贫、移民、救济款物归个人使用的，从重处罚。

☞ **第 385 条** [受贿罪] 国家工作人员利用职务上的便利，索取他人财物的，或者非法收受他人财物，为他人谋取利益的，是受贿罪。

国家工作人员在经济往来中，违反国家规定，收受各种名义的回扣、手续费，归个人所有的，以受贿论处。

第 386 条 [受贿罪的处罚规定] 对犯受贿罪的，根据受贿所得数额及情节，依照本法第 383 条的规定处罚。索贿的从重处罚。

第 387 条 [单位受贿罪] 国家机关、国有公司、企业、事业单位、人民团体，

索取、非法收受他人财物，为他人谋取利益，情节严重的，对单位判处罚金，并对其直接负责的主管人员和其他直接责任人员，处5年以下有期徒刑或者拘役。

前款所列单位，在经济往来中，在帐外暗中收受各种名义的回扣、手续费的，以受贿论，依照前款的规定处罚。

☞ **第388条** ［斡旋受贿］ 国家工作人员利用本人职权或者地位形成的便利条件，通过其他国家工作人员职务上的行为，为请托人谋取不正当利益，索取请托人财物或者收受请托人财物的，以受贿论处。

☞ **第388条之一** ［利用影响力受贿罪］ 国家工作人员的近亲属或者其他与该国家工作人员关系密切的人，通过该国家工作人员职务上的行为，或者利用该国家工作人员职权或者地位形成的便利条件，通过其他国家工作人员职务上的行为，为请托人谋取不正当利益，索取请托人财物或者收受请托人财物，数额较大或者有其他较重情节的，处3年以下有期徒刑或者拘役，并处罚金；数额巨大或者有其他严重情节的，处3年以上7年以下有期徒刑，并处罚金；数额特别巨大或者有其他特别严重情节的，处7年以上有期徒刑，并处罚金或者没收财产。

离职的国家工作人员或者其近亲属以及其他与其关系密切的人，利用该离职的国家工作人员原职权或者地位形成的便利条件实施前款行为的，依照前款的规定定罪处罚。

☞ **第389条** ［行贿罪］ 为谋取不正当利益，给予国家工作人员以财物的，是行贿罪。

在经济往来中，违反国家规定，给予国家工作人员以财物，数额较大的，或者违反国家规定，给予国家工作人员以各种名义的回扣、手续费的，以行贿论处。

因被勒索给予国家工作人员以财物，没有获得不正当利益的，不是行贿。

第390条 ［行贿罪的处罚规定］ 对犯行贿罪的，处5年以下有期徒刑或者拘役，并处罚金；因行贿谋取不正当利益，情节严重的，或者使国家利益遭受重大损失的，处5年以上10年以下有期徒刑，并处罚金；情节特别严重的，或者使国家利益遭受特别重大损失的，处10年以上有期徒刑或者无期徒刑，并处罚金或者没收财产。

行贿人在被追诉前主动交待行贿行为的，可以从轻或者减轻处罚。其中，犯罪较轻的，对侦破重大案件起关键作用的，或者有重大立功表现的，可以减轻或者免除处罚。

第390条之一 ［对有影响力的人行贿罪］ 为谋取不正当利益，向国家工作人员的近亲属或者其他与该国家工作人员关系密切的人，或者向离职的国家工作人员或者其近亲属以及其他与其关系密切的人行贿的，处3年以下有期徒刑或者拘役，并处罚金；情节严重的，或者使国家利益遭受重大损失的，处3年以上7年以下有期徒刑，并处罚金；情节特别严重的，或者使国家利益遭受特别重大损失的，处7年以上10年以下有期徒刑，并处罚金。

单位犯前款罪的，对单位判处罚金，并对其直接负责的主管人员和其他直接责任人员，处3年以下有期徒刑或者拘役，并处罚金。

第391条 [对单位行贿罪] 为谋取不正当利益，给予国家机关、国有公司、企业、事业单位、人民团体以财物的，或者在经济往来中，违反国家规定，给予各种名义的回扣、手续费的，处3年以下有期徒刑或者拘役，并处罚金。

单位犯前款罪的，对单位判处罚金，并对其直接负责的主管人员和其他直接责任人员，依照前款的规定处罚。

☞ **第392条** [介绍贿赂罪] 向国家工作人员介绍贿赂，情节严重的，处3年以下有期徒刑或者拘役，并处罚金。

介绍贿赂人在被追诉前主动交待介绍贿赂行为的，可以减轻处罚或者免除处罚。

☞ **第393条** [单位行贿罪] 单位为谋取不正当利益而行贿，或者违反国家规定，给予国家工作人员以回扣、手续费，情节严重的，对单位判处罚金，并对其直接负责的主管人员和其他直接责任人员，处5年以下有期徒刑或者拘役，并处罚金。因行贿取得的违法所得归个人所有的，依照本法第389条、第390条的规定定罪处罚。

第394条 [贪污罪特殊情形] 国家工作人员在国内公务活动或者对外交往中接受礼物，依照国家规定应当交公而不交公，数额较大的，依照本法第382条、第383条的规定定罪处罚。

☞ **第396条第1款** [私分国有资产罪] 国家机关、国有公司、企业、事业单位、人民团体，违反国家规定，以单位名义将国有资产集体私分给个人，数额较大的，对其直接负责的主管人员和其他直接责任人员，处3年以下有期徒刑或者拘役，并

处或者单处罚金；数额巨大的，处3年以上7年以下有期徒刑，并处罚金。

第272条 [挪用资金罪] 公司、企业或者其他单位的工作人员，利用职务上的便利，挪用本单位资金归个人使用或者借贷给他人，数额较大、超过3个月未还的，或者虽未超过3个月，但数额较大、进行营利活动的，或者进行非法活动的，处3年以下有期徒刑或者拘役；挪用本单位资金数额巨大的，或者数额较大不退还的，处3年以上10年以下有期徒刑。

[挪用公款罪] 国有公司、企业或者其他国有单位中从事公务的人员和国有公司、企业或者其他国有单位委派到非国有公司、企业以及其他单位从事公务的人员有前款行为的，依照本法第384条的规定定罪处罚。

第273条 [挪用特定款物罪] 挪用用于救灾、抢险、防汛、优抚、扶贫、移民、救济款物，情节严重，致使国家和人民群众利益遭受重大损害的，对直接责任人员，处3年以下有期徒刑或者拘役；情节特别严重的，处3年以上7年以下有期徒刑。

▶ 关联法条

第91条 [公共财产的范围] 本法所称公共财产，是指下列财产：

（一）国有财产；

（二）劳动群众集体所有的财产；

（三）用于扶贫和其他公益事业的社会捐助或者专项基金的财产。

在国家机关、国有公司、企业、集体企业和人民团体管理、使用或者运输中的私人财产，以公共财产论。

第 93 条 [国家工作人员的范围] 本法所称国家工作人员，是指国家机关中从事公务的人员。

国有公司、企业、事业单位、人民团体中从事公务的人员和国家机关、国有公司、企业、事业单位委派到非国有公司、企业、事业单位、社会团体从事公务的人员，以及其他依照法律从事公务的人员，以国家工作人员论。

《全国人民代表大会常务委员会关于〈中华人民共和国刑法〉第九十三条第二款的解释》

……刑法第 93 条第 2 款规定的"其他依照法律从事公务的人员"，解释如下：

村民委员会等村基层组织人员协助人民政府从事下列行政管理工作，属于刑法第 93 条第 2 款规定的"其他依照法律从事公务的人员"：

（一）救灾、抢险、防汛、优抚、扶贫、移民、救济款物的管理；

（二）社会捐助公益事业款物的管理；

（三）国有土地的经营和管理；

（四）土地征收、征用补偿费用的管理；

（五）代征、代缴税款；

（六）有关计划生育、户籍、征兵工作；

（七）协助人民政府从事的其他行政管理工作。

村民委员会等村基层组织人员从事前款规定的公务，利用职务上的便利，非法占有公共财物、挪用公款、索取他人财物或者非法收受他人财物，构成犯罪的，适用刑法第 382 条和第 383 条贪污罪、第 384 条挪用公款罪、第 385 条和第 386 条受贿罪的规定。

《最高人民法院、最高人民检察院关于办理贪污贿赂刑事案件适用法律若干问题的解释》

第 1 条　贪污或者受贿数额在 3 万元以上不满 20 万元的，应当认定为刑法第 383 条第 1 款规定的"数额较大"，依法判处 3 年以下有期徒刑或者拘役，并处罚金。

贪污数额在 1 万元以上不满 3 万元，具有下列情形之一的，应当认定为刑法第 383 条第 1 款规定的"其他较重情节"，依法判处 3 年以下有期徒刑或者拘役，并处罚金：

（一）贪污救灾、抢险、防汛、优抚、扶贫、移民、救济、防疫、社会捐助等特定款物的；

（二）曾因贪污、受贿、挪用公款受过党纪、行政处分的；

（三）曾因故意犯罪受过刑事追究的；

（四）赃款赃物用于非法活动的；

（五）拒不交待赃款赃物去向或者拒不配合追缴工作，致使无法追缴的；

（六）造成恶劣影响或者其他严重后果的。

受贿数额在 1 万元以上不满 3 万元，具有前款第 2 项至第 6 项规定的情形之一，或者具有下列情形之一的，应当认定为刑法第 383 条第 1 款规定的"其他较重情节"，依法判处 3 年以下有期徒刑或者拘役，并处罚金：

（一）多次索贿的；

（二）为他人谋取不正当利益，致使公共财产、国家和人民利益遭受损失的；

（三）为他人谋取职务提拔、调整的。

第 2 条　贪污或者受贿数额在 20 万元以上不满 300 万元的，应当认定为刑法第 383 条第 1 款规定的"数额巨大"，依法判处 3 年以上 10 年以下有期徒刑，并处罚金或者没收财产。

贪污数额在 10 万元以上不满 20 万元，具有本解释第 1 条第 2 款规定的情形之一的，应当认定为刑法第 383 条第 1 款规定的"其他严重情节"，依法判处 3 年以上 10 年以下有期徒刑，并处罚金或者没收财产。

受贿数额在 10 万元以上不满 20 万元，具有本解释第 1 条第 3 款规定的情形之一的，应当认定为刑法第 383 条第 1 款规定的"其他严重情节"，依法判处 3 年以上 10 年以下有期徒刑，并处罚金或者没收财产。

第 3 条 贪污或者受贿数额在 300 万元以上的，应当认定为刑法第 383 条第 1 款规定的"数额特别巨大"，依法判处 10 年以上有期徒刑、无期徒刑或者死刑，并处罚金或者没收财产。

贪污数额在 150 万元以上不满 300 万元，具有本解释第 1 条第 2 款规定的情形之一的，应当认定为刑法第 383 条第 1 款规定的"其他特别严重情节"，依法判处 10 年以上有期徒刑、无期徒刑或者死刑，并处罚金或者没收财产。

受贿数额在 150 万元以上不满 300 万元，具有本解释第 1 条第 3 款规定的情形之一的，应当认定为刑法第 383 条第 1 款规定的"其他特别严重情节"，依法判处 10 年以上有期徒刑、无期徒刑或者死刑，并处罚金或者没收财产。

第 4 条 贪污、受贿数额特别巨大，犯罪情节特别严重、社会影响特别恶劣、给国家和人民利益造成特别重大损失的，可以判处死刑。

符合前款规定的情形，但具有自首，立功，如实供述自己罪行、真诚悔罪、积极退赃，或者避免、减少损害结果的发生等情节，不是必须立即执行的，可以判处死刑缓期二年执行。

符合第 1 款规定情形的，根据犯罪情节

等情况可以判处死刑缓期二年执行，同时裁判决定在其死刑缓期执行 2 年期满依法减为无期徒刑后，终身监禁，不得减刑、假释。

第 5 条 挪用公款归个人使用，进行非法活动，数额在 3 万元以上的，应当依照刑法第 384 条的规定以挪用公款罪追究刑事责任；数额在 300 万元以上的，应当认定为刑法第 384 条第 1 款规定的"数额巨大"。具有下列情形之一的，应当认定为刑法第 384 条第 1 款规定的"情节严重"：

（一）挪用公款数额在 100 万元以上的；

（二）挪用救灾、抢险、防汛、优抚、扶贫、移民、救济特定款物，数额在 50 万元以上不满 100 万元的；

（三）挪用公款不退还，数额在 50 万元以上不满 100 万元的；

（四）其他严重的情节。

第 6 条 挪用公款归个人使用，进行营利活动或者超过 3 个月未还，数额在 5 万元以上的，应当认定为刑法第 384 条第 1 款规定的"数额较大"；数额在 500 万元以上的，应当认定为刑法第 384 条第 1 款规定的"数额巨大"。具有下列情形之一的，应当认定为刑法第 384 条第 1 款规定的"情节严重"：

（一）挪用公款数额在 200 万元以上的；

（二）挪用救灾、抢险、防汛、优抚、扶贫、移民、救济特定款物，数额在 100 万元以上不满 200 万元的；

（三）挪用公款不退还，数额在 100 万元以上不满 200 万元的；

（四）其他严重的情节。

第 7 条 为谋取不正当利益，向国家工作人员行贿，数额在 3 万元以上的，应当依照刑法第 390 条的规定以行贿罪追究刑事责任。

行贿数额在 1 万元以上不满 3 万元，具有下列情形之一的，应当依照刑法第 390 条的规定以行贿罪追究刑事责任：

（一）向 3 人以上行贿的；

（二）将违法所得用于行贿的；

（三）通过行贿谋取职务提拔、调整的；

（四）向负有食品、药品、安全生产、环境保护等监督管理职责的国家工作人员行贿，实施非法活动的；

（五）向司法工作人员行贿，影响司法公正的；

（六）造成经济损失数额在 50 万元以上不满 100 万元的。

第 8 条　犯行贿罪，具有下列情形之一的，应当认定为刑法第 390 条第 1 款规定的"情节严重"：

（一）行贿数额在 100 万元以上不满 500 万元的；

（二）行贿数额在 50 万元以上不满 100 万元，并具有本解释第 7 条第 2 款第 1 项至第 5 项规定的情形之一的；

（三）其他严重的情节。

为谋取不正当利益，向国家工作人员行贿，造成经济损失数额在 100 万元以上不满 500 万元的，应当认定为刑法第 390 条第 1 款规定的"使国家利益遭受重大损失"。

第 9 条　犯行贿罪，具有下列情形之一的，应当认定为刑法第 390 条第 1 款规定的"情节特别严重"：

（一）行贿数额在 500 万元以上的；

（二）行贿数额在 250 万元以上不满 500 万元，并具有本解释第 7 条第 2 款第 1 项至第 5 项规定的情形之一的；

（三）其他特别严重的情节。

为谋取不正当利益，向国家工作人员行

贿，造成经济损失数额在 500 万元以上的，应当认定为刑法第 390 条第 1 款规定的"使国家利益遭受特别重大损失"。

第 10 条　刑法第 388 条之一规定的利用影响力受贿罪的定罪量刑适用标准，参照本解释关于受贿罪的规定执行。

刑法第 390 条之一规定的对有影响力的人行贿罪的定罪量刑适用标准，参照本解释关于行贿罪的规定执行。

单位对有影响力的人行贿数额在 20 万元以上的，应当依照刑法第 390 条之一的规定以对有影响力的人行贿罪追究刑事责任。

第 11 条　刑法第 163 条规定的非国家工作人员受贿罪、第 271 条规定的职务侵占罪中的"数额较大""数额巨大"的数额起点，按照本解释关于受贿罪、贪污罪相对应的数额标准规定的 2 倍、5 倍执行。

刑法第 272 条规定的挪用资金罪中的"数额较大""数额巨大"以及"进行非法活动"情形的数额起点，按照本解释关于挪用公款罪"数额较大""情节严重"以及"进行非法活动"的数额标准规定的 2 倍执行。

刑法第 164 条第 1 款规定的对非国家工作人员行贿罪中的"数额较大""数额巨大"的数额起点，按照本解释第 7 条、第 8 条第 1 款关于行贿罪的数额标准规定的 2 倍执行。

第 12 条　贿赂犯罪中的"财物"，包括货币、物品和财产性利益。财产性利益包括可以折算为货币的物质利益如房屋装修、债务免除等，以及需要支付货币的其他利益如会员服务、旅游等。后者的犯罪数额，以实际支付或者应当支付的数额计算。

第 13 条　具有下列情形之一的，应当认定为"为他人谋取利益"，构成犯罪的，应当依照刑法关于受贿犯罪的规定定罪处罚：

（一）实际或者承诺为他人谋取利益的；

（二）明知他人有具体请托事项的；

（三）履职时未被请托，但事后基于该履职事由收受他人财物的。

国家工作人员索取、收受具有上下级关系的下属或者具有行政管理关系的被管理人员的财物价值3万元以上，可能影响职权行使的，视为承诺为他人谋取利益。

第14条 根据行贿犯罪的事实、情节，可能被判处3年有期徒刑以下刑罚的，可以认定为刑法第390条第2款规定的"犯罪较轻"。

根据犯罪的事实、情节，已经或者可能被判处10年有期徒刑以上刑罚的，或者案件在本省、自治区、直辖市或者全国范围内有较大影响的，可以认定为刑法第390条第2款规定的"重大案件"。

具有下列情形之一的，可以认定为刑法第390条第2款规定的"对侦破重大案件起关键作用"：

（一）主动交待办案机关未掌握的重大案件线索的；

（二）主动交待的犯罪线索不属于重大案件的线索，但该线索对于重大案件侦破有重要作用的；

（三）主动交待行贿事实，对于重大案件的证据收集有重要作用的；

（四）主动交待行贿事实，对于重大案件的追逃、追赃有重要作用的。

第15条 对多次受贿未经处理的，累计计算受贿数额。

国家工作人员利用职务上的便利为请托人谋取利益前后多次收受请托人财物，受请

托之前收受的财物数额在1万元以上的，应当一并计入受贿数额。

第16条 国家工作人员出于贪污、受贿的故意，非法占有公共财物、收受他人财物之后，将赃款赃物用于单位公务支出或者社会捐赠的，不影响贪污罪、受贿罪的认定，但量刑时可以酌情考虑。

特定关系人索取、收受他人财物，国家工作人员知道后未退还或者上交的，应当认定国家工作人员具有受贿故意。

第17条 国家工作人员利用职务上的便利，收受他人财物，为他人谋取利益，同时构成受贿罪和刑法分则第三章第三节、第九章规定的渎职犯罪的，除刑法另有规定外，以受贿罪和渎职犯罪数罪并罚。

第18条 贪污贿赂犯罪分子违法所得的一切财物，应当依照刑法第64条的规定予以追缴或者责令退赔，对被害人的合法财产应当及时返还。对尚未追缴到案或者尚未足额退赔的违法所得，应当继续追缴或者责令退赔。

第19条 对贪污罪、受贿罪判处3年以下有期徒刑或者拘役的，应当并处10万元以上50万元以下的罚金；判处3年以上10年以下有期徒刑的，应当并处20万元以上犯罪数额2倍以下的罚金或者没收财产；判处10年以上有期徒刑或者无期徒刑的，应当并处50万元以上犯罪数额2倍以下的罚金或者没收财产。

对刑法规定并处罚金的其他贪污贿赂犯罪，应当在10万元以上犯罪数额2倍以下判处罚金。

第20条 本解释自2016年4月18日起施行。最高人民法院、最高人民检察院此前发布的司法解释与本解释不一致的，以本

解释为准。

《全国人民代表大会常务委员会关于〈中华人民共和国刑法〉第三百八十四条第一款的解释》　有下列情形之一的，属于挪用公款"归个人使用"：

（一）将公款供本人、亲友或者其他自然人使用的；

（二）以个人名义将公款供其他单位使用的；

（三）个人决定以单位名义将公款供其他单位使用，谋取个人利益的。

▶ 真题链接

2019/主；2014/4/2（《刑法》第382、385条）

2013/4/2（4）（《刑法》第388条之一，第389、392条）

2012/4/2（2）（《刑法》第388条、第388条之一）

2008/4/2（1）（《刑法》第382、396条）

2008/4/2（4）（《刑法》第389、393条）

▶ 考点剖析

1. 贪污罪的行为方式：侵吞、窃取、骗取、其他手段。

（1）侵吞

与侵占罪中的侵占含义相同，即行为人将他人所有、自己占有的财物变成自己所有，在这里就是指将自己占有的公共财物变成自己所有。例如，出纳人员收款不入账而据为己有。

【注意】由于侵吞属于将自己已经占有的财物变成自己所有，而自己能够占有财物，就表明自己已经利用了管理、经营财物等便利。因此，侵吞这种方式不要求

再额外地利用职务便利，只要拥有事先占有财物的地位即可。

[例1] 国有公司的出纳甲，并未使用其所保管的保险柜钥匙与密码，而是利用斧头劈开保险柜后取走现金，甲构成贪污罪，而不认定为盗窃罪。

（2）窃取

这是指行为人违反占有者的意思，利用职务上的便利，将他人占有的公共财物转移给自己或者第三者占有。传统理论认为窃取就是指"监守自盗"。其实，这种"监守自盗"行为属于将自己占有、管理的财物据为己有的"侵吞"。显然，利用职务上的便利窃取公共财物进而构成贪污罪的情形是极为罕见的。只有当行为人与他人共同占有公共财物时，行为人利用职务便利窃取该财物的，才属于贪污罪中的"窃取"。因为行为人原本基于职务便利占有了该财物，对自己占有的财物不可能成立盗窃。

[例2] 甲、乙两位出纳员共同管理税务局的备用现金，甲趁乙下班回家，打开保险柜取走2万元现金据为己有。甲属于窃取公共财物，构成贪污罪。

（3）骗取

这是指行为人假借职务上的合法形式，采用欺骗手段，使具有处分权的受骗人产生认识错误，进而取得公共财物。

[例3] 国有保险公司理赔员甲和投保人乙相勾结，由乙编造保险事故材料，由甲负责理赔，欺骗具有决定权的主管领导，共骗取保险金10万元。甲的行为就属于骗取公共财物，甲、乙构成贪污罪的共同犯罪。

【注意】国家工作人员谎报出差费用或者多报出差费用骗取公款的，成立诈骗罪而非贪污罪。

(4) 其他方法

常见的情形有：

❶国家工作人员在国内公务活动或对外交往中接受礼物，依照国家规定应当交公而不交公；

❷将公款支付给对方又以回扣名义部分索回；

❸将公物作为私有物予以支配；

❹将公物登记为私人所有。

(5) 需要指出的是，秘密性不是贪污行为的特征。既然秘密贪污也能成立贪污罪，那么，公开实施的贪污行为更应当成立贪污罪。换言之，不能将贪污罪的部分案件事实解释为贪污罪的构成要件要素。

2. 贪污罪与盗窃罪、诈骗罪的区分标准：行为人是否利用了职务上的便利、财物的性质、行为主体的身份。

[例4] 村民甲欲骗取县政府征地管理部门的土地补偿款，故意多申报庄稼数，并请土地管理所的副所长乙在申报材料上盖章，乙明知真相却予以盖章，甲上报县政府，骗得土地补偿款。甲、乙成立诈骗罪的共同犯罪。

[例5] 村民甲欲非法获取县民政局的危房补助款，与民政局局长乙串通，由甲负责虚构危房证明材料，上报民政局，乙明知真相，却将危房补助款批给甲。乙事后没有与甲分赃。甲、乙成立贪污罪的共同犯罪。

[例6] 村民甲为了多获土地补偿款，找到负责核定土地面积的国家机关工作人员乙，让其核定土地面积时多写面积，并且送了10万元感谢费给乙。乙答应照办，甲因此多获了40万元的土地补偿款。甲、乙二人成立贪污罪的共犯，贪污的金额为40万元；甲送给乙10万元，构成行贿罪；乙收受甲提供的10万元，构成受贿罪；甲送给乙行贿的10万元，不应从其贪污的40万元补偿款中扣除。

3. 挪用公款罪归个人使用中"三种行为"的包容评价。根据法益危害程度，非法活动可以包容评价为营利活动，营利活动可以包容评价为一般活动。虽然法条对非法活动，要求营利活动不要求数额，但司法解释规定，挪用公款进行非法活动，要求数额达到3万元的；挪用公款进行营利活动，要求数额达到5万元的；数额较大，超过3个月未还的，要求数额达到5万元，才成立犯罪。总之，对于此类情形，只能按照构成要件归纳案件事实，即重行为的数额可以计算在轻行为的数额之中，但轻行为的数额不能计算在重行为的数额之中；3个月之内归还的数额不能计算在"超过3个月未还"的挪用数额中。

[例7] 甲挪用公款2万元进行非法活动，3个月内归还；挪用公款2万元进行营利活动，3个月内归还；挪用公款4万元进行其他活动，超过3个月未还。甲不成立犯罪。

[例8] 国有房地产公司负责人甲为了偿还自己欠乙的500万元债务，利用职务上的便利，将公司尚未出售的一套价值500万元的住房，以出售给乙的方式偿还自己的债务（乙以免除甲的债务的方式支付对价），然后在公司的财务账上显示甲欠

公司 500 万元。甲不成立挪用公款罪，可认定为国有公司人员滥用职权罪（金额为 500 万元，即致使国家利益遭受重大损失 500 万元）。因为挪用公款罪应是使单位现实控制的公款脱离单位的控制，本案中，单位只是现实控制了住房，而没有现实控制 500 万元公款。

4. 如何理解受贿罪中的"为他人谋取利益"？

（1）"为他人谋取利益"包括承诺、实施、实现三种形式。可见，为他人谋取利益，只要求许诺为他人谋取利益，不要求为他人实现利益。

（2）许诺既可以是真实的，也可以是虚假的。虚假许诺是指国家工作人员具有为他人谋取利益的职权或者职务条件，在他人有求于自己的职务行为时，并不打算为他人谋取利益，却又许诺为他人谋取利益。但虚假许诺构成受贿罪是有条件的：

❶收受财物后作虚假许诺的，成立受贿罪。<u>事先作虚假许诺并要求他人交付财物的，则是索取型的受贿罪或者诈骗罪，不属于收受型的受贿罪。</u>

❷许诺的内容与国家工作人员的职务行为相关联。如果国家工作人员根本没有为他人谋取利益的职权与职务条件，却谎称为他人谋取利益，原则上构成诈骗罪。

❸许诺行为导致财物与所许诺的职务行为之间形成了对价关系，使财物成为国家工作人员所许诺的"为他人谋取利益"的不正当报酬。只要他人有求于国家工作人员的职务行为而给予国家工作人员财物时，国家工作人员作了明示或者暗示许诺的，就应当认定财物与所许诺的职务行为

之间具有对价关系。

[例9] 国家工作人员甲虚假许诺利用职务之便为他人谋利，收取他人财物的，成立受贿罪。

[例10] 公安局副局长甲收受犯罪嫌疑人家属 10 万元现金，允诺释放犯罪嫌疑人，因为局长不同意未成。虽然甲并没有为他人谋取利益，但仍成立受贿罪。

（3）为他人谋取利益中的"他人"不限于行贿人，可以是行贿人所指示或暗示的第三人；"他人"也不限于自然人，包括单位。国家工作人员收受单位财物的，仍然成立受贿罪。

（4）为他人谋取利益中的"利益"，既包括正当利益，也包括不正当利益。

（5）司法解释规定，具有下列情形之一的，应当认定为"为他人谋取利益"：

❶实际或者承诺为他人谋取利益的；

❷明知他人有具体请托事项的；

❸履职时未被请托，但事后基于该履职事由收受他人财物的；

❹国家工作人员索取、收受具有上下级关系的下属或者具有行政管理关系的被管理人员的财物价值 3 万元以上，可能影响职权行使的，视为承诺为他人谋取利益。

5. 事后受贿

原则上，只要行为人将职务行为与财物形成对价关系，就是受贿。这种对价关系在职务行为之前形成，还是在职务行为过程中或之后形成，不影响受贿的成立。即在职务行为之前、之中、之后（但要求在职），索取、收受贿赂，都可成立受贿罪。换句话说，这里的职务行为包括已经

实施的、正在实施的、将来实施的或者许诺实施的职务行为。因此,事后受贿也是受贿。

[例11] 国家机关工作人员甲在退休前利用职务便利为钱某谋取了不正当利益,退休后收受了钱某10万元。由于甲与钱某事前并无约定,不以受贿罪论处。

[例12] 甲系国家工作人员,在主管土地拍卖工作时向一家房地产公司通报了重要情况,使其如愿获得黄金地块。甲退休后,该公司为表示感谢,自作主张送与甲价值5万元的按摩床。甲不成立犯罪。

[例13] 丙的弟弟犯故意伤害罪,丙找到财政局局长乙,让乙去找公安局局长甲,让自己的弟弟只受到治安管理处罚,事成后,丙给了乙50万元,乙给了甲20万。丙对此不知情。甲收受乙的财物20万元,甲构成受贿罪,数额为20万元,乙构成行贿罪,数额为20万元。乙作为财政局局长,收受丙的财物50万元,实施了斡旋受贿行为,乙构成受贿罪,数额为50万元,丙构成行贿罪,数额为50万元。

6. 约定离职后收受财物。国家工作人员利用职务上的便利为请托人谋取利益之前或者之后,约定在其离职后收受请托人财物,并在离职后收受的,以受贿论处。

7. 斡旋受贿的成立条件

根据第388条的规定,国家工作人员利用本人职权或者地位形成的便利条件,通过其他国家工作人员职务上的行为,为请托人谋取不正当利益,索取请托人财物或者收受请托人财物的,以受贿罪论处。这在刑法理论上称为斡旋受贿。

(1) 为请托人谋取不正当利益,索取请托人财物。

(2) 为请托人谋取不正当利益,收受请托人财物。

(3) 斡旋受贿的主体:国家工作人员,不包括单位。

(4) 利用本人职权或地位形成的便利条件。如果国家工作人员利用职务上有隶属、制约关系的其他工作人员的职权,索取收受贿赂,应直接适用普通受贿罪;如果国家工作人员通过不属自己主管的下级部门的国家工作人员的职务为他人谋取利益,也应直接适用普通受贿罪,而不是斡旋受贿。

(5) 通过其他国家工作人员的行为为请托人谋取不正当利益。

❶要求行为人对其他国家工作人员提出了为请托人谋取不正当利益的请求、约定,也即要求行为人实施了斡旋行为。

❷不要求其他国家工作人员许诺、答应行为人的请求,更不要求其他国家工作人员为请托人谋取了不正当利益。普通的受贿罪中的收受贿赂要求国家工作人员至少许诺、答应为他人谋取利益。而斡旋受贿在此不作要求,是因为斡旋受贿中的贿赂,是指斡旋行为的对价(不正当报酬),而不是其他国家工作人员职务行为的对价。

❸不要求其他国家工作人员认识到行为人索取、收受了请托人的贿赂。如果行为人与其他国家工作人员相通谋,则应认定为普通受贿罪的共同犯罪。

(6) 行为人向请托人索取财物或者收受请托人的财物。

❶无论是索取贿赂还是收受贿赂,都要求为请托人谋取不正当利益。但如果行

为人假装答应请托人会向其他国家工作人员斡旋说情，收受了请托人财物，但未实施斡旋行为，则构成诈骗罪。

❷斡旋行为与索取、收受财物的时间关系可以为事前、事中及事后。

[例14] 乙请工商局长甲向税务局长丙说情，为其公司非法减免税款，甲利用自己的职权与地位形成的便利条件，使丙为乙减免税款。甲以此为条件事先索取、收受乙的财物的，或者以此为根据事后索取、收受乙的财物的，均成立斡旋受贿。

[例15] 基层法院法官甲受被告人孙某家属之托，请中级法院承办法官乙对孙某减轻处罚，并无减轻情节的孙某因此被减轻处罚。事后，甲收受孙某家属10万元现金。虽然甲不具有制约乙的职权与地位，但成立受贿罪（斡旋受贿）。

[例16] 某国家机关利用其职权或地位形成的便利条件，通过其他国家机关的职务行为，为请托人谋取不正当利益，索取或者收受请托人财物的，不成立单位受贿罪。

8. 受贿罪既遂的标准：以取得财物为既遂。但命题人认为，在收受贿赂的情况下，以接受贿赂为既遂具有合理性。在索取贿赂的情况下，应当以实施了索要行为作为受贿既遂标准。刑法规定，受贿既遂要求"数额较大"（3万元以上）。如果行为人由于主观意志以外的原因未达到"数额较大"，则成立受贿罪未遂。

9. 受贿罪（索贿型）与敲诈勒索罪

区分的要点：被索取人是否请求国家工作人员利用职务上的便利为其谋取利益。

（1）如果被索取人请求索取人利用职务为其谋取利益，索取人以此为条件向被索取人索要财物的，应以受贿罪处理；

（2）如果被索取人根本无求于索取人或者被索取人请托的事项同索取人的职务毫无关系，索取人抓住了被索取人的一些隐私、把柄要求被索取人交付财物的，是敲诈勒索罪；

（3）国家工作人员利用职务上的便利向请托人勒索财物的，成立受贿罪与敲诈勒索罪的想象竞合。

[例17] 国家工作人员甲利用职务便利向请托人乙勒索财物10万元。甲成立受贿罪（索贿）与敲诈勒索罪的想象竞合；乙可成立行贿罪，若是没有获得不正当利益，不成立行贿罪。

10. 行贿罪与受贿罪的关系

行贿罪与受贿罪属于对向犯。一般情况下，双方同时成立犯罪。例外情况下，只有一方成立犯罪。具体情形有：

（1）因被勒索给予财物，没有获得不正当利益的，不是行贿；但国家工作人员的行为仍然是索取贿赂。

（2）为了谋取正当利益而给予国家工作人员财物的，不是行贿；但国家工作人员接受财物的行为成立受贿罪。

（3）为了谋取不正当利益而给予国家工作人员财物的，构成行贿罪；但国家工作人员没有接受贿赂的故意，立即将财物送交有关部门处理的，不构成受贿罪。

（4）行贿人反复要求国家工作人员接受自己给予的财物的，仅成立行贿罪，不同时成立受贿罪的教唆犯。但是，行为人不仅自己向国家工作人员行贿，而且劝说国家工作人员接受第三者给予的财物的，则成立行贿罪与受贿罪的共犯，实行数罪并罚。

[例18] 国家工作人员甲收受贿赂为乙的企业提供便利，而后担心自己被监察部门调查，于是找到监察部门的丙，希望其能够在调查中提供便利。丙提出需要50万元打点，后经甲、乙、丙三人共同商讨，由乙给予丙50万元。事后根据上级领导安排，丙并未能参与该调查活动，于是丙找到相关同事丁，想让其帮忙，但丁拒绝了丙的要求。甲、乙构成行贿罪的共同犯罪；甲、丙构成受贿罪的共同犯罪。

11. 利用影响力受贿罪的行为方式

（1）在职时的受贿。主体是国家工作人员的近亲属或关系密切的人。

❶ 由于本罪属于贿赂罪，而贿赂罪的法益是职务行为的不可收买性，所以，只有当国家工作人员至少许诺了为请托人谋取不正当利益时，才能认定为贿赂罪。换言之，上述主体索取或者收受了请托人的财物，但没有要求国家工作人员为请托人谋取不正当利益，或者虽然要求国家工作人员为请托人谋取不正当利益，但国家工作人员并没有许诺，由于不存在职务行为与财物的交换性，不能认定为贿赂罪。如果行为符合诈骗、侵占等侵犯财产罪的犯罪构成，可以认定为侵犯财产罪。

❷ 如果国家工作人员对行为人的上述行为知情，并许诺为请托人谋取不正当利益，则国家工作人员构成受贿罪。行为人构成受贿罪共犯，而不再构成利用影响力受贿罪。有的观点认为，此时行为人既构成受贿罪的共犯，也构成利用影响力受贿罪，想象竞合，择一重罪论处。

❸ 本罪与诈骗罪的区分

国家工作人员的近亲属或关系密切的人，以通过国家工作人员能为他人谋取利益为幌子，欺骗对方，获取财物的，应以诈骗罪论处。

（2）离职后的受贿

主体是离职的国家工作人员及其近亲属、关系密切的人。

❶ 只要离职的国家工作人员许诺为请托人谋取不正当利益，即可成立本罪。

❷ 如果国家工作人员在职时，利用职务上的便利为请托人谋取利益，并约定在离职后收受财物，并在离职后收受的，定普通的受贿罪。

❸ 本罪的主体之一"关系密切的人"，是指与国家工作人员或离职的国家工作人员具有利益关系或利害关系的人。其中的利益关系不限于物质利益关系，还可以包括其他利益关系，例如情人关系、前妻关系、秘书、司机等。

[例19] 乙为谋取不正当利益，给李某（国家机关工作人员）的妻子甲10万元，李某知道后，让甲退还给乙，甲假装同意，但并未将10万元退还给乙，而是将10万元用于家庭生活。甲不成立利用影响力受贿罪。

[例20] 乙系人社局副局长，乙父甲让乙将不符合社保条件的几名亲戚纳入社保范围后，收受亲戚送来的3万元。甲成立利用影响力受贿罪。

[例21] 国企退休厂长甲（正处级）利用其影响，让现任厂长乙帮忙在本厂推销保险产品后，收受保险公司3万元。甲成立利用影响力受贿罪。

[例22] 某国有独资基建公司总经理甲与某民营企业经理乙素有往来，2017年9月15日，乙找到甲说，自己为某公立学校承包工程，工程按质按量完工后，学校一直拖欠工程款（3000余万元）。甲与该学校校长丙很熟，于是乙便送给甲10万元，请甲帮忙说情，及时结算工程款。不久，乙顺利拿到了工程款，但丙并不知道甲收受乙钱财的事实。行贿罪、斡旋受贿的成立均要求"为谋取不正当利益"，因此，甲、乙分别不成立受贿罪（不属于斡旋受贿）、行贿罪。同时，由于丙"并不知道甲收受乙钱财的事实"，所以亦不成立"收受贿赂"型的受贿罪。综上，甲、乙、丙均无罪。

12. 行贿罪

（1）行贿罪的"目的"要求

一般而言，行贿人主观上必须具有"为谋取不正当利益"之目的，即使是第389条第2款中所规定的经济往来中的行贿行为，也必须具有该目的。"为谋取不正当利益"是主观的超过要素，行为人主观上具有该目的即可，并不需要客观上有相应的行为。但是需要注意的是，"为谋取不正当利益"也可以是客观的构成要件要素，比如，"事后受贿"中，请托人可成立行贿罪，国家工作人员成立受贿罪。

（2）行贿罪既遂标准

国家工作人员客观上接收（占有）了财物。司法解释规定，行贿数额在3万元以上，追究刑事责任。但该数额是定罪数额或入罪门槛数额，这一点与受贿罪的"3万元"有所不同。

[例23] 甲为孩子升学，买了一辆假冒某名牌的摩托车送给教育局长何某。甲的行为构成行贿罪。

[例24] 甲将一张存有3万元的银行卡悄悄放在官员乙的办公桌上，乙发现后立即上交。甲构成行贿罪既遂，乙不构成受贿罪。

[例25] 甲故意买了一幅赝品画（价值1万元），送给官员乙，声称价值50万元。甲不构成行贿罪，乙构成受贿罪未遂。甲对乙不构成诈骗罪，因为诈骗罪是指诈骗对方财物，甲没有骗取乙的财物，只是骗了乙办件事。

[例26] 甲花了50万元买了一幅名画，送给官员乙。实际甲受骗，该画是赝品，只值1万元。甲不构成行贿罪，而不是构成行贿罪未遂。乙构成受贿罪未遂。

（3）行贿罪的罪数

❶行贿人谋取不正当利益的行为构成犯罪的，应当与行贿犯罪实行数罪并罚。

[例27] 个体企业老板甲请国有供电所抄表员乙帮忙，让后者从其负责的电表箱中牵出一根电线为企业免费供电，并送给乙3万元现金。案发时，甲的企业窃电量价值30万元。甲构成行贿罪和盗窃罪，数罪并罚；乙构成受贿罪和贪污罪（或者盗窃罪），数罪并罚。

❷不得重复评价，当行贿犯罪与其他犯罪由一个行为所触犯时，只能认定为想象竞合。

[例28] 甲向国家工作人员乙行贿，教唆其挪用公款30万元供自己买车，1年后归还。甲构成行贿罪与挪用公款罪的教唆犯，想象竞合。

❸就未经行政许可而构成犯罪的行政

犯而言，行贿人通过行贿取得许可后从事相应行为的，不得另认定为犯罪。

[例29] 甲通过行贿获得了专营、专卖物品的经营权，然后经营专营、专卖物品的，只成立行贿罪，不另成立非法经营罪。

[例30] 乙通过行贿获得了医生执业资格后从事行医活动，只成立行贿罪，不另成立非法行医罪。

13. 对有影响力的人行贿罪的特点

（1）行为人为了利用（离职）国家工作人员的近亲属等特定关系人的影响力，而给予其财物。由于这些特定关系人与国家工作人员具有密切关系，所以，需要正确处理本罪与行贿罪的关系。

（2）行为人将财物交付给特定关系人，特定关系人仅成立利用影响力受贿罪，国家工作人员不成立受贿罪时，行为人成立对有影响力的人行贿罪。

（3）行为人将财物交付给特定关系人，特定关系人虽然与国家工作人员构成受贿罪的共犯，但行为人没有认识到该受贿事实时，行为人仍然成立对有影响力的人行贿罪。反之，行为人将财物交付给特定关系人，特定关系人与国家工作人员构成受贿罪的共犯，行为人也明知该受贿共犯事实时，不管财物最终是否由国家工作人员占有，行为人均成立行贿罪。

[例31] 甲欲承包某一市政工程，送给该市主管城建的副市长丙的弟弟乙100万元辛苦费，希望其中间"说说好话"。乙将甲给的100万元及其请托之事告诉丙，丙说："钱你留着吧，我不要！既然是你的朋友，只要甲的资质合格，工程的事情我

到时候会看着办的。"不久，甲如愿以偿承包该工程。甲构成对有影响力的人行贿罪，乙、丙构成受贿罪的共同犯罪。

📄 命题展望

1. 贪污贿赂罪这一章属于案例分析中的高频考点，考生要格外注意。

2. 贪污罪与受贿罪不是对立排斥关系，而是中立关系，可以想象竞合。这是因为两罪保护的法益有所不同。贪污罪保护的法益是公共财物的所有权和职务的廉洁性。受贿罪保护的法益是职务的廉洁性，没有侵犯公共财物的所有权。

[例32] 交警大宝和无业人员小宝勾结，让小宝告知超载司机"只交罚款一半的钱，即可优先通行，不用去指定银行交"。司机交钱后，小宝将交钱司机的车号报给大宝，由在高速路口执勤的大宝放行。二人利用此法共得32万元，小宝留下10万元，余款归大宝。由于大宝只有作出罚款的权力而并无直接收取罚款的权力，所以大宝与小宝成立受贿罪（金额为32万元）、滥用职权罪（64万元，即致使公共财产、国家和人民利益遭受重大损失64万元）的共犯。

[例33] 小宝与国有收费站站长大宝约定：小宝在高速公路另开出口帮货车司机逃费，大宝想办法让人对此不予查处，所得由二人分成。后小宝组织数十人，锯断高速公路一侧隔离栏、填平隔离沟，形成一条出口。路过的很多货车司机知道经过收费站要收300元，而给小宝100元即可绕过收费站继续前行。小宝以此方式共得款30万元，并按此数额分成。大宝、小

宝成立贪污罪的共犯（金额为 30 万元），两人亦同时触犯国有公司人员滥用职权罪（金额为 90 万元，即致使国家利益遭受重大损失 90 万元）。

[例34] 县财政局长小宝想升迁，请市财政局长大宝帮忙，大宝让小宝找个理由从县财政局拿出 20 万元给自己，小宝遵命办理。大宝同时成立受贿罪与贪污罪，想象竞合，择一重罪论处。同时，小宝成立贪污罪与行贿罪，数罪并罚。

重点法条 26 ▶ 渎职罪

第 397 条 [滥用职权罪；玩忽职守罪] 国家机关工作人员滥用职权或者玩忽职守，致使公共财产、国家和人民利益遭受重大损失的，处 3 年以下有期徒刑或者拘役；情节特别严重的，处 3 年以上 7 年以下有期徒刑。本法另有规定的，依照规定。

国家机关工作人员徇私舞弊，犯前款罪的，处 5 年以下有期徒刑或者拘役；情节特别严重的，处 5 年以上 10 年以下有期徒刑。本法另有规定的，依照规定。

📎 关联法条

《全国人民代表大会常务委员会关于〈中华人民共和国刑法〉第九章渎职罪主体适用问题的解释》　在依照法律、法规规定行使国家行政管理职权的组织中从事公务的人员，或者在受国家机关委托代表国家机关行使职权的组织中从事公务的人员，或者虽未列入国家机关人员编制但在国家机关中从事公务的人员，在代表国家机关行使职权时，有渎职行为，构成犯罪的，依照刑法关于渎职罪的规定追究刑事责任。

《最高人民法院、最高人民检察院关于办理渎职刑事案件适用法律若干问题的解释（一）》

第 2 条　国家机关工作人员实施滥用职权或者玩忽职守犯罪行为，触犯刑法分则第九章第 398 条至第 419 条规定的，依照该规定定罪处罚。

国家机关工作人员滥用职权或者玩忽职守，因不具备徇私舞弊等情形，不符合刑法分则第九章第 398 条至第 419 条的规定，但依法构成第 397 条规定的犯罪的，以滥用职权罪或者玩忽职守罪定罪处罚。

第 3 条　国家机关工作人员实施渎职犯罪并收受贿赂，同时构成受贿罪的，除刑法另有规定外，以渎职犯罪和受贿罪数罪并罚。

第 4 条　国家机关工作人员实施渎职行为，放纵他人犯罪或者帮助他人逃避刑事处罚，构成犯罪的，依照渎职罪的规定定罪处罚。

国家机关工作人员与他人共谋，利用其职务行为帮助他人实施其他犯罪行为，同时构成渎职犯罪和共谋实施的其他犯罪共犯的，依照处罚较重的规定定罪处罚。

国家机关工作人员与他人共谋，既利用其职务行为帮助他人实施其他犯罪，又以非职务行为与他人共同实施该其他犯罪行为，同时构成渎职犯罪和其他犯罪的共犯的，依照数罪并罚的规定定罪处罚。

第 5 条　国家机关负责人员违法决定，或者指使、授意、强令其他国家机关工作人员违法履行职务或者不履行职务，构成刑法分则第九章规定的渎职犯罪的，应当依法追究刑事责任。

以"集体研究"形式实施的渎职犯罪，应当依照刑法分则第九章的规定追究国家机关负有责任的人员的刑事责任。对于具体执行人员，应当在综合认定其行为性质、是否提出反对意见、危害结果大小等情节的基础上决定是否追究刑事责任和应当判处的刑罚。

第7条 依法或者受委托行使国家行政管理职权的公司、企业、事业单位的工作人员，在行使行政管理职权时滥用职权或者玩忽职守，构成犯罪的，应当依照《全国人民代表大会常务委员会关于〈中华人民共和国刑法〉第九章渎职罪主体适用问题的解释》的规定，适用渎职罪的规定追究刑事责任。

▶ 考点剖析

1. 渎职罪法条竞合的处理

（1）国家机关工作人员实施滥用职权或者玩忽职守犯罪行为，触犯第398条至第419条规定的（特殊的滥用职权行为或者特殊的玩忽职守行为），依照特别罪名定罪处罚；

（2）国家机关工作人员滥用职权或者玩忽职守，因不具备徇私舞弊等情形（比如，放纵制售伪劣商品犯罪行为罪要求行为人具有徇私舞弊的动机），不符合第398条至第419条的规定，但依法构成第397条规定的犯罪的，以滥用职权罪或者玩忽

职守罪定罪处罚。

2. 渎职罪罪数问题的处理

（1）国家机关工作人员实施渎职犯罪并收受贿赂，同时构成受贿罪的，除刑法另有规定外，应以渎职犯罪和受贿罪数罪并罚。"另有规定"是指司法工作人员收受贿赂，同时触犯徇私枉法罪，民事、行政枉法裁判罪，执行判决、裁定失职罪，执行判决、裁定滥用职权罪，同时又构成受贿罪的，依照处罚较重的规定定罪处罚。

（2）国家机关工作人员实施渎职行为，放纵他人犯罪或者帮助他人逃避刑事处罚，构成犯罪的，应依照渎职罪的规定定罪处罚。

（3）国家机关工作人员与他人共谋，利用其职务行为帮助他人实施其他犯罪行为，同时构成渎职犯罪和共谋实施的其他犯罪的共犯的，应依照处罚较重的规定定罪处罚。

（4）国家机关工作人员与他人共谋，既利用其职务行为帮助他人实施其他犯罪，又以非职务行为与他人共同实施该其他犯罪行为，同时构成渎职犯罪和其他犯罪的共犯的，应依照数罪并罚的规定定罪处罚。

▶ 命题展望

作为主观题来讲，渎职罪容易与贪污贿赂罪、妨害司法罪结合考查，希望考生注意。

重点法条 ㉗ ▶ 徇私枉法罪

第399条 [徇私枉法罪] 司法工作人员徇私枉法、徇情枉法，对明知是无罪的人而使他受追诉、对明知是有罪的人而故意包庇不使他受追诉，或者在刑事审判活

动中故意违背事实和法律作枉法裁判的，处5年以下有期徒刑或者拘役；情节严重的，处5年以上10年以下有期徒刑；情节特别严重的，处10年以上有期徒刑。

[民事、行政枉法裁判罪]　在民事、行政审判活动中故意违背事实和法律作枉法裁判，情节严重的，处5年以下有期徒刑或者拘役；情节特别严重的，处5年以上10年以下有期徒刑。

[执行判决、裁定失职罪；执行判决、裁定滥用职权罪]　在执行判决、裁定活动中，<u>严重不负责任或者滥用职权，不依法采取诉讼保全措施、不履行法定执行职责，或者违法采取诉讼保全措施、强制执行措施，致使当事人或者其他人的利益遭受重大损失的，处5年以下有期徒刑或者拘役</u>；致使当事人或者其他人的利益遭受特别重大损失的，处5年以上10年以下有期徒刑。

<u>司法工作人员收受贿赂，有前三款行为的，同时又构成本法第385条规定之罪的，依照处罚较重的规定定罪处罚。</u>

▣ 关联法条

第94条 [司法工作人员的范围]　本法所称司法工作人员，<u>是指有侦查、检察、审判、监管职责的工作人员。</u>

▣ 考点剖析

1. 国家工作人员收受贿赂后又实施了其他犯罪行为的，原则上应当数罪并罚。但根据第399条第4款的规定（属于法律拟制），司法工作人员先收受贿赂，然后有徇私枉法行为，民事、行政枉法裁判行为，执行判决、裁定失职行为，执行判决、裁定

<u>定滥用职权行为的，从一重罪处罚。</u>

2. 司法工作人员有徇私枉法行为，民事、行政枉法裁判行为，执行判决、裁定失职行为，执行判决、裁定滥用职权行为又有索取财物行为，或者先索取财物然后徇私枉法的，依然数罪并罚。

3. 司法工作人员先有徇私枉法行为，民事、行政枉法裁判行为，执行判决、裁定失职行为，执行判决、裁定滥用职权行为，然后收受贿赂的，依然数罪并罚。

▣ 命题展望

1. 行为人同时触犯受贿罪与其他犯罪，<u>一般情况下都是数罪并罚，因为《刑法》第399条第4款属于特殊规定，那么我们就应该限缩其适用范围，凡是不符合这个"特别规定"的，均按照数罪并罚处理。</u>

2. 类似的情况还有：

（1）2017年9月1日《最高人民法院、最高人民检察院关于办理药品、医疗器械注册申请材料造假刑事案件适用法律若干问题的解释》第2条明确规定，药物非临床研究机构、药物临床试验机构、合同研究组织的工作人员，索取或者非法收受他人财物，故意提供虚假的药物非临床研究报告、药物临床试验报告及相关材料，<u>同时构成提供虚假证明文件罪和受贿罪、非国家工作人员受贿罪的，依照处罚较重的规定定罪处罚。</u>

附：《刑法》第229条第1、2款 [提供虚假证明文件罪]　承担资产评估、验资、验证、会计、审计、法律服务等职责的中介组织的人员故意提供虚假证明文件，情节严重的，处5年以下有期徒刑或者拘役，并处罚金。

前款规定的人员，<u>索取他人财物或者</u>

非法收受他人财物，犯前款罪的，处 5 年以上 10 年以下有期徒刑，并处罚金。

（2）2002 年 8 月 29 日《全国人民代表大会常务委员会关于〈中华人民共和国刑法〉第三百一十三条的解释》规定，国家机关工作人员有与被执行人、担保人、协助执行义务人通谋，利用自身的职权妨害执行，致使判决、裁定无法执行的行为的，以拒不执行判决、裁定罪的共犯追究刑事责任。国家机关工作人员收受贿赂或者滥用职权，有上述行为的，同时又构成受贿罪、滥用职权罪的，依照处罚较重的规定定罪处罚。

行政法与行政诉讼法

专题一　行政许可法*

重点法条 ① ▶ 行政许可的范围

☞ **第 2 条** ［行政许可的概念］　本法所称行政许可，是指行政机关根据公民、法人或者其他组织的申请，经依法审查，准予其从事特定活动的行为。

第 3 条 ［适用范围］　行政许可的设定和实施，适用本法。

有关行政机关对其他机关或者对其直接管理的事业单位的人事、财务、外事等事项的审批，不适用本法。

⬛ 关联法条

《行政处罚法》

☞ **第 2 条** ［适用范围］　行政处罚的设定和实施，适用本法。

第 3 条 ［行政处罚法定原则］　公民、法人或者其他组织违反行政管理秩序的行为，应当给予行政处罚的，依照本法由法律、法规或者规章规定，并由行政机关依照本法规定的程序实施。

没有法定依据或者不遵守法定程序的，行政处罚无效。

《行政强制法》

第 2 条 ［概念界定］　本法所称行政强制，包括行政强制措施和行政强制执行。

☞ 行政强制措施，是指行政机关在行政管理过程中，为制止违法行为、防止证据损毁、避免危害发生、控制危险扩大等情形，依法对公民的人身自由实施暂时性限制，或者对公民、法人或者其他组织的财物实施暂时性控制的行为。

行政强制执行，是指行政机关或者行政机关申请人民法院，对不履行行政决定的公民、法人或者其他组织，依法强制履行义务的行为。

第 3 条 ［适用范围］　行政强制的设定和实施，适用本法。

---

* 本专题的重点法条（第×条），未特别指明是哪部法律法规的，均默认为 2019 年 4 月 23 日修正的《中华人民共和国行政许可法》。

发生或者即将发生自然灾害、事故灾难、公共卫生事件或者社会安全事件等突发事件，行政机关采取应急措施或者临时措施，依照有关法律、行政法规的规定执行。

行政机关采取金融业审慎监管措施、进出境货物强制性技术监控措施，依照有关法律、行政法规的规定执行。

▶ 真题链接

2018/主（《行政处罚法》第2条）

2016/4/7（4）（《行政强制法》第2条）

2015/4/6（1）（《行政许可法》第2条）

▶ 考点剖析

1. 行政许可是依申请行为。行政许可的启动需要由申请人提出。

2. 行政许可是管理性行为。

3. 行政许可是外部行为。需要区分行政许可与内部审批行为，行政机关对其他行政机关或者对其直接管理的事业单位的人事、财务、外事等事项的审批，属于内部审批，不是行政许可。

4. 行政许可是授益行为。行政许可的作出使相对人获得了从事特定活动的权利或者资格。

▶ 命题展望

1. 行政许可的范围，属于最基础的考点。在所有的试题中都涉及行政行为归类的考点。

2. 与之相应，行政处罚、行政强制的范围也会考查，要学会判断，并熟悉相应法条的位置，在考试中准确找到法条。

重 点 法 条 ② ▶ 行政许可设定范围

☞ **第 12 条** [行政许可的设定事项]　下列事项可以设定行政许可：

（一）直接涉及国家安全、公共安全、经济宏观调控、生态环境保护以及直接关系人身健康、生命财产安全等特定活动，需要按照法定条件予以批准的事项；

（二）有限自然资源开发利用、公共资源配置以及直接关系公共利益的特定行业的市场准入等，需要赋予特定权利的事项；

（三）提供公众服务并且直接关系公共利益的职业、行业，需要确定具备特殊信誉、特殊条件或者特殊技能等资格、资质的事项；

（四）直接关系公共安全、人身健康、生命财产安全的重要设备、设施、产品、物品，需要按照技术标准、技术规范，通过检验、检测、检疫等方式进行审定的事项；

（五）<u>企业或者其他组织的设立等，需要确定主体资格的事项</u>；

（六）法律、行政法规规定可以设定行政许可的其他事项。

第 13 条 [不设定行政许可的事项] 本法第 12 条所列事项，通过下列方式能够予以规范的，可以不设行政许可：

（一）公民、法人或者其他组织能够自主决定的；

（二）市场竞争机制能够有效调节的；

（三）行业组织或者中介机构能够自

律管理的;

（四）行政机关采用事后监督等其他行政管理方式能够解决的。

第 14 条［法律、行政法规、国务院决定的行政许可设定权］　本法第 12 条所列事项,法律可以设定行政许可。尚未制定法律的,行政法规可以设定行政许可。

必要时,国务院可以采用发布决定的方式设定行政许可。实施后,除临时性行政许可事项外,国务院应当及时提请全国人民代表大会及其常务委员会制定法律,或者自行制定行政法规。

☞**第 15 条**［地方性法规、省级政府规章的行政许可设定权］　本法第 12 条所列事项,尚未制定法律、行政法规的,地方性法规可以设定行政许可;尚未制定法律、行政法规和地方性法规的,因行政管理的需要,确需立即实施行政许可的,省、自治区、直辖市人民政府规章可以设定临时性的行政许可。临时性的行政许可实施满 1 年需要继续实施的,应当提请本级人民代表大会及其常务委员会制定地方性法规。

地方性法规和省、自治区、直辖市人民政府规章,不得设定应当由国家统一确定的公民、法人或者其他组织的资格、资质的行政许可;不得设定企业或者其他组织的设立登记及其前置性行政许可。其设定的行政许可,不得限制其他地区的个人或者企业到本地区从事生产经营和提供服务,不得限制其他地区的商品进入本地区市场。

☞**第 16 条**［行政法规、地方性法规、规章的行政许可规定权］　行政法规可以在法律设定的行政许可事项范围内,对实施

该行政许可作出具体规定。

地方性法规可以在法律、行政法规设定的行政许可事项范围内,对实施该行政许可作出具体规定。

规章可以在上位法设定的行政许可事项范围内,对实施该行政许可作出具体规定。

法规、规章对实施上位法设定的行政许可作出的具体规定,不得增设行政许可;对行政许可条件作出的具体规定,不得增设违反上位法的其他条件。

第 17 条［其他规范性文件不得设定行政许可］　除本法第 14 条、第 15 条规定的外,其他规范性文件一律不得设定行政许可。

第 21 条［设定行政许可后的停止实施条件］　省、自治区、直辖市人民政府对行政法规设定的有关经济事务的行政许可,根据本行政区域经济和社会发展情况,认为通过本法第 13 条所列方式能够解决的,报国务院批准后,可以在本行政区域内停止实施该行政许可。

关联法条

《行政处罚法》

第 9 条［法律可设定的处罚种类］　法律可以设定各种行政处罚。

限制人身自由的行政处罚,只能由法律设定。

第 10 条［行政法规可设定的处罚种类］　行政法规可以设定除限制人身自由以外的行政处罚。

法律对违法行为已经作出行政处罚规定,行政法规需要作出具体规定的,必须在

法律规定的给予行政处罚的行为、种类和幅度的范围内规定。

☞ **第11条 [地方性法规可设定的处罚种类]** 地方性法规可以设定除限制人身自由、吊销企业营业执照以外的行政处罚。

法律、行政法规对违法行为已经作出行政处罚规定,地方性法规需要作出具体规定的,必须在法律、行政法规规定的给予行政处罚的行为、种类和幅度的范围内规定。

第12条 [部门规章可设定的处罚种类] 国务院部、委员会制定的规章可以在法律、行政法规规定的给予行政处罚的行为、种类和幅度的范围内作出具体规定。

尚未制定法律、行政法规的,前款规定的国务院部、委员会制定的规章对违反行政管理秩序的行为,可以设定警告或者一定数量罚款的行政处罚。罚款的限额由国务院规定。

国务院可以授权具有行政处罚权的直属机构依照本条第1款、第2款的规定,规定行政处罚。

第13条 [地方政府规章可设定的处罚种类] 省、自治区、直辖市人民政府和省、自治区人民政府所在地的市人民政府以及经国务院批准的较大的市人民政府制定的规章可以在法律、法规规定的给予行政处罚的行为、种类和幅度的范围内作出具体规定。

尚未制定法律、法规的,前款规定的人民政府制定的规章对违反行政管理秩序的行为,可以设定警告或者一定数量罚款的行政处罚。罚款的限额由省、自治区、直辖市人民代表大会常务委员会规定。

第14条 [其他规范性文件不得设定行政处罚] 除本法第9条、第10条、第11条、第12条以及第13条的规定外,其他规范性文件不得设定行政处罚。

《行政强制法》

第10条 [行政强制措施设定权] 行政强制措施由法律设定。

尚未制定法律,且属于国务院行政管理职权事项的,行政法规可以设定除本法第9条第1项、第4项和应当由法律规定的行政强制措施以外的其他行政强制措施。

尚未制定法律、行政法规,且属于地方性事务的,地方性法规可以设定本法第9条第2项、第3项的行政强制措施。

法律、法规以外的其他规范性文件不得设定行政强制措施。

第11条 [行政强制措施规定权] 法律对行政强制措施的对象、条件、种类作了规定的,行政法规、地方性法规不得作出扩大规定。

法律中未设定行政强制措施的,行政法规、地方性法规不得设定行政强制措施。但是,法律规定特定事项由行政法规规定具体管理措施的,行政法规可以设定除本法第9条第1项、第4项和应当由法律规定的行政强制措施以外的其他行政强制措施。

▶ **真题链接**

2017/4/7(3)(《行政许可法》第15、16条)

2011/4/6(5)(《行政许可法》第12、15条)

2009/4/6(5)(《行政处罚法》第11条)

◤ 考点剖析

1. 设定事项

可以设定许可的事项	①一般许可：涉及安全事项；②特许：有限自然资源的开发配置或特定行业的市场准入；③认可：特定职业行业资格、资质；④核准：检验、检测、检疫；⑤登记：企业或其他组织的设立；⑥法律、行政法规设立的其他许可。
可以不设定许可的事项	①市场能够自由调节的；②行政主体能够事后监督的；③相对人能够自主决定的；④行业组织能够自律管理的。
设定后停止实施	省级政府对行政法规设定的有关经济事务的许可，认为符合可以不设定许可的标准的，报国务院批准后可在本区域内停止实施。

2. 地方性法规和省、自治区、直辖市人民政府规章：

（1）不得设定应当由国家统一确定的公民、法人或者其他组织的资格、资质的行政许可；

（2）不得设定企业或者其他组织的设立登记及其前置性行政许可；

（3）不得限制其他地区的个人或者企业到本地区从事生产经营和提供服务，不得限制其他地区的商品进入本地区市场。

◤ 命题展望

1. 不管在客观题还是主观题中，行政许可的设定权与规定权都是重要考点，要重点把握。考试中涉及行政许可的案例题很可能会顺带问一下行政许可行为是否违法。行政法案例中经常将行政许可与行政复议及行政诉讼结合考查。

2. 行政处罚、行政强制中的设定权与规定权也是重要考点，可以将这三部分对比着记忆。

重点法条 3 ▶ 行政许可的延续

☞ **第50条**［延续行政许可的程序］ 被许可人需要延续依法取得的行政许可的有效期的，应当在该行政许可有效期届满<u>30日前</u>向作出行政许可决定的行政机关提出申请。但是，<u>法律、法规、规章另有规定的，依照其规定</u>。

行政机关应当根据被许可人的申请，在该行政许可有效期届满前作出是否准予延续的决定；逾期未作决定的，<u>视为准予延续</u>。

◤ 真题链接

2016/4/7（1）（《行政许可法》第50条）

◤ 考点剖析

行政许可，可能是终身性的（如法律职业资格），也可能附有效期（如专利许可）。

附有效期的行政许可，有效期一旦届满即失效。但某些附有效期的行政许可，依法可以延续而继续有效，如采矿许可、商标许可；另有一些附有效期的行政许可，依法不可以延续，绝对地失去效力，如专利许可。

▶ 命题展望

该知识点会结合行政复议、行政诉讼进

行考查，也就是先判断许可行为是否违法，然后考查复议和诉讼程序的启动。如指导案例88号（张道文、陶仁等诉四川省简阳市人民政府侵犯客运人力三轮车经营权案），就涉及了行政许可期限告知义务与行政诉讼确认违法判决的问题。

重点法条④ ▶ 行政许可案件的审理

☞**《最高人民法院关于审理行政许可案件若干问题的规定》第7条** 作为被诉行政许可行为基础的其他行政决定或者文书存在以下情形之一的，人民法院不予认可：

（一）明显缺乏事实根据；

（二）明显缺乏法律依据；

（三）超越职权；

（四）其他重大明显违法情形。

▶ 真题链接

2012/4/6（4）（《最高人民法院关于审理行政许可案件若干问题的规定》第7条）

▶ 命题展望

该考点的考查方式是单纯地考法条规定，熟悉即可。

专题二 行政处罚法*

重点法条⑤ ▶ 从轻、减轻处罚的情形

☞**第27条** [从轻、减轻处罚的情形] 当事人有下列情形之一的，应当依法从轻或者减轻行政处罚：

（一）主动消除或者减轻违法行为危害后果的；

（二）受他人胁迫有违法行为的；

（三）配合行政机关查处违法行为有立功表现的；

（四）其他依法从轻或者减轻行政处罚的。

---

* 本专题的重点法条（第×条），未特别指明是哪部法律法规的，均默认为2017年9月1日修正的《中华人民共和国行政处罚法》。

违法行为轻微并及时纠正，没有造成危害后果的，不予行政处罚。

▶ 关联法条

《治安管理处罚法》

第9条［治安案件调解处理］　对于因民间纠纷引起的打架斗殴或者损毁他人财物等违反治安管理行为，情节较轻的，公安机关可以调解处理。经公安机关调解，当事人达成协议的，不予处罚。经调解未达成协议或者达成协议后不履行的，公安机关应当依照本法的规定对违反治安管理行为人给予处罚，并告知当事人可以就民事争议依法向人民法院提起民事诉讼。

第19条［减轻或者免除处罚的情形］违反治安管理有下列情形之一的，减轻处罚或者不予处罚：

（一）情节特别轻微的；

（二）主动消除或者减轻违法后果，并取得被侵害人谅解的；

（三）出于他人胁迫或者诱骗的；

（四）主动投案，向公安机关如实陈述自己的违法行为的；

（五）有立功表现的。

第20条［从重处罚的情形］　违反治安管理有下列情形之一的，从重处罚：

（一）有较严重后果的；

（二）教唆、胁迫、诱骗他人违反治安管理的；

（三）对报案人、控告人、举报人、证人打击报复的；

（四）6个月内曾受过治安管理处罚的。

▶ 真题链接

2014/4/7（1）（《行政处罚法》第27条）

▶ 考点剖析

1. 应当从轻减轻的情况

（1）14~18周岁；

（2）主动消除或减轻危害后果；

（3）受他人胁迫（治安处罚为减轻或不予处罚）；

（4）配合查处违法有立功表现。

2. 《行政处罚法》与《治安管理处罚法》的不一致之处

	《行政处罚法》	《治安管理处罚法》
主动消除或者减轻违法后果	从轻或减轻处罚	若取得被害人谅解的，减轻或不予处罚
出于他人胁迫		减轻或不予处罚
有立功表现		

处理方式：治安管理处罚案件适用《治安管理处罚法》，其他行政处罚案件适用《行政处罚法》。

3. 不予处罚的情形

（1）未满14周岁；

（2）精神病人在不能辨认或不能控制自己行为时有违法行为的；

（3）情节轻微并及时纠正，没有造成危害后果的。

▶ 命题展望

1. 《行政处罚法》与《治安管理处罚法》中关于从轻减轻的规定是行政处罚的高

频考点，注意二者的区别。该知识点较多在客观题考查，主观题中只有2014年考过一次，以近年规律与趋势来看，再考可能性较大，需要掌握。

2. 行政处罚大部分情况下会与行政复议及行政诉讼结合考查。

重点法条⑥▶一般程序

第36条 ［证据的收集］ 除本法第33条规定的可以当场作出的行政处罚外，行政机关发现公民、法人或者其他组织有依法应当给予行政处罚的行为的，必须全面、客观、公正地调查，收集有关证据；必要时，依照法律、法规的规定，可以进行检查。

☞**第37条** ［调查程序及方式］ 行政机关在调查或者进行检查时，执法人员不得少于2人，并应当向当事人或者有关人员出示证件。当事人或者有关人员应当如实回答询问，并协助调查或者检查，不得阻挠。询问或者检查应当制作笔录。

行政机关在收集证据时，可以采取抽样取证的方法；在证据可能灭失或者以后难以取得的情况下，经行政机关负责人批准，可以先行登记保存，并应当在7日内及时作出处理决定，在此期间，当事人或者有关人员不得销毁或者转移证据。

执法人员与当事人有直接利害关系的，应当回避。

第38条 ［处罚决定］ 调查终结，行政机关负责人应当对调查结果进行审查，根据不同情况，分别作出如下决定：

（一）确有应受行政处罚的违法行为的，根据情节轻重及具体情况，作出行政处罚决定；

（二）违法行为轻微，依法可以不予行政处罚的，不予行政处罚；

（三）违法事实不能成立的，不得给予行政处罚；

（四）违法行为已构成犯罪的，移送司法机关。

对情节复杂或者重大违法行为给予较重的行政处罚，行政机关的负责人应当集体讨论决定。

在行政机关负责人作出决定之前，应当由从事行政处罚决定审核的人员进行审核。行政机关中初次从事行政处罚决定审核的人员，应当通过国家统一法律职业资格考试取得法律职业资格。

第39条 ［处罚决定书应载明事项］ 行政机关依照本法第38条的规定给予行政处罚，应当制作行政处罚决定书。行政处罚决定书应当载明下列事项：

（一）当事人的姓名或者名称、地址；

（二）违反法律、法规或者规章的事实和证据；

（三）行政处罚的种类和依据；

（四）行政处罚的履行方式和期限；

（五）不服行政处罚决定，申请行政复议或者提起行政诉讼的途径和期限；

（六）作出行政处罚决定的行政机关名称和作出决定的日期。

行政处罚决定书必须盖有作出行政处罚决定的行政机关的印章。

第40条 ［处罚决定书的送达］ 行政

处罚决定书应当在宣告后当场交付当事人；当事人不在场的，行政机关应当在 7 日内依照民事诉讼法的有关规定，将行政处罚决定书送达当事人。

关联法条

《治安管理处罚法》

第 81 条 [回避]　人民警察在办理治安案件过程中，遇有下列情形之一的，应当回避；违反治安管理行为人、被侵害人或者其法定代理人也有权要求他们回避：

（一）是本案当事人或者当事人的近亲属的；

（二）本人或者其近亲属与本案有利害关系的；

（三）与本案当事人有其他关系，可能影响案件公正处理的。

人民警察的回避，由其所属的公安机关决定；公安机关负责人的回避，由上一级公安机关决定。

☞ **第 82 条 [传唤]**　需要传唤违反治安管理行为人接受调查的，经公安机关办案部门负责人批准，使用传唤证传唤。对现场发现的违反治安管理行为人，人民警察经出示工作证件，可以口头传唤，但应当在询问笔录中注明。

公安机关应当将传唤的原因和依据告知被传唤人。对无正当理由不接受传唤或者逃避传唤的人，可以强制传唤。

第 97 条 [处罚决定书的宣告、送达]　公安机关应当向被处罚人宣告治安管理处罚决定书，并当场交付被处罚人；无法当场向被处罚人宣告的，应当在 2 日内送达被处罚人。决定给予行政拘留处罚的，应当及时通知被处罚人的家属。

有被侵害人的，公安机关应当将决定书副本抄送被侵害人。

真题链接

2017/4/7（1）（《行政处罚法》第 37 条）

2011/4/6（4）（《治安管理处罚法》第 82 条）

考点剖析

1. 任何行政处罚决定，均可以适用一般程序作出。不得适用简易程序的行政处罚决定，必须适用一般程序作出。

2. 调查检查不少于 2 人，若证据可能灭失或事后难以取得，经行政机关负责人批准，可以对证据先行登记保存 7 天（强制措施）。

3. 行政处罚由行政机关负责人决定（严重的处罚由单位负责人集体讨论决定）；负责人作出决定前，应当由从事处罚决定审核的人员进行审核。

4. 当场宣告交付决定书，当事人不在场的，应在 7 日内按民诉程序送达。

5. 处罚决定书载明处罚的理由、依据和复议诉讼等权利救济的途径。

命题展望

1. 2017 年考查的是先行登记保存的条件和程序，2011 年考查的是治安管理处罚法中传唤的程序，这表明在行政处罚法的考查中，细节性的知识点完全有可能会考到，所以在备考时不能有侥幸心理，复习一定要全面。

2. 考试中具体程序通常会结合行政许可的其他程序（如听证程序）来进行考查，所以要学会对知识的综合运用。

重点法条 ⑦ ▶ 听证程序

☞ **第42条** ［听证范围及其程序］ 行政机关作出责令停产停业、吊销许可证或者执照、较大数额罚款等行政处罚决定之前，应当告知当事人有要求举行听证的权利；当事人要求听证的，行政机关应当组织听证。当事人不承担行政机关组织听证的费用。听证依照以下程序组织：

（一）当事人要求听证的，应当在行政机关告知后3日内提出；

（二）行政机关应当在听证的7日前，通知当事人举行听证的时间、地点；

（三）除涉及国家秘密、商业秘密或者个人隐私外，听证公开举行；

（四）听证由行政机关指定的非本案调查人员主持；当事人认为主持人与本案有直接利害关系的，有权申请回避；

（五）当事人可以亲自参加听证，也可以委托1至2人代理；

（六）举行听证时，调查人员提出当事人违法的事实、证据和行政处罚建议；当事人进行申辩和质证；

（七）听证应当制作笔录；笔录应当交当事人审核无误后签字或者盖章。

当事人对限制人身自由的行政处罚有异议的，依照治安管理处罚法有关规定执行。

第43条 ［处罚决定的作出］ 听证结束后，行政机关依照本法第38条的规定，作出决定。

▶ 关联法条

《治安管理处罚法》第98条［听证程序］ 公安机关作出吊销许可证以及处2000元以上罚款的治安管理处罚决定前，应当告知违反治安管理行为人有权要求举行听证；违反治安管理行为人要求听证的，公安机关应当及时依法举行听证。

▶ 真题链接

2017/4/7（2）；2014/4/7（3）（《行政处罚法》第42条）

▶ 考点剖析

1. 应当告知听证权利的案件

（1）责令停产停业；

（2）吊销许可证或执照；

（3）较大数额罚款。

2. 听证的程序：告知→3日内申请→7日前通知→公开进行（涉密除外）→非案件调查人员主持（回避）→可以委托代理人→质证→听证笔录（没有规定必须按笔录作出处罚决定）。

3. 行政处罚的听证不适用案卷排他（参照笔录）。

4. 听证费用由行政机关承担，当事人不承担。

5. 可以适用听证程序的行政处罚案件，行政机关告知当事人有听证权，却不根据当事人申请举行听证的，违反诚实守信原则，构成违法。

▶ 命题展望

1. 听证是行政法考试中的一个高频考点，在客观题与主观题中都是。2017年考的是行政处罚的听证，那么行政立法中的听证、行政许可中的听证、行政复议中的听证都要相应掌握。指导案例 6 号（黄泽富、何伯琼、何熠诉四川省成都市金堂工商行政管理局行政处罚案）中涉及了行政处罚的听证程序。

2. 听证程序可能和该具体行政行为的其他相关程序进行综合考查，考查方向还是偏向法条的细节部分，备考时建议熟悉相关法条，可以快速查找并摘抄到答题卡上。

专题三 行政强制法 *

重点法条 8 ▶ 行政强制执行的程序

☞**第 35 条** ［行政强制执行前的程序］行政机关作出强制执行决定前，应当事先催告当事人履行义务。催告应当以书面形式作出，并载明下列事项：

（一）履行义务的期限；

（二）履行义务的方式；

（三）涉及金钱给付的，应当有明确的金额和给付方式；

（四）当事人依法享有的陈述权和申辩权。

☞**第 36 条** ［陈述申辩］ 当事人收到催告书后有权进行陈述和申辩。行政机关应当充分听取当事人的意见，对当事人提出的事实、理由和证据，应当进行记录、复核。当事人提出的事实、理由或者证据成立的，行政机关应当采纳。

☞**第 37 条** ［催告］ 经催告，当事人逾期仍不履行行政决定，且无正当理由的，行政机关可以作出强制执行决定。

强制执行决定应当以书面形式作出，并载明下列事项：

（一）当事人的姓名或者名称、地址；

（二）强制执行的理由和依据；

（三）强制执行的方式和时间；

（四）申请行政复议或者提起行政诉讼的途径和期限；

（五）行政机关的名称、印章和日期。

在催告期间，对有证据证明有转移或者隐匿财物迹象的，行政机关可以作出立即强制执行决定。

☞**第 38 条** ［送达］ 催告书、行政强制执行决定书应当直接送达当事人。当事人拒绝接收或者无法直接送达当事人的，应当依照《中华人民共和国民事诉讼法》的有关规定送达。

☞**第 39 条** ［中止执行］ 有下列情形之一的，中止执行：

（一）当事人履行行政决定确有困难或者暂无履行能力的；

（二）第三人对执行标的主张权利，

---

* 本专题的重点法条（第×条），未特别指明是哪部法律法规的，均默认为 2011 年 6 月 30 日通过的《中华人民共和国行政强制法》。

确有理由的；

（三）执行可能造成难以弥补的损失，且中止执行不损害公共利益的；

（四）行政机关认为需要中止执行的其他情形。

中止执行的情形消失后，行政机关应当恢复执行。对没有明显社会危害，当事人确无能力履行，中止执行满3年未恢复执行的，行政机关不再执行。

☞**第40条**［终结执行］ 有下列情形之一的，终结执行：

（一）公民死亡，无遗产可供执行，又无义务承受人的；

（二）法人或者其他组织终止，无财产可供执行，又无义务承受人的；

（三）执行标的灭失的；

（四）据以执行的行政决定被撤销的；

（五）行政机关认为需要终结执行的其他情形。

☞**第41条**［赔偿］ 在执行中或者执行完毕后，据以执行的行政决定被撤销、变更，或者执行错误的，应当恢复原状或者退还财物；不能恢复原状或者退还财物的，依法给予赔偿。

☞**第42条**［补救措施］ 实施行政强制执行，行政机关可以在不损害公共利益和他人合法权益的情况下，与当事人达成执行协议。执行协议可以约定分阶段履行；当事人采取补救措施的，可以减免加处的罚款或者滞纳金。

执行协议应当履行。当事人不履行执行协议的，行政机关应当恢复强制执行。

☞**第43条**［文明执法］ 行政机关不得在夜间或者法定节假日实施行政强制执行。但是，情况紧急的除外。

行政机关不得对居民生活采取停止供水、供电、供热、供燃气等方式迫使当事人履行相关行政决定。

真题链接

2018/主（《行政强制法》第35～38、44条）

2012/4/6(5)（《行政强制法》第35～43条）

考点剖析

对行政机关自行强制执行程序，无论采取何种措施均应遵循下列程序要求：

催　告	作出强制执行决定前，应当事先催告当事人履行义务。
	催告应当以书面形式作出，直接送达当事人。
陈述申辩	当事人收到催告书后有权进行陈述和申辩。
	行政机关应当充分听取当事人的意见。
决　定	经催告，当事人逾期仍不履行行政决定且无正当理由的，行政机关可以作出强制执行决定。
	应当以书面形式作出。

续表

决定	紧急情况：在催告期间，对有证据证明有转移或者隐匿财物迹象的，行政机关可以作出立即强制执行决定。
送达	催告书、行政强制执行决定书应当直接送达当事人。
	当事人拒绝接收或者无法直接送达当事人的，依照民事诉讼法的有关规定送达。
执行	根据执行内容、标的等不同，分别采取不同的强制执行方式，并遵循不同的程序规定。
	执行禁止：①不得在夜间或者法定节假日实施行政强制执行，情况紧急的除外；②不得对居民生活采取停止供水、供电、供热、供燃气等方式。

▶ 命题展望

1. 该考点是单纯记忆性的知识点，多以执行程序的步骤来问答。

2. 需注意，催告为阶段性行为，不必然影响当事人权益，催告本身是不可诉的。但是将整个强制执行的过程完毕后，到了"执行"环节就可以进行诉讼了。

专题四　政府信息公开条例*

重点法条 ⑨ ▶ 政府信息公开的内容

☞**第 13 条**　除本条例第 14 条、第 15 条、第 16 条规定的政府信息外，政府信息应当公开。

行政机关公开政府信息，采取主动公开和依申请公开的方式。

第 19 条　对涉及<u>公众利益调整</u>、需要公众广泛知晓或者需要公众参与决策的政府信息，行政机关应当主动公开。

☞**第 20 条**　行政机关应当依照本条例第

19 条的规定，主动公开本行政机关的下列政府信息：

（一）行政法规、规章和规范性文件；

（二）机关职能、机构设置、办公地址、办公时间、联系方式、负责人姓名；

（三）国民经济和社会发展规划、专项规划、区域规划及相关政策；

（四）国民经济和社会发展统计信息；

（五）办理行政许可和其他对外管理服

＊　本专题的重点法条（第×条），未特别指明是哪部法律法规的，均默认为 2019 年 5 月 15 日实施的《中华人民共和国政府信息公开条例》。

务事项的依据、条件、程序以及办理结果;

(六)实施行政处罚、行政强制的依据、条件、程序以及本行政机关认为具有一定社会影响的行政处罚决定;

(七)财政预算、决算信息;

(八)行政事业性收费项目及其依据、标准;

(九)政府集中采购项目的目录、标准及实施情况;

(十)重大建设项目的批准和实施情况;

(十一)扶贫、教育、医疗、社会保障、促进就业等方面的政策、措施及其实施情况;

(十二)突发公共事件的应急预案、预警信息及应对情况;

(十三)环境保护、公共卫生、安全生产、食品药品、产品质量的监督检查情况;

(十四)公务员招考的职位、名额、报考条件等事项以及录用结果;

(十五)法律、法规、规章和国家有关规定规定应当主动公开的其他政府信息。

第21条 除本条例第20条规定的政府信息外,设区的市级、县级人民政府及其部门还应当根据本地方的具体情况,主动公开涉及市政建设、公共服务、公益事业、土地征收、房屋征收、治安管理、社会救助等方面的政府信息;乡(镇)人民政府还应当根据本地方的具体情况,主动公开贯彻落实农业农村政策、农田水利工程建设运营、农村土地承包经营权流转、宅基地使用情况审核、土地征收、房屋征收、筹资筹劳、社会救助等方面的政府信息。

▶ 真题链接

2013/4/6(2)(《政府信息公开条例》第13、20条)

▶ 考点剖析

1. 公开的方式:主动公开和依申请公开。对涉及公众利益调整、需要公众广泛知晓或者需要公众参与决策的政府信息,行政机关应当主动公开。

2. 公开的内容

(1)一般规定

❶行政法规、规章和规范性文件;

❷机关职能、机构设置、办公地址、办公时间、联系方式、负责人姓名;

❸国民经济和社会发展规划、专项规划、区域规划及相关政策;

❹国民经济和社会发展统计信息;

❺办理行政许可和其他对外管理服务事项的依据、条件、程序以及办理结果;

❻实施行政处罚、行政强制的依据、条件、程序以及本行政机关认为具有一定社会影响的行政处罚决定;

❼财政预算、决算信息;

❽行政事业性收费项目及其依据、标准;

❾政府集中采购项目的目录、标准及实施情况;

❿重大建设项目的批准和实施情况;

⓫扶贫、教育、医疗、社会保障、促进就业等方面的政策、措施及其实施情况;

⓬突发公共事件的应急预案、预警信息及应对情况;

⓭环境保护、公共卫生、安全生产、食品药品、产品质量的监督检查情况;

⓮公务员招考的职位、名额、报考条件等事项以及录用结果;

⓯法律、法规、规章和国家有关规定规定应当主动公开的其他政府信息。

重点考查的是2019年该法新增的公开范围:机关职能、机构设置、办公地址、办公时间、联系方式、负责人姓名;办理行政许可和其他对外管理服务事项的依据、条件、程序以及办理结果;公务员招考的职位、名额、报考条件等事项以及录用结果。

(2)特别规定

❶设区的市级、县级人民政府及其部门还应当根据本地方的具体情况,主动公开涉及市政建设、公共服务、公益事业、土地征收、房屋征收、治安管理、社会救助等方面的政府信息;

❷乡(镇)人民政府还应当根据本地方的具体情况,主动公开贯彻落实农业农村政策、农田水利工程建设运营、农村土地承包经营权流转、宅基地使用情况审核、土地征收、房屋征收、筹资筹劳、社会救助等方面的政府信息。

📘 命题展望

1. 该考点是单纯记忆性的知识点,但是属于新法增加,在2020年主观题考试中考查的可能性相对比较大。如果出现这类题目,完全属于送分题,考生能准确定位并把相应法条摘抄上去即可得分。

2. 政府信息公开的范围可能会和政府信息公开诉讼结合在一起命题,备考时要把这两部分知识点结合起来对比学习。

重点法条⑩ ▶ 政府信息公开的救济

☞ **第51条** [救济制度] 公民、法人或者其他组织认为行政机关在政府信息公开工作中侵犯其合法权益的,可以向上一级行政机关或者政府信息公开工作主管部门投诉、举报,也可以依法申请行政复议或者提起行政诉讼。

🔲 关联法条

《最高人民法院关于审理政府信息公开行政案件若干问题的规定》

☞ **第3条** 公民、法人或者其他组织认为行政机关不依法履行主动公开政府信息义务,直接向人民法院提起诉讼的,应当告知其先向行政机关申请获取相关政府信息。对行政机关的答复或者逾期不予答复不服的,可以向人民法院提起诉讼。

☞ **第9条** 被告对依法应当公开的政府信息拒绝或者部分拒绝公开的,人民法院应当撤销或者部分撤销被诉不予公开决定,并判决被告在一定期限内公开。尚需被告调查、裁量的,判决其在一定期限内重新答复。

被告提供的政府信息不符合申请人要求的内容或者法律、法规规定的适当形式的,人民法院应当判决被告按照申请人要求的内容或者法律、法规规定的适当形式提供。

人民法院经审理认为被告不予公开的政府信息内容可以作区分处理的,应当判决被告限期公开可以公开的内容。

被告依法应当更正而不更正与原告相关的政府信息记录的,人民法院应当判决被告在一定期限内更正。尚需被告调查、裁量的，判决其在一定期限内重新答复。被告无权更正的，判决其转送有权更正的行政机关处理。

第10条 被告对原告要求公开或者更正政府信息的申请无正当理由逾期不予答复的，人民法院应当判决被告在一定期限内答复。原告一并请求判决被告公开或者更正政府信息且理由成立的，参照第9条的规定处理。

第11条 被告公开政府信息涉及原告商业秘密、个人隐私且不存在公共利益等法定事由的，人民法院应当判决<u>确认</u>公开政府信息的行为<u>违法</u>，并可以<u>责令被告采取相应的补救措施</u>；造成损害的，根据原告请求依法判决被告承担赔偿责任。政府信息尚未公开的，应当判决行政机关不得公开。

诉讼期间，原告申请停止公开涉及其商业秘密、个人隐私的政府信息，人民法院经审查认为公开该政府信息会造成难以弥补的损失，并且停止公开不损害公共利益的，可以依照《中华人民共和国行政诉讼法》第44条（现为第56条）的规定，裁定暂时停止公开。

第12条 有下列情形之一，被告已经履行法定告知或者说明理由义务的，人民法院应当判决驳回原告的诉讼请求：

（一）不属于政府信息、政府信息不存在、依法属于不予公开范围或者依法不属于被告公开的；

（二）申请公开的政府信息已经向公众公开，被告已经告知申请人获取该政府信息的方式和途径的；

（三）起诉被告逾期不予答复，理由不成立的；

（四）以政府信息侵犯其商业秘密、个人隐私为由反对公开，理由不成立的；

（五）要求被告更正与其自身相关的政府信息记录，理由不成立的；

（六）不能合理说明申请获取政府信息系根据自身生产、生活、科研等特殊需要，且被告据此不予提供的；

（七）无法按照申请人要求的形式提供政府信息，且被告已通过安排申请人查阅相关资料、提供复制件或者其他适当形式提供的；

（八）其他应当判决驳回诉讼请求的情形。

🔷 真题链接

2013/4/6（4）（《政府信息公开条例》第47、51条）

2013/4/6（5）（《最高人民法院关于审理政府信息公开行政案件若干问题的规定》第3条）

2012/4/6（6）（《最高人民法院关于审理政府信息公开行政案件若干问题的规定》第9条）

🔷 考点剖析

1. 公民、法人或者其他组织认为行政机关不依法履行政府信息公开义务的，可以向上级行政机关、监察机关或者政府信息公开工作主管部门举报。修改后的法律增加了救济途径，可以向检察机关举报。

2. 公民、法人或其他组织认为行政机关在政府信息公开工作中的具体行政行为（行政不作为、公开商业秘密或个人隐私等）侵犯其合法权益的，可以申请行政复议或者提起行政诉讼。但下列案件法院不予立案：

（1）要求提供政府公报、白皮书、报纸、杂志、书籍等公开出版物，行政机关予以拒绝的；

（2）要求为其制作政府信息或要求向其他组织或个人搜集信息，行政机关予以拒绝的；

（3）要求对政府信息进行汇总、分析、加工，行政机关予以拒绝的。

🔲 **命题展望**

1. 如果考查政府信息公开制度，极有可能考到政府信息公开的救济方式。该知识点没有什么理论性的内容，只会直接考查法条原文，备考时熟悉这部分法条内容，了解通常说法即可。

2. 此处容易结合政府信息公开的其他制度进行考查，如指导案例 26 号（李健雄诉广东省交通运输厅政府信息公开案）。

专题五　行政诉讼法*

重点法条 11 ▶ 一般行政诉讼的受案范围

☞**第 2 条** ［诉讼权利］ **公民、法人或者其他组织认为行政机关和行政机关工作人员的行政行为侵犯其合法权益，有权依照本法向人民法院提起诉讼。**

前款所称行政行为，包括法律、法规、规章授权的组织作出的行政行为。

☞**第 12 条** ［受案范围］ 人民法院受理公民、法人或者其他组织提起的下列诉讼：

（一）对行政拘留、暂扣或者吊销许可证和执照、责令停产停业、没收违法所得、没收非法财物、罚款、警告等行政处罚不服的；

（二）对限制人身自由或者对财产的查封、扣押、冻结等行政强制措施和行政强制执行不服的；

（三）申请行政许可，行政机关拒绝或者在法定期限内不予答复，或者对行政机关作出的有关行政许可的其他决定不服的；

（四）对行政机关作出的关于确认土地、矿藏、水流、森林、山岭、草原、荒地、滩涂、海域等自然资源的所有权或者使用权的决定不服的；

（五）对征收、征用决定及其补偿决定不服的；

（六）申请行政机关履行保护人身权、财产权等合法权益的法定职责，行政机关拒绝履行或者不予答复的；

（七）认为行政机关侵犯其经营自主权或者农村土地承包经营权、农村土地经

---

* 本专题的重点法条（第×条），未特别指明是哪部法律法规的，均默认为 2017 年 6 月 27 日修正的《中华人民共和国行政诉讼法》。

营权的；

（八）认为行政机关滥用行政权力排除或者限制竞争的；

（九）认为行政机关违法集资、摊派费用或者违法要求履行其他义务的；

（十）认为行政机关没有依法支付抚恤金、最低生活保障待遇或者社会保险待遇的；

（十一）认为行政机关不依法履行、未按约定履行或者违法变更、解除政府特许经营协议、土地房屋征收补偿协议等协议的；

（十二）认为行政机关侵犯其他人身权、财产权等合法权益的。

除前款规定外，人民法院受理法律、法规规定可以提起诉讼的其他行政案件。

☞ **第13条** ［不予受理的案件］ 人民法院不受理公民、法人或者其他组织对下列事项提起的诉讼：

（一）国防、外交等国家行为；

（二）行政法规、规章或者行政机关制定、发布的具有普遍约束力的决定、命令；

（三）行政机关对行政机关工作人员的奖惩、任免等决定；

（四）法律规定由行政机关最终裁决的行政行为。

🔖 关联法条

《行诉解释》

☞ **第1条** 公民、法人或者其他组织对行政机关及其工作人员的行政行为不服，依法提起诉讼的，属于人民法院行政诉讼的受案范围。

下列行为不属于人民法院行政诉讼的受案范围：

（一）公安、国家安全等机关依照刑事诉讼法的明确授权实施的行为；

（二）调解行为以及法律规定的仲裁行为；

（三）行政指导行为；

（四）驳回当事人对行政行为提起申诉的重复处理行为；

（五）行政机关作出的不产生外部法律效力的行为；

（六）行政机关为作出行政行为而实施的准备、论证、研究、层报、咨询等过程性行为；

（七）行政机关根据人民法院的生效裁判、协助执行通知书作出的执行行为，但行政机关扩大执行范围或者采取违法方式实施的除外；

（八）上级行政机关基于内部层级监督关系对下级行政机关作出的听取报告、执法检查、督促履责等行为；

（九）行政机关针对信访事项作出的登记、受理、交办、转送、复查、复核意见等行为；

（十）对公民、法人或者其他组织权利义务不产生实际影响的行为。

第2条 行政诉讼法第13条第1项规定的"国家行为"，是指国务院、中央军事委员会、国防部、外交部等根据宪法和法律的授权，以国家的名义实施的有关国防和外交事务的行为，以及经宪法和法律授权的国家机关宣布紧急状态等行为。

行政诉讼法第13条第2项规定的"具有普遍约束力的决定、命令"，是指行政机关针对不特定对象发布的能反复适用的规范性文件。

行政诉讼法第 13 条第 3 项规定的"对行政机关工作人员的奖惩、任免等决定"，是指行政机关作出的涉及行政机关工作人员公务员权利义务的决定。

行政诉讼法第 13 条第 4 项规定的"法律规定由行政机关最终裁决的行政行为"中的"法律"，是指全国人民代表大会及其常务委员会制定、通过的规范性文件。

《最高人民法院关于审理行政许可案件若干问题的规定》第 1 条　公民、法人或者其他组织认为行政机关作出的行政许可决定以及相应的不作为，或者行政机关就行政许可的变更、延续、撤回、注销、撤销等事项作出的有关具体行政行为及其相应的不作为侵犯其合法权益，提起行政诉讼的，人民法院应当依法受理。

📑 真题链接

2019/主；2011/4/6（3）（《行政诉讼法》第2条，《行诉解释》第1条）

2012/4/6（1）；2005/4/1（1）（《行政诉讼法》第12、13条）

📑 考点剖析

1. 行政诉讼受案范围

概括式	主体标准		行政机关及法律、法规、规章授权的组织。
	行为标准		行政行为、合法性（含明显不当）。
	保护范围		人身权、财产权等合法权益。
正面列举	直接起诉	具体行政行为	①行政处罚；②行政强制措施和行政强制执行；③行政许可：拒绝、不予答复或对有关行政许可的其他决定（撤销、撤回、注销、不予延续、终止办理等）不服；④确认自然资源的所有权或者使用权；⑤征收、征用及其补偿决定；⑥行政不作为：申请保护人身权、财产权等合法权益，行政机关拒绝履行或者不予答复的；⑦侵犯经营自主权、农村土地经营权或承包经营权的；⑧滥用行政权力排除或者限制竞争；⑨违法集资、摊派费用或违法要求履行其他义务的；⑩行政给付：没有依法支付抚恤金、最低生活保障待遇或者社会保险待遇的；⑪认为行政机关不依法履行、未按照约定履行或者违法变更、解除政府特许经营协议、土地房屋征收补偿协议等协议的；⑫认为行政机关侵犯其他人身权、财产权等合法权益的（裁决、确认、检查等）；⑬法律、法规规定可以提起诉讼的其他行政案件：行政复议决定、信息公开案件等。
	附带审查	部分抽象行政行为	认为行政行为所依据的行政规范性文件不合法，在对行政行为提起诉讼时，可以请求一并对该规范性文件进行附带审查（行政法规、国务院文件和规章除外）。

续表

反面列举	非行政性	①国家行为；②刑事侦查行为；③监察行为。
	非特定性	抽象行政行为不能直接起诉。
	非处分性	①调解仲裁行为；②行政指导行为；③驳回当事人对行政行为提起申诉（不予改变、维持结论）的重复处理行为；④为作出行政行为而实施的过程性行为（准备、论证、研究、层报、咨询）；⑤根据法院的生效裁判、协助执行通知书作出的执行行为，但扩大执行范围或采取违法方式（行政自主）的除外；⑥信访行为（登记、受理、交办、转送、复查、复核意见）；⑦对公民、法人或者其他组织权利义务不产生实际影响的行为。
	非外部性	①对公务员的人事决定；②行政机关作出的不产生外部法律效力的行为（内部沟通、磋商、函件等）；③上级对下级实施的内部层级监督行为（听取报告、执法检查、督促履责）。
	法律规定终局裁决	①国务院复议裁决；②省级政府自然资源确权特殊复议决定；③出入境管理对外国人限制人身自由行为的复议决定。

2. 在确定行政诉讼受案范围时，不考虑行政行为是否违法，也不考虑行政行为所影响的权益是否合法，是否属于人身权或财产权。

3. 注意区分行政行为与刑事司法行为。公安、国安、海关等机关的行为若要构成刑事司法行为，必须同时满足：在刑事立案后作出；依据是《刑事诉讼法》。

📌 **命题展望**

1. 行政诉讼的受案范围是重点中的重点，考生对这部分内容要在了解基本原理的基础上熟悉法条规定，只有这样在主观题考试中才能做到有理有据。

2. 如果就行政诉讼受案范围出题，可能会将行政诉讼整个程序串起来进行命题，

考生应注意整体把握这部分的知识点。

指导案例77号（罗镕荣诉吉安市物价局物价行政处理案）中涉及了行政诉讼的受案范围与原告资格的问题：

（1）行政机关对与举报人有利害关系的举报仅作出告知性答复，未按法律规定对举报进行处理，不属于《行诉解释》第1条第2款规定的"对公民、法人或者其他组织权利义务不产生实际影响的行为"，因而具有可诉性，属于人民法院行政诉讼的受案范围；

（2）举报人就其自身合法权益受侵害向行政机关进行举报的，与行政机关的举报处理行为具有法律上的利害关系，具备行政诉讼原告主体资格。

重点法条 12 ▶ 级别管辖

第14条 [基层人民法院的管辖]　基层人民法院管辖第一审行政案件。

☞**第15条** [中级人民法院的管辖]　中级人民法院管辖下列第一审行政案件：

（一）对国务院部门或者县级以上地方人民政府所作的行政行为提起诉讼的案件；

（二）海关处理的案件；

（三）本辖区内重大、复杂的案件；

（四）其他法律规定由中级人民法院管辖的案件。

第16条 [高级人民法院的管辖]　高级人民法院管辖本辖区内重大、复杂的第一审行政案件。

第17条 [最高人民法院的管辖]　最高人民法院管辖全国范围内重大、复杂的第一审行政案件。

🔖 关联法条

《行诉解释》

第5条　有下列情形之一的，属于行政诉讼法第15条第3项规定的"本辖区内重大、复杂的案件"：

（一）社会影响重大的共同诉讼案件；

（二）涉外或者涉及香港特别行政区、澳门特别行政区、台湾地区的案件；

（三）其他重大、复杂案件。

第6条　当事人以案件重大复杂为由，认为有管辖权的基层人民法院不宜行使管辖权或者根据行诉讼法第52条的规定，向中级人民法院起诉，中级人民法院应当根据不同情况在7日内分别作出以下处理：

（一）决定自行审理；

（二）指定本辖区其他基层人民法院管辖；

（三）书面告知当事人向有管辖权的基层人民法院起诉。

第7条　基层人民法院对其管辖的第一审行政案件，认为需要由中级人民法院审理或者指定管辖的，可以报请中级人民法院决定。中级人民法院应当根据不同情况在7日内分别作出以下处理：

（一）决定自行审理；

（二）指定本辖区其他基层人民法院管辖；

（三）决定由报请的人民法院审理。

第134条　复议机关决定维持原行政行为的，作出原行政行为的行政机关和复议机关是共同被告。原告只起诉作出原行政行为的行政机关或者复议机关的，人民法院应当告知原告追加被告。原告不同意追加的，人民法院应当将另一机关列为共同被告。

☞行政复议决定既有维持原行政行为内容，又有改变原行政行为内容或者不予受理申请内容的，作出原行政行为的行政机关和复议机关为共同被告。

复议机关作共同被告的案件，以作出原行政行为的行政机关确定案件的级别管辖。

《最高人民法院关于审理反补贴行政案件应用法律若干问题的规定》**第5条**　第一审反补贴行政案件由下列人民法院管辖：

（一）被告所在地高级人民法院指定的中级人民法院；

（二）被告所在地高级人民法院。

《最高人民法院关于审理反倾销行政案件应用法律若干问题的规定》第5条 第一审反倾销行政案件由下列人民法院管辖：

（一）被告所在地高级人民法院指定的中级人民法院；

（二）被告所在地高级人民法院。

《最高人民法院关于审理国际贸易行政案件若干问题的规定》第5条 第一审国际贸易行政案件由具有管辖权的中级以上人民法院管辖。

2. 级别管辖的判断

中级法院	①被告为各级海关、省部级单位、县级以上政府的案件；②法律规定的案件（证券交易所为被告等）；③社会影响重大的共同诉讼案件；④涉外或涉及港澳台的案件；⑤其他重大、复杂案件；⑥国际贸易行政案件、反倾销反补贴案件（高院指定）。
基层法院	普通一审行政诉讼案件。
复议维持	以原机关和复议机关为共同被告，须以原机关来确定级别管辖。
复议改变	以复议机关为被告，按照被告复议机关确定级别管辖。

3. 判断时要把级别管辖与后面的地域管辖区分开来，先判断级别管辖，再判断地域管辖，二者的判断标准不要混，尤其是在存在复议的情况下。

命题展望

1. 行政诉讼的级别管辖，尤其是中院的管辖范围，是考试中的高频考点，级别管辖会和地域管辖结合起来，直接考查具体案

件中的管辖法院。考生要将级别管辖与地域管辖结合起来进行掌握，同时分辨清楚在存在复议的情况下，级别上应当怎样认定，地域上应当怎样认定，不能混淆。

2. 级别管辖的考查方式一定是结合案例来考，所以备考中要对这部分内容进行案例练习。

真题链接

2012/4/6（2）（《行政诉讼法》第15条）

2009/4/6（1）（《行政诉讼法》第15、18条，《行诉解释》第134条）

考点剖析

1. 在考虑级别管辖时，先判断是否由中院管辖，如果不是，则由基层法院管辖。高院、最高院一审的行政案件基本不会考到。

重点法条⑬▶地域管辖

☞**第18条**［一般地域管辖］ 行政案件由最初作出行政行为的行政机关所在地人民法院管辖。经复议的案件，也可以由复议机关所在地人民法院管辖。

经最高人民法院批准，高级人民法院可以根据审判工作的实际情况，确定若干

人民法院跨行政区域管辖行政案件。

第 19 条［特殊地域管辖］ 对限制人身自由的行政强制措施不服提起的诉讼，由被告所在地或者原告所在地人民法院管辖。

第 20 条［不动产案件的管辖］ 因不动产提起的行政诉讼，由不动产所在地人民法院管辖。

▶ 关联法条

《行诉解释》

第 8 条 行政诉讼法第 19 条规定的"原告所在地"，包括原告的户籍所在地、经常居住地和被限制人身自由地。

对行政机关基于同一事实，既采取限制公民人身自由的行政强制措施，又采取其他行政强制措施或者行政处罚不服的，由被告所在地或者原告所在地的人民法院管辖。

第 9 条 行政诉讼法第 20 条规定的"因不动产提起的行政诉讼"是指因行政行为导致不动产物权变动而提起的诉讼。

不动产已登记的，以不动产登记簿记载的所在地为不动产所在地；不动产未登记的，以不动产实际所在地为不动产所在地。

▶ 真题链接

2011/4/6（1）（《行政诉讼法》第18条）

▶ 考点剖析

1. 行政相对人未经复议而直接起诉的案件，由作出行政行为的机关所在地法院管辖。

2. 经过复议的案件，不管复议机关是否改变行政行为，原机关所在地法院和复议机关所在地法院均可管辖。注意这里

是地域管辖，无关级别管辖。

3. 跨区管辖

（1）确定主体：高级法院；

（2）批准主体：最高法院；

（3）适用范围：行政案件。

该案件可以是一审案件，也可以是第二审案件；可以由基层法院管辖，也可以由中级法院管辖。

4. 行政诉讼不存在协议管辖。即使是对行政协议提起诉讼的案件，也应适用《行政诉讼法》及其司法解释的规定确定管辖法院，不能由当事人协商确定管辖法院。

5. 对限制人身自由的强制措施不服起诉，采用"原告或被告"的管辖原则。这里仅仅是指强制措施，不包括行政处罚，这是新的《行诉解释》特意修改的地方。

6. 原告所在地包括户籍地、经常居住地、被限制人身自由地。注意这里没有次序之分，三地均有管辖权。

7. 对行政机关基于同一事实，既采取限制人身自由的强制措施，又采取其他强制措施或行政处罚一并不服的，由被告所在地或者原告所在地的法院一并管辖。

8. 必须是被限制人身自由的人提起诉讼才适用特殊管辖，同案中没有被限制人身自由的人提起行政处罚的情况下，不适用"原告或被告"原则。

▶ 命题展望

行政诉讼的地域管辖通常与级别管辖结合起来综合命题，要掌握管辖的判断顺序与判断方法。管辖的问题也可能会和原被告的确定、起诉期限和行政诉讼的程序等结合起

来进行考查，考生把问题拆分开来逐个解答 | 即可，注意审题，不要漏答或错答。

重点法条 ⑭ ▶ 原告确定的一般规则

☞ **第25条** [原告的确定] 行政行为的相对人以及其他与行政行为有利害关系的公民、法人或者其他组织，有权提起诉讼。

有权提起诉讼的公民死亡，其近亲属可以提起诉讼。

有权提起诉讼的法人或者其他组织终止，承受其权利的法人或者其他组织可以提起诉讼。

人民检察院在履行职责中发现生态环境和资源保护、食品药品安全、国有财产保护、国有土地使用权出让等领域负有监督管理职责的行政机关违法行使职权或者不作为，致使国家利益或者社会公共利益受到侵害的，应当向行政机关提出检察建议，督促其依法履行职责。行政机关不依法履行职责的，人民检察院依法向人民法院提起诉讼。

▶ 关联法条

《行诉解释》

第12条 有下列情形之一的，属于行政诉讼法第25条第1款规定的"与行政行为有利害关系"：

（一）被诉的行政行为涉及其相邻权或者公平竞争权的；

（二）在行政复议等行政程序中被追加为第三人的；

（三）要求行政机关依法追究加害人法律责任的；

（四）撤销或者变更行政行为涉及其合法权益的；

（五）为维护自身合法权益向行政机关投诉，具有处理投诉职责的行政机关作出或者未作出处理的；

（六）其他与行政行为有利害关系的情形。

第13条 债权人以行政机关对债务人所作的行政行为损害债权实现为由提起行政诉讼的，人民法院应当告知其就民事争议提起民事诉讼，但行政机关作出行政行为时依法应予保护或者应予考虑的除外。

第14条 行政诉讼法第25条第2款规定的"近亲属"，包括配偶、父母、子女、兄弟姐妹、祖父母、外祖父母、孙子女、外孙子女和其他具有扶养、赡养关系的亲属。

公民因被限制人身自由而不能提起诉讼的，其近亲属可以依其口头或者书面委托以该公民的名义提起诉讼。近亲属起诉时无法与被限制人身自由的公民取得联系，近亲属可以先行起诉，并在诉讼中补充提交委托证明。

第15条 合伙企业向人民法院提起诉讼的，应当以核准登记的字号为原告。未依法登记领取营业执照的个人合伙的全体合伙人为共同原告；全体合伙人可以推选代表人，被推选的代表人，应当由全体合伙人出具推选书。

个体工商户向人民法院提起诉讼的，以营业执照上登记的经营者为原告。有字号的，以营业执照上登记的字号为原告，并应当注明该字号经营者的基本信息。

第16条 股份制企业的股东大会、股东会、董事会等认为行政机关作出的行政行为侵犯企业经营自主权的，可以企业名义提起诉讼。

联营企业、中外合资或者合作企业的联营、合资、合作各方，认为联营、合资、合作企业权益或者自己一方合法权益受行政行为侵害的，可以自己的名义提起诉讼。

非国有企业被行政机关注销、撤销、合并、强令兼并、出售、分立或者改变企业隶属关系的，该企业或者其法定代表人可以提起诉讼。

第17条　事业单位、社会团体、基金会、社会服务机构等非营利法人的出资人、设立人认为行政行为损害法人合法权益的，可以自己的名义提起诉讼。

第18条　业主委员会对于行政机关作出的涉及业主共有利益的行政行为，可以自己的名义提起诉讼。

业主委员会不起诉的，专有部分占建筑物总面积过半数或者占总户数过半数的业主可以提起诉讼。

▶ 真题链接

2015/4/6（2）；2011/4/6（2）；2005/4/1（2）；2003/4/7（1）（《行政诉讼法》第25条）

▶ 考点剖析

1. 原告资格的移转

（1）公民死亡→近亲属（配偶、父母、子女、兄弟姐妹、祖父母、外祖父母、孙子女、外孙子女和其他具有扶养、赡养关系的亲属）；

（2）组织终止→继承权利的组织。

2. 注意行政起诉权移转给其继受人后，继受人必须以其自己的名义起诉，而不能以死者的名义起诉。只要是近亲属，都可以起诉，没有顺序限制。

3. 与行政行为有利害关系的人（非行政行为直接针对的人）也可以依法起诉。所谓"法律上的利害关系"，是指相对人请求保护的属于其合法权益，认为受到行政行为的侵犯，且为有关该行政行为的法律规范所保护。

4. 相对人或利害关系人主观认为行政行为侵犯某种合法权益就可起诉，客观上是否确实侵犯其合法权益不影响原告资格，只影响裁判结果。

5. 行政主体只能做被告而不能做原告，行政诉讼不允许反诉。

6. 行政行为一生效即产生原告资格，不需要等到强制执行阶段。

7. 为维护自身合法利益向行政机关投诉，具有处理投诉职责的行政机关作出或者未作出处理的，该投诉人可以起诉。但是，如果不是"为维护自身合法权益"向行政机关举报的（例如为了公共利益等），该举报人不具有原告资格。

8. 行政机关对债务人作出行政行为的，债权人与该行政行为一般不具有法律上的利害关系，一般不具有原告资格，除非行政机关作出行政行为时依法应予保护债权人权益或者应予考虑其权益的。

9. 涉及特殊组织案件原告的确定

合　伙	核准登记的合伙企业以字号为原告，未登记的个人合伙以全体合伙人为共同原告，推选代表人参加诉讼。
个体工商户	以营业执照上登记的经营者为原告。有字号的以执照登记的字号为原告，并应注明该字号经营者的基本信息。
中外混合企业	中外联营、合资、合作企业有原告资格，其单独的投资人均可因自己利益或企业利益受损而以自己的名义起诉。
股份制企业案件	股东大会、股东会、董事会等认为侵犯企业合法权益的，可以企业的名义起诉。
非国有企业案件	被行政机关注销、撤销、合并、强令兼并、出售、分立或者改变企业隶属关系的，企业或其法定代表人（含原企业和合并后的新企业）可以起诉。
非营利法人	事业单位、社会团体、基金会、社会服务机构等非营利法人的出资人、设立人认为行政行为损害法人合法权益的，可以自己的名义提起诉讼。
涉及业主共有利益的案件	业主委员会可以自己的名义提起诉讼。业主委员会不起诉的，专有部分占建筑物总面积过半数或者占总户数过半数的业主可以提起诉讼。
检察院提起公益诉讼	行政机关违法致使公共利益受到侵害，向行政机关提出检察建议后仍不依法履行职责，检察院可作为原告提起诉讼。

【注意】人民法院审理人民检察院提起的行政公益诉讼案件，不适用调解。

📌 命题展望

1. 行政诉讼原被告的确定是行政诉讼中的基础考点，也是高频考点，要熟练掌握行政诉讼原被告确定的一般原则与各项特殊规定。需要注意几个新增考点：自益投诉人（《行诉解释》第12条第5项）、特殊债权人（《行诉解释》第13条）、检察院提起公益诉讼（《行政诉讼法》第25条第4款）。

2. 如果对行政诉讼原告的确定，最有可能结合行政诉讼的具体程序来进行考查。

🔵 重点法条 ⑮ ▶ 确定被告的一般原则

第2条［诉讼权利］　公民、法人或者其他组织认为行政机关和行政机关工作人员的行政行为侵犯其合法权益，有权依照本法向人民法院提起诉讼。

前款所称行政行为，包括法律、法规、规章授权的组织作出的行政行为。

☞**第26条第1、5、6款**［被告的确定］公民、法人或者其他组织直接向人民法院提起诉讼的，作出行政行为的行政机关是被告。

行政机关委托的组织所作的行政行为，委托的行政机关是被告。

行政机关被撤销或者职权变更的，继续行使其职权的行政机关是被告。

▶ 关联法条

《行诉解释》

第 21 条　当事人对由国务院、省级人民政府批准设立的开发区管理机构作出的行政行为不服提起诉讼的，以该开发区管理机构为被告；对由国务院、省级人民政府批准设立的开发区管理机构所属职能部门作出的行政行为不服提起诉讼的，以其职能部门为被告；对其他开发区管理机构所属职能部门作出的行政行为不服提起诉讼的，以开发区管理机构为被告；开发区管理机构没有行政主体资格的，以设立该机构的地方人民政府为被告。

第 23 条　行政机关被撤销或者职权变更，没有继续行使其职权的行政机关的，以其所属的人民政府为被告；实行垂直领导的，以垂直领导的上一级行政机关为被告。

第 24 条　当事人对村民委员会或者居民委员会依据法律、法规、规章的授权履行行政管理职责的行为不服提起诉讼的，以村民委员会或者居民委员会为被告。

当事人对村民委员会、居民委员会受行政机关委托作出的行为不服提起诉讼的，以委托的行政机关为被告。

当事人对高等学校等事业单位以及律师协会、注册会计师协会等行业协会依据法律、法规、规章的授权实施的行政行为不服提起诉讼的，以该事业单位、行业协会为被告。

当事人对高等学校等事业单位以及律师协会、注册会计师协会等行业协会受行政机关委托作出的行为不服提起诉讼的，以委托

的行政机关为被告。

第 26 条　原告所起诉的被告不适格，人民法院应当告知原告变更被告；原告不同意变更的，裁定驳回起诉。

应当追加被告而原告不同意追加的，人民法院应当通知其以第三人的身份参加诉讼，但行政复议机关作共同被告的除外。

《最高人民法院关于审理政府信息公开行政案件若干问题的规定》第 4 条　公民、法人或者其他组织对国务院部门、地方各级人民政府及县级以上地方人民政府部门依申请公开政府信息行政行为不服提起诉讼的，以作出答复的机关为被告；逾期未作出答复的，以受理申请的机关为被告。

公民、法人或者其他组织对主动公开政府信息行政行为不服提起诉讼的，以公开该政府信息的机关为被告。

公民、法人或者其他组织对法律、法规授权的具有管理公共事务职能的组织公开政府信息的行为不服提起诉讼的，以该组织为被告。

有下列情形之一的，应当以在对外发生法律效力的文书上署名的机关为被告：

（一）政府信息公开与否的答复依法报经有权机关批准的；

（二）政府信息是否可以公开系由国家保密行政管理部门或者省、自治区、直辖市保密行政管理部门确定的；

（三）行政机关在公开政府信息前与有关行政机关进行沟通、确认的。

▶ 考点剖析

1. 总体来说，充当行政诉讼的被告，至少需符合以下两个条件：

（1）依法具有行政主体资格。行政机

关和法律、法规、规章授权的组织具有行政主体资格，而受委托组织在行使受委托的职权时，不具有行政主体资格。

（2）对被诉行政行为的后果承担法律责任。一般而言，谁作出行政行为，谁对该行为的后果承担法律责任，故受行政机关委托实施的行为，以委托的行政机关为被告。

2. 确定被告的一般原则

行为主体	被　　　　告
一般机关	作出行政行为的机关。
派出机关	派出机关。
开发区管理机构及部门	（1）国务院、省级政府批准设立：开发区管理机构及其职能部门均可单独作被告； （2）其他开发区管理机构及其所属部门的行为，有行政主体资格的管理机构为被告，否则以设立的政府为被告。
法定授权组织	（1）法定被授权组织是被告：①村委会、居委会依授权实施行政管理行为，以村委会或居委会为被告；②高校等事业单位以及律师协会、注会协会等行业协会依授权实施的行政行为，以该事业单位、行业协会为被告。 （2）受行政机关委托实施的行为，以委托的行政机关为被告。
受委托组织	委托行使其权力的机关。
不作为案件	有作为义务的机关。
原主体被撤销	被撤销的，告继受职权的主体，没有继受主体的，被告是所属政府，垂直领导的情况下，被告是上一级行政机关。

原告起诉的被告不适格的，法院不得裁定不予立案，而应当立案，但应当告知原告变更被告。原告不同意变更被告的，法院不得依职权变更被告，只能裁定驳回起诉。

▶ 命题展望

1. 行政诉讼的被告是基础考点，也是重点考点，可能和行政诉讼的管辖、行政诉讼的具体程序、行政复议的被复议人等考点结合查考。2018年主观题当中就考查了行政诉讼被告的确定。

2. 开发区管理机构及部门做被告的情况（《行诉解释》第21条）作为新知识点需要关注一下。

重点法条⑯ ▶ 确定被告的特殊原则

☞ **第26条第2～4款** [被告的确定]　经复议的案件，复议机关决定维持原行政行为的，作出原行政行为的行政机关和复议机关是共同被告；复议机关改变原行政为的，复议机关是被告。

复议机关在法定期限内未作出复议决定、公民、法人或者其他组织起诉原行政行为的，作出原行政行为的行政机关是被告；起诉复议机关不作为的，复议机关是被告。

两个以上行政机关作出同一行政行为的，共同作出行政行为的行政机关是共同被告。

关联法条

《行诉解释》

第 19 条　当事人不服经上级行政机关批准的行政行为，向人民法院提起诉讼的，以在对外发生法律效力的文书上署名的机关为被告。

第 20 条　行政机关组建并赋予行政管理职能但不具有独立承担法律责任能力的机构，以自己的名义作出行政行为，当事人不服提起诉讼的，应当以组建该机构的行政机关为被告。

法律、法规或者规章授权行使行政职权的行政机关内设机构、派出机构或者其他组织，超出法定授权范围实施行政行为，当事人不服提起诉讼的，应当以实施该行为的机构或组织为被告。

没有法律、法规或者规章规定，行政机关授权其内设机构、派出机构或者其他组织行使行政职权的，属于行政诉讼法第 26 条规定的委托。当事人不服提起诉讼的，应当以该行政机关为被告。

第 22 条　行政诉讼法第 26 条第 2 款规定的"复议机关改变原行政行为"，是指复议机关改变原行政行为的处理结果。复议机关改变原行政行为所认定的主要事实和证据、改变原行政行为所适用的规范依据，但未改变原行政行为处理结果的，视为复议机关维持原行政行为。

复议机关确认原行政行为无效，属于改变原行政行为。

复议机关确认原行政行为违法，属于改变原行政行为，但复议机关以违反法定程序为由确认原行政行为违法的除外。

第 133 条　行政诉讼法第 26 条第 2 款规定的"复议机关决定维持原行政行为"，包括复议机关驳回复议申请或者复议请求的情形，但以复议申请不符合受理条件为由驳回的除外。

第 134 条　复议机关决定维持原行政行为的，作出原行政行为的行政机关和复议机关是共同被告。原告只起诉作出原行政行为的行政机关或者复议机关的，人民法院应当告知原告追加被告。原告不同意追加的，人民法院应当将另一机关列为共同被告。

行政复议决定既有维持原行政行为内容，又有改变原行政行为内容或者不予受理申请内容的，作出原行政行为的行政机关和复议机关为共同被告。

复议机关作共同被告的案件，以作出原行政行为的行政机关确定案件的级别管辖。

《最高人民法院关于审理行政许可案件若干问题的规定》

第 4 条　当事人不服行政许可决定提起诉讼的，以作出行政许可决定的机关为被告；行政许可依法须经上级行政机关批准，当事人对批准或者不批准行为不服一并提起诉讼的，以上级行政机关为共同被告；行政许可依法须经下级行政机关或者管理公共事务的组织初步审查并上报，当事人对不予初步审查或者不予上报不服提起诉讼的，以下级行政机关或者管理公共事务的组织为被告。

　　第5条　行政机关依据行政许可法第26条第2款规定统一办理行政许可的，当事人对行政许可行为不服提起诉讼，以对当事人作出具有实质影响的不利行为的机关为被告。

▣ **真题链接**

　　2018/主；2017/4/7(4)；2015/4/6(2)；2012/4/6(2)(《行政诉讼法》第26条)

▣ **考点剖析**

内部机构	无授权时告机关；有授权时告机构。	
共同行为	共同被告（遗漏但原告不同意追加的，转列为第三人）。	
伪共同行为	（本质上由一方单独作出）其中的行政主体是被告，非行政主体是第三人。	
经批准的行为	对外文书签名盖章的机关（经批准：复议告上级、诉讼看名义）。	
拆迁案件	（1）市、县级政府确定的房屋征收部门的房屋征收补偿行为，以房屋征收部门为被告； （2）征收实施单位在房屋征收部门委托范围内从事的行为，以房屋征收部门为被告。	
经过复议的案件	复议维持	作出行政行为的原机关和复议机关是共同被告。
		（1）包括维持原行为的处理结果和驳回复议请求，但以复议申请不符合受理条件为由驳回复议申请的除外（属于复议不作为）。既有维持内容又有改变内容或不受理申请内容的，按复议维持确定共同被告。
		（2）法院应在审查原行为合法性时，一并审查复议决定的合法性。
		（3）2018年主观题当中考到了举证责任的分配，这里需要尤其注意的是，原机关和复议机关对原行为合法性共同承担举证责任，可以由其中一个机关进行举证。复议机关对复议决定的合法性单独承担举证责任。
	复议改变	改变原决定是指复议决定改变原行政行为的处理结果，不含改变原行为的事实证据和定性法律依据，包括：撤销、变更结果、责令履行、确认无效、确认违法（程序违法除外）。
		复议机关是被告。
	复议不作为	不受理、以不符合受理条件为由驳回复议申请、受理后不按期限决定。
		复议机关在法定期限（60日）内未作出复议决定，起诉原行为的，原机关是被告；起诉复议机关不作为的，复议机关是被告。

续表

行政许可案件	(1) 上级批准的许可以盖章发证的下级为被告，但对批准或者不批准行为不服一并提起诉讼的，以上级行政机关为共同被告； (2) 下级审查报上级许可的，对不予审查或者不予上报不服，以下级行政机关为被告； (3) 统一办理的，以对当事人作出实质不利影响行为的机关为被告。

▶ 命题展望

1. 这部分是近年命题的热点，必须掌握。此外，拆迁案件中被告的确定是今年的新增知识点，考查概率较大，需要掌握。

2. 行政许可案件的被告会和前面行政许可的内容综合起来进行考查，需要知道法条规定，迅速找到法条。

重点法条 ⑰ ▶ 第三人

第29条 [第三人]　公民、法人或者其他组织同被诉行政行为有利害关系但没有提起诉讼，或者同案件处理结果有利害关系的，可以作为第三人申请参加诉讼，或者由人民法院通知参加诉讼。

人民法院判决第三人承担义务或者减损第三人权益的，第三人有权依法提起上诉。

▶ 关联法条

《行诉解释》

第26条　原告所起诉的被告不适格，人民法院应当告知原告变更被告；原告不同意变更的，裁定驳回起诉。

应当追加被告而原告不同意追加的，人民法院应当通知其以第三人的身份参加诉讼，但行政复议机关作共同被告的除外。

第28条　人民法院追加共同诉讼的当事人时，应当通知其他当事人。应当追加的原告，已明确表示放弃实体权利的，可不予追加；既不愿意参加诉讼，又不放弃实体权利的，应追加为第三人，其不参加诉讼，不能阻碍人民法院对案件的审理和裁判。

☞**第30条**　行政机关的同一行政行为涉及两个以上利害关系人，其中一部分利害关系人对行政行为不服提起诉讼，人民法院应当通知没有起诉的其他利害关系人作为第三人参加诉讼。

与行政案件处理结果有利害关系的第三人，可以申请参加诉讼，或者由人民法院通知其参加诉讼。人民法院判决其承担义务或者减损其权益的第三人，有权提出上诉或者申请再审。

行政诉讼法第29条规定的第三人，因不能归责于本人的事由未参加诉讼，但有证据证明发生法律效力的判决、裁定、调解书损害其合法权益的，可以依照行政诉讼法第90条的规定，自知道或者应当知道其合法权益受到损害之日起6个月内，向上一级人民法院申请再审。

☞**第79条**　原告或者上诉人申请撤诉，人民法院裁定不予准许的，原告或者上诉人经传票传唤无正当理由拒不到庭，或者未经法庭许可中途退庭的，人民法院可以缺席判决。

第三人经传票传唤无正当理由拒不到庭，或者未经法庭许可中途退庭的，不发生阻止案件审理的效果。

根据行政诉讼法第58条的规定，被告经传票传唤无正当理由拒不到庭，或者未经法庭许可中途退庭的，人民法院可以按期开庭或者继续开庭审理，对到庭的当事人诉讼请求、双方的诉辩理由以及已经提交的证据及其他诉讼材料进行审理后，依法缺席判决。

《最高人民法院关于审理反补贴行政案件应用法律若干问题的规定》第4条　与被诉反补贴行政行为具有法律上利害关系的其他国务院主管部门，可以作为第三人参加诉讼。

《最高人民法院关于审理反倾销行政案件应用法律若干问题的规定》第4条　与被诉反倾销行政行为具有法律上利害关系的其他国务院主管部门，可以作为第三人参加诉讼。

《最高人民法院关于审理房屋登记案件若干问题的规定》第6条　人民法院受理房屋登记行政案件后，应当通知没有起诉的下列利害关系人作为第三人参加行政诉讼：

（一）房屋登记簿上载明的权利人；

（二）被诉异议登记、更正登记、预告登记的权利人；

（三）人民法院能够确认的其他利害关系人。

▶ **真题链接**

2012/4/6（3）（《行诉解释》第30、79条）

▶ **考点剖析**

1. 第三人的类型

（1）原告型第三人

❶ 同一行政行为涉及两个以上利害关系人，一部分利害关系人起诉后，没有起诉的其他利害关系人，法院应当通知或自己申请作为第三人参加诉讼；

❷ 第三人可以在诉讼已经开始，一审判决作出之前参加诉讼；

❸ 法院通知后第三人不参加诉讼视为放弃诉权，不影响案件审理。

（2）被告型第三人

原告不同意追加被告的，法院依职权追加遗漏的行政机关为第三人。

（3）证人型第三人

与行政案件处理结果有利害关系的第三人，可以自己申请或者由法院通知其参加诉讼。

2. 第三人的上诉权

第三人也是当事人，享有当事人的诉讼权利，但只能对于对自己不利的判决上诉。法院判决第三人承担义务或者减损第三人权益的，第三人有权依法提起上诉或申请再审。因不能归责于本人的事由未参加诉讼，但有证据证明裁判损害其合法权益的，可以申请再审。

3. 第三人的具体情形

（1）行政处罚案件中的受害人或者被处罚人。若一方提起行政诉讼，而另一方未提起诉讼，则没有起诉的一方为第三人。

（2）行政处罚案件中的共同被处罚人。一方提起诉讼，而另一方并未提起诉讼，则没有起诉的一方为第三人。

（3）行政裁决案件中的当事人。一部分当事人对裁决结果不服的，可以向人民法院起诉，没有起诉的当事人可以第三人的身份参加诉讼。

（4）应当追加为诉讼被告而原告不同意追加的，可以作为第三人参加诉讼。

（5）两个以上的行政机关作出相互矛盾的行政行为，非被告的行政机关可以是第三人。

（6）与行政机关共同署名作出行政行为的非行政机关。

（7）行政机关就同一事项针对多个相对人分别处罚，一方对自己的处罚起诉，其他相对人可以作为第三人。

（8）其他与案件审理结果有利害关系：案件裁判结果、事实认定影响其合法权益。

4. 注意下列不得作为第三人的情形：

（1）"复议改变"的案件中，复议机关为被告，原机关不得为第三人；

（2）"下级初审，上级决定"的许可案件，下级行政机关初步审查并上报的，上级为被告，下级不作为第三人；

（3）被诉行政行为是超越职权作出的，作出机关为被告，被越权的行政机关不做第三人。

5. 注意：在遗漏当事人的情况下，"应当通知"是法院的义务，但参加诉讼并非第三人的义务。第三人收到通知后可以到庭，也可以不到庭，即使第三人不到庭，案件审理也不受影响。

命题展望

主观题考试中针对第三人的题目相对要少很多，掌握第三人的确定以及司法解释中的特殊规定即可。2019年主观题考查了撤诉的条件，今年尤其要注意第三人的上诉权问题。

重点法条 18 ▶ 起诉期限

☞**第45条** ［经复议的案件的起诉期间］公民、法人或者其他组织不服复议决定的，可以在收到复议决定书之日起15日内向人民法院提起诉讼。复议机关逾期不作决定的，申请人可以在复议期满之日起15日内向人民法院提起诉讼。法律另有规定的除外。

☞**第46条** ［直接起诉的期间］ 公民、法人或者其他组织直接向人民法院提起诉讼的，应当自知道或者应当知道作出行政行为之日起6个月内提出。法律另有规定的除外。

因不动产提起诉讼的案件自行政行为作出之日起超过20年，其他案件自行政行为作出之日起超过5年提起诉讼的，人民法院不予受理。

第47条 ［不作为案件的起诉期间］公民、法人或者其他组织申请行政机关履行保护其人身权、财产权等合法权益的法定职责，行政机关在接到申请之日起2个月内不履行的，公民、法人或者其他组织可以向人民法院提起诉讼。法律、法规对行政机关履行职责的期限另有规定的，从其规定。

公民、法人或者其他组织在紧急情况

下请求行政机关履行保护其人身权、财产权等合法权益的法定职责，行政机关不履行的，提起诉讼不受前款规定期限的限制。

第 48 条［诉讼期间的延长］　公民、法人或者其他组织因不可抗力或者其他不属于其自身的原因耽误起诉期限的，被耽误的时间不计算在起诉期限内。

公民、法人或者其他组织因前款规定以外的其他特殊情况耽误起诉期限的，在障碍消除后 10 日内，可以申请延长期限，是否准许由人民法院决定。

◤ 关联法条

《行诉解释》

第 64 条　行政机关作出行政行为时，未告知公民、法人或者其他组织起诉期限的，起诉期限从公民、法人或者其他组织知道或者应当知道起诉期限之日起计算，但从知道或者应当知道行政行为内容之日起最长不得超过 1 年。

复议决定未告知公民、法人或者其他组织起诉期限的，适用前款规定。

第 65 条　公民、法人或者其他组织不知道行政机关作出的行政行为内容的，其起诉期限从知道或者应当知道该行政行为内容之日起计算，但最长不得超过行政诉讼法第 46 条第 2 款规定的起诉期限。

第 66 条　公民、法人或者其他组织依照行政诉讼法第 47 条第 1 款的规定，对行政机关不履行法定职责提起诉讼的，应当在行政机关履行法定职责期限届满之日起 6 个月内提出。

《最高人民法院关于审理涉及农村集体土地行政案件若干问题的规定》**第 9 条**　涉及农村集体土地的行政决定以公告方式送达的，起诉期限自公告确定的期限届满之日起计算。

◤ 真题链接

2018/主；2013/4/6（1）；2012/4/6（2）；2003/4/7（2）（《行政诉讼法》第 45、46 条）

◤ 考点剖析

1. 起诉期限

	内容期限全知道	知道或者应当知道作出行政行为之日起 6 个月内起诉，法律另有规定除外。
作 为	知内容不知期限	未告知起诉期限的从知道或应当知道起诉期限之日起计算，但从知道或者应当知道行政行为内容之日起最长不得超过 1 年。
	内容期限全不知	不知道行政行为内容的从知道或应当知道之日起 6 个月内起诉，但从行政行为作出之日起计算到实际起诉时间最长不得超过 5 年（不动产 20 年）。
不作为		（1）行政机关在接到申请 2 个月内不履行，期限届满之日起 6 个月内起诉； （2）法律、法规对行政机关履行职责的期限另有规定的从其规定；

续表

不作为	（3）紧急情况下请求保护人身权、财产权等合法权益的无履行期限限制，不履行的可立即起诉。
复议后起诉	复议决定送达之日起15日内向人民法院提起诉讼。复议机关逾期不作决定的，申请人可以在复议期满（60日）之日起15日内向人民法院提起诉讼。法律另有规定的除外。
期限延长	（1）因不可抗力或其他不属于其自身的原因耽误起诉期限的，被耽误的时间不计算在起诉期限内； （2）其他特殊情况耽误起诉期限的，在障碍消除后10日内，可以申请延长期限，是否准许由法院决定。

2. 注意起诉期限与最长保护期中，只要有一个期限超过，就丧失起诉权。

⬛ 命题展望

1. 此处亦是高频考点，命题方式通常为要求给出起诉期限，或问案例中的起诉是否超出起诉期限。不管哪种情况，都要依照法条分析说明情况、得出结论。注意在说明起诉期限起算点与时效外，要说明最长时效期限。

2. 起诉期限通常与行政诉讼程序放在一起进行考查，尽量按照框架逻辑进行记忆。

重点法条 19 ▶ 立案登记制

第50条［起诉方式］　起诉应当向人民法院递交起诉状，并按照被告人数提出副本。

书写起诉状确有困难的，可以口头起诉，由人民法院记入笔录，出具注明日期的书面凭证，并告知对方当事人。

☞ **第51条**［立案审查程序］　人民法院在接到起诉状时对符合本法规定的起诉条件的，应当登记立案。

对当场不能判定是否符合本法规定的起诉条件的，应当接收起诉状，出具注明收到日期的书面凭证，并在7日内决定是否立案。不符合起诉条件的，作出不予立案的裁定。裁定书应当载明不予立案的理由。原告对裁定不服的，可以提起上诉。

起诉状内容欠缺或者有其他错误的，应当给予指导和释明，并一次性告知当事人需要补正的内容。不得未经指导和释明即以起诉不符合条件为由不接收起诉状。

对于不接收起诉状、接收起诉状后不出具书面凭证，以及不一次性告知当事人需要补正的起诉状内容的，当事人可以向上级人民法院投诉，上级人民法院应当责令改正，并对直接负责的主管人员和其他直接责任人员依法给予处分。

第52条［不立案的救济］　人民法院

既不立案，又不作出不予立案裁定的，当事人可以向上一级人民法院起诉。上一级人民法院认为符合起诉条件的，应当立案、审理，也可以指定其他下级人民法院立案、审理。

▣ 关联法条

《行诉解释》

第53条 人民法院对符合起诉条件的案件应当立案，依法保障当事人行使诉讼权利。

对当事人依法提起的诉讼，人民法院应当根据行政诉讼法第51条的规定接收起诉状。能够判断符合起诉条件的，应当当场登记立案；当场不能判断是否符合起诉条件的，应当在接收起诉状后7日内决定是否立案；7日内仍不能作出判断的，应当先予立案。

第54条 依照行政诉讼法第49条的规定，公民、法人或者其他组织提起诉讼时应当提交以下起诉材料：

（一）原告的身份证明材料以及有效联系方式；

（二）被诉行政行为或者不作为存在的材料；

（三）原告与被诉行政行为具有利害关系的材料；

（四）人民法院认为需要提交的其他材料。

由法定代理人或者委托代理人代为起诉的，还应当在起诉状中写明或者在口头起诉时向人民法院说明法定代理人或者委托代理人的基本情况，并提交法定代理人或者委托代理人的身份证明和代理权限证明等材料。

第55条 依照行政诉讼法第51条的规定，人民法院应当就起诉状内容和材料是否完备以及是否符合行政诉讼法规定的起诉条件进行审查。

起诉状内容或者材料欠缺的，人民法院应当给予指导和释明，并一次性全面告知当事人需要补正的内容、补充的材料及期限。在指定期限内补正并符合起诉条件的，应当登记立案。当事人拒绝补正或者经补正仍不符合起诉条件的，退回诉状并记录在册；坚持起诉的，裁定不予立案，并载明不予立案的理由。

▣ 真题链接

2015/4/6（4）（《行政诉讼法》第51条）

▣ 考点剖析

起诉方式	起诉应当向人民法院递交起诉状，并按照被告人数提出副本。书写起诉状确有困难的，可以口头起诉，由人民法院记入笔录，出具注明日期的书面凭证，并告知对方当事人。
受理登记	符合起诉条件的，应当当场登记立案。（形式审查）
	对当场不能判定是否符合起诉条件的，应当接收起诉状，出具注明收到日期的书面凭证，并在7日内决定是否立案。
不立案	不符合起诉条件的，作出不予立案的裁定，裁定书应当载明不予立案的理由。

续表

起诉瑕疵		（1）起诉状内容欠缺或错误，应当指导释明，并一次性告知当事人需要补正的内容。不得未经指导释明即以起诉不符合条件为由不接收起诉状。 （2）当事人拒绝补正或经补正仍不符合起诉条件的，退回诉状并记录在册；坚持起诉的，裁定不予立案，并载明不予立案的理由。
救济途径	上诉	裁定不立案：原告对不予立案的裁定不服，可以提起上诉。
	投诉	受理瑕疵：对于不接收起诉状、接收起诉状后不出具书面凭证，以及不一次性告知当事人需要补正起诉状内容的，当事人可以向上级法院投诉，上级法院应当责令改正。
	提级起诉	受理后不裁定：法院受理后既不立案、又不作出不予立案裁定的，当事人可以向上一级法院起诉。上一级法院认为符合起诉条件的应当立案审理，也可以指定其他下级法院立案审理。

命题展望

1. 法院接到起诉状之后的受理程序，主观题与客观题中考到的概率都比较大。这部分没有理论性的内容，只是单纯的程序性规定的记忆，比较简单。

2. 只要涉及行政诉讼，必然会涉及这一程序，所以这部分可以和行政诉讼中任意知识点综合进行命题，但只会考查比较小的一个点。

重点法条20 ▶ 审理对象

☞第6条［合法性审查］ 人民法院审理行政案件，对行政行为是否合法进行审查。

☞第79条［复议维持的审理对象］ 复议机关与作出原行政行为的行政机关为共同被告的案件，人民法院应当对复议决定和原行政行为一并作出裁判。

☞第87条［二审审理对象］ 人民法院审理上诉案件，应当对原审人民法院的判决、裁定和被诉行政行为进行全面审查。

关联法条

☞《最高人民法院关于审理行政许可案件若干问题的规定》第7条 作为被诉行政许可行为基础的其他行政决定或者文书存在以下情形之一的，人民法院不予认可：

（一）明显缺乏事实根据；

（二）明显缺乏法律依据；

（三）超越职权；

（四）其他重大明显违法情形。

真题链接

2019/主（《行政诉讼法》第87条）

2015/4/6（3）（《行政诉讼法》第79条）

2012/4/6（4）（《行政诉讼法》第6条，《最高人民法院关于审理行政许可案件若干问题的规定》第7条）

2011/4/6(4)(《行政诉讼法》第6条)　｜　2008/4/6(5)(《行政诉讼法》第6、87条)

◤ 考点剖析

庭审中的审理对象(裁判对象)

一审审理对象	(1) 只审被诉行政行为的合法性,合理性不审,行政相对人的行为不审; (2) 诉什么行为就审什么,判什么。
经复议的案件	复议维持的,复议维持决定和原行政行为是审理对象。
	复议改变的,复议改变决定是审理对象。
行政协议案件	(1) 行政优益权行为是审理对象:法院对被告订立、履行、变更、解除行政协议的行为是否具有法定职权、是否滥用职权、适用法律、法规是否正确、是否遵守法定程序、是否明显不当、是否履行相应法定职责进行全面的合法性审查,不受原告诉讼请求的限制; (2) 行政违约行为是审查对象:原告认为被告未依法或者未按照约定履行行政协议的,法院应当针对其诉讼请求,对被告是否具有相应义务或者履行相应义务等进行审查。
二审审理对象	全面审理原则:应当对原审法院的判决、裁定和被诉行政行为的合法性进行全面审查,不受上诉范围的限制。(法院需要改变原审判决的,应当同时对被诉行政行为作出判决)

◤ 命题展望

1. 审理对象在书写上一定不要忘记写合法性,因为行政诉讼法的审理标准就是审查被诉行政行为的合法性,不审查合理性,所以一定要点出来。

2. 审理对象属于高频考点,且是重点中的重点,望学生们引起足够的重视。今年再考的可能性不大,但是这个考点会在题目中成为一个引子而考查其他的知识点。

重 点 法 条 ㉑ ▶ 附带审查抽象行政行为

☞ **第 53 条** [依申请附带审查规范性文件] 公民、法人或者其他组织认为行政行为所依据的国务院部门和地方人民政府及其部门制定的规范性文件不合法,在对行政行为提起诉讼时,可以一并请求对该规范性文件进行审查。

前款规定的规范性文件不含规章。

☞ **第 63 条** [规范性文件性质的判断] 人民法院审理行政案件,以法律和行政法规、地方性法规为依据。地方性法规适用于本行政区域内发生的行政案件。

人民法院审理民族自治地方的行政案件,并以该民族自治地方的自治条例和单行条例为依据。

人民法院审理行政案件，参照规章。

☞ **第64条** [规范性文件不合法的处理] 人民法院在审理行政案件中，经审查认为本法第53条规定的规范性文件不合法的，不作为认定行政行为合法的依据，并向制定机关提出处理建议。

▧ 关联法条

《行诉解释》

第145条　公民、法人或者其他组织在对行政行为提起诉讼时一并请求对所依据的规范性文件审查的，由行政行为案件管辖法院一并审查。

第146条　公民、法人或者其他组织请求人民法院一并审查行政诉讼法第53条规定的规范性文件，应当在第一审开庭审理前提出；有正当理由的，也可以在法庭调查中提出。

第147条　人民法院在对规范性文件审查过程中，发现规范性文件可能不合法的，应当听取规范性文件制定机关的意见。

制定机关申请出庭陈述意见的，人民法院应当准许。

行政机关未陈述意见或者未提供相关证明材料的，不能阻止人民法院对规范性文件进行审查。

第148条　人民法院对规范性文件进行一并审查时，可以从规范性文件制定机关是否超越权限或者违反法定程序、作出行政行为所依据的条款以及相关条款等方面进行。

有下列情形之一的，属于行政诉讼法第64条规定的"规范性文件不合法"：

（一）超越制定机关的法定职权或者超越法律、法规、规章的授权范围的；

（二）与法律、法规、规章等上位法的规定相抵触的；

（三）没有法律、法规、规章依据，违法增加公民、法人和其他组织义务或者减损公民、法人和其他组织合法权益的；

（四）未履行法定批准程序、公开发布程序，严重违反制定程序的；

（五）其他违反法律、法规以及规章规定的情形。

☞ **第149条**　人民法院经审查认为行政行为所依据的规范性文件合法的，应当作为认定行政行为合法的依据；经审查认为规范性文件不合法的，不作为人民法院认定行政行为合法的依据，并在裁判理由中予以阐明。作出生效裁判的人民法院应当向规范性文件的制定机关提出处理建议，并可以抄送制定机关的同级人民政府、上一级行政机关、监察机关以及规范性文件的备案机关。

规范性文件不合法的，人民法院可以在裁判生效之日起3个月内，向规范性文件制定机关提出修改或者废止该规范性文件的司法建议。

规范性文件由多个部门联合制定的，人民法院可以向该规范性文件的主办机关或者共同上一级行政机关发送司法建议。

接收司法建议的行政机关应当在收到司法建议之日起60日内予以书面答复。情况紧急的，人民法院可以建议制定机关或者其上一级行政机关立即停止执行该规范性文件。

第150条　人民法院认为规范性文件不合法的，应当在裁判生效后报送上一级人民法院进行备案。涉及国务院部门、省级行政机关制定的规范性文件，司法建议还应当分别层报最高人民法院、高级人民法院备案。

第151条　各级人民法院院长对本院已

经发生法律效力的判决、裁定，发现规范性文件合法性认定错误，认为需要再审的，应当提交审判委员会讨论。

最高人民法院对地方各级人民法院已经发生法律效力的判决、裁定，上级人民法院对下级人民法院已经发生法律效力的判决、裁定，发现规范性文件合法性认定错误的，有权提审或者指令下级人民法院再审。

▶ 真题链接

2016/4/7(2)(《行政诉讼法》第53条)

2016/4/7(3)(《行政诉讼法》第64条)

2009/4/6(3)(《行政诉讼法》第63条)

▶ 考点剖析

1. 附带性审查的范围

(1) 如果认为行政行为所依据的行政规范性文件不合法，在对行政行为提起诉讼时，可以请求一并对该规范性文件进行附带审查，不得单独起诉该规范性文件；

(2) 不得对行政法规、国务院文件和规章申请附带审查。

2. 附带性审查的程序

(1) 法院审查过程中发现规范性文件可能不合法的，应当听取文件制定机关的意见。制定机关申请出庭陈述意见的，法院应当准许；行政机关未陈述意见或未提供证明材料，不影响法院对规范性文件的审查。

(2) 法院审查文件是否超越权限、违反法定程序、作出行政行为所依据的条款及相关条款等。

(3) 具备《行诉解释》第148条第2款情形之一的，规范性文件不合法。

3.《行诉解释》第149、150条是对审查后的处理方式的规定。

4. 文件合法性认定错误的再审

(1) 各级法院院长对本院已经发生法律效力的判决、裁定，发现规范性文件合法性认定错误，认为需要再审的，应当提交审判委员会讨论；

(2) 上级法院对下级人民法院已经发生法律效力的判决、裁定，发现规范性文件合法性认定错误的，有权提审或者指令下级法院再审。

▶ 命题展望

1. 附带审查抽象行政行为是新《行政诉讼法》的新增知识点，可考性很强，需要结合行政诉讼中的其他知识点综合进行把握。

2. 附带审查抽象行政行为通常结合行政许可、行政处罚进行考查，需要综合掌握。

3. 附带审查抽象行政行为已经几年没有考查了，今年要引起重视，防止命题老师杀回马枪。

专题六　国家赔偿法*

重点法条 22 ▶ 刑事赔偿范围

☞ **第 17 条** [侵犯人身权的刑事赔偿范围]　行使侦查、检察、审判职权的机关以及看守所、监狱管理机关及其工作人员在行使职权时有下列侵犯人身权情形之一的，受害人有取得赔偿的权利：

（一）违反刑事诉讼法的规定对公民采取拘留措施的，或者依照刑事诉讼法规定的条件和程序对公民采取拘留措施，但是拘留时间超过刑事诉讼法规定的时限，其后决定撤销案件、不起诉或者判决宣告无罪终止追究刑事责任的；

（二）对公民采取逮捕措施后，决定撤销案件、不起诉或者判决宣告无罪终止追究刑事责任的；

（三）依照审判监督程序再审改判无罪，原判刑罚已经执行的；

（四）刑讯逼供或者以殴打、虐待等行为或者唆使、放纵他人以殴打、虐待等行为造成公民身体伤害或者死亡的；

（五）违法使用武器、警械造成公民身体伤害或者死亡的。

第 18 条 [侵犯财产权的刑事赔偿范围]　行使侦查、检察、审判职权的机关以及看守所、监狱管理机关及其工作人员在行使职权时有下列侵犯财产权情形之一的，受害人有取得赔偿的权利：

（一）违法对财产采取查封、扣押、冻结、追缴等措施的；

（二）依照审判监督程序再审改判无罪，原判罚金、没收财产已经执行的。

第 19 条 [刑事赔偿的免责情形]　属于下列情形之一的，国家不承担赔偿责任：

（一）因公民自己故意作虚伪供述，或者伪造其他有罪证据被羁押或者被判处刑罚的；

（二）依照刑法第 17 条、第 18 条规定不负刑事责任的人被羁押的；

（三）依照刑事诉讼法第 15 条（现为第 16 条）、第 173 条（现为第 177 条）第 2 款、第 273 条（现为第 284 条）第 2 款、第 279 条（现为第 290 条）规定不追究刑事责任的人被羁押的；

（四）行使侦查、检察、审判职权的机关以及看守所、监狱管理机关的工作人员与行使职权无关的个人行为；

（五）因公民自伤、自残等故意行为致使损害发生的；

（六）法律规定的其他情形。

---

* 本专题的重点法条（第×条），未特别指明是哪部法律法规的，均默认为 2012 年 10 月 26 日修正的《中华人民共和国国家赔偿法》。

🔲 关联法条

《最高人民法院关于人民法院执行〈中华人民共和国国家赔偿法〉几个问题的解释》

一、根据《中华人民共和国国家赔偿法》（以下简称赔偿法）第17条（现为第19条）第2项、第3项的规定，依照刑法第14条、第15条规定不负刑事责任的人和依照刑事诉讼法第15条（现为第16条）规定不追究刑事责任的人被羁押，国家不承担赔偿责任。但是对起诉后经人民法院判处拘役、有期徒刑、无期徒刑和死刑并已执行的上列人员，有权依法取得赔偿。判决确定前被羁押的日期依法不予赔偿。

四、根据赔偿法第26条（现为第33条）、第27条（现为第34条）的规定，人民法院判处管制、有期徒刑缓刑、剥夺政治权利等刑罚的人被依法改判无罪的，国家不承担赔偿责任，但是，赔偿请求人在判决生效前被羁押的，依法有权取得赔偿。

《最高人民法院、最高人民检察院关于办理刑事赔偿案件适用法律若干问题的解释》

第1条 赔偿请求人因行使侦查、检察、审判职权的机关以及看守所、监狱管理机关及其工作人员行使职权的行为侵犯其人身权、财产权而申请国家赔偿，具备国家赔偿法第17条、第18条规定情形的，属于本解释规定的刑事赔偿范围。

第2条 解除、撤销拘留或者逮捕措施后虽尚未撤销案件、作出不起诉决定或者判决宣告无罪，但是符合下列情形之一的，属于国家赔偿法第17条第1项、第2项规定的终止追究刑事责任：

（一）办案机关决定对犯罪嫌疑人终止侦查的；

（二）解除、撤销取保候审、监视居住、拘留、逮捕措施后，办案机关超过1年未移送起诉、作出不起诉决定或者撤销案件的；

（三）取保候审、监视居住法定期限届满后，办案机关超过1年未移送起诉、作出不起诉决定或者撤销案件的；

（四）人民检察院撤回起诉超过30日未作出不起诉决定的；

（五）人民法院决定按撤诉处理后超过30日，人民检察院未作出不起诉决定的；

（六）人民法院准许刑事自诉案件自诉人撤诉的，或者人民法院决定对刑事自诉案件按撤诉处理的。

赔偿义务机关有证据证明尚未终止追究刑事责任，且经人民法院赔偿委员会审查属实的，应当决定驳回赔偿请求人的赔偿申请。

第3条 对财产采取查封、扣押、冻结、追缴等措施后，有下列情形之一，且办案机关未依法解除查封、扣押、冻结等措施或者返还财产的，属于国家赔偿法第18条规定的侵犯财产权：

（一）赔偿请求人有证据证明财产与尚未终结的刑事案件无关，经审查属实的；

（二）终止侦查、撤销案件、不起诉、判决宣告无罪终止追究刑事责任的；

（三）采取取保候审、监视居住、拘留或者逮捕措施，在解除、撤销强制措施或者强制措施法定期限届满后超过1年未移送起诉、作出不起诉决定或者撤销案件的；

（四）未采取取保候审、监视居住、拘留或者逮捕措施，立案后超过2年未移送起诉、作出不起诉决定或者撤销案件的；

（五）人民检察院撤回起诉超过30日未作出不起诉决定的；

（六）人民法院决定按撤诉处理后超过30日，人民检察院未作出不起诉决定的；

（七）对生效裁决没有处理的财产或者对该财产违法进行其他处理的。

有前款第3项至6项规定情形之一，赔偿义务机关有证据证明尚未终止追究刑事责任，且经人民法院赔偿委员会审查属实的，应当决定驳回赔偿请求人的赔偿申请。

第5条　对公民采取刑事拘留措施后终止追究刑事责任，具有下列情形之一的，属于国家赔偿法第17条第1项规定的违法刑事拘留：

（一）违反刑事诉讼法规定的条件采取拘留措施的；

（二）违反刑事诉讼法规定的程序采取拘留措施的；

（三）依照刑事诉讼法规定的条件和程序对公民采取拘留措施，但是拘留时间超过刑事诉讼法规定的时限。

违法刑事拘留的人身自由赔偿金自拘留之日起计算。

第6条　数罪并罚的案件经再审改判部分罪名不成立，监禁期限超出再审判决确定的刑期，公民对超期监禁申请国家赔偿的，应当决定予以赔偿。

第7条　根据国家赔偿法第19条第2项、第3项的规定，依照刑法第17条、第18条规定不负刑事责任的人和依照刑事诉讼法第15条（现为第16条）、第173条（现为第177条）第2款规定不追究刑事责任的人被羁押，国家不承担赔偿责任。但是，对起诉后经人民法院错判拘役、有期徒刑、无期徒刑并已执行的，人民法院应当对该判决确定后继续监禁期间侵犯公民人身自由权的情形予以赔偿。

真题链接

2011/4/6（6）（《国家赔偿法》第17条）

考点剖析

1. 关于刑事赔偿范围

（1）导致刑事赔偿责任的侵权行为，仅限于《国家赔偿法》第17、18条所列情形。

（2）根据《国家赔偿法》第34～36条，导致人身自由受剥夺、身体伤害、死亡、精神损害以及财产损害的，国家才依法给予赔偿。因此，《国家赔偿法》第17条第3项所称侵犯人身权的"原判刑罚"，只能是拘役、有期徒刑、无期徒刑、死刑。

（3）对未实际羁押的"部分限制人身自由"的期间，国家不承担赔偿责任，具体而言：

❶被判处管制、有期徒刑缓刑、剥夺政治权利等刑罚的人被依法改判无罪的，国家不承担赔偿责任。

❷在取保候审期间人身自由虽受到部分限制，但实际上没有被羁押，故宣告无罪后，国家对取保候审期间不承担赔偿责任。

❸对被判处有期徒刑、无期徒刑的被告人依法予以释放，属于附条件的提前释放，虽然人身自由受到一定限制，但实际未被羁押。因此，国家对假释期间不承担赔偿责任。

❹被判处有期徒刑、无期徒刑的犯罪分子，在刑罚执行中保外就医期间，虽然人身自由受到一定限制，但实际上未被羁押。因此，国家对保外就医期间不承担赔偿责任。

2. 关于刑事赔偿采取的归责原则

刑事赔偿既存在违法归责情形，也存在无罪归责情形，具体如下：

（1）违法赔偿规则

《国家赔偿法》第17条第4、5项，第18条第1项，适用违法赔偿规则，即构成违法，且造成损失的，即应当给予赔偿。

（2）无罪赔偿规则

《国家赔偿法》第17条第1~3项、第18条第2项，即刑事拘留、逮捕、刑罚（即已执行的罚金、没收财产、拘役、徒刑、死刑），适用无罪赔偿规则。

3. 因受害人自己故意作虚伪供述，或伪造其他有罪证据被刑事拘留、逮捕或判处刑罚的，国家不赔偿。

✅ 命题展望

刑事赔偿的范围是国家赔偿部分的重点，要能够判断案例中的情形是否属于刑事赔偿的范围。

重点法条 23 ▶ 民事诉讼、行政诉讼中的司法赔偿范围

第38条 ［民事、行政诉讼中的司法赔偿］ 人民法院在民事诉讼、行政诉讼过程中，违法采取对妨害诉讼的<u>强制措施</u>、<u>保全措施</u>或者对判决、裁定及其他生效法律文书执行错误，造成损害的，赔偿请求人要求赔偿的程序，适用本法刑事赔偿程序的规定。

🔲 关联法条

《最高人民法院关于人民法院执行〈中华人民共和国国家赔偿法〉几个问题的解释》

二、依照赔偿法第31条（现为第38条）的规定，人民法院在民事诉讼、行政诉讼过程中，违法采取对妨害诉讼的强制措施、保全措施或者对判决、裁定及其他生效法律文书执行错误，造成损害，具有以下情形之一的，适用刑事赔偿程序予以赔偿：

（一）错误实施司法拘留、罚款的；

（二）实施赔偿法第15条（现为第17条）第4项、第5项规定行为的；

（三）实施赔偿法第16条（现为第18条）第1项规定行为的。

人民法院审理的民事、经济、行政案件发生错判并已执行，依法应当执行回转的，或者当事人申请财产保全、先予执行，申请有错误造成财产损失依法应由申请人赔偿的，国家不承担赔偿责任。

《最高人民法院关于审理民事、行政诉讼中司法赔偿案件适用法律若干问题的解释》

第2条 违法采取对妨害诉讼的强制措施，包括以下情形：

（一）对没有实施妨害诉讼行为的人采取罚款或者拘留措施的；

（二）超过法律规定金额采取罚款措施的；

（三）超过法律规定期限采取拘留措施的；

（四）对同一妨害诉讼的行为重复采取罚款、拘留措施的；

（五）其他违法情形。

第3条 违法采取保全措施，包括以下情形：

（一）依法不应当采取保全措施而采

取的；

（二）依法不应当解除保全措施而解除，或者依法应当解除保全措施而不解除的；

（三）明显超出诉讼请求的范围采取保全措施的，但保全财产为不可分割物且被保全人无其他财产或者其他财产不足以担保债权实现的除外；

（四）在给付特定物之诉中，对与案件无关的财物采取保全措施的；

（五）违法保全案外人财产的；

（六）对查封、扣押、冻结的财产不履行监管职责，造成被保全财产毁损、灭失的；

（七）对季节性商品或者鲜活、易腐烂变质以及其他不宜长期保存的物品采取保全措施，未及时处理或者违法处理，造成物品毁损或者严重贬值的；

（八）对不动产或者船舶、航空器和机动车等特定动产采取保全措施，未依法通知有关登记机构不予办理该保全财产的变更登记，造成该保全财产所有权被转移的；

（九）违法采取行为保全措施的；

（十）其他违法情形。

第4条　违法采取先予执行措施，包括以下情形：

（一）违反法律规定的条件和范围先予执行的；

（二）超出诉讼请求的范围先予执行的；

（三）其他违法情形。

第5条　对判决、裁定及其他生效法律文书执行错误，包括以下情形：

（一）执行未生效法律文书的；

（二）超出生效法律文书确定的数额和范围执行的；

（三）对已经发现的被执行人的财产，故意拖延执行或者不执行，导致被执行财产流失的；

（四）应当恢复执行而不恢复，导致被执行财产流失的；

（五）违法执行案外人财产的；

（六）违法将案件执行款物执行给其他当事人或者案外人的；

（七）违法对抵押物、质物或者留置物采取执行措施，致使抵押权人、质权人或者留置权人的优先受偿权无法实现的；

（八）对执行中查封、扣押、冻结的财产不履行监管职责，造成财产毁损、灭失的；

（九）对季节性商品或者鲜活、易腐烂变质以及其他不宜长期保存的物品采取执行措施，未及时处理或者违法处理，造成物品毁损或者严重贬值的；

（十）对执行财产应当拍卖而未依法拍卖的，或者应当由资产评估机构评估而未依法评估，违法变卖或者以物抵债的；

（十一）其他错误情形。

第6条　人民法院工作人员在民事、行政诉讼过程中，有殴打、虐待或者唆使、放纵他人殴打、虐待等行为，以及违法使用武器、警械，造成公民身体伤害或者死亡的，适用国家赔偿法第17条第4项、第5项的规定予以赔偿。

第7条　具有下列情形之一的，国家不承担赔偿责任：

（一）属于民事诉讼法第105条、第107条第2款和第233条规定情形的；

（二）申请执行人提供执行标的物错误的，但人民法院明知该标的物错误仍予以执行的除外；

（三）人民法院依法指定的保管人对查封、扣押、冻结的财产违法动用、隐匿、毁损、转移或者变卖的；

（四）人民法院工作人员与行使职权无关的个人行为；

（五）因不可抗力、正当防卫和紧急避险造成损害后果的；

（六）依法不应由国家承担赔偿责任的其他情形。

第8条 因多种原因造成公民、法人和其他组织合法权益损害的，应当根据人民法院及其工作人员行使职权的行为对损害结果的发生或者扩大所起的作用等因素，合理确定赔偿金额。

第9条 受害人对损害结果的发生或者扩大也有过错的，应当根据其过错对损害结果的发生或者扩大所起的作用等因素，依法减轻国家赔偿责任。

考点剖析

违法采取司法强制措施	仅限于司法罚款、司法拘留两种：①对没有妨害诉讼的人罚款或拘留；②超过法定金额罚款、超期限拘留；③重复罚款、拘留。
违法采取保全措施	①不应保全而采取的；②不应解除而解除或应解除而不解除的；③明显超出诉讼请求的范围而采取保全措施，但保全财产为不可分割物且被保全人无其他财产或其他财产不足以担保债权实现的除外；④在给付特定物之诉中对与案件无关的财物采取保全措施；⑤违法保全案外人财产；⑥不履行监管职责造成被保全财产毁损；⑦对不宜长期保存的物品采取保全措施，未及时处理或者违法处理，造成物品毁损或严重贬值；⑧对不动产或船舶、航空器和机动车等特定动产采取保全措施，未依法通知有关登记机构不予办理该保全财产的变更登记，造成该保全财产所有权被转移；⑨违法采取行为保全措施。
错误执行生效法律文书	指执行行为错误，而不是被执行的法律文书错误：①执行未生效法律文书的；②超出数额和范围执行；③对已经发现的被执行人财产，故意拖延或不执行导致财产流失；④应当恢复执行而不恢复导致财产流失；⑤违法执行案外人财产的；⑥违法将案件执行款、物执行给其他当事人或案外人；⑦违法对抵押物、质押物或者留置物采取执行措施，致使抵押权人、质权人或者留置权人的优先受偿权无法实现的；⑧对执行中查封、扣押、冻结的财产不履行监管职责，造成财产毁损、灭失的；⑨对不宜长期保存的物品未及时处理或者违法处理，造成毁损或严重贬值；⑩对执行财产应当拍卖而未依法拍卖的，或未依法评估、违法变卖或者以物抵债的。
违法先予执行	①违反法定条件和范围先予执行；②超出诉讼请求范围先予执行。
暴力伤害	司法人员或其唆使的人实施与职权有关的非法暴力行为造成死伤。

右上角：续表

违法使用武器	司法机关及其人员在执行职务时违法使用武器、警械造成死伤。
不予赔偿	①申请保全错误；②先予执行的申请人败诉；③撤销原判后返还已执行财产的；④申请执行人提供执行标的物错误的，但法院明知该标的物错误仍予以执行的除外；⑤法院依法指定的保管人对保全的财产违法动用、隐匿、毁损、转移或者变卖的；⑥法院工作人员与行使职权无关的个人行为；⑦因不可抗力、正当防卫和紧急避险造成的损害后果。
减轻赔偿	①受害人对损害结果的发生或扩大也有过错，根据过错所起的作用，依法减轻国家赔偿责任；②多种原因造成受害人损害的，应根据法院及其工作人员职权行为对损害结果的作用，合理确定赔偿金额。

▣ 真题链接

2008 延/4/6(1)(《国家赔偿法》第3条)

▣ 命题展望

1. 行政赔偿的范围是国家赔偿的重点知识，2018 年主观题当中考到了城管将公民打伤，国家赔偿的范围有哪些，这类题目既要考虑赔偿的类型，也要考虑赔偿的范围。2019 年主观题考查到建设单位的《建设工程消防验收备案结果通知》被撤销后的救济途径，其中将"就其因撤销该通知的行为遭受的损失申请国家赔偿"进行了赋分。今年继续考查的概率也比较大。91 号指导案例（沙明保等诉马鞍山市花山区人民政府房屋强制拆除行政赔偿案）涉及了行政赔偿的内容。

2. 通常会将行政赔偿诉讼和行政许可、行政处罚、诉讼程序结合起来命题。

⦿点⦿法⦿条24 ▶ 行政赔偿程序

第9条第2款 [单独提起行政赔偿的程序] 赔偿请求人要求赔偿，应当先向赔偿义务机关提出，也可以在申请行政复议或者提起行政诉讼时一并提出。

第10条 赔偿请求人可以向共同赔偿义务机关中的任何一个赔偿义务机关要求赔偿，该赔偿义务机关应当先予赔偿。

▣ 关联法条

☞《最高人民法院关于审理行政赔偿案件若干问题的规定》**第28条** 当事人在提起行政诉讼的同时一并提出行政赔偿请求，或者因具体行政行为和与行使职权有关的其他行为侵权造成损害一并提出行政赔偿请求的，人民法院应当分别立案，根据具体情况可以合并审理，也可以单独审理。

▣ 真题链接

2009/4/6(2)(《最高人民法院关于审理行政赔偿案件若干问题的规定》第28条)

▣ 命题展望

1. 主观题考查国家赔偿法的相关问题时，着重点一般是在行政赔偿程序中。

2. 行政赔偿程序中，行政赔偿的范围确定、行政赔偿义务机关的确定、单独提起行政赔偿诉讼以及行政赔偿程序的时限等问题都是重点中的重点，同学们需要加以关注。

刑事诉讼法*

专题一　刑事诉讼法总论

重 点 法 条 ① ▶ 认罪认罚从宽原则

☞**第15条**［认罪认罚从宽原则］　犯罪嫌疑人、被告人自愿如实供述自己的罪行，承认指控的犯罪事实，愿意接受处罚的，可以依法从宽处理。（新法新增）

▶关联法条

《刑事诉讼法》

第81条第2款［逮捕的条件］　批准或者决定逮捕，应当将犯罪嫌疑人、被告人涉嫌犯罪的性质、情节，认罪认罚等情况，作为是否可能发生社会危险性的考虑因素。（新法修改）

第120条第2款［讯问的程序］　侦查人员在讯问犯罪嫌疑人的时候，应当告知犯罪嫌疑人享有的诉讼权利，如实供述自己罪行可以从宽处理和认罪认罚的法律规定。（新法修改）

第172条第1款［审查起诉的期限］　人民检察院对于监察机关、公安机关移送起诉的案件，应当在1个月以内作出决定，重大、复杂的案件，可以延长15日；犯罪嫌疑人认罪认罚，符合速裁程序适用条件的，应当在10日以内作出决定，对可能判处的有期徒刑超过1年的，可以延长至15日。（新法修改）

第173条［审查起诉的程序］　人民检察院审查案件，应当讯问犯罪嫌疑人，听取辩护人或者值班律师、被害人及其诉讼代理人的意见，并记录在案。辩护人或者值班律师、被害人及其诉讼代理人提出书面意见的，应当附卷。

犯罪嫌疑人认罪认罚的，人民检察院应当告知其享有的诉讼权利和认罪认罚的法律规定，听取犯罪嫌疑人、辩护人或者值班律师、被害人及其诉讼代理人对下列事项的意见，并记录在案：

---

*　本部分的重点法条（第×条），未特别指明是哪部法律法规的，均默认为2018年10月26日修正的《中华人民共和国刑事诉讼法》。

（一）涉嫌的犯罪事实、罪名及适用的法律规定；

（二）从轻、减轻或者免除处罚等从宽处罚的建议；

（三）认罪认罚后案件审理适用的程序；

（四）其他需要听取意见的事项。

人民检察院依照前两款规定听取值班律师意见的，应当提前为值班律师了解案件有关情况提供必要的便利。(**新法修改**)

第174条 [**认罪认罚具结书**] 犯罪嫌疑人自愿认罪，同意量刑建议和程序适用的，应当<u>在辩护人或者值班律师在场的情况下</u>签署认罪认罚具结书。

犯罪嫌疑人认罪认罚，有下列情形之一的，<u>不需要签署</u>认罪认罚具结书：

（一）犯罪嫌疑人是盲、聋、哑人，或者是尚未完全丧失辨认或者控制自己行为能力的精神病人的；

（二）未成年犯罪嫌疑人的法定代理人、辩护人对未成年人认罪认罚有异议的；

（三）其他不需要签署认罪认罚具结书的情形。(**新法修改**)

第176条第2款 [**提起公诉的条件和程序**] 犯罪嫌疑人认罪认罚的，人民检察院应当就主刑、附加刑、是否适用缓刑等<u>提出量刑建议</u>，并随案移送认罪认罚具结书等材料。

第190条第2款 [**审判时的告知义务**] 被告人认罪认罚的，审判长应当告知被告人享有的诉讼权利和认罪认罚的法律规定，审查认罪认罚的自愿性和认罪认罚具结书内容的真实性、合法性。(**新法修改**)

第201条第1款 [**认罪认罚判决的例外**] 对于认罪认罚案件，人民法院依法作出判决时，一般应当采纳人民检察院指控的

罪名和量刑建议，但有下列情形的除外：

（一）被告人的行为不构成犯罪或者不应当追究其刑事责任的；

（二）被告人违背意愿认罪认罚的；

（三）被告人否认指控的犯罪事实的；

（四）起诉指控的罪名与审理认定的罪名不一致的；

（五）其他可能影响公正审判的情形。(**新法修改**)

第222条 [**速裁程序的适用**] 基层人民法院管辖的可能判处3年有期徒刑以下刑罚的案件，案件事实清楚，证据确实、充分，<u>被告人认罪认罚并同意适用速裁程序</u>的，可以适用速裁程序，由审判员一人独任审判。

人民检察院在提起公诉的时候，<u>可以建议人民法院适用速裁程序</u>。(**新法修改**)

▶ 考点剖析

认罪认罚制度是2018年《刑事诉讼法》增加的规定，主要从以下方面理解本制度：

1. 出台背景：2016年，全国人大常委会授权两高在速裁程序试点城市进行认罪认罚从宽制度的试点，刑事案件的审理数量以及审理时效等有很大提高，在总结经验的基础上，2018年《刑事诉讼法修正案》将该制度纳入基本原则部分，并在刑事诉讼的诸多环节中予以规定。

2. 该原则的重点

（1）严格保障犯罪嫌疑人、被告人的合法权益。主要体现在：①犯罪嫌疑人、被告人必须是自愿适用认罪认罚从宽制度；②犯罪嫌疑人、被告人认罪认罚的，公检法三机关都有义务保障犯罪嫌疑人及时获得有效的法律帮助；③犯罪嫌疑

人认罪认罚的，检察机关应当就有关事项听取犯罪嫌疑人、辩护人的意见。

（2）2018年《刑事诉讼法》未对适用认罪认罚制度的罪名、可能判处的刑罚作出规定。也就是说重罪、共同犯罪等只要认罪认罚的，都可以从宽。此处要注意积极赔偿获得谅解的从宽与未赔偿仅认罪认罚从宽的区分。

（3）认罪认罚从宽制度适用最核心的阶段是审查起诉阶段。

（4）认罪认罚制度的主要价值在于及时惩治犯罪、强化人权保障、优化司法资源配置、推动刑事案件繁简分流、提高刑事诉讼效率、完善多元化多层次的刑事诉讼程序模式等。

（5）认罪认罚从宽原则不受被害人的意志左右。

3. 认罪认罚原则与速裁程序：为了实现认罪认罚制度从快、从简处理刑事案件的目的，2018年《刑事诉讼法》增加了速裁程序。关于速裁程序，在程序部分再介绍。

▶ 命题展望

我国《刑事诉讼法》第3～18条对刑事诉讼法的基本原则进行了全面规定，关于刑事诉讼法的基本原则，要加强理论知识的积累和学习，达到灵活运用的程度。在法条翻阅或引用中，该部分没有太大难度，故不多赘述，仅将修改内容予以阐释。

重点法条 2 ▶ 立案管辖

第19条 ［立案管辖］ 刑事案件的侦查由公安机关进行，法律另有规定的除外。

人民检察院在对诉讼活动实行法律监督中发现的司法工作人员利用职权实施的非法拘禁、刑讯逼供、非法搜查等侵犯公民权利、损害司法公正的犯罪，可以由人民检察院立案侦查。对于公安机关管辖的国家机关工作人员利用职权实施的重大犯罪案件，需要由人民检察院直接受理的时候，经省级以上人民检察院决定，可以由人民检察院立案侦查。（新法修改）

自诉案件，由人民法院直接受理。

▶ 关联法条

《监察法》

第15条 ［监察机关管辖范围］ 监察机关对下列公职人员和有关人员进行监察：

（一）中国共产党机关、人民代表大会及其常务委员会机关、人民政府、监察委员会、人民法院、人民检察院、中国人民政治协商会议各级委员会机关、民主党派机关和工商业联合会机关的公务员，以及参照《中华人民共和国公务员法》管理的人员；

（二）法律、法规授权或者受国家机关依法委托管理公共事务的组织中从事公务的人员；

（三）国有企业管理人员；

（四）公办的教育、科研、文化、医疗卫生、体育等单位中从事管理的人员；

（五）基层群众性自治组织中从事管理的人员；

（六）其他依法履行公职的人员。

第34条 ［职务违法与犯罪线索的移送］ 人民法院、人民检察院、公安机关、审计机关等国家机关在工作中发现公职人员涉嫌贪污贿赂、失职渎职等职务违法或者职务犯罪的问题线索，<u>应当移送监察机关</u>，由监察机关依法调查处置。

被调查人既涉嫌严重职务违法或者职务犯罪，又涉嫌其他违法犯罪的，一般<u>应当由监察机关为主调查</u>，其他机关予以协助。

《高检规则》第 18 条 ［管辖竞合的处理］ 人民检察院办理直接受理侦查的案件涉及公安机关管辖的刑事案件，<u>应当将属于公安机关管辖的刑事案件移送公安机关</u>。如果涉嫌的主罪属于公安机关管辖，由公安机关为主侦查，<u>人民检察院予以配合</u>；如果涉嫌的主罪属于人民检察院管辖，由人民检察院为主侦查，公安机关予以配合。

对于一人犯数罪、共同犯罪、共同犯罪的犯罪嫌疑人还实施其他犯罪、多个犯罪嫌疑人实施的犯罪存在关联，并案处理有利于查明案件事实和诉讼进行的，人民检察院可以在职责范围内对相关犯罪案件并案处理。

《最高人民法院、最高人民检察院、公安部、国家安全部、司法部、全国人大常委会法制工作委员会关于实施刑事诉讼法若干问题的规定》 3. ［并案处理］ 具有下列情形之一的，人民法院、人民检察院、公安机关可以在其职责范围内并案处理：

（一）一人犯数罪的；

（二）共同犯罪的；

（三）共同犯罪的犯罪嫌疑人、被告人还实施其他犯罪的；

（四）多个犯罪嫌疑人、被告人实施的犯罪存在关联，并案处理有利于查明案件事实的。

重点法条 ③ ▶ 级别管辖

第 21 条 ［中级法院管辖］ 中级人民法院管辖下列第一审刑事案件：

（一）危害国家安全、恐怖活动案件；

（二）可能判处无期徒刑、死刑的案件。

第 291 条 ［缺席审判的级别管辖］ 对于贪污贿赂犯罪案件，以及需要及时进行审判，经最高人民检察院核准的严重危害国家安全犯罪、恐怖活动犯罪案件，<u>犯罪嫌疑人、被告人在境外</u>，监察机关、公安机关移送起诉，人民检察院认为<u>犯罪事实已经查清</u>，证据确实、充分，依法应当追究刑事责任的，可以向人民法院提起公诉。人民法院进行审查后，对于起诉书中有明确的指控犯罪事实，符合缺席审判程序适用条件的，应当决定开庭审判。

前款案件，由犯罪地、被告人离境前居住地或者最高人民法院指定的中级人民法院组成合议庭进行审理。（新法新增）

第 299 条第 1 款 ［没收违法所得的级别管辖］ 没收违法所得的申请，由犯罪地或者犯罪嫌疑人、被告人居住地的中级人民法院组成合议庭进行审理。

第 24 条 ［级别管辖的变通］ 上级人民法院在必要的时候，<u>可以审判下级人民法院管辖的第一审刑事案件</u>；下级人民法院认为案情重大、复杂需要由上级人民法院审判的第一审刑事案件，可以请求移送上一级人民法院审判。

第 25 条 ［地域管辖］ 刑事案件由犯罪地的人民法院管辖。如果由被告人居住地的人民法院审判更为适宜的，可以由被告人居住地的人民法院管辖。

第26条［优先、移送管辖］　几个同级人民法院都有权管辖的案件，由最初受理的人民法院审判。在必要的时候，可以移送主要犯罪地的人民法院审判。

关联法条

《刑诉解释》

第12条［上可审下］　人民检察院认为可能判处无期徒刑、死刑，向中级人民法院提起公诉的案件，中级人民法院受理后，认为不需要判处无期徒刑、死刑的，应当依法审判，不再交基层人民法院审判。

第13条［就高不就低］　一人犯数罪、共同犯罪和其他需要并案审理的案件，其中一人或者一罪属于上级人民法院管辖的，全案由上级人民法院管辖。

第14条［管辖改变后的程序］　上级人民法院决定审判下级人民法院管辖的第一审刑事案件的，应当向下级人民法院下达改变管辖决定书，并书面通知同级人民检察院。

第15条［应当和可以移送情形］　基层人民法院对可能判处无期徒刑、死刑的第一审刑事案件，应当移送中级人民法院审判。

基层人民法院对下列第一审刑事案件，可以请求移送中级人民法院审判：

（一）重大、复杂案件；

（二）新类型的疑难案件；

（三）在法律适用上具有普遍指导意义的案件。

需要将案件移送中级人民法院审判的，应当在报请院长决定后，至迟于案件审理期限届满15日前书面请求移送。中级人民法院应当在接到申请后10日内作出决定。不同意移送的，应当下达不同意移送决定书，由请求移送的人民法院依法审判；同意移送的，应当下达同意移送决定书，并书面通知同级人民检察院。

重点法条 ④ ▶ 辩护的基本制度

第33条［辩护方式和辩护人范围］犯罪嫌疑人、被告人除自己行使辩护权以外，还可以委托1至2人作为辩护人。下列的人可以被委托为辩护人：

（一）律师；

（二）人民团体或者犯罪嫌疑人、被告人所在单位推荐的人；

（三）犯罪嫌疑人、被告人的监护人、亲友。

正在被执行刑罚或者依法被剥夺、限制人身自由的人，不得担任辩护人。

被开除公职和被吊销律师、公证员执业证书的人，不得担任辩护人，但系犯罪嫌疑人、被告人的监护人、近亲属的除外。（新法修改）

第34条［委托辩护］　犯罪嫌疑人自被侦查机关第一次讯问或者采取强制措施之日起，有权委托辩护人；在侦查期间，只能委托律师作为辩护人。被告人有权随时委托辩护人。

侦查机关在第一次讯问犯罪嫌疑人或者对犯罪嫌疑人采取强制措施的时候，应当告知犯罪嫌疑人有权委托辩护人。人民检察院自收到移送审查起诉的案件材料之日起3日以内，应当告知犯罪嫌疑人有权委托辩护人。人民法院自受理案件之日起3日以内，应当告知被告人有权委托辩护人。犯罪嫌疑人、被告人在押期间要求委托辩护人的，人民法院、人民检察院和公安机关应当及时转达其要求。

犯罪嫌疑人、被告人在押的，也可以由其监护人、近亲属代为委托辩护人。

辩护人接受犯罪嫌疑人、被告人委托后，应当及时告知办理案件的机关。

第35条［法律援助辩护］　犯罪嫌疑人、被告人因经济困难或者其他原因没有委托辩护人的，本人及其近亲属可以向法律援助机构提出申请。对符合法律援助条件的，法律援助机构应当指派律师为其提供辩护。

犯罪嫌疑人、被告人是盲、聋、哑人，或者是尚未完全丧失辨认或者控制自己行为能力的精神病人，没有委托辩护人的，人民法院、人民检察院和公安机关应当通知法律援助机构指派律师为其提供辩护。

犯罪嫌疑人、被告人可能被判处无期徒刑、死刑，没有委托辩护人的，人民法院、人民检察院和公安机关应当通知法律援助机构指派律师为其提供辩护。

第36条第1款［值班律师提供法律帮助］　法律援助机构可以在人民法院、看守所等场所派驻值班律师。犯罪嫌疑人、被告人没有委托辩护人，法律援助机构没有指派律师为其提供辩护的，由值班律师为犯罪嫌疑人、被告人提供法律咨询、程序选择建议、申请变更强制措施、对案件处理提出意见等法律帮助。（新法新增、大纲新增）

第278条［未成年犯罪人获得法律援助的权利］　未成年犯罪嫌疑人、被告人没有委托辩护人的，人民法院、人民检察院、公安机关应当通知法律援助机构指派律师为其提供辩护。

第293条［缺席审判的辩护人］　人民法院缺席审判案件，被告人有权委托辩护人，被告人的近亲属可以代为委托辩护人。被告人及其近亲属没有委托辩护人的，人民法院应当通知法律援助机构指派律师为其提供辩护。（新法新增）

▷ 关联法条

《刑诉解释》

第38条［辩护禁止］　1名被告人可以委托1至2人作为辩护人。

1名辩护人不得为两名以上的同案被告人，或者未同案处理但犯罪事实存在关联的被告人辩护。

第39条［辩护权的告知义务］　被告人没有委托辩护人的，人民法院自受理案件之日起3日内，应当告知其有权委托辩护人；被告人因经济困难或者其他原因没有委托辩护人的，应当告知其可以申请法律援助；被告人属于应当提供法律援助情形的，应当告知其将依法通知法律援助机构指派律师为其提供辩护。

告知可以采取口头或者书面方式。

第40条［辩护权的转达义务］　审判期间，在押的被告人要求委托辩护人的，人民法院应当在3日内向其监护人、近亲属或者其指定的人员转达要求。被告人应当提供有关人员的联系方式。有关人员无法通知的，应当告知被告人。

第41条［法律援助的转达义务］　人民法院收到在押被告人提出的法律援助申请，应当在 24 小时内转交所在地的法律援助机构。

第42条［应当提供法律援助的情形］对下列没有委托辩护人的被告人，人民法院应当通知法律援助机构指派律师为其提供辩护：

（一）盲、聋、哑人；

（二）尚未完全丧失辨认或者控制自己行为能力的精神病人；

（三）可能被判处无期徒刑、死刑的人。

高级人民法院复核死刑案件，被告人没有委托辩护人的，应当通知法律援助机构指派律师为其提供辩护。

第43条［可以提供法律援助的情形］具有下列情形之一，被告人没有委托辩护人的，人民法院可以通知法律援助机构指派律师为其提供辩护：

（一）共同犯罪案件中，其他被告人已经委托辩护人；

（二）有重大社会影响的案件；

（三）人民检察院抗诉的案件；

（四）被告人的行为可能不构成犯罪；

（五）有必要指派律师提供辩护的其他情形。

重点法条⑤ ▶拒绝辩护权

☞**第45条**［被告人拒绝辩护］　在审判过程中，被告人可以拒绝辩护人继续为他辩护，也可以另行委托辩护人辩护。

🔷关联法条

《律师法》**第32条**［拒绝辩护］　委托人可以拒绝已委托的律师为其继续辩护或者代理，同时可以另行委托律师担任辩护人或者代理人。

律师接受委托后，无正当理由的，不得拒绝辩护或者代理。但是，委托事项违法、委托人利用律师提供的服务从事违法活动或者委托人故意隐瞒与案件有关的重要事实的，律师有权拒绝辩护或者代理。

《刑诉解释》

第45条［被告人拒绝法律援助律师辩护］　被告人拒绝法律援助机构指派的律师为其辩护，坚持自己行使辩护权的，人民法院应当准许。

属于应当提供法律援助的情形，被告人拒绝指派的律师为其辩护的，人民法院应当查明原因。理由正当的，应当准许，但被告人须另行委托辩护人；被告人未另行委托辩护人的，人民法院应当在 3 日内书面通知法律援助机构另行指派律师为其提供辩护。

☞**第254条**［被告人拒绝辩护人辩护］被告人当庭拒绝辩护人辩护，要求另行委托辩护人或者指派律师的，合议庭应当准许。被告人拒绝辩护人辩护后，没有辩护人的，应当宣布休庭；仍有辩护人的，庭审可以继续进行。

有多名被告人的案件，部分被告人拒绝辩护人辩护后，没有辩护人的，根据案件情况，可以对该被告人另案处理，对其他被告人的庭审继续进行。

重新开庭后，被告人再次当庭拒绝辩护人辩护的，可以准许，但被告人不得再次另行委托辩护人或者要求另行指派律师，由其自行辩护。

被告人属于应当提供法律援助的情形，重新开庭后再次当庭拒绝辩护人辩护的，不予准许。

第256条［辩护准备］　依照前两条规定另行委托辩护人或者指派律师的，自案件

宣布休庭之日起至第15日止，由辩护人准备辩护，但被告人及其辩护人自愿缩短时间的除外。

▶ **真题链接**

2004/4/5（《刑事诉讼法》第45条，《刑诉解释》第254条）

重点法条 6 ▶ 辩护人的提出意见权

第161条［侦查阶段辩护律师意见的听取］　在案件侦查终结前，辩护律师提出要求的，侦查机关应当听取辩护律师的意见，并记录在案。辩护律师提出书面意见的，应当附卷。

☞ 第173条［应当听取辩护人或值班律师意见］　人民检察院审查案件，应当讯问犯罪嫌疑人，听取辩护人或者值班律师、被害人及其诉讼代理人的意见，并记录在案。辩护人或者值班律师、被害人及其诉讼代理人提出书面意见的，应当附卷。

犯罪嫌疑人认罪认罚的，人民检察院应当告知其享有的诉讼权利和认罪认罚的法律规定，听取犯罪嫌疑人、辩护人或者值班律师、被害人及其诉讼代理人对下列事项的意见，并记录在案：

（一）涉嫌的犯罪事实、罪名及适用的法律规定；

（二）从轻、减轻或者免除处罚等从宽处罚的建议；

（三）认罪认罚后案件审理适用的程序；

（四）其他需要听取意见的事项。

人民检察院依照前两款规定听取值班律师意见的，应当提前为值班律师了解案件有关情况提供必要的便利。

第234条第2款［应当听取辩护人意见］　第二审人民法院决定不开庭审理的，应当讯问被告人，听取其他当事人、辩护人、诉讼代理人的意见。

第280条第1款［应当听取辩护律师意见］　对未成年犯罪嫌疑人、被告人应当严格限制适用逮捕措施。人民检察院审查批准逮捕和人民法院决定逮捕，应当讯问未成年犯罪嫌疑人、被告人，听取辩护律师的意见。

第88条第2款［附条件听取辩护律师意见］　人民检察院审查批准逮捕，可以询问证人等诉讼参与人，听取辩护律师的意见；辩护律师提出要求的，应当听取辩护律师的意见。

第251条第1款［附条件听取辩护律师意见］　最高人民法院复核死刑案件，应当讯问被告人，辩护律师提出要求的，应当听取辩护律师的意见。

🔷 命题展望

1. 本考点属于常规考点，近些年多在选择题中出现。但由于辩护权是犯罪嫌疑人、被告人最基本的权利，是刑事诉讼法的基本原则，在 2018 年修订的刑事诉讼法中有三个涉及辩护权的内容进行了修改，地位很高，所以要引起重视。

2. 如果是单个知识点的考查，需要了解辩护的种类、法律援助辩护的条件、方式等。主观题要注意有效辩护原则、辩护人的提出意见权、拒绝辩护的处理等知识点。

3. 该知识点主观题的命题方式如果是以程序改错、案例分析的考查方式出现，知识点会比较细致，但分值不高。若以论述题方式考查，则一定要注意答题思路。

4. 该知识点在 2018 年修改的三处为：辩护人的范围、增加了应当指定辩护的范围、值班律师提供法律帮助。

5. 听取辩护律师/辩护人意见在证据认定中的规定以及速裁程序中的规定参见后续内容。

🔵 重点法条 ⑦ ▶ 回　避

第 29 条 ［回避对象、方式、理由］审判人员、检察人员、侦查人员有下列情形之一的，应当自行回避，当事人及其法定代理人也有权要求他们回避：

（一）是本案的当事人或者是当事人的近亲属的；

（二）本人或者他的近亲属和本案有利害关系的；

（三）担任过本案的证人、鉴定人、辩护人、诉讼代理人的；

（四）与本案当事人有其他关系，可能影响公正处理案件的。

第 30 条 ［办案人员行为之禁止］审判人员、检察人员、侦查人员不得接受当事人及其委托的人的请客送礼，不得违反规定会见当事人及其委托的人。

审判人员、检察人员、侦查人员违反前款规定的，应当依法追究法律责任。当事人及其法定代理人有权要求他们回避。

☞**第 31 条** ［回避的决定、效力和复议］审判人员、检察人员、侦查人员的回避，应当分别由院长、检察长、公安机关负责人决定；院长的回避，由本院审判委员会决定；检察长和公安机关负责人的回避，由同级人民检察院检察委员会决定。

对侦查人员的回避作出决定前，侦查人员不能停止对案件的侦查。

对驳回申请回避的决定，当事人及其法定代理人可以申请复议一次。

🔷 关联法条

《刑诉解释》

第 24 条 ［审判人员的回避事由］审判人员违反规定，具有下列情形之一的，当事人及其法定代理人有权申请其回避：

（一）违反规定会见本案当事人、辩护人、诉讼代理人的；

（二）为本案当事人推荐、介绍辩护人、诉讼代理人，或者为律师、其他人员介绍办理本案的；

（三）索取、接受本案当事人及其委托人的财物或者其他利益的；

（四）接受本案当事人及其委托人的宴请，或者参加由其支付费用的活动的；

（五）向本案当事人及其委托人借用款物的；

（六）有其他不正当行为，可能影响公正审判的。

第27条〔自行回避的申请方式〕 审判人员自行申请回避，或者当事人及其法定代理人申请审判人员回避的，可以口头或者书面提出，并说明理由，由院长决定。

院长自行申请回避，或者当事人及其法定代理人申请院长回避的，由审判委员会讨论决定。审判委员会讨论时，由副院长主持，院长不得参加。

第28条〔申请回避要求〕 当事人及其法定代理人依照刑事诉讼法第29条（现为第30条）和本解释第24条规定申请回避，应当提供证明材料。

第29条〔回避的决定主体〕 应当回避的审判人员没有自行回避，当事人及其法定代理人也没有申请其回避的，院长或者审判委员会应当决定其回避。

第30条〔回避的决定方式及处理〕 对当事人及其法定代理人提出的回避申请，人民法院可以口头或者书面作出决定，并将决定告知申请人。

当事人及其法定代理人申请回避被驳回的，可以在接到决定时申请复议一次。不属于刑事诉讼法第28条（现为第29条）、第29条（现为第30条）规定情形的回避申请，由法庭当庭驳回，并不得申请复议。

第31条〔检察人员回避的处理〕 当事人及其法定代理人申请出庭的检察人员回避的，人民法院应当决定休庭，并通知人民检察院。

第32条〔审判人员的范围〕 本章所称的审判人员，包括人民法院院长、副院长、审判委员会委员、庭长、副庭长、审判员、助理审判员和人民陪审员。

▶ 考点剖析

1. 回避决定既可以书面作出，也可以口头作出。

2. 回避的决定主体：个人找老大，老大找组织。侦查机关负责人的回避由检察委员会决定。

3. 回避事由非法定情况，法庭当庭驳回，并不得复议。驳回回避的复议是向原决定机关提出。

4. 申请审查期间，程序停止，但侦查程序例外。复议期间，诉讼活动不停止。

▶ 命题展望

1. 回避在客观题中，考查的知识点会比较多，主要包括回避对象、回避理由、申请主体、申请方式。

2. 主观题中，回避的考点主要是决定与救济。

3. 一般会以一个单独小问的形式考查回避的决定主体或者对回避决定的救济。

4. 要特别注意，违反回避制度属于应当发回重审的情形。

重 点 法 条 ⑧ ▶ 证据运用规则

☞ **第55条** ［证据运用规则］ 对一切案件的判处都要重证据，重调查研究，不轻信口供。只有被告人供述，没有其他证据的，不能认定被告人有罪和处以刑罚；没有被告人供述，证据确实、充分的，可以认定被告人有罪和处以刑罚。

证据确实、充分，应当符合以下条件：

（一）定罪量刑的事实都有证据证明；

（二）据以定案的证据均经法定程序查证属实；

（三）综合全案证据，对所认定事实已排除合理怀疑。

▶ 关联法条

《刑诉解释》

第70条 ［物证的审查判断标准］ 据以定案的物证应当是原物。原物不便搬运，不易保存，依法应当由有关部门保管、处理，或者依法应当返还的，可以拍摄、制作足以反映原物外形和特征的照片、录像、复制品。

物证的照片、录像、复制品，不能反映原物的外形和特征的，不得作为定案的根据。

物证的照片、录像、复制品，经与原物核对无误、经鉴定为真实或者以其他方式确认为真实的，可以作为定案的根据。

第71条 ［书证的审查判断标准］ 据以定案的书证应当是原件。取得原件确有困难的，可以使用副本、复制件。

书证有更改或者更改迹象不能作出合理解释，或者书证的副本、复制件不能反映原件及其内容的，不得作为定案的根据。

书证的副本、复制件，经与原件核对无误、经鉴定为真实或者以其他方式确认为真实的，可以作为定案的根据。

第73条 ［物证、书证的绝对排除与可补正情形］ 在勘验、检查、搜查过程中提取、扣押的物证、书证，未附笔录或者清单，不能证明物证、书证来源的，不得作为定案的根据。

物证、书证的收集程序、方式有下列瑕疵，经补正或者作出合理解释的，可以采用：

（一）勘验、检查、搜查、提取笔录或者扣押清单上没有侦查人员、物品持有人、见证人签名，或者对物品的名称、特征、数量、质量等注明不详的；

（二）物证的照片、录像、复制品，书证的副本、复制件未注明与原件核对无异，无复制时间，或者无被收集、调取人签名、盖章的；

（三）物证的照片、录像、复制品，书证的副本、复制件没有制作人关于制作过程和原物、原件存放地点的说明，或者说明中无签名的；

（四）有其他瑕疵的。

对物证、书证的来源、收集程序有疑问，不能作出合理解释的，该物证、书证不得作为定案的根据。

☞《严格排除非法证据规定》第7条 ［物证、书证的排除］ 收集物证、书证不符合法定程序，可能严重影响司法公正的，应当予以补正或者作出合理解释；不能补正或者作出合理解释的，对有关证据应当予以排除。

《刑诉解释》

☞ **第104条** ［证据的审查标准］ 对证据的真实性，应当综合全案证据进行审查。

对证据的证明力，应当根据具体情况，从证据与待证事实的关联程度、证据之间的联系等方面进行审查判断。

证据之间具有内在联系，共同指向同一待证事实，不存在无法排除的矛盾和无法解释的疑问的，才能作为定案的根据。

☞ **第105条** ［间接证据的认定］ 没有直接证据，但间接证据同时符合下列条件的，可以认定被告人有罪：

（一）证据已经查证属实；

（二）证据之间相互印证，不存在无法排除的矛盾和无法解释的疑问；

（三）全案证据已经形成完整的证明体系；

（四）根据证据认定案件事实足以排除合理怀疑，结论具有唯一性；

（五）运用证据进行的推理符合逻辑和经验。

第106条 ［先供后证的证明力］ 根据被告人的供述、指认提取到了隐蔽性很强的物证、书证，且被告人的供述与其他证明犯罪事实发生的证据相互印证，并排除串供、逼供、诱供等可能性的，可以认定被告人有罪。

▶ **真题链接**

2018/主（《刑诉解释》第104、105条）

2015/4/7；2011/4/3；2010/4/3（《刑诉解释》第105条，《刑事诉讼法》第55条）

2012/4/7（《严格排除非法证据规定》第7条）

重点法条⑨ ▶ **证据的审查判断**

第61条 ［证人证言的审查判断标准］证人证言必须在法庭上经过公诉人、被害人和被告人、辩护人双方质证并且查实以后，才能作为定案的根据。法庭查明证人有意作伪证或者隐匿罪证的时候，应当依法处理。

▶ **关联法条**

《刑诉解释》

☞ **第76条** ［证人证言绝对排除的情形］证人证言具有下列情形之一的，不得作为定案的根据：

（一）询问证人没有个别进行的；

（二）书面证言没有经证人核对确认的；

（三）询问聋、哑人，应当提供通晓聋哑手势的人员而未提供的；

（四）询问不通晓当地通用语言、文字的证人，应当提供翻译人员而未提供的。

第77条 ［证人证言可补正的情形］证人证言的收集程序、方式有下列瑕疵，经补正或者作出合理解释的，可以采用；不能补正或者作出合理解释的，不得作为定案的根据：

（一）询问笔录没有填写询问人、记录人、法定代理人姓名以及询问的起止时间、地点的；

（二）询问地点不符合规定的；

（三）询问笔录没有记录告知证人有关作证的权利义务和法律责任的；

（四）询问笔录反映出在同一时段，同

一询问人员询问不同证人的。

第78条［当庭证言、矛盾证言、可疑证言的认定标准］ 证人当庭作出的证言，经控辩双方质证、法庭查证属实的，应当作为定案的根据。

证人当庭作出的证言与其庭前证言矛盾，证人能够作出合理解释，并有相关证据印证的，应当采信其庭审证言；不能作出合理解释，而其庭前证言有相关证据印证的，可以采信其庭前证言。

经人民法院通知，证人没有正当理由拒绝出庭或者出庭后拒绝作证，法庭对其证言的真实性无法确认的，该证人证言不得作为定案的根据。

☞《严格排除非法证据规定》第6条［证人证言、被害人陈述的排除］ 采用暴力、威胁以及非法限制人身自由等非法方法收集的证人证言、被害人陈述，应当予以排除。

《刑诉解释》

第81条［绝对排除的被告人供述］ 被告人供述具有下列情形之一的，不得作为定案的根据：

（一）讯问笔录没有经被告人核对确认的；

（二）讯问聋、哑人，应当提供通晓聋、哑手势的人员而未提供的；

（三）讯问不通晓当地通用语言、文字的被告人，应当提供翻译人员而未提供的。

第82条［可补正的被告人口供］ 讯问笔录有下列瑕疵，经补正或者作出合理解释的，可以采用；不能补正或者作出合理解释的，不得作为定案的根据：

（一）讯问笔录填写的讯问时间、讯问人、记录人、法定代理人等有误或者存在矛盾的；

（二）讯问人没有签名的；

（三）首次讯问笔录没有记录告知被讯问人相关权利和法律规定的。

第85条［绝对排除的鉴定意见］ 鉴定意见具有下列情形之一的，不得作为定案的根据：

（一）鉴定机构不具备法定资质，或者鉴定事项超出该鉴定机构业务范围、技术条件的；

（二）鉴定人不具备法定资质，不具有相关专业技术或者职称，或者违反回避规定的；

（三）送检材料、样本来源不明，或者因污染不具备鉴定条件的；

（四）鉴定对象与送检材料、样本不一致的；

（五）鉴定程序违反规定的；

（六）鉴定过程和方法不符合相关专业的规范要求的；

（七）鉴定文书缺少签名、盖章的；

（八）鉴定意见与案件待证事实没有关联的；

（九）违反有关规定的其他情形。

第86条［鉴定人拒不出庭作证的后果］ 经人民法院通知，鉴定人拒不出庭作证的，鉴定意见不得作为定案的根据。

鉴定人由于不能抗拒的原因或者有其他正当理由无法出庭的，人民法院可以根据情况决定延期审理或者重新鉴定。

对没有正当理由拒不出庭作证的鉴定人，人民法院应当通报司法行政机关或者有关部门。

☞ **第87条［检验报告的价值］** 对案件中的专门性问题需要鉴定，但没有法定司法鉴定机构，或者法律、司法解释规定可以进行检验的，<u>可以指派、聘请有专门知识的人进行检验</u>，检验报告可以作为<u>定罪量刑</u>的参考。

对检验报告的审查与认定，参照适用本节的有关规定。

经人民法院通知，检验人拒不出庭作证的，检验报告不得作为定罪量刑的参考。

第89条［绝对排除的勘验、检查笔录］ 勘验、检查笔录存在明显不符合法律、有关规定的情形，不能作出合理解释或者说明的，不得作为定案的根据。

第90条［绝对排除的辨认笔录］ 对辨认笔录应当着重审查辨认的过程、方法，以及辨认笔录的制作是否符合有关规定。

辨认笔录具有下列情形之一的，不得作为定案的根据：

（一）辨认<u>不是在侦查人员主持下进行</u>的；

（二）辨认前使辨认人<u>见到辨认对象</u>的；

（三）辨认活动<u>没有个别进行</u>的；

（四）辨认对象没有混杂在具有类似特征的其他对象中，或者供辨认的对象数量不符合规定的；

（五）辨认中给辨认人<u>明显暗示或者明显有指认嫌疑</u>的；

（六）违反有关规定、不能确定辨认笔录真实性的其他情形。

第91条［绝对排除的侦查实验笔录］ 对侦查实验笔录应当着重审查实验的过程、方法，以及笔录的制作是否符合有关规定。

侦查实验的条件与事件发生时的<u>条件有明显差异</u>，或者存在影响实验结论科学性的其他情形的，侦查实验笔录不得作为定案的

根据。

☞第94条［绝对排除的视听资料、电子数据］ 视听资料、电子数据具有下列情形之一的，不得作为定案的根据：

（一）经审查无法确定真伪的；

（二）制作、取得的时间、地点、方式等有疑问，<u>不能提供必要证明或者作出合理解释</u>的。

《最高人民法院、最高人民检察院、公安部关于办理刑事案件收集提取和审查判断电子数据若干问题的规定》

☞第27条［可补正的电子数据］ 电子数据的收集、提取程序有下列瑕疵，经补正或者作出合理解释的，可以采用；不能补正或者作出合理解释的，不得作为定案的根据：

（一）<u>未以封存状态移送</u>的；

（二）笔录或者清单上<u>没有侦查人员、电子数据持有人（提供人）、见证人签名或者盖章</u>的；

（三）对电子数据的名称、类别、格式等<u>注明不清</u>的；

（四）有其他瑕疵的。

第28条［绝对排除的电子数据］ 电子数据具有下列情形之一的，不得作为定案的根据：

（一）电子数据系篡改、伪造或者<u>无法确定真伪</u>的；

（二）电子数据有增加、删除、修改等情形，<u>影响电子数据真实性</u>的；

（三）其他无法保证电子数据真实性的情形。

重点法条⑩ ▶ 各阶段证据不足的处理

第175条第4款 [审查起诉阶段证据不足的处理] 对于二次补充侦查的案件，人民检察院仍然认为证据不足，不符合起诉条件的，应当作出不起诉的决定。

第200条 [一审时证据不足的处理] 在被告人最后陈述后，审判长宣布休庭，合议庭进行评议，根据已经查明的事实、证据和有关的法律规定，分别作出以下判决：

（一）案件事实清楚，证据确实、充分，依据法律认定被告人有罪的，应当作出有罪判决；

（二）依据法律认定被告人无罪的，应当作出无罪判决；

（三）证据不足，不能认定被告人有罪的，应当作出证据不足、指控的犯罪不能成立的无罪判决。

☞**第236条第1款** [二审时证据不足的处理] 第二审人民法院对不服第一审判决的上诉、抗诉案件，经过审理后，应当按照下列情形分别处理：

（一）原判决认定事实和适用法律正确、量刑适当的，应当裁定驳回上诉或者抗诉，维持原判；

（二）原判决认定事实没有错误，但适用法律有错误，或者量刑不当的，应当改判；

（三）原判决事实不清楚或者证据不足的，可以在查清事实后改判；也可以裁定撤销原判，发回原审人民法院重新审判。

🔲 **关联法条**

《刑诉解释》

第349条第1款 [高院死缓复核证据不足的处理] 高级人民法院复核死刑缓期执行案件，应当按照下列情形分别处理：

（一）原判认定事实和适用法律正确、量刑适当、诉讼程序合法的，应当裁定核准；

（二）原判认定的某一具体事实或者引用的法律条款等存在瑕疵，但判处被告人死刑缓期执行并无不当的，可以在纠正后作出核准的判决、裁定；

（三）原判认定事实正确，但适用法律有错误，或者量刑过重的，应当改判；

（四）原判事实不清、证据不足的，可以裁定不予核准，并撤销原判，发回重新审判，或者依法改判；

（五）复核期间出现新的影响定罪量刑的事实、证据的，可以裁定不予核准，并撤销原判，发回重新审判，或者依照本解释第220条规定审理后依法改判；

（六）原审违反法定诉讼程序，可能影响公正审判的，应当裁定不予核准，并撤销原判，发回重新审判。

☞**第350条** [最高院死刑复核证据不足的处理] 最高人民法院复核死刑案件，应当按照下列情形分别处理：

（一）原判认定事实和适用法律正确、量刑适当、诉讼程序合法的，应当裁定核准；

（二）原判认定的某一具体事实或者引用的法律条款等存在瑕疵，但判处被告人死刑并无不当的，可以在纠正后作出核准的判决、裁定；

（三）原判事实不清、证据不足的，应当裁定不予核准，并撤销原判，发回重新审判；

（四）复核期间出现新的影响定罪量刑的事实、证据的，应当裁定不予核准，并撤销原判，发回重新审判；

（五）原判认定事实正确，但依法不应当判处死刑的，应当裁定不予核准，并撤销原判，发回重新审判；

（六）原审违反法定诉讼程序，可能影响公正审判的，应当裁定不予核准，并撤销原判，发回重新审判。

《最高人民法院关于建立健全防范刑事冤假错案工作机制的意见》6. 定罪证据不足的案件，应当坚持疑罪从无原则，依法宣告被告人无罪，不得降格作出"留有余地"的判决。

定罪证据确实、充分，但影响量刑的证据存疑的，应当在量刑时作出有利于被告人的处理。

死刑案件，认定对被告人适用死刑的事实证据不足的，不得判处死刑。

📑 考点剖析

1. 证据的判断和审查一直是考试的重点，无论是《刑事诉讼法》《刑诉解释》《高检规则》，还是《关于办理死刑案件审查判断证据若干问题的规定》《关于办理刑事案件排除非法证据若干问题的规定》《关于全面推进以审判为中心的刑事诉讼

制度改革的实施意见》，都对证据作了重要规定。

2. 利用间接证据定案的规则

（1）证据已经查证属实；

（2）证据之间相互印证，不存在无法排除的矛盾和无法解释的疑问；

（3）全案证据已经形成完整的证明体系；

（4）根据证据认定案件事实足以排除合理怀疑，结论具有唯一性；

（5）运用证据进行的推理符合逻辑和经验。

3. 庭前供述和当庭供述矛盾时，谁能与其他证据印证，谁就可采信。

4. 特殊人员提供的言词证据的认定：

（1）生理上、精神上有缺陷，对案件事实的认知和表达存在一定困难，但尚未丧失正确认知、表达能力的被害人、证人所作的陈述、证言和供述，有其他证据印证的，可以采信；

（2）利害关系人的证言，有其他证据印证的，可以采信。

5. 疑点利益归于被告。

📑 命题展望

1. 本知识点的考查潜力较大，需要重视。

2. 虽然2018年证据运用在刑事诉讼中已经予以考查，但在2020年的主观题复习中，依然要重视，同时要结合刑事诉讼程序加强证据部分的学习。

重点法条⑪ ▶ 非法证据排除规则

☞**第56条** ［非法证据排除规则］ 采用刑讯逼供等非法方法收集的犯罪嫌疑人、

被告人供述和采用暴力、威胁等非法方法收集的证人证言、被害人陈述，应当予以排除。收集物证、书证不符合法定程序，可能严重影响司法公正的，应当予以补正或者作出合理解释；不能补正或者作出合理解释的，对该证据应当予以排除。

在侦查、审查起诉、审判时发现有应当排除的证据的，应当依法予以排除，不得作为起诉意见、起诉决定和判决的依据。

🔖 关联法条

《高检规则》第 66 条 ［非法证据排除规则］ 对采用刑讯逼供等非法方法收集的犯罪嫌疑人供述和采用暴力、威胁等非法方法收集的证人证言、被害人陈述，应当依法排除，不得作为移送审查逮捕、批准或者决定逮捕、移送起诉以及提起公诉的依据。

☞《刑诉解释》第 95 条 ［刑讯逼供等非法方法］ 使用肉刑或者变相肉刑，或者采用其他使被告人在肉体上或者精神上遭受剧烈疼痛或者痛苦的方法，迫使被告人违背意愿供述的，应当认定为刑事诉讼法第 54 条（现为第 56 条）规定的"刑讯逼供等非法方法"。

认定刑事诉讼法第 54 条（现为第 56 条）规定的"可能严重影响司法公正"，应当综合考虑收集物证、书证违反法定程序以及所造成后果的严重程度等情况。

《严格排除非法证据规定》

第 2 条 ［暴力方法及恶劣手段的非法证据排除］ 采取殴打、违法使用戒具等暴力方法或者变相肉刑的恶劣手段，使犯罪嫌疑人、被告人遭受难以忍受的痛苦而违背意愿作出的供述，应当予以排除。

第 3 条 ［威胁方法的非法证据排除］

采用以暴力或者严重损害本人及其近亲属合法权益等进行威胁的方法，使犯罪嫌疑人、被告人遭受难以忍受的痛苦而违背意愿作出的供述，应当予以排除。

第 4 条 ［非法限制人身自由的非法证据排除］ 采用非法拘禁等非法限制人身自由的方法收集的犯罪嫌疑人、被告人供述，应当予以排除。

第 5 条 ［重复供述的认定规则］ 采用刑讯逼供方法使犯罪嫌疑人、被告人作出供述，之后犯罪嫌疑人、被告人受该刑讯逼供行为影响而作出的与该供述相同的重复性供述，应当一并排除，但下列情形除外：

（一）侦查期间，根据控告、举报或者自己发现等，侦查机关确认或者不能排除以非法方法收集证据而更换侦查人员，其他侦查人员再次讯问时告知诉讼权利和认罪的法律后果，犯罪嫌疑人自愿供述的；

（二）审查逮捕、审查起诉和审判期间，检察人员、审判人员讯问时告知诉讼权利和认罪的法律后果，犯罪嫌疑人、被告人自愿供述的。

第 14 条 ［向检察院申请排非］ 犯罪嫌疑人及其辩护人在侦查期间可以向人民检察院申请排除非法证据。对犯罪嫌疑人及其辩护人提供相关线索或者材料的，人民检察院应当调查核实。调查结论应当书面告知犯罪嫌疑人及其辩护人。对确有以非法方法收集证据情形的，人民检察院应当向侦查机关提出纠正意见。

侦查机关对审查认定的非法证据，应当予以排除，不得作为提请批准逮捕、移送审查起诉的根据。

对重大案件，人民检察院驻看守所检察人员应当在侦查终结前询问犯罪嫌疑人，核查是否存在刑讯逼供、非法取证情形，并同步录音录像。经核查，确有刑讯逼供、非法取证情形的，侦查机关应当及时排除非法证据，不得作为提请批准逮捕、移送审查起诉的根据。

☞**第15条**［侦查机关自行排除］ 对侦查终结的案件，侦查机关应当全面审查证明证据收集合法性的证据材料，依法排除非法证据。排除非法证据后，证据不足的，不得移送审查起诉。

侦查机关发现办案人员非法取证的，应当依法作出处理，并可另行指派侦查人员重新调查取证。

第16条［批捕、审查起诉阶段的告知义务］ 审查逮捕、审查起诉期间讯问犯罪嫌疑人，应当告知其有权申请排除非法证据，并告知诉讼权利和认罪的法律后果。

第17条［检察院调查核实］ 审查逮捕、审查起诉期间，犯罪嫌疑人及其辩护人申请排除非法证据，并提供相关线索或者材料的，人民检察院应当调查核实。调查结论应当书面告知犯罪嫌疑人及其辩护人。

人民检察院在审查起诉期间发现侦查人员以刑讯逼供等非法方法收集证据的，应当依法排除相关证据并提出纠正意见，必要时人民检察院可以自行调查取证。

人民检察院对审查认定的非法证据，应当予以排除，不得作为批准或者决定逮捕、提起公诉的根据。被排除的非法证据应当随案移送，并写明为依法排除的非法证据。

☞**第18条**［排非后证据不足的处理］ 人民检察院依法排除非法证据后，证据不足，不符合逮捕、起诉条件的，不得批准或者决定逮捕、提起公诉。

对于人民检察院排除有关证据导致对涉嫌的重要犯罪事实未予认定，从而作出不批准逮捕、不起诉决定，或者对涉嫌的部分重要犯罪事实决定不起诉的，公安机关、国家安全机关可要求复议、提请复核。

🔷 **真题链接**

2015/4/7（《刑诉解释》第95条）

2012/4/7；2011/4/3；2006/4/4（《刑事诉讼法》第56条）

🔷 **考点剖析**

1. 《严格排除非法证据规定》规定了犯罪嫌疑人、被告人供述，证人证言，被害人陈述，物证，书证的排除范围。以引诱、欺骗方法获取的犯罪嫌疑人、被告人供述，证人证言，被害人陈述不排除。非法限制人身自由所获取的供述（不是口供）、陈述一律排除。暴力、威胁获取的犯罪嫌疑人、被告人供述需要达到难以忍受的程度才能予以排除，而证人证言、被害人陈述没有程度要求。物证、书证必须三个条件同时满足才能予以排除。重复性供述除换人、换阶段，都应当排除。

2. 检察院接到报案、控告、举报或者发现侦查人员以非法方法收集证据的，应当调查核实。对确有非法收集证据的，应提出纠正意见。

3. 重大案件侦查讯问合法性的核查制度

（1）在侦查终结前询问犯罪嫌疑人，核查是否存在非法取证，并同步录音录像；

（2）经核查，确有非法取证情形，应及时排除，不得作为提请逮捕或移送审查起诉的根据。

4. 侦查机关应全面审查证明证据合法

性的材料。

5. 审查批准逮捕、审查起诉期间，检察院具有告知、调查核实义务。

6. 犯罪嫌疑人及其辩护人申请排除非法证据并提供相关线索或材料的，检察院应当调查核实。

7. 检察院排除非法证据后的处理：提出纠正意见，不得作为批捕或起诉的根据，可以自行调查取证，应当随案移送等。

重点法条 12 ▶ 审判阶段非法证据排除程序

第58条 [证据收集合法性的调查] 法庭审理过程中，审判人员认为可能存在本法第56条规定的以非法方法收集证据情形的，应当对证据收集的合法性进行法庭调查。

当事人及其辩护人、诉讼代理人有权申请人民法院对以非法方法收集的证据依法予以排除。申请排除以非法方法收集的证据的，应当提供相关线索或者材料。

第59条 [证据收集合法性的证明] 在对证据收集的合法性进行法庭调查的过程中，人民检察院应当对证据收集的合法性加以证明。

现有证据材料不能证明证据收集的合法性的，人民检察院可以提请人民法院通知有关侦查人员或者其他人员出庭说明情况；人民法院可以通知有关侦查人员或者其他人员出庭说明情况。有关侦查人员或者其他人员也可以要求出庭说明情况。经人民法院通知，有关人员应当出庭。

☞ **第60条** [法庭审理中非法证据排除] 对于经过法庭审理，确认或者不能排除存

在本法第56条规定的以非法方法收集证据情形的，对有关证据应当予以排除。

✅ 关联法条

《严格排除非法证据规定》

第23条 [法院排非程序] 人民法院向被告人及其辩护人送达起诉书副本时，应当告知其有权申请排除非法证据。

被告人及其辩护人申请排除非法证据，应当在开庭审理前提出，但在庭审期间发现相关线索或者材料等情形除外。人民法院应当在开庭审理前将申请书和相关线索或者材料的复制件送交人民检察院。

第24条 [申请排非要求] 被告人及其辩护人在开庭审理前申请排除非法证据，未提供相关线索或者材料，不符合法律规定的申请条件的，人民法院对申请不予受理。

第25条 [排非的庭前会议] 被告人及其辩护人在开庭审理前申请排除非法证据，按照法律规定提供相关线索或者材料的，人民法院应当召开庭前会议。人民检察院应当通过出示有关证据材料等方式，有针对性地对证据收集的合法性作出说明。人民法院可

📘 命题展望

本知识点可以有三种出题方式：①程序改错或者判断正误题，即通过一个案例，叙述公安司法机关的相关行为，要求考生能够明确判断该行为是否合法并指出不合法的理由等；②用论述题的方式，将本部分的内容作为论据使用，以阐释非法证据的排除程序；③用一个案例，以问答的方式在此部分设置一个小问要求考生解答。

以核实情况，听取意见。

人民检察院可以决定撤回有关证据，撤回的证据，没有新的理由，不得在庭审中出示。

被告人及其辩护人可以撤回排除非法证据的申请。撤回申请后，没有新的线索或者材料，不得再次对有关证据提出排除申请。

第 26 条 [庭前会议中对证据合法性认定的处理] 公诉人、被告人及其辩护人在庭前会议中对证据收集是否合法未达成一致意见，人民法院对证据收集的合法性有疑问的，应当在庭审中进行调查；人民法院对证据收集的合法性没有疑问，且没有新的线索或者材料表明可能存在非法取证的，可以决定不再进行调查。

第 27 条 [侦查人员或者其他人员出庭] 被告人及其辩护人申请人民法院通知侦查人员或者其他人员出庭，人民法院认为现有证据材料不能证明证据收集的合法性，确有必要通知上述人员出庭作证或者说明情况的，可以通知上述人员出庭。

第 28 条 [宣布证据收集合法性的要求] 公诉人宣读起诉书后，法庭应当宣布开庭审理前对证据收集合法性的审查及处理情况。

第 29 条 [庭审中排非申请的处理] 被告人及其辩护人在开庭审理前未申请排除非法证据，在法庭审理过程中提出申请的，应当说明理由。

对前述情形，法庭经审查，对证据收集的合法性有疑问的，应当进行调查；没有疑问的，应当驳回申请。

法庭驳回排除非法证据申请后，被告人及其辩护人没有新的线索或者材料，以相同理由再次提出申请的，法庭不再审查。

☞ **第 30 条 [庭审中的先行调查]** 庭审期间，法庭决定对证据收集的合法性进行调查的，应当先行当庭调查。但为防止庭审过分迟延，也可以在法庭调查结束前进行调查。

☞ **第 31 条 [证据收集合法性证明]** 公诉人对证据收集的合法性加以证明，可以出示讯问笔录、提讯登记、体检记录、采取强制措施或者侦查措施的法律文书、侦查终结前对讯问合法性的核查材料等证据材料，有针对性地播放讯问录音录像，提请法庭通知侦查人员或者其他人员出庭说明情况。

被告人及其辩护人可以出示相关线索或者材料，并申请法庭播放特定时段的讯问录音录像。

侦查人员或者其他人员出庭，应当向法庭说明证据收集过程，并就相关情况接受发问。对发问方式不当或者内容与证据收集的合法性无关的，法庭应当制止。

公诉人、被告人及其辩护人可以对证据收集的合法性进行质证、辩论。

第 32 条 [庭审中对证据的调查核实] 法庭对控辩双方提供的证据有疑问的，可以宣布休庭，对证据进行调查核实。必要时，可以通知公诉人、辩护人到场。

第 33 条 [合议庭调查结果的宣布] 法庭对证据收集的合法性进行调查后，应当当庭作出是否排除有关证据的决定。必要时，可以宣布休庭，由合议庭评议或者提交审判委员会讨论，再次开庭时宣布决定。

在法庭作出是否排除有关证据的决定前，不得对有关证据宣读、质证。

☞ **第 34 条 [排除非法证据的基本准则]** 经法庭审理，确认存在本规定所规定的以非法方法收集证据情形的，对有关证据应当予以排除。法庭根据相关线索或者材料对证据收集的合法性有疑问，而人民检察院未提供证据或者提供的证据不能证明证据收集的合法性，不能排除存在本规定所规定的以非法方法收集证据情形的，对有关证据应当予以排除。

对依法予以排除的证据，不得宣读、质证，不得作为判决的根据。

▶ 真题链接

2015/4/7（《严格排除非法证据规定》第30、31条）

2013/4/3（4）（《刑事诉讼法》第60条）

2006/4/4（《严格排除非法证据规定》第34条）

▶ 考点剖析

1. 法院审理阶段的排非规定比较详细，该知识点一定要明确排非是先审查再调查。

2. 法院有告知及法定情形下召开庭前会议的义务。

3. 申请排非的时间是开庭审理前，但在庭审期间发现相关线索或材料的除外，在庭审中提出，应当说明理由。

4. 庭前会议只能对排非申请核实情况，听取意见。

5. 检察院可以撤回有关证据，但没有新理由不得在庭审中出示。被告人、辩护人可以撤回申请，没有新线索或材料，不得再次提出申请。

6. 排非的先行调查是原则，法庭调查结束之前调查是例外。宣读起诉书后，进行排非调查。

7. 排非的后果需要掌握：

（1）存在排非情形的，应当予以排除；

（2）检察院提供的证据不能排除存在排非情形的，应当排除；

（3）依法排除的证据不得宣读、质证、作为判决的根据；

（4）法院对证据收集合法性的审查、调查结论，应当在裁判文书中写明，并说明理由。

8. 公诉人可以采用多种方式来证明证据收集的合法性。

▶ 命题展望

1. 非法证据排除的程序比较细碎，考查角度也很多。既可以通过案例来要求考生判断排非程序的合法性，也可以通过案例要求考生来确定各阶段排非的处理，还可以考查国家机关的义务等，要准确理解并记忆。

2. 排非的相关知识点在2020年度依然有考查潜力。

重点法条 13 ▶ 取保候审

☞**第68条**［取保候审的保证方式］ 人民法院、人民检察院和公安机关决定对犯罪嫌疑人、被告人取保候审，应当责令犯罪嫌疑人、被告人提出保证人或者交纳保证金。

第71条［被取保候审人的义务及违反义务的后果］ 被取保候审的犯罪嫌疑人、被告人应当遵守以下规定：

（一）未经执行机关批准不得离开所居住的市、县；

（二）住址、工作单位和联系方式发生变动的，在 24 小时以内向执行机关报告；

（三）在传讯的时候及时到案；

（四）不得以任何形式干扰证人作证；

（五）不得毁灭、伪造证据或者串供。

人民法院、人民检察院和公安机关可以根据案件情况，责令被取保候审的犯罪嫌疑人、被告人遵守以下一项或者多项规定：

（一）不得进入特定的场所；

（二）不得与特定的人员会见或者通信；

（三）不得从事特定的活动；

（四）将护照等出入境证件、驾驶证件交执行机关保存。

被取保候审的犯罪嫌疑人、被告人违反前两款规定，已交纳保证金的，没收部分或者全部保证金，并且区别情形，责令犯罪嫌疑人、被告人具结悔过，重新交纳保证金、提出保证人，或者监视居住、予以逮捕。

对违反取保候审规定，需要予以逮捕的，可以对犯罪嫌疑人、被告人先行拘留。

▼ 真题链接

2002/4/3（《刑事诉讼法》第68条）

重点法条⑭ ▶ 监视居住

第 74 条［监视居住的条件与执行机关］　人民法院、人民检察院和公安机关对符合逮捕条件，有下列情形之一的犯罪嫌疑人、被告人，可以监视居住：

（一）患有严重疾病、生活不能自理的；

（二）怀孕或者正在哺乳自己婴儿的妇女；

（三）系生活不能自理的人的唯一扶养人；

（四）因为案件的特殊情况或者办理案件的需要，采取监视居住措施更为适宜的；

（五）羁押期限届满，案件尚未办结，需要采取监视居住措施的。

对符合取保候审条件，但犯罪嫌疑人、被告人不能提出保证人，也不交纳保证金的，可以监视居住。

监视居住由公安机关执行。

☞**第 75 条**［监视居住的执行与监督］监视居住应当在犯罪嫌疑人、被告人的住处执行；无固定住处的，可以在指定的居所执行。对于涉嫌危害国家安全犯罪、恐怖活动犯罪，在住处执行可能有碍侦查的，经上一级公安机关批准，也可以在指定的居所执行。但是，不得在羁押场所、专门的办案场所执行。

指定居所监视居住的，除无法通知的以外，应当在执行监视居住后 24 小时以内，通知被监视居住人的家属。

被监视居住的犯罪嫌疑人、被告人委托辩护人，适用本法第 34 条的规定。

人民检察院对指定居所监视居住的决定和执行是否合法实行监督。

第 76 条［指定监视居住的刑期折抵］指定居所监视居住的期限应当折抵刑期。被判处管制的，监视居住 1 日折抵刑期 1

日；被判处拘役、有期徒刑的，监视居住2日折抵刑期1日。

第79条［取保候审和监视居住的期限及其解除］ 人民法院、人民检察院和公安机关对犯罪嫌疑人、被告人取保候审最长不得超过12个月，监视居住最长不得超过6个月。

在取保候审、监视居住期间，不得中断对案件的侦查、起诉和审理。对于发现不应当追究刑事责任或者取保候审、监视居住期限届满的，应当及时解除取保候审、监视居住。解除取保候审、监视居住，应当及时通知被取保候审、监视居住人和有关单位。

重点法条⑮▶拘　留

第85条［拘留的程序］ 公安机关拘留人的时候，必须出示拘留证。

拘留后，应当立即将被拘留人送看守所羁押，至迟不得超过24小时。除无法通知或者涉嫌危害国家安全犯罪、恐怖活动犯罪通知可能有碍侦查的情形以外，应当在拘留后24小时以内，通知被拘留人的家属。有碍侦查的情形消失以后，应当立即通知被拘留人的家属。

第86条［拘留的期限］ 公安机关对被拘留的人，应当在拘留后的24小时以内进行讯问。在发现不应当拘留的时候，必须立即释放，发给释放证明。

重点法条⑯▶逮　捕

☞**第80条**［逮捕的权限］ 逮捕犯罪嫌

▶真题链接

2013/4/3（《刑事诉讼法》第75条）

▶考点剖析

1. 本法条中的特别重大贿赂犯罪之规定不再有效。

2. 没有固定住所或者危恐可能有碍侦查且经批准的，可以指定居所监视居住。

3. 被判处管制的，指定居所监视居住1日折抵刑期1日；被判处拘役、有期徒刑的，指定居所监视居住2日折抵刑期1日。

4. 指定居所监视居住，不得要求支付费用。

▶考点剖析

1. 拘留的适用对象非常广泛，不用刻意记忆，所以没有单列该法条及知识点。

2. 拘留必须出示拘留证，但符合先行拘留条件的，可以将嫌疑人带回公安机关后立即审查，办理法律手续。

3. 强制措施的拘留决定主体只能是公安机关或者检察院，执行主体只能是公安机关。

4. 24小时内讯问、24小时内送看（一般情况是立即送看），除无法通知或危恐可能有碍侦查外，应当在24小时内通知。

疑人、被告人，必须经过人民检察院批准

或者人民法院决定，由公安机关执行。

第 81 条 ［逮捕的条件］ 对有证据证明有犯罪事实，可能判处徒刑以上刑罚的犯罪嫌疑人、被告人，采取取保候审尚不足以防止发生下列社会危险性的，应当予以逮捕：

（一）可能实施新的犯罪的；

（二）有危害国家安全、公共安全或者社会秩序的现实危险的；

（三）可能毁灭、伪造证据，干扰证人作证或者串供的；

（四）可能对被害人、举报人、控告人实施打击报复的；

（五）企图自杀或者逃跑的。

批准或者决定逮捕，应当将犯罪嫌疑人、被告人涉嫌犯罪的性质、情节、认罪认罚等情况，作为是否可能发生社会危险性的考虑因素。

对有证据证明有犯罪事实，可能判处 10 年有期徒刑以上刑罚的，或者有证据证明有犯罪事实，可能判处徒刑以上刑罚，曾经故意犯罪或者身份不明的，应当予以逮捕。

被取保候审、监视居住的犯罪嫌疑人、被告人违反取保候审、监视居住规定，情节严重的，可以予以逮捕。

第 88 条 ［批捕的讯问、询问、听取意见］ 人民检察院审查批准逮捕，可以讯问犯罪嫌疑人；有下列情形之一的，应当讯问犯罪嫌疑人：

（一）对是否符合逮捕条件有疑问的；

（二）犯罪嫌疑人要求向检察人员当面陈述的；

（三）侦查活动可能有重大违法行为的。

人民检察院审查批准逮捕，可以询问证人等诉讼参与人，听取辩护律师的意见；辩护律师提出要求的，应当听取辩护律师的意见。

第 89 条 ［批捕权限］ 人民检察院审查批准逮捕犯罪嫌疑人由检察长决定。重大案件应当提交检察委员会讨论决定。

第 91 条 ［提请批捕、审查批捕的期限］ 公安机关对被拘留的人，认为需要逮捕的，应当在拘留后的 3 日以内，提请人民检察院审查批准。在特殊情况下，提请审查批准的时间可以延长 1 日至 4 日。

对于流窜作案、多次作案、结伙作案的重大嫌疑分子，提请审查批准的时间可以延长至 30 日。

人民检察院应当自接到公安机关提请批准逮捕书后的 7 日以内，作出批准逮捕或者不批准逮捕的决定。人民检察院不批准逮捕的，公安机关应当在接到通知后立即释放，并且将执行情况及时通知人民检察院。对于需要继续侦查，并且符合取保候审、监视居住条件的，依法取保候审或者监视居住。

第 92 条 ［不批捕的复议、复核］ 公安机关对人民检察院不批准逮捕的决定，认为有错误的时候，可以要求复议，但是必须将被拘留的人立即释放。如果意见不被接受，可以向上一级人民检察院提请复核。上级人民检察院应当立即复核，作出是否变更的决定，通知下级人民检察院和公安机关执行。

第 93 条 ［逮捕的执行］ 公安机关逮捕人的时候，必须出示逮捕证。

逮捕后，应当立即将被逮捕人送看守

所羁押。除无法通知的以外，应当在逮捕后 24 小时以内，通知被逮捕人的家属。

第 94 条 ［逮捕后的处理］ 人民法院、人民检察院对于各自决定逮捕的人，公安机关对于经人民检察院批准逮捕的人，都必须在逮捕后的 24 小时以内进行讯问。在发现不应当逮捕的时候，必须立即释放，发给释放证明。

▷ **关联法条**

《监察法》第 44 条 ［监察机关的留置权］ 对被调查人采取留置措施后，应当在 24 小时以内，通知被留置人员所在单位和家属，但有可能毁灭、伪造证据，干扰证人作证或者串供等有碍调查情形的除外。有碍调查的情形消失后，应当立即通知被留置人员所在单位和家属。

监察机关应当保障被留置人员的饮食、休息和安全，提供医疗服务。讯问被留置人员应当合理安排讯问时间和时长，讯问笔录由被讯问人阅看后签名。

被留置人员涉嫌犯罪移送司法机关后，被依法判处管制、拘役和有期徒刑的，留置

1 日折抵管制 2 日，折抵拘役、有期徒刑 1 日。

▷ **真题链接**

2002/4/3（《刑事诉讼法》第 80 条）

▷ **考点剖析**

1. 决定主体可以是检察院、法院；批准主体只能是检察院；执行主体只能是公安机关。

2. 必须出示逮捕证。

3. 逮捕后立即送看，除无法通知外，必须 24 小时内通知。

4. 逮捕后，24 小时内讯问，谁办案，谁讯问，谁通知。

5. 有疑问、要陈述、有违法、疑难复杂、未成年、盲聋哑、半疯傻、律师提要求的，批捕时应当讯问，可以询问，可以听辩护律师意见。

6. 批捕分已被拘留和未被拘留，已拘留批捕期限 7 天，未拘留批捕期限 15 天，不超过 20 天。

重点法条 17 ▶ **羁押必要性审查**

第 95 条 ［羁押必要性审查］ 犯罪嫌疑人、被告人被逮捕后，人民检察院仍应当对羁押的必要性进行审查。对不需要继续羁押的，应当建议予以释放或者变更强制措施。有关机关应当在 10 日以内将处理情况通知人民检察院。

第 96 条 ［不当强制措施的变更和撤销］ 人民法院、人民检察院和公安机关如果发现对犯罪嫌疑人、被告人采取强制措

施不当的，应当及时撤销或者变更。公安机关释放被逮捕的人或者变更逮捕措施的，应当通知原批准的人民检察院。

▷ **关联法条**

《人民检察院办理羁押必要性审查案件规定（试行）》

第 8 条第 1 款 ［羁押必要性审查的受理机关］ 羁押必要性审查的申请由办案机关

对应的同级人民检察院刑事执行检察部门统一受理。

第17条［检察院应当提出建议的情形］ 经羁押必要性审查，发现犯罪嫌疑人、被告人具有下列情形之一的，应当向办案机关提出释放或者变更强制措施的建议：

（一）案件证据发生重大变化，没有证据证明有犯罪事实或者犯罪行为系犯罪嫌疑人、被告人所为的；

（二）案件事实或者情节发生变化，犯罪嫌疑人、被告人可能被判处拘役、管制、独立适用附加刑、免予刑事处罚或者判决无罪的；

（三）继续羁押犯罪嫌疑人、被告人，羁押期限将超过依法可能判处的刑期的；

（四）案件事实基本查清，证据已经收集固定，符合取保候审或者监视居住条件的。

📝 考点剖析

1. 检察院应当主动进行羁押必要性审查。检察院可以对羁押必要性进行公开审查。

2. 犯罪嫌疑人、被告人及其法定代理人、近亲属、辩护人可以申请羁押必要性审查。检察院审查后认为应当立案的，由检察长或分管副检察长批准；不予立案的，由检察官决定。

3. 对没有犯罪，徒刑以下，可能超期羁押，符合取保、监居情况的，应当提出释放或变更强制措施的建议。

重点法条 ⑱ ▶ 附带民事诉讼

👉 **第101条**［附带民事诉讼的提起］ 被害人由于被告人的犯罪行为而遭受物质损失的，在刑事诉讼过程中，有权提起附带民事诉讼。被害人死亡或者丧失行为能力的，被害人的法定代理人、近亲属有权提起附带民事诉讼。

如果是国家财产、集体财产遭受损失的，人民检察院在提起公诉的时候，可以提起附带民事诉讼。

👉 **第103条**［附带民事诉讼的结案方式］ 人民法院审理附带民事诉讼案件，可以进行调解，或者根据物质损失情况作出判决、裁定。

第104条［附带民事诉讼的审理］ 附带民事诉讼应当同刑事案件一并审判，只有为了防止刑事案件审判的过分迟延，才可以在刑事案件审判后，由同一审判组织继续审理附带民事诉讼。

📝 关联法条

《刑诉解释》

第138条第2款［精神损失不予赔偿］因受到犯罪侵犯，提起附带民事诉讼或者单独提起民事诉讼要求赔偿精神损失的，人民法院不予受理。

第139条［不赔偿的财产损失］ 被告人非法占有、处置被害人财产的，应当依法予以追缴或者责令退赔。被害人提起附带民事诉讼的，人民法院不予受理。追缴、退赔的情况，可以作为量刑情节考虑。

第140条［职务侵害不予赔偿］ 国家机关工作人员在行使职权时，侵犯他人人身、财产权利构成犯罪，被害人或者其法定代理人、近亲属提起附带民事诉讼的，人民法院不予受理，但应当告知其可以依法申请国家赔偿。

第143条［附带民诉中的赔偿责任人］ 附带民事诉讼中依法负有赔偿责任的人包括：

（一）刑事被告人以及未被追究刑事责任的其他共同侵害人；

（二）刑事被告人的监护人；

（三）死刑罪犯的遗产继承人；

（四）共同犯罪案件中，案件审结前死亡的被告人的遗产继承人；

（五）对被害人的物质损失依法应当承担赔偿责任的其他单位和个人。

附带民事诉讼被告人的亲友自愿代为赔偿的，应当准许。

第144条［共同侵害人的起诉事宜］ 被害人或者其法定代理人、近亲属仅对部分共同侵害人提起附带民事诉讼的，人民法院应当告知其可以对其他共同侵害人，包括没有被追究刑事责任的共同侵害人，一并提起附带民事诉讼，但共同犯罪案件中同案犯在逃的除外。

被害人或者其法定代理人、近亲属放弃对其他共同侵害人的诉讼权利的，人民法院应当告知其相应法律后果，并在裁判文书中说明其放弃诉讼请求的情况。

第145条［附带民事诉讼的起诉条件］ 附带民事诉讼的起诉条件是：

（一）起诉人符合法定条件；

（二）有明确的被告人；

（三）有请求赔偿的具体要求和事实、理由；

（四）属于人民法院受理附带民事诉讼的范围。

第147条［提起附带民事诉讼的时间及要求］ 附带民事诉讼应当在刑事案件立案后及时提起。

提起附带民事诉讼应当提交附带民事起诉状。

第148条［侦查、审查起诉期间附带民事诉讼的调解］ 侦查、审查起诉期间，有权提起附带民事诉讼的人提出赔偿要求，经公安机关、人民检察院调解，当事人双方已经达成协议并全部履行，被害人或者其法定代理人、近亲属又提起附带民事诉讼的，人民法院不予受理，但有证据证明调解违反自愿、合法原则的除外。

第149条［法院对附带民事诉讼的处理］ 被害人或者其法定代理人、近亲属提起附带民事诉讼的，人民法院应当在7日内决定是否立案。符合刑事诉讼法第99条（现为第101条）以及本解释有关规定的，应当受理；不符合的，裁定不予受理。

第153条［法院审理期间附带民事诉讼的调解］ 人民法院审理附带民事诉讼案件，可以根据自愿、合法的原则进行调解。经调解达成协议的，应当制作调解书。调解书经双方当事人签收后，即具有法律效力。

调解达成协议并即时履行完毕的，可以不制作调解书，但应当制作笔录，经双方当事人、审判人员、书记员签名或者盖章后即发生法律效力。

第154条［调解当事人反悔的处理］ 调解未达成协议或者调解书签收前当事人反悔的，附带民事诉讼应当同刑事诉讼一并判决。

第155条第1、2款［附带民事诉讼的赔偿费用］ 对附带民事诉讼作出判决，应当根据犯罪行为造成的物质损失，结合案件具体情况，确定被告人应当赔偿的数额。

犯罪行为造成被害人人身损害的，应当赔偿医疗费、护理费、交通费等为治疗和康复支付的合理费用，以及因误工减少的收入。造成被害人残疾的，还应当赔偿残疾生活辅助具费等费用；造成被害人死亡的，还应当赔偿丧葬费等费用。

第160条 [不构成犯罪的附带民事诉讼处理] 人民法院认定公诉案件被告人的行为不构成犯罪，对已经提起的附带民事诉讼，经调解不能达成协议的，应当一并作出刑事附带民事判决。

人民法院准许人民检察院撤回起诉的公诉案件，对已经提起的附带民事诉讼，可以进行调解；不宜调解或者经调解不能达成协议的，应当裁定驳回起诉，并告知附带民事诉讼原告人可以另行提起民事诉讼。

第161条 [二审期间提出附带民事诉讼的处理] 第一审期间未提起附带民事诉讼，在第二审期间提起的，第二审人民法院可以依法进行调解；调解不成的，告知当事人可以在刑事判决、裁定生效后另行提起民事诉讼。

第164条 [另行提起民事诉讼的处理] 被害人或者其法定代理人、近亲属在刑事诉讼过程中未提起附带民事诉讼，另行提起民事诉讼的，人民法院可以进行调解，或者根据物质损失情况作出判决。

▼ **真题链接**

2008/4/3(《刑事诉讼法》第103条)

2003/4/2(《刑事诉讼法》第101条)

▼ **考点剖析**

1. 附带民事诉讼的赔偿范围以及不予

赔偿的范围要重点掌握。

2. 检察院撤诉、不构成犯罪、二审增加诉讼请求、二审中一审被告提出反诉的，都可以进行调解，调解不成再分别处理。检察院撤诉的，调解不成或不宜调解的，应当裁定驳回起诉，并告知原告可以另行提起民事诉讼；经过审理不构成犯罪的，调解不成，应当一并判决；二审新增诉讼请求或反诉，调解不成，告知当事人另行起诉。

3. 附带民事诉讼的调解

(1) 三个阶段均可调解；

(2) 侦查、审查起诉期间经过调解达成协议并全部履行的，被害人方再提起附带民事诉讼，法院不予受理，但违反自愿、合法原则的除外；

(3) 经调解达成协议，应制作调解书。

▼ **命题展望**

附带民事诉讼如果结合刑事诉讼一审、二审程序一并考查的话，无疑会增加考试难度。但在附带民事诉讼中，具有考试价值的内容主要包括三个方面：①附带民事诉讼赔偿范围、附带民事诉讼提起主体、所涉及的法律文书写作；②附带民事诉讼请求在刑事诉讼不同阶段中的处理，因其具有依附性，且刑诉主观题的考查一般具有完整性，尚未出现未进入二审就结束的刑诉案例（论述题除外），所以附民的很多特殊情形考查可能性不太大，掌握基本知识点就行；③结合上诉、抗诉等程序考查判决中刑事部分或者附民部分的生效时间，该知识点会在后期的程序中作讲述。

专题二　刑事诉讼法分论

重点法条⑲▶传唤、拘传、讯问、询问

第119条 ［传唤、拘传、讯问的地点、时间要求］　对不需要逮捕、拘留的犯罪嫌疑人，可以传唤到犯罪嫌疑人所在市、县内的指定地点或者到他的住处进行讯问，但是应当出示人民检察院或者公安机关的证明文件。对在现场发现的犯罪嫌疑人，经出示工作证件，可以口头传唤，但应当在讯问笔录中注明。

传唤、拘传持续的时间不得超过12小时；案情特别重大、复杂，需要采取拘留、逮捕措施的，传唤、拘传持续的时间不得超过24小时。

不得以连续传唤、拘传的形式变相拘禁犯罪嫌疑人。传唤、拘传犯罪嫌疑人，应当保证犯罪嫌疑人的饮食和必要的休息时间。

第120条 ［讯问的程序］　侦查人员在讯问犯罪嫌疑人的时候，应当首先讯问犯罪嫌疑人是否有犯罪行为，让他陈述有罪的情节或者无罪的辩解，然后向他提出问题。犯罪嫌疑人对侦查人员的提问，应当如实回答。但是对与本案无关的问题，有拒绝回答的权利。

侦查人员在讯问犯罪嫌疑人的时候，应当告知犯罪嫌疑人享有的诉讼权利，如实供述自己罪行可以从宽处理和认罪认罚的法律规定。

第121条 ［讯问聋哑人要求］　讯问聋、哑的犯罪嫌疑人，应当有通晓聋、哑手势的人参加，并且将这种情况记明笔录。

第123条 ［讯问时的录音录像］　侦查人员在讯问犯罪嫌疑人的时候，可以对讯问过程进行录音或者录像；对于可能判处无期徒刑、死刑的案件或者其他重大犯罪案件，应当对讯问过程进行录音或者录像。

录音或者录像应当全程进行，保持完整性。

第124条 ［询问证人的地点、方式和要求］　侦查人员询问证人，可以在现场进行，也可以到证人所在单位、住处或者证人提出的地点进行，在必要的时候，可以通知证人到人民检察院或者公安机关提供证言。在现场询问证人，应当出示工作证件，到证人所在单位、住处或者证人提出的地点询问证人，应当出示人民检察院或者公安机关的证明文件。询问证人应当个别进行。

▼ 考点剖析

1. 拘传、传唤的时间是12小时，最多不超过24小时。

2. 传唤、拘传的地点：被羁押的，在看守所；未被羁押的，在现场、住处、指定地点、检察院、公安机关。

3. 不得变相拘禁。

4. 公安机关侦查的案件，可能判处无期徒刑、死刑的，讯问过程应当录音、录像。

5. 讯问和询问聋哑人应当有通晓聋哑手势的人参加，未成年人应当通知其法定代理人或其他合适成年人在场，女性未成年人应当有女工作人员在场。

重点法条 20 ▶ 勘验、检查

第132条 [人身检查] 为了确定被害人、犯罪嫌疑人的某些特征、伤害情况或者生理状态，可以对人身进行检查，可以提取指纹信息，采集血液、尿液等生物样本。

犯罪嫌疑人如果拒绝检查，侦查人员认为必要的时候，可以强制检查。

检查妇女的身体，应当由女工作人员或者医师进行。

第134条 [复验、复查] 人民检察院审查案件的时候，对公安机关的勘验、检查，认为需要复验、复查时，可以要求公安机关复验、复查，并且可以派检察人员参加。

📝 考点剖析

1. 对被害人不能强制检查，对犯罪嫌疑人可以强制检查。

2. 对于死因不明的尸体，公安机关有权决定解剖，并通知死者家属。

3. 勘验现场时，对重大案件现场，应当录像。

4. 检察院认为需要复验、复查时，可以要求公安机关进行，也可以自己复验、复查。

重点法条 21 ▶ 搜查、查询、冻结、技术侦查、辨认

第138条 [搜查证] 进行搜查，必须向被搜查人出示搜查证。

在执行逮捕、拘留的时候，遇有紧急情况，不另用搜查证也可以进行搜查。

第139条 [搜查的程序和要求] 在搜查的时候，应当有被搜查人或者他的家属，邻居或者其他见证人在场。

搜查妇女的身体，应当由女工作人员进行。

第141条 [查封、扣押物证、书证的范围] 在侦查活动中发现的可用以证明犯罪嫌疑人有罪或者无罪的各种财物、文件，应当查封、扣押；与案件无关的财物、文件，不得查封、扣押。

对查封、扣押的财物、文件，要妥善保管或者封存，不得使用、调换或者损毁。

☞**第150条** [技术侦查措施的条件] 公安机关在立案后，对于危害国家安全犯罪、恐怖活动犯罪、黑社会性质的组织犯罪、重大毒品犯罪或者其他严重危害社会的犯罪案件，根据侦查犯罪的需要，经过严格的批准手续，可以采取技术侦查措施。

人民检察院在立案后，对于利用职权实施的严重侵犯公民人身权利的重大犯罪案件，根据侦查犯罪的需要，经过严格的批准手续，可以采取技术侦查措施，按照

规定交有关机关执行。（新法修改）

追捕被通缉或者批准、决定逮捕的在逃的犯罪嫌疑人、被告人，经过批准，可以采取追捕所必需的技术侦查措施。

第151条 ［技术侦查措施决定的期限规定］ 批准决定应当根据侦查犯罪的需要，确定采取技术侦查措施的种类和适用对象。批准决定自签发之日起3个月以内有效。对于不需要继续采取技术侦查措施的，应当及时解除；对于复杂、疑难案件，期限届满仍有必要继续采取技术侦查措施的，经过批准，有效期可以延长，每次不得超过3个月。

🔷 关联法条

《高检规则》

第223条 ［辨认主体］ 为了查明案情，必要时，检察人员可以让被害人、证人和犯罪嫌疑人对与犯罪有关的物品、文件、尸体或场所进行辨认；也可以让被害人、证人对犯罪嫌疑人进行辨认，或者让犯罪嫌疑人对其他犯罪嫌疑人进行辨认。

第224条 ［辨认活动的要求］ 辨认应当在检察人员的主持下进行，执行辨认的人员不得少于2人。在辨认前，应当向辨认人详细询问被辨认对象的具体特征，避免辨认人见到被辨认对象，并应当告知辨认人有意作虚假辨认应负的法律责任。

第225条 ［单独辨认原则］ 几名辨认人对同一被辨认对象进行辨认时，应当由每名辨认人单独进行。必要时，可以有见证人在场。

第226条 ［混杂辨认原则］ 辨认时，应当将辨认对象混杂在其他对象中。不得在辨认前向辨认人展示辨认对象及其影像资料，不得给辨认人任何暗示。

辨认犯罪嫌疑人时，被辨认的人数不得少于7人，照片不得少于10张。

辨认物品时，同类物品不得少于5件，照片不得少于5张。

对犯罪嫌疑人的辨认，辨认人不愿公开进行时，可以在不暴露辨认人的情况下进行，并应当为其保守秘密。

《公安机关办理刑事案件程序规定》

第249条 ［辨认对象］ 为了查明案情，在必要的时候，侦查人员可以让被害人、证人或者犯罪嫌疑人对与犯罪有关的物品、文件、尸体、场所或者犯罪嫌疑人进行辨认。

第250条 ［辨认活动的要求］ 辨认应当在侦查人员的主持下进行。主持辨认的侦查人员不得少于2人。

几名辨认人对同一辨认对象进行辨认时，应当由辨认人个别进行。

第251条第1款 ［混杂辨认原则］ 辨认时，应当将辨认对象混杂在特征相类似的其他对象中，不得给辨认人任何暗示。辨认犯罪嫌疑人时，被辨认的人数不得少于7人；对犯罪嫌疑人照片进行辨认的，不得少于10人的照片；辨认物品时，混杂的同类物品不得少于5件。

🔷 真题链接

2013/4/3（《刑事诉讼法》第150条）

🔷 考点剖析

1. 各项侦查措施对证件的要求：扣押不需要证件，搜查在特殊情形下不需要证件。

2. 掌握技术侦查的适用条件。

3. 掌握混杂辨认规则、单独辨认规则、见证人规则的具体要求。

重点法条 22 ▶ 侦查终结

第156条［一般侦查羁押期限］ 对犯罪嫌疑人逮捕后的侦查羁押期限不得超过2个月。案情复杂、期限届满不能终结的案件，可以经上一级人民检察院批准延长1个月。

第157条［特殊侦查羁押期限］ 因为特殊原因，在较长时间内不宜交付审判的特别重大复杂的案件，由最高人民检察院报请全国人民代表大会常务委员会批准延期审理。

第158条［重大复杂案件的侦查羁押期限］ 下列案件在本法第156条规定的期限届满不能侦查终结的，经省、自治区、直辖市人民检察院批准或者决定，可以延长2个月：

（一）交通十分不便的边远地区的重大复杂案件；

（二）重大的犯罪集团案件；

（三）流窜作案的重大复杂案件；

（四）犯罪涉及面广，取证困难的重大复杂案件。

第159条［重刑案件的侦查羁押期限］ 对犯罪嫌疑人可能判处10年有期徒刑以上刑罚，依照本法第158条规定延长期限届满，仍不能侦查终结的，经省、自治区、直辖市人民检察院批准或者决定，可以再延长2个月。

☞**第160条**［侦查羁押期限的重新计算］ 在侦查期间，发现犯罪嫌疑人另有重要罪行的，自发现之日起依照本法第156条的规定重新计算侦查羁押期限。

犯罪嫌疑人不讲真实姓名、住址，身份不明的，应当对其身份进行调查，侦查羁押期限自查清其身份之日起计算，但是不得停止对其犯罪行为的侦查取证。对于犯罪事实清楚，证据确实、充分，确实无法查明其身份的，也可以按其自报的姓名起诉、审判。

重点法条 23 ▶ 提起公诉

第170条［监察机关移送案件的审查］ 人民检察院对于监察机关移送起诉的案件，依照本法和监察法的有关规定进行审查。人民检察院经审查，认为需要补充核实的，应当退回监察机关补充调查，必要时可以自行补充侦查。（新法修改）

对于监察机关移送起诉的已采取留置措施的案件，人民检察院应当对犯罪嫌疑人先行拘留，留置措施自动解除。人民检察院应当在拘留后的10日以内作出是否逮捕、取保候审或者监视居住的决定。在特殊情况下，决定的时间可以延长1日至4日。人民检察院决定采取强制措施的期间不计入审查起诉期限。

☞**第172条**［审查起诉的期限］ 人民检察院对于监察机关、公安机关移送起诉的案件，应当在1个月以内作出决定，重大、复杂的案件，可以延长15日；犯罪嫌疑人认罪认罚，符合速裁程序适用条件的，应当在 10 日以内作出决定，对可能判处的有期徒刑超过 1 年的，可以延长至 15 日。（新法修改）

人民检察院审查起诉的案件，改变管辖的，从改变后的人民检察院收到案件之日起计算审查起诉期限。

第 173 条 ［审查起诉的程序］ 人民检察院审查案件，应当讯问犯罪嫌疑人，听取辩护人或者值班律师、被害人及其诉讼代理人的意见，并记录在案。辩护人或者值班律师、被害人及其诉讼代理人提出书面意见的，应当附卷。

犯罪嫌疑人认罪认罚的，人民检察院应当告知其享有的诉讼权利和认罪认罚的法律规定，听取犯罪嫌疑人、辩护人或者值班律师、被害人及其诉讼代理人对下列事项的意见，并记录在案：

（一）涉嫌的犯罪事实、罪名及适用的法律规定；

（二）从轻、减轻或者免除处罚等从宽处罚的建议；

（三）认罪认罚后案件审理适用的程序；

（四）其他需要听取意见的事项。

人民检察院依照前两款规定听取值班律师意见的，应当提前为值班律师了解案件有关情况提供必要的便利。（新法修改）

第 174 条 ［认罪认罚具结书］ 犯罪嫌疑人自愿认罪，同意量刑建议和程序适用的，应当在辩护人或者值班律师在场的情况下签署认罪认罚具结书。

犯罪嫌疑人认罪认罚，有下列情形之一的，不需要签署认罪认罚具结书：

（一）犯罪嫌疑人是盲、聋、哑人，

或者是尚未完全丧失辨认或者控制自己行为能力的精神病人的；

（二）未成年犯罪嫌疑人的法定代理人、辩护人对未成年人认罪认罚有异议的；

（三）其他不需要签署认罪认罚具结书的情形。（新法修改）

☞ **第 175 条** ［侦查监督和补充侦查］ 人民检察院审查案件，可以要求公安机关提供法庭审判所必需的证据材料；认为可能存在本法第 56 条规定的以非法方法收集证据情形的，可以要求其对证据收集的合法性作出说明。

人民检察院审查案件，对于需要补充侦查的，可以退回公安机关补充侦查，也可以自行侦查。

对于补充侦查的案件，应当在 1 个月以内补充侦查完毕。补充侦查以 2 次为限。补充侦查完毕移送人民检察院后，人民检察院重新计算审查起诉期限。

对于二次补充侦查的案件，人民检察院仍然认为证据不足，不符合起诉条件的，应当作出不起诉的决定。

📌 **关联法条**

《高检规则》

第 341 条 ［检察院调查取证权］ 人民检察院在审查起诉中发现有应当排除的非法证据，应当依法排除，同时可以要求监察机关或者公安机关另行指派调查人员或者侦查人员重新取证。必要时，人民检察院也可以自行调查取证。

第 342 条 ［补充侦查］ 人民检察院认为犯罪事实不清、证据不足或者存在遗漏罪行、遗漏同案犯罪嫌疑人等情形需要补充侦查的，应当制作补充侦查提纲，连同案卷材料一并退回公安机关补充侦查。人民检察院也可以自行侦查，必要时可以要求公安机关提供协助。

第348条［检察院自行侦查］　人民检察院在审查起诉中决定自行侦查的，应当在审查起诉期限内侦查完毕。

第349条［检察院对新事实的处理］人民检察院对已经退回监察机关二次补充调查或者退回公安机关二次补充侦查的案件，在审查起诉中又发现新的犯罪事实，应当将线索移送监察机关或者公安机关。对已经查清的犯罪事实，应当依法提起公诉。

▶ **真题链接**

2004/4/5(《刑事诉讼法》第175条)

▶ **考点剖析**

1. 移送审查起诉，应当讯问犯罪嫌疑人，听取辩护人、被害人及其诉讼代理人的意见。

2. 检察院认为事实不清、证据不足，遗漏罪行、同案犯等情形需要补充侦查的，可以退回公安机关补充侦查，也可以自行侦查。

3. 退回补充侦查最多2次，每次最多1个月。退回补充侦查2次后，依然觉得证据不足的，应当作出不起诉决定。

4. 退回补充侦查2次后发现新的犯罪事实的，应当移送侦查机关，对已经查清的，依法提起公诉。

5. 退回补充侦查的案件移送检察院后，重新计算审查起诉期限。自行侦查的，应当在审查起诉期限内侦查完毕。

▶ **命题展望**

本知识点容易和审查批准逮捕，补充、变更起诉相混淆，考得比较细致，容易从程序改错、程序分析的角度出题，需要精准记忆。

重点法条 24 ▶ 审判组织

第183条［合议庭组成］　基层人民法院、中级人民法院审判第一审案件，应当由审判员3人或者由审判员和人民陪审员共3人或者7人组成合议庭进行，但是基层人民法院适用简易程序、速裁程序的案件可以由审判员1人独任审判。

高级人民法院审判第一审案件，应当由审判员3人至7人或者由审判员和人民陪审员共3人或者7人组成合议庭进行。

最高人民法院审判第一审案件，应当由审判员3人至7人组成合议庭进行。

人民法院审判上诉和抗诉案件，由审判员3人或者5人组成合议庭进行。

合议庭的成员人数应当是单数。

第184条［合议庭评议原则］　合议庭进行评议的时候，如果意见分歧，应当按多数人的意见作出决定，但是少数人的意见应当写入笔录。评议笔录由合议庭的组成人员签名。

▶ **关联法条**

《人民陪审员法》

第14条［审判组织的组成］　人民陪审

员和法官组成合议庭审判案件，由法官担任审判长，可以组成三人合议庭，也可以由法官3人与人民陪审员4人组成七人合议庭。

第16条 [一审案件审判组织的组成] 人民法院审判下列第一审案件，由人民陪审员和法官组成七人合议庭进行：

（一）可能判处10年以上有期徒刑、无期徒刑、死刑，社会影响重大的刑事案件；

（二）根据民事诉讼法、行政诉讼法提起的公益诉讼案件；

（三）涉及征地拆迁、生态环境保护、食品药品安全，社会影响重大的案件；

（四）其他社会影响重大的案件。

第21条 [三人合议庭人民陪审员的职权] 人民陪审员参加三人合议庭审判案件，对事实认定、法律适用，独立发表意见，行使表决权。

第22条 [七人合议庭人民陪审员的职权] 人民陪审员参加七人合议庭审判案件，对事实认定，独立发表意见，并与法官共同表决；对法律适用，可以发表意见，但不参加表决。

第23条 [合议庭评议原则] 合议庭评议案件，实行少数服从多数的原则。人民陪审员同合议庭其他组成人员意见分歧的，应

当将其意见写入笔录。

合议庭组成人员意见有重大分歧的，人民陪审员或者法官可以要求合议庭将案件提请院长决定是否提交审判委员会讨论决定。

▶考点剖析

1.《人民陪审员法》是2018年新出台的法律，与刑诉中的审判组织密切相关。

2. 本知识点考得比较细致，要尤其注意新法与旧法的差异。

3. 有陪审员的合议庭，组成人数只有3人或7人，三人合议庭由1名法官、2名陪审员组成，七人合议庭由3名法官、4名陪审员组成。

4. 三人合议庭陪审员可以对事实和法律发表意见并表决；七人合议庭陪审员只能对事实发表意见并表决，不能对法律适用表决。

▶命题展望

合议庭的组成是考查程序是否违法的重要内容，命题者容易从细节处对本知识点进行考查，让学生判断程序是否违法，是否需要发回重审、启动再审等。

重点法条 ㉕ ▶ 开庭前准备

第186条 [对公诉案件的审查] 人民法院对提起公诉的案件进行审查后，对于起诉书中有明确的指控犯罪事实的，应当决定开庭审判。

第187条 [开庭前准备] 人民法院决定开庭审判后，应当确定合议庭的组成人员，将人民检察院的起诉书副本至迟在开

庭10日以前送达被告人及其辩护人。

在开庭以前，审判人员可以召集公诉人、当事人和辩护人、诉讼代理人，对回避、出庭证人名单、非法证据排除等与审判相关的问题，了解情况，听取意见。

人民法院确定开庭日期后，应当将开庭的时间、地点通知人民检察院，传唤当

事人，通知辩护人、诉讼代理人、证人、鉴定人和翻译人员，<u>传票和通知书至迟在开庭 3 日以前送达</u>。公开审判的案件，应当在开庭 3 日以前先期公布案由、被告人姓名、开庭时间和地点。

上述活动情形应当写入笔录，由审判人员和书记员签名。

◪ 关联法条

《刑诉解释》

第 183 条［庭前会议］ 案件具有下列情形之一的，审判人员可以召开庭前会议：

（一）当事人及其辩护人、诉讼代理人申请排除非法证据的；

（二）证据材料较多、案情重大复杂的；

（三）社会影响重大的；

（四）需要召开庭前会议的其他情形。

召开庭前会议，根据案件情况，<u>可以通知被告人参加</u>。

☞ 第 184 条［庭前会议的重要内容］ 召开庭前会议，审判人员可以就下列问题向控辩双方了解情况，听取意见：

（一）是否对案件管辖有异议；

（二）是否申请有关人员回避；

（三）是否申请调取在侦查、审查起诉期间公安机关、人民检察院收集但未随案移送的证明被告人无罪或者罪轻的证据材料；

（四）是否提供新的证据；

（五）是否对出庭证人、鉴定人、有专门知识的人的名单有异议；

（六）是否申请排除非法证据；

（七）是否申请不公开审理；

（八）与审判相关的其他问题。

审判人员可以询问控辩双方对证据材料有无异议，对<u>有异议的证据</u>，应当在庭审时重点调查；<u>无异议的</u>，<u>庭审时举证、质证可以简化</u>。

被害人或者其法定代理人、近亲属<u>提起附带民事诉讼的，可以调解</u>。

<u>庭前会议情况应当制作笔录</u>。

《高检规则》 第 396 条［<u>庭前会议中排非事宜的处理</u>］ 当事人、辩护人、诉讼代理人在庭前会议中提出证据系非法取得，人民法院认为可能存在以非法方法收集证据情形的，人民检察院应当对证据收集的合法性进行说明。需要调查核实的，在开庭审理前进行。

◪ 真题链接

2016/4/3（《刑诉解释》第184条）

◪ 考点剖析

1. 开庭前准备程序中，最重要的是庭前会议，其他通知等相关内容一般不会考查。

2. 注意可以召开庭前会议的情形以及庭前会议针对的问题。

3. 庭前会议可以通知被告人参加，可以对证据听取意见，对没有异议的证据，庭审质证时可以简化。

4. 庭前会议只能了解情况、听取意见，不能做实体处理。

重点法条 26 ▶ 开庭及法庭调查

第 190 条［宣布开庭］ 开庭的时候，审判长查明当事人是否到庭，宣布案由；

宣布合议庭的组成人员、书记员、公诉人、辩护人、诉讼代理人、鉴定人和翻译人员的名单；告知当事人有权对合议庭组成人员、书记员、公诉人、鉴定人和翻译人员申请回避；告知被告人享有辩护权利。

被告人认罪认罚的，审判长应当告知被告人享有的诉讼权利和认罪认罚的法律规定，审查认罪认罚的自愿性和认罪认罚具结书内容的真实性、合法性。（新法新增）

☞**第191条**［法庭调查］　公诉人在法庭上宣读起诉书后，被告人、被害人可以就起诉书指控的犯罪进行陈述，公诉人可以讯问被告人。

被害人、附带民事诉讼的原告人和辩护人、诉讼代理人，经审判长许可，可以向被告人发问。

审判人员可以讯问被告人。

第192条［证人、鉴定人出庭］　公诉人、当事人或者辩护人、诉讼代理人对证人证言有异议，且该证人证言对案件定罪量刑有重大影响，人民法院认为证人有必要出庭作证的，证人应当出庭作证。

人民警察就其执行职务时目击的犯罪情况作为证人出庭作证，适用前款规定。

公诉人、当事人或者辩护人、诉讼代理人对鉴定意见有异议，人民法院认为鉴定有必要出庭的，鉴定人应当出庭作证。经人民法院通知，鉴定人拒不出庭作证的，鉴定意见不得作为定案的根据。

第193条［强制证人出庭作证］　经人民法院通知，证人没有正当理由不出庭作证的，人民法院可以强制其到庭，但是被告人的配偶、父母、子女除外。

证人没有正当理由拒绝出庭或者出庭后拒绝作证的，予以训诫，情节严重的，经院长批准，处以10日以下的拘留。被处罚人对拘留决定不服的，可以向上一级人民法院申请复议。复议期间不停止执行。

📌**关联法条**

《刑诉解释》

第188条［被害人、诉讼代理人、辩护人缺席的处理］　被害人、诉讼代理人经传唤或者通知未到庭，不影响开庭审理的，人民法院可以开庭审理。

辩护人经通知未到庭，被告人同意的，人民法院可以开庭审理，但被告人属于应当提供法律援助情形的除外。

第195条［法庭调查的程序］　审判长宣布法庭调查开始后，应当先由公诉人宣读起诉书；有附带民事诉讼的，再由附带民事诉讼原告人或者其法定代理人、诉讼代理人宣读附带民事起诉状。

第196条［分别调查］　起诉书指控的被告人的犯罪事实为两起以上的，法庭调查一般应当分别进行。

第197条［分别陈述］　在审判长主持下，被告人、被害人可以就起诉书指控的犯罪事实分别陈述。

☞**第198条**［讯问被告人］　在审判长主持下，公诉人可以就起诉书指控的犯罪事实讯问被告人。

经审判长准许，被害人及其法定代理人、诉讼代理人可以就公诉人讯问的犯罪事实补充发问；附带民事诉讼原告人及其法定代理人、诉讼代理人可以就附带民事部分的事实向被告人发问；被告人的法定代理人、辩护人，附带民事诉讼被告人及其法定代理人、诉讼代理人可以在控诉一方就某一问题讯问完毕后向被告人发问。

☞ **第199条** [同案被告人分别讯问] 讯问同案审理的被告人，应当分别进行。必要时，可以传唤同案被告人等到庭对质。

第200条 [询问被害人、附带民事诉讼原告人] 经审判长准许，控辩双方可以向被害人、附带民事诉讼原告人发问。

第201条 [审判人员的讯问及询问权] 审判人员可以讯问被告人。必要时，可以向被害人、附带民事诉讼当事人发问。

▶ 真题链接

2007/4/3(《刑事诉讼法》第191条,《刑

诉解释》第198、199条)

▶ 考点剖析

1. 法庭调查顺序：公诉人宣读起诉书→有附带民诉的，宣读附带民诉起诉状→讯问、询问被告人→询问被害人→询问证人、鉴定人→出示物证、宣读鉴定意见和有关笔录。

2. 法庭调查的原则：先控方、后辩方；先活（人证）后死（物证）。

3. 除书记员外，都可以向被告人发问，但只有公诉人不需要审判长许可。

重 点 法 条 27 ▶ 核实证据

第194条 [调查核实证言、鉴定意见] 证人作证，审判人员应当告知他要如实地提供证言和有意作伪证或者隐匿罪证要负的法律责任。公诉人、当事人和辩护人、诉讼代理人经审判长许可，可以对证人、鉴定人发问。审判长认为发问的内容与案件无关的时候，应当制止。

审判人员可以询问证人、鉴定人。

第195条 [调查核实证据] 公诉人、辩护人应当向法庭出示物证，让当事人辨认，对未到庭的证人的证言笔录、鉴定人的鉴定意见、勘验笔录和其他作为证据的文书，应当当庭宣读。审判人员应当听取公诉人、当事人和辩护人、诉讼代理人的意见。

第196条 [休庭调查] 法庭审理过程中，合议庭对证据有疑问的，可以宣布休庭，对证据进行调查核实。

人民法院调查核实证据，可以进行勘验、检查、查封、扣押、鉴定和查询、冻结。

▶ 关联法条

《刑诉解释》

第221条 [证据偷袭的处理] 公诉人申请出示开庭前未移送人民法院的证据，辩护方提出异议的，审判长应当要求公诉人说明理由；理由成立并确有出示必要的，应当准许。

辩护方提出需要对新的证据作辩护准备的，法庭可以宣布休庭，并确定准备辩护的时间。

辩护方申请出示开庭前未提交的证据，参照适用前两款的规定。

第202条 [通知证人、鉴定人出庭] 公诉人可以提请审判长通知证人、鉴定人出庭作证，或者出示证据。被害人及其法定代理人、诉讼代理人，附带民事诉讼原告人及

其诉讼代理人也可以提出申请。

在控诉一方举证后，被告人及其法定代理人、辩护人可以提请审判长通知证人、鉴定人出庭作证，或者出示证据。

第203条〔控辩双方申请证人出庭作证及出示证据的处理〕 控辩双方申请证人出庭作证，出示证据，应当说明证据的名称、来源和拟证明的事实。法庭认为有必要的，应当准许；对方提出异议，认为有关证据与案件无关或者明显重复、不必要，法庭经审查异议成立的，可以不予准许。

第204条〔已移送证据的出示〕 已经移送人民法院的证据，控辩双方需要出示的，可以向法庭提出申请。法庭同意的，应当指令值庭法警出示、播放；需要宣读的，由值庭法警交由申请人宣读。

☞**第212条〔向证人、鉴定人发问顺序〕** 向证人、鉴定人发问，应当先由提请通知的一方进行；发问完毕后，经审判长准许，对方也可以发问。

第213条〔向证人、鉴定人发问规则〕 向证人发问应当遵循以下规则：

（一）发问的内容应当与本案事实有关；

（二）不得以诱导方式发问；

（三）不得威胁证人；

（四）不得损害证人的人格尊严。

前款规定适用于对被告人、被害人、附带民事诉讼当事人、鉴定人、有专门知识的人的讯问、发问。

第215条〔审判人员询问证人、鉴定人、有专门知识的人〕 审判人员认为必要时，可以询问证人、鉴定人、有专门知识的人。

☞**第216条〔证人、鉴定人、有专门知识的人出庭要求〕** 向证人、鉴定人、有专门知识的人发问应当分别进行。证人、鉴定人、有专门知识的人经控辩双方发问或者审判人员询问后，审判长应当告知其退庭。

证人、鉴定人、有专门知识的人不得旁听对本案的审理。

☑真题链接

2007/4/3（《刑事诉讼法》第194条，《刑诉解释》第212、216条）

☑考点剖析

1. 询问证人、鉴定人的顺序是谁提请通知，谁先问。

2. 询问证人、鉴定人规则：单独询问，不得旁听，发问内容应当与本案事实有关，不得以诱导方式发问，不得威胁证人。

3. 调查物证时，由举证方当庭出示证据，由对方进行辨认并发表意见。控辩双方可以相互质问、辩论。

重点法条28▶调取新证据，通知有专门知识的人出庭

☞**第197条〔调取新证据〕** 法庭审理过程中，当事人和辩护人、诉讼代理人有权申请通知新的证人到庭，调取新的物证，申请重新鉴定或者勘验。

公诉人、当事人和辩护人、诉讼代理人可以申请法庭通知有专门知识的人出庭，就鉴定人作出的鉴定意见提出意见。

法庭对于上述申请，应当作出是否同意的决定。

第2款规定的有专门知识的人出庭，

适用鉴定人的有关规定。

▶ 关联法条

《刑诉解释》第 217 条 [有专门知识的人出庭要求] 公诉人、当事人及其辩护人、诉讼代理人申请法庭通知有专门知识的人出庭，就鉴定意见提出意见的，应当说明理由。法庭认为有必要的，应当通知有专门知识的人出庭。

申请有专门知识的人出庭，不得超过2人。有多种类鉴定意见的，可以相应增加人数。

有专门知识的人出庭，适用鉴定人出庭的有关规定。

▶ 真题链接

2008(延)/4/3(《刑事诉讼法》第197条)

▶ 考点剖析

1. 公诉人、当事人及其辩护人、诉讼代理人有权申请法庭通知有专门知识的人出庭就鉴定意见提出意见。

2. 有专门知识的人不能旁听本案审理。

3. 法庭对证据有疑问的，可以告知补充或作出说明，必要时可宣布休庭，对证据进行调查核实。

4. 法庭可采用勘验、检查等方式核实证据，但无搜查权。

5. 对公诉人、当事人及其法定代理人、辩护人、诉讼代理人补充和法庭庭外调查核实取得的证据，应当经过当庭质证才能作为定案的根据，但经庭外征求意见，控辩双方没有异议的除外。

重点法条 ㉙ ▶ 补充侦查

《刑诉解释》

第 223 条 [审判期间公诉人发现的补充侦查] 审判期间，公诉人发现案件需要补充侦查，建议延期审理的，合议庭应当同意，但建议延期审理不得超过2次。

人民检察院将补充收集的证据移送人民法院的，人民法院应当通知辩护人、诉讼代理人查阅、摘抄、复制。

补充侦查期限届满后，经法庭通知，人民检察院未将案件移送人民法院，且未说明原因的，人民法院可以决定按人民检察院撤诉处理。

☞第 226 条 [审判期间证据材料的移送] 审判期间，合议庭发现被告人可能有自首、坦白、立功等法定量刑情节，而人民检察院移送的案卷中没有相关证据材料的，应当通知人民检察院移送。

审判期间，被告人提出新的立功线索的，人民法院可以建议人民检察院补充侦查。

▶ 考点剖析

1. 被告人提出新的立功线索，法院可建议检察院补充侦查。

2. 被告人揭发他人犯罪行为，或提供重要线索，检察院也可以建议补充侦查。

重点法条 30 ▶ 补充或变更起诉

《高检规则》

第423条 [检察院发现的变更和补充起诉] 人民法院宣告判决前，人民检察院发现被告人的真实身份或者犯罪事实与起诉书中叙述的身份或者指控犯罪事实不符的，或者事实、证据没有变化，但罪名、适用法律与起诉书不一致的，可以变更起诉。发现遗漏同案犯罪嫌疑人或者罪行的，应当要求公安机关补充移送起诉或者补充侦查；对于犯罪事实清楚，证据确实、充分的，可以直接追加、补充起诉。

第424条 [检察院发现的撤回起诉] 人民法院宣告判决前，人民检察院发现具有下列情形之一的，经检察长批准，可以撤回起诉：

（一）不存在犯罪事实的；

（二）犯罪事实并非被告人所为的；

（三）情节显著轻微、危害不大，不认为是犯罪的；

（四）证据不足或证据发生变化，不符合起诉条件的；

（五）被告人因未达到刑事责任年龄，不负刑事责任的；

（六）法律、司法解释发生变化导致不应当追究被告人刑事责任的；

（七）其他不应当追究被告人刑事责任的。

对于撤回起诉的案件，人民检察院应当在撤回起诉后30日以内作出不起诉决定。需要重新调查或者侦查的，应当在作出不起诉决定后将案卷材料退回监察机关或者公安机关，建议监察机关或者公安机关重新调查或者侦查，并书面说明理由。

对于撤回起诉的案件，没有新的事实或者新的证据，人民检察院不得再行起诉。

新的事实是指原起诉书中未指控的犯罪事实。该犯罪事实触犯的罪名既可以是原指控罪名的同一罪名，也可以是其他罪名。

新的证据是指撤回起诉后收集、调取的足以证明原指控犯罪事实的证据。

重点法条 31 ▶ 法庭辩论和最后陈述

第198条 [法庭辩论和最后陈述] 法庭审理过程中，对与定罪、量刑有关的事实、证据都应当进行调查、辩论。

经审判长许可，公诉人、当事人和辩护人、诉讼代理人可以对证据和案件情况发表意见并且可以互相辩论。

审判长在宣布辩论终结后，被告人有最后陈述的权利。

▶ 关联法条

《刑诉解释》

第228条 [法庭辩论的开始] 合议庭认为案件事实已经调查清楚的，应当由审判长宣布法庭调查结束，开始就定罪、量刑的事实、证据和适用法律等问题进行法庭辩论。

第229条［法庭辩论的顺序］ 法庭辩论应当在审判长的主持下，按照下列顺序进行：

（一）公诉人发言；

（二）被害人及其诉讼代理人发言；

（三）被告人自行辩护；

（四）辩护人辩护；

（五）控辩双方进行辩论。

第230条［检察院量刑建议要求］ 人民检察院可以提出量刑建议并说明理由，量刑建议一般应当具有一定的幅度。当事人及其辩护人、诉讼代理人可以对量刑提出意见并说明理由。

第231条［辩论的核心问题］ 对被告人认罪的案件，法庭辩论时，可以引导控辩双方主要围绕量刑和其他有争议的问题进行。

对被告人不认罪或者辩护人作无罪辩护的案件，法庭辩论时，可以引导控辩双方先辩论定罪问题，后辩论量刑问题。

第232条［附带民事诉讼的辩论］ 附带民事部分的辩论应当在刑事部分的辩论结束后进行，先由附带民事诉讼原告人及其诉讼代理人发言，后由附带民事诉讼被告人及其诉讼代理人答辩。

第233条［法庭辩论中听取意见的规定］ 法庭辩论过程中，审判长应当充分听取控辩双方的意见，对控辩双方与案件无关、重复或者指责对方的发言应当提醒、制止。

第234条［辩论中发现新事实的处理］ 法庭辩论过程中，合议庭发现与定罪、量刑有关的新的事实，有必要调查的，审判长可以宣布暂停辩论，恢复法庭调查，在对新的事实调查后，继续法庭辩论。

第235条［最后陈述权的保障］ 审判长宣布法庭辩论终结后，合议庭应当保证被告人充分行使最后陈述的权利。被告人在最后陈述中多次重复自己的意见的，审判长可以制止。陈述内容蔑视法庭、公诉人，损害他人及社会公共利益，或者与本案无关的，应当制止。

在公开审理的案件中，被告人最后陈述的内容涉及国家秘密、个人隐私或者商业秘密的，应当制止。

☞第236条［最后陈述中发现新事实、新证据、新理由的处理］ 被告人在最后陈述中提出新的事实、证据，合议庭认为可能影响正确裁判的，应当恢复法庭调查；被告人提出新的辩解理由，合议庭认为可能影响正确裁判的，应当恢复法庭辩论。

🔖 真题链接

2004/4/5（《刑诉解释》第236条）

🔖 考点剖析

1. 法庭辩论内容是与定罪、量刑有关的事实、证据、法律，原则是先控方后辩方。

2. 法庭辩论中，发现与定罪、量刑有关的新事实，可以恢复法庭调查；被告人在最后陈述中，提出新的辩解理由，合议庭认为可能影响正确裁判的，应当恢复法庭辩论。

3. 最后陈述中，被告人多次重复自己意见的，可以制止；蔑视法庭、公诉人，损害他人及社会公共利益，与本案无关，公开国家秘密、个人隐私或者商业秘密的，应当制止。

重点法条 32 ▶ 评议、判决

☞**第 200 条** [评议、判决] 在被告人最后陈述后，审判长宣布休庭，合议庭进行评议，根据已经查明的事实、证据和有关的法律规定，分别作出以下判决：

（一）案件事实清楚，证据确实、充分，依据法律认定被告人有罪的，应当作出有罪判决；

（二）依据法律认定被告人无罪的，应当作出无罪判决；

（三）证据不足，不能认定被告人有罪的，应当作出证据不足、指控的犯罪不能成立的无罪判决。

第 201 条 [认罪认罚判决的例外] 对于认罪认罚案件，人民法院依法作出判决时，一般应当采纳人民检察院指控的罪名和量刑建议，但有下列情形的除外：

（一）被告人的行为不构成犯罪或者不应当追究其刑事责任的；

（二）被告人违背意愿认罪认罚的；

（三）被告人否认指控的犯罪事实的；

（四）起诉指控的罪名与审理认定的罪名不一致的；

（五）其他可能影响公正审判的情形。

人民法院经审理认为量刑建议明显不当，或者被告人、辩护人对量刑建议提出异议的，人民检察院可以调整量刑建议。人民检察院不调整量刑建议或者调整量刑建议后仍然明显不当的，人民法院应当依法作出判决。（新法修改）

☞**第 202 条** [宣告判决] 宣告判决，一律公开进行。

当庭宣告判决的，应当在 5 日以内将判决书送达当事人和提起公诉的人民检察院；定期宣告判决的，应当在宣告后立即将判决书送达当事人和提起公诉的人民检察院。判决书应当同时送达辩护人、诉讼代理人。

▼ 真题链接

2017/4/3（1）（《刑事诉讼法》第202条）
2015/4/7（《刑事诉讼法》第200条）

▼ 考点剖析

判决的种类：①有罪判决；②无罪判决（查清确实无罪、证据不足的无罪）；③被告人不负刑事责任的判决（不满16周岁的人、精神病人，不予处罚的）。

重点法条 33 ▶ 审判中突发情况的处理

第 204 条 [延期审理] 在法庭审判过程中，遇有下列情形之一，影响审判进行的，可以延期审理：

（一）需要通知新的证人到庭，调取新的物证，重新鉴定或者勘验的；

（二）检察人员发现提起公诉的案件需要补充侦查，提出建议的；

（三）由于申请回避而不能进行审判的。

第 206 条 [中止审理] 在审判过程中，有下列情形之一，致使案件在较长时间内无法继续审理的，可以中止审理：

（一）被告人患有严重疾病，无法出庭的；

（二）被告人脱逃的；

（三）自诉人患有严重疾病，无法出庭，未委托诉讼代理人出庭的；

（四）由于不能抗拒的原因。

中止审理的原因消失后，应当恢复审理。中止审理的期间不计入审理期限。

第208条 ［公诉案件的审限］ 人民法院审理公诉案件，应当在受理后2个月以内宣判，至迟不得超过3个月。对于可能判处死刑的案件或者附带民事诉讼的案件，以及有本法第158条规定情形之一的，经上一级人民法院批准，可以延长3个月；因特殊情况还需要延长的，报请最高人民法院批准。

人民法院改变管辖的案件，从改变后的人民法院收到案件之日起计算审理期限。

人民检察院补充侦查的案件，补充侦查完毕移送人民法院后，人民法院重新计算审理期限。

▶ 关联法条

《高检规则》第420条 ［可以延期审理的情形］ 法庭审判过程中遇有下列情形之一的，公诉人可以建议法庭延期审理：

（一）发现事实不清、证据不足，或者遗漏罪行、遗漏同案犯罪嫌疑人，需要补充侦查或者补充提供证据的；

（二）被告人揭发他人犯罪行为或者提供重要线索，需要补充侦查进行查证的；

（三）发现遗漏罪行或者遗漏同案犯罪嫌疑人，虽不需要补充侦查和补充提供证据，但需要补充、追加或者变更起诉的；

（四）申请人民法院通知证人、鉴定人出庭作证或者有专门知识的人出庭提出意见的；

（五）需要调取新的证据，重新鉴定或者勘验的；

（六）公诉人出示、宣读开庭前移送人民法院的证据以外的证据，或者补充、变更起诉，需要给予被告人、辩护人必要时间进行辩护准备的；

（七）被告人、辩护人向法庭出示公诉人不掌握的与定罪量刑有关的证据，需要调查核实的；

（八）公诉人对证据收集的合法性进行证明，需要调查核实的。

在人民法院开庭审理前发现具有上述情形之一的，人民检察院可以建议人民法院延期审理。

▶ 考点剖析

1. 延期审理用决定，中止审理用裁定。

2. 新证据和回避计入审限，补充侦查、变更或追加起诉要重新计算期间。能够准确判断延期审理的情形即可。

▶ 命题展望

1. 一审程序主要是法院从受理案件到评议、审判结束的整个过程，刑事诉讼一审程序的每一个知识点都是重点，其考查非常细致，需要考生从细节入手，搭建刑事诉讼程序体系。

2. 一审的考查主要有程序改错、程序处理正误判断、直接问如何处理等方式。

重点法条 34 ▶ 自诉案件

☞ **第 210 条** ［自诉案件的范围］　自诉案件包括下列案件：

（一）告诉才处理的案件；

（二）被害人有证据证明的轻微刑事案件；

（三）被害人有证据证明对被告人侵犯自己人身、财产权利的行为应当依法追究刑事责任，而公安机关或者人民检察院不予追究被告人刑事责任的案件。

第 211 条 ［自诉案件审查后的处理］人民法院对于自诉案件进行审查后，按照下列情形分别处理：

（一）犯罪事实清楚，有足够证据的案件，应当开庭审判；

（二）缺乏罪证的自诉案件，如果自诉人提不出补充证据，应当说服自诉人撤回自诉，或者裁定驳回。

自诉人经两次依法传唤，无正当理由拒不到庭的，或者未经法庭许可中途退庭的，按撤诉处理。

法庭审理过程中，审判人员对证据有疑问，需要调查核实的，适用本法第 196 条的规定。

第 212 条 ［自诉案件的结案方式］　人民法院对自诉案件，可以进行调解；自诉人在宣告判决前，可以同被告人自行和解或者撤回自诉。本法第 210 条第 3 项规定的案件不适用调解。

人民法院审理自诉案件的期限，被告人被羁押的，适用本法第 208 条第 1 款、第 2 款的规定；未被羁押的，应当在受理后 6 个月以内宣判。

◤ 关联法条

☞《刑诉解释》第 261 条 ［提起自诉的要求］　提起自诉应当提交刑事自诉状；同时提起附带民事诉讼的，应当提交刑事附带民事自诉状。

◤ 真题链接

2004/4/7（《刑事诉讼法》第 210 条，《刑诉解释》第 261、262 条）

◤ 考点剖析

1. 注意自诉案件的范围。

2. 注意自诉案件的调解、和解、反诉在一审、二审中的处理方式。

◤ 命题展望

自诉案件的相关知识在以前的主观题考查中有涉及，但近几年对自诉案件的考查力度不及以前。

重点法条 35 ▶ 简易程序

第 214 条 ［简易程序的适用范围］　基层人民法院管辖的案件，符合下列条件的，可以适用简易程序审判：

（一）案件事实清楚、证据充分的；

（二）被告人承认自己所犯罪行，对指控的犯罪事实没有异议的；

（三）被告人对适用简易程序没有异议的。

人民检察院在提起公诉的时候，可以建议人民法院适用简易程序。

第215条［不适用简易程序的情形］有下列情形之一的，不适用简易程序：

（一）被告人是盲、聋、哑人，或者是尚未完全丧失辨认或者控制自己行为能力的精神病人的；

（二）有重大社会影响的；

（三）共同犯罪案件中部分被告人不认罪或者对适用简易程序有异议的；

（四）其他不宜适用简易程序审理的。

第216条［简易程序的支持公诉］适用简易程序审理案件，对可能判处3年有期徒刑以下刑罚的，可以组成合议庭进行审判，也可以由审判员一人独任审判；对可能判处的有期徒刑超过3年的，应当组成合议庭进行审判。

适用简易程序审理公诉案件，人民检察院应当派员出席法庭。

第217条［简易程序的前置程序］适用简易程序审理案件，审判人员应当询问被告人对指控的犯罪事实的意见，告知被告人适用简易程序审理的法律规定，确认被告人是否同意适用简易程序审理。

第218条［简易程序的法庭辩论］适用简易程序审理案件，经审判人员许可，被告人及其辩护人可以同公诉人、自诉人及其诉讼代理人互相辩论。

第219条［简易程序的审限］适用简易程序审理案件，不受本章第一节关于送达期限、讯问被告人、询问证人、鉴定人、出示证据、法庭辩论程序规定的限制。但在判决宣告前应当听取被告人的最后陈述意见。

第220条［简易程序的审限］适用简易程序审理案件，人民法院应当在受理后20日以内审结；对可能判处的有期徒刑超过3年的，可以延长至一个半月。

第221条［简易程序转为普通程序］人民法院在审理过程中，发现不宜适用简易程序的，应当按照本章第一节或者第二节的规定重新审理。

▶ 考点剖析

1. 简易程序只适用于基层、一审案件，要求被告人对适用简易程序没有异议。

2. 检察院可以建议适用简易程序，但需法院、被告人同意。

3. 3年以下刑罚的，由合议庭或者独任庭审理；有期徒刑超过3年的，由合议庭审理。

4. 适用简易程序的，检察院应当派员出庭，但审理程序简化。

5. 被告人可能不构成犯罪，被告人可能不负刑事责任，被告人当庭对起诉指控的犯罪事实予以否认，案件事实不清、证据不足等情形下，简易程序应当转为普通程序。

重点法条 36 ▶ 速裁程序

第222条［速裁程序的适用］基层人民法院管辖的可能判处3年有期徒刑以下

刑罚的案件，案件事实清楚、证据确实、充分，被告人认罪认罚并同意适用速裁程序的，可以适用速裁程序，由审判员一人独任审判。

人民检察院在提起公诉的时候，可以建议人民法院适用速裁程序。

第223条［不适用速裁程序的情形］有下列情形之一的，不适用速裁程序：

（一）被告人是盲、聋、哑人，或者是尚未完全丧失辨认或者控制自己行为能力的精神病人的；

（二）被告人是未成年人的；

（三）案件有重大社会影响的；

（四）共同犯罪案件中部分被告人对指控的犯罪事实、罪名、量刑建议或者适用速裁程序有异议的；

（五）被告人与被害人或者其法定代理人没有就附带民事诉讼赔偿等事项达成调解或者和解协议的；

（六）其他不宜适用速裁程序审理的。

第224条［速裁程序的特别规定］　适用速裁程序审理案件，不受本章第一节规定的送达期限的限制，一般不进行法庭调查、法庭辩论，但在判决宣告前应当听取辩护人的意见和被告人的最后陈述意见。

适用速裁程序审理案件，应当当庭宣判。

第225条［速裁程序的审理期限］　适用速裁程序审理案件，人民法院应当在受理后10日以内审结；对可能判处的有期徒刑超过1年的，可以延长至15日。

第226条［速裁程序的转化］　人民法院在审理过程中，发现有被告人的行为不构成犯罪或者不应当追究其刑事责任、被告人违背意愿认罪认罚、被告人否认指控的犯罪事实或者其他不宜适用速裁程序审理的情形的，应当按照本章第一节或者第三节的规定重新审理。

考点剖析

1. 早在2014年8月22日，最高人民法院、最高人民检察院、公安部、司法部联合印发《关于在部分地区开展刑事案件速裁程序试点工作的办法》的通知，在全国14个省、直辖市的部分地区选择试点单位，展开刑事案件速裁程序试点工作。刑事速裁程序主要是为了推动案件繁简分流，优化司法资源配置，提高办理刑事案件的质量与效率。

2. "用时短、流程快"是速裁程序的最大亮点，主要体现在以下方面：

（1）组织庭审快

速裁程序审理案件不受法定送达时限的限制且由审判员1人独任审理从而能够更灵活地组织开庭。

（2）庭审节奏快

速裁程序一般不进行法庭调查和法庭辩论，仅需要在判决宣告前听取辩护人的意见和被告人的最后陈述意见，而且应当当庭宣判。

（3）案件审结快

适用速裁程序审理案件，人民法院应当在受理后10日以内审结；对可能判处的有期徒刑超过1年的，可以延长至15日。

3. 速裁程序源于对"诉辩交易"的借鉴。不仅流程快，对被告人的保护也很到位，尤其是从宽处理的政策，能够更有效地化解刑事诉讼中的紧张、敌对关系。

4. 速裁程序与简易程序的区别主要有：

（1）速裁程序的适用，必须案件事实清楚、证据确实充分；而简易程序对证据没有确实的要求，也没有认罪认罚的要求和可能判处 3 年有期徒刑以下的要求，这样的规定将速裁程序限制在轻微的、被告人社会危险性较小的、案件事实清楚的案件上，更有利于提高效率及社会安定。

（2）被告人是未成年人的案件不适用速裁程序，但适用简易程序。附带民事赔偿未达成调解或和解的，不适用速裁程序但适用简易程序。

（3）速裁程序由审判员独任审理，简易程序有独任制也有合议庭。

（4）速裁程序一般没有法庭调查、法庭辩论，简易程序有，只是简化了。但两类程序都应当听取被告人的最后陈述，速裁程序还应当听取辩护人的意见。

（5）速裁程序应当当庭宣判，简易程序可以例外。

（6）速裁程序 10 日内审结，可能判处超过 1 年的，可以延长至 15 日；简易程序 20 日内审结，可能判处超过 3 年的，可以延长至一个半月。

5. 速裁程序虽然经历了试点，但在诸多细节方面依然有待不断完善。故该部分不作为主观题复习的重点，稍作了解即可。如果要对速裁程序有更多的了解，可以参考《最高人民法院、最高人民检察院、公安部、司法部关于在部分地区开展刑事案件速裁程序试点工作的办法》。由于不是主观题重要考查内容，所以不在本书中列明。

▶ 命题展望

刑事诉讼的一审程序是主观题考查的重点，无论是一审普通程序还是简易程序，无论是公诉还是自诉，都可以用论述题、案例分析题、程序改错题、文书题等方式进行考查。

重点法条 37 ▶ 上诉、抗诉主体及期限

第 227 条 ［上诉主体］ 被告人、自诉人和他们的法定代理人，不服地方各级人民法院第一审的判决、裁定，有权用书状或者口头向上一级人民法院上诉。被告人的辩护人和近亲属，经被告人同意，可以提出上诉。

附带民事诉讼的当事人和他们的法定代理人，可以对地方各级人民法院第一审的判决、裁定中的附带民事诉讼部分，提出上诉。

对被告人的上诉权，不得以任何借口加以剥夺。

☞ **第 228 条** ［抗诉主体］ 地方各级人民检察院认为本级人民法院第一审的判决、裁定确有错误的时候，应当向上一级人民法院提出抗诉。

☞ **第 229 条** ［公诉案件被害人的请求抗诉权］ 被害人及其法定代理人不服地方各级人民法院第一审的判决的，自收到判决书后 5 日以内，有权请求人民检察院提出抗诉。人民检察院自收到被害人及其法定代理人的请求后 5 日以内，应当作出是否

抗诉的决定并且答复请求人。

第230条［上诉、抗诉的期限］ 不服判决的上诉和抗诉的期限为10日，不服裁定的上诉和抗诉的期限为5日，从接到判决书、裁定书的第2日起算。

关联法条

《刑诉解释》

第299条［上诉权主体］ 地方各级人民法院在宣告第一审判决、裁定时，应当告知被告人、自诉人及其法定代理人不服判决、裁定的，有权在法定期限内以书面或者口头形式，通过本院或者直接向上一级人民法院提出上诉；被告人的辩护人、近亲属经被告人同意，也可以提出上诉；附带民事诉讼当事人及其法定代理人，可以对判决、裁定中的附带民事部分提出上诉。

被告人、自诉人、附带民事诉讼当事人及其法定代理人是否提出上诉，以其在上诉期满前最后一次的意思表示为准。

第300条第1款［法院受理案件的要求］ 人民法院受理的上诉案件，一般应当有上诉状正本及副本。

真题链接

2017/4/3(《刑事诉讼法》第228条)

2004/4/5(8)(《刑事诉讼法》第229条)

考点剖析

1. 独立上诉主体：被告人、自诉人及其法定代理人、附带民事诉讼当事人及其法定代理人。

2. 非独立上诉主体：被告人的辩护人和近亲属。被害人及其法定代理人只能对判决申请抗诉。

重点法条 38 ▶ 上诉、抗诉程序

☞**第231条**［上诉程序］ 被告人、自诉人、附带民事诉讼的原告人和被告人通过原审人民法院提出上诉的，原审人民法院应当在3日以内将上诉状连同案卷、证据移送上一级人民法院，同时将上诉状副本送交同级人民检察院和对方当事人。

被告人、自诉人、附带民事诉讼的原告人和被告人直接向第二审人民法院提出上诉的，第二审人民法院应当在3日以内将上诉状交原审人民法院送交同级人民检察院和对方当事人。

☞**第232条**［抗诉程序］ 地方各级人民检察院对同级人民法院第一审判决、裁定的抗诉，应当通过原审人民法院提出抗诉书，并且将抗诉书抄送上一级人民检察院。原审人民法院应当将抗诉书连同案卷、证据移送上一级人民法院，并且将抗诉书副本送交当事人。

上级人民检察院如果认为抗诉不当，可以向同级人民法院撤回抗诉，并且通知下级人民检察院。

关联法条

《刑诉解释》

第301条第2款［上诉、抗诉期限］ 对附带民事判决、裁定的上诉、抗诉期限，应当按照刑事部分的上诉、抗诉期限确定。附带民事部分另行审判的，上诉期限也应

按照刑事诉讼法规定的期限确定。

第 307 条 ［检察院撤回抗诉的处理］人民检察院在抗诉期限内撤回抗诉的，第一审人民法院<u>不再向上一级人民法院移送案件</u>；在<u>抗诉期满后第二审人民法院宣告裁判前撤回抗诉</u>的，第二审人民法院<u>可以裁定准许</u>，并<u>通知第一审人民法院和当事人</u>。

☞第 308 条 ［撤回上诉后一审判决、裁定的生效时间］ <u>在上诉、抗诉期满前撤回上诉、抗诉的，第一审判决、裁定在上诉、抗诉期满之日起生效</u>。在上诉、抗诉期满后要求撤回上诉、抗诉，第二审人民法院裁定准许的，第一审判决、裁定应当自第二审裁定书送达上诉人或者抗诉机关之日起生效。

▷ 真题链接

2004/4/5（6）（《刑事诉讼法》第231条）

重点法条 ㊴ ▶ 全面审查

☞**第 233 条** ［全面审查］ 第二审人民法院应当就第一审判决认定的事实和适用法律进行<u>全面审查，不受上诉或者抗诉范围</u>的限制。

共同犯罪的案件只有部分被告人上诉的，应当对<u>全案进行审查</u>，一并处理。

▷ 关联法条

《刑诉解释》

第 311 条 ［全面审查原则］ 共同犯罪案件，只有部分被告人提出上诉，或者自诉人只对部分被告人的判决提出上诉，或者人民检察院只对部分被告人的判决提出抗诉的，第二审人民法院应当对<u>全案进行审查</u>，一并处理。

2004/4/5（7）（《刑诉解释》第308条）
2002/4/3（1）（《刑事诉讼法》第232条）

▷ 考点剖析

1. 检察院在抗诉期内撤回抗诉，一审法院不再向上一级法院移送案件；在抗诉期满宣告裁判前撤回，二审法院应当审查。

2. 被判处死刑立即执行的被告人申请撤回上诉的，法院不予准许。

3. 期满前撤诉，第一审判决、裁定在上诉、抗诉期满之日起生效；期满后撤诉，准许的，第一审判决、裁定自第二审裁定书送达之日起生效。

4. 上诉可以通过原审法院或二审法院提起，抗诉应当通过原审法院提起。

第 312 条 ［共同犯罪案件中上诉被告人死亡情形的处理］ 共同犯罪案件，上诉的被告人死亡，其他被告人未上诉的，第二审人民法院仍应对全案进行审查。经审查，<u>死亡的被告人不构成犯罪的，应当宣告无罪</u>；<u>构成犯罪的，应当终止审理</u>。对其他同案被告人仍应作出判决、裁定。

第 313 条 ［刑事附带民事诉讼的全面审查原则］ 刑事附带民事诉讼案件，只有附带民事诉讼当事人及其法定代理人上诉的，第二审人民法院应当对<u>全案进行审查</u>。经审查，第一审判决的<u>刑事部分并无不当</u>的，第二审人民法院只需就附带民事部分作<u>出处理</u>；第一审判决的附带民事部分事实清<u>楚，适用法律正确的，应当以刑事附带民事</u>

裁定维持原判，驳回上诉。

第314条［刑事附带民事诉讼判决的生效时间］　刑事附带民事诉讼案件，只有附带民事诉讼当事人及其法定代理人上诉的，第一审刑事部分的判决在上诉期满后即发生法律效力。

应当送监执行的第一审刑事被告人是第二审附带民事诉讼被告人的，在第二审附带民事诉讼案件审结前，可以暂缓送监执行。

☑ 真题链接

2009/4/3（2）；2007/4/3（《刑事诉讼法》第233条）

重点法条40 ▶ 二审审理方式

☞ **第234条**［二审审理方式］　第二审人民法院对于下列案件，应当组成合议庭，开庭审理：

（一）被告人、自诉人及其法定代理人对第一审认定的事实、证据提出异议，可能影响定罪量刑的上诉案件；

（二）被告人被判处死刑的上诉案件；

（三）人民检察院抗诉的案件；

（四）其他应当开庭审理的案件。

第二审人民法院决定不开庭审理的，应当讯问被告人，听取其他当事人、辩护人、诉讼代理人的意见。

第二审人民法院开庭审理上诉、抗诉案件，可以到案件发生地或者原审人民法院所在地进行。

☑ 关联法条

《刑诉解释》第317条［二审审理方式］下列案件，根据刑事诉讼法第223条（现

☑ 考点剖析

全面审查的原则是指既要审查上诉或抗诉部分，也要审查没有上诉或者抗诉部分；既要审查事实认定部分，也要审查法律适用部分；既要审查实体问题，也要审查程序问题。共同犯罪案件只有部分被告人上诉或者自诉人只对部分被告人上诉，也应当全案审查。共同犯罪案件中，其他人没上诉，上诉人死亡的，也应当对全案进行审查。

为第234条）第1款的规定，应当开庭审理：

（一）被告人、自诉人及其法定代理人对第一审认定的事实、证据提出异议，可能影响定罪量刑的上诉案件；

（二）被告人被判处死刑立即执行的上诉案件；

（三）人民检察院抗诉的案件；

（四）应当开庭审理的其他案件。

被判处死刑立即执行的被告人没有上诉，同案的其他被告人上诉的案件，第二审人民法院应当开庭审理。

被告人被判处死刑缓期执行的上诉案件，虽不属于第1款第1项规定的情形，有条件的，也应当开庭审理。

☑ 真题链接

2016/4/3；2002/4/3（2）（《刑事诉讼法》第234条）

📙 **命题展望**

1. 二审程序是刑事诉讼考试中的重点内容，和一审程序一样，习惯从细节出题。

2. 命题者可能会给一个涉及二审程序的案例，然后要求考生分析案例中的程序错误；或者叙述一个案件，要求考生站在审判者的角度作出处理；也可能叙述一个案件，然后要求考生从不同的角度分析程序价值等。程序部分，要注意细节。

重点法条 ④① ▶ 二审对一审判决的处理

☞ **第236条** [二审对一审判决的处理] 第二审人民法院对不服第一审判决的上诉、抗诉案件，经过审理后，应当按照下列情形分别处理：

（一）原判决认定事实和适用法律正确、量刑适当的，应当裁定驳回上诉或者抗诉，维持原判；

（二）原判决认定事实没有错误，但适用法律有错误，或者量刑不当的，应当改判；

（三）原判决事实不清楚或者证据不足的，可以在查清事实后改判；也可以裁定撤销原判，发回原审人民法院重新审判。

原审人民法院对于依照前款第3项规定发回重新审判的案件作出判决后，被告人提出上诉或者人民检察院提出抗诉的，第二审人民法院应当依法作出判决或者裁定，不得再发回原审人民法院重新审判。

☞ **第238条** [应当发回重审的事由] 第二审人民法院发现第一审人民法院的审理有下列违反法律规定的诉讼程序的情形之一的，应当裁定撤销原判，发回原审人民法院重新审判：

（一）违反本法有关公开审判的规定的；

（二）违反回避制度的；

（三）剥夺或者限制了当事人的法定诉讼权利，可能影响公正审判的；

（四）审判组织的组成不合法的；

（五）其他违反法律规定的诉讼程序，可能影响公正审判的。

第239条 [重审的程序] 原审人民法院对于发回重新审判的案件，应当另行组成合议庭，依照第一审程序进行审判。对于重新审判后的判决，依照本法第227条、第228条、第229条的规定可以上诉、抗诉。

第241条 [重审审限] 第二审人民法院发回原审人民法院重新审判的案件，原审人民法院从收到发回的案件之日起，重新计算审理期限。

第243条 [二审期限] 第二审人民法院受理上诉、抗诉案件，应当在2个月以内审结。对于可能判处死刑的案件或者附带民事诉讼的案件，以及有本法第158条规定情形之一的，经省、自治区、直辖市高级人民法院批准或者决定，可以延长2个月；因特殊情况还需要延长的，报请最高人民法院批准。

最高人民法院受理上诉、抗诉案件的审理期限，由最高人民法院决定。

第244条 [二审效力] 第二审的判决、裁定和最高人民法院的判决、裁定，都是终审的判决、裁定。

🔽 关联法条

《刑诉解释》

第 318 条 [二审可以不开庭审理情形] 对上诉、抗诉案件，第二审人民法院经审查，认为原判事实不清、证据不足，或者具有刑事诉讼法第 227 条（现为第 238 条）规定的违反法定诉讼程序情形，需要发回重新审判的，可以不开庭审理。

第 328 条 [发回重审的禁止] 原判事实不清、证据不足，第二审人民法院发回重新审判的案件，原审人民法院重新作出判决后，被告人上诉或者人民检察院抗诉的，第二审人民法院应当依法作出判决、裁定，不得再发回重新审判。

第 329 条 [应当发回重审的事由] 第二审人民法院发现原审人民法院在重新审判过程中，有刑事诉讼法第 227 条（现为第 238 条）规定的情形之一，或者违反第 228 条规定的，应当裁定撤销原判，发回重新审判。

🔽 真题链接

2016/4/3（《刑事诉讼法》第 236 条，《刑诉解释》第 328 条）

2008（延）/4/3（《刑事诉讼法》第 238 条）

2008/4/3；2002/4/3（《刑事诉讼法》第 236 条）

🔽 考点剖析

1. 应当改判：事实清楚，证据充分，适用法律或量刑不当的。

2. 可以改判：事实不清，证据不足，在查清事实之后可以改判。

3. 发回重审：违反公开审判、回避制度、剥夺或限制当事人法定诉讼权利，可能影响公正审判的，审判组织组成不合法等其他程序性事宜。

4. 因事实不清、证据不足发回重审的，只能发回 1 次。

重点法条 42 ▶ 附带民事诉讼的二审

《刑诉解释》

☞ 第 330 条 [刑事部分上诉，附民生效的处理] 第二审人民法院审理对刑事部分提出上诉、抗诉，附带民事部分已经发生法律效力的案件，发现第一审判决、裁定中的附带民事部分确有错误的，应当依照审判监督程序对附带民事部分予以纠正。

☞ 第 331 条 [附民上诉，刑事生效的处理] 第二审人民法院审理对附带民事部分提出上诉，刑事部分已经发生法律效力的案件，发现第一审判决、裁定中的刑事部分确有错误的，应当依照审判监督程序对刑事部分进行再审，并将附带民事部分与刑事部分一并审理。

☞ 第 332 条 [附民增加诉讼请求或被告反诉的处理] 第二审期间，第一审附带民事诉讼原告人增加独立的诉讼请求或者第一审附带民事诉讼被告人提出反诉的，第二审人民法院可以根据自愿、合法的原则进行调解；调解不成的，告知当事人另行起诉。

🔽 真题链接

2014/4/3（《刑诉解释》第 332 条）

2009/4/3；2008/4/3（《刑诉解释》第330、331条）

📑 **考点剖析**

1. 刑事民事都上诉，刑事未生效，民事未生效，按二审程序一并审理。

2. 仅刑事上诉、抗诉，刑事未生效，民事生效，民事错了按审判监督程序审理，刑事按二审程序审理。

3. 仅民事上诉，刑事生效，民事未生效，刑事错了按审判监督程序再审，并将民事部分一并审理。

4. 二审反诉：告知另行起诉。

5. 二审调解、和解

自诉必要时可调解，调解结案的，制作调解书，第一审判决裁定自动撤销；自诉可自行和解，自行和解的，应当裁定准许撤回自诉，并撤销第一审判决、裁定。

重 点 法 条 43 ▶ 死刑复核程序

☞ **第247条**［死刑复核程序］　中级人民法院判处死刑的第一审案件，被告人不上诉的，应当由高级人民法院复核后，报请最高人民法院核准。高级人民法院不同意判处死刑的，可以提审或者发回重新审判。

高级人民法院判处死刑的第一审案件被告人不上诉的，和判处死刑的第二审案件，都应当报最高人民法院核准。

第250条［死刑复核后的处理］　最高人民法院复核死刑案件，应当作出核准或者不核准死刑的裁定。对于不核准死刑的，最高人民法院可以发回重新审判或者予以改判。

第251条［死刑复核的讯问、听取意见与通报制度］　最高人民法院复核死刑案件，应当讯问被告人，辩护律师提出要求的，应当听取辩护律师的意见。

在复核死刑案件过程中，最高人民检察院可以向最高人民法院提出意见。最高人民法院应当将死刑复核结果通报最高人民检察院。

📑 **关联法条**

《刑诉解释》第344条［死刑复核案件的处理］　报请最高人民法院核准死刑案件，应当按照下列情形分别处理：

（一）中级人民法院判处死刑的第一审案件，被告人未上诉、人民检察院未抗诉的，在上诉、抗诉期满后10日内报请高级人民法院复核。高级人民法院同意判处死刑的，应当在作出裁定后10日内报请最高人民法院核准；不同意的，应当依照第二审程序提审或者发回重新审判；

（二）中级人民法院判处死刑的第一审案件，被告人上诉或者人民检察院抗诉，高级人民法院裁定维持的，应当在作出裁定后10日内报请最高人民法院核准；

（三）高级人民法院判处死刑的第一审案件，被告人未上诉、人民检察院未抗诉的，应当在上诉、抗诉期满后10日内报请最高人民法院核准。

高级人民法院复核死刑案件，应当讯问被告人。

▶ 真题链接

2009/4/3(《刑事诉讼法》第247条)

▶ 考点剖析

1. 死刑复核案件有以下重点：①律师的参与；②复核程序；③复核后的处理。

2. 死刑复核期间，辩护律师提出要求的，应当听取辩护律师的意见；提出书面意见的，应当附卷；要求当面反映意见的，应当及时安排；当面听取律师意见，应当

制作笔录，具备条件的，应当指派工作人员全程录音、录像。

3. 原判事实不清，证据不足的，对死刑立即执行是裁定不予核准，并撤销原判发回重审；对死缓是可以发回也可以改判。复核期间出现新的影响定罪量刑的事实、证据的，对死刑立即执行是发回，对死缓是既可以发回也可以改判。原判认定事实正确，但量刑过重的，对死刑立即执行是发回，对死缓是应当改判。

重点法条 44 ▶ 审判监督程序

第252条 ［申诉的提出］ 当事人及其法定代理人、近亲属，对已经发生法律效力的判决、裁定，可以向人民法院或者人民检察院提出申诉，但是<u>不能停止判决、裁定的执行</u>。

☞ **第253条** ［因申诉而重新审判的事由］当事人及其法定代理人、近亲属的申诉符合下列情形之一的，人民法院应当重新审判：

（一）有<u>新</u>的证据证明原判决、裁定认定的事实确有错误，可能影响定罪量刑的；

（二）据以定罪量刑的证据不确实、不充分、依法应当予以排除，或者证明案件事实的主要证据之间存在矛盾的；

（三）原判决、裁定<u>适用法律确有错误</u>的；

（四）<u>违反法律规定的诉讼程序</u>，可能影响公正审判的；

（五）审判人员在审理该案件的时候，有<u>贪污受贿</u>，<u>徇私舞弊</u>，<u>枉法裁判行为</u>的。

▶ 关联法条

《刑诉解释》

第371条 ［提起申诉的主体］ 当事人及其法定代理人、近亲属对已经发生法律效力的判决、裁定提出申诉的，人民法院应当审查处理。案外人认为已经发生法律效力的判决、裁定侵害其合法权益，提出申诉的，人民法院应当审查处理。

申诉可以委托律师代为进行。

第373条 ［申诉的处理］ 申诉由<u>终审人民法院审查处理</u>。但是，第二审人民法院裁定准许撤回上诉的案件，申诉人对第一审判决提出申诉的，<u>可以由第一审人民法院审查处理</u>。

上一级人民法院对未经终审人民法院审查处理的申诉，可以告知申诉人向终审人民法院提出申诉，或者直接交终审人民法院审查处理，并告知申诉人；案件疑难、复杂、重大的，也可以直接审查处理。

对未经终审人民法院及其上一级人民法院审查处理，直接向上级人民法院申诉的，

上级人民法院可以告知申诉人向下级人民法院提出。

第375条第2、3款［重新审判的情形］经审查，具有下列情形之一的，应当根据刑事诉讼法第242条（现为第253条）的规定，决定重新审判：

（一）有新的证据证明原判决、裁定认定的事实确有错误，可能影响定罪量刑的；

（二）据以定罪量刑的证据不确实、不充分、依法应当排除的；

（三）证明案件事实的主要证据之间存在矛盾的；

（四）主要事实依据被依法变更或者撤销的；

（五）认定罪名错误的；

（六）量刑明显不当的；

（七）违反法律关于溯及力规定的；

（八）违反法律规定的诉讼程序，可能影响公正裁判的；

（九）审判人员在审理该案件时有贪污受贿、徇私舞弊、枉法裁判行为的。

申诉不具有上述情形的，应当说服申诉人撤回申诉；对仍然坚持申诉的，应当书面通知驳回。

第377条［驳回申诉的救济及处理］申诉人对驳回申诉不服的，可以向上一级人民法院申诉。上一级人民法院经审查认为申诉不符合刑事诉讼法第242条（现为第253条）和本解释第375条第2款规定的，应当说服申诉人撤回申诉；对仍然坚持申诉的，应当驳回或者通知不予重新审判。

◤ 考点剖析

1. 当事人及其法定代理人、近亲属、案外人可以提出申诉。

2. 刑罚执行2年内的申诉，符合条件的，法院都应当受理。

3. 申诉由终审人民法院审查处理。

4. 两级申诉原则。

重点法条 ④ ▶ 提起审判监督程序的主体

☞**第254条**［提起审判监督程序的主体及理由］ 各级人民法院院长对本院已经发生法律效力的判决和裁定，如果发现在认定事实上或者在适用法律上确有错误，必须提交审判委员会处理。

最高人民法院对各级人民法院已经发生法律效力的判决和裁定，上级人民法院对下级人民法院已经发生法律效力的判决和裁定，如果发现确有错误，有权提审或者指令下级人民法院再审。

最高人民检察院对各级人民法院已经发生法律效力的判决和裁定，上级人民检察院对下级人民法院已经发生法律效力的判决和裁定，如果发现确有错误，有权按照审判监督程序向同级人民法院提出抗诉。

人民检察院抗诉的案件，接受抗诉的人民法院应当组成合议庭重新审理，对于原判决事实不清楚或者证据不足的，可以指令下级人民法院再审。

◤ 关联法条

《刑诉解释》**第380条**［检察院提起抗诉的处理］ 对人民检察院依照审判监督程序提出抗诉的案件，人民法院应当在收到抗诉书后 1 个月内立案。但是，有下列情形之一的，应当区别情况予以处理：

（一）对不属于本院管辖的，应当将案件退回人民检察院；

（二）按照抗诉书提供的住址无法向被抗诉的原审被告人送达抗诉书的，应当通知人民检察院在 3 日内重新提供原审被告人的住址；逾期未提供的，将案件退回人民检察院；

（三）以有新的证据为由提出抗诉，但未附相关证据材料或者有关证据不是指向原起诉事实的，应当通知人民检察院在 3 日内补送相关材料；逾期未补送的，将案件退回人民检察院。

决定退回的抗诉案件，人民检察院经补充相关材料后再次抗诉，经审查符合受理条件的，人民法院应当受理。

▶ 考点剖析

1. 最高院对各级法院，上级法院对下级法院，本院院长，最高检对各级法院，上级检察院对下级法院，都可以提起审判监督程序。

2. 死缓复核案件，最终复核的法院为作出生效判决的法院，抗诉应当向复核法院提出。

重点法条 46 ▶ 再审程序

☞ 第 255 条 ［指令再审的人民法院］　上级人民法院指令下级人民法院再审的，应当指令原审人民法院以外的下级人民法院审理；由原审人民法院审理更为适宜的，也可以指令原审人民法院审理。

☞ 第 256 条 ［重新审判的程序］　人民法院按照审判监督程序重新审判的案件，由原审人民法院审理的，应当另行组成合议庭进行。如果原来是第一审案件，应当依照第一审程序进行审判，所作的判决、裁定，可以上诉、抗诉；如果原来是第二审案件，或者是上级人民法院提审的案件，应当依照第二审程序进行审判，所作的判决、裁定，是终审的判决、裁定。

人民法院开庭审理的再审案件，同级人民检察院应当派员出席法庭。

▶ 关联法条

《刑诉解释》

第 379 条 ［指令再审与决定提审］　上级人民法院发现下级人民法院已经发生法律效力的判决、裁定确有错误的，可以指令下级人民法院再审；原判决、裁定认定事实正确但适用法律错误，或者案件疑难、复杂、重大，或者有不宜由原审人民法院审理情形的，也可以提审。

上级人民法院指令下级人民法院再审的，一般应当指令原审人民法院以外的下级人民法院审理；由原审人民法院审理更有利于查明案件事实、纠正裁判错误的，可以指令原审人民法院审理。

第 381 条 ［检察院提起抗诉案件的处理］　对人民检察院依照审判监督程序提出抗诉的案件，接受抗诉的人民法院应当组成合议庭审理。对原判事实不清、证据不足，包括有新的证据证明原判可能有错误，需要指令下级人民法院再审的，应当在立案之日起 1 个月内作出决定，并将指令再审决定书送达抗诉的人民检察院。

第382条［再审不停止执行原则］ 对决定依照审判监督程序重新审判的案件，除人民检察院抗诉的以外，人民法院应当制作再审决定书。再审期间不停止原判决、裁定的执行，但被告人可能经再审改判无罪，或者可能经再审减轻原判刑罚而致刑期届满的，可以决定中止原判决、裁定的执行，必要时，可以对被告人采取取保候审、监视居住措施。

☞第383条［重点审查原则］ 依照审判监督程序重新审判的案件，人民法院应当重点针对申诉、抗诉和决定再审的理由进行审理。必要时，应当对原判决、裁定认定的事实、证据和适用法律进行全面审查。

☞第386条［再审不加刑原则］ 除人民检察院抗诉的以外，再审一般不得加重原审被告人的刑罚。再审决定书或者抗诉书只针对部分原审被告人的，不得加重其他同案原审被告人的刑罚。

第387条［检察院抗诉的处理］ 人民法院审理人民检察院抗诉的再审案件，人民检察院在开庭审理前撤回抗诉的，应当裁定准许；人民检察院接到出庭通知后不派员出庭，且未说明原因的，可以裁定按撤回抗诉处理，并通知诉讼参与人。

人民法院审理申诉人申诉的再审案件，申诉人在再审期间撤回申诉的，应当裁定准许；申诉人经依法通知无正当理由拒不到庭，或者未经法庭许可中途退庭的，应当裁定按撤回申诉处理，但申诉人不是原审当事人的除外。

☑ 考点剖析

1. 指令再审的，应指令原审法院以外的法院，原审法院审理更适宜的，也可以指令原审法院。原审法院审理，应另行组成合议庭。

2. 原一审，按一审；原二审或提审，按二审。

3. 开庭审，检察院应派员出庭。

4. 除检察院抗诉外，法院应制作再审决定书。

5. 重点审查和全面审查原则；再审不加刑原则；检察院开庭前撤诉，申诉人再审期间撤诉，应当准许。

重点法条47 ▶ 再审的处理

《刑诉解释》

☞第389条［再审案件的处理］ 再审案件经过重新审理后，应当按照下列情形分别处理：

（一）原判决、裁定认定事实和适用法律正确、量刑适当的，应当裁定驳回申诉或者抗诉，维持原判决、裁定；

（二）原判决、裁定定罪准确、量刑适当，但在认定事实、适用法律等方面有瑕疵的，应当裁定纠正并维持原判决、裁定；

（三）原判决、裁定认定事实没有错误，但适用法律错误，或者量刑不当的，应当撤销原判决、裁定，依法改判；

（四）依照第二审程序审理的案件，原判决、裁定事实不清或者证据不足的，可以在查清事实后改判，也可以裁定撤销原判，发回原审人民法院重新审判。

原判决、裁定事实不清或者证据不足，

经审理事实已经查清的，应当根据查清的事实依法裁判；事实仍无法查清，证据不足，不能认定被告人有罪的，应当撤销原判决、裁定，判决宣告被告人无罪。

第390条 ［信息更正］ 原判决、裁定认定被告人姓名等身份信息有误，但认定事实和适用法律正确、量刑适当的，作出生效判决、裁定的人民法院可以通过裁定对有关信息予以更正。

🔖 **真题链接**

2017/4/3（《刑诉解释》第389条）

重点法条 48 ▶ 执　行

第261条 ［死刑令签发及死缓执行］ 最高人民法院判处和核准的死刑立即执行的判决，应当由最高人民法院院长签发执行死刑的命令。

被判处死刑缓期二年执行的罪犯，在死刑缓期执行期间，如果没有故意犯罪，死刑缓期执行期满，应当予以减刑的，由执行机关提出书面意见，报请高级人民法院裁定；如果故意犯罪，情节恶劣，查证属实，应当执行死刑的，由高级人民法院报请最高人民法院核准；对于故意犯罪未执行死刑的，死刑缓期执行的期间重新计算，并报最高人民法院备案。

第262条 ［死刑执行及执行］ 下级人民法院接到最高人民法院执行死刑的命令后，应当在7日以内交付执行。但是发现有下列情形之一的，应当停止执行，并且立即报告最高人民法院，由最高人民法院作出裁定：

（一）在执行前发现判决可能有错误的；

（二）在执行前罪犯揭发重大犯罪事实或者有其他重大立功表现，可能需要改判的；

（三）罪犯正在怀孕。

前款第1项、第2项停止执行的原因消失后，必须报请最高人民法院院长再签发执行死刑的命令才能执行；由于前款第3项原因停止执行的，应当报请最高人民法院依法改判。

第265条 ［暂予监外执行的法定情形和决定程序］ 对被判处有期徒刑或者拘役的罪犯，有下列情形之一的，可以暂予监外执行：

（一）有严重疾病需要保外就医的；

（二）怀孕或者正在哺乳自己婴儿的妇女；

（三）生活不能自理，适用暂予监外执行不致危害社会的。

对被判处无期徒刑的罪犯，有前款第2项规定情形的，可以暂予监外执行。

对适用保外就医可能有社会危险性的罪犯，或者自伤自残的罪犯，不得保外就医。

对罪犯确有严重疾病，必须保外就医的，由省级人民政府指定的医院诊断并开具证明文件。

在交付执行前，暂予监外执行由交付执行的人民法院决定；在交付执行后，暂予监外执行由监狱或者看守所提出书面意见，报省级以上监狱管理机关或者设区的市一级以上公安机关批准。

◪ 关联法条

《刑诉解释》

第 457 条 [缓刑或考验期内新罪的处理] 罪犯在缓刑、假释考验期限内犯新罪或者被发现在判决宣告前还有其他罪没有判决，应当撤销缓刑、假释的，由审判新罪的人民法院撤销原判决、裁定宣告的缓刑、假释，并书面通知原审人民法院和执行机关。

第 458 条 [撤销缓刑、假释的情形] 罪犯在缓刑、假释考验期限内，有下列情形之一的，原作出缓刑、假释判决、裁定的人民法院应当在收到执行机关的撤销缓刑、假释建议书后 1 个月内，作出撤销缓刑、假释的裁定：

（一）违反禁止令，情节严重的；

（二）无正当理由不按规定时间报到或者接受社区矫正期间脱离监管，超过 1 个月的；

（三）因违反监督管理规定受到治安管理处罚，仍不改正的；

（四）受到执行机关 3 次警告仍不改正的；

（五）违反有关法律、行政法规和监督管理规定，情节严重的其他情形。

人民法院撤销缓刑、假释的裁定，一经作出，立即生效。

人民法院应当将撤销缓刑、假释裁定书送交罪犯居住地的县级司法行政机关，由其根据有关规定将罪犯交付执行。撤销缓刑、假释裁定书应当同时抄送罪犯居住地的同级人民检察院和公安机关。

◪ 命题展望

执行部分不是主观题考查的重点，其不具有单独考查的潜力。但该部分是刑事诉讼程序的一个重要部分，命题人可以通过案例分析题用一个独立的小问进行考查。

重点法条 49 ▶ 缺席审判

第 291 条 [缺席审判的适用] 对于贪污贿赂犯罪案件，以及需要及时进行审判，经最高人民检察院核准的严重危害国家安全犯罪、恐怖活动犯罪案件，犯罪嫌疑人、被告人在境外，监察机关、公安机关移送起诉，人民检察院认为犯罪事实已经查清，证据确实、充分，依法应当追究刑事责任的，可以向人民法院提起公诉。人民法院进行审查后，对于起诉书中有明确的指控犯罪事实，符合缺席审判程序适用条件的，应当决定开庭审判。

前款案件，由犯罪地、被告人离境前居住地或者最高人民法院指定的中级人民法院组成合议庭进行审理。

第 292 条 [缺席判决的开庭审理] 人民法院应当通过有关国际条约规定的或者外交途径提出的司法协助方式，或者被告人所在地法律允许的其他方式，将传票和人民检察院的起诉书副本送达被告人。传票和起诉书副本送达后，被告人未按要求到案的，人民法院应当开庭审理，依法作出判决，并对违法所得及其他涉案财产作出处理。

第 293 条 [缺席审判的辩护人] 人民法院缺席审判案件，被告人有权委托辩护人，被告人的近亲属可以代为委托辩护人。

被告人及其近亲属没有委托辩护人的，人民法院应当通知法律援助机构指派律师为其提供辩护。

第294条 [判决书的送达、上诉、抗诉]　人民法院应当将判决书送达被告人及其近亲属、辩护人。被告人或者其近亲属不服判决的，有权向上一级人民法院上诉。辩护人经被告人或者其近亲属同意，可以提出上诉。

人民检察院认为人民法院的判决确有错误的，应当向上一级人民法院提出抗诉。

第295条 [重新审理]　在审理过程中，被告人自动投案或者被抓获的，人民法院应当重新审理。

罪犯在判决、裁定发生法律效力后到案的，人民法院应当将罪犯交付执行刑罚。交付执行刑罚前，人民法院应当告知罪犯有权对判决、裁定提出异议。罪犯对判决、裁定提出异议的，人民法院应当重新审理。

依照生效判决、裁定对罪犯的财产进行的处理确有错误的，应当予以返还、赔偿。

第296条 [无法出庭的缺席审判]　因被告人患有严重疾病无法出庭，中止审理超过6个月，被告人仍无法出庭，被告人及其法定代理人、近亲属申请或者同意恢复审理的，人民法院可以在被告人不出庭的情况下缺席审理，依法作出判决。

第297条 [被告人死亡的缺席审判]　被告人死亡的，人民法院应当裁定终止审理，但有证据证明被告人无罪，人民法院经缺席审理确认无罪的，应当依法作出判决。

人民法院按照审判监督程序重新审判的案件，被告人死亡的，人民法院可以缺席审理，依法作出判决。（新法新增）

考点剖析

1. 缺席审判是2018年《刑事诉讼法》新增的内容。是我国目前的犯罪嫌疑人、被告人逃匿、死亡案件违法所得没收程序不足以解决外逃犯的情况下设置的一项新制度，主要是为了进一步惩治腐败等严重犯罪。

2. 缺席审判主要适用于：①在境外的被告人；②患有严重疾病的被告人；③死亡的被告人。

3. 缺席审判的救济主要有两种：

（1）近亲属、被告人不服判决，可以上诉；辩护人经被告人或其近亲属同意后提出上诉以及检察院抗诉。

（2）案件的重新审理。主要包括审理中被告人到案的情形以及裁判生效后罪犯到案并提出异议的重新审理。

4. 要注意缺席审判的细节性知识点。比如缺席审判的审级制度。

命题展望

刑事诉讼法中的特别程序在客观题中每年都有出现，但在主观题中考查可能性不太大，因为缺席审理是新增内容故予以单列，其他的特别程序可考价值不高，故不在此书中列明，以为广大考生减轻不必要的学习压力。

民事诉讼法与仲裁制度

专题一　民事诉讼法*

重点法条①▶民事诉讼中的辩论原则与处分原则

☞**第12条** ［辩论原则］　人民法院审理民事案件时，当事人有权进行辩论。

第13条第2款 ［处分原则］　当事人有权在法律规定的范围内处分自己的民事权利和诉讼权利。

↘ 真题链接

2012/4/5（3）（《民事诉讼法》第12条）

↘ 考点剖析

1. 辩论原则的体现：当事人主张和辩论的事实与证据是法院据以裁判的依据。

未经当事人主张的事实，法院不得作为裁判的依据。对于双方当事人均没有争议的事实，法院应当予以认定。法院对证据的调查，原则上仅限于当事人提出的证据，除了法律明文规定的情形之外，不允许法院依职权主动调查证据。

若法院以双方当事人没有主张的事实作为裁判依据，则该行为即违反辩论原则。

2. 处分原则的体现：当事人有权在法律规定的范围内处分自己的民事实体权利和诉讼权利。

若法院超出当事人的诉讼请求而作出裁判，则该行为即违反处分原则。

↘ 命题展望

由于辩论原则与处分原则之间存在微妙的区别，所以在考试中通常会结合法院在审判过程中的具体行为进行判断，考查法院在审判过程中的行为是否违反民事诉讼的相关基本原则。

＊ 本专题的重点法条（第×条），未特别指明是哪部法律法规的，均默认为2017年6月27日修正的《中华人民共和国民事诉讼法》。

重点法条 ② ▶ 一般地域管辖与特殊地域管辖

第21条 [被告住所地法院管辖] 对公民提起的民事诉讼，由被告住所地人民法院管辖；被告住所地与经常居住地不一致的，由经常居住地人民法院管辖。

对法人或者其他组织提起的民事诉讼，由被告住所地人民法院管辖。

同一诉讼的几个被告住所地、经常居住地在两个以上人民法院辖区的，各该人民法院都有管辖权。

第23条 [合同纠纷的地域管辖] 因合同纠纷提起的诉讼，由被告住所地或者合同履行地人民法院管辖。

第26条 [公司纠纷的地域管辖] 因公司设立、确认股东资格、分配利润、解散等纠纷提起的诉讼，由公司住所地人民法院管辖。

☞ **第28条** [侵权纠纷的地域管辖] 因侵权行为提起的诉讼，由侵权行为地或者被告住所地人民法院管辖。

🔖 关联法条

《民诉解释》

第9条 追索赡养费、抚育费、扶养费案件的几个被告住所地不在同一辖区的，可以由原告住所地人民法院管辖。

第12条 夫妻一方离开住所地超过1年，另一方起诉离婚的案件，可以由原告住所地人民法院管辖。

夫妻双方离开住所地超过1年，一方起诉离婚的案件，由被告经常居住地人民法院管辖；没有经常居住地的，由原告起诉时被告居住地人民法院管辖。

第18条 合同约定履行地点的，以约定的履行地点为合同履行地。

合同对履行地点没有约定或者约定不明确，争议标的为给付货币的，接收货币一方所在地为合同履行地；交付不动产的，不动产所在地为合同履行地；其他标的，履行义务一方所在地为合同履行地。即时结清的合同，交易行为地为合同履行地。

合同没有实际履行，当事人双方住所地都不在合同约定的履行地的，由被告住所地人民法院管辖。

第19条 财产租赁合同、融资租赁合同以租赁物使用地为合同履行地。合同对履行地有约定的，从其约定。

第20条 以信息网络方式订立的买卖合同，通过信息网络交付标的的，以买受人住所地为合同履行地；通过其他方式交付标的的，收货地为合同履行地。合同对履行地有约定的，从其约定。

第22条 因股东名册记载、请求变更公司登记、股东知情权、公司决议、公司合并、公司分立、公司减资、公司增资等纠纷提起的诉讼，依照民事诉讼法第26条规定确定管辖。

第26条 因产品、服务质量不合格造成他人财产、人身损害提起的诉讼，产品制造地、产品销售地、服务提供地、侵权行为地和被告住所地人民法院都有管辖权。

🔖 真题链接

2017/4/6（1）；2012/4/5（1）（《民事诉讼法》第28条）

考点剖析

1. 对于一般地域管辖，原则上是原告就被告，即由被告所在地人民法院管辖，只有在特殊情况下，如在《民诉解释》第9条和第12条中规定的情形下，也可以由原告所在地人民法院管辖。

2. 合同纠纷的特殊地域管辖难点在于合同履行地的判断，关键要看合同是否已经实际履行：

（1）若合同已经实际履行，有约定按照约定的合同履行地，没有约定或者约定不明的，按照《民诉解释》第18条和第20条的规定根据争议标的的不同情况确定合同履行地；

（2）若合同没有实际履行，但当事人有一方的住所地在约定的履行地，则合同约定的履行地也具有管辖权；

（3）若合同没有实际履行，当事人住所地均不在约定的履行地的，由被告住所地管辖，约定的履行地无管辖权。

3. 因侵权纠纷提起的诉讼，由侵权行为地或者被告住所地法院管辖，这里的侵权行为地包括侵权行为实施地和侵权结果发生地。在因产品、服务质量不合格造成的特殊侵权案件当中，除了侵权行为地和被告住所地之外，产品制造地、产品销售地、服务提供地法院也有管辖权。

命题展望

1. 可结合侵权、合同纠纷热点案件，如高楼玻璃脱落致人损害案、淘宝购物纠纷案等，综合考查案件可管辖的法院。

2. 一般地域管辖考查的概率比较低，熟悉一般地域管辖的原则性规定和例外规定即可。

3. 民事诉讼的管辖制度作为民诉法中常考知识点之一，可在学科融合题中进行考查，考生需要予以重视。

重点法条 3 ▶ 专属管辖与协议管辖

第33条 [专属管辖] 下列案件，由本条规定的人民法院专属管辖：

（一）因不动产纠纷提起的诉讼，由不动产所在地人民法院管辖；

（二）因港口作业中发生纠纷提起的诉讼，由港口所在地人民法院管辖；

（三）因继承遗产纠纷提起的诉讼，由被继承人死亡时住所地或者主要遗产所在地人民法院管辖。

☞**第34条** [协议管辖] 合同或者其他财产权益纠纷的当事人可以书面协议选择被告住所地、合同履行地、合同签订地、原告住所地、标的物所在地等与争议有实际联系的地点的人民法院管辖，但不得违反本法对级别管辖和专属管辖的规定。

关联法条

《民诉解释》

第28条 民事诉讼法第33条第1项规定的不动产纠纷是指因不动产的权利确认、分割、相邻关系等引起的物权纠纷。

农村土地承包经营合同纠纷、房屋租赁合同纠纷、建设工程施工合同纠纷、政策性房屋买卖合同纠纷，按照不动产纠纷确定管辖。

不动产已登记的，以不动产登记簿记载的所在地为不动产所在地；不动产未登记的，以不动产实际所在地为不动产所在地。

☞第30条　根据管辖协议，起诉时能够确定管辖法院的，从其约定；不能确定的，依照民事诉讼法的相关规定确定管辖。

管辖协议约定两个以上与争议有实际联系的地点的人民法院管辖，原告可以向其中一个人民法院起诉。

第31条　经营者使用格式条款与消费者订立管辖协议，未采取合理方式提请消费者注意，消费者主张管辖协议无效的，人民法院应予支持。

▼ 真题链接

2010/4/5（1）（《民事诉讼法》第34条，《民诉解释》第30条）

▼ 考点剖析

1. 专属管辖所规定的案件类型，具有强制性。双方当事人不得通过协议排除专属管辖的适用。但是专属管辖并不排斥仲裁协议的效力，双方当事人仍可通过约定仲裁的方式解决纠纷。

2. 专属管辖中的不动产纠纷一方面指因不动产而导致的物权纠纷，另一方面还包括农村土地承包经营合同纠纷、房屋租赁合同纠纷、建设工程施工合同纠纷和政策性房屋买卖合同纠纷。

3. 协议管辖要求以书面形式达成管辖条款或者协议，约定的内容不能违反级别管辖和专属管辖的规定。双方当事人约定两个以上与争议有实际联系地点的法院管辖的，原告可以选择向其中一个人民法院起诉。

▼ 命题展望

1. 在涉及不动产和遗产继承纠纷的案件当中，可考查案件的管辖法院，考生若忽视专属管辖的规定而认定相应的管辖协议有效或者按照特殊地域管辖的规定来处理，可能会进入误区。

2. 经营者使用格式条款与消费者订立的管辖协议的效力问题，可以结合网络平台购物纠纷对用户注册协议中管辖条款的效力进行考查。

重点法条④▶裁定管辖

第36条［移送管辖］　人民法院发现受理的案件不属于本院管辖的，应当移送有管辖权的人民法院，受移送的人民法院应当受理。受移送的人民法院认为受移送的案件依照规定不属于本院管辖的，应当报请上级人民法院指定管辖，不得再自行移送。

第37条［指定管辖］　有管辖权的人民法院由于特殊原因，不能行使管辖权的，由上级人民法院指定管辖。

人民法院之间因管辖权发生争议，由争议双方协商解决；协商解决不了的，报请它们的共同上级人民法院指定管辖。

▼ 关联法条

《民诉解释》

第35条　当事人在答辩期间届满后未

应诉答辩,人民法院在一审开庭前,发现案件不属于本院管辖的,应当裁定移送有管辖权的人民法院。

第36条 两个以上人民法院都有管辖权的诉讼,先立案的人民法院不得将案件移送给另一个有管辖权的人民法院。人民法院在立案前发现其他有管辖权的人民法院已先立案的,不得重复立案;立案后发现其他有管辖权的人民法院已先立案的,裁定将案件移送给先立案的人民法院。

第39条 人民法院对管辖异议审查后确定有管辖权的,不因当事人提起反诉、增加或者变更诉讼请求等改变管辖,但违反级别管辖、专属管辖规定的除外。

人民法院发回重审或者按第一审程序再审的案件,当事人提出管辖异议的,人民法院不予审查。

▶ 考点剖析

1. 移送管辖的实质为对于错误立案的纠正程序。移送管辖只能移送1次,受移送法院认为自己也没有管辖权的,不能再行移送,也不能将案件退回移送的法院,

只能报请其上级法院指定管辖。

2. 若法院在受理案件之后,被告在提交答辩状期间没有提出管辖权异议,并且应诉答辩的,受诉法院取得应诉管辖,不得再移送管辖。

3. 在共同管辖的情形下,先立案的法院取得管辖权,不得将案件移送给后立案的法院。同时,法院在立案后发现有其他有管辖权的法院已经先立案的,可裁定移送管辖。

4. 当有管辖权的法院因特殊原因不能行使管辖权时,如法院成为案件一方当事人或者出现该院法官集体需要回避的情形,此时由上级法院指定管辖。

▶ 命题展望

裁定管辖中关于移送管辖和应诉管辖的相关知识点比较重要,这部分可结合级别管辖、地域管辖和管辖权异议的知识进行综合考查,要求考生能够判断法院对案件的移送处理或者请求上级法院指定管辖的行为正确合法与否。

重点法条⑤ ▶ 民事诉讼中的回避制度

第45条 [提出回避申请] 当事人提出回避申请,应当说明理由,在案件开始审理时提出;回避事由在案件开始审理后知道的,也可以在法庭辩论终结前提出。

被申请回避的人员在人民法院作出是否回避的决定前,应当暂停参与本案的工作,但案件需要采取紧急措施的除外。

第46条 [回避的决定] 院长担任审判长时的回避,由审判委员会决定;审判

人员的回避,由院长决定;其他人员的回避,由审判长决定。

第47条 [回避决定的时限和效力] 人民法院对当事人提出的回避申请,应当在申请提出的3日内,以口头或者书面形式作出决定。申请人对决定不服的,可以在接到决定时申请复议一次。复议期间,被申请回避的人员,不停止参与本案的工作。人民法院对复议申请,应当在3日内

作出复议决定，并通知复议申请人。

《民诉解释》

第45条　在一个审判程序中参与过本案审判工作的审判人员，不得再参与该案其他程序的审判。

发回重审的案件，在一审法院作出裁判后又进入第二程序的，原第二审程序中合议庭组成人员不受前款规定的限制。

第46条　审判人员有应当回避的情形，没有自行回避，当事人也没有申请其回避的，由院长或者审判委员会决定其回避。

考点剖析

1. 审判人员（包括人民陪审员）、书记员、执行人员的回避由院长来决定；其他人员的回避由审判长决定；院长担任审判长时，其回避由审判委员会决定。证人、专家辅助人和诉讼代理人不适用回避制度。

2. 在审判程序中，原则上回避申请要在案件开始审理时提出，开庭审理之后才知道回避事由的，可以在法庭辩论终结前提出。

3. 在回避的决定期间，被决定回避的人员原则上应当暂停参与本案的工作；在复议期间，被申请回避的人员，不停止参与本案的工作。有权申请复议的主体只有回避申请人，被决定回避的人员对回避决定没有申请复议的权利。

命题展望

1. 回避制度作为民事诉讼的一项基本制度，可考查回避制度中的程序要求，整体知识点难度不大，按照客观题备考的程度掌握即可。

2. 仲裁中的回避制度的相关知识点曾经在2009年卷四第5题中予以考查，所以对于诉讼中的回避程序和回避决定的救济途径等相关知识点也要进行熟悉。

重点法条 6 ▶ 民事诉讼中的当事人

第48条 [当事人的范围]　公民、法人和其他组织可以作为民事诉讼的当事人。

法人由其法定代表人进行诉讼。其他组织由其主要负责人进行诉讼。

第53条 [当事人人数确定的代表人诉讼]　当事人一方人数众多的共同诉讼，可以由当事人推选代表人进行诉讼。代表人的诉讼行为对其所代表的当事人发生效力，但代表人变更、放弃诉讼请求或者承认对方当事人的诉讼请求，进行和解，必须经被代表的当事人同意。

第54条 [当事人人数不确定的代表人诉讼]　诉讼标的是同一种类、当事人一方人数众多在起诉时人数尚未确定的，人民法院可以发出公告，说明案件情况和诉讼请求，通知权利人在一定期间向人民法院登记。

向人民法院登记的权利人可以推选代表人进行诉讼；推选不出代表人的，人民法院可以与参加登记的权利人商定代表人。

代表人的诉讼行为对其所代表的当事人发生效力，但代表人变更、放弃诉讼请求或者承认对方当事人的诉讼请求，进行和解，必须经被代表的当事人同意。

人民法院作出的判决、裁定，对参加登记的全体权利人发生效力。未参加登记的权利人在诉讼时效期间提起诉讼的，适用该判决、裁定。

☑ 关联法条

《民诉解释》

第 53 条　法人非依法设立的分支机构，或者虽依法设立，但没有领取营业执照的分支机构，以设立该分支机构的法人为当事人。

☞第 54 条　以挂靠形式从事民事活动，当事人请求由挂靠人和被挂靠人依法承担民事责任的，该挂靠人和被挂靠人为共同诉讼人。

第 56 条　法人或者其他组织的工作人员执行工作任务造成他人损害的，该法人或者其他组织为当事人。

第 57 条　提供劳务一方因劳务造成他人损害，受害人提起诉讼的，以接受劳务一方为被告。

第 58 条　在劳务派遣期间，被派遣的工作人员因执行工作任务造成他人损害的，以接受劳务派遣的用工单位为当事人。当事人主张劳务派遣单位承担责任的，该劳务派遣单位为共同被告。

第 59 条　在诉讼中，个体工商户以营业执照上登记的经营者为当事人。有字号的，以营业执照上登记的字号为当事人，但应同时注明该字号经营者的基本信息。

营业执照上登记的经营者与实际经营者不一致的，以登记的经营者和实际经营者为共同诉讼人。

第 60 条　在诉讼中，未依法登记领取

营业执照的个人合伙的全体合伙人为共同诉讼人。个人合伙有依法核准登记的字号的，应在法律文书中注明登记的字号。全体合伙人可以推选代表人；被推选的代表人，应由全体合伙人出具推选书。

第 64 条　企业法人解散的，依法清算并注销前，以该企业法人为当事人；未依法清算即被注销的，以该企业法人的股东、发起人或者出资人为当事人。

第 65 条　借用业务介绍信、合同专用章、盖章的空白合同书或者银行账户的，出借单位和借用人为共同诉讼人。

第 66 条　因保证合同纠纷提起的诉讼，债权人向保证人和被保证人一并主张权利的，人民法院应当将保证人和被保证人列为共同被告。保证合同约定为一般保证，债权人仅起诉保证人的，人民法院应当通知被保证人作为共同被告参加诉讼；债权人仅起诉被保证人的，可以只列被保证人为被告。

☞第 67 条　无民事行为能力人、限制民事行为能力人造成他人损害的，无民事行为能力人、限制民事行为能力人和其监护人为共同被告。

第 70 条　在继承遗产的诉讼中，部分继承人起诉的，人民法院应通知其他继承人作为共同原告参加诉讼；被通知的继承人不愿意参加诉讼又未明确表示放弃实体权利的，人民法院仍应将其列为共同原告。

第 77 条　根据民事诉讼法第 54 条规定，当事人一方人数众多在起诉时不确定的，由当事人推选代表人。当事人推选不出的，可以由人民法院提出人选与当事人协商；协商不成的，也可以由人民法院在起诉的当事人中指定代表人。

《合同法解释（一）》

第16条　债权人以次债务人为被告向人民法院提起代位权诉讼，未将债务人列为第三人的，人民法院可以追加债务人为第三人。

两个或者两个以上债权人以同一次债务人为被告提起代位权诉讼的，人民法院可以合并审理。

☞第24条　债权人依照合同法第74条的规定提起撤销权诉讼时只以债务人为被告，未将受益人或者受让人列为第三人的，人民法院可以追加该受益人或者受让人为第三人。

▷ 真题链接

2019/主（《合同法解释（一）》第24条）

2016/4/6（1）（《民诉解释》第54条）

2011/4/5（1）（《民诉解释》第67条）

▷ 考点剖析

1. 民事诉讼中当事人首先要求具有诉讼权利能力和诉讼行为能力，其次成为适格当事人要联系具体的案例进行分析，因为当事人适格与否，是针对具体的诉讼而言的。原则上，所争议的民事法律关系的主体，即为适格的当事人。所以对于适格当事人的判断需要结合具体的诉讼标的。

2. 不同情形下当事人的判断与《民法典》侵权责任编中规定的民事实体责任之间也存在着相应的联系，可结合民事实体法进行理解和记忆。

3. 代表人进行的诉讼行为对所有的当事人生效，承认、放弃、变更诉讼请求与和解必须经被代表的当事人同意方对被代表当事人发生效力。人数不确定的代表人诉讼中诉讼代表人的产生方式为：当事人推选；推选不出时，法院与当事人协商；协商不成的，由法院指定。

▷ 命题展望

民事诉讼中当事人的确定是主观题的常考知识点，可结合《民诉解释》、《民法典》侵权责任编中的相关规定，考查不同案件中的适格当事人。

重点法条 ⑦ ▶ 公益诉讼

第55条　[公益诉讼]　对污染环境、侵害众多消费者合法权益等损害社会公共利益的行为，法律规定的机关和有关组织可以向人民法院提起诉讼。

人民检察院在履行职责中发现破坏生态环境和资源保护、食品药品安全领域侵害众多消费者合法权益等损害社会公共利益的行为，在没有前款规定的机关和组织或者前款规定的机关和组织不提起诉讼的情况下，可以向人民法院提起诉讼。前款规定的机关或者组织提起诉讼的，人民检察院可以支持起诉。

▷ 关联法条

《民诉解释》

第284条　环境保护法、消费者权益保护法等法律规定的机关和有关组织对污染环境、侵害众多消费者合法权益等损害社会公共利益的行为，根据民事诉讼法第55条规定提起公益诉讼，符合下列条件的，人民法院应当受理：

（一）有明确的被告；

（二）有具体的诉讼请求；

（三）有社会公共利益受到损害的初步证据；

（四）属于人民法院受理民事诉讼的范围和受诉人民法院管辖。

第 285 条第 1 款　公益诉讼案件由侵权行为地或者被告住所地中级人民法院管辖，但法律、司法解释另有规定的除外。

第 287 条　人民法院受理公益诉讼案件后，依法可以提起诉讼的其他机关和有关组织，可以在开庭前向人民法院申请参加诉讼。人民法院准许参加诉讼的，列为共同原告。

第 288 条　人民法院受理公益诉讼案件，不影响同一侵权行为的受害人根据民事诉讼法第 119 条规定提起诉讼。

第 289 条　对公益诉讼案件，当事人可以和解，人民法院可以调解。

当事人达成和解或者调解协议后，人民法院应当将和解或者调解协议进行公告。公告期间不得少于 30 日。

公告期满后，人民法院经审查，和解或者调解协议不违反社会公共利益的，应当出具调解书；和解或者调解协议违反社会公共利益的，不予出具调解书，继续对案件进行审理并依法作出裁判。

第 290 条　公益诉讼案件的原告在法庭辩论终结后申请撤诉的，人民法院不予准许。

《最高人民法院关于审理环境民事公益诉讼案件适用法律若干问题的解释》

第 17 条　环境民事公益诉讼案件审理过程中，被告以反诉方式提出诉讼请求的，

人民法院不予受理。

第 26 条　负有环境保护监督管理职责的部门依法履行监管职责而使原告诉讼请求全部实现，原告申请撤诉的，人民法院应予准许。

第 27 条　法庭辩论终结后，原告申请撤诉的，人民法院不予准许，但本解释第26 条规定的情形除外。

◤ 考点剖析

1. 检察院提出公益诉讼仅限于破坏生态环境和资源保护、食品药品安全领域。检察院提起公益诉讼的前提是没有法律规定的机关或者组织，或者法律规定的机关或者组织没有提起公益诉讼。若法律规定的机关或者组织提起公益诉讼的，人民检察院可以支持起诉。

2. 公益诉讼的起诉条件与一般私益诉讼的起诉条件相比，没有要求原告与本案有直接的利害关系，但是要求有公共利益受到损害的初步证据。

3. 公益诉讼中对于当事人的处分权予以限制。在公益诉讼中允许当事人达成和解、调解协议，但是协议必须经公告，不违反公共利益才能依据此制作调解书。公益诉讼中允许原告撤诉，撤诉的时间必须在法庭辩论终结前，但不允许当事人因达成和解协议而撤诉。

4. 针对同一侵权行为，人民法院受理公益诉讼之后，不影响受害人向法院提起私益诉讼。所以受害人可以通过另行起诉的方式维护自身的合法权益，而不能对已经生效的公益诉讼裁判提出第三人撤销之诉。

▷ **命题展望**

公益诉讼作为热点话题，同时也是主观题考试的空白点，需要予以重视，但这部分内容整体难度不大。考试中倾向考查公益诉讼在程序上的特殊规定。

重点法条 8 ▶ 民事诉讼中的第三人与第三人撤销之诉

☞ **第56条** ［第三人］ 对当事人双方的诉讼标的，第三人认为有独立请求权的，有权提起诉讼。

对当事人双方的诉讼标的，第三人虽然没有独立请求权，但案件处理结果同他有法律上的利害关系的，可以申请参加诉讼，或者由人民法院通知他参加诉讼。人民法院判决承担民事责任的第三人，有当事人的诉讼权利义务。

前两款规定的第三人，因不能归责于本人的事由未参加诉讼，但有证据证明发生法律效力的判决、裁定、调解书的部分或者全部内容错误，损害其民事权益的，可以自知道或者应当知道其民事权益受到损害之日起6个月内，向作出该判决、裁定、调解书的人民法院提起诉讼。人民法院经审理，诉讼请求成立的，应当改变或者撤销原判决、裁定、调解书；诉讼请求不成立的，驳回诉讼请求。

▷ **关联法条**

《民诉解释》

第82条 在一审诉讼中，无独立请求权的第三人无权提出管辖异议，无权放弃、变更诉讼请求或者申请撤诉，被判决承担民事责任的，有权提起上诉。

第294条 人民法院对第三人撤销之诉案件，应当组成合议庭开庭审理。

第298条 第三人提起撤销之诉，人民法院应当将该第三人列为原告，生效判决、裁定、调解书的当事人列为被告，但生效判决、裁定、调解书中没有承担责任的无独立请求权的第三人列为第三人。

第299条 受理第三人撤销之诉案件后，原告提供相应担保，请求中止执行的，人民法院可以准许。

第301条 第三人撤销之诉案件审理期间，人民法院对生效判决、裁定、调解书裁定再审的，受理第三人撤销之诉的人民法院应当裁定将第三人的诉讼请求并入再审程序。但有证据证明原审当事人之间恶意串通损害第三人合法权益的，人民法院应当先行审理第三人撤销之诉案件，裁定中止再审诉讼。

第302条 第三人诉讼请求并入再审程序审理的，按照下列情形分别处理：

（一）按照第一审程序审理的，人民法院应当对第三人的诉讼请求一并审理，所作的判决可以上诉；

（二）按照第二审程序审理的，人民法院可以调解，调解达不成协议的，应当裁定撤销原判决、调解书，发回一审法院重审，重审时应当列明第三人。

☞ **第303条第1款** 第三人提起撤销之诉后，未中止生效判决、裁定、调解书执行的，执行法院对第三人依照民事诉讼法

227条规定提出的执行异议，应予审查。第三人不服驳回执行异议裁定，申请对原判决、裁定、调解书再审的，人民法院不予受理。

真题链接

2015/4/4（2）（4）（《民事诉讼法》第56条，《民诉解释》第303条）

2014/4/6（3）（《民事诉讼法》第56条）

考点剖析

1. 提起第三人撤销之诉的事由包括：案外第三人因不能归责于本人的事由未参加诉讼；有证据证明发生法律效力的判决、裁定、调解书的全部或者部分内容错误并损害案外第三人的民事权益。

2. 第三人撤销之诉需自知道或者应当知道其民事权益受到损害之日起6个月内向作出生效法律文书的法院提起诉讼，适用一审普通程序组成合议庭进行审理，作出的生效判决为一审判决，可以上诉。

3. 法院受理第三人撤销之诉之后，不中止原生效裁判的执行。原告可通过提供担保或者提出执行异议的方式来达到中止原生效裁判执行的目的。

4. 第三人撤销之诉与再审程序的关系：原则上，再审程序吸收第三人的诉讼请求，但是若存在原审当事人恶意串通的情形，应当先审理第三人撤销之诉。第三人的诉讼请求并入再审程序的，存在按照第一审和第二审程序审理的不同情形。

命题展望

第三人撤销之诉是以往司法考试主观题的考查热点，由于第三人撤销之诉、案外人申请再审与案外人异议之诉之间的关系是民诉中的难点之一，还可结合第三人撤销之诉的程序要求进行考查，故此部分知识点具有极高的命题价值。

重点法条⑨ ▶诉讼代理人

☞**第59条第1、2款**［委托代理权限的取得和范围］ 委托他人代为诉讼，必须向人民法院提交由委托人签名或者盖章的授权委托书。

授权委托书必须记明委托事项和权限。诉讼代理人代为承认、放弃、变更诉讼请求，进行和解，提起反诉或者上诉，必须有委托人的特别授权。

第62条［离婚诉讼代理的特别规定］离婚案件有诉讼代理人的，本人除不能表达意思的以外，仍应出庭；确因特殊情况无法出庭的，必须向人民法院提交书面意见。

关联法条

☞《民诉解释》第89条第1款 当事人向人民法院提交的授权委托书，应当在开庭审理前送交人民法院。授权委托书仅写"全权代理"而无具体授权的，诉讼代理人无权代为承认、放弃、变更诉讼请求，进行和解，提出反诉或者提起上诉。

真题链接

2011/4/5（3）（《民事诉讼法》第59条，《民诉解释》第89条）

▶考点剖析

1. 委托的诉讼代理人需要在委托权限内进行相应的诉讼行为。承认、放弃、变更诉讼请求，进行和解，提起反诉或者上诉，这些均为需要特别授权才能进行的诉讼行为。授权委托书中仅写"全权代理"但未注明具体授权范围的，视为一般授权。

2. 当事人委托诉讼代理人代为诉讼，通常情况下可不再出庭，但是离婚等人身关系诉讼除外。

▶命题展望

考生需要掌握一般授权和特别授权中诉讼代理人的权限范围的区别，考试中可能以此考查诉讼代理人诉讼权利范围的问题。

重点法条⑩▶证据的种类

☞**第63条**［证据种类和证明标准］证据包括：

（一）当事人的陈述；

（二）书证；

（三）物证；

（四）视听资料；

（五）电子数据；

（六）证人证言；

（七）鉴定意见；

（八）勘验笔录。

证据必须查证属实，才能作为认定事实的根据。

▶关联法条

《民诉解释》

第112条　书证在对方当事人控制之下的，承担举证证明责任的当事人可以在举证期限届满前书面申请人民法院责令对方当事人提交。

申请理由成立的，人民法院应当责令对方当事人提交，因提交书证所产生的费用，由申请人负担。对方当事人无正当理由拒不提交的，人民法院可以认定申请人所主张的书证内容为真实。

第114条　国家机关或者其他依法具有社会管理职能的组织，在其职权范围内制作的文书所记载的事项推定为真实，但有相反证据足以推翻的除外。必要时，人民法院可以要求制作文书的机关或者组织对文书的真实性予以说明。

☞**第116条**　视听资料包括录音资料和影像资料。

电子数据是指通过电子邮件、电子数据交换、网上聊天记录、博客、微博客、手机短信、电子签名、域名等形成或者存储在电子介质中的信息。

存储在电子介质中的录音资料和影像资料，适用电子数据的规定。

第119条第1款　人民法院在证人出庭作证前应当告知其如实作证的义务以及作伪证的法律后果，并责令其签署保证书，但无民事行为能力人和限制民事行为能力人除外。

第120条　证人拒绝签署保证书的，不得作证，并自行承担相关费用。

《民事证据规定》

第14条　电子数据包括下列信息、电子文件：

（一）网页、博客、微博客等网络平台发布的信息；

（二）手机短信、电子邮件、即时通信、通讯群组等网络应用服务的通信信息；

（三）用户注册信息、身份认证信息、电子交易记录、通信记录、登录日志等信息；

（四）文档、图片、音频、视频、数字证书、计算机程序等电子文件；

（五）其他以数字化形式存储、处理、传输的能够证明案件事实的信息。

第40条 当事人申请<u>重新鉴定</u>，存在下列情形之一的，人民法院应当准许：

（一）鉴定人不具备相应资格的；

（二）鉴定程序严重违法的；

（三）鉴定意见明显依据不足的；

（四）鉴定意见不能作为证据使用的其他情形。

存在前款第1项至第3项情形的，鉴定人已经收取的鉴定费用应当退还。拒不退还的，依照本规定第81条第2款的规定处理。

对鉴定意见的瑕疵，可以通过补正、补充鉴定或者补充质证、重新质证等方法解决的，人民法院不予准许重新鉴定的申请。

重新鉴定的，原鉴定意见不得作为认定案件事实的根据。

第47条 下列情形，控制书证的当事人<u>应当提交书证</u>：

（一）控制书证的当事人在诉讼中曾经引用过的书证；

（二）为对方当事人的利益制作的书证；

（三）对方当事人依照法律规定有权查阅、获取的书证；

（四）账簿、记账原始凭证；

（五）人民法院认为应当提交书证的其他情形。

前款所列书证，涉及<u>国家秘密、商业秘密、当事人或第三人的隐私</u>，或者存在法律规定应当保密的情形的，提交后<u>不得公开质证</u>。

▶ 真题链接

2012/4/5（2）；2011/4/5（2）（《民事诉讼法》第63条，《民诉解释》第116条）

▶ 考点剖析

1. 对于书证和物证的区别需要予以掌握，书证是以所记载的内容或表达的思想证明案件事实，而物证是以物品本身的外在特征来证明案件事实。这是二者的本质区别。

2. 传统的相机、录音机与摄像机所拍摄和录制的胶片、录音录像带为视听资料。2019年新修改的《民事证据规定》中对于电子数据的范围进行了明确。将电子数据的范围确定为：网络平台发布的信息，网络应用服务的通信信息，注册信息、交易记录等痕迹信息以及文档、音频、视频等电子文件，同时规定了"其他以数字化形式存储、处理、传输的能够证明案件事实的信息"的兜底性条款，为当事人收集相关证据和人民法院审查证据提供了指引性线索。

3. 证人应当签署如实作证保证书，拒不签署的不得作证，但是对于无限制民事行为能力的证人无此要求。无正当理由未出庭的证人以书面等方式提供的证言，不得作为认定案件事实的根据。

4. 2019年新《民事证据规定》在《民诉解释》第112条对书证提出命令作出原则性规定的基础上，进一步完善了操作性规则，明确了书证提出命令的申请条件、书证提出义务的范围、违反书证提出命令的后果以及相关的程序操作问题。该问题属于新法变动点，要求考生熟悉。

📌 命题展望

1. 以往的真题当中对于证据的种类往往采取判断型考查方式，要求考生能够结合具体案情判断出证据的法定种类。同时也多结合证据的理论分类进行辨析，考查本证和反证、直接证据和间接证据、原始证据和传来证据的区分。

2. 根据目前案例综合化和运用实务化的要求，还可以通过考查当事人可以运用哪些证据来证明自己的诉讼请求的方式来检验考生的实务操作能力，这类开放性试题需要考生结合法律规定和生活经验进行回答。

3. 2019 年新《民事证据规定》对于电子数据、鉴定意见、证人证言等证据类型的判断和适用进行了细化，需要对涉及的法条进行熟悉了解。

重点法条⑪▶ 证明对象与证明责任

☞ **第 64 条** ［举证责任与证据的审查核实］　当事人对自己提出的主张，有责任提供证据。

当事人及其诉讼代理人因客观原因不能自行收集的证据，或者人民法院认为审理案件需要的证据，人民法院应当调查收集。

人民法院应当按照法定程序，全面地、客观地审查核实证据。

📌 关联法条

《民诉解释》

☞ **第 90 条**　当事人对自己提出的诉讼请求所依据的事实或者反驳对方诉讼请求所依据的事实，应当提供证据加以证明，但法律另有规定的除外。

在作出判决前，当事人未能提供证据或者证据不足以证明其事实主张的，由负有举证证明责任的当事人承担不利的后果。

第 91 条　人民法院应当依照下列原则确定举证证明责任的承担，但法律另有规定的除外：

（一）主张法律关系存在的当事人，应当对产生该法律关系的基本事实承担举证证明责任；

（二）主张法律关系变更、消灭或者权利受到妨害的当事人，应当对该法律关系变更、消灭或者权利受到妨害的基本事实承担举证证明责任。

第 92 条　一方当事人在法庭审理中，或者在起诉状、答辩状、代理词等书面材料中，对于己不利的事实明确表示承认的，另一方当事人无需举证证明。

对于涉及身份关系、国家利益、社会公共利益等应当由人民法院依职权调查的事实，不适用前款自认的规定。

自认的事实与查明的事实不符的，人民法院不予确认。

第 96 条　民事诉讼法第 64 条第 2 款规定的人民法院认为审理案件需要的证据包括：

（一）涉及可能损害国家利益、社会公

共利益的；

（二）涉及身份关系的；

（三）涉及民事诉讼法第 55 条规定诉讼的；

（四）当事人有恶意串通损害他人合法权益可能的；

（五）涉及依职权追加当事人、中止诉讼、终结诉讼、回避等程序性事项的。

除前款规定外，人民法院调查收集证据，应当依照当事人的申请进行。

《民事证据规定》

第 4 条 一方当事人对于另一方当事人主张的于己不利的事实既不承认也不否认，经审判人员说明并询问后，其仍然不明确表示肯定或者否定的，视为对该事实的承认。

第 5 条 当事人委托诉讼代理人参加诉讼的，除授权委托书明确排除的事项外，诉讼代理人的自认视为当事人的自认。

当事人在场对诉讼代理人的自认明确否认的，不视为自认。

第 6 条 普通共同诉讼中，共同诉讼人中一人或者数人作出的自认，对作出自认的当事人发生效力。

必要共同诉讼中，共同诉讼人中一人或者数人作出自认而其他共同诉讼人予以否认的，不发生自认的效力。其他共同诉讼人既不承认也不否认，经审判人员说明并询问后仍然不明确表示意见的，视为全体共同诉讼人的自认。

第 7 条 一方当事人对于另一方当事人主张的于己不利的事实有所限制或者附加条件予以承认的，由人民法院综合案件情况决定是否构成自认。

第 9 条 有下列情形之一，当事人在法庭辩论终结前撤销自认的，人民法院应当

准许：

（一）经对方当事人同意的；

（二）自认是在受胁迫或者重大误解情况下作出的。

人民法院准许当事人撤销自认的，应当作出口头或者书面裁定。

第 10 条 下列事实，当事人无须举证证明：

（一）自然规律以及定理、定律；

（二）众所周知的事实；

（三）根据法律规定推定的事实；

（四）根据已知的事实和日常生活经验法则推定出的另一事实；

（五）已为仲裁机构的生效裁决所确认的事实；

（六）已为人民法院发生法律效力的裁判所确认的基本事实；

（七）已为有效公证文书所证明的事实。

前款第 2 项至第 5 项事实，当事人有相反证据足以反驳的除外；第 6 项、第 7 项事实，当事人有相反证据足以推翻的除外。

《民法典》

第 1218 条 患者在诊疗活动中受到损害，医疗机构或者其医务人员有过错的，由医疗机构承担赔偿责任。

第 1222 条 患者在诊疗活动中受到损害，有下列情形之一的，推定医疗机构有过错：

（一）违反法律、行政法规、规章以及其他有关诊疗规范的规定；

（二）隐匿或者拒绝提供与纠纷有关的病历资料；

（三）遗失、伪造、篡改或者违法销毁病历资料。

第 1230 条 因污染环境、破坏生态发

生纠纷，行为人应当就法律规定的不承担责任或者减轻责任的情形及其行为与损害之间不存在因果关系承担举证责任。

第1245条　饲养的动物造成他人损害的，动物饲养人或者管理人应当承担侵权责任；但是，能够证明损害是因被侵权人故意或者重大过失造成的，可以不承担或者减轻责任。

☞ 第1253条　建筑物、构筑物或者其他设施及其搁置物、悬挂物发生脱落、坠落造成他人损害，所有人、管理人或者使用人不能证明自己没有过错的，应当承担侵权责任。所有人、管理人或者使用人赔偿后，有其他责任人的，有权向其他责任人追偿。

🔲 真题链接

2017/4/6（3）（《民事诉讼法》第64条，《民法典》第1253条）

2016/4/6（2）（3）；2008/4/5（2）（《民事诉讼法》第64条）

2012/4/5（3）（《民诉解释》第90条）

🔲 考点剖析

1. 证明对象中的自认制度是重点内容，影响当事人证明责任的承担。2019年新《民事证据规定》修改了代理人自认的规则，新增了共同诉讼人的自认、限制自认和附条件自认的规定，修改了撤销自认的规定，需要考生予以重视。

2. 证明责任的分配遵循"谁主张，谁举证"的原则，这里的主张应当解释为主张积极事实，主张消极事实的不承担证明责任。

3. 侵权纠纷的证明责任分配是证明责任中的重中之重。需要掌握其中的原则和例外：

（1）原则上由原告证明侵权构成要件，被告证明免责事由。其中过错责任原则的侵权构成要件包括：行为、结果、因果关系和过错四个要件，而无过错责任原则的侵权构成要件包括行为、结果、因果关系三个要件。

（2）例外中着重掌握搁置物、悬挂物致人损害以及环境污染纠纷的证明责任分配。搁置物、悬挂物致人损害的侵权纠纷，由所有人或者管理人对其无过错承担举证责任。环境污染纠纷中，由加害人就行为与结果之间无因果关系的事实承担证明责任。

4. 法院依职权调取证据的情形包括以下几种：

（1）涉及可能损害国家利益、社会公共利益的、有恶意串通损害他人合法权益可能的；

（2）涉及身份关系的；

（3）涉及依职权追加当事人、中止诉讼、终结诉讼、回避等程序性事项的。

🔲 命题展望

证明责任的分配是民事诉讼法的常规考点，通常根据具体案情考查双方当事人证明责任的分配问题；同时也可结合证明对象和证明标准的相关知识点进行考查。对于法院依职权调查取证的范围也要熟练掌握，可结合一审程序中的要求对法院在一审中行为的合法与否进行分析判断。

重点法条 12 ▶ 证明程序及要求

第65条 [举证期限及逾期后果] 当事人对自己提出的主张应当及时提供证据。

人民法院根据当事人的主张和案件审理情况,确定当事人应当提供的证据及其期限。当事人在该期限内提供证据确有困难的,可以向人民法院申请延长期限,人民法院根据当事人的申请适当延长。当事人逾期提供证据的,人民法院应当责令其说明理由;拒不说明理由或者理由不成立的,人民法院根据不同情形可以<u>不予采纳</u>该证据,或者采纳该证据但予以训诫、罚款。

第68条 [当事人质证] 证据应当在法庭上出示,并由当事人互相质证。对涉及国家秘密、商业秘密和个人隐私的证据应当保密,需要在法庭出示的,不得在公开开庭时出示。

📌 关联法条

《民诉解释》

第99条 人民法院应当在审理前的准备阶段确定当事人的<u>举证期限</u>。举证期限可以由当事人<u>协商</u>,并经人民法院准许。

人民法院确定举证期限,第一审普通程序案件<u>不得少于15日</u>,当事人提供新的证据的第二审案件<u>不得少于10日</u>。

举证期限届满后,当事人对已经提供的证据,申请提供反驳证据或者对证据来源、形式等方面的瑕疵进行补正的,人民法院可以酌情再次确定举证期限,该期限不受前款规定的限制。

第101条 当事人逾期提供证据的,人民法院应当责令其说明理由,必要时可以要求其提供相应的证据。

当事人因客观原因逾期提供证据、或者对方当事人对逾期提供证据未提出异议的,视为未逾期。

第102条第1、2款 当事人因故意或者重大过失逾期提供的证据,人民法院不予采纳。但该证据与案件基本事实有关的,人民法院应当采纳,并依照民事诉讼法第65条、第115条第1款的规定予以训诫、罚款。

当事人非因故意或者重大过失逾期提供的证据,人民法院应当采纳,并对当事人予以训诫。

《民事证据规定》

第55条 存在下列情形的,举证期限按照如下方式确定:

(一)当事人依照民事诉讼法第127条规定提出管辖权异议的,举证期限中止,自驳回管辖权异议的裁定生效之日起恢复计算;

(二)追加当事人、有独立请求权的第三人参加诉讼或者无独立请求权的第三人经人民法院通知参加诉讼的,人民法院应当依照本规定第51条的规定为新参加诉讼的当事人确定举证期限,该举证期限适用于其他当事人;

(三)发回重审的案件,第一审人民法院可以结合案件具体情况和发回重审的原因,酌情确定举证期限;

(四)当事人增加、变更诉讼请求或者提出反诉的,人民法院应当根据案件具体情况重新确定举证期限;

（五）公告送达的，举证期限自公告期届满之次日起计算。

第 86 条 当事人对于欺诈、胁迫、恶意串通事实的证明，以及对于口头遗嘱或赠与事实的证明，人民法院确信该待证事实存在的可能性能够排除合理怀疑的，应当认定该事实存在。

与诉讼保全、回避等程序事项有关的事实，人民法院结合当事人的说明及相关证据，认为有关事实存在的可能性较大的，可以认定该事实存在。

第 90 条 下列证据不能单独作为认定案件事实的根据：

（一）当事人的陈述；

（二）无民事行为能力人或者限制民事行为能力人所作的与其年龄、智力状况或者精神健康状况不相当的证言；

（三）与一方当事人或者其代理人有利害关系的证人陈述的证言；

（四）存有疑点的视听资料、电子数据；

（五）无法与原件、原物核对的复制件、复制品。

考点剖析

1. 当事人的举证期限既可以由法院确定，也可以由当事人协商并经法院准许。

第一审和第二审程序中对于举证期限规定的是最短时间，一审不得少于 15 日，二审不得少于 10 日；而简易程序和小额诉讼程序中的举证期限规定的是最长时间，简易程序不得超过 15 日，小额诉讼程序一般不得超过 7 日。

2. 注意掌握逾期举证的后果。

（1）因故意或者重大过失逾期举证的，原则上法院不予采纳。但其中证据与案件基本事实有关的，采纳但是予以训诫、罚款。

（2）非因故意或者重大过失逾期举证的，法院应当采纳，并予以训诫。

（3）因客观原因逾期举证，或者对方对逾期举证无异议的，视为未逾期。

3. 2019 年新《民事证据规定》对于特殊情况下举证期限的确定进行了细化。需要结合《民事证据规定》第 55 条的规定进行熟悉了解。

命题展望

证明程序主要围绕举证、取证、质证和认证四个环节进行，考试可能通过一审程序纠错类的题型对于相关内容进行考查，需要整体把握。

重点法条 13 ▶ 送 达

第 86 条 ［留置送达］ 受送达人或者他的同住成年家属拒绝接收诉讼文书的，送达人可以邀请有关基层组织或者所在单位的代表到场，说明情况，在送达回证上记明拒收事由和日期，由送达人、见证人签名或者盖章，把诉讼文书留在受送达人

的住所；也可以把诉讼文书留在受送达人的住所，并采用拍照、录像等方式记录送达过程，即视为送达。

第 87 条第 1 款 ［电子送达］ 经受送达人同意，人民法院可以采用传真、电子邮件等能够确认其收悉的方式送达诉讼文

书，但判决书、裁定书、调解书除外。

第 92 条第 1 款［公告送达］ 受送达人下落不明，或者用本节规定的其他方式无法送达的，公告送达。自发出公告之日起，经过 60 日，即视为送达。

关联法条

《民诉解释》

第 131 条第 1 款 人民法院直接送达诉讼文书的，可以通知当事人到人民法院领取。当事人到达人民法院，拒绝签署送达回证的，视为送达。审判人员、书记员应当在送达回证上注明送达情况并签名。

第 133 条 调解书应当直接送达当事人本人，不适用留置送达。当事人本人因故不能签收的，可由其指定的代收人签收。

第 140 条 适用简易程序的案件，不适

用公告送达。

考点剖析

1. 留置送达可以采取见证人见证和拍照录像记录两种方式。由于调解书以当事人签收为生效的前提，故调解书不适用留置送达的方式。

2. 电子送达方式需要经过受送达人同意，并且需要确认受送达人能够收悉。对于判决书、裁定书、调解书，不适用电子送达。

3. 适用简易程序的案件，不能适用公告送达的方式。

命题展望

送达方式整体可考性不强，考生能够判断法院的相应送达方式是否合法即可。

重点法条 14 ▶ 法院调解

☞ **第 93 条**［法院调解原则］ 人民法院审理民事案件，根据当事人自愿的原则，在事实清楚的基础上，分清是非，进行调解。

第 96 条［调解协议的达成］ 调解达成协议，必须双方自愿，不得强迫。调解协议的内容不得违反法律规定。

第 97 条［调解书的制作、送达和效力］ 调解达成协议，人民法院应当制作调解书。调解书应当写明诉讼请求、案件的事实和调解结果。

调解书由审判人员、书记员署名，加盖人民法院印章，送达双方当事人。

调解书经双方当事人签收后，即具有法律效力。

第 98 条［不需要制作调解书的案件］

下列案件调解达成协议，人民法院可以不制作调解书：

（一）调解和好的离婚案件；

（二）调解维持收养关系的案件；

（三）能够即时履行的案件；

（四）其他不需要制作调解书的案件。

对不需要制作调解书的协议，应当记入笔录，由双方当事人、审判人员、书记员签名或者盖章后，即具有法律效力。

第 99 条［调解不成或调解后反悔的处理］ 调解未达成协议或者调解书送达前一方反悔的，人民法院应当及时判决。

关联法条

《民诉解释》

☞ 第 145 条 人民法院审理民事案件，应

当根据自愿、合法的原则进行调解。当事人一方或者双方坚持不愿调解的，应当及时裁判。

人民法院审理离婚案件，应当进行调解，但不应久调不决。

第146条第1、2款　人民法院审理民事案件，调解过程不公开，但当事人同意公开的除外。

调解协议内容不公开，但为保护国家利益、社会公共利益、他人合法权益，人民法院认为确有必要公开的除外。

第148条　当事人自行和解或者调解达成协议后，请求人民法院按照和解协议或者调解协议的内容制作判决书的，人民法院不予准许。

无民事行为能力人的离婚案件，由其法定代理人进行诉讼。法定代理人与对方达成协议要求发给判决书的，可根据协议内容制作判决书。

第151条　根据民事诉讼法第98条第1款第4项规定，当事人各方同意在调解协议上签名或者盖章后即发生法律效力的，经人民法院审查确认后，应当记入笔录或者将调解协议附卷，并由当事人、审判人员、书记员签名或者盖章后即具有法律效力。

前款规定情形，当事人请求制作调解书的，人民法院审查确认后可以制作调解书送交当事人。当事人拒收调解书的，不影响调解协议的效力。

《最高人民法院关于人民法院民事调解工作若干问题的规定》第11条　调解协议约定一方提供担保或者案外人同意为当事人提供担保的，人民法院应当准许。

案外人提供担保的，人民法院制作调解书应当列明担保人，并将调解书送交担保人。担保人不签收调解书的，不影响调解书生效。

当事人或者案外人提供的担保符合担保法规定的条件时生效。

▶ 真题链接

2013/4/7（4）（《民事诉讼法》第93条，《民诉解释》第145条）

▶ 考点剖析

1. 法院的调解应遵循自愿合法的原则。调解协议可以超出当事人的诉讼请求，但是调解协议中不能约定"若一方不履行协议，另一方可以请求法院作出裁判的条款"，因为此约定违反一事不再理的原则。

2. 对于法院调解的案件，原则上法院应当制作调解书，经当事人签收后生效。只有在调解和好的离婚案件、调解维持收养关系的案件以及能够即时履行的案件等可以不制作调解书的情况下，可以将调解协议记入笔录，由双方当事人、审判人员、书记员签名或盖章后生效。

3. 调解协议中约定由案外人提供担保的，法院应当准许，并在调解书中列明担保人。担保人拒绝签收调解书的，不影响调解书的生效。

4. 诉讼中当事人之间自行达成和解协议的，既可以通过申请撤诉的方式结案，也可以通过申请法院依据和解协议制作调解书的方式结案。

▶ 命题展望

1. 调解作为法院解决民事纠纷的一种结案方式，其中调解书的制作和送达以及生效时间尤为重要，作为生效法律文书的一种，可结合调解书特殊的送达方式、调解中担保的规定进行考查。

2. 2013年卷四第7题曾经以论述题的方式考查法院审判与调解之间的关系，这也不失为对于法院调解原则的一种考查思路，不能忽视。

重点法条 ⑮ ▶ 保全与先予执行

第81条 ［证据保全］ 在证据可能灭失或者以后难以取得的情况下，当事人可以在诉讼过程中向人民法院申请保全证据，人民法院也可以主动采取保全措施。

因情况紧急，在证据可能灭失或者以后难以取得的情况下，利害关系人可以在提起诉讼或者申请仲裁前向证据所在地、被申请人住所地或者对案件有管辖权的人民法院申请保全证据。

证据保全的其他程序，参照适用本法第九章保全的有关规定。

第100条 ［诉讼保全］ 人民法院对于可能因当事人一方的行为或者其他原因，使判决难以执行或者造成当事人其他损害的案件，根据对方当事人的申请，可以裁定对其财产进行保全、责令其作出一定行为或者禁止其作出一定行为；当事人没有提出申请的，人民法院在必要时也可以裁定采取保全措施。

人民法院采取保全措施，可以责令申请人提供担保，申请人不提供担保的，裁定驳回申请。

人民法院接受申请后，对情况紧急的，必须在48小时内作出裁定；裁定采取保全措施的，应当立即开始执行。

第101条 ［诉前保全］ 利害关系人因情况紧急，不立即申请保全将会使其合法权益受到难以弥补的损害的，可以在提起诉讼或者申请仲裁前向被保全财产所在地、被申请人住所地或者对案件有管辖权的人民法院申请采取保全措施。申请人应当提供担保，不提供担保的，裁定驳回申请。

人民法院接受申请后，必须在48小时内作出裁定；裁定采取保全措施的，应当立即开始执行。

申请人在人民法院采取保全措施后30日内不依法提起诉讼或者申请仲裁的，人民法院应当解除保全。

第104条 ［保全的解除］ 财产纠纷案件，被申请人提供担保的，人民法院应当裁定解除保全。

☞ **第106条** ［先予执行的适用范围］ 人民法院对下列案件，根据当事人的申请，可以裁定先予执行：

（一）追索赡养费、扶养费、抚育费、抚恤金、医疗费用的；

（二）追索劳动报酬的；

（三）因情况紧急需要先予执行的。

第107条 ［先予执行的条件］ 人民法院裁定先予执行的，应当符合下列条件：

（一）当事人之间权利义务关系明确，不先予执行将严重影响申请人的生活或者生产经营的；

（二）被申请人有履行能力。

人民法院可以责令申请人提供担保，申请人不提供担保的，驳回申请。申请人败诉的，应当赔偿被申请人因先予执行遭受的财产损失。

第108条 ［对保全或先予执行不服的救济程序］　当事人对保全或者先予执行的裁定不服的，可以申请复议一次。复议期间不停止裁定的执行。

关联法条

《民诉解释》

第157条　人民法院对抵押物、质押物、留置物可以采取财产保全措施，但不影响抵押权人、质权人、留置权人的优先受偿权。

第161条　对当事人不服一审判决提起上诉的案件，在第二审人民法院接到报送的案件之前，当事人有转移、隐匿、出卖或者毁损财产等行为，必须采取保全措施的，由第一审人民法院依当事人申请或者依职权采取。第一审人民法院的保全裁定，应当及时报送第二审人民法院。

第163条　法律文书生效后，进入执行程序前，债权人因对方当事人转移财产等紧急情况，不申请保全将可能导致生效法律文书不能执行或者难以执行的，可以向执行法院申请采取保全措施。债权人在法律文书指定的履行期间届满后5日内不申请执行的，人民法院应当解除保全。

《公司法解释（二）》第3条　股东提起解散公司诉讼时，向人民法院申请财产保全或者证据保全的，在股东提供担保且不影响公司正常经营的情形下，人民法院可予以保全。

真题链接

2008/4/5（3）（《民事诉讼法》第106条）

考点剖析

1. 根据保全对象不同，保全可以分为财产保全、行为保全和证据保全；根据提起时间不同，保全可以分为诉前保全、诉讼中保全和执行前的保全。对于诉前保全和诉讼中保全注意掌握其在管辖法院、启动方式以及是否需要提供担保上的区别。

2. 对抵押物、质押物、留置物仍可以采取保全措施，但并不影响权利人的优先受偿权。

3. 诉前保全措施采取后30日内不起诉或申请仲裁的，应当解除保全措施；财产纠纷案件中，被申请人向人民法院提供担保的，也应当裁定解除保全措施。

4. 适用先予执行的案件，往往是为了解决权利人生活或者生产经营的急需，在案件受理中，终局判决作出前提出申请，法院可以责令申请人提供担保。

命题展望

保全和先予执行是客观题的高频考点，但是保全制度却一直是主观题考查的空白点。其作为民事诉讼中保障制度的重要内容，可结合民事诉讼中的管辖制度进行考查。在如今科目融合的考查趋势下，对商法中出现的诉讼保全的情形也要予以重视。

重点法条⑯▶ 起诉与受理

☞**第119条** ［起诉的实质条件］　起诉必须符合下列条件：

（一）原告是与本案有<u>直接利害关系</u>的公民、法人和其他组织；

（二）有明确的被告；

（三）有具体的诉讼请求和事实、理由；

（四）属于人民法院受理民事诉讼的范围和受诉人民法院管辖。

☞ **第 121 条** ［起诉状的内容］ <u>起诉状</u>应当记明下列事项：

（一）原告的姓名、性别、年龄、民族、职业、工作单位、住所、联系方式，法人或者其他组织的名称、住所和法定代表人或者主要负责人的姓名、职务、联系方式；

（二）被告的姓名、性别、工作单位、住所等信息，法人或者其他组织的名称、住所等信息；

（三）<u>诉讼请求和所根据的事实与理由</u>；

（四）<u>证据</u>和证据来源，证人姓名和住所。

▶ 关联法条

第 152 条 ［判决书的内容］ 判决书应当写明<u>判决结果和作出该判决的理由</u>。判决书内容包括：

（一）案由、诉讼请求、争议的事实和理由；

（二）判决认定的事实和理由、适用的法律和理由；

（三）判决结果和诉讼费用的负担；

（四）上诉期间和上诉的法院。

判决书由审判人员、书记员署名，加盖人民法院印章。

《民诉解释》

第 212 条 裁定<u>不予受理、驳回起诉</u>的案件，原告<u>再次起诉</u>，符合起诉条件且不属

于民事诉讼法第 124 条规定情形的，人民法院应予受理。

第 214 条 原告<u>撤诉</u>或者人民法院<u>按撤诉处理</u>后，原告以同一诉讼请求再次起诉的，人民法院应予受理。

原告撤诉或者按撤诉处理的离婚案件，没有新情况、新理由，6 个月内又起诉的，比照民事诉讼法第 124 条第 7 项的规定不予受理。

☞ **第 247 条** 当事人就已经提起诉讼的事项在诉讼过程中或者裁判生效后再次起诉，同时符合下列条件的，构成<u>重复起诉</u>：

（一）后诉与前诉的当事人相同；

（二）后诉与前诉的诉讼标的相同；

（三）后诉与前诉的诉讼请求相同，或者后诉的诉讼请求实质上否定前诉裁判结果。

当事人重复起诉的，裁定不予受理；已经受理的，裁定驳回起诉，但法律、司法解释另有规定的除外。

▶ 真题链接

2019/主；2018/主（《民诉解释》第247条）

2017/4/6（2）（《民事诉讼法》第119条）

2013/4/7（1）（《民事诉讼法》第121条）

▶ 考点剖析

1. 起诉条件中要求原告与案件有直接的利害关系，且只要求有明确的被告，并不要求被告正确或者适格。

2. 对于劳动纠纷，未经劳动仲裁即向人民法院起诉的，法院不予受理；双方当事人约定有效的仲裁协议的情况下，由于不属于法院主管，法院也不予受理。

3. 根据一事不再理原则，若同一案件已经经过法院实体处理，原告再次起诉的，

法院不予受理。故对于不予受理、驳回起诉、当事人撤诉或者按照撤诉处理的案件，原告再次起诉的，若符合起诉条件，仍应予以受理。

4. 根据《民诉解释》第247条的规定，结合具体案情判断前诉和后诉是否构成重复诉讼：从前后诉当事人、诉讼标的和诉讼请求三方面进行判断。

▶ 命题展望

1. 起诉和受理这部分一向是考试的"富矿区"，作为民事诉讼审判程序的第一步，可结合主管与管辖、适格当事人的判断进行考查；2018、2019年主观题考试中对于重复起诉的判断都进行了考查，此知识点也要予以重视。

2. 法律文书是今年主观题考试的考查题型之一，而民诉中起诉状的起草也是司法实务中的必备技能，所以要求考生熟练掌握起诉状的整体框架。同时对于民事判决书的内容框架也要予以熟悉。

重点法条⑰ ▶ 民事诉讼的审前准备工作

第127条［管辖权异议］　人民法院受理案件后，当事人对管辖权有异议的，应当在提交答辩状期间提出。人民法院对当事人提出的异议，应当审查。异议成立的，裁定将案件移送有管辖权的人民法院；异议不成立的，裁定驳回。

当事人未提出管辖异议，并应诉答辩的，视为受诉人民法院有管辖权，但违反级别管辖和专属管辖规定的除外。

☞**第132条**［当事人的追加］　必须共同进行诉讼的当事人没有参加诉讼的，人民法院应当通知其参加诉讼。

▶ 关联法条

《民诉解释》第223条　当事人在提交答辩状期间提出管辖异议，又针对起诉状的内容进行答辩的，人民法院应当依照民事诉讼法第127条第1款的规定，对管辖异议进行审查。

当事人未提出管辖异议，就案件实体内容进行答辩、陈述或者反诉的，可以认定为民事诉讼法第127条第2款规定的应诉答辩。

▶ 真题链接

2010/4/5(2)(《民事诉讼法》第132条)

▶ 考点剖析

1. 管辖权异议通常由被告在提交答辩状期间提出，第三人无权提出管辖权异议，对于管辖权异议作出的裁定，可以上诉。

2. 应诉管辖使本不具有管辖权的法院因当事人的实体答辩行为而视为有管辖权。当事人的消极不应诉或者单纯的程序答辩不会使得法院取得应诉管辖。

▶ 命题展望

管辖权异议中的提出主体、提出时间以及法律效果和救济方式都可能在主观题中考查，同时可能结合民诉中的级别管辖和地域管辖考查法院在审判程序中的相关做法是否合法。

重点法条 18 ▶ 撤诉与缺席判决

第143条 [原告不到庭和中途退庭的处理] 原告经传票传唤，无正当理由拒不到庭的，或者未经法庭许可中途退庭的，可以按撤诉处理；被告反诉的，可以缺席判决。

☞**第144条** [被告不到庭和中途退庭的处理] 被告经传票传唤，无正当理由拒不到庭的，或者未经法庭许可中途退庭的，可以缺席判决。

第145条 [原告申请撤诉的处理] 宣判前，原告申请撤诉的，是否准许，由人民法院裁定。

人民法院裁定不准许撤诉的，原告经传票传唤，无正当理由拒不到庭的，可以缺席判决。

▣ 关联法条

《民诉解释》

第236条 有独立请求权的第三人经人民法院传票传唤，无正当理由拒不到庭的，或者未经法庭许可中途退庭的，比照民事诉讼法第143条的规定，按撤诉处理。

第237条 有独立请求权的第三人参加诉讼后，原告申请撤诉，人民法院在准许原告撤诉后，有独立请求权的第三人作为另案原告，原案原告、被告作为另案被告，诉讼继续进行。

▣ 真题链接

2017/4/6(4)(《民事诉讼法》第144条)

▣ 考点剖析

1. 撤诉分为申请撤诉和按撤诉处理，这是当事人对其诉讼权利行使处分权的体现。其中原告只需要经传票传唤一次无正当理由拒不到庭的，即可按撤诉处理。

2. 缺席判决的适用主体除了被告和无独立请求权的第三人之外，还包括申请撤诉未被批准的原告。对于非必须参加诉讼的被告来说，经传票传唤，无正当理由拒不到庭或未经法庭许可中途退庭的，法院才可以缺席判决。

▣ 命题展望

当事人申请撤诉之后的法律后果可结合一事不再理原则，对当事人的行为是否构成重复起诉进行判断。关于撤诉和缺席判决的适用情形，了解熟悉即可。

重点法条 19 ▶ 诉讼障碍

第146条 [延期审理] 有下列情形之一的，可以延期开庭审理：

（一）必须到庭的当事人和其他诉讼参与人有正当理由没有到庭的；

（二）当事人临时提出回避申请的；

（三）需要通知新的证人到庭，调取新的证据，重新鉴定、勘验，或者需要补充调查的；

（四）其他应当延期的情形。

第150条 [诉讼中止] 有下列情形之

一的，中止诉讼：

（一）一方当事人死亡，需要等待继承人表明是否参加诉讼的；

（二）一方当事人丧失诉讼行为能力，尚未确定法定代理人的；

（三）作为一方当事人的法人或者其他组织终止，尚未确定权利义务承受人的；

（四）一方当事人因不可抗拒的事由，不能参加诉讼的；

（五）本案必须以另一案的审理结果为依据，而另一案尚未审结的；

（六）其他应当中止诉讼的情形。

中止诉讼的原因消除后，恢复诉讼。

第151条 ［诉讼终结］　有下列情形之一的，终结诉讼：

（一）原告死亡，没有继承人，或者继承人放弃诉讼权利的；

（二）被告死亡，没有遗产，也没有应当承担义务的人的；

（三）离婚案件一方当事人死亡的；

（四）追索赡养费、扶养费、抚育费以及解除收养关系案件的一方当事人死亡的。

🔖 关联法条

《破产法》第20条　人民法院受理破产

申请后，已经开始而尚未终结的有关债务人的民事诉讼或者仲裁应当中止；在管理人接管债务人的财产后，该诉讼或者仲裁继续进行。

🔖 考点剖析

掌握3种诉讼障碍对应的具体情形，注意区分延期审理和诉讼中止：延期审理一般是庭审出现了一些临时性障碍，使得庭审无法继续，只能推迟庭审，但是其他诉讼活动仍可得以继续；而诉讼中止则是因为某些法定原因，需要停止整个诉讼程序的制度。二者适用的法律文书不同，延期审理用决定，诉讼中止用裁定。

🔖 命题展望

诉讼障碍在客观题考试中考查频繁，虽然在以往主观题考试中一直是考查的空白点，但是对于法院在法定特殊情形下的处理方式仍然具有一定可考价值，应予以掌握。2019年科目融合题中对于法院受理合并重整程序后，已经进行的民事诉讼的处理方式进行了考查，在目前法考主观题科目融合的考查趋势下，对于破产法中与民事诉讼程序有关的知识点，需要重点关注。

重点法条 20 ▶ 简易程序与小额诉讼程序

第157条 ［简易程序的适用范围］　基层人民法院和它派出的法庭审理事实清楚、权利义务关系明确、争议不大的简单的民事案件，适用本章规定。

基层人民法院和它派出的法庭审理前款规定以外的民事案件，当事人双方也可

以约定适用简易程序。

第159条 ［简易程序的传唤方式］　基层人民法院和它派出的法庭审理简单的民事案件，可以用简便方式传唤当事人和证人、送达诉讼文书、审理案件，但应当保障当事人陈述意见的权利。

第163条 ［简易程序转为普通程序］人民法院在审理过程中，发现案件不宜适用简易程序的，裁定转为普通程序。

⚑ 关联法条

《民诉解释》

☞ **第257条** 下列案件，不适用简易程序：

（一）起诉时被告下落不明的；

（二）发回重审的；

（三）当事人一方人数众多的；

（四）适用审判监督程序的；

（五）涉及国家利益、社会公共利益的；

（六）第三人起诉请求改变或者撤销生效判决、裁定、调解书的；

（七）其他不宜适用简易程序的案件。

第261条 适用简易程序审理案件，人民法院可以采取捎口信、电话、短信、传真、电子邮件等简便方式传唤双方当事人、通知证人和送达裁判文书以外的诉讼文书。

以简便方式送达的开庭通知，未经当事人确认或者没有其他证据证明当事人已经收到的，人民法院不得缺席判决。

适用简易程序审理案件，由审判员独任审判，书记员担任记录。

第271条 人民法院审理小额诉讼案件，适用民事诉讼法第162条的规定，实行一审终审。

第275条 下列案件，不适用小额诉讼程序审理：

（一）人身关系、财产确权纠纷；

（二）涉外民事纠纷；

（三）知识产权纠纷；

（四）需要评估、鉴定或者对诉前评估、鉴定结果有异议的纠纷；

（五）其他不宜适用一审终审的纠纷。

第278条 当事人对小额诉讼案件提出管辖异议的，人民法院应当作出裁定。裁定一经作出即生效。

第279条 人民法院受理小额诉讼案件后，发现起诉不符合民事诉讼法第119条规定的起诉条件的，裁定驳回起诉。裁定一经作出即生效。

第426条 对小额诉讼案件的判决、裁定，当事人以民事诉讼法第200条规定的事由向原审人民法院申请再审的，人民法院应当受理。申请再审事由成立的，应当裁定再审，组成合议庭进行审理。作出的再审判决、裁定，当事人不得上诉。

当事人以不应按小额诉讼案件审理为由向原审人民法院申请再审的，人民法院应当受理。理由成立的，应当裁定再审，组成合议庭审理。作出的再审判决、裁定，当事人可以上诉。

⚑ 真题链接

2013/4/7（3）（《民诉解释》第257条）

⚑ 考点剖析

1. 注意简易程序的适用范围，其中发回重审、适用审判监督程序再审的案件，以及第三人撤销之诉，均不能适用简易程序。

2. 适用简易程序审理的案件，在诉讼程序上有所简化，传唤、送达方式简单，庭审方式相对灵活，举证期限和答辩期也比较灵活，同时注重调解。

3. 小额诉讼程序一审终审，其中包括实体判决、管辖权异议和驳回起诉的裁定，均不得上诉。认为经小额诉讼程序所得生效文书存在错误而申请再审的，对于再审判决能否上诉，视当事人申请再审的事由的不同而有所区别。

▶ 命题展望

1. 由于简易程序在适用范围和具体程序上具有特殊性，可结合简易程序的程序特点进行考查。

2. 小额诉讼程序具有一审终审的程序特点，可结合小额诉讼程序的裁定一审终审和小额诉讼程序的再审问题进行考查。

重 点 法 条 ㉑ ▶ 二审程序

第166条 ［上诉的提起］　上诉状应当通过原审人民法院提出，并按照对方当事人或者代表人的人数提出副本。

当事人直接向第二审人民法院上诉的，第二审人民法院应当在5日内将上诉状移交原审人民法院。

☞ **第170条** ［二审裁判］　第二审人民法院对上诉案件，经过审理，按照下列情形，分别处理：

（一）原判决、裁定认定事实清楚，适用法律正确的，以判决、裁定方式驳回上诉，维持原判决、裁定；

（二）原判决、裁定认定事实错误或者适用法律错误的，以判决、裁定方式依法改判、撤销或者变更；

（三）原判决认定基本事实不清的，裁定撤销原判决，发回原审人民法院重审，或者查清事实后改判；

（四）原判决遗漏当事人或者违法缺席判决等严重违反法定程序的，裁定撤销原判决，发回原审人民法院重审。

原审人民法院对发回重审的案件作出判决后，当事人提起上诉的，第二审人民法院不得再次发回重审。

第173条 ［上诉的撤回］　第二审人民法院判决宣告前，上诉人申请撤回上诉的，是否准许，由第二审人民法院裁定。

▶ 关联法条

《民诉解释》

☞ **第319条**　必要共同诉讼人的一人或者部分人提起上诉的，按下列情形分别处理：

（一）上诉仅对与对方当事人之间权利义务分担有意见，不涉及其他共同诉讼人利益的，对方当事人为被上诉人，未上诉的同一方当事人依原审诉讼地位列明；

（二）上诉仅对共同诉讼人之间权利义务分担有意见，不涉及对方当事人利益的，未上诉的同一方当事人为被上诉人，对方当事人依原审诉讼地位列明；

（三）上诉对双方当事人之间以及共同诉讼人之间权利义务承担有意见的，未提起上诉的其他当事人均为被上诉人。

第325条　下列情形，可以认定为民事诉讼法第170条第1款第4项规定的严重违反法定程序：

（一）审判组织的组成不合法的；

（二）应当回避的审判人员未回避的；

（三）无诉讼行为能力人未经法定代理人代为诉讼的；

（四）违法剥夺当事人辩论权利的。

☞ **第326条**　对当事人在第一审程序中已经提出的诉讼请求，原审人民法院未作审理、判决的，第二审人民法院可以根据当事人自愿的原则进行调解；调解不成的，发回重审。

☞第 327 条　必须参加诉讼的当事人或者有独立请求权的第三人，在第一审程序中未参加诉讼，第二审人民法院可以根据当事人自愿的原则予以调解；调解不成的，发回重审。

☞第 328 条　在第二审程序中，原审原告增加独立的诉讼请求或者原审被告提出反诉的，第二审人民法院可以根据当事人自愿的原则就新增加的诉讼请求或者反诉进行调解；调解不成的，告知当事人另行起诉。

双方当事人同意由第二审人民法院一并审理的，第二审人民法院可以一并裁判。

第 329 条　一审判决不准离婚的案件，上诉后，第二审人民法院认为应当判决离婚的，可以根据当事人自愿的原则，与子女抚养、财产问题一并调解；调解不成的，发回重审。

双方当事人同意由第二审人民法院一并审理的，第二审人民法院可以一并裁判。

第 333 条　第二审人民法院对下列上诉案件，依照民事诉讼法第 169 条规定可以不开庭审理：

（一）不服不予受理、管辖权异议和驳回起诉裁定的；

（二）当事人提出的上诉请求明显不能成立的；

（三）原判决、裁定认定事实清楚，但适用法律错误的；

（四）原判决严重违反法定程序，需要发回重审的。

第 337 条　在第二审程序中，当事人申请撤回上诉，人民法院经审查认为一审判决

确有错误，或者当事人之间恶意串通损害国家利益、社会公共利益、他人合法权益的，不应准许。

第 338 条　在第二审程序中，原审原告申请撤回起诉，经其他当事人同意，且不损害国家利益、社会公共利益、他人合法权益的，人民法院可以准许。准许撤诉的，应当一并裁定撤销一审裁判。

原审原告在第二审程序中撤回起诉后重复起诉的，人民法院不予受理。

▶ 真题链接

2018/主（《民诉解释》第 328 条）

2017/4/6（4）；2013/4/7（2）（3）（《民诉解释》第 327 条，《民事诉讼法》第 170 条）

2012/4/5（4）（《民事诉讼法》第 170 条）

2010/4/5（3）（4）（《民诉解释》第 319、326 条）

▶ 考点剖析

1. 关于二审当事人诉讼地位的判断：必要共同诉讼中上诉人与被上诉人的确定是难点。关键看上诉人的上诉请求是对一审判决中谁的权利义务不满，即列其为被上诉人；上诉请求中未涉及的当事人按照原审诉讼地位列明即可。

2. 二审中不同情况下的裁判方式是二审程序中考查的重中之重，需要精准掌握。尤其是严重违反法定程序的情形和处理方式，经常予以考查。

3. 掌握二审中发现一审遗漏诉讼请求、遗漏当事人时法院的处理方式。将其与二审中当事人增加、变更诉讼请求和提出反诉时法院的处理方式进行对比。需要重点掌握。

二审程序作为主观题命题的常考区，一定要予以重视。其中二审当事人地位的确定、二审的裁判方式、二审的审理范围和方式以及二审中特殊情况的处理都是考试的热点，均需要重点掌握。这些知识点可考性较强，2018年主观题考试中即对二审中变更诉讼请求的处理方式进行了考查。

重点法条 22 ▶ 特别程序

第177条［适用范围］人民法院审理选民资格案件、宣告失踪或者宣告死亡案件、认定公民无民事行为能力或者限制民事行为能力案件、认定财产无主案件、确认调解协议案件和实现担保物权案件，适用本章规定。本章没有规定的，适用本法和其他法律的有关规定。

第178条［审理方式］依照本章程序审理的案件，实行一审终审。选民资格案件或者重大、疑难的案件，由审判员组成合议庭审理；其他案件由审判员一人独任审理。

■ 关联法条

《民诉解释》

☞**第371条**　人民法院应当就主合同的效力、期限、履行情况，担保物权是否有效设立、担保财产的范围、被担保的债权范围、被担保的债权是否已届清偿期等担保物权实现的条件，以及是否损害他人合法权益等内容进行审查。

被申请人或者利害关系人提出异议的，人民法院应当一并审查。

第372条　人民法院审查后，按下列情形分别处理：

（一）当事人对实现担保物权无实质性争议且实现担保物权条件成就的，裁定准许拍卖、变卖担保财产；

（二）当事人对实现担保物权有部分实质性争议的，可以就无争议部分裁定准许拍卖、变卖担保财产；

（三）当事人对实现担保物权有实质性争议的，裁定驳回申请，并告知申请人向人民法院提起诉讼。

☞**第374条**　适用特别程序作出的判决、裁定，当事人、利害关系人认为有错误的，可以向作出该判决、裁定的人民法院提出异议。人民法院经审查，异议成立或者部分成立的，作出新的判决、裁定撤销或者改变原判决、裁定；异议不成立的，裁定驳回。

对人民法院作出的确认调解协议、准许实现担保物权的裁定，当事人有异议的，应当自收到裁定之日起15日内提出；利害关系人有异议的，自知道或者应当知道其民事权益受到侵害之日起6个月内提出。

■ 真题链接

2019/主（《民诉解释》第371、374条）

■ 考点剖析

1. 特别程序的目的并不是为了解决争议，而是为了确认某种事实是否存在。原则上适用独任制，由审判员1人独任审理，对于选民资格案件、重大疑难案件和担保财产标的额超过基层人民法院管辖范围的担保物权的实现案件，应当由审判员组成合议庭进行审理。特别程序实行一审终审制，判决书一经送达，即发生法律效力。

2. 对人民法院作出的确认调解协议、准许实现担保物权的裁定，当事人有异议的，应当自收到裁定之日起 15 日内提出；利害关系人有异议的，自知道或者应当知道其民事权益受到侵害之日起 6 个月内提出。

重点法条 ㉓ ▶ 再审的启动

☞ **第 199 条** ［当事人申请再审］ 当事人对已经发生法律效力的判决、裁定，认为有错误的，可以向上一级人民法院申请再审；当事人一方人数众多或者当事人双方为公民的案件，也可以向原审人民法院申请再审。当事人申请再审的，不停止判决、裁定的执行。

☞ **第 200 条** ［再审事由］ 当事人的申请符合下列情形之一的，人民法院应当再审：

（一）有新的证据，足以推翻原判决、裁定的；

（二）原判决、裁定认定的基本事实缺乏证据证明的；

（三）原判决、裁定认定事实的主要证据是伪造的；

（四）原判决、裁定认定事实的主要证据未经质证的；

（五）对审理案件需要的主要证据，当事人因客观原因不能自行收集，书面申请人民法院调查收集，人民法院未调查收集的；

（六）原判决、裁定适用法律确有错误的；

（七）审判组织的组成不合法或者依

法应当回避的审判人员没有回避的；

（八）无诉讼行为能力人未经法定代理人代为诉讼或者应当参加诉讼的当事人，因不能归责于本人或者其诉讼代理人的事由，未参加诉讼的；

（九）违反法律规定，剥夺当事人辩论权利的；

（十）未经传票传唤，缺席判决的；

（十一）原判决、裁定遗漏或者超出诉讼请求的；

（十二）据以作出原判决、裁定的法律文书被撤销或者变更的；

（十三）审判人员审理该案件时有贪污受贿，徇私舞弊，枉法裁判行为的。

第 201 条 ［调解书的再审］ 当事人对已经发生法律效力的调解书，提出证据证明调解违反自愿原则或者调解协议的内容违反法律的，可以申请再审。经人民法院审查属实的，应当再审。

第 205 条 ［当事人申请再审的期限］ 当事人申请再审，应当在判决、裁定发生法律效力后 6 个月内提出；有本法第 200 条第 1 项、第 3 项、第 12 项、第 13 项规

☑ **命题展望**

2019 年主观题考试商法的选做题中，结合商法中的知识点对实现担保物权案件中利害关系人的救济方式进行了考查。特别程序这章没有单独考查的可能性，只可能以科目融合的方式进行考查，因此要求考生掌握特别程序的特点以及其中关于审查和处理的程序性规定。

定情形的，自知道或者应当知道之日起6个月内提出。

第208条［基于检察监督权的再审］最高人民检察院对各级人民法院已经发生法律效力的判决、裁定，上级人民检察院对下级人民法院已经发生法律效力的判决、裁定，发现有本法第200条规定情形之一的，或者发现调解书损害国家利益、社会公共利益的，应当提出抗诉。

地方各级人民检察院对同级人民法院已经发生法律效力的判决、裁定，发现有本法第200条规定情形之一的，或者发现调解书损害国家利益、社会公共利益的，可以向同级人民法院提出检察建议，并报上级人民检察院备案；也可以提请上级人民检察院向同级人民法院提出抗诉。

各级人民检察院对审判监督程序以外的其他审判程序中审判人员的违法行为，有权向同级人民法院提出检察建议。

第209条［当事人申请再审检察建议及抗诉］　有下列情形之一的，当事人可以向人民检察院申请检察建议或者抗诉：

（一）人民法院驳回再审申请的；

（二）人民法院逾期未对再审申请作出裁定的；

（三）再审判决、裁定有明显错误的。

人民检察院对当事人的申请应当在3个月内进行审查，作出提出或者不予提出检察建议或者抗诉的决定。当事人不得再次向人民检察院申请检察建议或者抗诉。

▶ **关联法条**

《民诉解释》

第379条　当事人一方人数众多或者当事人双方为公民的案件，当事人分别向原审人民法院和上一级人民法院申请再审且不能协商一致的，由原审人民法院受理。

第383条　当事人申请再审，有下列情形之一的，人民法院不予受理：

（一）再审申请被驳回后再次提出申请的；

（二）对再审判决、裁定提出申请的；

（三）在人民检察院对当事人的申请作出不予提出再审检察建议或者抗诉决定后又提出申请的。

前款第1项、第2项规定情形，人民法院应当告知当事人可以向人民检察院申请再审检察建议或者抗诉，但因人民检察院提出再审检察建议或者抗诉而再审作出的判决、裁定除外。

▶ **真题链接**

2016/4/6（4）；2008/4/5（5）（《民事诉讼法》第199、200条）

2010/4/5（5）（《民事诉讼法》第199条）

▶ **考点剖析**

1. 再审的启动方式包括三种：当事人申请再审、法院启动再审以及检察院启动再审。

2. 当事人申请法院再审的13项事由需要牢固掌握，经常予以考查。其中包括程序上的事由、证据上的事由以及法律上的事由。

3. 原则上，当事人申请再审，应当向上一级法院申请。但是当事人一方人数众多或者双方当事人都是公民的案件，当事人也可以选择向原审法院申请再审。

4. 当事人只能在向法院提出再审申请后，对法院的处理结果不满意，才能再向检察院申请抗诉或者检察建议，即当事人的申请需要"先法后检"。

▶ 命题展望

再审的启动方式中当事人申请再审是主观题的常考点，其中当事人申请再审的事由以及当事人申请再审的管辖法院最为重要，需要重点掌握。

重点法条24 ▶ 再审的审理程序

第 204 条第 2 款 [再审案件的管辖法院] 因当事人申请裁定再审的案件由中级人民法院以上的人民法院审理，但当事人依照本法第 199 条的规定选择向基层人民法院申请再审的除外。最高人民法院、高级人民法院裁定再审的案件，由本院再审或者交其他人民法院再审，也可以交原审人民法院再审。

第 206 条 [中止原判决的执行及例外] 按照审判监督程序决定再审的案件，裁定中止原判决、裁定、调解书的执行，但追索赡养费、扶养费、抚育费、抚恤金、医疗费用、劳动报酬等案件，可以不中止执行。

☞ **第 207 条** [再审案件的审理程序] 人民法院按照审判监督程序再审的案件，发生法律效力的判决、裁定是由第一审法院作出的，按照第一审程序审理，所作的判决、裁定，当事人可以上诉；发生法律效力的判决、裁定是由第二审法院作出的，按照第二审程序审理，所作的判决、裁定，是发生法律效力的判决、裁定；上级人民法院按照审判监督程序提审的，按照第二审程序审理，所作的判决、裁定是发生法律效力的判决、裁定。

人民法院审理再审案件，应当另行组成合议庭。

第 211 条 [抗诉案件裁定再审的期限及审理法院] 人民检察院提出抗诉的案件，接受抗诉的人民法院应当自收到抗诉书之日起 30 日内作出再审的裁定；有本法第 200 条第 1 项至第 5 项规定情形之一的，可以交下一级人民法院再审，但经该下一级人民法院再审的除外。

▶ 关联法条

☞ 《民诉解释》第 405 条第 1 款 人民法院审理再审案件应当围绕再审请求进行。当事人的再审请求超出原审诉讼请求的，不予审理；符合另案诉讼条件的，告知当事人可以另行起诉。

《最高人民法院关于适用〈中华人民共和国民事诉讼法〉审判监督程序若干问题的解释》

第 27 条 上一级人民法院经审查认为申请再审事由成立的，一般由本院提审。最高人民法院、高级人民法院也可以指定与原审人民法院同级的其他人民法院再审，或者指令原审人民法院再审。

第 33 条 人民法院应当在具体的再审请求范围内或在抗诉支持当事人请求的范围内审理再审案件。当事人超出原审范围增加、变更诉讼请求的，不属于再审审理范围。但涉及国家利益、社会公共利益，或者当事人在原审诉讼中已经依法要求增加、变更诉讼请求，原审未予审理且客观上不能形成其他诉讼的除外。

经再审裁定撤销原判决，发回重审后，当事人增加诉讼请求的，人民法院依照民事诉讼法第126条的规定处理。

第38条　人民法院按照第二审程序审理再审案件，发现原判决认定事实错误或者认定事实不清的，应当在查清事实后改判。但原审人民法院便于查清事实、化解纠纷的，可以裁定撤销原判决，发回重审；原审程序遗漏必须参加诉讼的当事人且无法达成调解协议，以及其他违反法定程序不宜在再审程序中直接作出实体处理的，应当裁定撤销原判决，发回重审。

第42条　因案外人申请人民法院裁定再审的，人民法院经审理认为案外人应为必要的共同诉讼当事人，在按第一审程序再审时，应追加其为当事人，作出新的判决；在按第二审程序再审时，经调解不能达成协议的，应撤销原判，发回重审，重审时应追加案外人为当事人。

案外人不是必要的共同诉讼当事人的，仅审理其对原判决提出异议部分的合法性，并应根据审理情况作出撤销原判决相关判项或者驳回再审请求的判决；撤销原判决相关判项的，应当告知案外人以及原审当事人可以提起新的诉讼解决相关争议。

《最高人民法院关于民事审判监督程序严格依法适用指令再审和发回重审若干问题的规定》第2条　因当事人申请裁定再审的案件一般应当由裁定再审的人民法院审理。有下列情形之一的，最高人民法院、高级人民法院可以指令原审人民法院再审：

（一）依据民事诉讼法第200条第4项、第5项或者第9项裁定再审的；

（二）发生法律效力的判决、裁定、调解书是由第一审法院作出的；

（三）当事人一方人数众多或者当事人双方为公民的；

（四）经审判委员会讨论决定的其他情形。

人民检察院提出抗诉的案件，由接受抗诉的人民法院审理，具有民事诉讼法第200条第1至第5项规定情形之一的，可以指令原审人民法院再审。

人民法院依据民事诉讼法第198条第2款裁定再审的，应当提审。

▶ 真题链接

2016/4/6（5）（《民事诉讼法》第207条，《民诉解释》第405条）

▶ 考点剖析

1. 结合当事人申请再审的法院，掌握再审的管辖法院，原则上由中级以上人民法院审理，但是当事人向原审基层人民法院申请再审的除外。

2. 法院决定再审后，原则上应中止原生效判决、裁定、调解书的执行，但是追索赡养费、扶养费、抚育费、抚恤金、医疗费用、劳动报酬等案件除外。

3. 关于再审程序中的审理程序，关键看原生效裁判的作出法院以及是否存在提审情形。

4. 再审的审理范围不超过再审申请或者抗诉范围。当事人超出原审范围增加、变更诉讼请求的，不属于再审范围。涉及国家利益、社会公共利益，或者当事人在原审诉讼中已经依法要求增加、变更诉讼请求，原审未予审理，且客观上不能形成其他诉讼的除外。

5. 适用二审程序进行的再审，如果发

现原判决认定基本事实不清、违反法定程序、遗漏当事人诉讼请求、遗漏必须参加诉讼的当事人的，比照二审程序的相关规定处理。

▶ **命题展望**

审判监督程序作为民诉中的重难点，在主观题考试中也经常考查，分清再审的启动和审理程序两个阶段，两者经常综合考查。要求考生熟练掌握再审的管辖法院、再审的审理范围以及再审中出现特殊情形的裁判方式。

重点法条㉕ ▶ 案外人异议与执行异议之诉

☞**第227条** [案外人异议] 执行过程中，案外人对执行标的提出书面异议的，人民法院应当自收到书面异议之日起15日内审查，理由成立的，裁定中止对该标的的执行；理由不成立的，裁定驳回。案外人、当事人对裁定不服，认为原判决、裁定错误的，依照审判监督程序办理；与原判决、裁定无关的，可以自裁定送达之日起15日内向人民法院提起诉讼。

▶ **关联法条**

《民诉解释》

第303条第2款 案外人对人民法院驳回其执行异议裁定不服，认为原判决、裁定、调解书内容错误损害其合法权益的，应当根据民事诉讼法第227条规定申请再审，提起第三人撤销之诉的，人民法院不予受理。

第304条 根据民事诉讼法第227条规定，案外人、当事人对执行异议裁定不服，自裁定送达之日起15日内向人民法院提起执行异议之诉的，由执行法院管辖。

第307条 案外人提起执行异议之诉的，以申请执行人为被告。被执行人反对案外人异议的，被执行人为共同被告；被执行人不反对案外人异议的，可以列被执行人为第三人。

第308条 申请执行人提起执行异议之诉的，以案外人为被告。被执行人反对申请执行人主张的，以案外人和被执行人为共同被告；被执行人不反对申请执行人主张的，可以列被执行人为第三人。

第310条 人民法院审理执行异议之诉案件，适用普通程序。

☞**第464条** 根据民事诉讼法第227条规定，案外人对执行标的提出异议的，应当在该执行标的的执行程序终结前提出。

☞**第465条** 案外人对执行标的提出的异议，经审查，按照下列情形分别处理：

（一）案外人对执行标的不享有足以排除强制执行的权益的，裁定驳回其异议；

（二）案外人对执行标的的享有足以排除强制执行的权益的，裁定中止执行。

驳回案外人执行异议裁定送达案外人之日起15日内，人民法院不得对执行标的进行处分。

▶ **真题链接**

2019/主；2015/4/4（1）；2014/4/6（2）（《民事诉讼法》第227条）

考点剖析

1. 案外人对执行标的提出异议的，对于执行异议裁定不服，分为两种救济方式：

（1）若认为原生效判决、裁定确有错误的，可以自执行异议裁定送达之日起6个月内，向原作出生效判决、裁定调解书的人民法院申请再审；

（2）若认为与原生效判决、裁定无关的，可以自裁定送达之日起15日内向执行法院提起执行异议之诉。

2. 案外人对执行标的提出异议，需要对执行标的享有足以排除强制执行的权益，否则会裁定驳回异议。

命题展望

2019年主观题对案外人的执行标的异议能否得到法院支持进行了考查，要求考生能够结合执行标的的异议的提出主体和审查标准进行回答。同时，案外人执行异议与案外人申请再审和执行异议之诉之间的关系是执行程序中的难点，也是主观题经常考查的重点，可以结合第三人撤销之诉考查三者之间关系，要求考生重点掌握。

重点法条 26 ▶ 执行和解

第230条［执行和解］ 在执行中，双方当事人自行和解达成协议的，执行员应当将协议内容记入笔录，由双方当事人签名或者盖章。

申请执行人因受欺诈、胁迫与被执行人达成和解协议，或者当事人不履行和解协议的，人民法院可以根据当事人的申请，恢复对原生效法律文书的执行。

关联法条

《最高人民法院关于执行和解若干问题的规定》

第6条 当事人达成以物抵债执行和解协议的，人民法院不得依据该协议作出以物抵债裁定。

第9条 被执行人一方不履行执行和解协议的，申请执行人可以申请恢复执行原生效法律文书，也可以就履行执行和解协议向执行法院提起诉讼。

第11条 申请执行人以被执行人一方不履行执行和解协议为由申请恢复执行，人民法院经审查，理由成立的，裁定恢复执行；有下列情形之一的，裁定不予恢复执行：

（一）执行和解协议履行完毕后申请恢复执行的；

（二）执行和解协议约定的履行期限尚未届至或者履行条件尚未成就的，但符合合同法第108条规定情形的除外；

（三）被执行人一方正在按照执行和解协议约定履行义务的；

（四）其他不符合恢复执行条件的情形。

第13条 恢复执行后，对申请执行人就履行执行和解协议提起的诉讼，人民法院不予受理。

第15条 执行和解协议履行完毕，申请执行人因被执行人迟延履行、瑕疵履行遭受损害的，可以向执行法院另行提起诉讼。

第19条 执行过程中，被执行人根据当事人自行达成但未提交人民法院的和解协议，或者一方当事人提交人民法院但其他当事人不予认可的和解协议，依照民事诉讼法第225条规定提出异议的，人民法院按照下列情形，分别处理：

（一）和解协议履行完毕的，裁定终结原生效法律文书的执行；

（二）和解协议约定的履行期限尚未届至或者履行条件尚未成就的，<u>裁定中止执行</u>，但符合合同法第108条规定情形的除外；

（三）被执行人一方正在按照和解协议约定履行义务的，<u>裁定中止执行</u>；

（四）被执行人不履行和解协议的，<u>裁定驳回异议</u>；

（五）和解协议不成立、未生效或者无效的，<u>裁定驳回异议</u>。

▣ 考点剖析

1. 注意掌握执行中达成和解协议的法律后果：

（1）若和解协议履行完毕，法院裁定执行终结。但是如果因被执行人迟延履行、瑕疵履行而遭受损害的，申请人可以向执行法院另行起诉。

（2）若被执行人拒不履行和解协议的，申请人可以选择申请恢复执行或者就和解协议起诉。

2. 若当事人自行达成和解协议，但是由于未提交至法院或一方提交至法院另一方不认可的，按照不同情形加以认定。

▣ 命题展望

由于2018年3月1日开始施行的《最高人民法院关于执行和解若干问题的规定》对于执行和解作出诸多新规定，所以作为新法，执行和解部分具有一定的可考性，可结合具体案情考查被执行人拒不履行和解协议或者和解协议瑕疵履行的法律后果。

重点法条 27 ▶ 执行措施与参与分配

第241条 [被执行人报告财产情况] 被执行人未按执行通知履行法律文书确定的义务，应当<u>报告当前以及收到执行通知之日前1年的财产情况</u>。被执行人拒绝报告或者虚假报告的，人民法院可以根据情节轻重对<u>被执行人</u>或者其法定代理人、有关单位的<u>主要负责人或者直接责任人员</u>予以<u>罚款、拘留</u>。

☞ **第242条第1款** [被执行人存款等财产的执行] 被执行人未按执行通知履行法律文书确定的义务，人民法院有权向有关单位<u>查询</u>被执行人的<u>存款</u>、<u>债券</u>、<u>股票</u>、<u>基金份额</u>等财产情况。人民法院有权根据

不同情形<u>扣押、冻结、划拨、变价</u>被执行人的财产。人民法院<u>查询、扣押、冻结、划拨、变价的财产不得超出被执行人应当履行义务的范围</u>。

☞ **第253条** [迟延履行的责任] 被执行人未按判决、裁定和其他法律文书指定的期间履行给付金钱义务的，应当<u>加倍支付迟延履行期间的债务利息</u>。被执行人未按判决、裁定和其他法律文书指定的期间履行其他义务的，应当<u>支付迟延履行金</u>。

▣ 关联法条

《民诉解释》

第507条 被执行人未按判决、裁定和

其他法律文书指定的期间履行非金钱给付义务的，无论是否已给申请执行人造成损失，都应当支付迟延履行金。已经造成损失的，双倍补偿申请执行人已经受到的损失；没有造成损失的，迟延履行金可以由人民法院根据具体案件情况决定。

☞ 第508条　被执行人为公民或者其他组织，在执行程序开始后，被执行人的其他已经取得执行依据的债权人发现被执行人的财产不能清偿所有债权的，可以向人民法院申请参与分配。

对人民法院查封、扣押、冻结的财产有优先权、担保物权的债权人，可以直接申请参与分配，主张优先受偿权。

第511条　多个债权人对执行财产申请参与分配的，执行法院应当制作财产分配方案，并送达各债权人和被执行人。债权人或者被执行人对分配方案有异议的，应当自收到分配方案之日起15日内向执行法院提出书面异议。

第512条第1、2款　债权人或者被执行人对分配方案提出书面异议的，执行法院应当通知未提出异议的债权人、被执行人。

未提出异议的债权人、被执行人自收到通知之日起15日内未提出反对意见的，执行法院依异议人的意见对分配方案审查修正后进行分配；提出反对意见的，应当通知异议人。异议人可以自收到通知之日起15日内，以提出反对意见的债权人、被执行人为被告，向执行法院提起诉讼；异议人逾期未提起诉讼的，执行法院按照原分配方案进行分配。

《最高人民法院关于人民法院民事执行中查封、扣押、冻结财产的规定》

第5条　人民法院对被执行人下列的财产不得查封、扣押、冻结：

（一）被执行人及其所扶养家属生活所必需的衣服、家具、炊具、餐具及其他家庭生活必需的物品；

（二）被执行人及其所扶养家属所必需的生活费用。当地有最低生活保障标准的，必需的生活费用依照该标准确定；

（三）被执行人及其所扶养家属完成义务教育所必需的物品；

（四）未公开的发明或者未发表的著作；

（五）被执行人及其所扶养家属用于身体缺陷所必需的辅助工具、医疗物品；

……

（八）法律或者司法解释规定的其他不得查封、扣押、冻结的财产。

第6条　对被执行人及其所扶养家属生活所必需的居住房屋，人民法院可以查封，但不得拍卖、变卖或者抵债。

▶ 真题链接

2014/4/6（4）（《民诉解释》第508条）

2008/4/5（4）（《民诉解释》第242、253条）

▶ 考点剖析

1. 执行措施分为对财产和行为的执行措施与执行保障措施。其中对于财产的执行措施掌握对被执行人的金融财产、收入和其他财产的执行方式，对于执行保障措施重点掌握加倍支付迟延期间债务利息或迟延履行金的适用情形。

2. 参与分配作为执行程序开始之后，因债务人的财产不足以清偿多个债权人的债权，申请执行人以外的其他债权人凭借有效的执行依据加入到已经开始的执行过程中的一项制度，目的是为了使多个债权人得到平等受偿，需要掌握参与分配的适用条件和具体程序。

命题展望

在目前对于"老赖"严厉制裁的大背景下，对于民事诉讼中的执行措施仍需予以关注，不能忽视，可结合对于当事人拒不执行法院的强制措施进行考查。执行中参与分配要求掌握适用条件和具体程序。

专题二 仲裁法*

重点法条 28 ▶ 仲裁概述

第3条 ［适用范围的例外］ 下列纠纷不能仲裁：

（一）婚姻、收养、监护、扶养、继承纠纷；

（二）依法应当由行政机关处理的行政争议。

☞**第4条** ［自愿仲裁原则］ 当事人采用仲裁方式解决纠纷，应当双方自愿，达成仲裁协议。没有仲裁协议，一方申请仲裁的，仲裁委员会不予受理。

☞**第5条** ［或裁或审原则］ 当事人达成仲裁协议，一方向人民法院起诉的，人民法院不予受理，但仲裁协议无效的除外。

☞**第9条** ［一裁终局制度］ 仲裁实行一裁终局的制度。裁决作出后，当事人就同一纠纷再申请仲裁或者向人民法院起诉的，仲裁委员会或者人民法院不予受理。

裁决被人民法院依法裁定撤销或者不予执行的，当事人就该纠纷可以根据双方重新达成的仲裁协议申请仲裁，也可以向人民法院起诉。

真题链接

2018/主（《仲裁法》第4条）

2009/4/5（1）（6）（《仲裁法》第5、9条）

考点剖析

1. 当事人之间存在有效的仲裁协议时，法院应不予受理当事人的起诉。法院受理后，当事人在首次开庭前提交仲裁协议的，法院应裁定驳回起诉，仲裁协议无效的除外。

2. 仲裁裁决被法院撤销或者不予执行的，当事人就该纠纷既可以重新达成仲裁协议申请仲裁，也可以向法院起诉。

命题展望

1. 仲裁中的自愿仲裁原则和或裁或审原则可结合仲裁协议的效力，考查仲裁协议

＊ 本专题的重点法条（第×条），未特别指明是哪部法律法规的，均默认为2017年9月1日修正的《中华人民共和国仲裁法》。

的效力对于法院和仲裁机构对案件管辖权的影响，可考性较强。2018 年主观题考试中即对仲裁协议的效力进行了考查。从元年法考主观题的考查趋势来看，民诉中的仲裁部分可与民法商法融合进行考查，学习的时候要注重对于学科交叉的知识点的掌握。

2. 可结合仲裁的基本原则和制度考查民事纠纷解决机制中可适用的解决纠纷的方式。

重点法条 29 ▶ 仲裁协议

第 17 条［仲裁协议无效的情形］　有下列情形之一的，**仲裁协议无效**：

（一）约定的仲裁事项超出法律规定的仲裁范围的；

（二）无民事行为能力人或者限制民事行为能力人订立的仲裁协议；

（三）一方采取胁迫手段，迫使对方订立仲裁协议的。

第 18 条［对内容不明确的仲裁协议的处理］　仲裁协议对仲裁事项或者仲裁委员会没有约定或者约定不明确的，当事人可以补充协议；达不成补充协议的，仲裁协议无效。

第 19 条［合同对仲裁协议效力的影响］仲裁协议独立存在，合同的变更、解除、终止或者无效，不影响仲裁协议的效力。

仲裁庭有权确认合同的效力。

☞ **第 20 条**［对仲裁协议的异议］　当事人对仲裁协议的效力有异议的，可以请求仲裁委员会作出决定或者请求人民法院作出裁定。一方请求仲裁委员会作出决定，另一方请求人民法院作出裁定的，由人民法院裁定。

当事人对仲裁协议的效力有异议，应当在仲裁庭首次开庭前提出。

▶ 关联法条

《仲裁法解释》

第 5 条　仲裁协议约定两个以上仲裁机构的，当事人可以协议选择其中的一个仲裁机构申请仲裁；当事人不能就仲裁机构选择达成一致的，仲裁协议无效。

第 7 条　当事人约定争议可以向仲裁机构申请仲裁也可以向人民法院起诉的，仲裁协议无效。但一方向仲裁机构申请仲裁，另一方未在仲裁法第 20 条第 2 款规定期间内提出异议的除外。

第 12 条第 1 款　当事人向人民法院申请确认仲裁协议效力的案件，由仲裁协议约定的仲裁机构所在地的中级人民法院管辖；仲裁协议约定的仲裁机构不明确的，由仲裁协议签订地或者被申请人住所地的中级人民法院管辖。（此条已被《最高人民法院关于审理仲裁司法审查案件若干问题的规定》第 2 条修改）

第 13 条　依照仲裁法第 20 条第 2 款的规定，当事人在仲裁庭首次开庭前没有对仲裁协议的效力提出异议，而后向人民法院申请确认仲裁协议无效的，人民法院不予受理。

仲裁机构对仲裁协议的效力作出决定后，

当事人向人民法院申请确认仲裁协议效力或者申请撤销仲裁机构的决定的,人民法院不予受理。

《最高人民法院关于审理仲裁司法审查案件若干问题的规定》第2条第1款　申请确认仲裁协议效力的案件,由仲裁协议约定的<u>仲裁机构所在地、仲裁协议签订地、申请人住所地、被申请人住所地</u>的<u>中级人民法院</u>或者专门人民法院管辖。

☞**《破产法解释(三)》第8条[破产申请受理前订立仲裁协议]**　债务人、债权人对债权表记载的债权有异议的,应当说明理由和法律依据。经管理人解释或调整后,异议人仍然不服的,或者管理人不予解释或调整的,异议人应当在债权人会议核查结束后15日内向人民法院提起债权确认的诉讼。当事人之间在破产申请受理前订立有仲裁条款或仲裁协议的,应当向选定的仲裁机构申请确认债权债务关系。

▶**真题链接**

2018/主(《破产法解释(三)》第8条)
2009/4/5(2)(《仲裁法》第20条)

▶**考点剖析**

1. 当事人之间约定争议既可以向仲裁机构申请仲裁也可以向人民法院起诉的,

仲裁协议无效,但需要在仲裁庭首次开庭前提出。

2. 当事人对仲裁协议的效力有争议的,可以请求仲裁委员会或者法院作出决定,其中法院的确认优先。当事人向法院申请确认仲裁协议效力的,由仲裁协议约定的仲裁机构所在地、仲裁协议签订地、申请人住所地、被申请人住所地的中级人民法院或者专门人民法院管辖。

▶**命题展望**

2018年1月1日开始施行的《最高人民法院关于审理仲裁司法审查案件若干问题的规定》对申请确认仲裁协议效力的管辖法院的规定进行了修改,可结合仲裁协议效力的确认机关、法院的确认优先以及当事人对仲裁协议效力的异议提出时间进行考查。

2018年的主观题中即对破产程序前订立有效的仲裁条款或仲裁协议在法院受理破产案件之后的效力进行了考查,这个知识点在2019年3月28日正式开始施行的《破产法解释(三)》中才进行了明确规定。这表示目前法考并不会回避理论界争议的热点问题,甚至会对法律尚未明确规定的问题进行考查,这要求考生了解法条背后的立法背景和相关法理。

重点法条③⓪▶仲裁程序

第26条[仲裁协议的当事人一方向法院起诉的处理]　当事人达成仲裁协议,一方向人民法院起诉未声明有仲裁协议,人民法院受理后,另一方在首次开庭前提交仲裁协议的,人民法院应当<u>驳回起诉</u>,但

仲裁协议无效的除外;另一方在首次开庭前未对人民法院受理该案提出异议的,视为<u>放弃仲裁协议</u>,人民法院应当继续审理。

☞**第31条[仲裁员的选任]**　当事人约定由3名仲裁员组成仲裁庭的,应当各自

选定或者各自委托仲裁委员会主任指定 1 名仲裁员，第 3 名仲裁员由当事人共同选定或者共同委托仲裁委员会主任指定。第 3 名仲裁员是首席仲裁员。

当事人约定由 1 名仲裁员成立仲裁庭的，应当由当事人共同选定或者共同委托仲裁委员会主任指定仲裁员。

第 32 条［仲裁员的指定］　当事人没有在仲裁规则规定的期限内约定仲裁庭的组成方式或者选定仲裁员的，由仲裁委员会主任指定。

第 36 条［回避的决定］　仲裁员是否回避，由仲裁委员会主任决定；仲裁委员会主任担任仲裁员时，由仲裁委员会集体决定。

☞**第 37 条**［仲裁员的重新确定］　仲裁员因回避或者其他原因不能履行职责的，应当依照本法规定重新选定或者指定仲裁员。

因回避而重新选定或者指定仲裁员后，当事人可以请求已进行的仲裁程序重新进行，是否准许，由仲裁庭决定；仲裁庭也可以自行决定已进行的仲裁程序是否重新进行。

第 49 条［仲裁和解］　当事人申请仲裁后，可以自行和解。达成和解协议的，可以请求仲裁庭根据和解协议作出裁决书，也可以撤回仲裁申请。

第 51 条［仲裁调解］　仲裁庭在作出裁决前，可以先行调解。当事人自愿调解的，仲裁庭应当调解。调解不成的，应当及时作出裁决。

调解达成协议的，仲裁庭应当制作调解书或者根据协议的结果制作裁决书。调解书与裁决书具有同等法律效力。

第 53 条［仲裁裁决的作出］　裁决应当按照多数仲裁员的意见作出，少数仲裁员的不同意见可以记入笔录。仲裁庭不能形成多数意见时，裁决应当按照首席仲裁员的意见作出。

▶ 真题链接

2009/4/5（3）（《仲裁法》第31、37条）

▶ 考点剖析

1. 仲裁庭的组成形式可以是独任仲裁或是由 3 名仲裁员合议仲裁，可由当事人约定，当事人在规定期限内没有约定的，由仲裁委员会主任指定。仲裁庭首席仲裁员由当事人共同选定或者共同委托主任指定。

2. 仲裁员（包括首席仲裁员）的回避由仲裁委员会主任决定；仲裁委员会主任的回避由仲裁委员会决定。回避之后仲裁员仍然按照原来的选定方式进行重新选定或者指定，已经进行的仲裁程序是否重新进行，由仲裁庭决定。

3. 仲裁中达成和解协议之后，可以通过撤回仲裁申请或者请求仲裁庭根据和解协议制作裁决书的方式结案；仲裁中达成调解协议的，仲裁庭应当制作调解书或者根据协议制作裁决书。

▶ 命题展望

仲裁程序中可考的知识点很多，仲裁庭的组成、仲裁中的回避制度、仲裁中达成和解协议或者调解协议后的结案方式，都可结合具体案例进行考查，需要考生精细化掌握。

重点法条 ㉛ ▶ 申请撤销仲裁裁决与仲裁裁决的执行

☞ **第58条** ［申请撤销仲裁裁决的法定情形］ 当事人提出证据证明裁决有下列情形之一的，可以向仲裁委员会所在地的中级人民法院申请撤销裁决：

（一）没有仲裁协议的；

（二）裁决的事项不属于仲裁协议的范围或者仲裁委员会无权仲裁的；

（三）仲裁庭的组成或者仲裁的程序违反法定程序的；

（四）裁决所根据的证据是伪造的；

（五）对方当事人隐瞒了足以影响公正裁决的证据的；

（六）仲裁员在仲裁该案时有索贿受贿，徇私舞弊，枉法裁决行为的。

人民法院经组成合议庭审查核实裁决有前款规定情形之一的，应当裁定撤销。

人民法院认定该裁决违背社会公共利益的，应当裁定撤销。

☞ **第61条** ［申请撤销仲裁裁决的后果］人民法院受理撤销裁决的申请后，认为可以由仲裁庭重新仲裁的，通知仲裁庭在一定期限内重新仲裁，并裁定中止撤销程序。仲裁庭拒绝重新仲裁的，人民法院应当裁定恢复撤销程序。

☞ **第64条** ［仲裁裁决的执行中止、终结与恢复］ 一方当事人申请执行裁决，另一方当事人申请撤销裁决的，人民法院应当裁定中止执行。

人民法院裁定撤销裁决的，应当裁定终结执行。撤销裁决的申请被裁定驳回的，人民法院应当裁定恢复执行。

🔖 关联法条

《仲裁法解释》

第18条 仲裁法第58条第1款第1项规定的"没有仲裁协议"是指当事人没有达成仲裁协议。仲裁协议被认定无效或者被撤销的，视为没有仲裁协议。

☞ **第21条** 当事人申请撤销国内仲裁裁决的案件属于下列情形之一的，人民法院可以依照仲裁法第61条的规定通知仲裁庭在一定期限内重新仲裁：

（一）仲裁裁决所根据的证据是伪造的；

（二）对方当事人隐瞒了足以影响公正裁决的证据的。

人民法院应当在通知中说明要求重新仲裁的具体理由。

第22条 仲裁庭在人民法院指定的期限内开始重新仲裁的，人民法院应当裁定终结撤销程序；未开始重新仲裁的，人民法院应当裁定恢复撤销程序。

第26条 当事人向人民法院申请撤销仲裁裁决被驳回后，又在执行程序中以相同理由提出不予执行抗辩的，人民法院不予支持。

第27条第1款 当事人在仲裁程序中未对仲裁协议的效力提出异议，在仲裁裁决作出后以仲裁协议无效为由主张撤销仲裁裁决或者提出不予执行抗辩的，人民法院不予支持。

第28条 当事人请求不予执行仲裁调解书或者根据当事人之间的和解协议作出的仲裁裁决书的，人民法院不予支持。

☞**第 29 条**　当事人申请执行仲裁裁决案件，由被执行人住所地或者被执行的财产所在地的中级人民法院管辖。

《最高人民法院关于人民法院办理仲裁裁决执行案件若干问题的规定》

第 20 条　当事人向人民法院申请撤销仲裁裁决被驳回后，又在执行程序中以相同事由提出不予执行申请的，人民法院不予支持；当事人向人民法院申请不予执行被驳回后，又以相同事由申请撤销仲裁裁决的，人民法院不予支持。

在不予执行仲裁裁决案件审查期间，当事人向有管辖权的人民法院提出撤销仲裁裁决申请并被受理的，人民法院应当裁定中止对不予执行申请的审查；仲裁裁决被撤销或者决定重新仲裁的，人民法院应当裁定终结执行，并终结对不予执行申请的审查；撤销仲裁裁决申请被驳回或者申请执行人撤回撤销仲裁裁决申请的，人民法院应当恢复对不予执行申请的审查；被执行人撤回撤销仲裁裁决申请的，人民法院应当裁定终结对不予执行申请的审查，但案外人申请不予执行仲裁裁决的除外。

第 21 条第 1 款　人民法院裁定驳回撤销仲裁裁决申请或者驳回不予执行仲裁裁决、仲裁调解书申请的，执行法院应当恢复执行。

第 22 条　人民法院裁定不予执行仲裁裁决、驳回或者不予受理不予执行仲裁裁决申请后，当事人对该裁定提出执行异议或者申请复议的，人民法院不予受理。

人民法院裁定不予执行仲裁裁决的，当事人可以根据双方达成的书面仲裁协议重新申请仲裁，也可以向人民法院起诉。

人民法院基于案外人申请裁定不予执行仲裁裁决或者仲裁调解书，当事人不服的，可以自裁定送达之日起 10 日内向上一级人民法院申请复议；人民法院裁定驳回或者不予受理案外人提出的不予执行仲裁裁决、仲裁调解书申请，案外人不服的，可以自裁定送达之日起 10 日内向上一级人民法院申请复议。

▶ **真题链接**

2018/主（《仲裁法》第58条）

2009/4/5（4）（5）（《仲裁法》第61、64条，《仲裁法解释》第21、29条）

▶ **考点剖析**

1. 掌握申请撤销和不予执行仲裁裁决的管辖法院。申请撤销仲裁裁决由仲裁委员会所在地的中院管辖；申请执行或者不予执行仲裁裁决由被执行人住所地或者被执行的财产所在地的中级人民法院管辖。

2. 申请撤销和不予执行仲裁裁决的法定情形一致，当申请撤销仲裁裁决中出现证据类问题时，法院可通知仲裁庭重新仲裁。申请不予执行仲裁裁决中没有通知重新仲裁的情形。

3. 对于撤销和不予执行仲裁裁决之间的关系：若先后提出，法院不予受理；同时提出的话，先审查撤销申请。

▶ **命题展望**

申请撤销和不予执行仲裁裁决是仲裁法中最让考生头疼的一块内容，2018 年 3 月 1 日开始施行的《最高人民法院关于人民法院办理仲裁裁决执行案件若干问题的规定》中对撤销和不予执行仲裁裁决的关系又作出了新的规定，因此具有一定的可考性，需要予以重视。要求考生重点掌握申请撤销和不予执行仲裁裁决的法定情形、管辖法院、法律后果以及两者之间的关系。

商　法

专题一　公司法[*]

重点法条①▶独立法人与股东有限责任

☞**第3条** [独立法人] 公司是企业法人，有独立的法人财产，享有法人财产权。公司以其全部财产对公司的债务承担责任。

[股东有限责任] 有限责任公司的股东以其认缴的出资额为限对公司承担责任；股份有限公司的股东以其认购的股份为限对公司承担责任。

▶ 关联法条

《民法典》第465条 [依法成立的合同效力] 依法成立的合同，受法律保护。

☞[合同的相对性] 依法成立的合同，仅对当事人具有法律约束力，但是法律另有规定的除外。

▶ 真题链接

2016/4/5(4)(《公司法》第3条)

2010/4/6(5)(《民法典》第456条)

▶ 考点剖析

1. 公司享有法人财产权，财产是公司法人的人格基础。

2. 公司以自己的名义从事民商事活动，独立承担民事责任。

3. 公司的债务由公司独立承担，股东按认缴出资额为限承担责任。

▶ 命题展望

理解公司的法人性与股东有限责任是分析商法案例的基础，可以和公司法人人格否认制度、股东滥用有限责任结合考查，公司作为独立法人，也可以与民法财产抵押、债的保全结合考查。考生要注意区分侵犯公司法人财产与股东抽逃出资。

---

* 本专题的重点法条（第×条），未特别指明是哪部法律法规的，均默认为2018年10月26日修正的《中华人民共和国公司法》。

重点法条 ② ▶ 变更登记

第7条 [设立登记] 依法设立的公司，由公司登记机关发给公司营业执照。公司营业执照签发日期为公司成立日期。

[营业执照记载事项] 公司营业执照应当载明公司的名称、住所、注册资本、经营范围、法定代表人姓名等事项。

☞ [变更登记] 公司营业执照记载的事项发生变更的，公司应当依法办理变更登记，由公司登记机关换发营业执照。

▶ 真题链接

2015/4/5(5)(《公司法》第7条)

重点法条 ③ ▶法定代表人

第13条 [法定代表人] 公司法定代表人依照公司章程的规定，由董事长、执行董事或者经理担任，并依法登记。公司法定代表人变更，应当办理变更登记。

☞**第50条第1款** [执行董事] 股东人数较少或者规模较小的有限责任公司，可以设一名执行董事，不设董事会。执行董事可以兼任公司经理。

▶ 关联法条

《民法典》

☞ **第504条** [越权订立的合同效力] 法人的法定代表人或者非法人组织的负责人超越权限订立的合同，除相对人知道或者应当知道其超越权限外，该代表行为有效，订立的合同对法人或者非法人组织发生效力。

第505条 [超越经营范围订立的合同效力] 当事人超越经营范围订立的合同的效力，应当依照本法第一编第六章第三节和本编的有关规定确定，不得仅以超越经营范围确认合同无效。

☞ **第171条第1款** [无权代理] 行为人没有代理权、超越代理权或者代理权终止后，仍然实施代理行为，未经被代理人追认的，对被代理人不发生效力。

▶ 真题链接

2017/4/5(1)(《公司法》第50条)

2012/4/4(2)(《民法典》第504条)

2007/4/5(4)(《民法典》第171条第1款)

▶ 考点剖析

1. 公司法定代表人由董事长、执行董事或者经理担任，并依法登记。

2. 股东人数较少或者规模较小的有限

▶ 考点剖析

公司营业执照记载的事项发生变更，需要经过公司登记机关办理变更登记，才能产生变更的法律效力。

▶ 命题展望

该知识点属于基础知识，主要与股东会的表决规则，公司增加或减少资本、合并分立、解散步骤结合考查，营业执照记载事项发生变更，需要经过公司登记机关办理变更后，才能产生法律效力。

责任公司，可以设一名执行董事。

3. 公司法定代表人超越权限订立合同有效。

▶ 命题展望

公司治理结构是商法主观题比较容易的知识点，在案例分析中，考查角度主要是判断公司章程规定的治理结构是否合理，可能与"董监高"任职资格、任职限制以及组织机构职权划分结合考查。对法定代表人的职权限制不得对抗善意第三人，主要与民法典结合考查。

重点法条④ ▶公司提供担保

第 16 条 ［提供担保］ 公司向其他企业投资或者为他人提供担保，依照公司章程的规定，由董事会或者股东会、股东大会决议；公司章程对投资或者担保的总额及单项投资或者担保的数额有限额规定的，不得超过规定的限额。

公司为公司股东或者实际控制人提供担保的，必须经股东会或者股东大会决议。

前款规定的股东或者受前款规定的实际控制人支配的股东，不得参加前款规定事项的表决。该项表决由出席会议的其他股东所持表决权的过半数通过。

第 60 条 一人有限责任公司章程由股东制定。

▶ 关联法条

《民法典》第 388 条 ［担保合同］ 设立担保物权，应当依照本法和其他法律的规定订立担保合同。担保合同包括抵押合同、质押合同和其他具有担保功能的合同。担保合同是主债权债务合同的从合同。主债权债务合同无效的，担保合同无效，但是法律另有规定的除外。

［担保合同无效］ 担保合同被确认无效后，债务人、担保人、债权人有过错的，应当根据其过错各自承担相应的民事责任。

《九民纪要》

17. ［违反《公司法》第 16 条构成越权代表］ 为防止法定代表人随意代表公司为他人提供担保给公司造成损失，损害中小股东利益，《公司法》第 16 条对法定代表人的代表权进行了限制。根据该条规定，担保行为不是法定代表人所能单独决定的事项，而必须以公司股东（大）会、董事会等公司机关的决议作为授权的基础和来源。法定代表人未经授权擅自为他人提供担保的，构成越权代表，人民法院应当根据《合同法》第 50 条（现为《民法典》第 504 条）关于法定代表人越权代表的规定，区分订立合同时债权人是否善意分别认定合同效力：债权人善意的，合同有效；反之，合同无效。

18. ［善意的认定］ 前条所称的善意，是指债权人不知道或者不应当知道法定代表人超越权限订立担保合同。《公司法》第 16 条对关联担保和非关联担保的决议机关作出了区别规定，相应地，在善意的判断标准上也应当有所区别。一种情形是，为公司股东或者实际控制人提供关联担保，《公司法》第 16 条明确规定必须由股东（大）会决议，未经股东（大）会决议，构成越权代表。在此情况下，债权人主张担保合同有效，应当提供证据证明其在订立合同时对股东

（大）会决议进行了审查，决议的表决程序符合《公司法》第16条的规定，即在排除被担保股东表决权的情况下，该项表决由出席会议的其他股东所持表决权的过半数通过，签字人员也符合公司章程的规定。另一种情形是，公司为公司股东或者实际控制人以外的人提供非关联担保，根据《公司法》第16条的规定，此时由公司章程规定是由董事会决议还是股东（大）会决议。无论章程是否对决议机关作出规定，也无论章程规定决议机关为董事会还是股东（大）会，根据《民法总则》第61条第3款（现为《民法典》第61条第3款）关于"法人章程或者法人权力机构对法定代表人代表权的限制，不得对抗善意相对人"的规定，只要债权人能够证明其在订立担保合同时对董事会决议或者股东（大）会决议进行了审查，同意决议的人数及签字人员符合公司章程的规定，就应当认定其构成善意，但公司能够证明债权人明知公司章程对决议机关有明确规定的除外。

债权人对公司机关决议内容的审查一般限于形式审查，只要求尽到必要的注意义务即可，标准不宜太过严苛。公司以机关决议系法定代表人伪造或者变造、决议程序违法、签章（名）不实、担保金额超过法定限额等事由抗辩债权人非善意的，人民法院一般不予支持。但是，公司有证据证明债权人明知决议系伪造或者变造的除外。

19.［无须机关决议的例外情况］ 存在下列情形的，即便债权人知道或者应当知道没有公司机关决议，也应当认定担保合同符合公司的真实意思表示，合同有效：

（1）公司是以为他人提供担保为主营业务的担保公司，或者是开展保函业务的银行或者非银行金融机构；

（2）公司为其直接或者间接控制的公司开展经营活动向债权人提供担保；

（3）公司与主债务人之间存在相互担保等商业合作关系；

（4）担保合同系由单独或者共同持有公司2/3以上有表决权的股东签字同意。

20.［越权担保的民事责任］ 依据前述3条规定，担保合同有效，债权人请求公司承担担保责任的，人民法院依法予以支持；担保合同无效，债权人请求公司承担担保责任的，人民法院不予支持，但可以按照担保法及有关司法解释关于担保无效的规定处理。公司举证证明债权人明知法定代表人超越权限或者机关决议系伪造或者变造，债权人请求公司承担合同无效后的民事责任的，人民法院不予支持。

21.［权利救济］ 法定代表人的越权担保行为给公司造成损失，公司请求法定代表人承担赔偿责任的，人民法院依法予以支持。公司没有提起诉讼，股东依据《公司法》第151条的规定请求法定代表人承担赔偿责任的，人民法院依法予以支持。

23.［债务加入准用担保规则］ 法定代表人以公司名义与债务人约定加入债务并通知债权人或者向债权人表示愿意加入债务，该约定的效力问题，参照本纪要关于公司为他人提供担保的有关规则处理。

☑ 真题链接

2006/4/2（3）（《公司法》第16条第3款）

☑ 考点剖析

1. 对外投资或提供担保：董事会或者股东（大）会决议，公司章程可规定限额。

2. 内保

为公司股东或者实际控制人提供担保，经股东（大）会决议，该股东不参加表决。

3. 法定代表人越权担保的合同效力，债权人"善意"的认定。

越权代表	违反《公司法》第16条。
合同效力认定	法定代表人未经授权擅自为他人提供担保的，构成越权代表，人民法院应当根据《合同法》第50条（现为《民法典》第504条）关于法定代表人越权代表的规定，区分订立合同时债权人是否善意分别认定合同效力：债权人善意的，合同有效；反之，合同无效。
善意的认定	指债权人不知道或者不应当知道法定代表人超越权限订立担保合同。 为公司股东或者实际控制人提供关联担保（内保）： （1）必须由股东（大）会决议，未经股东（大）会决议，构成越权代表。 （2）债权人主张担保合同有效，应当提供证据证明： ①在订立合同时对股东（大）会决议进行了审查； ②决议的表决程序符合《公司法》第16条的规定，即在排除被担保股东表决权的情况下，该项表决由出席会议的其他股东所持表决权的过半数通过，签字人员也符合公司章程的规定。 公司为公司股东或者实际控制人以外的人提供非关联担保（外保）： （1）根据《公司法》第16条的规定，由公司章程规定是由董事会决议还是股东（大）会决议。 （2）《民法总则》第61条第3款（现为《民法典》第61条第3款）关于"法人章程或者法人权力机构对法定代表人代表权的限制，不得对抗善意相对人"的规定，只要债权人能够证明其在订立担保合同时对董事会决议或者股东（大）会决议进行了审查，同意决议的人数及签字人员符合公司章程的规定，就应当认定其构成善意，但公司能够证明债权人明知公司章程对决议机关有明确规定的除外。

◤ 命题展望

通过审查公司担保对象、作出决议的机构、会议表决规则是否符合法律规定以及债权人是否善意，判断担保决议效力，可结合民法中的担保规范进行考查。《九民纪要》作出了如何认定担保合同效力的规定，需重点学习。

重 点 法 条 ⑤ ▶ 法人人格否认

第20条 [法人人格否认] 公司股东应当遵守法律、行政法规和公司章程，依法行使股东权利，不得滥用股东权利损害公司或者其他股东的利益；不得滥用公司法人独立地位和股东有限责任损害公司债权人的利益。

[滥用股东有限责任] 公司股东滥用股东权利给公司或者其他股东造成损失的，应当依法承担赔偿责任。

公司股东滥用公司法人独立地位和股东有限责任，逃避债务，严重损害公司债权人利益的，应当对公司债务承担连带责任。

☞ **第21条** [关联关系损害公司利益] 公司的控股股东、实际控制人、董事、监事、高级管理人员不得利用其关联关系损害公司利益。

违反前款规定，给公司造成损失的，应当承担赔偿责任。

🔷 关联法条

《九民纪要》

10. [人格混同] 认定公司人格与股东人格是否存在混同，最根本的判断标准是公司是否具有独立意思和独立财产，最主要的表现是公司的财产与股东的财产是否混同且无法区分。在认定是否构成人格混同时，应当综合考虑以下因素：

（1）股东无偿使用公司资金或者财产，不作财务记载的；

（2）股东用公司的资金偿还股东的债务，或者将公司的资金供关联公司无偿使用，不作财务记载的；

（3）公司账簿与股东账簿不分，致使公司财产与股东财产无法区分的；

（4）股东自身收益与公司盈利不加区分，致使双方利益不清的；

（5）公司的财产记录于股东名下，由股东占有、使用的；

（6）人格混同的其他情形。

在出现人格混同的情况下，往往同时出现以下混同：公司业务和股东业务混同；公司员工与股东员工混同，特别是财务人员混同；公司住所与股东住所混同。人民法院在审理案件时，关键要审查是否构成人格混同，而不要求同时具备其他方面的混同，其他方面的混同往往只是人格混同的补强。

11. [过度支配与控制] 公司控制股东对公司过度支配与控制，操纵公司的决策过程，使公司完全丧失独立性，沦为控制股东的工具或躯壳，严重损害公司债权人利益，应当否认公司人格，由滥用控制权的股东对公司债务承担连带责任。实践中常见的情形包括：

（1）母子公司之间或者子公司之间进行利益输送的；

（2）母子公司或者子公司之间进行交易，收益归一方，损失却由另一方承担的；

（3）先从原公司抽走资金，然后再成立经营目的相同或者类似的公司，逃避原公司债务的；

（4）先解散公司，再以原公司场所、设备、人员及相同或者相似的经营目的另设公司，逃避原公司债务的；

（5）过度支配与控制的其他情形。

控制股东或实际控制人控制多个子公司或者关联公司，滥用控制权使多个子公司或者关联公司财产边界不清、财务混同，利益相互输送，丧失人格独立性，沦为控制股东逃避债务、非法经营，甚至违法犯罪工具的，可以综合案件事实，否认子公司或者关联公司法人人格，判令承担连带责任。

12. [资本显著不足] 资本显著不足指的是，公司设立后在经营过程中，股东实际投入公司的资本数额与公司经营所隐含的风险相比明显不匹配。股东利用较少资本从事力所不及的经营，表明其没有从事公司经营的诚意，实质是恶意利用公司独立人格和股东有限责任把投资风险转嫁给债权人。由于资本显著不足的判断标准有很大的模糊性，特别是要与公司采取"以小博大"的正常经营方式相区分，因此在适用时要十分谨慎，应当与其他因素结合起来综合判断。

13. ［诉讼地位］　人民法院在审理公司人格否认纠纷案件时，应当根据不同情形确定当事人的诉讼地位：

（1）债权人对债务人公司享有的债权已经由生效裁判确认，其另行提起公司人格否认诉讼，请求股东对公司债务承担连带责任的，列股东为被告，公司为第三人；

（2）债权人对债务人公司享有的债权提起诉讼的同时，一并提起公司人格否认诉讼，请求股东对公司债务承担连带责任的，列公司和股东为共同被告；

（3）债权人对债务人公司享有的债权尚未经生效裁判确认，直接提起公司人格否认诉讼，请求公司股东对公司债务承担连带责

任的，人民法院应当向债权人释明，告知其追加公司为共同被告。债权人拒绝追加的，人民法院应当裁定驳回起诉。

▶ 真题链接

2016/4/5（5）（《公司法》第21条）

▶ 考点剖析

1. 法人人格否认的认定

（1）公司的财产与股东的财产混同；

（2）过度支配与控制；

（3）资本显著不足。

2. 股东滥用公司法人地位和股东有限责任，对公司债务承担连带责任。

▶ 命题展望

法人人格否认制度主要是为了保护债权人权益，考生需掌握对股东滥用公司法人独立地位和股东有限责任的认定，结合《九民纪要》关于人格否认认定的考虑因素，准确认定并区分法人人格否认、股东抽逃出资以及股东承担的法律责任。债权人提起法人人格否认之诉，关于公司与滥用权利的股东诉讼地位如何列明可结合民诉考查。

重点法条 6 ▶ 股东大会、董事会效力

☞ **第22条**［无效决议］　公司股东会或者股东大会、董事会的决议内容违反法律、行政法规的无效。

［可撤销决议］　股东会或者股东大会、董事会的会议召集程序、表决方式违反法律、行政法规或者公司章程，或者决议内容违反公司章程的，股东可以自决议作出之日起60日内，请求人民法院撤销。

股东依照前款规定提起诉讼的，人民法院可以应公司的请求，要求股东提供相应担保。

［撤销变更登记］　公司根据股东会或者股东大会、董事会决议已办理变更登记的，人民法院宣告该决议无效或者撤销该决议后，公司应当向公司登记机关申请撤销变更登记。

▶ 关联法条

《公司法解释（四）》

第1条 [确认无效或不成立] 公司股东、董事、监事等请求确认股东会或者股东大会、董事会决议无效或者不成立的，人民法院应当依法予以受理。

第2条 [起诉时具有股东资格] 依据公司法第22条第2款请求撤销股东会或者股东大会、董事会决议的原告，应当在起诉时具有公司股东资格。

第3条 [诉讼地位] 原告请求确认股东会或者股东大会、董事会决议不成立、无效或者撤销决议的案件，应当列公司为被告。对决议涉及的其他利害关系人，可以依法列为第三人。

一审法庭辩论终结前，其他有原告资格的人以相同的诉讼请求申请参加前款规定诉讼的，可以列为共同原告。

第4条 [不可撤销情况] 股东请求撤销股东会或者股东大会、董事会决议，符合公司法第22条第2款规定的，人民法院应当予以支持，但会议召集程序或者表决方式仅有轻微瑕疵，且对决议未产生实质影响的，人民法院不予支持。

第5条 [不成立决议] 股东会或者股东大会、董事会决议存在下列情形之一，当事人主张决议不成立的，人民法院应当予以支持：

（一）[未开会] 公司未召开会议的，但依据公司法第37条第2款或者公司章程规定可以不召开股东会或者股东大会而直接作出决定，并由全体股东在决定文件上签名、盖章的除外；

（二）[未表决] 会议未对决议事项进行表决的；

（三）[人数或表决权不符合规定] 出席会议的人数或者股东所持表决权不符合公司法或者公司章程规定的；

（四）[比例不够] 会议的表决结果未达到公司法或者公司章程规定的通过比例的；

（五）导致决议不成立的其他情形。

第6条 股东会或者股东大会、董事会决议被人民法院判决确认无效或者撤销的，公司依据该决议与善意相对人形成的民事法律关系不受影响。

▶ 真题链接

2015/4/5（1）（4）（《公司法》第22条）

▶ 考点剖析

对　象		公司股东会或者股东大会、董事会的决议	
情　况	无　效	内容违反法律、行政法规	
	可撤销决议	召集程序、表决方式违反法律、行政法规或者公司章程	
		应当在起诉时具有公司股东资格	
	决议不成立	未开会	未表决
		人数或表决权不符合规定	比例不够
公司依据该决议与善意相对人形成的民事法律关系不受影响			

▶ 命题展望

股东(大)会、董事会作出的决议是公司开展后续商事行为的前提，公司的重大事项，例如增加或减少注册资本、修改章程等，都需要由股东(大)会作出决议。决议存在瑕疵直接影响决议的效力，继而影响后续公司行为，可结合出题的考点较多。2018年《公司法解释(四)》新增不成立决议，考生要掌握区分决议瑕疵类型。

重点法条 ⑦ ▶ 公司的设立

第11条 [公司章程]　设立公司必须依法制定公司章程。公司章程对公司、股东、董事、监事、高级管理人员具有约束力。

第26条 [认缴出资制]　有限责任公司的注册资本为在公司登记机关登记的全体股东认缴的出资额。

法律、行政法规以及国务院决定对有限责任公司注册资本实缴、注册资本最低限额另有规定的，从其规定。

▶ 关联法条

《公司法解释(三)》

第2条 [设立人以自己的名义签订合同]　发起人为设立公司以自己名义对外签订合同，合同相对人请求该发起人承担合同责任的，人民法院应予支持。

公司成立后对前款规定的合同予以确认，或者已经实际享有合同权利或者履行合同义务，合同相对人请求公司承担合同责任的，人民法院应予支持。

☞ **第3条** [以设立中公司名义签订合同]　发起人以设立中公司名义对外签订合同，公司成立后合同相对人请求公司承担合同责任的，人民法院应予支持。

公司成立后有证据证明发起人利用设立中公司的名义为自己的利益与相对人签订合同，公司以此为由主张不承担合同责任的，人民法院应予支持，但相对人为善意的除外。

第4条 [公司未成立]　公司因故未成立，债权人请求全体或者部分发起人对设立公司行为所产生的费用和债务承担连带清偿责任的，人民法院应予支持。

部分发起人依照前款规定承担责任后，请求其他发起人分担的，人民法院应当判令其他发起人按照约定的责任承担比例分担责任；没有约定责任承担比例的，按照约定的出资比例分担责任；没有约定出资比例的，按照均等份额分担责任。

因部分发起人的过错导致公司未成立，其他发起人主张其承担设立行为所产生的费用和债务的，人民法院应当根据过错情况，确定过错一方的责任范围。

第5条 [发起人侵权]　发起人因履行公司设立职责造成他人损害，公司成立后受害人请求公司承担侵权赔偿责任的，人民法院应予支持；公司未成立，受害人请求全体发起人承担连带赔偿责任的，人民法院应予支持。

公司或者无过错的发起人承担赔偿责任后，可以向有过错的发起人追偿。

《民法典》第75条 [法人设立行为的

法律后果] 设立人为设立法人从事的民事活动,其法律后果由法人承受;法人未成立的,其法律后果由设立人承受,设立人为2人以上的,享有连带债权,承担连带债务。

设立人为设立法人以自己的名义从事民事活动产生的民事责任,第三人有权选择请求法人或者设立人承担。

▶ 真题链接

2013/4/5(1)(《公司法解释(三)》第3条第1款)

▶ 考点剖析

1. 有限责任公司设立

(1) 发起人以自己的名义签订合同:合同相对人有权选择请求公司或者发起人承担责任;

(2) 发起人以设立中公司名义对外签订合同:公司承担责任。

2. 公司未成立:设立人承担责任,全体或部分发起人承担连带清偿责任。

重点法条 ⑧ ▶ 股东出资方式

☞ **第27条 [出资形式]** 股东可以用货币出资,也可以用实物、知识产权、土地使用权等可以用货币估价并可以依法转让的非货币财产作价出资;但是,法律、行政法规规定不得作为出资的财产除外。

[作价评估] 对作为出资的非货币财产应当评估作价,核实财产,不得高估或者低估作价。法律、行政法规对评估作价有规定的,从其规定。

3. 设立中侵权

(1) 公司成立:公司承担侵权责任;

(2) 公司未成立:全体发起人承担连带赔偿责任。

4. 股份有限公司两种设立方式

(1) 发起设立:注册资本为全体发起人认购的股本总额。

(2) 募集设立:注册资本为登记机关登记的实收股本总额;发起人认购的股份不得少于公司股份总数的35%。

▶ 命题展望

1. 发起人在设立公司过程中,可以发起人或者设立中公司的名义签订合同,公司成立后,合同相对人能够请求谁承担合同责任,可能结合合同法设计题目。

2. 设立中公司不享有法人财产权,公司设立阶段,股东的出资不属于法人财产,可能结合民诉中案外人执行异议等知识点出题。

▶ 关联法条

《公司法解释(三)》

☞ **第7条 [无权处分财产出资]** 出资人以不享有处分权的财产出资,当事人之间对于出资行为效力产生争议的,人民法院可以参照物权法第106条(现为《民法典》第311条)的规定予以认定。

[违法所得出资] 以贪污、受贿、侵占、挪用等违法犯罪所得的货币出资后取得股权的,对违法犯罪行为予以追究、处罚

时，应当采取拍卖或者变卖的方式处置其股权。

☞第11条［股权出资］　出资人以其他公司股权出资，符合下列条件的，人民法院应当认定出资人已履行出资义务：

（一）出资的股权由出资人合法持有并依法可以转让；

（二）出资的股权无权利瑕疵或者权利负担；

（三）出资人已履行关于股权转让的法定手续；

（四）出资的股权已依法进行了价值评估。

股权出资不符合前款第1、2、3项的规定，公司、其他股东或者公司债权人请求认定出资人未履行出资义务的，人民法院应当责令该出资人在指定的合理期间内采取补正措施，以符合上述条件；逾期未补正的，人民法院应当认定其未依法全面履行出资义务。

股权出资不符合本条第1款第4项的规定，公司、其他股东或者公司债权人请求认定出资人未履行出资义务的，人民法院应当按照本规定第9条的规定处理。

第24条［代持股协议有效］　有限责任公司的实际出资人与名义出资人订立合同，约定由实际出资人出资并享有投资权益，以名义出资人为名义股东，实际出资人与名义股东对该合同效力发生争议的，如无合同法第52条规定的情形，人民法院应当认定该合同有效。

［投资权益归实际出资人］　前款规定的实际出资人与名义股东因投资权益的归属发生争议，实际出资人以其实际履行了出资义务为由向名义股东主张权利的，人民法院应予支持。名义股东以公司股东名册记载、公司登记机关登记为由否认实际出资人权利的，人民法院不予支持。

☞［实际出资人变更为股东］　实际出资人未经公司其他股东半数以上同意，请求公司变更股东、签发出资证明书、记载于股东名册、记载于公司章程并办理公司登记机关登记的，人民法院不予支持。

☞第25条［名义股东处分股权］　名义股东将登记于其名下的股权转让、质押或者以其他方式处分，实际出资人以其对于股权享有实际权利为由，请求认定处分股权行为无效的，人民法院可以参照物权法第106条（现为《民法典》第311条）的规定处理。

名义股东处分股权造成实际出资人损失，实际出资人请求名义股东承担赔偿责任的，人民法院应予支持。

第26条［保护债权人］　公司债权人以登记于公司登记机关的股东未履行出资义务为由，请求其对公司债务不能清偿的部分在未出资本息范围内承担补充赔偿责任，股东以其仅为名义股东而非实际出资人为由进行抗辩的，人民法院不予支持。

名义股东根据前款规定承担赔偿责任后，向实际出资人追偿的，人民法院应予支持。

《公司注册资本登记管理规定》第7条［债权出资］　债权人可以将其依法享有的对在中国境内设立的公司的债权，转为公司股权。

转为公司股权的债权应当符合下列情形之一：

（一）债权人已经履行债权所对应的合同义务，且不违反法律、行政法规、国务院决定或者公司章程的禁止性规定；

（二）经人民法院生效裁判或者仲裁机构裁决确认；

（三）公司破产重整或者和解期间，列入经人民法院批准的重整计划或者裁定认可的和解协议。

用以转为公司股权的债权有两个以上债权人的，债权人对债权应当已经作出分割。

债权转为公司股权的，公司应当增加注册资本。

《公司登记管理条例》第14条［禁止出资形式］ 股东的出资方式应当符合《公司法》第27条的规定，但股东不得以劳务、信用、自然人姓名、商誉、特许经营权或者设定担保的财产等作价出资。

☞《民法典》第311条［善意取得］ 无处分权人将不动产或者动产转让给受让人的，所有权人有权追回；除法律另有规定外，符合下列情形的，受让人取得该不动产或者动产的所有权：

（一）受让人受让该不动产或者动产时是善意；

（二）以合理的价格转让；

（三）转让的不动产或者动产依照法律规定应当登记的已经登记，不需要登记的已经交付给受让人。

受让人依据前款规定取得不动产或者动产的所有权的，原所有权人有权向无处分权人请求损害赔偿。

当事人善意取得其他物权的，参照适用前两款规定。

《民事诉讼法》第227条［案外人异议］ 执行过程中，案外人对执行标的提出书面异议的，人民法院应当自收到书面异议之日起15日内审查，理由成立的，裁定中止对该标的的执行；理由不成立的，裁定驳回。案外人、当事人对裁定不服，认为原判决、裁定错误的，依照审判监督程序办理；与原判决、裁定无关的，可以自裁定送达之日起15日内向人民法院提起诉讼。

《民诉解释》

第370条［担保物权案件］ 人民法院审查实现担保物权案件，可以询问申请人、被申请人、利害关系人，必要时可以依职权调查相关事实。

第371条［担保物权案件审查］ 人民法院应当就主合同的效力、期限、履行情况，担保物权是否有效设立、担保财产的范围、被担保的债权范围、被担保的债权是否已届清偿期等担保物权实现的条件，以及是否损害他人合法权益等内容进行审查。

被申请人或者利害关系人提出异议的，人民法院应当一并审查。

第372条［担保物权案件审查］ 人民法院审查后，按下列情形分别处理：

（一）当事人对实现担保物权无实质性争议且实现担保物权条件成就的，裁定准许拍卖、变卖担保财产；

（二）当事人对实现担保物权有部分实质性争议的，可以就无争议部分裁定准许拍卖、变卖担保财产；

（三）当事人对实现担保物权有实质性争议的，裁定驳回申请，并告知申请人向人民法院提起诉讼。

第373条［保全］ 人民法院受理申请后，申请人对担保财产提出保全申请的，可以按照民事诉讼法关于诉讼保全的规定办理。

第374条［当事人、利害关系人异议］ 适用特别程序作出的判决、裁定，当事人、利害关系人认为有错误的，可以向作出该判决、裁定的人民法院提出异议。人民法院经审查，异议成立或者部分成立的，作出新的判决、裁定撤销或者改变原判决、裁定；异议不成立的，裁定驳回。

对人民法院作出的确认调解协议、准许实现担保物权的裁定，当事人有异议的，应当自收到裁定之日起15日内提出；利害关系人有异议的，自知道或者应当知道其民事权益受到侵害之日起6个月内提出。

《九民纪要》

28.［实际出资人显名的条件］　实际出资人能够提供证据证明有限责任公司过半数的其他股东知道其实际出资的事实，且对其实际行使股东权利未曾提出异议的，对实际出资人提出的登记为公司股东的请求，人民法院依法予以支持。公司以实际出资人的请求不符合公司法司法解释（三）第24条的规定为由抗辩的，人民法院不予支持。

119.［案外人执行异议之诉的审理］案外人执行异议之诉以排除对特定标的物的执行为目的，从程序上而言，案外人依据《民事诉讼法》第227条提出执行异议被驳回的，即可向执行人民法院提起执行异议之诉。人民法院对执行异议之诉的审理，一般应当就案外人对执行标的物是否享有权利、享有什么样的权利、权利是否足以排除强制执行进行判断。至于是否作出具体的确权判项，视案外人的诉讼请求而定。案外人未提出确权或者给付诉讼请求的，不作出确权判项，仅在裁判理由中进行分析判断并作出是否排除执行的判项即可。但案外人既提出确权、给付请求，又提出排除执行请求的，人民法院对该请求是否支持、是否排除执行，均应当在具体判项中予以明确。执行异议之诉不以否定作为执行依据的生效裁判为目

的，案外人如认为裁判确有错误的，只能通过申请再审或者提起第三人撤销之诉的方式进行救济。

123.［案外人依据另案生效裁判对非金钱债权的执行提起执行异议之诉］　审判实践中，案外人有时依据另案生效裁判所认定的与执行标的物有关的权利提起执行异议之诉，请求排除对标的物的执行。此时，鉴于作为执行依据的生效裁判与作为案外人提出执行异议依据的生效裁判，均涉及对同一标的物权属或给付的认定，性质上属于两个生效裁判所认定的权利之间可能产生的冲突，人民法院在审理执行异议之诉时，需区别不同情况作出判断：如果作为执行依据的生效裁判是确权裁判，不论作为执行异议依据的裁判是确权裁判还是给付裁判，一般不应据此排除执行，但人民法院应当告知案外人对作为执行依据的确权裁判申请再审；如果作为执行依据的生效裁判是给付标的物的裁判，而作为提出异议之诉依据的裁判是确权裁判，一般应据此排除执行，此时人民法院应告知其对该确权裁判申请再审；如果两个裁判均属给付标的物的裁判，人民法院需依法判断哪个裁判所认定的给付权利具有优先性，进而判断是否可以排除执行。

124.［案外人依据另案生效裁判对金钱债权的执行提起执行异议之诉］　作为执行依据的生效裁判并未涉及执行标的物，只是执行中为实现金钱债权对特定标的物采取了执行措施。对此种情形，《最高人民法院关于人民法院办理执行异议和复议案件若干问题的规定》第26条规定了解决案外人执行异议的规则，在审理执行异议之诉时可以参考适用。依据该条规定，作为案外人提起执行异议之诉依据的裁判将执行标的物确权给

案外人，可以排除执行；作为案外人提起执行异议之诉依据的裁判，未将执行标的物确权给案外人，而是基于不以转移所有权为目的的有效合同（如租赁、借用、保管合同），判令向案外人返还执行标的物的，其性质属于物权请求权，亦可以排除执行；基于以转移所有权为目的有效合同（如买卖合同），判令向案外人交付标的物的，其性质属于债权请求权，不能排除执行。

▶ 真题链接

2019/主（《公司法解释（三）》第25条第1款）

2016/4/5（1）（《公司法》第27条）

2014/4/5（3）（《公司法解释（三）》第24条第3款、第25条第1款）

2014/4/5（4）（《公司法解释（三）》第25条第2款）

2013/4/5（4）（《公司法解释（三）》第7条）

2012/4/4（4）（《公司法解释（三）》第11条）

2006/4/2（1）（《公司法解释（三）》第7条）

▶ 考点剖析

1. 出资形式包括货币出资和其他非货币财产出资。

2. 非货币财产出资必须满足三个条件：①可用货币估价，可依法转让；②实物所有权出资换取股权；③应当依法评估。

3. 违法所得可出资。对违法犯罪行为追究时，应当采取拍卖或者变卖的方式处置股权。

4. 以无权处分财产出资可适用《民法典》第311条善意取得制度。原则上，原

所有权人有权追回；（设立中）公司符合善意取得条件的可取得所有权。善意取得条件：善意＋对价＋手续全。

5. 瑕疵股权禁止作为设立公司的出资形式。股权出资条件：①出资人合法持有并依法可以转让；②出资股权无权利瑕疵或者权利负担；③履行股权的法定手续；④股权已依法进行价值评估。不符合第1~3项规定，可在指定的合理期间采取补正措施。不符合第4项规定，有合法资格的评估机构对该财产评估，评估确定的价额显著低于公司章程所定价额，认定出资人未依法全面履行出资义务。

6. 代持股合同有效

（1）若没有合同无效情形，实际出资人与名义出资人签订的出资协议有效。

（2）投资权益属于"实际出资人"，实际出资人可以其实际履行了出资义务为由向名义股东主张权利。

（3）实际出资人变更为股东：经公司其他股东半数以上同意。

（4）名义股东处分股权：定性为有权处分；受让人符合善意取得条件，可取得股权；对实际出资人赔偿。

（5）对债权人：债权人可请求名义股东在未出资本息范围内承担补充赔偿责任；名义股东可向实际出资人追偿。

▶ 命题展望

股东出资是商法主观题考试的常规考点，重中之重，需着重掌握。可能出题角度：①出资形式，不同出资形式的条件；②特殊的出资，违法所得出资，以无权处分财产出资，以及出资后的法律处理方式；③代持股

协议，涉及名义股东、实际股东、公司、债权人、第三人。在案例分析中，要掌握其内部关系和外部关系。可与股东出资义务的履行、出资瑕疵的法律责任、股东未完全履行出资义务时对股东权利的限制、股东资格的认定以及破产债权申报等结合考查。另外，隐名股东能否提执行异议，可能结合民诉出题。

2018年主观题考查了代持股中实际股东如何显名、出资瑕疵时名义股东对债权人承担责任。2019年商法主观题从两个角度考查代持股的相关考点：①名义股东债权人申请强制执行名义股东名下的股权，实际出资人如何救济；②实际出资人的债权人申请强制执行已设立质权的名义股东名下的股权，实际出资人、质权人以及公司其他股东能否提异议。该考点依托于公司法的考点，结合考查民诉中的案外人救济方式。民法、民诉、商法科目融合是法考改革后的发展趋势，考生要侧重于提高知识点的融会贯通能力。

重点法条 ⑨ ▶ 股东出资履行

☞ **第28条** [出资义务履行] 股东应当按期足额缴纳公司章程中规定的各自所认缴的出资额。股东以货币出资的，应当将货币出资足额存入有限责任公司在银行开设的账户；以非货币财产出资的，应当依法办理其财产权的转移手续。

股东不按照前款规定缴纳出资的，除应当向公司足额缴纳外，还应当向已按期足额缴纳出资的股东承担违约责任。

🔷 关联法条

《公司法解释（三）》

第8条 [可补正的土地使用权出资]

出资人以划拨土地使用权出资，或者以设定权利负担的土地使用权出资，公司、其他股东或者公司债权人主张认定出资人未履行出资义务的，人民法院应当责令当事人在指定的合理期间内办理土地变更手续或者解除权利负担；逾期未办理或者未解除的，人民法院应当认定出资人未依法全面履行出资义务。

☞ **第9条** [非货币财产出资未作价评估] 出资人以非货币财产出资，未依法评估作价，公司、其他股东或者公司债权人请求认定出资人未履行出资义务的，人民法院应当委托具有合法资格的评估机构对该财产评估作价。评估确定的价额显著低于公司章程所定价额的，人民法院应当认定出资人未依法全面履行出资义务。

☞ **第10条** [交付与过户分离] 出资人以房屋、土地使用权或者需要办理权属登记的知识产权等财产出资，已经交付公司使用但未办理权属变更手续，公司、其他股东或者公司债权人主张认定出资人未履行出资义务的，人民法院应当责令当事人在指定的合理期间内办理权属变更手续；在前述期间内办理了权属变更手续的，人民法院应当认定其已经履行了出资义务；出资人主张自其实际交付财产给公司使用时享有相应股东权利的，人民法院应予支持。

[交付享有权利] 出资人以前款规定的财产出资，已经办理权属变更手续但未交

付给公司使用，公司或者其他股东主张其向公司交付、并在实际交付之前不享有相应股东权利的，人民法院应予支持。

☞ **第19条**［股东出资义务不受诉讼时效限制］　公司股东未履行或者未全面履行出资义务或者抽逃出资，公司或者其他股东请求其向公司全面履行出资义务或者返还出资，被告股东以诉讼时效为由进行抗辩的，人民法院不予支持。

公司债权人的债权未过诉讼时效期间，其依照本规定第13条第2款、第14条第2款的规定请求未履行或者未全面履行出资义务或者抽逃出资的股东承担赔偿责任，被告股东以出资义务或者返还出资义务超过诉讼时效期间为由进行抗辩的，人民法院不予支持。

《公司法解释（二）》第22条第1款［加速到期］　公司解散时，股东尚未缴纳的出资均应作为清算财产。股东尚未缴纳的出资，包括到期应缴未缴的出资，以及依照公司法第26条和第80条的规定分期缴纳尚未届满缴纳期限的出资。

《破产法》第35条［加速到期］　人民法院受理破产申请后，债务人的出资人尚未完全履行出资义务的，管理人应当要求该出资人缴纳所认缴的出资，而不受出资期限的限制。

《九民纪要》6.［股东出资应否加速到期］　在注册资本认缴制下，股东依法享有期限利益。债权人以公司不能清偿到期债务为由，请求未届出资期限的股东在未出资范围内对公司不能清偿的债务承担补充赔偿责任的，人民法院不予支持。但是，下列情形除外：

（1）公司作为被执行人的案件，人民法院穷尽执行措施无财产可供执行，已具备破产原因，但不申请破产的；

（2）在公司债务产生后，公司股东（大）会决议或以其他方式延长股东出资期限的。

☞ 《民法典》第577条［违约责任］　当事人一方不履行合同义务或者履行合同义务不符合约定的，应当承担继续履行、采取补救措施或者赔偿损失等违约责任。

▶ 真题链接

2016/4/5（1）；2013/4/5（2）（《公司法》第28条，《公司法解释（三）》第9条）

2015/4/5（2）（《民法典》第577条）

2014/4/5（1）（《公司法》第28条）

2014/4/5（5）（《公司法解释（三）》第19条第1款）

2010/4/6（2）（《公司法》第28条，《公司法解释（三）》第10条）

▶ 考点剖析

1. 货币出资：按期足额存入公司在银行开设的账户。

2. 非货币出资：办理财产权的转移手续。

3. 房屋、土地使用权等出资需要办理权属登记的：

（1）交付未过户：可在指定的合理期间内办理权属变更手续，认定其履行了出资义务，自实际交付时享有相应股东权利；

（2）过户未交付：公司或者其他股东主张其向公司交付，自其交付时享有相应股东权利。

4. 非货币财产出资应依法作价评估，若出资的非货币财产的实际价额显著低于公司章程所定价额，属于虚假评估。但因市场变化或者其他客观因素导致的出资财产贬值，出资人不承担出资不实的责任。

5. 股东出资义务不受诉讼时效限制。

加速到期	在注册资本认缴制下，股东依法享有期限利益。 （1）公司作为被执行人的案件，人民法院穷尽执行措施无财产可供执行，已具备破产原因，但不申请破产的；（《九民纪要》第6条） （2）在公司债务产生后，公司股东（大）会决议或以其他方式延长股东出资期限的；（《九民纪要》第6条） （3）公司解散时，股东尚未缴纳的出资均应作为清算财产，不受诉讼时效、出资期限的限制； （4）法院受理破产申请后，债务人的出资人尚未完全履行出资义务的，管理人要求该出资人缴纳所认缴的出资，不受诉讼时效、出资期限的限制。

▶ 命题展望

判断出资人是否履行出资义务，是确定出资人与公司法律关系的前提，股东出资义务的履行主要结合股东权利、瑕疵股东应承担的法律责任考查。股东的出资义务不受诉讼时效限制，可与破产法的抵销权、债权人请求瑕疵股东承担补充赔偿责任结合出题。此外，分析违反新股出资认缴协议的违约责任，需结合有限公司的人合性。

重点法条⑩ ▶ 股东出资瑕疵

第30条［出资不实］　有限责任公司成立后，发现作为设立公司出资的非货币财产的实际价额显著低于公司章程所定价额的，应当由交付该出资的股东补足其差额；公司设立时的其他股东承担连带责任。

▶ 关联法条

《公司法解释（三）》

第13条［公司或者其他股东请求瑕疵股东履行出资义务］　股东未履行或者未全面履行出资义务，公司或者其他股东请求其向公司依法全面履行出资义务的，人民法院应予支持。

☞［债权人请求瑕疵股东承担责任］　公司债权人请求未履行或者未全面履行出资义务的股东在未出资本息范围内对公司债务不能清偿的部分承担补充赔偿责任的，人民法院应予支持；未履行或者未全面履行出资义务的股东已经承担上述责任，其他债权人提出相同请求的，人民法院不予支持。

［发起人与瑕疵股东承担连带责任］　股东在公司设立时未履行或者未全面履行出资义务，依照本条第1款或者第2款提起诉讼的原告，请求公司的发起人与被告股东承担连带责任的，人民法院应予支持；公司的发起人承担责任后，可以向被告股东追偿。

[董、高未尽忠实义务承担相应责任] 股东在公司增资时未履行或者未全面履行出资义务，依照本条第1款或者第2款提起诉讼的原告，请求未尽公司法第147条第1款规定的义务而使出资未缴足的**董事、高级管理人员承担相应责任**的，人民法院应予支持；董事、高级管理人员承担责任后，可以向被告股东追偿。

☞ **第15条** [客观贬值不担责] 出资人以符合法定条件的非货币财产出资后，**因市场变化或者其他客观因素导致出资财产贬值**，公司、其他股东或者公司债权人请求该出资人承担补足出资责任的，人民法院不予支持。但是，当事人另有约定的除外。

▶ 真题链接

2015/4/5（6）（《公司法解释（三）》第13条第2款）

2013/4/5（2）（《公司法解释（三）》第15条）

▶ 考点剖析

1. 出资瑕疵不影响公司的设立。

2. 出资违约的认定

（1）货币：未按期足额存入公司在银行开设的账户；

（2）非货币财产：股东未办理其财产权的转移手续。

3. 出资违约的法律责任

（1）对其他发起人承担违约责任：向已按期足额缴纳出资的其他发起人承担违约责任。

（2）对公司补足

❶公司或者其他股东请求瑕疵股东向公司依法全面履行出资义务；

❷连带责任：发起人与该出资瑕疵股东承担连带责任；

❸追偿：其他发起人承担责任后，向被告股东追偿。

（3）对债权人

❶瑕疵股东在未出资本息范围内对公司债务不能清偿部分承担补充赔偿责任。

❷瑕疵股东已经承担责任，其他债权人的相同请求不予支持。

❸连带责任：公司的发起人与该出资瑕疵股东承担连带责任；承担责任后可向被告股东追偿。

4. 出资不实的认定

（1）非货币财产虚假高估；

（2）客观贬值不担责。

5. 出资不实的法律责任

（1）对其他发起人：无违约责任。

（2）对公司：补足＋其他发起人连带（同违约责任）。

（3）对债权人

❶与出资违约责任相同；

❷中介机构的责任：给公司债权人造成损失，除能够证明自己没有过错外，在评估或者证明不实范围内承担赔偿责任。

6. 增资时出资瑕疵的认定：股东不按照增资协议缴纳出资。

7. 增资瑕疵的法律责任

（1）其他股东无连带责任。

（2）对公司：承担补足出资责任。

（3）对债权人：未出资本息范围内对公司债务不能清偿的部分承担补充赔偿责任。

（4）董、高对公司和债权人的责任：①董、高未尽忠实义务，承担相应责任；

②董、高承担责任后，可向被告股东追偿。

命题展望

出资瑕疵股东的法律责任与股东出资形式、股东出资义务履行、股东出资瑕疵的认定、出资瑕疵股东限权、瑕疵股权转让、破产债权等是串联性的考点。在案例分析中，首先要明确股东出资的类型，是否履行了出资义务；其次判断股东出资是否有瑕疵以及属于何种瑕疵，是否对瑕疵股权进行了处分；最后，明确法律关系主体，对谁承担责任。

重 点 法 条 ⑪ ▶ 股东抽逃出资

第35条　公司成立后，股东不得抽逃出资。

关联法条

《公司法解释（三）》

☞第12条［抽逃出资的认定］　公司成立后，公司、股东或者公司债权人以相关股东的行为符合下列情形之一且损害公司权益为由，请求认定该股东抽逃出资的，人民法院应予支持：

（一）制作虚假财务会计报表虚增利润进行分配；

（二）通过虚构债权债务关系将其出资转出；

（三）利用关联交易将出资转出；

（四）其他未经法定程序将出资抽回的行为。

☞第14条［协助抽逃者连带责任］　股东抽逃出资，公司或者其他股东请求其向公司返还出资本息、协助抽逃出资的其他股东、董事、高级管理人员或者实际控制人对此承担连带责任的，人民法院应予支持。

公司债权人请求抽逃出资的股东在抽逃出资本息范围内对公司债务不能清偿的部分承担补充赔偿责任、协助抽逃出资的其他股东、董事、高级管理人员或者实际控制人对此承担连带责任的，人民法院应予支持；抽逃出资的股东已经承担上述责任，其他债权人提出相同请求的，人民法院不予支持。

真题链接

2010/4/6（3）；2006/4/2（2）（《公司法解释（三）》第12条）

2006/4/2（6）（《公司法解释（三）》第14条）

考点剖析

1. 抽逃出资的类型。

2. 垫付出资人不承担责任。第三人代垫资金协助发起人设立公司，代垫出资人无需和抽逃出资股东承担连带责任。

3. 抽逃出资的法律责任

（1）对其他发起人：无违约责任。

（2）对公司

❶返还出资本息：公司或者其他股东请求其向公司返还出资本息；

❷连带责任：协助抽逃出资的其他股东、董事、高级管理人员或者实际控制人对此承担连带责任。

（3）对债权人

❶在抽逃出资本息范围内对公司债务不能清偿的部分承担补充赔偿责任；

❷协助抽逃出资的其他股东、董事、高级管理人员或者实际控制人对此承担连带责任。

📝 命题展望

该考点的难点在于抽逃出资的认定，即需要掌握抽逃出资的类型。注意抽逃出资与出资违约、损害公司法人财产的区别，容易将抽逃出资的法律责任与代持股、破产法结合考查。股东通过出资与公司形成权利义务关系，出资后股东不得抽逃出资，注意案例材料中股东是抽逃出资还是形成新的债权债务关系。

重点法条⑫ ▶ 股东资格

第 31 条第 1 款 ［签发出资证明书］有限责任公司成立后，应当向股东签发出资证明书。

☞ **第 32 条** 有限责任公司应当置备股东名册，记载下列事项：

（一）股东的姓名或者名称及住所；

（二）股东的出资额；

（三）出资证明书编号。

记载于股东名册的股东，可以依股东名册主张行使股东权利。

☞ 公司应当将股东的姓名或者名称向公司登记机关登记；登记事项发生变更的，应当办理变更登记。未经登记或者变更登记的，不得对抗第三人。

📝 关联法条

《公司法解释（三）》

第 16 条 ［限制瑕疵股东权利］ 股东未履行或者未全面履行出资义务或者抽逃出资，公司根据公司章程或者股东会决议对其利润分配请求权、新股优先认购权、剩余财产分配请求权等股东权利作出相应的合理限制，该股东请求认定该限制无效的，人民法院不予支持。

第 17 条 ［股东资格解除］ 有限责任公司的股东未履行出资义务或者抽逃全部出资，经公司催告缴纳或者返还，其在合理期间内仍未缴纳或者返还出资，公司以股东会决议解除该股东的股东资格，该股东请求确认该解除行为无效的，人民法院不予支持。

在前款规定的情形下，人民法院在判决时应当释明，公司应当及时办理法定减资程序或者由其他股东或者第三人缴纳相应的出资。在办理法定减资程序或者其他股东或者第三人缴纳相应的出资之前，公司债权人依照本规定第 13 条或者第 14 条请求相关当事人承担相应责任的，人民法院应予支持。

第 20 条 ［出资义务争议］ 当事人之间对是否已履行出资义务发生争议，原告提供对股东履行出资义务产生合理怀疑证据的，被告股东应当就其已履行出资义务承担举证责任。

第 21 条 ［股东资格确认之诉］ 当事人向人民法院起诉请求确认其股东资格的，应当以公司为被告，与案件争议股权有利害关系的人作为第三人参加诉讼。

第 22 条 当事人之间对股权归属发生争议，一方请求人民法院确认其享有股权的，应当证明以下事实之一：

（一）已经依法向公司出资或者认缴出资，且不违反法律法规强制性规定；

（二）已经受让或者以其他形式继受公司股权，且不违反法律法规强制性规定。

☞**第23条**　当事人依法履行出资义务或者依法继受取得股权后，公司未根据公司法第31条、第32条的规定签发出资证明书、记载于股东名册并办理公司登记机关登记，当事人请求公司履行上述义务的，人民法院应予支持。

《民事诉讼法》**第26条** [公司内部纠纷管辖]　因公司设立、确认股东资格、分配利润、解散等纠纷提起的诉讼，由公司住所地人民法院管辖。

▶ 真题链接

2016/4/5(2)(《公司法解释(三)》第23条)

2014/4/5(1)(《公司法》第32条)

▶ 考点剖析

1. 股东可以是自然人、法人、非法人组织、国家。

2. 公司法对公司股东无行为能力的要求。

股东名册是股东资格的法定证明文件。记载于股东名册的股东，可以依据股东名册主张行使股东权利。

3. 基于工商登记的公信力，记载具有对抗效力，未经登记或者变更登记的，不得对抗第三人。

4. 工商登记机关记载的股东与股东名册记载的有冲突：对公司内部，以股东名册为准；对公司外部，以工商登记为准。

5. 股东资格诉讼，以公司为被告，与案件争议股权有利害关系的人作为第三人参加诉讼。

6. 限制股东权利。对出资瑕疵股东，公司可对其利润分配请求权、新股优先认购权、剩余财产分配请求权等股东权利作出相应合理限制。

7. 解除股东资格

（1）未履行出资义务或者抽逃全部出资，经公司催告，合理期间内仍未缴纳或者返还出资，公司以股东会决议解除该股东的股东资格；

（2）解除股东资格时，公司减资或由其他人缴纳；

（3）减资或者他人缴足前，不免除股东对其债权人的责任。

▶ 命题展望

股东资格是享有股东权利的前提。在商法主观题考试中，出资人是债权人身份还是股东身份，一般要以股东名册的记载为准，主张相应的权利。股东虽未被登记于股东名册，股东出于投资意愿出资，实际享有了股东权利，也可被认定为股东。股东资格认定易与代持股、一股二卖、股东权利、破产债权申报以及民商法诚信原则等知识点综合考查。

重点法条⑬ ▶ **股东分红权、新增资本优先认购权**

☞**第34条** [分取红利；优先认购]　股东按照实缴的出资比例分取红利；公司新增资本时，股东有权优先按照实缴的出资比例认缴出资。但是，全体股东约定不按照出资比例分取红利或者不按照出资比例优先认缴出资的除外。

关联法条

《公司法解释（四）》

第13条［公司为被告］ 股东请求公司分配利润案件，应当列公司为被告。

一审法庭辩论终结前，其他股东基于同一分配方案请求分配利润并申请参加诉讼的，应当列为共同原告。

第14条［提交具体分配方案］ 股东提交载明具体分配方案的股东会或者股东大会的有效决议，请求公司分配利润，公司拒绝分配利润且其关于无法执行决议的抗辩理由不成立的，人民法院应当判决公司按照决议载明的具体分配方案向股东分配利润。

第15条［未提交分配方案，驳回诉讼请求］ 股东未提交载明具体分配方案的股东会或者股东大会决议，请求公司分配利润的，人民法院应当驳回其诉讼请求，但违反法律规定滥用股东权利导致公司不分配利润，给其他股东造成损失的除外。

《公司法解释（五）》第4条［分配利润时间］ 分配利润的股东会或者股东大会决议作出后，公司应当在决议载明的时间内完成利润分配。决议没有载明时间的，以公司章程规定的为准。决议、章程中均未规定时间或者时间超过1年的，公司应当自决议作出之日起1年内完成利润分配。

决议中载明的利润分配完成时间超过公司章程规定时间的，股东可以依据公司法第22条第2款规定请求人民法院撤销决议中关于该时间的规定。

真题链接

2019/主；2016/4/5（2）；2015/4/5（3）；2010/4/6（1）（《公司法》第34条）

考点剖析

1. 股东按照实缴的出资比例分取红利，增资时按照实缴出资比例优先认购，全体股东可约定。

2. 股东请求分配利润

（1）以公司为被告；

（2）提交载明具体分配方案的股东会（或股东大会）的有效决议；

（3）未提交载明具体分配方案的股东会或者股东大会决议，驳回诉讼请求。

3. 按照决议载明的时间完成利润分配，决议没有载明时间的，以公司章程规定为准；未作规定或规定时间超过1年的，决议作出之日起1年内完成利润分配。

4. 决议中载明的利润分配完成时间超过公司章程规定时间的，股东可请求撤销该时间规定。

命题展望

分红是股东的权利，股东分取红利与增资时的优先认购按照实缴比例确定，非强制性规定，全体股东可约定。股东分红权利可能与股东出资瑕疵、认定股东身份结合考查，注意2017年新颁布的《公司法解释（四）》中对股东利润分配请求权的规定，在2018年主观题中尚未考查。在《公司法解释（四）》的基础上，2019年《公司法解释（五）》规范了公司分配利润的时限，考生要结合掌握。可能与股东会会议效力结合出题。

重点法条 ⑭ ▶ 股东知情权

第 33 条 [*股东知情权*] 股东有权查阅、复制公司章程、股东会会议记录、董事会会议决议、监事会会议决议和财务会计报告。

[*查阅会计账簿*] 股东可以要求查阅公司会计账簿。股东要求查阅公司会计账簿的，应当向公司提出书面请求，说明目的。公司有合理根据认为股东查阅会计账簿有不正当目的，可能损害公司合法利益的，可以拒绝提供查阅，并应当自股东提出书面请求之日起 15 日内书面答复股东并说明理由。公司拒绝提供查阅的，股东可以请求人民法院要求公司提供查阅。

▶ 关联法条

《公司法解释（四）》

第 8 条 [*不正当目的*] 有限责任公司有证据证明股东存在下列情形之一的，人民法院应当认定股东有公司法第 33 条第 2 款规定的"不正当目的"：

（一）[*同业竞争*] 股东自营或者为他人经营与公司主营业务有实质性竞争关系业务的，但公司章程另有规定或者全体股东另有约定的除外；

（二）[*通报目的*] 股东为了向他人通报有关信息查阅公司会计账簿，可能损害公司合法利益的；

（三）[*通报历史*] 股东在向公司提出查阅请求之日前的 3 年内，曾通过查阅公司会计账簿，向他人通报有关信息损害公司合法利益的；

（四）股东有不正当目的的其他情形。

第 9 条 公司章程、股东之间的协议等实质性剥夺股东依据公司法第 33 条、第 97 条规定查阅或者复制公司文件材料的权利，公司以此为由拒绝股东查阅或者复制的，人民法院不予支持。

第 10 条 人民法院审理股东请求查阅或者复制公司特定文件材料的案件，对原告诉讼请求予以支持的，应当在判决中明确查阅或者复制公司特定文件材料的时间、地点和特定文件材料的名录。

股东依据人民法院生效判决查阅公司文件材料的，在该股东在场的情况下，可以由会计师、律师等依法或者依据执业行为规范负有保密义务的中介机构执业人员辅助进行。

▶ 考点剖析

1. 查阅＋复制：公司章程、股东会会议记录、董事会会议决议、监事会会议决议和财务会计报告。

2. 查阅：公司会计账簿；书面提出请求。

3. 公司拒绝理由

股东查阅会计账簿有不正当目的，可能损害公司合法利益。

不正当目的：同业竞争/通报目的/通报历史。

4. 公司章程、股东之间的协议等不能实质性剥夺股东知情权。

▶ 命题展望

股东知情权是股东行使其他股东权利的

基础性权利。在案例分析中，主要判断股东可以行使的知情权，可以查阅或复制哪些材料，如果股东知情权受损该如何救济。另外，股东知情权也可结合公司章程考查，公司章程实质性剥夺股东知情权效力如何。

重点法条⑮ ▶ 股东会

第36条［权力机构］ 有限责任公司股东会由<u>全体股东组成</u>。股东会是公司的权力机构，依照本法行使职权。

☞**第37条**［股东会职权］ 股东会行使下列职权：

（一）<u>决定公司的经营方针和投资计划</u>；

（二）<u>选举和更换非由职工代表担任的董事、监事，决定有关董事、监事的报酬事项</u>；

（三）审议批准董事会的报告；

（四）审议批准监事会或者监事的报告；

（五）审议批准公司的年度财务预算方案、决算方案；

（六）审议批准公司的利润分配方案和弥补亏损方案；

（七）<u>对公司增加或者减少注册资本作出决议</u>；

（八）对发行公司债券作出决议；

（九）<u>对公司合并、分立、解散、清算或者变更公司形式作出决议</u>；

（十）<u>修改公司章程</u>；

（十一）公司章程规定的其他职权。

对前款所列事项股东以书面形式一致表示同意的，可以不召开股东会会议，直接作出决定，并由全体股东在决定文件上签名、盖章。

☞**第42条**［股东表决权］ 股东会会议由股东按照<u>出资比例行使表决权</u>；但是，公司章程另有规定的除外。

第43条［股东会会议的议事方式和表决程序］ 股东会的议事方式和表决程序，除本法有规定的外，由公司章程规定。

☞股东会会议作出<u>修改公司章程</u>、<u>增加或者减少注册资本</u>的决议，以及<u>公司合并、分立、解散或者变更公司形式</u>的决议，必<u>须经代表2/3以上表决权的股东</u>通过。

《九民纪要》7.［表决权能否受限］股东认缴的出资未届履行期限，对未缴纳部分的出资是否享有以及如何行使表决权等问题，应当根据公司章程来确定。公司章程没有规定的，应当按照认缴出资的比例确定。如果股东（大）会作出不按认缴出资比例而按实际出资比例或者其他标准确定表决权的决议，股东请求确认决议无效的，人民法院应当审查该决议是否符合修改公司章程所要求的表决程序，即必须经代表2/3以上表决权的股东通过。符合的，人民法院不予支持；反之，则依法予以支持。

▶真题链接

2017/4/5（2）；2016/4/5（4）（《公司法》第43条第2款）

2012/4/4（1）（《公司法》第37、42、43条）

▶考点剖析

1. 股东会是公司的权力机构。

2. 股东会的几项重要职权

（1）决定有关董事、监事的报酬事项；

（2）对公司增加或者减少注册资本作出决议；

（3）对公司合并、分立、解散、清算或者变更公司形式作出决议；

（4）修改公司章程。

3. 代表2/3以上表决权的股东通过事项：①修改公司章程；②增加或者减少注册资本；③公司合并、分立、解散或者变更公司形式。

▶ 命题展望

股东会的职权与重要事项的表决规则是商法主观题考试中的重点，考生要熟悉股东会的职权，掌握重要事项的股东会的表决规则。命题角度一：混淆股东会与董事会职权，判断行为是否有效；命题角度二：股东会表决规则与重要表决事项程序结合。

重点法条⑯ ▶ 董事会

第44条［董事会人数］　有限责任公司设董事会，其成员为3人至13人；但是，本法第50条另有规定的除外。

第46条［董事会职权］　董事会对股东会负责，行使下列职权：

（一）召集股东会会议，并向股东会报告工作；

（二）执行股东会的决议；

（三）决定公司的经营计划和投资方案；

（四）制订公司的年度财务预算方案、决算方案；

（五）制订公司的利润分配方案和弥补亏损方案；

（六）制订公司增加或者减少注册资本以及发行公司债券的方案；

（七）制订公司合并、分立、解散或者变更公司形式的方案；

（八）决定公司内部管理机构的设置；

（九）决定聘任或者解聘公司经理及其报酬事项，并根据经理的提名决定聘任或者解聘公司副经理、财务负责人及其报酬事项；

（十）制定公司的基本管理制度；

（十一）公司章程规定的其他职权。

第48条［董事会议事方式和表决程序］　董事会的议事方式和表决程序，除本法有规定的外，由公司章程规定。

董事会应当对所议事项的决定作成会议记录，出席会议的董事应当在会议记录上签名。

董事会决议的表决，实行一人一票。

☞**第49条**［经理职权］　有限责任公司可以设经理，由董事会决定聘任或者解聘。经理对董事会负责，行使下列职权：

（一）主持公司的生产经营管理工作，组织实施董事会决议；

（二）组织实施公司年度经营计划和投资方案；

（三）拟订公司内部管理机构设置方案；

（四）拟订公司的基本管理制度；

（五）制定公司的具体规章；

（六）提请聘任或者解聘公司副经理、

财务负责人；

（七）决定聘任或者解聘除应由董事会决定聘任或者解聘以外的负责管理人员；

（八）董事会授予的其他职权。

公司章程对经理职权另有规定的，从其规定。

经理列席董事会会议。

☞ **第50条**［执行董事］ 股东人数较少或者规模较小的有限责任公司，可以设1名执行董事，不设董事会。执行董事可以兼任公司经理。

执行董事的职权由公司章程规定。

🔹 关联法条

《公司法解释（五）》第3条［董事职务的无因解除］ 董事任期届满前被股东会或者股东大会有效决议解除职务，其主张解除不发生法律效力的，人民法院不予支持。

［离职补偿］ 董事职务被解除后，因补偿与公司发生纠纷提起诉讼的，人民法院应当依据法律、行政法规、公司章程的规定或者合同的约定，综合考虑解除的原因、剩余任期、董事薪酬等因素，确定是否补偿以及补偿的合理数额。

🔹 真题链接

2017/4/5（1）（《公司法》第50条）

2017/4/5（3）（《公司法》第49条第1款）

🔹 考点剖析

1. 董事会决定聘任或解聘经理。

2. 股东人数较少或规模较小的有限责任公司：可以设1名执行董事，不设董事会。

🔹 命题展望

董事会与股东会考查方式类似，考生要熟悉董事会职权，掌握其中的重要职权，命题方式主要是让考生判断公司治理结构是否合法。在配备法律法规的考查形式下，纯粹的程序性、规定性内容考查可能性降低。

重点法条 17 ▶ 监事会

☞ **第51条**［监事会］ 有限责任公司设监事会，其成员不得少于3人。股东人数较少或者规模较小的有限责任公司，可以设1至2名监事，不设监事会。

监事会应当包括股东代表和适当比例的公司职工代表，其中职工代表的比例不得低于1/3，具体比例由公司章程规定。监事会中的职工代表由公司职工通过职工代表大会、职工大会或者其他形式民主选举产生。

监事会设主席1人，由全体监事过半数选举产生。监事会主席召集和主持监事会会议；监事会主席不能履行职务或者不履行职务的，由半数以上监事共同推举1名监事召集和主持监事会会议。

☞ 董事、高级管理人员不得兼任监事。

☞ **第53条**［职权］ 监事会、不设监事会的公司的监事行使下列职权：

（一）检查公司财务；

（二）对董事、高级管理人员执行公司职务的行为进行监督，对违反法律、行政法规、公司章程或者股东会决议的董事、高级管理人员提出罢免的建议；

（三）当董事、高级管理人员的行为

损害公司的利益时，要求董事、高级管理人员予以纠正；

（四）提议召开临时股东会会议，在董事会不履行本法规定的召集和主持股东会会议职责时召集和主持股东会会议；

（五）向股东会会议提出提案；

（六）依照本法第151条的规定，对董事、高级管理人员提起诉讼；

（七）公司章程规定的其他职权。

第117条第1、2款　股份有限公司设监事会，其成员不得少于3人。

监事会应当包括股东代表和适当比例的公司职工代表，其中职工代表的比例不得低于1/3，具体比例由公司章程规定。监事会中的职工代表由公司职工通过职工代表大会、职工大会或者其他形式民主选举产生。

📑 真题链接

2017/4/5（1）（《公司法》第51条第1、

4款）

2017/4/5（3）（《公司法》第53条）

📑 考点剖析

1. 股东人数较少或规模较小：可以设1名执行董事，不设董事会。

2. 董事、高级管理人员不得兼任监事。

3. 监事会职权

（1）对董事、高级管理人员提出罢免建议；

（2）提议召开临时股东会会议；

（3）对董事、高级管理人员提起诉讼。

📑 命题展望

监事会的考查角度：①判断公司治理结构是否合法；②监事会违法行使职权，判断监事会行使职权的效力。考生主要掌握几个比较重要的监事会职权即可，其他职权做到见到熟悉即可。该考点可结合股东代表诉讼制度出题。

重点法条⑱▶公司董事、高管的忠实义务

第147条［忠实和勤勉义务］　董事、监事、高级管理人员应当遵守法律、行政法规和公司章程，对公司负有忠实义务和勤勉义务。

董事、监事、高级管理人员不得利用职权收受贿赂或者其他非法收入，不得侵占公司的财产。

第148条［董事、高管人员的禁止行为］　董事、高级管理人员不得有下列行为：

（一）挪用公司资金；

（二）将公司资金以其个人名义或者以其他个人名义开立账户存储；

（三）违反公司章程的规定，未经股东会、股东大会或者董事会同意，将公司资金借贷给他人或者以公司财产为他人提供担保；

（四）违反公司章程的规定或者未经股东会、股东大会同意，与本公司订立合同或者进行交易；

（五）未经股东会或者股东大会同意，利用职务便利为自己或者他人谋取属于公司的商业机会，自营或者为他人经营与所任职公司同类的业务；

（六）接受他人与公司交易的佣金归

为己有；

（七）擅自披露公司秘密；

（八）违反对公司忠实义务的其他行为。

董事、高级管理人员违反前款规定所得的收入应当归公司所有。

📌 关联法条

《公司法解释（五）》

第1条 ［履行法定程序不能豁免关联交易赔偿责任］ 关联交易损害公司利益，原告公司依据公司法第21条规定请求控股股东、实际控制人、董事、监事、高级管理人员赔偿所造成的损失，被告仅以该交易已经履行了信息披露、经股东会或者股东大会同意等法律、行政法规或者公司章程规定的程序为由抗辩的，人民法院不予支持。

公司没有提起诉讼的，符合公司法第151条第1款规定条件的股东，可以依据公司法第151条第2款、第3款规定向人民法院提起诉讼。

第2条 ［关联交易合同的无效与撤销］ 关联交易合同存在无效或者可撤销情形，公司没有起诉合同相对方的，符合公司法第151条第1款规定条件的股东，可以依据公司法第151条第2款、第3款规定向人民法院提起诉讼。

📌 命题展望

考生要熟悉董、高的禁止性行为，在案例分析中，能够判断出董、高的行为是否属于法律所禁止的，并且掌握董、高从事禁止性行为的法律后果。

关联交易损害公司利益，赔偿所造成的损失、履行法定程序不是抗辩事由。

重点法条⑲ ▶ 股东代表诉讼

☞ **第151条** ［交叉请求原则］ 董事、高级管理人员有本法第149条规定的情形的，有限责任公司的股东、股份有限公司连续180日以上单独或者合计持有公司1%以上股份的股东，可以书面请求监事会或者不设监事会的有限责任公司的监事向人民法院提起诉讼；监事有本法第149条规定的情形的，前述股东可以书面请求董事会或者不设董事会的有限责任公司的执行董事向人民法院提起诉讼。

［股东以自己名义起诉］ 监事会、不设监事会的有限责任公司的监事，或者董事会、执行董事收到前款规定的股东书面请求后拒绝提起诉讼，或者自收到请求之日起30日内未提起诉讼，或者情况紧急、不立即提起诉讼将会使公司利益受到难以弥补的损害的，前款规定的股东有权为了公司的利益以自己的名义直接向人民法院提起诉讼。

他人侵犯公司合法权益，给公司造成损失的，本条第1款规定的股东可以依照前两款的规定向人民法院提起诉讼。

第152条 ［股东权益受损的诉讼］ 董事、高级管理人员违反法律、行政法规或者公司章程的规定，损害股东利益的，股东可以向人民法院提起诉讼。

📌 关联法条

《公司法解释（四）》 第26条 ［诉讼费用］ 股东依据公司法第151条第2款、第

3款规定直接提起诉讼的案件，其诉讼请求部分或者全部得到人民法院支持的，公司应当承担股东因参加诉讼支付的<u>合理费用</u>。

《九民纪要》

24.［何时成为股东不影响起诉］　股东提起股东代表诉讼，被告以行为发生时原告尚未成为公司股东为由抗辩该股东不是适格原告的，人民法院不予支持。

25.［正确适用前置程序］　根据《公司法》第151条的规定，股东提起代表诉讼的前置程序之一是，股东必须先书面请求公司有关机关向人民法院提起诉讼。一般情况下，股东没有履行该前置程序的，应当驳回起诉。但是，该项前置程序针对的是公司治理的一般情况，即在股东向公司有关机关提出书面申请之时，存在公司有关机关提起诉讼的可能性。如果查明的相关事实表明，<u>根本不存在该种可能性的，人民法院不应当以原告未履行前置程序为由驳回起诉</u>。

26.［股东代表诉讼的反诉］　股东依据《公司法》第151条第3款的规定提起股东代表诉讼后，被告以原告股东恶意起诉侵犯其合法权益为由提起反诉的，人民法院应予受理。被告以公司在案涉纠纷中应当承担侵权或者违约等责任为由对公司提出的反诉，因不符合反诉的要件，人民法院应当裁定不予受理；已经受理的，裁定驳回起诉。

▶ 真题链接

2007/4/5（3）（《公司法》第151条）

▶ 考点剖析

股东代表诉讼程序：

1.［第1步］交叉请求

（1）主体：有限公司股东。

（2）董、高损害公司，书面请求监事（会）；监事损害公司，书面请求董事（会）。

2.［第2步］股东以自己的名义起诉

条件：收到书面请求后拒绝起诉；收到请求30内未起诉；情况紧急，不立即起诉公司利益受损难以弥补；不存在公司有关机关提起诉讼的可能性。

3.诉讼请求部分或全部得到支持：公司承担合理费用。

▶ 命题展望

股东代表诉讼制度是商法考试中的重要考点。主要的命题方式是：案例中董事或者高管有损害公司的情形，股东应如何维护公司合法权益？

重点法条⑳ ▶ 股权转让

▷**第71条**［公司内部自由转］　有限责任公司的股东之间可以相互转让其全部或者部分股权。

［对外转让过半数同意］　股东向股东以外的人转让股权，应当经其他股东<u>过半数同意</u>。股东应就其股权转让事项书面通知其他股东征求同意，其他股东自接到书面通知之日起满30日未答复的，<u>视为同意转让</u>。其他股东半数以上<u>不同意转让</u>的，<u>不同意的股东应当购买该转让的股权；不购买的，视为同意转让</u>。

［优先购买权］　<u>经股东同意转让的股</u>

权，在同等条件下，**其他股东有优先购买权**。两个以上股东主张行使优先购买权的，协商确定各自的购买比例；**协商不成的，按照转让时各自的出资比例行使优先购买权**。

［股权转让可约定］ 公司章程对股权转让另有规定的，从其规定。

关联法条

《公司法解释（三）》

☞ **第18条** ［瑕疵股权转让］ 有限责任公司的股东未履行或者未全面履行出资义务即转让股权，受让人对此知道或者应当知道，公司请求该股东履行出资义务、受让人对此承担连带责任的，人民法院应予支持；公司债权人依照本规定第13条第2款向该股东提起诉讼，同时请求前述受让人对此承担连带责任的，人民法院应予支持。

［瑕疵股权受让人追偿］ 受让人根据前款规定**承担责任后**，向该未履行或者未全面履行出资义务的股东**追偿**的，人民法院应予支持。但是，当事人另有约定的除外。

第27条 ［一股二卖］ **股权转让后尚未向公司登记机关办理变更登记**，原股东将仍登记于其名下的股权转让、质押或者以其他方式处分，受让股东以其对于股权享有实际权利为由，**请求认定处分股权行为无效的**，人民法院可以**参照物权法第106条（现为《民法典》第311条）的规定处理**。

原股东处分股权造成受让股东损失，受让股东请求原股东承担赔偿责任、对于未及时办理变更登记有过错的董事、高级管理人员或者实际控制人承担相应责任的，人民法院应予支持；受让股东对于未及时办理变更登记也有过错的，可以适当减轻上述董事、高级管理人员或者实际控制人的责任。

第28条 ［冒名股东］ **冒用他人名义出资并将该他人作为股东在公司登记机关登记的**，**冒名登记行为人应当承担相应责任**；公司、其他股东或者公司债权人以未履行出资义务为由，**请求被冒名登记为股东的承担补足出资责任或者对公司债务不能清偿部分的赔偿责任的，人民法院不予支持**。

《公司法解释（四）》

第17条 ［对外转让股权要通知］ 有限责任公司的股东向股东以外的人转让股权，**应就其股权转让事项以书面或者其他能够确认收悉的合理方式通知其他股东征求同意**。其他股东半数以上不同意转让，不同意的股东不购买的，人民法院应当认定视为同意转让。

经股东同意转让的股权，其他股东主张转让股东应当向其以书面或者其他能够确认收悉的合理方式通知转让股权的同等条件的，人民法院应当予以支持。

经股东同意转让的股权，在同等条件下，转让股东以外的其他股东主张优先购买的，人民法院应当予以支持，但转让股东依据本规定第20条放弃转让的除外。

第18条 ［同等条件］ 人民法院在判断是否符合公司法第71条第3款及本规定所称的"同等条件"时，应当**考虑转让股权的数量、价格、支付方式及期限等因素**。

第19条 ［主张优先购买权期间］ 有限责任公司的股东主张优先购买转让股权的，应当在收到通知后，在公司章程规定的行使期间内提出购买请求。公司章程没有规定行使期间或者规定不明确的，**以通知确定的期间为准**，通知确定的期间短于**30日或者未明确行使期间的，行使期间为30日**。

第 20 条 [转让股东反悔] 有限责任公司的转让股东，在其他股东主张优先购买后又不同意转让股权的，对其他股东优先购买的主张，人民法院不予支持，但公司章程另有规定或者全体股东另有约定的除外。其他股东主张转让股东赔偿其损失合理的，人民法院应当予以支持。

第 21 条 [损害优先购买权] 有限责任公司的股东向股东以外的人转让股权，未就其股权转让事项征求其他股东意见，或者以欺诈、恶意串通等手段，损害其他股东优先购买权，其他股东主张按照同等条件购买该转让股权的，人民法院应当予以支持，但其他股东自知道或者应当知道行使优先购买权的同等条件之日起 30 日内没有主张，或者自股权变更登记之日起超过 1 年的除外。

前款规定的其他股东仅提出确认股权转让合同及股权变动效力等请求，未同时主张按照同等条件购买转让股权的，人民法院不予支持，但其他股东非因自身原因导致无法行使优先购买权，请求损害赔偿的除外。

股东以外的股权受让人，因股东行使优先购买权而不能实现合同目的的，可以依法请求转让股东承担相应民事责任。

《九民纪要》

8. [有限责任公司的股权变动] 当事人之间转让有限责任公司股权，受让人以其姓名或者名称已记载于股东名册为由主张其已经取得股权的，人民法院依法予以支持，但法律、行政法规规定应当办理批准手续生效的股权转让除外。未向公司登记机关办理股权变更登记的，不得对抗善意相对人。

9. [侵犯优先购买权的股权转让合同的效力] 审判实践中，部分人民法院对公司法司法解释（四）第 21 条规定的理解存在偏差，往往以保护其他股东的优先购买权为由认定股权转让合同无效。准确理解该条规定，既要注意保护其他股东的优先购买权，也要注意保护股东以外的股权受让人的合法权益，正确认定有限责任公司的股东与股东以外的股权受让人订立的股权转让合同的效力。一方面，其他股东依法享有优先购买权，在其主张按照股权转让合同约定的同等条件购买股权的情况下，应当支持其诉讼请求，除非出现该条第 1 款规定的情形。另一方面，为保护股东以外的股权受让人的合法权益，股权转让合同如无其他影响合同效力的事由，应当认定有效。其他股东行使优先购买权的，虽然股东以外的股权受让人关于继续履行股权转让合同的请求不能得到支持，但不影响其依约请求转让股东承担相应的违约责任。

《民法典》

☞ 第 443 条 [以基金份额、股权出质的质权设立及转让限制] 以基金份额、股权出质的，质权自办理出质登记时设立。

基金份额、股权出质后，不得转让，但是出质人与质权人协商同意的除外。出质人转让基金份额、股权所得的价款，应当向质权人提前清偿债务或者提存。

第 444 条第 1 款 [以知识产权中的财产权出质的质权的设立及转让限制] 以注册商标专用权、专利权、著作权等知识产权中的财产权出质的，质权自办理出质登记时设立。

▶ 真题链接

2019/主（《民法典》第443条）

2016/4/5（3）（《公司法解释（三）》第18条）

2013/4/5(5)；2010/4/6(8)(《公司法》第71条)

2012/4/4(3)；2007/4/5(2)(《民法典》第443条)

2012/4/4(5)(《公司法》第71条第2款)

▼ 考点剖析

1. 股权转让规则非强制性规定，公司章程可约定。

2. 股东之间转让股权自由转，其他股东没有优先购买权。

3. 对外转让应当经其他股东过半数同意：

(1) 书面或者以其他能够确认收悉的合理方式通知其他股东征求同意；

(2) 接到通知30内未予答复的，视为同意转让；

(3) 其他股东过半数不同意转让的，不同意的股东应当购买该转让的股权，不购买的视为同意转让。

4. 优先购买权

(1) 同等条件下，转让人以外的其他股东可主张优先购买。

(2) 自然人股东因继承发生变化，其他股东不可主张优先购买权。

(3) 优先权发生冲突时，股东之间先协商；协商不成，按照转让时各自的出资比例行使优先购买权。

5. 转让瑕疵股权，受让人对此知道或者应当知道的：

(1) 公司可请求该股东履行出资义务，受让人承担连带责任；

(2) 债权人可请求瑕疵股东承担补充赔偿责任，受让人承担连带责任。

6. 一股二卖

(1) 第一次转让，股东名册已变更，未办理工商变更登记；

(2) 第二次处分股权，无权处分人转让，所有权人有权追回；

(3) 第二次受让人符合善意取得条件，第二次受让人取得股权；

(4) 原股东对第一次受让股东承担赔偿责任。

▼ 命题展望

股权转让是股东退出公司的方式之一，是商法主观题考试中的重要考点。股东转让股权首先要判断是内部转还是对外转，对外转其他股东享有优先购买权，损害股东优先购买权的处理方式见《公司法解释(四)》，2018年主观题中未考查。瑕疵股权转让易结合出资瑕疵考查。在2018年主观题考试中，出现民法、民诉、商法相结合的综合题目，因此，要注意股权转让协议与民法诚实信用原则、分期付款合同的结合。

2019年商法主观题，考查名义股东设立股权质权。2020年可结合民法中其他形式的担保物权或者合同考查。

重点法条 21 ▶ 股权转让其他方式

第72条 [股权强制转让] 人民法院依照法律规定的强制执行程序转让股东的股权时，**应当通知公司及全体股东，其他股东在同等条件下有优先购买权。其他股**

东自人民法院通知之日起满 20 日不行使优先购买权的，视为放弃优先购买权。

第 73 条［股权转让后程序］　依照本法第 71 条、第 72 条转让股权后，公司应当注销原股东的出资证明书，向新股东签发出资证明书，并相应修改公司章程和股东名册中有关股东及其出资额的记载。对公司章程的该项修改不需再由股东会表决。

☞ **第 74 条**［股权回购请求权］　有下列情形之一的，对股东会该项决议投反对票的股东可以请求公司按照合理的价格收购其股权：

（一）公司连续 5 年不向股东分配利润，而公司该 5 年连续盈利，并且符合本法规定的分配利润条件的；

（二）公司合并、分立、转让主要财产的；

（三）公司章程规定的营业期限届满或者章程规定的其他解散事由出现，股东会会议通过决议修改章程使公司存续的。

自股东会会议决议通过之日起 60 日内，股东与公司不能达成股权收购协议的，股东可以自股东会会议决议通过之日起 90 日内向人民法院提起诉讼。

第 75 条［股东资格继承］　自然人股东死亡后，其合法继承人可以继承股东资格；但是，公司章程另有规定的除外。

🔖 关联法条

☞《公司法解释（二）》第 5 条［审理案件注重调解］　人民法院审理解散公司诉讼案件，应当注重调解。当事人协商同意由公司或者股东收购股份，或者以减资等方式使公司存续，且不违反法律、行政法规强制性

规定的，人民法院应予支持。当事人不能协商一致使公司存续的，人民法院应当及时判决。

经人民法院调解公司收购原告股份的，公司应当自调解书生效之日起 6 个月内将股份转让或者注销。股份转让或者注销之前，原告不得以公司收购其股份为由对抗公司债权人。

《最高人民法院关于适用〈中华人民共和国婚姻法〉若干问题的解释（二）》第 16 条［离婚股权分割］　人民法院审理离婚案件，涉及分割夫妻共同财产中以一方名义在有限责任公司的出资额，另一方不是该公司股东的，按以下情形分别处理：

（一）［过半数同意+其他股东放弃优先购买权］　夫妻双方协商一致将出资额部分或者全部转让给该股东的配偶，过半数股东同意、其他股东明确表示放弃优先购买权的，该股东的配偶可以成为该公司股东；

（二）［视为同意转让］　夫妻双方就出资额转让份额和转让价格等事项协商一致后，过半数股东不同意转让，但愿意以同等价格购买该出资额的，人民法院可以对转让出资所得财产进行分割。过半数股东不同意转让，也不愿意以同等价格购买该出资额的，视为其同意转让，该股东的配偶可以成为该公司股东。

用于证明前款规定的过半数股东同意的证据，可以是股东会决议，也可以是当事人通过其他合法途径取得的股东的书面声明材料。

《公司法解释（四）》第 16 条　有限责任公司的自然人股东因继承发生变化时，其他股东主张依据公司法第 71 条第 3 款规定行使优先购买权的，人民法院不予支持，但

公司章程另有规定或者全体股东另有约定的除外。

《公司法解释（五）》第 5 条 [股东重大分歧解决机制]　人民法院审理涉及有限责任公司股东重大分歧案件时，应当注重调解。当事人协商一致以下列方式解决分歧，且不违反法律、行政法规的强制性规定的，人民法院应予支持：

（一）公司回购部分股东股份；

（二）其他股东受让部分股东股份；

（三）他人受让部分股东股份；

（四）公司减资；

（五）公司分立；

（六）其他能够解决分歧，恢复公司正常经营，避免公司解散的方式。

⬛ 真题链接

2017/4/5（4）（《公司法》第74条第1款，《公司法解释（二）》第5条第1款）

⬛ 考点剖析

1. 强制执行的股权转让

（1）法院依强制执行程序转让股东的股权，应当通知公司及全体股东；

（2）其他股东自法院通知 20 日内可行

使优先购买权；

（3）债权人可以通过强制执行取得股权。

2. 股权回购请求权：投反对票，股东可请求公司按照合理的价格收购其股权。

（1）连续 5 年不分配利润+5 年连续盈利+符合分配利润条件；

（2）合并、分立、转让主要财产；

（3）营业期限届满/出现其他解散事由+股东会决议修改章程，公司存续。

3. 离婚时股权分割，参照"股权对外转让"处理。

4. 自然人股东死亡，合法继承人可继承股东资格，可另有约定。

⬛ 命题展望

强制股权转让一般从股东的优先购买权、债权人能否取得股权的角度命题，属于一般考点。若出综合题，可能结合民诉执行程序出题。股东离婚时股权分割，可在案例中设计夫妻离婚纠纷考查该知识点，过半数股东同意、不同意该如何处理，配偶能否取得股权，也可能结合代持股考点出题。

重点法条 22 ▶ 合并与分立

第 172 条 [公司合并]　公司合并可以采取吸收合并或者新设合并。

一个公司吸收其他公司为吸收合并，被吸收的公司解散。两个以上公司合并设立一个新的公司为新设合并，合并各方解散。

第 173 条 [合并流程]　公司合并，应

当由合并各方签订合并协议，并编制资产负债表及财产清单。公司应当自作出合并决议之日起 10 日内通知债权人，并于 30 日内在报纸上公告。债权人自接到通知书之日起 30 日内，未接到通知书的自公告之日起 45 日内，可以要求公司清偿债务或者提供相应的担保。

第174条　公司合并时，合并各方的债权、债务，应当由合并后存续的公司或者新设的公司承继。

第175条［公司分立］　公司分立，其财产作相应的分割。

公司分立，应当编制资产负债表及财产清单。公司应当自作出分立决议之日起10日内通知债权人，并于30日内在报纸上公告。

第176条［分立前分立后连带责任］公司分立前的债务由分立后的公司承担连带责任。但是，公司在分立前与债权人就债务清偿达成的书面协议另有约定的除外。

▶ **考点剖析**

1. 公司合并程序

（1）签订合并协议，编制资产负债表及财产清单。

（2）10日内通知债权人，30日内报纸上公告。债权人自接到通知书30日内，未接到通知书自公告45日内，可要求公司清偿债务或者提供相应的担保。

2. 公司分立

公司分立前的债务由分立后的公司承担连带责任。

▶ **命题展望**

合并与分立主要是考查程序性问题，可能与股东会职权与表决规则结合出题。

重点法条㉓ ▶ 增资减资

☞**第177条**［减资程序］　公司需要减少注册资本时，必须编制资产负债表及财产清单。

公司应当自作出减少注册资本决议之日起10日内通知债权人，并于30日内在报纸上公告。债权人自接到通知书之日起30日内，未接到通知书的自公告之日起45日内，有权要求公司清偿债务或者提供相应的担保。

第178条［增资程序］　有限责任公司增加注册资本时，股东认缴新增资本的出资，依照本法设立有限责任公司缴纳出资的有关规定执行。

股份有限公司为增加注册资本发行新股时，股东认购新股，依照本法设立股份有限公司缴纳股款的有关规定执行。

第179条［变更登记］　公司合并或者分立，登记事项发生变更的，应当依法向公司登记机关办理变更登记；公司解散的，应当依法办理公司注销登记；设立新公司的，应当依法办理公司设立登记。

☞公司增加或者减少注册资本，应当依法向公司登记机关办理变更登记。

▶ **真题链接**

2017/4/5（2）（《公司法》第177条、第179条第2款）

▶ **考点剖析**

1. 公司减少注册资本，有权要求公司清偿债务或者提供相应的担保。

2. 增加注册资本，股东有权优先按照实缴的出资比例认缴出资。

3. 增加或减少注册资本，应办理变更

登记。

▶ 命题展望

公司增加或减少注册资本易和股东会决

议效力、股东会 2/3 以上表决权通过事项、增资股东优先认缴出资结合出题。

ⓐ点法条24 ▶ 公司的解散

☞ **第182条** ［司法解散理由］ 公司经营管理发生严重困难，继续存续会使股东利益受到重大损失，通过其他途径不能解决的，持有公司全部股东表决权 10% 以上的股东，可以请求人民法院解散公司。

▶ 关联法条

☞《公司法解释（二）》第 1 条 ［解散公司之诉股东资格］ 单独或者合计持有公司全部股东表决权 10% 以上的股东，以下列事由之一提起解散公司诉讼，并符合公司法第 182 条规定的，人民法院应予受理：

（一）［两年不开会］ 公司持续 2 年以上无法召开股东会或者股东大会，公司经营管理发生严重困难的；

（二）［两年无有效股东（大）会决议］ 股东表决时无法达到法定或者公司章程规定的比例，持续 2 年以上不能做出有效的股东会或者股东大会决议，公司经营管理发生严重困难的；

（三）［董事冲突无法解决］ 公司董事长期冲突，且无法通过股东会或者股东大会解决，公司经营管理发生严重困难的；

（四）经营管理发生其他严重困难，公司继续存续会使股东利益受到重大损失的情形。

［非解散公司诉讼理由］ 股东以知情权、利润分配请求权等权益受到损害，或者

公司亏损、财产不足以偿还全部债务，以及公司被吊销企业法人营业执照未进行清算等为由，提起解散公司诉讼的，人民法院不予受理。

▶ 真题链接

2017/4/5（5）（《公司法》第182条，《公司法解释（二）》第1条）

2012/4/4（5）；2007/4/5（5）（《公司法》第182条）

▶ 考点剖析

1. 解散公司的理由：公司经营管理发生严重困难。

（1）持续 2 年无法召开股东（大）会；

（2）持续 2 年无法作出有效股东（大）会决议；

（3）董事冲突无法通过股东（大）会解决。

2. 请求公司解散主体

单独或者合计持有公司全部股东表决权 10% 以上的股东。

▶ 命题展望

提起公司解散之诉是股东退出公司的方式之一，是商法主观题的常考点，关键要准确判断"公司僵局"，可能结合公司清算出题。

重点法条 25 ▶ 公司的清算

☞**第 183 条** [成立清算组] 公司因本法第 180 条第 1 项、第 2 项、第 4 项、第 5 项规定而解散的,应当在解散事由出现之日起 15 日内成立清算组,开始清算。有限责任公司的清算组由股东组成,股份有限公司的清算组由董事或者股东大会确定的人员组成。逾期不成立清算组进行清算的,债权人可以申请人民法院指定有关人员组成清算组进行清算。人民法院应当受理该申请,并及时组织清算组进行清算。

☞**第 184 条** [清算组职权] 清算组在清算期间行使下列职权:

(一) 清理公司财产,分别编制资产负债表和财产清单;

(二) 通知、公告债权人;

(三) 处理与清算有关的公司未了结的业务;

(四) 清缴所欠税款以及清算过程中产生的税款;

(五) 清理债权、债务;

(六) 处理公司清偿债务后的剩余财产;

(七) 代表公司参与民事诉讼活动。

☞**第 185 条** [清算-通知债权人] 清算组应当自成立之日起 10 日内通知债权人,并于 60 日内在报纸上公告。债权人应当自接到通知书之日起 30 日内,未接到通知书的自公告之日起 45 日内,向清算组申报其债权。

债权人申报债权,应当说明债权的有关事项,并提供证明材料。清算组应当对债权进行登记。

在申报债权期间,清算组不得对债权人进行清偿。

☞**第 186 条** [清算方案确认] 清算组在清理公司财产、编制资产负债表和财产清单后,应当制定清算方案,并报股东会、股东大会或者人民法院确认。

公司财产在分别支付清算费用、职工的工资、社会保险费用和法定补偿金,缴纳所欠税款,清偿公司债务后的剩余财产,有限责任公司按照股东的出资比例分配,股份有限公司按照股东持有的股份比例分配。

清算期间,公司存续,但不得开展与清算无关的经营活动。公司财产在未依照前款规定清偿前,不得分配给股东。

☞**第 187 条** [财产不足清偿债务-破产] 清算组在清理公司财产、编制资产负债表和财产清单后,发现公司财产不足清偿债务的,应当依法向人民法院申请宣告破产。

公司经人民法院裁定宣告破产后,清算组应当将清算事务移交给人民法院。

☞**第 188 条** [清算报告确认-注销登记] 公司清算结束后,清算组应当制作清算报告,报股东会、股东大会或者人民法院确认,并报送公司登记机关,申请注销公司登记,公告公司终止。

▼ 关联法条

《公司法解释(二)》

第 7 条 [自行清算] 公司应当依照公司法第 183 条的规定,在解散事由出现之日起15日内成立清算组，开始自行清算。

[指定清算] 有下列情形之一，债权人申请人民法院指定清算组进行清算的，人民法院应予受理：

（一）公司解散逾期不成立清算组进行清算的；

（二）虽然成立清算组但故意拖延清算的；

（三）违法清算可能严重损害债权人或者股东利益的。

具有本条第2款所列情形，而债权人未提起清算申请，公司股东申请人民法院指定清算组对公司进行清算的，人民法院应予受理。

第8条 人民法院受理公司清算案件，应当及时指定有关人员组成清算组。

清算组成员可以从下列人员或者机构中产生：

（一）公司股东、董事、监事、高级管理人员；

（二）依法设立的律师事务所、会计师事务所、破产清算事务所等社会中介机构；

（三）依法设立的律师事务所、会计师事务所、破产清算事务所等社会中介机构中具备相关专业知识并取得执业资格的人员。

第10条 公司依法清算结束并办理注销登记前，有关公司的民事诉讼，应当以公司的名义进行。

公司成立清算组的，由清算组负责人代表公司参加诉讼；尚未成立清算组的，由原法定代表人代表公司参加诉讼。

第18条第1、2款 有限责任公司的股东、股份有限公司的董事和控股股东未在法定期限内成立清算组开始清算，导致公司财产贬值、流失、毁损或者灭失，债权人主张

其在造成损失范围内对公司债务承担赔偿责任的，人民法院应依法予以支持。

[怠于履行义务] 有限责任公司的股东、股份有限公司的董事和控股股东因怠于履行义务，导致公司主要财产、账册、重要文件等灭失，无法进行清算，债权人主张其对公司债务承担连带清偿责任的，人民法院应依法予以支持。

《九民纪要》

14.[怠于履行清算义务的认定] 公司法司法解释（二）第18条第2款规定的"怠于履行义务"，是指有限责任公司的股东在法定清算事由出现后，在能够履行清算义务的情况下，故意拖延、拒绝履行清算义务，或者因过失导致无法进行清算的消极行为。股东举证证明其已经为履行清算义务采取了积极措施，或者小股东举证证明其既不是公司董事会或者监事会成员，也没有选派人员担任该机关成员，且从未参与公司经营管理，以不构成"怠于履行义务"为由，主张其不应当对公司债务承担连带清偿责任的，人民法院依法予以支持。

15.[因果关系抗辩] 有限责任公司的股东举证证明其"怠于履行义务"的消极不作为与"公司主要财产、账册、重要文件等灭失，无法进行清算"的结果之间没有因果关系，主张其不应对公司债务承担连带清偿责任的，人民法院依法予以支持。

16.[诉讼时效期间] 公司债权人请求股东对公司债务承担连带清偿责任，股东以公司债权人对公司的债权已经超过诉讼时效期间为由抗辩，经查证属实的，人民法院依法予以支持。

公司债权人以公司法司法解释（二）第18条第2款为依据，请求有限责任公司的

股东对公司债务承担连带清偿责任的，**诉讼时效期间自公司债权人知道或者应当知道公司无法进行清算之日起计算。**

▼**真题链接**

2017/4/5（6）（《公司法》第 183～188 条）

▼**考点剖析**

1. 解散事由出现之日起 15 日内成立清算组。

2. 债权人申请人民法院指定清算：①逾期不成立清算组；②故意拖延清算；③违法清算。

3. 民事诉讼

（1）依法清算结束并办理注销登记前，以公司的名义；

（2）成立清算组，清算组负责人代表公司；

（3）未成立清算组，原法定代表人代表公司。

▼**命题展望**

2017 年考查了公司清算的流程，2018 年法考商法主观题配备法律法规汇编，倾向于考查定性问题。因此，难以纯粹考查流程类的问题。注意与破产法中破产、债权申报等知识点结合出题。

专题二　合伙企业法*

重点法条 26 ▶ 合伙企业的分类

第 2 条［合伙企业的概念］　本法所称合伙企业，是指自然人、法人和其他组织依照本法在中国境内设立的普通合伙企业和有限合伙企业。

普通合伙企业由普通合伙人组成，合伙人对合伙企业债务承担<u>无限连带责任</u>。本法对普通合伙人承担责任的形式有特别规定的，从其规定。

［合伙人责任承担］　<u>有限合伙企业由普通合伙人和有限合伙人组成，普通合伙人对合伙企业债务承担无限连带责任，有</u>限合伙人以其认缴的出资额为限对合伙企业债务承担责任。

第 3 条［不得成为普通合伙人］　国有独资公司、国有企业、上市公司以及公益性的事业单位、社会团体不得成为普通合伙人。

第 39 条［普通合伙人无限连带责任］　<u>合伙企业不能清偿到期债务的，合伙人承担无限连带责任</u>。

第 61 条［有限合伙］　有限合伙企业由 2 个以上 50 个以下合伙人设立；但

---

* 本专题的重点法条（第×条），未特别指明是哪部法律法规的，均默认为 2006 年 8 月 27 日修订通过的《中华人民共和国合伙企业法》。

是，法律另有规定的除外。

有限合伙企业至少应当有一个普通合伙人。

▶ 考点剖析

1. 普通合伙企业：由普通合伙人组成，承担无限连带责任。

2. 有限合伙企业

（1）普通合伙人，承担无限连带责任；

（2）有限合伙人，以其认缴的出资额为限对合伙企业债务承担责任。

3. 不得成为普通合伙人：两国一上市，一公一团体。

重点法条 ㉗ ▶ 合伙企业出资方式

第16条［普通合伙人出资方式］合伙人可以用货币、实物、知识产权、土地使用权或者其他财产权利出资，也可以用劳务出资。

［非货币出资评估］合伙人以实物、知识产权、土地使用权或者其他财产权利出资，需要评估作价的，可以由全体合伙人协商确定，也可以由全体合伙人委托法定评估机构评估。

［普通合伙人劳务出资］合伙人以劳务出资的，其评估办法由全体合伙人协商确定，并在合伙协议中载明。

第17条［履行出资义务］合伙人应当按照合伙协议约定的出资方式、数额和缴付期限，履行出资义务。

以非货币财产出资的，依照法律、行政法规的规定，需要办理财产权转移手续

的，应当依法办理。

第64条［有限合伙人出资方式］有限合伙人可以用货币、实物、知识产权、土地使用权或者其他财产权利作价出资。

有限合伙人不得以劳务出资。

▶ 考点剖析

1. 普通合伙人：货币+非货币财产+劳务出资均可。

2. 非货币财产出资办理财产转移手续。

3. 有限合伙人：不得用劳务出资。

▶ 命题展望

普通合伙企业是人合性企业，在出资方面的限制要弱于有限公司，有限公司中出资方式、出资瑕疵的认定、出资瑕疵的法律责任是商法主观题的考查重点，若考查合伙企业法的出资，在命题方式上与有限公司类

▶ 命题展望

在过去的司法考试以及2018、2019年的法考中，尚未考查过《合伙企业法》，但官方案例分析指导用书考试大纲中包括《合伙企业法》，因此，其依然是主观题的重点复习范围。合伙企业法的命题方式与公司法相似，总的命题思路主要是出资方式，合伙事务执行，财产份额处分，与合伙企业无关的个人债务清偿，退伙等一个完整的案例设计。要掌握普通合伙人与有限合伙人对合伙企业如何承担责任。单独考查《合伙企业法》的概率较低，最有可能的考查方式，即考查合伙企业出资成为有限责任公司的股东。

似，但要掌握两类企业在出资方面的区别。若合伙企业与有限公司结合考查，可能将有限公司作为合伙企业的合伙人出题。

重点法条28 ▶ 合伙企业的财产

第21条 ［清算前不得分割财产］　合伙人在合伙企业清算前，<u>不得请求分割合伙企业的财产</u>；但是，本法另有规定的除外。

［私自处分不得对抗善意第三人］　合伙人在合伙企业清算前私自转移或者处分合伙企业财产的，合伙企业不得以此对抗善意第三人。

第22条 ［对外转让份额一致同意］　除合伙协议另有约定外，合伙人向合伙人以外的人转让其在合伙企业中的全部或者部分财产份额时，须经其他合伙人一致同意。

［内部转应通知］　合伙人之间转让在合伙企业中的全部或者部分财产份额时，<u>应当通知其他合伙人</u>。

第23条 ［优先购买权］　合伙人向合伙人以外的人转让其在合伙企业中的财产份额的，在同等条件下，<u>其他合伙人有优先购买权</u>；但是，合伙协议另有约定的除外。

第25条 ［出质财产份额一致同意］　合伙人以其在合伙企业中的财产份额出质的，<u>须经其他合伙人一致同意</u>；未经其他合伙人一致同意，其行为无效，由此给善意第三人造成损失的，由行为人依法承担赔偿责任。

第72条 ［有限合伙人财产份额出质］　有限合伙人可以将其在有限合伙企业中的财产份额出质；但是，合伙协议另有约定的除外。

第73条 ［有限合伙人对外转提前通知］　有限合伙人可以按照合伙协议的约定向合伙人以外的人转让其在有限合伙企业中的财产份额，但应当提前30日通知其他合伙人。

▶ 考点剖析

1. 普通合伙企业

（1）合伙企业清算前，不得请求分割合伙企业的财产。

（2）合伙人私自转移或处分财产，合伙企业不得对抗善意第三人。

（3）合伙人内部转让财产份额：通知其他合伙人。

（4）合伙人对外转让财产份额：其他合伙人一致同意。同等条件下，其他合伙人有优先购买权。

（5）合伙人财产份额出质，需其他合伙人一致同意；未获一致同意，行为无效；给善意第三人造成损失，行为人承担赔偿责任。

2. 有限合伙企业

（1）有限合伙人可将财产份额出质；

（2）有限合伙人转让财产份额：提前30日通知其他合伙人。

▶ 命题展望

普通合伙企业财产是合伙企业法中的考查重点，要注意区分与有限公司股权转让的区别。在案例分析中，主要判断合伙人转让财产份额的效力，注意区分普通合伙人与有

限合伙人，可结合普通合伙企业的议事规则出题，判断合伙人未经其他合伙人一致同意

出质财产份额的行为效力如何，给善意第三人造成的损失如何赔偿，由谁赔偿。

重点法条㉙▶合伙人个人债务清偿

第41条［禁抵销，禁代位］ 合伙人发生与合伙企业<u>无关的债务</u>，相关债权人<u>不得以其债权抵销其对合伙企业的债务；也不得代位行使合伙人在合伙企业中的权利</u>。

第42条［强制执行财产份额］ 合伙人的自有财产不足清偿其与合伙企业无关的债务的，该合伙人可以以其从合伙企业中分取的收益用于清偿；债权人也可以依法请求人民法院强制执行该合伙人在合伙企业中的财产份额用于清偿。

［优先购买权］ 人民法院强制执行合伙人的财产份额时，应当通知全体合伙人，其他合伙人有优先购买权；其他合伙人未购买，又不同意将该财产份额转让给他人的，依照本法第51条的规定为该合伙人办理退伙结算，或者办理削减该合伙人相应财产份额的结算。

第74条［有限合伙人清偿与合伙企业无关债务］ 有限合伙人的自有财产不足清偿其与合伙企业无关的债务的，该合伙人可以以其从有限合伙企业中分取的收益用于清偿；债权人也可以依法请求人民法院强制执行该合伙人在有限合伙企业中的财产份额用于清偿。

人民法院强制执行有限合伙人的财产份额时，<u>应当通知全体合伙人</u>。在同等条件下，其他合伙人有优先购买权。

▶ 考点剖析

1. 禁抵销，禁代位：合伙人发生与合伙企业无关的债务，债权人不得以该债权抵销其对合伙企业的债务；不得代位行使合伙人在合伙企业中的权利。

2. 普通合伙人的自有财产不足清偿与合伙企业无关债务：

（1）合伙企业中分取的收益用于清偿。

（2）法院强制执行财产份额

❶通知全体合伙人，其他合伙人有优先购买权；

❷未购买＋又不同意将该财产份额转让给他人＝办理退伙结算/削减相应财产额的结算。

3. 有限合伙人的自有财产不足清偿与合伙企业无关债务：

（1）合伙企业中分取的收益用于清偿；

（2）法院强制执行财产份额：通知全体合伙人，其他合伙人有优先购买权。

▶ 命题展望

合伙人与合伙企业无关的债务清偿是合伙企业法中重要的考点，既可从合伙人债权人的角度命题，也可从其他合伙人优先购买权的角度命题。要注意与公司法股权强制转让的区别，在普通合伙企业中，若其他合伙人未购买又不同意转让给他人，此时要办理相应的份额结算。

重点法条 30 ▶ 合伙事务的执行

第 26 条　合伙人对执行合伙事务享有同等的权利。

[委托执行]　按照合伙协议的约定或者经全体合伙人决定，可以委托一个或者数个合伙人对外代表合伙企业，执行合伙事务。

作为合伙人的法人、其他组织执行合伙事务的，由其委派的代表执行。

第 27 条　[委托执行，其他合伙人不再执行]　依照本法第 26 条第 2 款规定委托一个或者数个合伙人执行合伙事务的，其他合伙人不再执行合伙事务。

[监督执行事务合伙人]　不执行合伙事务的合伙人有权监督执行事务合伙人执行合伙事务的情况。

第 28 条第 1 款　[收益或亏损归企业]　由一个或者数个合伙人执行合伙事务的，执行事务合伙人应当定期向其他合伙人报告事务执行情况以及合伙企业的经营和财务状况，其执行合伙事务所产生的收益归合伙企业，所产生的费用和亏损由合伙企业承担。

第 29 条　[分别执行：异议权]　合伙人分别执行合伙事务的，执行事务合伙人可以对其他合伙人执行的事务提出异议。提出异议时，应当暂停该项事务的执行。如果发生争议，依照本法第 30 条规定作出决定。

[撤销权]　受委托执行合伙事务的合伙人不按照合伙协议或者全体合伙人的决定执行事务的，其他合伙人可以决定撤销

该委托。

第 37 条　[对内限制不得对抗善意第三人]　合伙企业对合伙人执行合伙事务以及对外代表合伙企业权利的限制，不得对抗善意第三人。

第 35 条　[授权范围内履行职务]　被聘任的合伙企业的经营管理人员应当在合伙企业授权范围内履行职务。

[经营管理人]　被聘任的合伙企业的经营管理人员，超越合伙企业授权范围履行职务，或者在履行职务过程中因故意或者重大过失给合伙企业造成损失的，依法承担赔偿责任。

第 68 条　[有限合伙人不执行合伙事务]　有限合伙人不执行合伙事务，不得对外代表有限合伙企业。

有限合伙人的下列行为，不视为执行合伙事务：

（一）参与决定普通合伙人入伙、退伙；

（二）对企业的经营管理提出建议；

（三）参与选择承办有限合伙企业审计业务的会计师事务所；

（四）获取经审计的有限合伙企业财务会计报告；

（五）对涉及自身利益的情况，查阅有限合伙企业财务会计账簿等财务资料；

（六）在有限合伙企业中的利益受到侵害时，向有责任的合伙人主张权利或者提起诉讼；

（七）执行事务合伙人怠于行使权利时，督促其行使权利或者为了本企业的利

益以自己的名义提起诉讼；

（八）依法为本企业提供担保。

第76条 ［表见普通合伙］ 第三人有理由相信有限合伙人为普通合伙人并与其交易的，该有限合伙人对该笔交易承担与普通合伙人同样的责任。

有限合伙人未经授权以有限合伙企业名义与他人进行交易，给有限合伙企业或者其他合伙人造成损失的，该有限合伙人应当承担赔偿责任。

▶ 考点剖析

1. 普通合伙企业事务执行

事务执行人	执行合伙事务，对外代表合伙企业。
	分别执行：对其他合伙人执行的事务提出异议。
	对合伙人执行合伙事务以及对外代表合伙企业权利的限制，不得对抗善意第三人。
非执行人	监督权：监督执行事务合伙人执行合伙事务。
	撤销权：撤销该委托。
经营管理人	合伙人可成为经营管理人。
	全体合伙人一致同意：聘任合伙人以外的人担任合伙企业的经营管理人。

2. 有限合伙企业

（1）有限合伙人不执行合伙事务；

（2）表见普通合伙人：第三人有理由相信有限合伙人为普通合伙人并与其交易的，有限合伙人对该笔交易承担与普通合伙人同样的责任。

▶ 命题展望

合伙事务执行是合伙企业法中的考试重点。出题角度一：在区分事务执行人与分别执行人权利的基础上，以合伙企业对事务执行人的内部限制不对抗第三人为出题点，判断事务执行人超越限制对外签订合同的效力；出题角度二：有限合伙企业中，有限合伙人表见普通合伙情况下，与善意第三人所签合同的效力，以及违约责任的承担。

重点法条31 ▶ 议事规则

第31条 ［全体合伙人一致同意事项］除合伙协议另有约定外，合伙企业的下列事项应当经全体合伙人一致同意：

（一）改变合伙企业的名称；

（二）改变合伙企业的经营范围、主要经营场所的地点；

（三）处分合伙企业的不动产；

（四）转让或者处分合伙企业的知识产权和其他财产权利；

（五）以合伙企业名义为他人提供担保；

（六）聘任合伙人以外的人担任合伙企业的经营管理人员。

第33条 ［利润分配；亏损分担］　合伙企业的利润分配、亏损分担，按照合伙协议的约定办理；合伙协议未约定或者约定不明确的，由合伙人协商决定；协商不成的，由合伙人按照实缴出资比例分配、分担；无法确定出资比例的，由合伙人平均分配、分担。

合伙协议不得约定将全部利润分配给部分合伙人或者由部分合伙人承担全部亏损。

▣ 考点剖析

应当经全体合伙人一致同意事项，着重掌握：①处分合伙企业的不动产；②以合伙企业名义为他人提供担保；③聘任合伙人以外的人担任合伙企业的经营管理人员。

▣ 命题展望

合伙企业未经全体合伙人一致同意，作出应由全体合伙人一致同意的事项，与善意第三人形成的民事法律关系是否有效，比如未经全体合伙人一致同意，以合伙企业的名义提供的担保，效力如何认定，处分合伙企业不动产可结合民法物权变动考查。

重点法条 32 ▶ 自我交易与同业竞争

第32条 ［同业竞争］　合伙人不得自营或者同他人合作经营与本合伙企业相竞争的业务。

［普通合伙人——可约定允许］　除合伙协议另有约定或者经全体合伙人一致同意外，合伙人不得同本合伙企业进行交易。

合伙人不得从事损害本合伙企业利益的活动。

第70条 ［有限合伙人——可约定禁止］有限合伙人可以同本有限合伙企业进行交易；但是，合伙协议另有约定的除外。

第71条 ［有限合伙人——可约定禁止］有限合伙人可以自营或者同他人合作经营与本有限合伙企业相竞争的业务；但是，合伙协议另有约定的除外。

▣ 考点剖析

行　　为	普通合伙人	有限合伙人
同业竞争	禁　止	自　由（可约定禁止）
自我交易	禁　止（可约定允许）	自　由（可约定禁止）

▣ 命题展望

判断有限合伙人或者普通合伙人与合伙企业的交易行为是否有效：若是普通合伙企业，合伙协议中未约定允许合伙人与合伙企业进行交易，则该行为无效；若是有限合伙企业，合伙协议中未约定禁止有限合伙人与合伙企业进行交易，则该行为有效。

重点法条 33 ▶ 普通合伙企业入伙、退伙

第43条第1款 ［新合伙人入伙］ 新合伙人入伙，除合伙协议另有约定外，应当经全体合伙人一致同意，并依法订立书面入伙协议。

第44条 ［同等权利，同等责任］ 入伙的新合伙人与原合伙人享有同等权利，承担同等责任。入伙协议另有约定的，从其约定。

新合伙人对入伙前合伙企业的债务承担无限连带责任。

第45条 ［法定事由可退伙］ 合伙协议约定合伙期限的，在合伙企业存续期间，有下列情形之一的，合伙人可以退伙：

（一）合伙协议约定的退伙事由出现；

（二）经全体合伙人一致同意；

（三）发生合伙人难以继续参加合伙的事由；

（四）其他合伙人严重违反合伙协议约定的义务。

第46条 ［通知退伙］ 合伙协议未约定合伙期限的，合伙人在不给合伙企业事务执行造成不利影响的情况下，可以退伙，但应当提前30日通知其他合伙人。

第48条 ［当然退伙］ 合伙人有下列情形之一的，当然退伙：

（一）作为合伙人的自然人死亡或者被依法宣告死亡；

（二）个人丧失偿债能力；

（三）作为合伙人的法人或者其他组织依法被吊销营业执照、责令关闭、撤销，或者被宣告破产；

（四）法律规定或者合伙协议约定合伙人必须具有相关资格而丧失该资格；

（五）合伙人在合伙企业中的全部财产份额被人民法院强制执行。

合伙人被依法认定为无民事行为能力人或者限制民事行为能力人的，经其他合伙人一致同意，可以依法转为有限合伙人，普通合伙企业依法转为有限合伙企业。其他合伙人未能一致同意的，该无民事行为能力或者限制民事行为能力的合伙人退伙。

退伙事由实际发生之日为退伙生效日。

第49条 ［除名退伙］ 合伙人有下列情形之一的，经其他合伙人一致同意，可以决议将其除名：

（一）未履行出资义务；

（二）因故意或者重大过失给合伙企业造成损失；

（三）执行合伙事务时有不正当行为；

（四）发生合伙协议约定的事由。

对合伙人的除名决议应当书面通知被除名人。被除名人接到除名通知之日，除名生效，被除名人退伙。

被除名人对除名决议有异议的，可以自接到除名通知之日起30日内，向人民法院起诉。

第53条 ［合伙人退伙后债务］ 退伙人对基于其退伙前的原因发生的合伙企业债务，承担无限连带责任。

▶ 考点剖析

入伙的 新合伙人	全体合伙人一致同意，协议优先。	
	对入伙前合伙企业的债务承担无限连带责任。	
自愿退伙	约定合伙期限	（1）约定退伙事由； （2）一致同意； （3）难以继续合伙事由； （4）严重违反约定。
	未约定合伙期限	（1）不给事务执行造成不利影响； （2）提前 30 日通知。
法定退伙	当然退伙	（1）人死或组织终止； （2）人丧失偿债能力或必要资格； （3）全部财产份额被强制执行。
		退伙生效日：退伙事由实际发生之日。
	除名退伙	（1）未出资； （2）故意或重大过失造成损失； （3）执行合伙事务时有不正当行为； （4）发生约定事由。
		除名生效日：被除名人接到除名通知之日。
	丧失行为能力	无民事行为能力人或限制民事行为能力人。
		其他合伙人一致同意，转为有限合伙人。
		未一致同意，退伙。
		退伙生效日：退伙事由实际发生之日。
退伙后债务		基于退伙前的原因发生的，承担无限连带责任。

▶ 命题展望

掌握退伙原因对应的退伙形式，案例中可能出现几种退伙原因，是自愿退伙，还是法定退伙中的当然退伙或者除名退伙，判断合伙企业或者合伙人采取的退伙方式是否符合法律规定。因此，考生要准确掌握不同的退伙原因对应的处理方式。

重点法条 34 ▶ 有限合伙企业的入伙、退伙

第77条［出资额为限］ 新入伙的有限合伙人对入伙前有限合伙企业的债务，以其认缴的出资额为限承担责任。

第79条［丧失民事行为能力］ 作为有限合伙人的自然人在有限合伙企业存续期间丧失民事行为能力的，其他合伙人不得因此要求其退伙。

第80条［人死或组织终止］ 作为有限合伙人的自然人死亡、被依法宣告死亡或者作为有限合伙人的法人及其他组织终止时，其继承人或者权利承受人可以依法取得该有限合伙人在有限合伙企业中的资格。

第81条［取回的财产承担责任］ 有限合伙人退伙后，对基于其退伙前的原因发生的有限合伙企业债务，以其退伙时从有限合伙企业中取回的财产承担责任。

📌 考点剖析

1. 新入伙的有限合伙人：以认缴的出资额为限承担责任。

2. 丧失民事行为能力：不退伙。

3. 人死亡或组织终止：继承人或者权利承受人取得在有限合伙企业中的资格。

4. 退伙：退伙前的原因发生的企业债务，以退伙时取回的财产承担责任。

📌 命题展望

主要掌握有限合伙人与普通合伙人入伙与退伙的区别。

重点法条 35 ▶ 有限合伙人与无限合伙人转换

第82条［一致同意］ 除合伙协议另有约定外，普通合伙人转变为有限合伙人，或者有限合伙人转变为普通合伙人，应当经全体合伙人一致同意。

第83条［有限转普合，无限连带责任］ 有限合伙人转变为普通合伙人的，对其作为有限合伙人期间有限合伙企业发生的债务承担无限连带责任。

第84条［普合转有限，无限连带责任］ 普通合伙人转变为有限合伙人的，对其作为普通合伙人期间合伙企业发生的债务承担无限连带责任。

📌 考点剖析

1. 普通合伙人与有限合伙人互相转：全体合伙人一致同意，另有约定除外。

2. 有限合伙人转为普通合伙人：有限合伙人期间债务，承担无限连带责任。

3. 普通合伙人转为有限合伙人：普通合伙人期间债务，承担无限连带责任。

📌 命题展望

普通合伙人与有限合伙人互转后的对合伙企业责任的承担。

专题三　破产法[*]

重点法条 36 ▶ 破产原因

第 2 条 [破产原因]　企业法人**不能清偿到期债务**，并且资产不足以清偿全部债务或者明显缺乏清偿能力的，依照本法规定清理债务。

企业法人有前款规定情形，或者有明显丧失清偿能力可能的，可以依照本法规定进行重整。

🔖 关联法条

《破产法解释（一）》

第 1 条 [破产原因]　债务人不能清偿到期债务并且具有下列情形之一的，人民法院应当认定其具备破产原因：

（一）资产不足以清偿全部债务；

（二）明显缺乏清偿能力。

相关当事人以对债务人的债务负有连带责任的人未丧失清偿能力为由，主张债务人不具备破产原因的，人民法院应不予支持。

第 2 条 [不能清偿到期债务]　下列情形同时存在的，人民法院应当认定债务人不能清偿到期债务：

（一）债权债务关系依法成立；

（二）债务履行期限已经届满；

（三）债务人未完全清偿债务。

第 4 条 [明显缺乏清偿能力]　债务人账面资产虽大于负债，但存在下列情形之一的，人民法院应当认定其明显缺乏清偿能力：

（一）因资金严重不足或者财产不能变现等原因，无法清偿债务；

（二）法定代表人下落不明且无其他人员负责管理财产，无法清偿债务；

（三）经人民法院强制执行，无法清偿债务；

（四）长期亏损且经营扭亏困难，无法清偿债务；

（五）导致债务人丧失清偿能力的其他情形。

《民诉解释》

第 513 条 [移送破产审查]　在执行中，作为被执行人的企业法人符合企业破产法第 2 条第 1 款规定情形的，执行法院经申请执行人之一或者被执行人同意，应当裁定中止对该被执行人的执行，将执行案件相关材料移送被执行人住所地人民法院。

第 514 条 [不予受理]　被执行人住所地人民法院应当自收到执行案件相关材料之日起 30 日内，将是否受理破产案件的裁定告知执行法院。不予受理的，应当将相关案件材料退回执行法院。

---

* 本专题的重点法条（第×条），未特别指明是哪部法律法规的，均默认为 2006 年 8 月 27 日通过的《中华人民共和国企业破产法》。

第515条〔审查处理〕 被执行人住所地人民法院裁定受理破产案件的，执行法院应当解除对被执行人财产的保全措施。被执行人住所地人民法院裁定宣告被执行人破产的，执行法院应当裁定终结对该被执行人的执行。

被执行人住所地人民法院不受理破产案件的，执行法院应当恢复执行。

第516条〔不同意移送或不予受理〕 当事人不同意移送破产或者被执行人住所地人民法院不受理破产案件的，执行法院就执行变价所得财产，在扣除执行费用及清偿优先受偿的债权后，对于普通债权，按照财产保全和执行中查封、扣押、冻结财产的先后顺序清偿。

《执行案件移送破产审查实施细则（试行）》10.〔受理破产后被执行人财产的移交〕 执行实施机构收到受移送法院受理破产的裁定后，应当于7日内将已经扣划到账的银行存款、实际扣押的动产、有价证券等被执行人财产移交给受理破产案件的法院或管理人。

执行实施机构移送破产审查期间，对被执行人的季节性商品、鲜活、易腐烂变质以及其他不宜长期保存的物品处置所得的价款，也应依前款规定一并移交受理破产案件的法院或管理人。

执行机构收到受移送法院受理裁定时，已通过拍卖、变卖程序处置且成交裁定已送达买受人的拍卖、变卖财产，通过以物抵债偿还债务且抵债裁定已送达债权人的抵债财产，已完成转账、汇款、现金交付的执行款，因财产所有权已经发生变动，不属于被执行人的财产，不再移交。

《全国法院破产审判工作会议纪要》

☞ **32.** 关联企业实质合并破产的审慎适

用。人民法院在审理企业破产案件时，应当尊重企业法人人格的独立性，以对关联企业成员的破产原因进行单独判断并适用单个破产程序为基本原则。当关联企业成员之间存在法人人格高度混同、区分各关联企业成员财产的成本过高、严重损害债权人公平清偿利益时，可例外适用关联企业实质合并破产方式进行审理。

33. 实质合并申请的审查。人民法院收到实质合并申请后，应当及时通知相关利害关系人并组织听证，听证时间不计入审查时间。人民法院在审查实质合并申请过程中，可以综合考虑关联企业之间资产的混同程度及其持续时间、各企业之间的利益关系、债权人整体清偿利益、增加企业重整的可能性等因素，在收到申请之日起30日内作出是否实质合并审理的裁定。

34. 裁定实质合并时利害关系人的权利救济。相关利害关系人对受理法院作出的实质合并审理裁定不服的，可以自裁定书送达之日起15日内向受理法院的上一级人民法院申请复议。

35. 实质合并审理的管辖原则与冲突解决。采用实质合并方式审理关联企业破产案件的，应由关联企业中的核心控制企业住所地人民法院管辖。核心控制企业不明确的，由关联企业主要财产所在地人民法院管辖。多个法院之间对管辖权发生争议的，应当报请共同的上级人民法院指定管辖。

☞ **36.** 实质合并审理的法律后果。人民法院裁定采用实质合并方式审理破产案件的，各关联企业成员之间的债权债务归于消灭，各成员的财产作为合并后统一的破产财产，由各成员的债权人在同一程序中按照法定顺序公平受偿。采用实质合并方式进行重整的，重整计划草案中应当制定统一的债权分类、债权调整和债权受偿方案。

37. 实质合并审理后的企业成员存续。适用实质合并规则进行破产清算的，破产程序终结后各关联企业成员均应予以注销。适用实质合并规则进行和解或重整的，各关联企业原则上应当合并为一个企业。根据和解协议或重整计划，确有需要保持个别企业独立的，应当依照企业分立的有关规则单独处理。

38. 关联企业破产案件的协调审理与管辖原则。多个关联企业成员均存在破产原因但不符合实质合并条件的，人民法院可根据相关主体的申请对多个破产程序进行协调审理，并可根据程序协调的需要，综合考虑破产案件审理的效率、破产申请的先后顺序、成员负债规模大小、核心控制企业住所地等因素，由共同的上级法院确定一家法院集中管辖。

39. 协调审理的法律后果。协调审理不消灭关联企业成员之间的债权债务关系，不对关联企业成员的财产进行合并，各关联企业成员的债权人仍以该企业成员财产为限依法获得清偿。但关联企业成员之间不当利用关联关系形成的债权，应当劣后于其他普通债权顺序清偿，且该劣后债权人不得就其他关联企业成员提供的特定财产优先受偿。

40. 执行法院的审查告知、释明义务和移送职责。执行部门要高度重视执行与破产的衔接工作，推动符合条件的执行案件向破产程序移转。执行法院发现作为被执行人的企业法人符合企业破产法第2条规定的，应当及时问询当事人是否同意将案件移送破产审查并释明法律后果。执行法院作出移送决定后，应当书面通知所有已知执行法院，执行法院均应中止对被执行人的执行程序。

41. 执行转破产案件的移送和接收。执行法院与受移送法院应加强移送环节的协调配合，提升工作实效。执行法院移送案件时，应当确保材料完备，内容、形式符合规定。受移送法院应当认真审核并及时反馈意见，不得无故不予接收或暂缓立案。

42. 破产案件受理后查封措施的解除或查封财产的移送。执行法院收到破产受理裁定后，应当解除对债务人财产的查封、扣押、冻结措施；或者根据破产受理法院的要求，出具函件将查封、扣押、冻结财产的处置权交破产受理法院。破产受理法院可以持执行法院的移送处置函件进行续行查封、扣押、冻结，解除查封、扣押、冻结，或者予以处置。

执行法院收到破产受理裁定拒不解除查封、扣押、冻结措施的，破产受理法院可以请求执行法院的上级法院依法予以纠正。

▶ 真题链接

2019/主（《全国法院破产审判工作会议纪要》第32、36条）

▶ 考点剖析

破产原因如下：

1. 不能清偿到期债务（依法成立+到期+未清偿）+资不抵债。

2. 不能清偿到期债务+明显缺乏清偿能力（没钱/没人/强制执行无法还/亏损无扭转）。

3. 明显丧失清偿能力的可能：重整。

▶ 命题展望

准确判断公司是否具备破产原因，是破产法的基础性知识点。可能结合破产申请人、撤销权考查。2019年考查了关联企业破产，合并重整，2020年需了解执转破的程序衔接。

重点法条 37 ▶ 破产案件的受理

第3条 ［破产案件管辖］ 破产案件由债务人住所地人民法院管辖。

第13条 ［指定管理人］ 人民法院裁定受理破产申请的，应当同时指定管理人。

第16条 ［个别清偿无效］ 人民法院受理破产申请后，债务人对个别债权人的债务清偿无效。

第18条 ［管理人选择权］ 人民法院受理破产申请后，管理人对破产申请受理前成立而债务人和对方当事人均未履行完毕的合同有权决定解除或者继续履行，并通知对方当事人。管理人自破产申请受理之日起2个月内未通知对方当事人，或者自收到对方当事人催告之日起30日内未答复的，视为解除合同。

管理人决定继续履行合同的，对方当事人应当履行；但是，对方当事人有权要求管理人提供担保。管理人不提供担保的，视为解除合同。

第19条 人民法院受理破产申请后，有关债务人财产的保全措施应当解除，执行程序应当中止。

第20条 人民法院受理破产申请后，已经开始而尚未终结的有关债务人的民事诉讼或者仲裁应当中止；在管理人接管债务人的财产后，该诉讼或者仲裁继续进行。

第21条 人民法院受理破产申请后，有关债务人的民事诉讼，只能向受理破产申请的人民法院提起。

🔲 关联法条

☞《破产法解释（三）》第8条 ［破产申请受理前订立仲裁协议］ 债务人、债权人对债权表记载的债权有异议的，应当说明理由和法律依据。经管理人解释或调整后，异议人仍然不服的，或者管理人不予解释或调整的，异议人应当在债权人会议核查结束后15日内向人民法院提起债权确认的诉讼。当事人之间在破产申请受理前订立有仲裁条款或仲裁协议的，应当向选定的仲裁机构申请确认债权债务关系。

《九民纪要》110. ［受理后有关债务人诉讼的处理］ 人民法院受理破产申请后，已经开始而尚未终结的有关债务人的民事诉讼，在管理人接管债务人财产和诉讼事务后继续进行。债权人已经对债务人提起的给付之诉，破产申请受理后，人民法院应当继续审理，但是在判定相关当事人实体权利义务时，应当注意与企业破产法及其司法解释的规定相协调。

上述裁判作出并生效前，债权人可以同时向管理人申报债权，但其作为债权尚未确定的债权人，原则上不得行使表决权，除非人民法院临时确定其债权额。上述裁判生效后，债权人应当根据裁判认定的债权数额在破产程序中依法统一受偿，其对债务人享有的债权利息应当按照《企业破产法》第46条第2款的规定停止计算。

人民法院受理破产申请后，债权人新提起的要求债务人清偿的民事诉讼，人民法院不予受理，同时告知债权人应当向管理人申报债权。债权人申报债权后，对管理人编制的债权表记载有异议的，可以根据《企业破产法》第58条的规定提起债权确认之诉。

真题链接

2018/主(《破产法解释（三）》第8条)

考点剖析

1. 破产案件管辖：债务人住所地人民法院管辖。

2. 管理人决定权：决定破产受理申请前成立的合同解除或者继续履行。掌握何种情况下视为解除合同。

3. 受理破产申请后：个别清偿无效。

4. 受理破产申请后：有关债务人的民事诉讼，只能向受理破产申请的人民法院提起。

5. 破产申请受理前订有仲裁条款或仲裁协议，向选定的仲裁机构申请仲裁。

命题展望

破产案件的受理主要是程序性知识点。破产案件、有关债务人的民事诉讼的管辖以及执行程序中止，可能结合民诉法出题，2019年《破产法解释（三）》关于破产申请受理后的诉讼，明确了若当事人在破产申请前订有仲裁条款，破产申请后仍应向仲裁机构申请仲裁。破产受理申请前成立未履行完毕的合同，可与民法中的合同法部分结合。

重点法条38 ▶ 债务人财产

第30条 [债务人财产范围] 破产申请受理时属于债务人的全部财产，以及破产申请受理后至破产程序终结前债务人取得的财产，为债务人财产。

第34条 [依法追回财产] 因本法第31条、第32条或者第33条规定的行为而取得的债务人的财产，管理人有权追回。

关联法条

《破产法解释（二）》

第1条 [债务人财产范围] 除债务人所有的货币、实物外，债务人依法享有的可以用货币估价并可以依法转让的债权、股权、知识产权、用益物权等财产和财产权益，人民法院均应认定为债务人财产。

第3条 [设定担保物权的特定财产] 债务人已依法设定担保物权的特定财产，人民法院应当认定为债务人财产。

对债务人的特定财产在担保物权消灭或者实现担保物权后的剩余部分，在破产程序中可用以清偿破产费用、共益债务和其他破产债权。

第4条 [按份享有所有权的共有财产的相关份额] 债务人对按份享有所有权的共有财产的相关份额，或者共同享有所有权的共有财产的相应财产权利，以及依法分割共有财产所得部分，人民法院均应认定为债务人财产。

人民法院宣告债务人破产清算，属于共有财产分割的法定事由。人民法院裁定债务人重整或者和解的，共有财产的分割应当依据物权法第99条（现为《民法典》第303

条）的规定进行；基于重整或者和解的需要必须分割共有财产，管理人请求分割的，人民法院应予准许。

因分割共有财产导致其他共有人损害产生的债务，其他共有人请求作为共益债务清偿的，人民法院应予支持。

第5条 [执行回转财产] 破产申请受理后，有关债务人财产的执行程序未依照企业破产法第19条的规定中止的，采取执行措施的相关单位应当依法予以纠正。<u>依法执行回转的财产，人民法院应当认定为债务人财产。</u>

重点法条 39 ▶ 撤销权

第31条 人民法院受理<u>破产申请前1年内</u>，涉及债务人财产的下列行为，管理人有权请求人民法院予以撤销：

（一）无偿转让财产的；

（二）以明显不合理的价格进行交易的；

（三）对没有财产担保的债务提供财产担保的；

（四）对未到期的债务提前清偿的；

（五）放弃债权的。

第32条 人民法院受理破产申请前6个月内，债务人有本法第2条第1款规定的情形，仍对个别债权人进行清偿的，管理人有权请求人民法院予以撤销。但是，个别清偿使债务人财产受益的除外。

▣ 关联法条

《破产法解释（二）》

第11条 人民法院根据管理人的请求撤销涉及债务人财产的以明显不合理价格进行的交易的，买卖双方应当依法返还从对方

获取的财产或者价款。

因撤销该交易，对于债务人应返还受让人已支付价款所产生的债务，受让人请求作为共益债务清偿的，人民法院应予支持。

第12条 [不可撤销的个别清偿行为] <u>破产申请受理前1年内债务人提前清偿的未到期债务，在破产申请受理前已经到期，管理人请求撤销该清偿行为的，人民法院不予支持。</u>但是，该清偿行为发生在破产申请受理前6个月内且债务人有企业破产法第2条第1款规定情形的除外。

第14条 [有效清偿] 债务人对以自有财产设定担保物权的债权进行的个别清偿，管理人依据企业破产法第32条的规定请求撤销的，人民法院不予支持。但是，债务清偿时担保财产的价值低于债权额的除外。

第15条 [有效清偿] 债务人经诉讼、仲裁、执行程序对债权人进行的个别清偿，管理人依据企业破产法第32条的规

▣ 考点剖析

除了债务人的常规财产，以下财产属于债务人财产：

1. 管理人依法行使撤销权、追回权对应的财产。

2. 债务人已依法设定担保物权的特定财产。

3. 依法执行回转的财产。

▣ 命题展望

债务人财产以了解为主，在案例分析中能够判断出是否属于债务人财产即可。

定请求撤销的，人民法院不予支持。但是，债务人与债权人恶意串通损害其他债权人利益的除外。

第16条［有效清偿］ 债务人对债权人进行的以下个别清偿，管理人依据企业破产法第32条的规定请求撤销的，人民法院不予支持：

（一）债务人为维系基本生产需要而支付水费、电费等的；

（二）债务人支付劳动报酬、人身损害赔偿金的；

（三）使债务人财产受益的其他个别清偿。

▶ **考点剖析**

时间段	情　形		处　理
受理破产申请前1年内	①无偿转让财产；②放弃债权；③对没有财产担保的债务提供财产担保		可撤销
	以明显不合理的价格进行交易		
1年中的前半年	个别清偿债务	已经到期	有效清偿
		到期日在破产申请受理后	可撤销
		到期日在破产申请受理前	有效清偿
受理破产申请前6个月	债务人出现破产原因	①提前清偿：未到期债务；②不考虑债务到期日	可撤销
		原则：到期债务	可撤销
		例外：5种到期债务	有效清偿

▶ **命题展望**

债务人财产是企业破产法中比较重要的知识点，在主观题案例分析中，①要能判断出法条直接规定属于债务人的财产，比如

《破产法解释（二）》第3条；②管理人行使撤销权对应的财产属于债务人的财产，需要知道不同行为对应的处理方式，判断管理人是否可以主张行使撤销权，着重掌握可撤销的例外情况。

重点法条 40 ▶ **股东出资义务不受诉讼时效限制**

☞ 第35条［出资义务不受出资期限制］ 人民法院受理破产申请后，债务人的出资人尚未完全履行出资义务的，管理人应当要求该出资人缴纳所认缴的出资，而不受出资期限的限制。

▶ **关联法条**

☞《破产法解释（二）》第20条［出资义务不受诉讼时效限制］ 管理人代表债务人提起诉讼，主张出资人向债务人依法缴付未

履行的出资或者返还抽逃的出资本息，出资人以认缴出资尚未届至公司章程规定的缴纳期限或者违反出资义务已经超过诉讼时效为由抗辩的，人民法院不予支持。

[股东、董、高的相应责任] 管理人依据公司法的相关规定代表债务人提起诉讼，主张公司的发起人和负有监督股东履行出资义务的董事、高级管理人员，或者协助抽逃出资的其他股东、董事、高级管理人员、实际控制人等，对股东违反出资义务或者抽逃出资承担相应责任，并将财产归入债务人财产的，人民法院应予支持。

■ 真题链接

2016/4/5(4)(《破产法》第35条,《破产

法解释(二)》第20条第1款)

■ 考点剖析

1. 法院受理破产申请后：出资人所认缴的出资，不受出资期限的限制。

2. 股东未履行出资义务或未返还抽逃出资本息：不得以已经超过诉讼时效为由抗辩。

■ 命题展望

股东出资义务不受诉讼时效限制，该知识点较为简单，在案例分析中，主要让考生判断股东以出资已过诉讼时效为由拒绝履行出资义务，可结合公司法中的出资瑕疵、出资瑕疵股东的法律责任出题。

重点法条 41 ▶ 追回权

☞**第36条** [非正常收入追回] 债务人的董事、监事和高级管理人员利用职权从企业获取的非正常收入和侵占的企业财产，管理人应当追回。

■ 关联法条

☞《破产法解释（二）》第24条 [非正常收入的界定] 债务人有企业破产法第2条第1款规定的情形时，债务人的董事、监事和高级管理人员利用职权获取的以下收入，人民法院应当认定为企业破产法第36条规定的非正常收入：

（一）绩效奖金；

（二）普遍拖欠职工工资情况下获取的工资性收入；

（三）其他非正常收入。

债务人的董事、监事和高级管理人员拒不向管理人返还上述债务人财产，管理人主

张上述人员予以返还的，人民法院应予支持。

■ 真题链接

2014/4/5(6) (《企业破产法》第36条,《破产法解释(二)》第24条)

■ 考点剖析

1. 追回对象：董、监、高的非正常收入和侵占的企业财产。

2. 非正常收入的界定

（1）获取时间：企业出现破产原因，不能清偿到期债务+资不抵债/明显缺乏清偿能力；

（2）绩效奖金/普遍拖欠职工工资情况下获取的工资性收入/其他。

3. 债务人的财产包括管理人行使追回权对应的财产。

▶ 命题展望

管理人追回董监高的非正常收入是商法主观题考试中的重要知识点，可与公司法中董、监、高的忠实义务结合出题，也可与破产法中的债务清偿顺序、债权申报结合出题。

重 点 法 条 42 ▶ 取回权

第 39 条 ［在途货物取回］　人民法院受理破产申请时，出卖人已将买卖标的物向作为买受人的债务人发运，债务人尚未收到且未付清全部价款的，出卖人可以取回在运途中的标的物。但是，管理人可以支付全部价款，请求出卖人交付标的物。

▶ 关联法条

《破产法解释（二）》

第 2 条 ［非债务人财产］　下列财产不应认定为债务人财产：

（一）债务人基于仓储、保管、承揽、代销、借用、寄存、租赁等合同或者其他法律关系占有、使用的他人财产；

（二）债务人在所有权保留买卖中尚未取得所有权的财产；

（三）所有权专属于国家且不得转让的财产；

（四）其他依照法律、行政法规不属于债务人的财产。

第 39 条 ［在途货物取回］　出卖人依据企业破产法第 39 条的规定，通过通知承运人或者实际占有人中止运输、返还货物、变更到达地，或者将货物交给其他收货人等方式，对在运途中标的物主张了取回权但未能实现，或者在货物未达管理人前已向管理人主张取回在运途中标的物，在买卖标的物到达管理人后，出卖人向管理人主张取回的，管理人应予准许。

出卖人对在运途中标的物未及时行使取回权，在买卖标的物到达管理人后向管理人行使在运途中标的物取回权的，管理人不应准许。

▶ 考点剖析

1. 在途货物取回

（1）出卖人向债务人发运＋尚未收到＋未付清全部价款＝出卖人可取回；

（2）管理人支付全部价款：请求出卖人交付标的物；

（3）及时行使取回权。

2. 基于合同或其他法律关系占有、使用的财产：财产权利人可取回。

3. 基于所有权保留尚未取得所有权的财产

（1）财产权利人可通过管理人取回；

（2）一方破产：管理人决定继续履行合同或者解除合同。

▶ 命题展望

取回权比较容易与合同法结合出题，比较简单的一种情况是在途货物取回权的行使，要准确掌握出卖人行使取回权的条件。基于合同或其他法律关系占有、使用财产的取回权，注意其结合破产法中的无权处分以及债务清偿顺序考查。2018 年法考的主观题民法、民诉、商法的综合题目考查了取回权。

重点法条 43 ▶ 债务人无权处分他人财产

第38条 人民法院受理破产申请后，债务人占有的不属于债务人的财产，该财产的权利人可以通过管理人取回。但是，本法另有规定的除外。

关联法条

《破产法解释（二）》

第30条 [无权处分——第三人善意取得] 债务人占有的他人财产被违法转让给第三人，依据物权法第106条（现为《民法典》第311条）的规定第三人已善意取得财产所有权，原权利人无法取回该财产的，人民法院应当按照以下规定处理：

（一）转让行为发生在破产申请受理前的，原权利人因财产损失形成的债权，作为普通破产债权清偿；

（二）转让行为发生在破产申请受理后的，因管理人或者相关人员执行职务导致原权利人损害产生的债务，作为共益债务清偿。

第31条 [无权处分] 债务人占有的他人财产被违法转让给第三人，第三人已向债务人支付了转让价款，但依据物权法第106条（现为《民法典》第311条）的规定未取得财产所有权，原权利人依法追回转让财产的，对因第三人已支付对价而产生的债务，人民法院应当按照以下规定处理：

（一）转让行为发生在破产申请受理前的，作为普通破产债权清偿；

（二）转让行为发生在破产申请受理后的，作为共益债务清偿。

考点剖析

1. 债务人违法转让他人财产——第三人善意取得所有权，原权利人债权

（1）转让行为发生在破产申请受理前——普通破产债权

（2）转让行为发生在破产申请受理后——共益债务

2. 债务人违法转让他人财产——第三人已支付价款，未取得所有权，对第三人产生的债务

（1）转让行为发生在破产申请受理前——普通破产债权

（2）转让行为发生在破产申请受理后——共益债务

命题展望

债务人无权处分他人财产，分为两种情况：①第三人善意取得所有权；②第三人已支付价款未取得所有权。在案例分析中，主要考查原权利人或者第三人如何救济，判断原权利人的债权或者债务人对第三人形成的债务是作为普通债权还是共益债务清偿。

重点法条 44 ▶ 破产抵销权

第40条 [破产抵销权] 债权人在破产申请受理前对债务人负有债务的，可以向管理人主张抵销。但是，有下列情形之一的，不得抵销：

（一）债务人的债务人在破产申请受理后取得他人对债务人的债权的；

（二）债权人已知债务人有不能清偿到期债务或者破产申请的事实，对债务人负担债务的；但是，债权人因为法律规定或者有破产申请1年前所发生的原因而负担债务的除外；

（三）债务人的债务人已知债务人有不能清偿到期债务或者破产申请的事实，对债务人取得债权的；但是，债务人的债务人因为法律规定或者有破产申请1年前所发生的原因而取得债权的除外。

关联法条

《破产法解释（二）》

第41条［债权人向管理人提出抵销主张］　债权人依据企业破产法第40条的规定行使抵销权，应当向管理人提出抵销主张。

管理人不得主动抵销债务人与债权人的互负债务，但抵销使债务人财产受益的除外。

第42条［管理人收到通知之日起生效］　管理人收到债权人提出的主张债务抵销的通知后，经审查无异议的，抵销自管理人收到通知之日起生效。

［管理人提起无效诉讼］　管理人对抵销主张有异议的，应当在约定的异议期限内或者自收到主张债务抵销的通知之日起3个月内向人民法院提起诉讼。无正当理由逾期提起的，人民法院不予支持。

［抵销生效日可溯及］　人民法院判决驳回管理人提起的抵销无效诉讼请求的，该抵销自管理人收到主张债务抵销的通知之日起生效。

第43条［可抵销］　债权人主张抵销，管理人以下列理由提出异议的，人民法院不予支持：

（一）破产申请受理时，债务人对债权人负有的债务尚未到期；

（二）破产申请受理时，债权人对债务人负有的债务尚未到期；

（三）双方互负债务标的物种类、品质不同。

第46条［不可抵销］　债务人的股东主张以下列债务与债务人对其负有的债务抵销，债务人管理人提出异议的，人民法院应予支持：

（一）债务人股东因欠缴债务人的出资或者抽逃出资对债务人所负的债务；

（二）债务人股东滥用股东权利或者关联关系损害公司利益对债务人所负的债务。

考点剖析

处　　理	主　　体	情　　　　　形
不可抵销	债务人的债务人	破产申请受理后取得他人对债务人的债权。 （1）已知债务人不能清偿到期债务或者破产申请的事实； （2）对债务人取得债权； （3）不包括有破产申请1年前所发生的原因而取得债权。

续表

处　理	主　体	情　　　形
不可抵销	债权人	（1）已知债务人不能清偿到期债务或者破产申请的事实； （2）对债务人负担债务； （3）不包括有破产申请1年前所发生的原因而负担债务。
	债务人股东	欠缴债务人的出资或者抽逃出资对债务人所负的债务。
		滥用股东权利或者关联关系损害公司利益对债务人所负的债务。

▶ 命题展望

　　破产抵销权比较容易与其他考点相结合，要着重理解，根据案例能够判断债权人能否对管理人提出抵销。一方面，可从管理人对债权人提出的抵销能否异议出题，注意与民法上抵销权的区别；另一方面可从禁止抵销的情形出题，考生要准确理解禁止抵销的情形，在案例分析中，准确判断债权或债务的取得时间。债务人股东可与公司法中出资瑕疵结合出题。

重点法条45 ▶ 债权申报和清偿顺序

　　第46条 [加速到期]　未到期的债权，在破产申请受理时视为到期。

　　附利息的债权自破产申请受理时起停止计息。

　　第47条　附条件、附期限的债权和诉讼、仲裁未决的债权，债权人可以申报。

　　第48条 [申报期限]　债权人应当在人民法院确定的债权申报期限内向管理人申报债权。

　　[职工工资等不必申报]　债务人所欠职工的工资和医疗、伤残补助、抚恤费用，所欠的应当划入职工个人账户的基本养老保险、基本医疗保险费用，以及法律、行政法规规定应当支付给职工的补偿金，不必申报，由管理人调查后列出清单并予以公示。职工对清单记载有异议的，可以要求管理人更正；管理人不予更正的，职工可以向人民法院提起诉讼。

　　第51条 [现实求偿权可申报]　债务人的保证人或者其他连带债务人已经代替债务人清偿债务的，以其对债务人的求偿权申报债权。

　　[未来求偿权可申报]　债务人的保证人或者其他连带债务人尚未代替债务人清偿债务的，以其对债务人的将来求偿权申报债权。但是，债权人已经向管理人申报全部债权的除外。

　　第55条 [票据付款人申报债权]　债务人是票据的出票人，被裁定适用本法规定的程序，该票据的付款人继续付款或者承兑的，付款人以由此产生的请求权申报债权。

　　第56条 [补充申报]　在人民法院确定的债权申报期限内，债权人未申报债权的，可以在破产财产最后分配前补充申报；但是，此前已进行的分配，不再对其补充分配。为审查和确认补充申报债权的费用，由补充申报人承担。

债权人未依照本法规定申报债权的，不得依照本法规定的程序行使权利。

◥ 关联法条

《破产法解释（三）》

☞ **第 4 条［保证债权申报］** 保证人被裁定进入破产程序的，债权人有权申报其对保证人的保证债权。

主债务未到期的，保证债权在保证人破产申请受理时视为到期。一般保证的保证人主张行使先诉抗辩权的，人民法院不予支持，但债权人在一般保证人破产程序中的分配额应予提存，待一般保证人应承担的保证责任确定后再按照破产清偿比例予以分配。

保证人被确定应当承担保证责任的，保证人的管理人可以就保证人实际承担的清偿额向主债务人或其他债务人行使求偿权。

第 5 条［债务人、保证人均破产］ 债务人、保证人均被裁定进入破产程序的，债权人有权向债务人、保证人分别申报债权。

债权人向债务人、保证人均申报全部债权的，从一方破产程序中获得清偿后，其对另一方的债权额不作调整，但债权人的受偿额不得超出其债权总额。保证人履行保证责任后不再享有求偿权。

第 7 条［债权确认］ 已经生效法律文书确定的债权，管理人应当予以确认。

［管理人对债权有异议］ 管理人认为债权人据以申报债权的生效法律文书确定的债权错误，或者有证据证明债权人与债务人恶意通过诉讼、仲裁或者公证机关赋予强制执行力公证文书的形式虚构债权债务的，应当依法通过审判监督程序向作出该判决、裁定、调解书的人民法院或者上一级人民法院申请撤销生效法律文书，或者向受理破产申请的人民法院申请撤销或者不予执行仲裁裁决、不予执行公证债权文书后，重新确定债权。

第 9 条［被告确定］ 债务人对债权表记载的债权有异议向人民法院提起诉讼的，应将被异议债权人列为被告。债权人对债权表记载的他人债权有异议的，应将被异议债权人列为被告；债权人对债权表记载的本人债权有异议的，应将债务人列为被告。

对同一笔债权存在多个异议人，其他异议人申请参加诉讼的，应当列为共同原告。

◥ 真题链接

2006/4/2（4）（《破产法解释（三）》第4条）

◥ 考点剖析

1. 未到债权加速到期，可申报。

2. 职工工资等不必申报。

3. 现实求偿权、将来求偿权可申报。

4. 保证债权申报

（1）保证人被裁定进入破产程序的，债权人有权申报其对保证人的保证债权。

❶ 主债务未到期的，保证债权在保证人破产申请受理时视为到期；

❷ 一般保证的保证人不可主张行使先诉抗辩权；

❸ 债权人在一般保证人破产程序中的分配额应予提存，待一般保证人应承担的保证责任确定后再按照破产清偿比例予以分配；

❹ 保证人被确定应当承担保证责任的，保证人的管理人可以就保证人实际承担的清偿额向主债务人或其他债务人行使

求偿权。

（2）债务人、保证人均被裁定进入破产程序的，债权人有权向债务人、保证人分别申报债权。

❶债权人向债务人、保证人均申报全部债权的，从一方破产程序中获得清偿后，其对另一方的债权额不作调整，但债权人的受偿额不得超出其债权总额；

❷保证人履行保证责任后不再享有求偿权。

5. 管理人对债权有异议

（1）管理人认为债权人据以申报债权的生效法律文书确定的债权错误，或者有证据证明债权人与债务人恶意通过诉讼、仲裁或者公证机关赋予强制执行力公证文书的形式虚构债权债务的，应当依法通过审判监督程序向作出该判决、裁定、调解书的人民法院或者上一级人民法院申请撤销生效法律文书，或者向受理破产申请的

人民法院申请撤销或者不予执行仲裁裁决、不予执行公证债权文书后，重新确定债权。

（2）被告

债务人对债权表记载的债权有异议向人民法院提起诉讼的，应将被异议债权人列为被告。债权人对债权表记载的他人债权有异议的，应将被异议债权人列为被告；债权人对债权表记载的本人债权有异议的，应将债务人列为被告。

▶ 命题展望

债权申报是破产法中较为重要的考点，申报主体可结合债权法出题，比如保证人的现实求偿权和将来求偿权，《破产法解释（三）》对保证债权作出了具体规定，可能结合民法中的保证命题。债权人过了申报期是否可补充申报，职工工资是否需要申报等都是可能命题的角度。《破产法解释（三）》对管理人对债权有异议时如何处理作出了规定，可能与民诉结合命题。

重点法条 46 ▶ 重整期间

第75条［担保权暂停行使］　在重整期间，对债务人的特定财产享有的担保权暂停行使。但是，担保物有损坏或者价值明显减少的可能，足以危害担保权人权利的，担保权人可以向人民法院请求恢复行使担保权。

［新借款，设定担保］　在重整期间，债务人或者管理人为继续营业而借款的，可以为该借款设定担保。

第76条［取回权限制］　债务人合法占有的他人财产，该财产的权利人在重整期间要求取回的，应当符合事先约定的

条件。

第77条［投资收益分配限制］　在重整期间，债务人的出资人不得请求投资收益分配。

［股权转让限制］　在重整期间，债务人的董事、监事、高级管理人员不得向第三人转让其持有的债务人的股权。但是，经人民法院同意的除外。

▶ 关联法条

《九民纪要》112.［重整中担保物权的恢复行使］　重整程序中，要依法平衡保护担保物权人的合法权益和企业重整价值。重

整申请受理后，管理人或者自行管理的债务人应当及时确定设定有担保物权的债务人财产是否为重整所必需。如果认为担保物不是重整所必需，管理人或者自行管理的债务人应当及时对担保物进行拍卖或者变卖，拍卖或者变卖担保物所得价款在支付拍卖、变卖费用后优先清偿担保物权人的债权。

在担保物权暂停行使期间，担保物权人根据《企业破产法》第75条的规定向人民法院请求恢复行使担保物权的，人民法院应当自收到恢复行使担保物权申请之日起30日内作出裁定。经审查，担保物权人的申请不符合第75条的规定，或者虽然符合该条规定但管理人或者自行管理的债务人有证据证明担保物是重整所必需，并且提供与减少价值相应担保或者补偿的，人民法院应当裁定不予批准恢复行使担保物权。担保物权人不服该裁定的，可以自收到裁定书之日起10日内，向作出裁定的人民法院申请复议。人民法院裁定批准行使担保物权的，管理人或者自行管理的债务人应当自收到裁定书之日起15日内启动对担保物的拍卖或者变卖，拍卖或者变卖担保物所得价款在支付拍卖、变卖费用后优先清偿担保物权人的债权。

重 点 法 条 47 ▶ 和解程序

第96条［裁定和解］　人民法院经审查认为和解申请符合本法规定的，应当裁定和解，予以公告，并召集债权人会议讨论和解协议草案。

［裁定和解之日起行使权利］　对债务人的特定财产享有担保权的权利人，自人民法院裁定和解之日起可以行使权利。

重 点 法 条 48 ▶ 破产清算

第109条［优先受偿权］　对破产人的特定财产享有担保权的权利人，对该特定财产享有优先受偿的权利。

第110条　享有本法第109条规定权利的债权人行使优先受偿权利未能完全受偿的，其未受偿的债权作为普通债权；放弃优先受偿权利的，其债权作为普通债权。

第113条［清偿顺序］　破产财产在优先清偿破产费用和共益债务后，依照下列顺序清偿：

（一）破产人所欠职工的工资和医疗、伤残补助、抚恤费用，所欠的应当划入职工个人账户的基本养老保险、基本医疗保险费用，以及法律、行政法规规定应当支付给职工的补偿金；

（二）破产人欠缴的除前项规定以外的社会保险费用和破产人所欠税款；

（三）普通破产债权。

破产财产不足以清偿同一顺序的清偿要求的，按照比例分配。

破产企业的董事、监事和高级管理人员的工资按照该企业职工的平均工资计算。

🔽 关联法条

《民法典》第807条［发包人未支付工程价款的责任］　发包人未按照约定支付价

款的,承包人可以催告发包人在合理期限内支付价款。发包人逾期不支付的,除根据建设工程的性质不宜折价、拍卖外,承包人可以与发包人协议将该工程折价,也可以请求人民法院将该工程依法拍卖。建设工程的价款就该工程折价或者拍卖的价款优先受偿。

《破产法解释(三)》第 2 条 [新借款清偿顺序] 破产申请受理后,经债权人会议决议通过,或者第一次债权人会议召开前经人民法院许可,管理人或者自行管理的债务人可以为债务人继续营业而借款。提供借款的债权人主张参照企业破产法第 42 条第 4 项的规定优先于普通破产债权清偿的,人民法院应予支持,但其主张优先于此前已就债务人特定财产享有担保的债权清偿的,人民法院不予支持。

[新借款担保] 管理人或者自行管理的债务人可以为前述借款设定抵押担保,抵押物在破产申请受理前已为其他债权人设定抵押的,债权人主张按照物权法第 199 条(现为《民法典》第 414 条)规定的顺序清偿,人民法院应予支持。

《九民纪要》117. [公司解散清算与破产清算的衔接] 要依法区分公司解散清算与破产清算的不同功能和不同适用条件。债务人同时符合破产清算条件和强制清算条件的,应当及时适用破产清算程序实现对债权人利益的公平保护。债权人对符合破产清算条件的债务人提起公司强制清算申请,经人民法院释明,债权人仍然坚持申请对债务人强制清算的,人民法院应当裁定不

予受理。

《全国法院破产审判工作会议纪要》

28. 破产债权的清偿原则和顺序。对于法律没有明确规定清偿顺序的债权,人民法院可以按照人身损害赔偿债权优先于财产性债权、私法债权优先于公法债权、补偿性债权优先于惩罚性债权的原则合理确定清偿顺序。因债务人侵权行为造成的人身损害赔偿,可以参照企业破产法第 113 条第 1 款第 1 项规定的顺序清偿,但其中涉及的惩罚性赔偿除外。破产财产依照企业破产法第 113 条规定的顺序清偿后仍有剩余的,可依次用于清偿破产受理前产生的民事惩罚性赔偿金、行政罚款、刑事罚金等惩罚性债权。

☑ 考点剖析

1. 别除权的标的物不属于破产财产。

2. 别除权人对特定财产享有优先受偿权。

3. 别除权的行使不参加集体清偿程序。

4. 别除权人的优先受偿权受到建设工程价款优先受偿的限制,即建设工程价款优先别除权清偿。

5. 破产申请受理后借款:优先于普通破产债权清偿;不优先于此前已就债务人特定财产享有担保的债权清偿。

☑ 命题展望

别除权人即对破产人的特定财产享有担保权的权利人,别除权包括抵押权、质押权、留置权。因此,比较容易与民法结合设计题目。

专题四　票据法*

重点法条 49 ▶ 票据行为

第 23 条第 1、2 款 ［出票］ 汇票上记载付款日期、付款地、出票地等事项的，应当清楚、明确。

汇票上未记载付款日期的，为见票即付。

第 27 条第 1、2 款 ［背书］ 持票人可以将汇票权利转让给他人或者将一定的汇票权利授予他人行使。

［出票人禁转背书］ 出票人在汇票上记载"不得转让"字样的，汇票不得转让。

第 33 条 ［附条件背书］ 背书不得附有条件。背书时附有条件的，所附条件不具有汇票上的效力。

［部分背书、分别背书］ 将汇票金额的一部分转让的背书或者将汇票金额分别转让给 2 人以上的背书无效。

第 34 条 ［背书人禁转背书］ 背书人在汇票上记载"不得转让"字样，其后手再背书转让的，原背书人对后手的被背书人不承担保证责任。

第 35 条 ［委托收款背书］ 背书记载"委托收款"字样的，被背书人有权代背书人行使被委托的汇票权利。但是，被背书人不得再以背书转让汇票权利。

［汇票质押背书］ 汇票可以设定质押；质押时应当以背书记载"质押"字样。被背书人依法实现其质权时，可以行使汇票权利。

第 36 条 ［禁止背书转让］ 汇票被拒绝承兑、被拒绝付款或者超过付款提示期限的，不得背书转让；背书转让的，背书人应当承担汇票责任。

第 47 条第 1 款 ［被保证人］ 保证人在汇票或者粘单上未记载前条第 3 项的，已承兑的汇票，承兑人为被保证人；未承兑的汇票，出票人为被保证人。

第 48 条 ［保证附条件］ 保证不得附有条件；附有条件的，不影响对汇票的保证责任。

第 50 条 ［保证责任］ 被保证的汇票，保证人应当与被保证人对持票人承担连带责任。汇票到期后得不到付款的，持票人有权向保证人请求付款，保证人应当足额付款。

第 51 条 ［保证人连带］ 保证人为 2 人以上的，保证人之间承担连带责任。

第 52 条 ［保证人追索权］ 保证人清偿汇票债务后，可以行使持票人对被保证

---

　　* 本专题的重点法条（第×条），未特别指明是哪部法律法规的，均默认为 2004 年 8 月 28 日修正的《中华人民共和国票据法》。

人及其前手的追索权。

第56条 ［受托收款银行、付款银行责任］ 持票人委托的收款银行的责任，限于按照汇票上记载事项将汇票金额转入持票人账户。

付款人委托的付款银行的责任，限于按照汇票上记载事项从付款人账户支付汇票金额。

▼ 考点剖析

1. 出票人在汇票上记载"不得转让"字样，持票人背书转让的，背书行为无效。

2. 背书人在汇票上记载"不得转让"字样，只对其直接后手承担保证责任。

3. 背书不得附条件，背书时附有条件，票据有效，所附条件不具有汇票上的效力。

4. 保证不得附条件，所附条件视为无记载，但不影响票据效力。

5. 付款银行的责任，限于付款人账户金额，账户资金不足，付款银行可拒绝承兑。

▼ 命题展望

《票据法》不是商法主观题的考查重点，仅2006年商法主观题涉及票据法的相关考点。考查角度一：保证的效力、追索权的行使、破产债权的构成，即结合破产法中的破产债权申报考查。考查角度二：汇票出资、出票人账户资金不足，付款银行可以此为由拒绝；出资效力的认定。2019年民事融合题目考查了记载有"不得转让"字样的票据的质押效力。

重点法条 50 ▶ 票据权利

第5条 ［代理签章］ 票据当事人可以委托其代理人在票据上签章，并应当在票据上表明其代理关系。

［无权代理］ 没有代理权而以代理人名义在票据上签章的，应当由签章人承担票据责任；代理人超越代理权限的，应当就其超越权限的部分承担票据责任。

第6条 ［非完全行为能力人签章］ 无民事行为能力人或者限制民事行为能力人在票据上签章的，其签章无效，但是不影响其他签章的效力。

第14条 ［票据的伪造、变造］ 票据上的记载事项应当真实，不得伪造、变造。伪造、变造票据上的签章和其他记载事项的，应当承担法律责任。

票据上有伪造、变造的签章的，不影响票据上其他真实签章的效力。

票据上其他记载事项被变造的，在变造之前签章的人，对原记载事项负责；在变造之后签章的人，对变造之后的记载事项负责；不能辨别是在票据被变造之前或者之后签章的，视同在变造之前签章。

☞ **第61条第1款** ［追索权］ 汇票到期被拒绝付款的，持票人可以对背书人、出票人以及汇票的其他债务人行使追索权。

第62条 ［追索权］ 持票人行使追索权时，应当提供被拒绝承兑或者被拒绝付款的有关证明。

持票人提示承兑或者提示付款被拒绝的，承兑人或者付款人必须出具拒绝证明，或者出具退票理由书。未出具拒绝证明或者退票理由书的，应当承担由此产生的民事责任。

第69条［追索权的限制］　持票人为出票人的，对其前手无追索权。持票人为背书人的，对其后手无追索权。

真题链接

2006/4/2(4)(《票据法》第61条第1款)

考点剖析

1. 代理人超越代理权限签章，对其超越权限的部分承担票据责任。

2. 票据上其他记载事项被变造

(1) 变造之前签章：对原记载事项负责；

(2) 变造之后签章：对变造之后的事项负责；

(3) 不能辨别变造之前还是之后：视同变造之前签章。

命题展望

关于票据权利，考生主要掌握无权代理签章、变造票据的票据责任。

重点法条51 ▶ 票据抗辩

第11条［票据抗辩的延续和限制］因税收、继承、赠与可以依法无偿取得票据的，不受给付对价的限制。但是，所享有的票据权利不得优于其前手的权利。

前手是指在票据签章人或者持票人之前签章的其他票据债务人。

第12条［恶意或重大过失取得票据］以欺诈、偷盗或者胁迫等手段取得票据的，或者明知有前列情形，出于恶意取得票据的，不得享有票据权利。

持票人因重大过失取得不符合本法规定的票据的，也不得享有票据权利。

第13条［票据抗辩的限制］　票据债务人不得以自己与出票人或者与持票人的前手之间的抗辩事由，对抗持票人。但是，持票人明知存在抗辩事由而取得票据的除外。

［票据抗辩］　票据债务人可以对不履行约定义务的与自己有直接债权债务关系的持票人，进行抗辩。

［抗辩的概念］　本法所称抗辩，是指票据债务人根据本法规定对票据债权人拒绝履行义务的行为。

考点剖析

1. 票据抗辩的理由

(1) 不履行约定义务+有直接债权债务关系；

(2) 直接当事人之间：票据债务人未受领对价/进行了相当于票据金额的给付；

(3) 以欺诈、偷盗等非法手段取得票据/明知有前列情形，恶意取得票据；

(4) 明知票据债务人与出票人或者持票人的前手之间存在抗辩事由，仍取得票据。

2. 票据抗辩的限制

(1) 票据债务人不得以自己与出票人或者与持票人的前手之间的抗辩事由，对抗持票人。知情抗辩例外。

（2）因税收等无偿取得票据，不受给付对价的限制，所享有票据权利不得优于其前手的权利。

▶ **命题展望**

关于票据的抗辩，可结合票据追索、破产债权申报考查，考生主要掌握票据抗辩的理由和抗辩的限制。

重点法条 52 ▶ 票据丧失的救济

第 15 条 ［失票救济］ 票据丧失，失票人可以及时通知票据的付款人挂失止付，但是，未记载付款人或者无法确定付款人及其代理付款人的票据除外。

收到挂失止付通知的付款人，应当暂停支付。

失票人应当在通知挂失止付后 3 日内，也可以在票据丧失后，依法向人民法院申请公示催告，或者向人民法院提起诉讼。

《票据管理实施办法》

第 20 条 ［挂失止付］ 付款人或者代理付款人收到挂失止付通知书，应当立即暂停支付。付款人或者代理付款人自收到挂失止付通知书之日起 12 日内没有收到人民法院的止付通知书的，自第 13 日起，挂失止付通知书失效。

第 21 条 ［收到挂失止付前已付款］ 付款人或者代理付款人在收到挂失止付通知书前，已经依法向持票人付款的，不再接受挂失止付。

《民事诉讼法》第 25 条 ［票据纠纷管辖］ 因票据纠纷提起的诉讼，由票据支付地或者被告住所地人民法院管辖。

《最高人民法院关于审理票据纠纷案件若干问题的规定》第 6 条 ［票据纠纷管辖］ 因票据权利纠纷提起的诉讼，依法由票据支付地或者被告住所地人民法院

管辖。

票据支付地是指票据上载明的付款地，票据上未载明付款地的，汇票付款人或者代理付款人的营业场所、住所或者经常居住地，本票出票人的营业场所，支票付款人或者代理付款人的营业场所所在地为票据付款地。代理付款人即付款人的委托代理人，是指根据付款人的委托代为支付票据金额的银行、信用合作社等金融机构。

《九民纪要》106. ［恶意申请公示催告的救济］ 公示催告程序本为对合法持票人进行失票救济所设，但实践中却沦为部分票据出卖方在未获得票款情形下，通过伪报票据丧失事实申请公示催告、阻止合法持票人行使票据权利的工具。对此，民事诉讼法司法解释已经作出了相应规定。适用时，应当区别付款人是否已经付款等情形，作出不同认定：

（1）在除权判决作出后，付款人尚未付款的情况下，最后合法持票人可以根据《民事诉讼法》第 223 条的规定，在法定期限内请求撤销除权判决，待票据恢复效力后再依法行使票据权利。最后合法持票人也可以基于基础法律关系向其直接前手退票并请求其直接前手另行给付基础法律关系项下的对价。

（2）除权判决作出后，付款人已经付款的，因恶意申请公示催告并持除权判决获得票款的行为损害了最后合法持票人的权利，最后合法持票人请求申请人承担侵权损害赔偿责任的，人民法院依法予以支持。

▶ 考点剖析

1. 付款人或者代理付款人收到挂失止付通知书，应当立即暂停支付。

2. 因票据权利纠纷提起的诉讼，依法由票据支付地或者被告住所地人民法院管辖。

▶ 命题展望

公示催告程序、除权判决，可结合民诉程序考查，属于低频考点，了解即可。

图书在版编目（ＣＩＰ）数据

主观题应试重点法条解读/厚大法考组编. —北京：中国政法大学出版社，2020.8
ISBN 978-7-5620-9546-0

Ⅰ.①主… Ⅱ.①厚… Ⅲ.①法律工作者－资格考试－中国－自学参考资料 Ⅳ.①D92

中国版本图书馆 CIP 数据核字(2020)第 062861 号

出 版 者	中国政法大学出版社
地　　址	北京市海淀区西土城路 25 号
邮寄地址	北京 100088 信箱 8034 分箱　邮编 100088
网　　址	http://www.cuplpress.com （网络实名：中国政法大学出版社)
电　　话	010-58908285(总编室)　58908433（编辑部）58908334(邮购部)
承　　印	北京铭传印刷有限公司
开　　本	720mm×960mm　1/16
印　　张	28.5
字　　数	630 千字
版　　次	2020 年 8 月第 1 版
印　　次	2020 年 8 月第 1 次印刷
定　　价	89.00 元

厚大法考 2020 年师资团队简介

民法主讲老师

张翔	民法萌叔，西北政法大学民商法学院院长，教授，博士生导师，法考培训授课教师，授课经验丰富。倡导"理论、法条、实例"三位一体的教学方法。授课条理清晰，深入浅出，重点明确，分析透彻。
杨烁	中山大学法学博士，具有深厚的民法理论功底、丰富的教学与实践经验，首创"法考三杯茶"理论，将枯燥的民法法条融会贯通于茶与案例之中，深入浅出。游刃于民法原理与实务案例之间，逻辑清晰，层层递进，其课堂有润物细无声的效果，让考生分析案件时才思泉涌，顺利通关！
李仁玉	法考培训界民法泰斗，拥有多年命题经验，现任北京工商大学法学院教授，曾先后兼任中国政法大学、国家检察官学院、上海政法学院、中华女子学院校聘客座教授。讲课直击考点，繁简得当，重点突出。
吴一鸣	民商法博士，华东政法大学副教授，法律学院民商法教研室副主任，中国法学会比较法研究会理事。授课重点突出，体系性强，清晰有条理，深受学生喜爱。
崔红玉	厚大新晋新锐讲师。武汉大学民商法学专业出身，法律功底扎实，拥有多年教学实践经验，对民法有独特的感悟。擅长体系化和启发式教学，帮助学生将琐碎的知识点用逻辑串成整体，让学生知其所以然。

刑法主讲老师

罗翔	北京大学法学博士，中国政法大学教授、刑法学研究所所长，入选法大2008年以来历届"最受本科生欢迎的十位老师"，曾参与司法部司考题库设计和供题。授课幽默，妙趣横生，深入浅出，重点清晰，使考生迅速理解和掌握刑法的艰深理论。
刘伟	中国政法大学刑法学博士，长期从事刑法相关教学工作，授课直击要害。擅长摸索出题人的命题规律，总结分析，直击命门。
陈橙	厚大新晋新锐讲师。本硕博分别就读于华东政法大学、北京大学、清华大学，从事法考培训多年。善于概括总结知识点，将繁琐的知识点简单化，方便学生记忆，注重与学生互动，语言幽默，善于把握真题和最新试题动向。
卢杨	厚大新晋新锐讲师。刑事法学研究生毕业，理论功底扎实，对命题趋势把握得当，条理清晰，有着丰富的授课经验，擅长将抽象的刑法学理论具体化为生活中的案例，所以课堂氛围非常好，深受考生喜爱。

行政法主讲老师

魏建新	中国政法大学法学博士，天津师范大学教授，政治学博士后出站。人大立法咨询专家，政府法律顾问，仲裁员。以案释法，让行政法易通好懂，实现通俗化行政法；以最简练的表格建立最完整的知识体系，让行政法易背好记，实现图表化行政法；深谙命题风格和思路，一切从考试出发归纳重点、突破难点，让行政法易学好用，实现应试化行政法。
兰燕卓	中国政法大学法学博士，政治博士后，具有丰富的法考培训经验，考点把握精准，擅长将繁杂考点系统化、明晰化，有效挖掘考点的关联性；授课重点突出，知识体系清晰，课堂气氛轻松活跃，有效提高备考效率。
黄韦博	中南财经政法大学法学博士，课堂气氛活跃，善于采取原理、法条和解题相结合的方法授课，善于运用启发式、互动式、图表式和串联式的教学方法，直击考点陷阱，让考生轻松掌握抽象的行政法原理。

民诉法主讲老师

刘鹏飞	民诉法专业博士，专注民诉法学研究，从事司法考试和法律职业资格考试培训近十年。授课经验丰富，学术功底扎实。授课化繁为简、去粗取精，多年来形成独特风格：用法理重新解读繁杂法条且条理清晰；编写的案例贴近实践，简明易懂且语言风趣。
张佳	厚大新晋新锐讲师。华东政法大学毕业，法学理论功底扎实。厚大人称"小师妹"，年龄不大，能力不小。授课思路清晰，详略得当，应试性强。学民诉，信佳佳，高分不是神话！

郭翔	北京师范大学副教授，清华大学法学博士，具有多年法考培训经验，深知命题规律，了解解题技巧，对考试内容把握准确，授课重点明确，层次分明，条理清晰，将法条法理与案例有机融合，强调综合，深入浅出。
朱小钰	民诉法博士，厚大新晋新锐讲师，深谙民事诉讼和仲裁程序。硕博期间曾参与多个司法解释条文理解与适用的编写，了解相关立法趋势，让考生把握法考重点和热点内容。课堂气氛活跃，擅长总结知识点和体系，手把手教学生识记与理解，力求让学生当堂吸收与消化。

刑诉法主讲老师

向高甲	有 11 年刑诉应试培训经验，对于刑事诉讼法的教学有自己独特的方式和技巧，其独创的"口诀记忆"法，让法条记忆不再枯燥。授课幽默，富有活力，其清晰的讲义和通俗易懂的解读让人印象深刻。善于把握出题思路，对于出题者的陷阱解读有自己独特的技巧，让考生能在听课后迅速提高解题技能。向老师目前也是一位执业律师，其丰富的实务经验让授课内容更符合当下法考案例化的考试要求。
郭抑扬	中国政法大学博士，扎实的理论加上苏格拉底式的提问与举例，让刑诉法更加充满思辨的趣味。课堂上谈笑风生，能迅速让学员了解刑诉法条内在的逻辑、考点和易混点；在事实、法律之间辗转腾挪，将枯燥的法条形象化，减少记忆的时间和难度。
李辞	中国政法大学博士，高校副教授、硕士生导师。深谙法考重视综合性、理论性考查的命题趋势，善于搭建刑诉法学科体系架构，阐释法条背后的原理、立法背景与法条间的逻辑关系，通过对知识点的对比串联强化记忆。
邓丽亚	厚大新晋新锐讲师。法学研究生毕业，具有多年法考一线教学辅导实践经验，案例储备丰富，上课风趣幽默，繁简得当，贯彻应试教学核心理念，帮助考生实现高效学习。

商经知主讲老师

鄢梦萱	西南政法大学经济法学博士，知名司考（法考）辅导专家。自 2002 年开始讲授司法考试商经法，从未间断。在 17 年教学中积累了丰富的经验，熟悉每一个考点、每一道真题，掌控每一个阶段、每一项计划，不仅授课节奏感强、循序渐进，课程体系完备、考点尽收囊中；而且专业功底深厚，对复杂疑难问题的讲解清清楚楚、明明白白，犹如打通任督二脉；更重要的是熟悉命题规律，考前冲刺直击考点，口碑爆棚。
赵海洋	中国人民大学法学博士，法学博士后，商经法新锐名师。"命题人视角"授课理念的提倡者，"考生中心主义"讲授模式的践行者。授课语言诙谐，却暗蕴法理，让复杂难懂的商经法"接地气"。注重法理与实务相结合，避免"纯应试型"授课，确保考生所学必有所用。独创"盲目自信法"和"赵氏科学蒙猜法"，真正做到"商经跟着海洋走，应试实务不用愁"。

三国法主讲老师

殷敏	上海对外经贸大学教授，法学博士后，硕士生导师；美国休斯顿大学访问学者、中国人民大学访问学者；中国国际法学会理事、中国国际私法学会理事、中国国际经济法学会理事，中国欧洲学会欧洲法律研究会理事；入选 2019 年度上海市浦江人才计划。从事三国法司法考试培训 10 余年，对考点把握极其精准，深受广大学员喜爱。
段庆喜	中国人民大学法学院国际法博士，法考培训三国法辅导名师，具有多年授课辅导经验。善于总结归纳，将抽象、高冷的国际法知识与日常生活巧妙对接，易于考生理解，令规则学习变得有趣、有料。

理论法主讲老师

高晖云	中南财经政法大学法学博士，高校法学教师，中央电视台 CCTV-12 "法律讲堂"主讲人。自 2004 年起执教高校，讲授法理学、宪法学、中外法律史等多门课程，授课幽默风趣，风格轻松流畅，善于以扎实的理论功底打通理论法学脉络，独创"抠字眼、讲逻辑"六字真言，让考生穿透题面，直击考点，斩获高分。
李宏勃	法学教授，硕士生导师。讲课深入浅出、条理清晰，能够将抽象的法学原理、宪法条文与鲜活的社会生活相结合。在传授法律知识与应试技巧的同时，强调培养学员的法律思维与法治理念。

厚大法考（北京）2020年客观题面授教学计划

班次名称		授课时间	标准学费（元）	阶段优惠(元)			备注
				7.10前	8.10前	9.10前	
延期脱产系列	主客一体全程班	7.5~10.25	22800	16800	已开课		本班配套讲义
	暑期精英班	7.5~8.31	10800	8880	已开课		
	主客一体提分班	9.3~10.25	11800	8800	9300	9800	
冲刺系列	点睛冲刺班	10.18~10.25	5680	4180	4380	4580	

其他优惠：
1. 多人报名可在优惠价格基础上再享团报优惠：2人（含）以上报名，每人优惠100元；3人（含）以上报名，每人优惠200元；5人（含）以上报名，每人优惠300元。
2. 厚大面授老学员报名在阶段优惠基础上再享延期脱产系列优惠500元，点睛班次无优惠。
3. 厚大非面授老学员报名再享100元优惠。

厚大法考（北京）2020年主观题面授教学计划

班次名称		授课时间	标准学费（元）	阶段优惠(元)		
				7.10前	8.10前	9.10前
大成系列	主观暑期班	9.3~11.1	19800	15300	15800	16300
	主观集训A班	9.3~11.24	29800	20800	21800	22800
	主观集训B班	9.3~11.24	29800	签订协议；不过退费1万元；协议班次无优惠；专属辅导，小班批阅。		
	主观特训A班	10.12~11.24	24800	18800	19300	19800
	主观特训B班	10.12~11.24	24800	签订协议；不过退费1万元；协议班次无优惠；专属辅导，小班批阅。		
	主观短训A班	11.4~11.24	19800	9800	10300	10800
	主观短训B班	11.4~11.24	19800	签订协议；不过全退；协议班次无优惠；专属辅导，小班批阅。		
冲刺系列	主观决胜班	11.14~11.24	10800	6980	7480	7980
	主观密训营	11.18~11.24	9800	5580	6080	6580

其他优惠：
1. 3人（含）以上团报，每人优惠200元；5人（含）以上团报，每人优惠300元；8人（含）以上团报，每人优惠400元。
2. 厚大面授老学员（2018、2019届）报班享阶段性优惠减500元，可适用团报，其他优惠不再享受。
3. 公、检、法工作人员凭工作证报名享阶段性优惠减300元，可适用团报，其他优惠不再享受。
4. 其他机构学员凭报名凭证享阶段优惠减300元，可适用团报，其他优惠不再享受。
5. 协议班次不适用以上优惠政策。

【总部及北京分校】北京市海淀区苏州街20号银丰大厦2号楼2层厚大教育　咨询热线：4009-900-600转1

厚大法考APP　　　厚大法考官微　　　厚大法考官博　　　北京厚大法考官博　　　北京厚大法考官微

厚大法考（郑州）2020年客观题面授教学计划

班次名称		授课模式	授课时间	标准学费（元）	阶段优惠(元)				备注
					7.10前	8.10前	9.10前	10.10前	
轩成系列	轩成集训班A模式（视频+面授）	全日制	6.17~10.25	14800	11880	已开课			本班配套图书及随堂资料
	轩成集训班B模式（视频+面授）	全日制		14800	B模式无优惠，座位优先安排，导学师跟踪辅导，限额招生。				
暑期系列	暑期全程VIP班（面授）	全日制	7.5~11.25	33800	签订协议；主客一体，2020年客观题意外未通过退23800元，主观题意外未通过退16800元；优先安排特定区域座位、督促辅导、定期抽背，限额招生10人。				
	暑期全程班A模式（面授）	全日制	7.5~10.25	18800	签订协议；2020年客观题意外未通过退10000元；优先安排特定区域座位、督促辅导、定期抽背。				
	暑期全程班B模式（面授）	全日制		13800	B模式无优惠，主客一体，督促辅导、名师面授、高性价比。（备注：客观题成绩合格，凭成绩单可免费读主观题短训班）				
	暑期全程班C模式（面授）	全日制		13800	11380	已开课			
	暑期精英班（面授）	全日制	7.5~9.1	9380	8380	已开课			
冲刺系列	冲刺突破班A模式（面授）	全日制	9.3~11.25	10880	A模式无优惠，主客一体，座位优先安排，导学师跟踪辅导，限额招生。（备注：客观题成绩合格，凭成绩单可免费读主观题短训班）				
	冲刺突破班B模式（面授）	全日制	9.3~10.25	8380	6880	7380	7880	已开课	
	点睛冲刺班	全日制	10.18~10.25	5680	4080		4580		

其他优惠：

1. 多人报名可在优惠价格基础上再享团报优惠：3人（含）以上报名，每人优惠180元；5人（含）以上报名，每人优惠280元；8人（含）以上报名，每人优惠380元。
2. 厚大法考往届老学员在阶段优惠基础上再优惠500元，不再享受其它优惠，点睛班次和协议班次无优惠。
3. 厚大非面授老学员报名再享100元优惠。

【郑州分校】郑州市龙湖镇（南大学城）泰山路与107国道交叉口东50米路南

招生热线：17303862226 杨老师　19939507026 李老师

厚大法考APP

厚大法考官微

厚大法考官博

QQ群二维码

郑州厚大法考面授分校官博

郑州厚大法考面授分校官微

厚大法考（郑州）2020年主观题面授教学计划

班次名称		授课模式	授课时间	标准学费（元）	阶段优惠(元)				备注
					7.10前	9.10前	10.10前	11.10前	
大成系列	主观暑期班	视频+面授	7.5~9.1	9800	8880	已开课			本班配套图书及随堂资料
	主观集训A班	视频+面授	7.5~11.25	29800	12880	已开课			
	主观集训B班	视频+面授		29800	签订协议无优惠，意外未通过退17800元，专属辅导、小班批阅。				
	主观特训A班	视频+面授	8.10~11.25	24800	11380	11880	12380	已开课	
	主观特训B班	视频+面授		24800	签订协议无优惠，意外未通过退13800元，专属辅导、小班批阅。				
	主观冲刺A班	视频+面授	9.5~11.25	22800	10380	10880	已开课		
	主观冲刺B班	视频+面授		22800	签订协议无优惠，意外未通过退12800元，专属辅导、小班批阅。				
冲刺系列	主观突破A班	视频+面授	10.8~11.25	21800	9880	10380	10880	已开课	
	主观突破B班	视频+面授		21800	签订协议无优惠，意外未通过退11800元，专属辅导、小班批阅。				
	主观短训班	面授	11.4~11.25	19800	9380	9880	10380	10880	
	主观决胜班	面授	11.14~11.25	16800	6880	7380	7880	8380	
	主观密训营	面授	11.19~11.25	9800	5080	5580	6080	6580	

其他优惠：

1. 多人报名可在优惠价格基础上再享团报优惠：3人（含）以上报名，每人优惠180元；5人（含）以上报名，每人优惠280元；8人（含）以上报名，每人优惠380元。
2. 厚大法考往届老学员在阶段优惠基础上再优惠500元，不再享受其它优惠，点睛班次和协议班次无优惠。
3. 厚大非面授老学员报名再享100元优惠。

【郑州分校】郑州市龙湖镇（南大学城）泰山路与107国道交叉口东50米路南

招生热线：17303862226 杨老师　19939507026 李老师

厚大法考APP　　厚大法考官微　　厚大法考官博　　QQ群二维码　　郑州厚大法考面授分校官博　　郑州厚大法考面授分校官微

厚大法考 2020 年（华东区）客观题面授延期新增教学计划

系列	班次名称	上课地点	授课时间	标准学费(元)	阶段优惠(元)			备注
					7.10前	8.10前	9.10前	
至尊系列	至尊私塾班	上海	全年招生，随报随学	19.9万	自报名之日至通关之时，学员全程，全方位享厚大专业服务，私人定制、讲师私教、小组辅导、大班面授、专属自习室、多轮练系统学习，主客一体，协议保障，让你法考无忧。			
延期新增脱产系列	客观暑期精英班	上海,南京,杭州	7.9~9.1	8980	8080	已开课	已开课	
	主客一体全程班优惠模式	上海,南京,杭州	7.9~10.25	22800	16800	已开课	已开课	
	主客一体全程班VIP模式			22800	VIP模式无优惠，10人专属自习室，导学师跟踪辅导，限额招生。			
	主客一体全程班退费模式			39800	退费模式无优惠，客观题不过退30000元，过关奖励9800元，专业化辅号，10人专属自习室，导学师跟踪辅导，限额招生10人。			本班配套图书及内部资料
主客一体系列	主客一体精英班	上海,南京,杭州	7.9~10.16	19800	13800	已开课	已开课	
	主客一体特训班	上海,南京,杭州	8.11~10.25	15800	11800	12800		
	主客一体提分班	上海,南京,杭州	9.1~10.25	11800	8800	9800		
延期新增周末系列	主客一体周末特训班	上海,南京,杭州	7.4~10.25	13800	9800	已开课		
	主客一体周末精英班	上海,南京,杭州	7.4~10.16	9800	7800	已开课		
	主客一体周末提分班	上海,南京,杭州	8.29~10.25	9800	6800	7800	8800	
冲刺系列	点睛冲刺班优惠模式	上海,南京,杭州	10.17~10.25	4580	4180	4580		
	点睛冲刺班退费模式	上海,南京,杭州	10.17~10.25	7980	退费模式无优惠，客观题不过全退。			

其他优惠：

1. 多人报名可在优惠价格基础上再享团报优惠：3人（含）以上报名，每人优惠200元；5人（含）以上报名，每人优惠300元；8人（含）以上报名，每人优惠500元。
2. 厚大非面授老学员报名再享100元优惠。

【市区办公室】上海市静安区汉中路158号汉中广场1214室
咨询热线：021-61070881/61070880
【松江教学基地】上海市松江大学城支江路1128弄双创集聚区三楼301室
咨询热线：021-67663517

【南京教学基地】南京市鼓楼区汉中路108号金色大厦10C2室
咨询热线：025-84721211/8655796S
【杭州教学基地】浙江省杭州市江干区下沙2号大街515号智慧谷大厦1009室
咨询热线：0571-2818700S/2818700 6

南京厚大法考官博　杭州厚大法考官博
上海厚大法考官博　厚大法考官博

厚大法考（上海）2020年主观题教学计划

系列	主观题班次	时　　间	标准学费（元）	7.10前（元）	8.10前（元）	9.10前（元）
至尊系列	九五至尊班	5.5~11.24	19.9万	①协议班次无优惠，订立合同；②赠送单人间住宿；③2020年主观题考试若通过，奖20000元；④2020年主观题考试若未过关，全额退还学费，再返10000元。		
			（专属6人自修室）			
			9.9万	①协议班次无优惠，订立合同；②赠送单人间住宿；③2020年主观题考试过关，奖励10000元；④2020年主观题考试若未过关，免学费重读2021年客观题大成集训班+2021年主观题短训班。		
			（专属6人自修室）			
	至尊私塾班	6.5~11.24	69800	已开课		
			（专属10人自修室）			
	主观至尊班	6.25~11.24	59800	45800	已开课	
			（专属10人自修室）			
大成系列	主观长训A班	6.25~11.24	39800	34800	已开课	
	主观长训B班	6.25~11.24	39800	①重读模式无阶段优惠，订立合同；②2020年主观题若未过关，免学费重读2021年客观题大成集训班+2021年主观题决胜班。		
	主观暑期班	7.25~8.31	19800	13800	已开课	
	主观集训班	7.25~11.24	33800	25800	已开课	
	主观特训A班	8.5~11.24	31800	22800	23800	已开课
	主观特训B班	8.5~11.24	31800	①重读模式无阶段优惠，订立合同；②2020年主观题若未过关，免学费重读2021年客观题暑期全程班+2021年主观题决胜班。		
	主观高效提分A班	9.1~11.24	26800	17800	18800	19800
	主观高效提分B班	9.1~11.24	26800	①协议班次无优惠；②专属辅导，一对一批阅；③赠送10人专属自修室。		
	主观短训A班	10.12~11.24	17800	10800	11800	12800
	主观短训A班VIP模式	10.12~11.24	17800	①协议班次无优惠；②专属辅导，一对一批阅；③赠送10人专属自修室。		
	主观突破班	10.12~11.17	10800	5980	6980	7980
	主观突破班VIP模式	10.12~11.17	10800	①协议班次无优惠；②专属辅导，一对一批阅；③赠送10人专属自修室。		

系列	主观题班次	时 间	标准学费（元）	7.10前（元）	8.10前（元）	9.10前（元）
冲刺系列	主观短训B班	11.4~11.24	13800	8800	9800	10800
	主观短训B班 VIP模式	11.4~11.24	13800	①协议班次无优惠；②专属辅导，一对一批阅；③赠送10人专属自修室。		
	主观决胜班	11.13~11.24	10800	6980	7480	7980
	主观点睛班（原国庆密训营）	11.17~11.24	8800	5480	5980	6480
	主观点睛班（退费模式）	11.17~11.24	10800	协议班次无优惠，主观题不过全退。		
周末系列	主观周末全程班	3.14~11.24	25800	已开课		
	主观周末精英班	3.14~11.24	19800	已开课		
	主观周末特训班	7.11~11.24	22800	16800	已开课	
	主观周末提分班	8.29~11.24	16800	9800	10800	11800

其他优惠：

1. 多人报名可在优惠价格基础上再享团报优惠：3人（含）以上报名，每人优惠200元；5人（含）以上报名，每人优惠300元；8人（含）以上报名，每人优惠500元。

2. 厚大面授老学员报名再享9.5折优惠。

3. 厚大非面授老学员报名再享100元优惠。

【市区办公室】上海市静安区汉中路158号汉中广场1214室　　咨询热线：021-61070881/61070880

【松江教学基地】上海市松江大学城文汇路1128弄双创集聚区三楼301室　咨询热线：021-67663517

厚大法考（深圳）2020年主观题面授教学计划

班次名称 全日制(脱产)系列		授课时间	标准学费（元）	阶段优惠(元)		
				7.10前	8.10前	9.10前
冲刺系列	主观短训B班	客观题成绩出来后3日~主观题考前5日	16800	8800	9300	9800
	主观密训营	主观题考前12日~主观题考前5日	9800	5480	5980	6480

其他优惠：

1. 3人（含）以上报名，每人优惠200元；5人（含）以上报名，每人优惠300元；8人（含）以上报名，每人优惠500元。

2. 厚大面授老学员报名享九折优惠，厚大非面授老学员报名享200元优惠。

3. 2020届厚大面授客观题精英班以上（含）班次学员加报主观短训B班或者主观密训营，享八折优惠。

【深圳分校】深圳市罗湖区解放路4008号深圳大学继续教育学院B座11楼　0755-22231961

厚大法考APP　　　　厚大法考官博　　　　上海厚大法考官博　　　　深圳厚大法考官微